U0570230

容齋隨筆箋證

下

〔宋〕洪　邁　撰　凌郁之　箋證

中華書局

容齋四筆卷一 十九則

始予作《容齋隨筆》，首尾十八年，《續筆》十三年，《三筆》五年，而《四筆》之成，不費一歲。身益老而著書益速，蓋有其說。曩自越府歸，謝絕外事，獨弄筆紀述之習，不可掃除。故搜采異聞，但緒《夷堅》諸志，於議論雌黄，不復關抱。而稚子𢟪每見《夷堅》滿紙，輒曰：「《隨筆》《夷堅》皆大人素所游戲，今《隨筆》不加益，不應厚於彼而薄於此也。」日日立案傍，必俟草一則乃退。重逆其意，則裒所憶而書之。𢟪嗜讀書，雖就寢猶置一編枕畔，旦則與之俱興。而天嗇其付，年且弱冠，聰明殊未開，以彼其勤，殆必有日。丈夫愛憐少子，此乎見之。於是占抒爲序，並奬其志云。慶元三年九月二十四日序。

1 孔廟位次

自唐以來，相傳以孔門高弟顏淵至子夏爲十哲，故坐祀於廟堂上。其後升顏子配享，則進曾子於堂，居子夏之次以補其闕〔一〕。然顏子之父路、曾子之父點，乃在廡下從祀之列，子處父上，神靈有知，何以自安？所謂「子雖齊聖，不先父食」〔二〕，正謂是也。又孟子配食與顏子並，而其師子思、子思之師曾子亦在下〔三〕。此兩者於禮於義實爲未然，特相承既久，莫之敢議耳〔四〕。

【箋證】

〔一〕《舊唐書》卷九《玄宗紀》：開元二十七年八月甲申，「制追贈孔宣父爲文宣王，顏回爲兖國公，餘十哲皆爲侯，夾坐。」《舊唐書》卷二四《禮儀志》：「初，開元八年，國子司業李元瓘奏稱：『先聖孔宣父廟，先師顏子配座，今其像立侍，配享合坐。十哲弟子，雖復列像廟堂，不預享祀。謹檢祠令：何休、范甯等二十賢，猶霑從祀，望請春秋釋奠，列享在二十賢之上。七十子，請準舊都監堂圖形于壁，兼爲立贊，庶敦勸儒風，光崇聖烈。曾參等道業可崇，獨受經於夫子，望準二十二賢預享。』敕改顏子等十哲爲坐像，悉預從祀。曾參大孝，德冠同列，特爲塑像，坐於十哲之次。」

〔二〕《左傳》文公二年：「禮無不順。祀，國之大事也，而逆之，可謂禮乎？子雖齊聖，不先父食，久矣。」

〔三〕孔毓圻等撰《幸魯盛典》卷一四：「度宗咸淳三年，升曾子、子思子並配孔子，位在孟子上。初，高、孝間，洪邁嘗謂孟子配食與顏子並，而其師子思、子思之師曾子皆在其下，於禮儀實爲未然。至是，始以四子並配。此封爵配享之原始也。」

〔四〕後世亦間有敢議之者。丘濬《大學衍義補》卷六六《釋奠先師之禮下》先引《四筆》此條，繼引姚燧曰：「江之左進曾子、子思並顏、孟，別躋子張於曾子之舊。由孟子而視子思，師也；由子思而視曾子，又師也。子思，孔子孫也，弟子於師，孫於祖，坐而語道者有之，非可並南面。燧知四子已避讓於冥冥中，不能一日自安其身一堂之上，況又祀無繇、點、鯉于庭，其失在於崇子而抑父。夫爲是學宫，將以明人倫於天下，而倒施錯置於數筵之地如此，奚以爲訓！」（郁之按，姚燧《牧菴集》卷五《汴梁廟學記》）後按云：「臣按熊禾謂：『宜别設一室，以齊國公叔梁紇居中，南面；顔路、曾晳、孔鯉、孟孫氏侑食，西嚮。春秋二祀，當先聖酌獻之時，以齒德之尊者爲分，獻官行禮於齊國之前，其配位亦如之。如此，則亦可以示有尊而教民孝矣。』（郁之按，熊禾《勿軒集》卷二《三山郡泮五賢祠記》）然臣以爲，今天下州縣皆有祭，處處皆設，恐至於煩瀆。説者謂泗水侯孔林自有廟，曲阜侯宜祀於其子顔子之廟，而以顔子配；萊蕪侯無後，今嘉祥有曾子墓，當有祠，宜于此祀萊蕪侯，而以曾子配，否則特立一廟於曲阜，特祀三子，而以顔子、曾子、子思配。」

閻若璩《尚書古文疏證》第一百二十八：「十哲顔子居首。顔子既配享，以曾子當其數，而居子夏之下。後曾子又升配享，在宋度宗咸淳三年。人以爲必有若進矣，已而進子張，子張不愧也。竊思有若終不可屈兩廡，但難位置之。偶讀王伯厚《論語考異》曰：『有若蓋在言語之科，宰我、子貢之流亞也。』以孟子、宰我、子貢、有若智足以知聖人爲斷。快哉論也！又思兩廡有公西華，以『孟武伯問仁』『子路、曾晳等侍坐』章觀之，其政事之才實與由、求並，豈宜屈此？因思當上請於朝，廣而爲十二哲，如是而德行有三人焉，閔子騫、冉伯牛、仲弓；言語亦三人焉，宰我、子貢、有若；政事亦三人焉，冉有、季路、公西華；文學亦三人焉，子游、子夏、子張。

或曰：子張之屬文學也，何居？余曰：程篁墩議王通、胡瑗從祀，斷以程、朱之言。愚則終始斷以孟子。『子夏、子游、子張，皆有聖人之一體。』『他日子夏、子張、子游以有若似聖人』皆孟子之言也，位置正宜於此。不然，孟子之言反不若程、朱矣。」又：「甲戌首春，交王復禮草堂於錢塘，示余《文廟祀典十四議》，内一議實爲吾説所未及者，録之。略曰：『宋洪邁言孔門高第顔既配享，曾復居堂，而二賢之父乃列從祀，子處父上，神靈未安。元熊禾言，宜别立一祠祀聖父叔梁紇，而以顔、曾、孔、孟四氏侑食。如此，則可以示有尊而教民孝矣。』明嘉靖間，果如其議，三賢遷配啓聖。某以爲從此類推，孔忠非夫子之兄子乎？公冶長非以子妻者乎？南容非以兄之子妻者乎？今尚列兩廡，子思之神，其能安乎？不若遷三賢亦配啓聖，則伯魚、子蔑，兄弟也，皆啓聖之孫；公冶子長、南宫子容，姻婭也，皆啓聖之孫壻。分同誼合，配享一堂，位在先賢孟氏（宜改稱子，方合先賢稱子之例。）之上，可也。」

2 周三公不特置

周成王董正治官，立太師、太傅、太保，兹惟三公，而云：「官不必備，惟其人。」〔一〕以書傳考之，皆兼領六卿，未嘗特置也。周公既爲師，然猶位冢宰，《尚書》所載召公以太保領冢宰，芮伯爲司徒，彤伯爲宗伯，畢公以太師領司馬，衛侯爲司寇，毛公以太傅領司空是已〔二〕。其所次第惟以六卿爲先後，而師傅之尊乃居太保下也。

【箋證】

〔一〕《尚書·周書·周官》。

〔二〕賈公彦等《周禮正義序》:「按《周書·顧命》,太保領冢宰,畢公領司馬,毛公領司空,别有芮伯爲司徒,彤伯爲宗伯,衛侯爲司寇,則周時三公各兼一卿之職。」章如愚《群書考索續集》卷三〇《官制門·三公》:「周三公之官不必備。考之於《書》,有曰『立政不惟其官,惟其人。』又曰:『三公官不必備,惟其人。』故當時雖建三公之官,實以六卿之有道者兼之;無其人則或缺焉。若曰周公位冢宰,周公爲師,豈非六卿之掌而兼三公之任乎?若曰周公爲師,召公爲保,而太傅之任未聞有人,豈非惟有道者乃足以充其職,苟非其人則或缺焉。」

3 周公作金縢

《尚書》孔氏所傳五十九篇皆有序,其出於史官者不言某人作,如《虞書》五篇,紀一時君臣吁咈都俞①,及識其政事,如《説命》《武成》《顧命》《康王之誥》,《召誥》自「惟二月既望」至「越自乃御事」,《洛誥》自「戊辰王在新邑」至篇終,《蔡仲之命》自「惟周公位冢宰」至「邦之蔡」,皆然。如指言某人所作,則伊尹作《伊訓》《太甲》《咸有一德》,《盤庚》三篇,周公作《大誥》《康誥》《酒誥》《梓材》《多士》《無逸》《君奭》《多方》《立政》是也。惟《金縢》之篇,首尾皆叙事,而直以爲周公作〔一〕。按此篇除册祝三王外,餘皆周史之詞,如

「公乃自以爲功」「公歸納册」「公將不利於孺子」「公乃爲詩以貽王」「王亦未敢誚公」「公命我勿敢言」「天動威以彰周公之德」「公勤勞王家」之語，「出郊」「反風」之異，决非周公所自爲，今不復可質究矣〔二〕。

【校勘】

①「咈」，原作「謨」，據馬本、庫本、祠本改。

【箋證】

〔一〕《尚書・金縢・序》：「武王有疾，周公作《金縢》。」

〔二〕按陳經《尚書詳解》卷二六《金縢》解曰：「《金縢》爲請命之書，藏之于匱，緘之以金，不欲人開之也。此書非周公所作，而謂之『周公作《金縢》』者，其册文乃周公所作故也。孔子特以二句叙此書者，以見《金縢》之作也，起於武王之有疾，金縢之啓也，在於成王之疑周公。周公終始之心，皆于《金縢》而有考焉，故曰：『武王有疾，周公作《金縢》』。」閻若璩《尚書古文疏證》第一百一：「世儒又有疑《金縢》非古者，嗟夫！不有《金縢》，公之冤不白于後世矣。其曰『我之弗辟，無以告我先王』，傳寫聖人心迹，曠世如見。曰『公居東二年則罪人斯得』，立言有體，紀時紀事，可徵可信，爲千古尚論公案。後人得據此以折服好事之口，作史之功于斯爲大。世儒不察《蔡仲之命》爲妄作，顧謂《金縢》爲可疑。某嘗哂千古少讀書人，非誑語也。」

4 雲夢澤

雲夢，楚澤藪也，列於《周禮·職方氏》。鄭氏云：「在華容。」〔一〕《漢志》有雲夢官〔二〕。然其實雲也、夢也，各爲一處。《禹貢》所書：「雲土夢作乂。」注云：「在江南。」〔三〕惟《左傳》得其詳，如邳夫人棄子文于夢中，注云：「夢，澤名，在江夏安陸縣城東南。」〔四〕楚子田江南之夢，注云：「楚之雲、夢，跨江南北。」〔五〕楚子濟江入于雲中，注：「入雲澤中，所謂江南之夢。」〔六〕然則雲在江之北，夢在其南也〔七〕。《上林賦》：「楚有七澤，嘗見其一，名曰雲夢，特其小小者耳，方九百里。」此乃司馬長卿夸言〔八〕。今爲縣，隸德安，詢諸彼人，已不能的指疆域〔九〕。《職方氏》以「夢」爲「瞢」，《前漢·叙傳》：「子文投於瞢中。」音皆同〔一〇〕。

【箋證】

〔一〕《周禮·職方氏》：「正南曰荆州，其山鎮曰衡山，其澤藪曰雲瞢。」鄭玄注：「衡山在湘南。雲瞢在華容。」陸德明《音義》：「瞢，亡貢反。」

〔二〕《漢書》卷二八上《地理志上》：「編，有雲夢官。」「西陵，有雲夢官。」徐天麟《西漢會要》卷三三《職官三》列郡别置官有南郡編縣雲夢官，江夏郡西陵縣雲夢官。譚其驤《雲夢與雲夢澤》（載

《長水集》下）：「一本兩『官』字俱誤作『宮』。洪邁《容齋隨筆》、王應麟《困學紀聞》皆引作『官』。本志南海郡有涯浦官，九江郡有陂官、湖官，知作『官』是。」

〔三〕《禹貢》：「沱灊既道，雲土夢作乂。」孔氏傳：「雲夢之澤，在江南。其中有平土丘，水去可爲耕作畎畝之治。」《正義》曰：「昭三年《左傳》『楚子與鄭伯田于江南之夢』，是雲夢之澤在江南也。《地理志》：『南郡華容縣南有雲夢澤。』杜預云：『南郡枝江縣西有雲夢城，江夏安陸縣亦有雲夢，或曰南郡華容縣東南有巴丘湖，江南之夢也。』雲夢一澤而每處有名者，司馬相如《子虛賦》云『雲夢者方八九百里』，則此澤跨江南北，每處名存焉。定四年《左傳》稱楚昭王寢于雲中，則此澤亦得單稱『雲』，單稱『夢』。《經》之『土』字在二字之間，蓋史文兼上下也。（郁之按，《漢書》卷二八上《地理志上》作「沱灊既道，雲夢土作乂」。）此澤既大，其內有平土，有高丘，水去可爲耕作畎畝之治。」（《尚書注疏》卷五）

胡渭《禹貢錐指》卷七：「雲夢，經傳諸書有合稱者，有單稱者。《周禮》：『荆州藪澤曰雲瞢。』《爾雅》：『十藪，楚有雲夢。』《呂覽》《淮南子》同。《戰國策》，楚王游於雲夢，結駟千乘。宋玉《高唐賦》曰：『楚襄王與宋玉游於雲夢之臺。』司馬相如《子虛賦》曰：『雲夢者方八九百里。』此合稱雲夢者也。《左傳》定四年：『楚子涉睢濟江，入于雲中。』此單稱雲者也。宣四年：『邧夫人棄子文于夢中。』昭三年：『楚子以鄭伯田江南之夢。』宋玉《招魂》曰：『與王趨夢兮課後先。』此單稱夢者也。單稱，特省文耳。雲可該夢，夢亦可該雲。故杜元凱注『夢中』云：『夢，澤名，江夏安陸縣東南有雲夢城。』則夢在江北。注『雲中』云：『入雲夢澤中，所謂江南之夢。』則雲在江南。注『江南之夢』云：『楚之雲夢，跨江南北。』則南雲北夢，單稱合稱，無所不可，絶無江北爲雲，江南爲夢之説。自唐太宗詔改此經爲『雲土夢作乂』，而穎達引《左傳》以爲之説曰：『此澤亦有單稱雲、單稱夢。經之土字在二字之間。蓋史文兼上下也。』司馬貞《史記索隱》亦云：『雲、夢本二澤。人以其相近，或合稱雲夢。宋沈括、羅泌、易祓、郭思、鄭樵、洪邁、洪興祖等襲其説而爲之辯，曰雲在江北，夢在江南。而古注棄若塵羹矣。蘇子瞻申疏意云：『雲與夢，二土名也。而云「雲土夢」者，古語如此。猶曰玄纖縞云爾。』此於文義頗不順，故王氏更爲之解曰：『雲之地，土見而已；夢之地，則非特土見，草木生之，人有加功乂之者矣。』蔡氏云：『雲夢之澤，地勢有高卑，故水落有先後，人工有早晚也。』自後無不遵此説。今按《史記·賈誼傳》云『長沙卑溼』，巴陵故長沙下雋地也，諸湖萃其西南，安得爲特高？江北雖亦有湖澤，然楚都及漢東諸國皆在焉，豈反卑於江南？此事理之難信者。若從石經本，則傳云澤中有土可以耕作，義甚愜當。愚嘗反覆於斯，而覺太宗此一改殊多事，不若仍舊之爲得也。」

〔四〕《左傳》宣四年。

〔五〕《左傳》昭三年。

〔六〕《左傳》定四年。

〔七〕沈括《夢溪筆談》卷四：「舊《尚書·禹貢》云：『雲夢土作乂。』太宗皇帝時，得古本《尚書》作

『雲土夢作乂』，詔改《禹貢》從古本。予按孔安國注：『雲夢之澤在江南。』不然也。據《左傳》『吴人入郢，楚子涉雎濟江，入于雲中，王寢，盗攻之，以戈擊王，王奔鄖。』楚子自郢西走涉雎，則當出于江南；其後涉江入雲中，遂奔鄖，鄖則今之安陸州。涉江而後至雲，入雲然後至鄖，則雲在江北也。《左傳》曰：『鄭伯如楚，王以田江南之夢。』杜預注云：『楚之雲、夢，跨江南北。』曰『江南之夢』，則雲在江北明矣。元豐中，予自隨州道安陸入于漢口，有景陵主簿郭思者能言漢、沔間地理，亦以謂江南爲夢，江北爲雲。予以《左傳》驗之，思之説信然。江南則今之公安、石首、建寧等縣，江北則玉沙、監利、景陵等縣，乃水之所委，其地最下。江南二浙，水出稍高，方土而夢已作乂矣。此古本之爲允也。」羅泌《路史》卷四七《餘論十·雲夢二澤》：「雲、夢，楚之二澤也。江南爲夢，江北爲雲，以其跨江相比而謂雲夢。

〔八〕司馬相如《子虚賦》，載《漢書》卷五七《司馬相如傳》、李善注《文選》卷七。譚其驤《雲夢與雲夢澤》（載《長水集》）：「古文獻中對『雲夢』所作描述最詳細的是司馬相如的《子虚賦》。司馬相如雖是漢武帝時代的人，但他所掌握並予以鋪陳的雲夢情況卻是戰國時代的。因爲漢代的楚國在淮北的楚地即西楚，並不在江漢地區；而《子虚賦》裏的雲夢，很明顯依然是江漢地區戰國時的楚王游獵區。」「《子虚賦》裏的話有些當然是賦家誇飾之辭，不過它所反映的雲夢中有山，有林，有平原，而池澤只佔其中的一部分這一基本情況，該是無可置疑的。至於篇首説什麼『臣聞楚有七澤，臣之所見，蓋特其小小者耳，名曰雲夢』，那是虚誕到了極點。把這個既有山林又有原野的雲夢稱爲『澤』，更屬荒唐。這篇賦就其史料價值而言，其所以可貴，端在於它把這個到處孕育繁衍著野生動植物的未經開發的游獵區『雲夢』，形象地描述了出來。」「春秋戰國時的雲夢範圍如此廣大，估計東西約在八百里（華里）以上，南北不下五百里，比《子虛賦》所説『方九百里』要大上好幾倍。實際『方九百里』應指雲夢澤的面積，司馬相如在這裏也是把雲夢和雲夢澤混爲一談了。」

〔九〕《方輿勝覽》卷三一《德安府》「建置沿革」云：「秦屬南郡，漢置江夏郡，安陸預焉。東漢、晉因之。宋置安陸郡。齊寄治司州。梁置南司州，復爲安陸縣。西魏置安州。隋煬爲宣郡。唐改安州，又改安陸郡，置安黄州節度，又號奉義軍。梁置宣威軍。後唐改安遠軍節度。皇朝爲安遠軍。後以神宗潛邸，升德安府，依舊軍額。今領縣四，治安陸。」所領四縣：安陸、應城、孝感、雲夢。

王鳴盛《蛾術編》卷四五《説地九》「雲夢」條，謂「當從《左傳》分作兩地爲是。以今輿地言之，江北之荆門、京山、沔陽、監利、安陸、漢陽、黄岡、麻城、蘄州，古雲所在；江南之枝江、石首、巴陵，古夢所在。」

胡渭《禹貢錐指》卷七：「東抵蘄州，西抵枝江，京山以南，青草以北，皆爲雲夢。」孫詒讓《周禮正義》卷六三，引胡渭説，接云：「案胡説甚嚴。雲夢一澤，水瀦則爲洞庭。郭景純云『巴丘湖』

是也。至於全藪陸地，則直跨今湖北漢陽、黄州、安陸、德安、荆州五府境。」按：譚其驤《雲夢與雲夢澤》一文，夷考雲夢、雲夢澤之歷史變遷，詳明博洽。可參不贅。

〔一〇〕《漢書》卷一〇〇《叙傳》：「班氏之先，與楚同姓，令尹子文之後也。子文初生，棄於瞢中，而虎乳之。」師古曰：「瞢，雲瞢澤也。《春秋左氏傳》曰：『楚若敖娶於䢵，生鬥伯比。若敖卒，從其母，畜於䢵，淫於䢵子之女，生子文焉。䢵夫人使棄諸瞢中，獸乳之。䢵子田，見之，懼而歸，夫人以告，遂使收之。』瞢與夢同，並音莫風反，又音莫鳳反。」

姜亮夫《楚辭通故》第一輯《地部第二》「夢、雲夢」條，録《四筆》本條，接云：「是先秦典籍，皆以雲夢爲二，漢儒亦遵用無異詞。長卿文士，任意撏撦，遂合爲一。」又録胡渭《禹貢錐指》，按云：「雲夢合稱爲一藪，此《周禮》《爾雅》《吕覽》《高唐》諸説也。然雲夢實跨大江南北，春夏水漲，則雲夢合，秋冬水枯，則雲夢分。是分合由時會，不由人言，則北雲南夢故不妨分用合用。胡氏乃據杜元凱二注，而譏沈（括）、洪（邁）、鄭（樵）、郭（思）之説，不知杜本意在調協單稱雲與夢，故必以合稱之雲夢釋之，義乃得明，非即謂北有夢而南有雲也。胡氏僅就詞而言之，説雖可通，而自其地理之實際言之，則沈、洪諸家説爲尤允。以今地考之，蓋東抵蘄州，西抵枝江，京山以南，青草以北，皆古之雲夢。」

5　關雎不同

《關雎》爲《國風》首，毛氏列之於《三百篇》之前。《大序》云：「后妃之德也。」而《魯詩》云：「后夫人雞鳴佩玉去君所，周康王后不然，故詩人歎而傷之。」〔一〕《後漢·皇后紀序》：「康王晏朝，《關雎》作諷。」蓋用此也〔二〕。顯宗永平八年，詔云：「昔應門失守，《關雎》刺世。」注引《春秋説題辭》曰：「人主不正，應門失守，故歌《關雎》以感之。」宋均云：「應門，聽政之處也。言不以政事爲務，則有宣淫之心。《關雎》樂而不淫，思得賢人與之共化，修應門之政者也。」薛氏《韓詩章句》曰：「詩人言雎鳩貞絜敬匹，以聲相求，隱蔽于無人之處。故人君退朝，入于私宮，后妃御見有度，應門擊柝，鼓人上堂，退反燕處，體安志明。今時大人内傾于色，賢人見其萌，故詠《關雎》之説淑女正容儀以刺時。」三説不同如此〔三〕。《黍離》之詩列於王國風之首，周大夫所作也〔四〕，而《齊詩》以爲衛宣公之子壽閔其兄伋之且見害，作憂思之詩，《黍離》之詩是也。此説尤爲可議〔五〕。

【箋證】

〔一〕《漢書》卷六〇《杜欽傳》：杜欽説王鳳云：「珮玉晏鳴，《關雎》歎之。」師古注：「李奇曰：『后夫人雞鳴佩玉去君所，周康王后不然，故詩人歎而傷之。』臣瓚曰：『此《魯詩》也。』」

〔二〕《後漢書》卷一〇上《后紀上》。章懷注，即引《前書》音義。

〔三〕《後漢書》卷二《明帝紀》。三説，俱出章懷注。

〔四〕《詩序》：「《黍離》，閔宗周也。周大夫行役至于宗周，過故宗廟，宮室盡爲禾黍，閔周室之顛覆，彷徨不忍去，而作是詩也。」

〔五〕王應麟《詩考·齊詩》「衛宣公之子壽閔其兄伋之且見害，作憂思之詩，《黍離》之詩是也」條：「洪邁《容齋四筆》『齊詩以爲』云云。晁氏《詩序》論齊、魯、韓三家，以《王風》爲《魯詩》。亦見《新序》。」《困學紀聞》卷三《詩》：「《新序》云：『衛宣公子壽閔其兄伋之見害，作憂思之詩，《黍離》是也。』《魯詩》出於浮丘伯，以授楚元王交，劉向乃交之孫，其説蓋本《魯詩》。然《黍離》，《王風》之首，恐不可以爲《衛詩》也。《韓詩》云：『《黍離》，伯封作。』陳思王植《令禽惡鳥論》曰：『昔尹吉甫信後妻之讒，而殺孝子伯奇，其弟伯封求而不得，作《黍離》之詩。』其《韓詩》之説歟？伯封事，唯見於此。」葉大慶《考古質疑》卷二：「《黍離》詩乃周詩也，《詩序》非不明白，《新序》乃云衛宣公之子壽閔其兄且見害而作是詩，亦誤也。」《四庫全書總目》卷九一《新序》提要：「大慶謂《黍離》乃周詩，《新序》誤云衛宣公之子壽閔其兄且見害而作。則殊不然。向本學《魯詩》，而大慶以《毛詩》繩之，其不合也固宜。是則未考漢儒專門授受之學矣。」

6　迷癡厥撥

柔詞謟笑，專取容悦，世俗謂之「迷癡」，亦曰「迷嬉」。中心有愧見諸顔面者，謂之

「緬覥」〔一〕。舉措脱略觸事乖忤者①，謂之「厥撥」。雖爲俚言，然其説皆有所本。《列子》云：「墨㞳、單至、嘽咺、憋懯，四人相與游於世。」又云：「眠娗、諈諉、勇敢、怯疑，四人亦相與游。」張湛注云：「墨音眉，㞳敕夷反，《方言》：『江淮之間謂之無賴。』眠音緬，娗音殄，《方言》：『欺謾之語也。』郭璞云：『謂以言相輕嗤弄也。』」〔二〕所釋雖不同，然大略具是矣。《曲禮》：「衣毋撥，足毋蹶。」鄭氏注云：「撥，發揚貌。蹶，行遽貌。」大抵亦指其荒率也。

【校勘】

①「略」，馬本、庫本、祠本作「落」。

【箋證】

〔一〕俞樾《茶香室續鈔》卷一五《覥腆當作緬覥》：「宋洪邁《容齋四筆》云：『中心有愧見之顔面者，謂之緬覥。』按今猶有此語，而俗或書作覥腆。考覥腆二字並他典切，則當從宋人作緬覥爲是。」

〔二〕《列子·力命》。

7 三館祕閣

國朝儒館仍唐制，有四：曰昭文館，曰史館，曰集賢院，曰祕閣。率以上相領昭文大學士，其次監脩國史，其次領集賢。若只兩相，則首廳兼國史。唯祕閣最低，故但以兩制判之。四局各置直官，均謂之館職，皆稱學士。其下則爲校理、檢討、校勘，地望清切，非名流不得處。范景仁爲館閣校勘，當遷校理，宰相龐籍言：「范鎮有異才，恬於進取。」乃除直祕閣〔一〕。司馬公作詩賀之曰：「延閣屹中天，積書雲漢連。神宗重其選，（謂太宗也。）國士比爲仙。玉檻鈎陳上，丹梯北斗邊。帝容瞻日角，宸翰照星躔。職秩曾無貴，光華在得賢。」〔二〕其重如此。自熙寧以來，或頗用賞勞。元豐官制行，不置昭文、集賢，以史館入著作局，而直祕閣只爲貼職。至崇寧、政、宣，以處大臣子弟姻戚，其濫及於錢穀文俗吏，士大夫不復貴重〔三〕。然除此職者，必詣館下拜閣，乃具盛筵，邀見在三館者宴集，秋日暴書宴，皆得預席，若餘日則不許至〔四〕。《隨筆》有《館職名存》一則云。

【箋證】

〔一〕《宋史》卷三三七《范鎮傳》：「召試學士院，當得館閣校理，主司妄以爲失韻，補校勘。人爲忿鬱，而鎮處之晏如。經四年，當遷，宰相龐籍言：『鎮有異材，不汲汲於進取。』超授直祕閣。」程俱《麟臺故事》卷一《沿革》：「國初循前代之制，以昭文館、史館、集賢院爲三館，通名之曰崇文院。直館至校勘，通謂之館職，必試而後命；不試而命者，皆異恩，與功伐或省府監司之久次者。元豐官制行，盡以三館職事歸祕書省。官自監少至正字，皆爲職事官。至元祐中，又舉試學士院入等者，命以爲校理、校勘，供職祕書省；若祕書省官，則不試而命。至于進擢之異，待遇之渥，資任之優，選除之遴，簡書之略，蓋不與他司等也。」

〔二〕司馬光《傳家集》卷八《喜范景仁直祕閣》。

〔三〕《文獻通考》卷五四《職官考》「直祕閣」條：「宋朝以史館、昭文館、集賢院爲三館，皆寓崇文院。太宗端拱元年，詔就崇文院中堂建祕閣，擇三館真本書籍萬餘卷及内出古畫墨迹藏其中，以右司諫直史館宋泌爲直祕閣。直館、直院，則謂之館職；以他官兼者，謂之貼職。元豐以前，凡狀元制科一任還，即試詩、賦各一，而入否，則用大臣薦而試，謂之入館。官制行，廢崇文院爲祕書監，建祕閣於中，自監少至正字，列爲職事官，罷直館、直院之名，獨以直祕閣爲貼職，皆不試而除，蓋特以爲恩數而已。」又引《隨筆》「館職名存」條及《四筆》本條，按云：「學士、待制二官，始於唐，皆以處清望儒臣，俾備顧問，其初既無專職，亦無定員。宋因其制，而以三館爲儲才之地，故職名猶多。元豐新官制，其職名之元不附麗於三省寺監者，皆從廢革。然除昭文、集賢二學士元麗中書門下省外，獨翰林學士一官在唐已無所係屬，而最爲清要，故不可廢，而諸學士、待制則以其爲三館清流，未欲遽廢，故以爲朝臣補外加恩之官，蓋有同於階官而初無職掌矣。龍圖閣爲儲祖宗制作之所，故其官視三館。自後列聖相承，代代有宸奎之閣，而建官亦如之。於是學士、直學士、待制、直閣之官始不可勝計矣。野處譏其濫及俗吏童騃，然職名既多，自不容不濫施也。」

〔四〕葉夢得《石林燕語》卷六：「故事，外官除館職，如祕閣校理、直祕閣者，必先移書在省職事官，敘同僚之好，已乃專遣人持錢及酒殽珍饌，即館設盛會，燕同僚，請官長爲之主，以代禮上之會。各隨其力之厚薄，甚有費數百千者。就京師除者，則即館上事，會亦如之。自崇寧以來，外官除館職者既多，此禮寖廢。宣和後，雖書局官亦預館職，至百餘員，故遂廢不講。」

8 亭榭立名

立亭榭名最易蹈襲，既不可近俗，而務爲奇澀亦非是。東坡見一客云近看《晉書》，問之曰：「曾尋得好亭子名否？」蓋謂其難也〔一〕。秦楚材在宣城，於城外並江作亭，目之曰「知有」，用杜詩「已知出郭少塵事，更有澄江消客愁」之句也〔二〕。王仲衡在會稽，於後山作亭，目之曰「白涼」，亦用杜詩「越女天下白，鑑湖五月涼」之句〔三〕。二者可謂甚新，然要爲未當。廬山一寺中有亭頗幽勝，或標之曰「不更歸」，取韓詩末句〔四〕，亦可笑也。

【箋證】

〔一〕《唐子西語録》云：「東坡赴定武，過京師，館於城外一園子中。余時年十八，謁之。問余觀甚書，余云：『方讀《晉書》。』卒問：『其中有甚好亭子名？』余茫然失對。始悟前輩觀書用意蓋如此。」（《苕溪漁隱叢話前集》卷一四引）

王楙《野客叢書》卷一四《取亭館名》：「東坡見人讀《晉書》，問其間得幾亭名。范石湖亦嘗與立之伯父言：『凡亭館名，須於前代文籍中取。本朝文籍要未爲古，似不宜取。』僕謂借如本朝歐公、荆公、蘇、黄諸公，以其名重，就其詩句取之，猶未爲過；近時稍有詩聲，遂采以爲扁榜，甚無謂也。大抵名不可過實，與其浮誇，不若少貶。以温公學術，而園曰獨樂，堂曰讀書，初未嘗誇耀。今人率求美名以飾其處，不顧己之所安。」

〔二〕杜甫《卜居》（《杜詩詳注》卷九）。

〔三〕《壯游》（《杜詩詳注》卷一六）。

〔四〕韓愈《山石》：「嗟哉吾黨二三子，安得至老不更歸。」（《五百家注昌黎文集》卷三）

9 十十錢

市肆間交易論錢陌者，云十十錢。言其足數滿百無蹺減也。其語至俗，然亦有所本〔一〕。《後漢書・襄楷傳》引宫崇所獻神書，其《太平經・興帝王篇》云：「開其玉户，施種於中，比若春種於地也，十十相應和而生。其施不以其時，比若十月種物於地也，十十盡死，固無生者。」其書不傳於今，唐章懷太子注釋之時，尚猶存也〔二〕。此所謂「十十」，蓋言十種十生無一失耳。其盡死之義亦然，與錢陌之事殊，然其字則同也。

【箋證】

〔一〕王應麟《困學紀聞》卷一三《考史》：「梁武帝時，錢陌減，始有足陌之名。唐末，以八十爲陌。

漢隱帝時，王章又減三錢，始有省陌之名。」按，十十相乘爲一百，所謂「十十錢」，是足陌之意。《三筆》卷四《省錢百陌》，可參。

〔三〕《後漢書》卷六〇下《襄楷傳》「宮崇所獻神書」下，章懷注引《太平經·興帝王篇》。

10　犀舟

張衡《應間》云：「犀舟勁檝。」《後漢》注引《前書》：「羌戎弓矛之兵，器不犀利。」《音義》曰：「今俗謂刀兵利爲犀。犀，堅也。」〔一〕「犀舟」，甚新奇，然爲文者未嘗用，亦慮予所見之不博也〔二〕。

【箋證】

〔一〕《後漢書》卷八九《張衡傳》，章懷注。注所引「前書」，出《漢書》卷七九《馮奉世傳》。顔師古注：「如淳曰：『今俗刀兵利爲犀。』晉灼曰：『犀，堅也。』師古曰：『晉説是。』」

〔二〕宋人亦偶用之。梅堯臣詩：「水館魚方美，犀舟枕自清。」（《宛陵集》卷一五《送邵户曹隨侍之長沙》）王安石詩：「摻袂不勝情，犀舟擊汰行。」（《臨川文集》卷一五《送吴叔開南征》）

11　畢仲游二書

元祐初，司馬温公當國，盡改王荆公所行政事。士大夫言利害者以千百數，聞朝廷更化，莫不歡然相賀，唯畢仲游一書，究盡本末。其略云：「昔安石以興作之説動先帝，而患財之不足也，故凡政之可以得民財者無不用。蓋散青苗、置市易、斂役錢、變鹽法者，事也，而欲興作患不足者，情也。苟未能杜其興作之情，而徒欲禁其散斂變置之事，是以百説而百不行。今遂欲廢青苗、罷市易、蠲役錢、去鹽法，凡號爲財利而傷民者一掃而更之，則向來用事於新法者必不喜矣。不喜之人，必不但曰青苗不可廢，市易不可罷，役錢不可蠲，鹽法不可去，必探不足之情，言不足之事，以動上意，雖致石人而使聽之，猶將動也。如是則廢者可復散，罷者可復置，蠲者可復斂，去者可復存矣。則不足之情可不預治哉！爲今之策，當大舉天下之計，深明出入之數，以諸路所積之錢粟一歸地官，使經費可支二十年之用。數年之間，又將十倍於今日。使天子曉然知天下之餘於財也，則不足之論不得陳於前，然後所謂新法者，始可永罷而不復行矣。昔安石之居位也，中外莫非其人，故其法能行。今欲救前日之敝，而左右侍從職司使者，十有七八皆安石之徒，雖起二三舊臣，用六七君子，然累百之中存其十數，烏在其勢之可爲也！勢未可爲而欲爲之，則青苗雖廢將復散，况未廢乎？市易雖罷且復置，况未罷乎？役錢鹽法，亦莫不然。以此救前日之敝，如人久病而少間，其父兄子弟喜見顔色而未敢賀者，意其病之在也。」先是，東坡公在館閣，頗因言語文章，規切時政，仲游憂其及禍，貽書戒之曰：「孟軻不得已而後辯，孔子欲無言。古人所以精謀極慮，固功業而養壽命者，未嘗不出乎此。君自立朝以來，禍福利害繫身者未嘗言，顧直惜其言爾。夫言語之累，不特出口者爲言，其形于詩歌、贊于賦頌、託于碑銘、著于序記者，亦言也。今知畏於口而未畏於文，是其所是，則見是者喜；非其所非，則蒙非者怨。喜者未能濟君之謀，而怨者或已敗君之事矣。天下論君之文，如孫臏之用兵、扁鵲之醫疾，固所指名者矣，雖無是非之言，猶有是非之疑，又況其有耶？官非諫臣，職非御史，而非人所未非，是人所未是，危身觸諱，以游其間，殆由抱石而救溺也。」二公得書聳然，竟如其慮。予頃修史時，因得其集，讀二書，思欲爲之表見，故官雖不顯，亦爲之立傳云〔一〕。

【箋證】

〔一〕畢仲游貽書戒蘇軾、司馬光，詳《宋史》卷二八一《畢仲游傳》。《宋史》畢傳，或即據容齋所修《四朝國史》。仲游，字公叔，鄭州人，同平章事士安之曾孫。與兄仲衍同舉進士，歷仕州縣，元祐初召試學士院，除集賢校理，累遷吏部郎中，後入元祐黨籍，終於西京留司、御史臺、提舉鴻慶宮。晁公武《郡齋讀書志》著録《西臺集》二十卷。《宋史·藝文志》有《畢仲游文集》五十卷。今有四庫館臣據《永樂大典》輯本《西臺集》二十卷。

12　列子與佛經相參

張湛序《列子》云：「其書大略明群有以至虚爲宗，萬品以終滅爲驗，神惠以凝寂常全，想念以著物自喪，生覺與夢化等情。所明往往與佛經相參。」予讀《天瑞篇》載林類答子貢之言曰：「死之與生，一往一反。故死於是者，安知不生於彼？故吾知其不相若矣，吾又安知吾今之死不愈昔之生乎？」此一節，所謂與佛經相參者也〔一〕。又云：「商太宰問孔子：『三王、五帝、三皇，聖者歟？』孔子皆曰：『弗知。』太宰曰：『然則孰者爲聖？』孔子曰：『西方之人有聖者焉，不治而不亂，不言而自信，不化而自行，蕩蕩乎民無能名焉，丘疑其爲聖，弗知真爲聖歟？真不聖歟？』」〔二〕其後論者以爲《列子》所言乃佛也，寄於孔子云〔三〕。

【箋證】

〔一〕按，《列子》之書，學者或辨其僞，則張湛序所謂「與佛經相參」云云，適成其作僞之一證。馬叙倫《列子僞書考》（《古史辨》第四册），可參。

〔二〕所録商太宰問孔子一節，見《列子·仲尼篇》。

〔三〕錢鍾書《管錐編》第二册《列子張湛注·天瑞》：「《列子》實每駸駸已入乎釋，而貌猶依依未離乎道，竊取而若袖手，逸出而似裹足，洵工於陰陽向背者，亦依託之雄哉！陳澧《東塾讀書記》卷一二論『列子乃中國之佛』，又引錢大昕《養新録》、洪亮吉《曉讀書齋初録》皆謂輪回説出《列子》；不知王應奎《柳南隨筆》卷一論林類節早曰：『則知輪回之説，自佛氏未入中國以前，固已開其端矣。』《列子》本篇以此節遥爲林類語先容，以『出機入機』暗爲輪回假道；張湛此節注預露其隱，傾筐篋而揭葫蘆，後文林類語下乃反無注，閃屍藏頭，處士殆得黄祖腹中意耶？」又云：「《容齋四筆》卷一引林類節，以爲此一節即張湛《序》所謂『與佛經相參』者也。其意即指『輪回』。熊伯龍《無何集》卷一三亦云：『輪回之説不起於佛教；佛教未興，《列子》已有往反之説。《列子》云云，此輪回之説也。』」

13 韋孟詩乖疎

《漢書·韋賢傳》載韋孟詩二篇及其孫玄成詩一篇，皆深有《三百篇》風致，但韋孟諷諫云：「肅肅我祖，國自豕韋。總齊群邦，以翼大商。至于有周，歷世會同。王赧聽譖，寔絶我邦。我邦既絶，厥政斯逸。賞罰之行，非繇王室。庶尹群后，靡扶靡衛。五服崩離，宗周以隊。」應劭曰：「王赧聽讒受譖，絶豕韋氏。自是政教逸漏，不由王者。」[一]觀孟之自叙乃祖，而乖疎如是。周至赧王僅存七邑，救亡不暇，豈能絶侯邦乎[二]？周之積微久矣，非因絶豕韋一國，然後五服崩離也。其妄固不待攻，而應劭又從而實之，尤爲可笑。《左傳》書范宣子之言曰：「匄之祖在商爲豕韋氏，在周爲唐杜氏。」杜預曰：「豕韋國於東郡白馬縣，殷末國於唐，周成王滅之。」[三]此最可證。惜顔師古之不引用也[四]。

【箋證】

〔一〕《漢書》卷三《韋賢傳》。劉攽注：「予謂王赧時詎有豕韋哉？有豕韋，亦非王赧所能絶也。又云『我邦既絶，厥政斯逸』，周之逸政久矣，不由赧也。孟此詩爲不曉其祖者。」容齋之説，正與攽合。

〔二〕張雲璈《選學膠言》卷一〇《豕韋（韋孟諷諫）》條，引余蕭客云：「《鄭語》及杜預《左傳注》、孔穎達《春秋正義》，豕韋有二，一彭姓，祝融後，與大彭爲商伯，商武丁滅之。一劉姓，堯後。彭姓豕韋滅劉姓，承其國爲豕韋，殷末封於唐，周武王滅唐，遷之杜，宣王殺杜伯，其子隰叔奔晉，四世及士會，食邑於范氏。孟詩云：『迭彼大彭，勳績惟光。』孟五世孫元成作詩自劾責曰：『赫矣我祖，侯於豕韋。賜命建伯，有殷以綏。』則孟之先爲武丁所滅，彭姓之豕韋矣。孟詩又曰：『至於有周，歷世會同。王赧聽譖，實絶我邦。』元成詩又曰：『宗周至漢，群后歷世。』蓋西京内外傳未行，故孟與元成詩得肆其鋪張。合二姓豕韋並爲其祖，誕妄以欺世也。」雲璈按：「『王赧聽譖』二語，《容齋四筆》云：『周至赧王僅存七邑，豈能絶侯邦乎？』容齋蓋謂其誤以武王爲赧王耳。」

〔三〕《左傳》襄公二十四年。

〔四〕汪師韓《文選理學權輿》卷八《王赧聽譖》條：「按洪景盧《容齋四筆》嘗謂韋孟自叙乃祖之乖疎，而應劭又從而實之，惜顔師古不引用杜預注《左傳》范宣子之言一段以爲證。今觀李注，（郁之按：李善《文選注》。）亦皆用應劭之説。杜注曰：『豕韋國於東郡白馬縣，殷末國於唐，周成王滅之。』容齋蓋謂其誤以成王爲赧王也。李氏於《選注》之外，又撰《漢書辨惑》三十卷，其書不傳，未知於此有辨否耶。」

14 匡衡守正

漢元帝時，貢禹奏言：天子七廟，親盡之廟宜毀，及郡國廟不應古禮，宜正定。天子下其議，未及施行而禹卒。後乃下詔先罷郡國廟，其親盡寢園，皆無復修。已而上寢疾，夢祖宗譴罷郡國廟。詔問丞相匡衡，議欲復之。衡深言不可。上疾久不平，衡皇恐，禱高祖、孝文、孝武廟曰：「親廟宜一居京師，今皇帝有疾不豫，廼夢祖宗見戒以廟，皇帝悼懼，即詔臣衡復修立，如誠非禮義之中，違祖宗之心，咎盡在臣衡，當受其殃。」又告謝毀廟曰：「遷廟合祭，久長之策，今皇帝乃有疾，願復修立承祀。臣衡等咸以爲禮不得，如不合諸帝后之意，罪盡在臣衡等，當受其咎。今詔中朝臣具復毀廟之文，臣衡以爲天子之祀，義有所斷，無所依緣，以作其文。事如失措，罪廼在臣衡。」〔一〕予案衡平生佞諛，專附石顯以取大位〔二〕，而此一節獨據經守禮，其禱廟之文，殆與《金縢》之册祝相似〔三〕，而不爲後世所稱述，《漢史》又不書於本傳，憎而知其善可也。《郊祀志》：「南山巫祠秦中。秦中者，二世皇帝也。」以其彊死，魂魄爲厲，故祠之。成帝時，匡衡奏罷之〔四〕。亦可書。

【箋證】

〔一〕事見《漢書》卷七三《韋玄成傳》。容齋所引匡衡禱廟之文甚簡略，傳文可參。

〔二〕匡衡佞諛，參《續筆》卷九《貢薛韋匡》。

〔三〕可參本卷《周公作金縢》條。

〔四〕《漢書》卷二五上《郊祀志上》。師古注所張晏之説。

15 西極化人

《列子》載周穆王時，西極之國有化人來，王敬之若神。化人謁王同游，王執化人之袪①，騰而上者中天乃止，曁及化人之宮，自以居數十年，不思其國。復謁王同游，意迷精喪，請化人求還。既寤，所坐猶嚮者之處，侍御猶嚮者之人。視其前，則酒未清，肴未昲。王問所從來，左右曰：「王默存耳。」穆王自失者三月。復問化人，化人曰：「吾與王神游也，形奚動哉？」〔一〕予然後知唐人所著《南柯太守》《黄粱夢》《櫻桃青衣》之類，皆本乎此〔二〕。

【校勘】

①「袪」，原作「祛」，據庫本、祠本改。

【箋證】

〔一〕《列子·周穆王篇》。

王應麟《困學紀聞》卷二〇：「張文潛云：『嘗讀《宣律師傳》，（郁之按，見《柯山集》卷四五《書香山傳後》）有一天人説周穆王時佛至中國，與《列子》所載西極化人之事略同。不知寓言耶？抑實事也？』愚謂此釋氏剽襲《列子》之言，非實事也。」

〔二〕李公佐《南柯太守傳》，即《太平廣記》卷四七五《淳于棼》（注出《異聞録》）。淳于棼夢游槐安國，尚公主，爲駙馬，除太守，位居台輔。公主死，失寵被讒，放歸本里。遂發寤如初，「夢中倏忽，若度一世矣」。《黄粱夢》，即沈既濟《枕中記》，見《太平廣記》卷八二《吕翁》（注出《異聞録》）。盧生志在功名，邯鄲道上遇吕翁，枕其枕而入夢，遂娶崔氏女，舉進士，登甲科，出將入相，又被誣下獄，幾欲自裁，帝知其冤，復起爲中書令，封趙國公，恩旨殊渥，備極一時。姻媾皆天下族望，有孫十餘人。凡兩竄嶺表，再登台鉉，出入中外，回翔臺閣三十餘年。忽欠伸而寤，主人蒸黄粱尚未熟也。《櫻桃青衣》，載《太平廣記》卷二八一。記范陽盧子在都應舉，頻年不第。乘驢游行，見一精舍中有僧開講，方詣講筵，倦寢，夢見一青衣攜一籃櫻桃在下坐，其家娘子即盧子再從姑，遂因其援引，進士擢第，宏詞甲科，授祕書郎，遷監察，轉殿中，除郎中，遷禮部侍郎，兩載知舉，五年作相，經二十年，兒孫滿堂。忽然夢覺，乃白衣如故。

錢鍾書《管錐編》第二册《太平廣記卷二八三》：「洪邁《容齋四筆》卷一謂唐人《南柯》《黄粱》

《櫻桃》諸則本《列子·周穆王》記化人事。趙彦衛《雲麓漫鈔》卷三論文家胎息，有曰『唐人《大槐國傳》依《列子·湯問》』。『湯問』必『周穆王』之筆誤。王應麟《困學紀聞》卷一〇引《齊物論》郭象注『世有假寐而夢經百年』，謂『邯鄲枕，南柯守之説皆原此意』，可以合觀。」

16 詔令不可輕出

人君一話一言不宜輕發，況於詔令形播告者哉！漢光武初即位，既立郭氏爲皇后矣，時陰麗華爲貴人，帝欲崇以尊位，后固辭，以郭氏有子，終不肯當。建武九年，遂下詔曰：「吾以貴人有母儀之美，宜立爲后，而固辭不敢當，列於媵妾。朕嘉其義讓，許封諸弟。」乃追爵其父及弟爲侯，皆前世妃嬪所未有。至十七年，竟廢郭后及太子彊，而立貴人爲后。蓋九年之詔既行，主意移奪，已見之矣，郭后豈得安其位乎〔一〕？

【箋證】

〔一〕事詳《後漢書》卷一〇上《陰皇后紀》。

趙與旹《賓退録》卷九：「『娶妻當得陰麗華。』（郁之按，《後漢書·陰皇后紀》：「光武適新野，聞后美，心悦之，後至長安，見執金吾車騎甚盛，因歎曰：『仕宦當作執金吾，娶妻當得陰麗華。』」）唐與政仲友謂：『觀此語，知郭后之必廢。』然予觀《劉植傳》載劉揚起兵附王郎，衆十餘萬。光武遣植説揚，揚乃降。光武因留真定，納郭后，后即揚之甥也。故以此結之，則是郭后之納，已非光武之情矣，何待『陰麗華』之語而後占其廢乎？范曄不以此書之《后紀》，故前輩議論未嘗及之。」

17 戰國策

劉向序《戰國策》，言其書錯亂相揉，莒本字多誤脱爲半字，以「趙」爲「肖」，以「齊」爲「立」，如此類者多〔一〕。予案，今傳於世者，大抵不可讀，其《韓非子》《新序》《説苑》《韓詩外傳》《高士傳》《史記索隱》《太平御覽》《北堂書鈔》《藝文類聚》諸書所引用者，多今本所無。向博極群書，但擇焉不精，不止於文字脱誤而已。惟太史公《史記》所采之事九十有三，則明白光豔，悉可稽考，視向爲有間矣〔二〕。

【箋證】

〔一〕劉向序云：「護左都水使者、光禄大夫臣向言：所校中《戰國策》書，中書餘卷，錯亂相糅舛。又有國別者八篇，少不足。臣向因國別者，略以時次之，分別不以序者以相補，除複重，得三十三篇，本字多誤脱爲半字，以『趙』爲『肖』，以『齊』爲『立』，如此字者多。」云云。（《戰國策》卷首）

〔二〕姚寬序其所注《戰國策》云：「右《戰國策》，《隋·經籍志》三十四卷，劉向録高誘注，止二十卷，漢京兆尹延篤論一卷。《唐·藝文志》，劉向録已闕二卷，高誘注乃增十一卷，延篤論時尚存。今所傳三十三卷，《崇文總目》，高誘注八篇，印本存者有十篇，武安君事在中山卷末，不詳所謂。延篤論，今亡矣。其未曾經曾南豐校定者，舛誤尤不可讀。其浙、建原小本刊行者，皆南豐所校本也。括蒼耿氏所刊，鹵莽尤甚。宣和間，得館中孫固、孫覺、錢藻、曾鞏、劉敞、蘇頌、集賢院共七本，晚得晁以道本，並校之，所得十二焉，如用埊、𢘑字，皆武后字，恐唐人相承如此，諸公校書改用此字，殊不可解。竇苹作《唐書音訓》，釋武后用埊字，云古地字，見《戰國策》。不知何所據而云然。坔乃古地字，又埊字見《亢倉子》《鶡冠子》，或有自來，至於𢘑字，幽州僧行均作《切韻訓詁》，以此二字云古文，豈别有所見邪？太史公所采九十三事，内不同者五。《韓非子》十五事，《説苑》六事，《新序》九事，《吕氏春秋》一事，《韓詩外傳》一事，皇甫謐《高士傳》三事，《越絶書》記李園一事甚異，而正文遺逸。引《戰國策》者，司馬貞《索隱》五事，《廣韻》七事，《玉篇》一事，《太平御覽》二事，《元和姓纂》一事，《春秋後語》二事，《後漢地理志》一事，《後漢》第八贊一事，《藝文類聚》一事，《北堂書鈔》一事，徐廣注《史記》一事，張守節《正義》一事，舊《戰國策》一事，李善注《文選》一事，皆今本所無也。至如張儀説惠王，乃韓非子初見秦書；厲憐王引詩，乃《韓詩外傳》。既無古書可以考證，第歎息而已。」（吴師道《戰國策校注》卷末。吴師道識云：「右此序題姚寬撰，有手寫附于姚注本者，文皆與宏序同，特疏列逸文加詳。考其歲月，則在後，乃知姚氏兄弟皆嘗用意此書。寬所注者，今未之見，不知視宏又何如也。因全録，著之左方，以俟博考者。」）

高似孫《子略》卷三《戰國策》云：「班固稱太史公取《戰國策》《楚漢春秋》、陸賈《新語》作《史記》，三書者，一經太史公采擇，後之人遂以爲天下奇書。予惑焉。每讀此書，見其叢脞少倫，同異錯出，事或著於秦、齊，又復見於楚、趙，言辭謀議，如出一人之口，雖劉向校定，卒不可正其淆駁，會其統歸。故是書之汩，有不可而辨者。」

按,《史記》所采《戰國策》事,容齋所云九十三則,范祥雍《戰國策傳本源流考》(《范祥雍文史論文集》)謂容齋「當是依據曾鞏校定本而來,未經細核」。鄭良樹統計有一百四十九處。(參鄭良樹《論帛書本戰國策的分批及命名》,載《竹簡帛書論文集》)

18 范曄漢志

沈約作《宋書・謝儼傳》曰:「范曄所撰十志,一皆託儼。搜撰隨畢①,遇曄敗,悉蠟以覆車。宋文帝令丹陽尹徐湛之就儼尋求,已不復得,一代以爲恨。其志今闕。」曄本傳載曄在獄中與諸生姪書曰:「既造《後漢》,欲遍作諸志,《前漢》所有者悉令備。雖事不必多,且使見文得盡,又欲因事就卷内發論,以正一代得失,意復不果。」〔一〕此説與《儼傳》不同,然《儼傳》所云乃范《紀》第十卷公主注中引之〔二〕,今《宋書》卻無,殊不可曉。劉昭《注補志》三十卷,至本朝乾興元年,判國子監孫奭始奏以備前史之闕。故淳化五年監中所刊《後漢書》凡九十卷,惟《帝后紀》十卷,《列傳》八十卷,而無《志》云。《新唐書・藝文志》:「劉昭《補注後漢書》五十八卷。」不知昭爲何代人。所謂《志》三十卷,當在其中也〔三〕。

【校勘】

①「隨」,馬本、庫本、祠本作「垂」。

【箋證】

〔一〕《宋書》卷六九《范曄傳》。

〔二〕《後漢書》卷一〇下《后紀下》。

〔三〕陳振孫《直齋書録解題》卷四正史類有《後漢志》三十卷。《解題》云：「晉祕書監河内司馬彪紹統撰，梁剡令平原劉昭宣卿補注。蔚宗本書，隋、唐《志》皆九十七卷，今書《紀》《傳》共九十卷，蓋未嘗有《志》也。劉昭所注，乃司馬彪《續漢書》之八志爾。序文固云：『范《志》今闕，乃借舊《志》注以補之。』其與范氏《紀》《傳》自别爲一書。其後《紀》《傳》孤行，而《志》不顯。至本朝乾興初，判國子監孫奭始建議校勘，但云補亡補闕，而不著其爲彪書也。《館閣書目》乃直以百二十卷並稱蔚宗撰，益非是。今考章懷注所引稱《續漢志》者，文與今《志》同，信其爲彪書不疑。」

《四庫全書總目》卷四五《後漢書》提要：「今本八志，凡三十卷，别題梁剡令劉昭注。據陳振孫《書録解題》，乃宋乾興初判國子監孫奭建議校勘，以昭所注司馬彪《續漢書志》與范書合爲一編。《宋志》惟載劉昭《補注後漢志》三十卷，（郁之按，《宋史》卷二〇三《藝文志》）而彪書不著録，是至宋僅存其《志》，故移以補《後漢書》之闕。其不曰《續漢志》而曰《後漢志》，是已並入范書之稱矣。考洪邁《容齋隨筆》已誤以八志爲范書。」又同書卷一一八《容齋隨筆》提要：「如謂劉昭注《後漢書》五十八卷，《補志》當在其中，而不知所注乃司馬彪《續漢書志》，章懷太子以《後漢書》無志，移補其缺。」

張元濟《校史隨筆・後漢書》「志不當夾入紀傳間」條：「《志》三十卷，爲司馬彪所撰。其先本自單行。《崇文總目》《郡齋讀書志》均作《後漢書》九十卷、《志》三十卷。《直齋書録解題》亦云：『《後漢書》九十卷、《後漢志》三十卷。』其與《紀》《傳》合刊者，始於孫奭之奏請。洪邁《容齋四筆》：（即本條，略。）是可證也。前校班《書》時，獲見乾興元年中書門下牒國子監文一通，即孫奭以劉昭注司馬彪《志補》、章懷注范《書》故事，更足徵信。是本《列傳》卷一，大題《後漢書》十一，直接《皇后紀》第十，循序而下，至《後漢書》九十而止。《志》三十卷，均無大題，與《紀》《傳》全不銜接，當猶是淳化、乾興舊式。然目録則已以《志》羼入《紀》《傳》之間，兩不相應，殊不可解。」

按，劉昭字宣卿，平原高唐人，天監初，起家奉朝請，歷爲宣惠豫章王、中軍臨川王記室。遷通直郎，出爲剡令。《集注後漢》一百八十卷。詳《梁書》卷四九本傳。徐文靖《管城碩記》卷二〇：「容齋博矣，而云不知昭爲何代人，何也？」李慈銘《越縵堂讀書記》八《文學》「容齋隨筆」條：「（容齋）言不知劉昭爲何代人，則洪氏所見本無劉昭注補自序一篇，明代南監本所刻始有之，其所據底本勝於洪氏所見也。」

19 繕修犯土

今世俗營建宅舍，或小遭疾厄，皆云犯土。故道家有謝土司章醮之文〔一〕。按《後漢書·來歷傳》所載：「安帝時皇太子驚病不安，避幸乳母野王君王聖舍。太子廚監邴吉以爲聖舍新繕修，犯土禁，不可久御。」然則古有其説矣〔二〕。

【箋證】

〔一〕《夷堅志》支乙卷四《李商老》：「廬山李商老，因修造犯土，舉家無問男女長少，皆病腫，求醫不效，乃浄掃室宇，令家人各齋心焚香，誦《熾盛光咒》，以禳所忤。未滿七日，商老夜夢白衣老翁騎牛在其家，地忽陷，旋没入。明日，病者盡愈。始知此翁蓋作祟者，疑爲土宿中小神云。」

〔二〕王充《論衡》卷二五《解除篇》：「世間繕治宅舍，鑿地掘土，功成作畢，解謝土神，名曰『解土』。爲土偶人，以像鬼形，令巫祝延，以解土神。已祭之後，心快意喜，謂鬼神解謝，殃禍除去。如討論之，乃虚妄也。」

容齋四筆卷二 二十則

1 諸家經學興廢

稚子問漢儒所傳授諸經〔一〕，各名其家，而今或存或不存，請書其本末爲《四筆》一則。乃爲采摭班史及陸德明《經典釋文》並它書，删取綱要，詳載於此〔二〕。《周易》傳自商瞿始，至漢初，田何以之顓門。其後爲施讎、孟喜、梁丘賀之學，又有京房、費直、高相三家。至後漢，高氏已微，晉永嘉之亂，梁丘之《易》亡。孟、京、費氏人無傳者，唯鄭康成、王弼所注行于世。江左中興，欲置鄭《易》博士，不果立，而弼猶爲世所重。韓康伯等十人並注《繫辭》，今唯韓傳。《尚書》自漢文帝時伏生得二十九篇，其後爲大小夏侯之學。古文者，武帝時出於孔壁，凡五十九篇，詔孔安國作傳，遭巫蠱事，不獲以聞，遂不列於學官，其本殆絕，是以馬、鄭、杜預之徒皆謂之《逸書》。王肅嘗爲注解，至晉元帝時，《孔傳》始出，而亡《舜典》一篇，乃取肅所注《堯典》分以續之，學徒遂盛。及唐以來，馬、鄭、王注遂廢，今以孔氏爲正云。《詩》自子夏之後，至漢興，分而爲四，魯申公曰《魯詩》，齊轅固生曰《齊詩》，燕韓嬰曰《韓詩》，皆列博士。《毛詩》者出於河間人大毛公，爲之故訓，以授小毛公，爲獻王博士，以不在漢朝，不列於學。鄭衆、賈逵、馬融皆作《詩》注，及鄭康成作箋，三家遂廢。《齊詩》久亡，《魯詩》不過江東，《韓詩》雖在，人無傳者，唯《毛詩》鄭箋獨立國學，今所遵用。漢高堂生傳《士禮》十七篇，即今之《儀禮》也。《古禮經》五十六篇，后蒼傳十七篇，曰《后氏曲臺記》，所餘三十九篇名爲《逸禮》。戴德删《古禮》二百四篇爲八十五篇，謂之《大戴禮》，戴聖又删爲四十九篇，謂之《小戴禮》。馬融、盧植考諸家異同，附戴聖篇章，去其煩重及所缺略而行於世，即今之《禮記》也。王莽時，劉歆始建立《周官經》，以爲《周禮》，在《三禮》中最爲晚出。左氏爲《春秋傳》，又有公羊、穀梁、鄒氏、夾氏。鄒氏無師，夾氏無書。《公羊》興於景帝時，《穀梁》盛於宣帝時，而《左氏》終西漢不顯，迨章帝，乃令賈逵作訓詁，自是《左氏》大興，二傳漸微矣。《古文孝經》二十二章，世不復行，只用鄭注十八章本。《論語》三家：《魯論語》者，魯人所傳，即今所行篇次是也；《齊論語》者，齊人所傳，凡二十二篇；《古論語》者，出自孔壁，凡二十一篇。各有章句。魏何晏集諸家之説爲《集解》，今盛行於世。

【箋證】

〔一〕稚子，即《容齋四筆序》「日日立案旁，必俟草一則乃退」之稚子櫰。

〔二〕所取班史，指《漢書·藝文志》。所取《經典釋文》，指《序録·注解傳述人》一節。

2 漢人姓名

西漢名人如公孫弘、董仲舒、朱買臣、丙吉、王褒、貢禹，皆有異世與之同姓名者。《戰國策》及《吕氏春秋》，齊有公孫弘，與秦王、孟嘗君言者〔一〕。明帝時，又有幽州從事公孫弘，交通楚王英，見於《虞延傳》〔二〕。高祖時，又有謁者貢禹〔三〕。梁元帝時，有武昌太守朱買臣、尚書左僕射王褒〔四〕。後漢安帝時，有太子廚監邴吉〔五〕。南齊武帝之子巴東王子響爲荊州刺史，要直閣將軍董蠻與同行，蠻曰：「殿下癲如雷，敢相隨耶？」子響曰：「君敢出此語，亦復奇癲。」上聞而不悦曰：「人名『蠻』，復何容得醖藉。」乃改爲仲舒。謂曰：「今日仲舒，何如昔日仲舒？」答曰：「昔日仲舒，出自私庭；今日仲舒，降自先帝。以此言之，勝昔遠矣。」然此人後不復見〔六〕。

【箋證】

〔一〕見《戰國策》卷一一《齊四》，《吕氏春秋》卷一二《不侵》。

〔二〕《後漢書》卷六三《虞延傳》。

〔三〕《漢書》卷七四《魏相傳》：「謁者貢禹冬。」師古曰：「高帝時自有一貢禹也。」

〔四〕此朱買臣、王褒，並見《資治通鑑》卷一六五《梁元帝紀下》，承聖二年。

胡應麟《少室山房筆叢》卷四《玉壺遐覽三》：「漢有二王褒，一字子淵，武帝時人，即上《聖主得賢臣頌》者，末謂『奚必偃仰屈伸若彭祖，噫吁呼吸如喬松哉』，蓋諷武帝之學仙，其識趣非道家者流也。一字子登，元帝時人，遇華山異人得道，治王屋山，號清虚真人。又，後周王褒字子淵，唐人避高祖諱易爲子深，亦能文章工詩，是有三王褒也。然《後漢・郊祀志》又有王褒姓名，非武、元二帝時以文學道術顯者，是漢自有三王褒也。」

徐文靖《管城碩記》卷二〇《史類三》辨訂之，云：「按《前漢書・王褒傳》，褒字子淵，蜀人也。宣帝時，益州刺史王襄奏褒有軼材，上乃徵褒。既至，詔褒爲《聖主得賢臣頌》。元瑞以褒爲武帝時人，謬矣。《郊祀志》或言益州有金馬碧雞之神，可醮祭而致，於是遣諫議大夫王褒使持節而求之，此即上《得賢臣頌》者。本傳亦載其事，曰：『宣帝使褒往祀焉。』乃謂非武、元二帝以文學道術顯者，皆謬。又按《元帝紀》初元元年，臨遣光禄大夫褒等十二人循行天下，不著姓。洪容齋《四筆》云：『元帝時，有武昌太守朱買臣、尚書左僕射王褒。』蓋謂梁元帝也。《梁書・王規傳》：子褒，字子漢，七歲能屬文，外祖司空袁昂愛之。大寶二年，世祖命徵褒赴江陵。元帝承聖二年，遷尚書右僕射，其年遷左僕射，三年江陵陷，入于周。《唐書・宰相世系表》：王褒字子淵，後周光禄大夫，後避唐諱，改子深。據此，則《規傳》云『字子漢』，當亦後人所改，而所謂『元帝時有左僕射王褒』者，是乃梁元，非漢元也。」

余寅《同姓名録》卷二《朱買臣三》：「梁元帝時兩朱買臣。一稱宣猛將軍，奉帝密旨，害豫章王楝及其二弟橋、樛，後禦魏師，又敗績者。（郁之按，見《梁書》卷五《文帝紀》，當即元帝時之武昌太守也。）一稱閹人，以宗懍、黄羅漢不肯遷建鄴，按劒乞斬二人以謝天下，又請帝潰圍出就任約者。是兩買臣也。閹似正，宣猛似諛忍。」

〔五〕《後漢書》卷六《順帝紀》。

余寅《同姓名録》卷六《邴吉二》：「《前漢》丙吉原從邑，作『邴』，今書皆作『丙』，省文耳。」

〔六〕《南史》卷四四《齊武帝諸子列傳·魚復侯子響傳》。

余寅《同姓名録》卷一「董仲舒三」條：「一漢江都王太傅，一蜀青城山隱士，一齊直閤將軍董蠻。」

3 輕浮稱謂

南齊陸慧曉，立身清肅，爲諸王長史行事，僚佐以下造詣，必起迎之。或曰：「長史貴重，不宜妄自謙屈。」答曰：「我性惡人無禮，不容不以禮處人。」未嘗卿士大夫，或問其故，慧曉曰：「貴人不可卿，而賤者乃可卿，人生何容立輕重於懷抱！」終身常呼人位〔一〕。今世俗浮薄少年，或身爲卑官，而與尊者言話，稱其儕流，必曰「某丈」。談其所事牧伯監司亦然。至於當他人父兄尊長之前，語及其子孫甥壻，亦云「某丈」。或妄稱宰相執政貴人之字。皆大不識事分者，習慣以然，元非簡傲也〔二〕。予常以戒兒輩云。

【箋證】

〔一〕《南齊書》卷四六《陸慧曉傳》。

〔二〕朱弁《曲洧舊聞》卷一〇《丈人本父友之稱》："丈人本父友之稱，不必婦翁。《漢書·匈奴傳》『漢天子，我丈人行』是也。唐人尤喜稱之。杜子美《上韋左丞》詩曰：『丈人試靜聽。』而不聞子美之婦爲韋氏也。如此比甚多。柳子厚記先友韓退之，其一也。至與之書，乃稱退之十八丈，父友而字之者，以其齒相近乎？近歲之俗，不問行輩年齒，泛相稱必曰丈，不知起自何人，而舉世從之，至儕類相狎，則又冠以其姓曰某丈、某丈，乃反近於輕侮也。"

4 鬼谷子書

鬼谷子與蘇秦、張儀書曰："二足下功名赫赫，但春華至秋，不得久茂。今二子好朝露之榮，忽長久之功，輕喬、松之永延，貴一旦之浮爵。夫女愛不極席，男歡不畢輪，痛哉夫君！"〔一〕《戰國策》楚江乙謂安陵君曰："以財交者，財盡而交絶；以色交者，華落而愛渝。是以嬖女不敝席，寵臣不敝軒。"〔二〕呂不韋説華陽夫人曰："以色事人者，色衰而愛弛。"〔三〕《詩·氓》之序曰："華落色衰，復相棄背。"是諸説大抵意同，皆以色而爲喻。士之嗜進而不知自反者，尚監兹哉！

【箋證】

〔一〕晁載之《續談助》卷四：「鬼谷先生與蘇秦、張儀書云：『二君足下，功名赫赫，但華到秋，不得久茂，日數將冬，時訖將老。子獨不見河邊之樹乎？僕御折其枝，波浪激其根，此木非與下人有仇怨，蓋所居者然。子見嵩岱之松柏，華霍之檀，上葉干青雲，下根通三泉，上有猿狖，下有赤豹騏驎，千秋萬歲，不逢斧斤之患，此木非與天下之人有骨肉，亦所居者然。今二子好朝露之榮，棄長久之功，輕喬松之求延，貴一旦之浮爵。夫女愛不極席，男歡不畢輪，痛夫痛夫二君！』」注出《鬼谷先生書》。按，董斯張《廣博物志》卷二一《高逸》引出《録異記》。

〔二〕《戰國策》卷一四《楚一》。

〔三〕《史記》卷八五《吕不韋列傳》。

金埴《不下帶編》卷三，引此鬼谷子、楚江乙、吕不韋三則，末曰：「埴謂一顧傾城，再顧傾國，美女破舌，美男破老，則不祥者莫如色也，古人所以爲喻。」

5 有美堂詩

東坡在杭州作《有美堂會客詩》，頷聯云：「天外黑風吹海立，浙東飛雨過江來。」讀者疑海不能立，黄魯直曰：「蓋是爲老杜所誤。」因舉《三大禮賦·朝獻太清宫》云「九天之雲下垂，四海之水皆立」以告之〔一〕。二者皆句語雄峻，前無古人。坡和陶《停雲》詩有「雲屯九河，雪立三江」之句，亦用此也〔二〕。

【箋證】

〔一〕《三大禮賦》之《朝獻太清宫賦》，《杜詩詳注》卷二四。《有美堂會客詩》，即《有美堂暴雨》，《東坡全集》卷五。

蔡條《西清詩話》卷中：「杜少陵文自古奥，如『九天之雲下垂，四海之水皆立。』『忽翳日而翻萬象，卻浮空而留六龍。』『萬舞凌亂，又似乎春風壯而江海波，其語皆磊落驚人。或言無韻者不可讀，是大不然。東坡《有美堂》詩：『天外黑風吹海立，浙西飛雨過江來。』蓋出此。或謂東坡不喜老杜古文，今復何如？余謂不示人以璞之意。嘗有客遊有美堂，坐上誦此句，或曰：『「風吹海立」，世間豈有是理？』此尤可笑也。」吴曾《能改齋漫録》卷七《事實》「海水立」條，先引《西清詩話》，接云：「長水校尉關子陽謂『天去人尚遠，而黑風吹海』，蓋東坡博極群書，兼用乎此。」馬永卿《嬾真子》卷五：「或者妄易『立』爲『至』，只可一笑。」

〔二〕《和停雲四首》之二，《東坡全集》卷三一。

潘德輿《養一齋詩話》卷九：「坡公《有美堂》詩『天外黑風吹海立』，用杜公《三大禮賦》『四海之水皆立』可也。若和陶《停雲》詩『雪立三江』，容齋又以爲用此賦，此恐係蘇公自造字句，容齋臆斷用杜，可乎？」

6 張天覺小簡

張天覺熙寧中爲渝州南川宰。章子厚經制夔夷，狎侮州縣吏，無人敢與共語。部使者念獨張可亢之，檄至夔。子厚詢人才，使者以告，即呼入同食，張著道士服，長揖就坐。子厚肆意大言，張隨機折之，落落出其上，子厚大喜，延爲上客。歸而薦諸王介甫，遂得召用〔一〕。政和六年，張在荆南，與子厚之子致平一帖云：「老夫行年七十有四，日閲佛書四五卷，早晚食米一升、麵五兩、肉八兩，魚、酒佐之，以此爲常，亦不服煖藥，唯以呼吸氣晝夜合天度而已。數數夢見先相公，語論如平生，豈其人在天仙間，而老夫定中神游或遇之乎？嗟乎，安得奇男子如先相公者，一快吾胸中哉！」此帖藏致平家〔二〕，其曾孫簡刻諸石。予今年亦七十四歲，姪孫偲於長興得墨本以相示，聊記之云。

【箋證】

〔一〕《宋史》卷三五一《張商英傳》：「張商英，字天覺，蜀州新津人，長身偉然，姿采如峙玉，負氣俶儻，豪視一世。調通州主簿。渝州蠻叛，説降其酋，辟知南川縣。章惇經制夔夷，狎侮郡縣吏，無敢與共語，部使者念獨商英足抗之，檄至夔。惇詢人才，使者以商英告，即呼入同食。商英著道士服，長揖就坐。惇肆意大言，商英隨機折之，落落出其上，惇大喜，延爲上客。歸，薦諸王安石，因召對，以檢正中書禮房擢監察御史。」

〔二〕章援，字致平，浦城人，嘉祐四年進士，知湖州，終校書郎。參董斯張《吴興備志》卷五《官師徵》。

7 城狐社鼠

「城狐不灌，社鼠不燻。」謂其所棲穴者得所憑依，此古語也，故議論者率指人君左右近習爲城狐社鼠〔一〕。予讀《説苑》所載孟嘗君之客曰：「狐者人之所攻也，鼠者人之所燻也。臣未嘗見稷狐見攻，社鼠見燻，何則？所託者然也。」「稷狐」之字，甚奇且新〔二〕。

【箋證】

〔一〕按，王敦將爲逆，謝鯤對王敦曰：「隗誠始禍，然城狐社鼠也。」（《晉書》卷四九《謝鯤傳》）魏徵曰：「城狐社鼠皆微物，爲其有所憑恃，故除之猶不易。」（《貞觀政要》卷二《直諫》）王炎《上執政書》：「夫城狐不燻，社鼠不灌。雖以漢宣帝之察，唐玄宗之斷，而左右近習，或得以竊弄威柄。」（《雙溪類稿》卷二二）皆用此意。

〔二〕孟嘗君客之語，見劉向《説苑》卷一一《善説》。按《韓詩外傳》曰：「稷蜂不爇，而社鼠不燻。非以稷蜂、社鼠之神也，其所託者然也。故聖人求賢者以自輔。」（《藝文類聚》卷九七《蟲豸部·蜂》。《翰苑新書前集》卷七〇《託庇》引《韓詩外傳》，又作「稷蜂不攻」。）陸佃《埤雅》卷一一《釋蟲·鼠》引《傳》

曰：「稷蜂不燻，社鼷不灌，蓋其所託有如此者。」

8　用兵爲臣下利

富公奉使契丹，虜主言欲舉兵。公曰：「北朝與中國通好，則人主專其利，而臣下無所獲。若用兵則利歸臣下，而人主任其禍。故北朝群臣爭勸舉兵者，此皆其自謀，非國計也。勝負未可知，就使其勝，所亡士馬，群臣當之歟？抑人主當之歟？」〔一〕是時，《語録》傳於四方〔二〕。蘇明允讀至此，曰：「此一段議論，古人有之否？」東坡年未十歲，在傍對曰：「記得嚴安上書云『今徇南夷，朝夜郎，略薉州，建城邑，深入匈奴，燔其龍城，議者美之，此人臣之利，非天下之長策也。』正是此意。」明允以爲然〔三〕。予又記魏太武時，南邊諸將表稱宋人大嚴，將入寇，請先其未發逆擊之。魏公卿皆以爲當。崔伯深曰：「朝廷群臣及西北守將，從陛下征伐，西平赫連，北破蠕蠕，多獲美女珍寶。南邊諸將聞而慕之，亦欲南鈔以取資財。皆營私計，爲國生事，不可從也。」魏主乃止。其論亦然〔四〕。

【箋證】

〔一〕事詳《宋史》卷三一三《富弼傳》。

蘇軾《富鄭公神道碑》亦載此事，云：「慶曆二年，（遼國）聚重兵境上，遣其臣蕭英、劉六符來聘。兵既壓境，而使來非時，中外忿之。仁宗皇帝曰：『契丹吾兄弟之國，未可棄也。其有以大鎮撫之。』命宰相擇報聘者。上命御史中丞賈昌朝館伴，不許割地，而許增歲幣，且命公報聘。既至，六符館之，往反十數，皆論割地必不可狀，及見虜主問故，虜主曰：『南朝違約，塞雁門，增塘水，治城隍，籍民兵，此何意也？羣臣請舉兵而南，寡人以謂不若遣使求地，求而不獲，舉兵未晚也。』公曰：『北朝忘章聖皇帝之大德乎？澶淵之役，若從諸將言，北兵無得脱者。凡北朝與中國通好，則人主專其利而臣下無所獲。若用兵，則利歸臣下，而人主任其禍。故北朝諸臣爭勸用兵者，此皆其身謀，非國計也。』北主驚曰：『何謂也？』公曰：『晉高祖欺天叛君，而求助於北，末帝昏亂，神人棄之。是時中國狹小，上下離叛，故契丹全師獨克，雖多獲金幣，充牣諸臣之家，而壯士健馬，物故太半，此誰任其禍者？今中國提封萬里，所在精兵以百萬計，法令修明，上下一心，北朝欲用兵，能保其必勝乎？』曰：『不能。』公曰：『勝負未可知，就使其勝，所亡士馬，羣臣當之歟？抑人主當之歟？若通好不絶，歲幣盡歸人主，臣下所得止奉使者歲一二人耳，羣臣何利焉？』北主大悟，首肯者久之。」（《東坡全集》卷八七）

〔二〕《宋史》卷二〇三《藝文志》有富弼《奉使語録》二卷，又《奉使別録》一卷。陳振孫《直齋書録解題》卷七《傳記類》有富弼《奉使別録》一卷，解題稱弼「慶曆使契丹，歸爲《語録》以進，機宜事節則具於此録。」

程大昌《考古編》卷一〇《以征伐利歸臣下利不歸人主説和》條，引嚴安上書武帝、唐武德五年高祖遣鄭元璹往諭突厥頡利之語，接云：「富韓公慶曆和議，世傳援此意爲説，虜遂就和。然韓公前、後《語録》皆不載此語，不知説者本何書。予嘗辨之。」

〔三〕馬永卿編《元城語録》卷下：「（劉安世）先生曰：『某之北歸，與東坡同途，兩舟相銜，未嘗三日不相見。嘗記東坡自言，少年時與其父並弟同讀《鄭公使北語録》，至於説大遼國主云：「用兵則士馬物故，國家受其害，爵賞日加，人臣享其利。故凡北朝之臣勸用兵者，乃自爲計，非爲北朝計也。」遼主明知利害所在，故不用兵。三人皆歎其言，以爲明白而切中事機。時老蘇謂二子曰：「古人有此意否？」東坡對曰：「嚴安亦有此意，但不如此明白。」老蘇笑以爲然。』先生又云：『前輩讀書，例皆如此，故謂之學問，必見於用乃可貴，不然，即腐儒爾。武帝時嚴安上疏諫用兵，其略云：「今徇南夷，朝夜郎，深入匈奴，燔其龍城，議者美之，此人臣之利，非天下之長策也。」鄭公之言，其源出於此。』」

周煇《清波雜志》卷一，先引蘇氏父子對話一節，接云：「煇觀《三國志·顧雍傳》，孫權時沿邊諸將各欲立功自效，多陳便宜，有所掩襲。權以訪雍。雍曰：『兵法戒於小利，此等所陳，欲邀功名而爲其身，非爲國也。』又讀《通鑑》唐武德五年，突厥犯邊，鄭元璹詣頡利，説之曰：『唐與突厥風俗不同，突厥雖得唐地，不能居也。今虜掠所得，皆入國人，於可汗何有？不如旋師，復修和好，可無跋涉之勞，坐受金幣，又皆入可汗府庫，孰與棄昆仲積年之歡而結子孫無窮之怨乎？』頡利悦，引兵還。開元六年，吐蕃求和，忠王友皇甫惟明求奏事，從容言和親之利，明皇未然，惟明力言邊境有事，則將吏得以因緣盜匿官物，妄述功狀，以取勳爵，此皆奸臣之利，非國家之福，乃許其和。蓋皆祖述嚴安之言也。後東坡載其説於《鄭公神道碑》之首。」

〔四〕崔伯深事，詳《魏書》卷三五《崔浩傳》。趙與旹《賓退録》卷六，録《四筆》本條，接云：「余謂嚴、崔之説皆陳於其君，非若富公以和戰利害別白於異域而能見聽。獨唐鄭元璹使突厥，謂頡利曰：『今掠資財，劫人口，皆入所部，可汗一不得，豈若仆旗接好，則金玉重幣一歸可汗？』頡利當其言，時自將攻太原，遽引還。正與富公之事合。文敏偶忘之，何邪？然富公豈蹈襲他人之語者，蓋理之所在，古今所同，推誠以告之，雖蠻貊之邦，行矣。」

9 誌文不可冗

東坡爲張文定公作墓誌銘，有答其子厚之一書云：「志文路中已作得太半，到此百冗未絶筆，計得十日半月乃成。然書大事略小節，已有六千餘字，若纖悉盡書，萬字不了，古無此例也。知之知之。」蓋當時恕之意但欲務多耳。又一帖云：「志文謁告數日方寫得了，謹遣持納。衰病眼眩，辭翰皆不佳，不知可用否。」今誌文正本凡七千一百字，銘詩百六十字云〔一〕。予鄉士作一列大夫小郡守行狀九千言，衢州士人詣闕上書二萬言，使讀之者豈不厭倦？作文者宜戒之〔二〕。坡帖藏梁氏竹齋，趙晉臣鐫石於湖南憲司楚觀〔三〕。

【箋證】

〔一〕《東坡全集》卷八八《張文定公墓誌銘》。張方平，字安道，自號樂全居士，謚文定，事迹具《宋史》卷三一八本傳。

張恕，字厚之。蘇軾《張厚之忠甫字説》：「張厚之忠甫，樂全先生子也，美才而好學，信道而篤志。先生名之曰恕，而其客蘇軾子瞻和仲推先生之意，字之曰厚之，又曰忠甫。」（《東坡全集》卷九二）。

〔二〕平步青《霞外攟屑》卷七上《宋文冗長》引李安溪云：「文字扯長，起於宋人，長便薄。太公《丹書》，行幾多大禮，説出來才只四句。箕子《洪範》，三才具備，才一千四十三字。老子《道德經》，不知講出他的多少道理，才只五千言。宋人一篇策，便要萬言，是何意思！」

〔三〕梁氏竹齋，未詳。趙晉臣，辛棄疾《稼軒詞》有「趙晉臣敷文」，相與唱和，應即其人，蓋嘗爲敷文閣學士也。

10 趙殺鳴犢

《漢書·劉輔傳》：「谷永等上書曰：『趙簡子殺其大夫鳴犢，孔子臨河而還。』」張晏注曰：「簡子欲分晉國，故先殺鳴犢，又聘孔子。孔子聞其死，至河而還也。」顔師古曰：「《戰國策》説二人姓名云：鳴犢、鐸犨。而《史記》及《古今人表》並以爲鳴犢、竇犨。蓋

『鐸』『犢』及『竇』，其聲相近，故有不同耳。今永等指鳴犢一人，不論竇犨也。」〔一〕韓退之《將歸操》亦云：「孔子之趙，聞殺鳴犢作。」〔二〕予案今本《史記·孔子世家》，乃以爲竇鳴犢、舜華〔三〕。《説苑·權謀篇》云：「晉有澤鳴、犢犨。」〔四〕其不同如此。

【箋證】

〔一〕《漢書》卷七七《劉輔傳》。顏師古注。

王應麟《困學紀聞》卷六：「《晉語》：竇犨對趙簡子曰：『君子哀無人，不哀無賄；哀無德，不哀無寵；哀名之不令，不哀年之不登。』味其言，見其賢矣。《史記》：孔子將西見趙簡子，聞竇鳴犢之死，臨河而歎。《索隱》云：『鳴犢，犨字。』《通鑑外紀》於周敬王二十八年書簡子殺鳴犢，三十年書竇犨對簡子，誤也。」按，是王應麟亦以鳴犢、竇犨爲一人。

〔二〕《琴操十首》之《將歸操》，序云：「孔子之趙，聞殺竇鳴犢作。」見《五百家注昌黎文集》卷一。蔡寬夫曰：「按，『竇鳴犢』，《孔叢子》作『鳴犢竇犨』。《戰國策》作『鳴犢鐸犨』。《新序》作『犢犨鐸鳴』。或又作『鳴鐸竇犨』。諸説不同，未知孰是。」

〔三〕《史記》卷四七《孔子世家》「聞竇鳴犢舜華之死也」句下，裴駰《集解》：「徐廣曰：或作『鳴鐸竇犨』，又作『竇鳴犢、舜華』也。」司馬貞《索隱》：「《家語》云：『聞趙簡子殺竇犨鳴犢及舜華。』《國語》云：『鳴鐸竇犨』。則竇犨字鳴犢，聲轉字異，或作鳴鐸。慶華當作舜華。諸説皆同。」

〔四〕《説苑》一三《權謀》：「趙簡子曰：『晉有澤鳴、犢犨，魯有孔丘，吾殺此三人，則天下可圖也。』於是，乃召澤鳴、犢犨，任之以政，而殺之。使人聘孔子於魯。孔子至河，臨水而觀，曰：『美哉，水洋洋乎，丘之不濟於此，命也。』」

11 五帝官天下

漢蓋寬饒奏封事，引《韓氏易傳》言：「五帝官天下，三王家天下，家以傳子，官以傳賢，若四時之運，成功者去。」坐指意欲求禪而死〔一〕。故或云自後稱天子爲「官家」，蓋出於此。今世無《韓氏易》，諸家注釋《漢書》，皆無一語〔二〕。惟《説苑・至公篇》云：「秦始皇帝既吞天下，召群臣議：五帝禪賢，三王世繼，孰是？博士鮑令之對曰：『天下官，則選賢是也；天下家，則世繼是也。故五帝以天下爲官，三王以天下爲家。』始皇帝歎曰：『吾德出于五帝，吾將官天下，誰可使代我後者！』」此説可以爲證，輒記之以補《漢》注之缺。蔣濟《萬機論》亦有「官天下」「家天下」之語〔三〕。

【箋證】

〔一〕「韓氏易傳」，徐堅《初學記》卷一〇、《太平御覽》卷一四六《皇親部》，均引作《韓詩外傳》。

〔二〕《漢書》卷七七《蓋寬饒傳》。王應麟《漢藝文志考證》卷一《易・韓氏二篇》：「韓嬰亦以《易》

授人，推《易》意而爲之傳。燕、趙間好《詩》，故其《易》微。唯韓氏自傳之。涿郡韓生，其後也，曰：『所受《易》即先太傅所傳也。』嘗受《韓詩》，不如《韓氏易》深。蓋寬饒從受焉。寬饒封事，引《韓氏易傳》言：『五帝官天下，三王家天下。』」

〔三〕高承《事物紀原》卷一《帝王后妃部》「官家」條：「劉向《説苑》，鮑白令之對秦始皇曰：『天下官則讓賢，天下家則世繼，故曰五帝以天下爲官，三王以天下爲家。』蔣濟《萬機論》曰：『五帝官天下，故傳之賢；三王家天下，故傳之子。』今指天子爲『官家』，則猶言帝王也。其義始諸此。僧文瑩《湘山野録》曰：『真宗問李仲容：「何故謂天子曰官家？」遽對云：「蔣濟言三皇官天下，五帝家天下，兼三五之德，故曰官家。」』爲小異爾。按《晉書·五行志》，安帝義熙初，童謡曰：『官家養蘆化作荻。』則晉末之語，已云然矣。隋、唐之前，稍云大家，自兹世以稱至尊也。」

按，蔣濟字子通，楚國平阿人。事迹具《三國志·魏志》卷一四本傳，謂：「濟上《萬機論》，帝善之。入爲散騎常侍。」《隋書·經籍志》雜家載《蔣子萬機論》八卷，注蔣濟撰。《新唐書·藝文志》作十卷，《直齋書録解題》作二卷。逸文見嚴可均輯《全三國文》卷三三。錢鍾書《管錐編》第三册《全上古三代秦漢三國六朝文·全三國文卷三三》：「洪邁《容齋四筆》卷二考『官家』，引蓋寬饒封事、《説苑》等，亦及《萬機論》。嚴氏此輯，卻無其語。」

12 黄帝李法

《漢書·胡建傳》："《黄帝李法》。"蘇林曰："獄官名也。《天文志》：『左角，李；右角，將。』"顏師古曰："李者，法官之號也，其書曰《李法》。"〔一〕《唐·世系表》："李氏自皋陶爲堯大理，歷虞、夏、商，世世作此官，以官命族爲理氏。至紂之時，逃難於伊侯之墟，食木子得全，遂改『理』爲李氏。"〔二〕予案今本《漢書·天文志》，騎官，"左角，理"，乃用"理"字，而《史記·天官書》則爲"李"。《説苑》載胡建事，亦爲"理法"〔三〕。然則"理""李"一也。故《左傳》數云"行李往來"。杜預注曰："行李，使人也。"至鄭子産與晉盟于平丘，則曰："行理之命。"注亦云："行理，使人通聘問者。"其義益明〔四〕。皋陶作大理，傳子孫不改，迨商之季，幾千二百年，世官久任，倉氏、庫氏不足道矣〔五〕。《表》系疑不可信。

【箋證】

〔一〕《漢書》卷六七《胡建傳》。

王應麟《漢藝文志考證》卷八《兵陰陽·黄帝十六篇》，引《管子》："后土爲李。"（按《管子·五行篇》。）房玄齡注："李，獄官也，取使象水之平也。"

〔二〕《新唐書》卷七〇上《宗室世系表》。李延壽《北史》卷一〇〇《序傳第八十八》：「李氏之先，出自帝顓頊高陽氏。當唐堯之時，高陽氏有才子曰庭堅，爲堯大理，以官命族，爲理氏。歷夏、殷之季。其後理徵字德靈，爲翼隸中吳伯，以直道不容，得罪于紂。其妻契和氏，攜子利貞逃隱伊侯之墟，食木子而得全，遂改理爲李氏。」

〔三〕羅璧《識遺》卷七《老彭》：「《姓苑》著皋陶爲理官，因以理命族。古字『理』『李』通用，故《左傳》『行李』『行理』無二。夏、商時，已有李氏。姓氏書有李。新、舊《唐書》乃皆謂老子生李下，遭亂，饑食木子得生，因姓李。葛洪《神仙傳》又謂老子無父母，姓李，皆無爲妄説也。」

〔四〕二事分別見《左傳》僖公三十年、昭公十三年。

《説苑》卷一五《指武》。「黄帝李法」作「黄帝理法」。

吴曾《能改齋漫録》卷五《辨誤》「行李」條：「唐李濟翁《資暇集》論行李云：『李字除果名、地名、人姓之外，更無別訓義也。《左傳》：「行李之往來。」杜不研窮意義，遂注云：「行李，使人也。」遂俾今見遠行約束次第謂之行李，而不悟是行使爾。按舊文使字作㞢，傳寫之誤，誤作李焉。舊文使字，山下人，人下子。』以上皆濟翁説。予按，左氏僖公三十年：『若舍鄭以爲東道主，行李之往來，共其乏困。』杜預注云：『行李，使人。』襄公八年：『亦不使一介行李，告於寡君。』杜預注云：『一介，獨使也。行李，行人也。』昭公十三年：『行理之命，無月不至。』杜預注云：『行理，使人通聘問者。』蓋李、理字異，爲義則同。《周語》：『行理以節逆之。』賈逵云：『理，吏也。小行人也。』孔晁注《國語》，其本亦作李字，注云：『行李，行人之官也。』然則兩字通用，本多作理。訓之爲吏，故爲行人、使人。濟翁以岑字作使，而專以爲使，是矣。若行理之命，亦可以一例作岑字乎？殊不知李、理字通用，故《管子·五行篇》曰：『黄帝得后土而辨於北方，故使爲李。』又曰：『冬李也。』注云：『李，獄官也。』乃知古昔多以『李』爲『理』。』黄生《字詁》「杍理」條：「按治木之杍（即李字），本與治玉之理同音。古本《尚書》，梓字作杍也。先儒不知此即李字變體，故誤从子音，因改作梓。疑《周禮》梓人字皆後人所改也。理、李（即杍字），皆有治義，故古書用『理』字亦通作『李』。」

〔五〕皋陶作大理，詳《史記》卷一《五帝本紀》。

13 抄傳文書之誤

今代所傳文書，筆吏不謹，至於成行脱漏。予在三館假庾自直《類文》，先以正本點檢，中有數卷皆以後板爲前，予令書庫整頓，然後録之〔一〕。他多類此。周益公以《蘇魏公集》付太平州鏤板，亦先爲勘校。其所作《東山長老語録序》云：「側定政宗，無用所以爲用；因蹄得兔，忘言而後可言。」以上一句不明白，又與下不對，折簡來問。予憶《莊子》曰：「地非不廣且大也，人之所用容足爾。然而廁足而墊之致黄泉，知無用而後可以言用矣。」始驗「側定政宗」當是「廁足致泉」，正與下文相應，四字皆誤也〔二〕。因記曾紘所書陶淵明《讀山海經》詩云：「形夭無千歲，猛志固常在。」疑上下文義若不貫，遂取《山海經》參校，則云：「刑天，獸名也，口中好銜干戚而舞。」乃知是「刑天舞干戚」，故與下句相應，五字皆訛。以語友人岑公休、晁之道，皆撫掌驚歎，亟取所藏本是正之。此一節甚類蘇集云〔三〕。

【箋證】

〔一〕《新唐書》卷六〇《藝文志》有庾自直《類文》三百七十七卷。《宋史》卷二〇九《藝文志》著録爲三百六十二卷。周必大《乾道庚寅奏事録》：「有書號《類文》，隋時集兩漢以來古文，多今時所無，如曹植文尤衆，植集中未嘗載。」

〔二〕蘇頌《蘇魏公文集》卷六七《東山長老語録序》。

〔三〕按《朱子語類》卷一四〇《論文下・詩》：「或問：『形夭無千歲』改作『形天舞干戚』，如何？曰：《山海經》分明如此説，惟周丞相不信改本。向薌林家藏邵康節親寫陶詩一册，乃作『形夭無千歲』。周丞相遂跋尾，以康節手書爲據，以爲後人妄改也。向家子弟攜來求跋。某細看亦不是康節親筆，疑熙豐以後人寫，蓋贋本也。蓋康節之死，在熙寧二三年間，而詩中避畜諱，則當是熙寧以後書。然筆畫嫩弱，非老人筆也，又不欲破其前説，遂還之。」按，朱熹謂「周丞相不信改本」，見周必大《二老堂詩話》「陶淵明山海經詩」條，云：「江州《陶靖節集》末載：『宣和六年，臨溪曾紘謂靖節《讀山海經》詩其一篇云：「形夭無千歲，猛志固常在。」疑上下文義不貫，遂按《山海經》有云「刑天，獸名，口銜干戚而舞」，以此句爲「刑天舞干戚」，因筆畫相近，五字皆訛。岑穰、晁詠之撫掌稱善。」予謂紘説固善，然靖節此題十三篇，大槩篇指一事，如前篇終始記夸父，則此篇恐專説精衛銜木填海，無千歲之壽，而猛志常在，化去不悔。若並指刑天，似不相續。又況末句云：『徒設在昔心，良晨詎可待。』何預干戚之猛邪？」

張宗祥《鐵如意館讀書札記》「陶集疑問」條，先引《四筆》所載曾紘之説，繼引吴瞻泰《陶詩彙注》云：「吾友汪洋度著論云，曾氏以一己臆見，非確。據舊時佳本流傳至今，不勝詞費。『形夭』句乃一篇點睛處，上下義未嘗不貫，『填海』正須待『千歲』也。『志在』與『形夭』應，『故』字又與『無』字應。摻入『刑天』則第二句爲不了語，第四句爲無根語矣。若以舞干戚爲猛，而銜木填海者其猛何如？『化去』即承『形夭』。『徒設在昔心』，因形夭故也。『良辰詎可待』，暗與『無千歲』應。至『同物』句，不敢强爲之解，然必謂精衛與刑天爲同，亦屬牽合。」

14 二十八宿

二十八宿，宿音秀。若考其義，則止當讀如本音。嘗記前人有説如此，《説苑·辯物篇》曰：「天之五星，運氣於五行，所謂宿者，日月五星之所宿也。」其義昭然〔一〕。

【箋證】

〔一〕馬永卿《嬾真子》卷三：「二十八宿，今《韻略》所呼，與世俗所呼，往往不同。《韻略》：宿音繡，亢音剛，氐音低，觜音訾。皆非也。何以言之？二十八宿，謂之二十八舍，又謂之二十八次。次也，舍也，皆有止宿之意。今乃音綉，此何理？」

王世貞《弇州四部稿》卷一六一《宛委餘編六》：「若二十八宿音秀，則洪景盧以爲當如本音，且引《説苑・辨物篇》曰：『天之五星，運氣於五行，所謂宿者，日月五星之所宿也。』按宿之音秀，北音誤之。蓋元人詞曲皆入秀字去上韻，至宿州之宿，則入徐字，而以近徐州故，別呼爲南徐州。北音之謬若此。」

徐昂發《畏壘筆記》卷三《宿》：「洪氏《隨筆》謂二十八宿，宿音秀，若考其義，則止當讀如本音。愚案《史記・孝武紀》『遂至東萊宿留之』，《索隱》曰：『音秀溜。宿留，遲待之意。若依字讀，則言宿而留，亦是有所待，並通。』案此則宿字如字讀，與音秀其義正同，不必强分別也。樂天詩有『郎官應列宿』句，讀如本音。」

胡鳴玉《訂譌雜録》卷三《二十八宿》：「二十八宿音肅，俗讀秀，非。古人皆嘗言之。《容齋隨筆》云：（即本條，略。）《嬾真子録》云：（見前引，略。）焦竑云：『星宿，《韻略》音秀，誤也。宿是日月五星之次舍，以止宿爲義。《陰符經》：「天發殺機，移星易宿；地發殺機，龍蛇起陸。」作入聲讀。』（郁之按，焦竑説見《焦氏筆乘續集》卷五《星宿》條。又，謝肇淛《五雜組》卷一亦云：「星宿，宿字俗音秀，然辰之所舍有止宿之義，則音夙亦可也。」亦引《陰符經》爲説，謂「則從夙音久矣」。）玉謂諸説甚是，但援引未至耳。案《史記·天官書》云：『月蝕歲星，其宿地，饑若亡。』又云：『心，則内賊亂也。列星，其宿地憂。』此最是讀肅明徵。以洪文敏、群公之博學而不引以爲證，豈偶忘之耶？然讀爲秀者，亦有所本，但係古人叶韻，非本音也。昌黎《南山》詩『延延離又屬（音竹），夬夬叛還遘。喁喁魚闖（借音寸）萍，落落月經宿。』棲（音西）宿字古，亦有叶秀音讀者。左思《吴都賦》『思假道於豐隆，披重霄而高狩。籠烏兔於日月，窮飛走之棲宿。』」

俞樾《茶香室四鈔》卷一四《宿字音》，引《四筆》本條，接云：「《月令》『宿離不貸』，《釋文》曰：『息六反，徐音秀。』然則陸德明固以息六爲正音，後人讀去聲，乃從徐仙民讀耳。」

15 大觀元夕詩

大觀初年，京師以元夕張燈開宴。時再復湟、鄯，徽宗賦詩賜群臣，其頷聯云：「午夜笙歌連海嶠，春風燈火過湟中。」席上和者皆莫及。開封尹宋喬年不能詩，密走介求援於其客周子雍，得句云：「風生閶闔春來早，月到蓬萊夜未中。」爲時輩所稱。子雍，汝陰人，曾受學於陳無己，故有句法[一]。則作文爲詩者，可無師承乎？

【箋證】

〔一〕陳鵠《耆舊續聞》卷三所載此事同，「周子雍」作「趙子雍」，是。按，趙鱖之字子雍，魏王廷美五世孫。（《宋詩紀事》卷八五）程俱《北山集》卷三有《八音歌贈别趙子雍鯱之二首》。張邦基《墨莊漫録》卷六摘其《春日》絶句云：「拂床欹枕晝初長，好夢驚回燕語忙。深竹有花人不見，直應風轉得幽香。」

宋喬年，字仙民，宰相庠之孫也。《宋史》卷三五六本傳：「崇寧中，提舉開封縣鎮、府界常平，改提點京西北路刑獄。賜進士第，加集賢殿修撰、京畿轉運副使，進顯謨閣待制，爲都轉運使。改開封尹，以龍圖閣學士知河南府。（蔡）京罷相，諫議大夫毛注、御史中丞吴執中交擊之，貶保静軍節度副使，蘄州安置。京復相，還舊官，知陳州，政和三年，卒。」

16　顔魯公帖

顔魯公忠義氣節，史策略盡。偶閲《臨汝石刻》，見一帖云：「政可守，不可不守。吾去歲中言事得罪，又不能逆道苟時爲千古罪人也，雖貶居遠方，終身不恥。汝曹當須謂吾之志不可不守也。」此是獨赴謫地而與其子孫者，無由考其歲月〔一〕。千載之下，使人讀之，尚可畏而仰也。

【箋證】

〔一〕《四庫全書》本《顔魯公集》卷一六《補遺》有《守政帖》，即本篇。留元剛編《顔魯公集年譜》繫在大曆二年丁未。朱關田《顔真卿年譜》亦繫在二年，云：「顔真卿平生三貶，初同州，次蓬州，復峽州，唯峽州由言事獲罪，時在去年二月。《守政帖》當書於赴吉州任上。以『去歲中』云，蓋在本年。」

17 文潞公奏除改官制

自熙寧以來，士大夫資歷之法，日趨於壞，歲甚一歲，久而不可復清。近年愈甚，綜核之制，未嘗能守。偶見文潞公在元祐中任平章軍國重事，宣仁面諭，令具自來除授官職次序一本進呈。公遂具《除改舊制節目》以奏，其一云：「吏部選兩任親民，有舉主，升通判。通判兩任滿，有舉主，升知州、軍，謂之常調。知州、軍有績效，或有舉薦，名實相副者，特擢升轉運使、副、判官，或提點刑獄、府推、判官，謂之出常調。轉運使有路分輕重遠近之差。河北、陝西、河東三路爲重路，歲滿多任三司使、副，或發運使。發運任滿，亦充三司副使。成都路次三路，京東西、淮南又其次，江東西、荆湖、兩浙又次之，二廣、福建、梓、利、夔路爲遠小。已上三等路分，轉運任滿，或就移近上次等路分，或歸任省府判官，漸次擢充三路重任。内提點刑獄，則不拘路分輕重除授。」潞公所奏乃是治平以前常行，今一切蕩然矣〔一〕。京朝官未嘗肯兩任親民，才爲通判，便望州郡。至於監司，既無輕重遠近之間，不復以序升擢云。

【箋證】

〔一〕潞公所奏，詳《續資治通鑑長編》卷四〇四。元祐二年八月癸未，「文彦博奏：『臣近面奉聖旨，具自來除授官職次序一本進呈。臣略具《除改舊制節目》如後。』」云云。容齋所引「不拘路分輕重除授」句之下，接云：「轉運使、副，省府判官，或逐急藉才差知大藩鎮者，其歸亦多任三司副使，或直除修撰、待制者。三司副使歲滿，即除待制。有本官是前行郎中、少卿，或除諫議大夫者；有資淺而除集賢殿修撰充都發運使，後亦除待制。三院御史，舊制多是兩任通判已上舉充，歲滿多差充省府判官；或諸路轉運副使累遷至三路，歲滿充三司副使，又歲滿除待制、御史。或言事稱職，公論所推，即非次拔擢，繫自特恩。正言、司諫，自來遷擢無定制。或兼帶館職，文行著聞，或議論識體，方正敢言，朝廷所知，臨時不次擢用，本無常法。三館職事，本育才待用之地，例當在館久任其間，資地人品素高者，除修起居注，（即今起居郎、舍人。）遇知制誥有闕，即試補。（即今中書舍人。）已上並舊制甄别資品履歷次第除注之法，與今來官制或小異而大同，更乞與三省參詳進呈。」是月乙酉，詔三省參詳資品履歷，按新舊制除授。潞公所奏，又見《文潞公文集》卷二九《奏除改舊制》。

18 待制知制誥

慶曆七年，曾魯公公亮，自修起居注除天章閣待制。時陳恭公獨爲相，其弟婦王氏，冀公孫女，曾出也。當月旦出拜，恭公迎語之曰：「六新婦，曾三做從官，想甚喜。」應聲對曰：「三舅荷伯伯提挈，極歡喜，只是外婆不樂。」恭公問故，曰：「外婆見三舅來謝，責之曰：汝第五人及第，當過詞掖，想是全廢學，故朝廷如此處汝。」恭公默然自失，後竟改知制誥。蓋恭公不由科第，不諳典故，致受譏於女子。而此女對答之時，元未嘗往外家也，其警慧如此〔一〕。國家故事，修注官次補必知制誥，惟趙康靖公以歐陽公位在下而欲先遷，司馬公以力辭三字，皆除待制〔二〕。其雜壓先後可見云〔三〕。

【箋證】

〔一〕陳鵠《耆舊續聞》卷三：「陳恭公執中當國時，曾魯公由修起居注除待制、群牧使。恭公弟婦，王冀公孫女，曾出也。歲旦拜恭公，恭公迎謂：『六新婦，曾三除從官，喜否？』王固未嘗歸外家，輒答曰：『三舅甚荷相公收録，但太夫人不樂，責三舅曰：汝三人及第，（郁之按，李心傳《舊聞證誤》亦作「三人及第」。）必是全廢學，丞相媢家備知之，故除待制也。』恭公默然。未幾，改知制誥。蓋恭公不由科舉，失於夷考也。女子之警敏，有如此者。」李心傳《舊聞證誤》卷二：「按曾魯公自修注當遷舍人，時首相賈文元與曾皆陳崇公堯咨之壻，以親嫌爲請，乃除待制。慶曆五年也。明年，文元罷，曾復爲舍人。趙所記差誤。」郁之按，所云「趙記」，或即趙槩《見聞録》（見《宋史・藝文志》）。

〔二〕「三字」，即「知制誥」之別稱。按《三筆》卷一二《侍從兩制》：「舍人官未至者，則云知制誥，故稱美之爲『三字』。」《四筆》卷一五《官稱别名》：「知制誥爲三字。」而據《宋史》卷三三六《司馬光傳》：「進知制誥，固辭，改天章閣待制兼侍講，知諫院。」光所辭者，正是「知制誥」，亦即「三字」也。

〔三〕趙昇《朝野類要》卷二《稱謂》：「雜壓：以官職混序進遷之列，以定品秩高下，序其列位。」趙康靖公，槩。《宋史》卷三一八《趙槩傳》：槩「召修起居注。歐陽修後至，朝廷欲驟用之，難於越次。槩聞，請郡，除天章閣待制。」《宋史》卷三一九《歐陽修傳》：「同修起居注，遂知制誥。故事，必試而后命，帝知修，詔特除之。」

19　裴行儉景陽

裴行儉爲定襄道大總管，討突厥。大軍次單于北，暮已立營，塹壕既周，更命徙營高岡。吏白：「士安堵，不可擾。」不聽，促徙之。比夜，風雨暴至，前占營所，水深丈餘，衆莫不駭歎。問何以知之，行儉曰：「自今第如我節制，毋問我所以知也。」〔一〕案《戰國策》云：「齊、韓、魏共攻燕，楚王使景陽將而救之。暮舍，使左右司馬各營壁地，已植表，景陽怒曰：『女所營者水皆至滅表，此焉可以舍？』乃令徙。明日大雨，山水大出，所營者水皆滅表，軍吏乃服。」〔二〕二事正同，而景陽之事不傳。

【箋證】

〔一〕《新唐書》卷一〇八《裴行儉傳》。李綱《梁溪集》卷一四六《迂論二·論裴行儉李晟行師》：「夫營塹地卑，則水所鍾，使無風雨則已，萬一有之，必致沉溺之虞。此行儉所以必徙而適與風雨會。其曰無問我所以知者，可謂能假天道以行其令矣。此固衆人之所弗及也。大將之術當如此。」

〔二〕《戰國策》卷三一《燕三》。按《漢書·藝文志》兵形勢有《景子》十三篇。沈欽韓《漢書疏證》卷二六《藝文志》「景子十三篇」條即引《戰國策》此事。又引《淮南·氾論》：「景陽淫酒被髮，而御於婦人，威服諸侯。」

20 北人重甘蔗

甘蔗只生於南方，北人嗜之而不可得。魏太武至彭城，遣人於武陵王處求酒及甘蔗〔一〕。郭汾陽在汾上，代宗賜甘蔗二十條〔二〕。《子虛賦》所云：「諸柘巴且。」諸柘者，甘蔗也①。蓋相如指言楚雲夢之物〔三〕。漢《郊祀歌》「泰尊柘漿」，亦謂取甘蔗汁以爲飲〔四〕。

【校勘】

①「蔗」，馬本、庫本、祠本作「柘」。

【箋證】

〔一〕《魏書》卷五三《李孝伯傳》。又見《資治通鑑》卷一二五《宋文帝紀》，元嘉二十七年。

〔二〕代宗賜郭汾陽甘蔗事，未詳所出。《宋史全文》卷二五下，孝宗乾道七年，虞允文奏：「郭子儀所得上賜甘蔗幾條、柑子幾顆，人主以此示恩意耳。今諸將受陛下厚恩，未有以報。」上曰：「郭子儀有大功於唐，今諸將孰有子儀功，賜予誠是不可輕也。」季羨林《唐代的甘蔗種植與製糖術》（復旦大學中文系編《選堂文史論苑——饒宗頤先生任復旦大學顧問教授紀念文集》）以爲此事出宋江亭《搜采異聞録》卷五。按《搜采異聞録》一書，實是節略《容齋隨筆》之僞書。江亭，應是「永亭」之誤。辨詳《四庫全書總目》卷一二六。

按，《文苑英華》卷六三二常衮《謝賜甘蔗芋等狀》：「右今月某日，喬甘至奉宣恩命，賜苑中所種甘蔗及芋等，其形豐，其味甘，曲被生成之恩，宛同吴、蜀之物。過蒙頒錫，伏用驚喜。」又云：「他邦之産，歸上苑而咸植。」考衮遷中書舍人、禮部侍郎及拜相，皆在代宗時，其受賜亦當在此際。蓋當時頗以獲賜甘蔗爲殊榮。

〔三〕司馬相如《子虛賦》，李善注《文選》卷七。「巴且」，作「巴苴」。賦中有鋪寫雲夢澤一節，故云指言雲夢之物。參《四筆》卷一《雲夢澤》。汪師韓《文選理學權輿》卷七：「《史記》相如《子虛賦》『諸柘猼且』。《漢書》作『諸蔗巴且』。」

〔四〕《漢書》卷二二《禮樂志》，《郊祀歌》十九章之《景星》：「泰尊柘漿析朝酲」。應劭曰：「柘漿，取甘柘汁以爲飲也。酲，病酒也。析，解也。言柘漿可以解朝酲也。」

容齋四筆卷三十六則

1 韓退之張籍書

韓公集中有《答張籍》二書，其前篇曰：「吾子所論，排釋、老不若著書。若僕之見，則有異乎此，請待五六十然後爲之。吾子又譏吾與人爲無實駁雜之説，此吾所以爲戲耳。若商論不能下氣，或似有之。博塞之譏，敢不承教！」後篇曰：「二氏行乎中土，蓋六百年，非可以朝令而夕禁，俟五六十爲之未失也。謂吾與人商論不能下氣，若好勝者。雖誠有之，抑非好己勝也，好己之道勝也。駁雜之譏，前書盡之。昔者夫子猶有所戲，烏害於道哉？」大略籍所論四事：乞著書、譏駁雜、諫商論好勝及博塞也。今得籍所與書，前篇曰：「漢之衰，浮圖之法入中國，黄、老之術，相沿而熾。盍爲一書，以興存聖人之道？執事多尚駁雜無實之説，使人陳之前以爲歡，此有累於盛德。又商論之際，或不容人之短，如任私尚勝者，亦有所累也。況爲博塞之戲與人競財乎？廢棄日時，不識其然。願絶博塞之好，棄無實之談，弘廣以接士，嗣孟軻、揚雄之作，使聖人之道，復見於唐。」後篇曰：「老、釋惑於生人久矣，執事可以任著書之事。君子汲汲於所欲爲，若皆待五十六十而後年二十有九，十五年爲徐州推官，時年三十有二，年位未盛，籍未以師禮事之云〔二〕。

執事，不曰先生。考其時，乃云「執事參於戎府」。按，韓公以貞元十二年爲汴州推官，時每見其説，則拊抃呼笑，是撓氣害性，不得其正矣。」〔一〕籍之二書，甚勁而直，但稱韓公爲有所爲，則或有遺恨矣。君子發言舉足，不遠於禮，未聞以駁雜無實之説以爲戲也。執事

【箋證】

〔一〕韓愈《答張籍》二書，即《答張籍書》《重答張籍書》（《五百家注昌黎文集》卷一四）。張籍遺韓公二書，附後，又見張籍《張司業集》卷八。

〔二〕「執事參於戎府」句，見《重與韓退之書》，即第二書。答張籍二書，方崧卿《韓文年表》繫在十二年。羅聯添《張籍年譜》（《唐代詩文六家年譜》）繫在十四年，云：「案退之答籍第一書云：『薄晚須到官府』，籍遺退之第二書云：『今執事雖參於戎府，當四海弭兵之際，優游無事。』公府，戎府，並謂汴州。退之從事汴州自貞元十二年秋至十五年正月。而籍以貞元十三年冬至汴，本年秋離汴入京，書當在本年去汴後不久作。又據華忱之《孟郊年譜》，郊以本年冬作計南歸，明年春自汴適蘇，退之第二書云：『孟君（東野）將有所適。』益可證籍遺退之書為作於本年去汴州之後。」

2 韓公稱李杜

《新唐書·杜甫傳贊》曰：「昌黎韓愈於文章重許可，至歌詩，獨推曰：『李、杜文章在，光焰萬丈長。』誠可信云。」予讀韓詩，其稱李、杜者數端，聊疏於此。《石鼓歌》曰：「少陵無人謫仙死，才薄將奈石鼓何？」《酬盧雲夫》曰：「高揖群公謝名譽，遠追甫、白感至誠。」《薦士》曰：「勃興得李、杜，萬類困凌暴。」《醉留東野》曰：「昔年因讀李白、杜甫詩，長恨二人不相從。」《感春》曰：「近憐李、杜無檢束，爛漫長醉多文辭。」並《唐志》所引，蓋六用之〔一〕。

【箋證】

〔一〕「唐志」，當即指《新唐書·杜甫傳贊》。

朱翌《猗覺寮雜記》卷上：「李杜詩，當時名公皆心服。退之云：『勃興得李杜，萬類困凌暴。』又云：『少陵無人謫仙死，才薄將奈石鼓何。』又云：『昔年曾讀李白杜甫詩，常恨二人不相從。』又云：『李杜文章在，光焰萬丈長。』又云：『遠追甫、白感至誠。』」容齋本條蓋即從朱翌筆記引發之。

3 此日足可惜

韓退之《此日足可惜一首贈張籍》，凡百四十句，雜用東、冬、江、陽、庚、青六韻。及其亡也，籍作詩祭之，凡百六十六句，用陽、庚二韻，其語鏗鏘震厲，全倣韓體。所謂「乃出二侍女，合彈琵琶筝」者是也〔一〕。

【箋證】

〔一〕歐陽修《六一詩話》：「余獨愛其（韓愈）工於用韻也。蓋得其韻寬，則波瀾横溢，泛入傍韻，乍還乍離，出入回合，殆不可拘以常格，如《此日足可惜》之類是也。得韻窄，則不復傍出，而因難見巧，愈險愈奇，如《病中贈張十八》之類是也。余嘗與聖俞論此，以謂譬如善馭良馬者，通衢廣陌，縱横馳逐，惟意所之；至於水曲蟻封，疾徐中節，而不少蹉跌，乃天下之至工也。聖俞戲曰：『前史言退之爲人木强，若寬韻可自足而輒傍出，窄韻難獨用而反不出，豈非其拗强而然歟？』坐客皆爲之笑也。」胡震亨《唐音癸籤》卷一一《評彙七》：「韓愈最重字學，詩多用古韻，如《元和聖德》及《此日足可惜》詩全篇一韻，皆古叶兼用。其贈張籍詩云：『時來問形聲。』（郁之按，韓愈《題張十八所居》：「端來問奇字。」）知籍亦留心韻學者，乃籍詩獨不甚用古韻，惟《祭愈》詩七陽用至八十三韻，古韻幾於用盡，卻無一韻不押得穩帖，視愈之每每强押者過之。」趙翼《甌北詩話》卷三：「昌黎古詩用韻，有通用數韻者，有專用一韻者。今按《此日足可惜》一首，通用東、冬、江、陽、庚、青六韻；此外如《元和聖德詩》，通用語、麌、馬、有、哿五韻；《孟東野失子》詩，通用先、寒、删、真、文、元六韻，餘可類推。其用窄韻，亦不止《病中贈張十八》一首，如《陪杜侍御游湘西兩寺》一首。又《會合聯句》三十四韻，洪容齋謂除『蠓』『蛹』二字，《韻略》未收，餘皆不出二腫之内。今按『蠓』『蛹』二字，《唐韻》本收在三腫，則皆本韻也。」

4　粉白黛黑

韓退之爲文章，不肯蹈襲前人一言一句。故其語曰：「惟陳言之務去，戛戛乎其難哉！」〔一〕獨「粉白黛緑」四字〔二〕，似有所因。《列子》：「周穆王築中天之臺，簡鄭、衛之處子娥媌靡曼者，粉白黛黑以滿之。」〔三〕《戰國策》張儀謂楚王曰：「鄭、周之女，粉白黛黑，立於衢閭，見者以爲神。」〔四〕屈原《大招》：「粉白黛黑，施芳澤只。」司馬相如：「靚莊刻飾。」郭璞曰：「粉白黛黑也。」〔五〕《淮南子》：「毛嬙、西施，施芳澤，正娥眉，設笄珥，衣阿錫，粉白黛黑，笑目流眺。」〔六〕韓公以「黑」爲「緑」，其旨則同。

【箋證】

〔一〕《答李翊書》。見《五百家注昌黎文集》卷一六。

〔二〕《送李愿歸盤谷序》。見《五百家注昌黎文集》卷一九。張端義《貴耳集》卷下：「粉白黛黑。《戰國策》張儀曰：『鄭、周之女，粉白黛黑。（注云：黛，黑。）非知而見之者以爲神。』《漢武故事》曰：『上起明光宫，發燕、趙美女二千人充之。皆自然美麗，不使粉白黛黑。』又《楚辭・大招》曰：『粉白黛黑，施芳澤只。』惟韓文公《送李愿歸盤谷序》乃云『粉白黛緑』。東坡《答王定國書》：『粉白黛緑者，係君火宅中狐狸、射干之流，願以道眼看破。』方變黑爲緑字。」

〔三〕《列子·周穆王》。

〔四〕《戰國策》卷一六《楚三》。

〔五〕《漢書》卷五七上《司馬相如傳》。顔師古注。

〔六〕《淮南子·修務訓》。

5 李杜往來詩

李太白、杜子美在布衣時，同游梁、宋，爲詩酒會心之友。以杜集考之，其稱太白及懷贈之篇甚多，如「李侯金閨彦，脱身事幽討」，「南尋禹穴見李白，道甫問訊今何如」，「李白一斗詩百篇，自稱臣是酒中仙」，「近來海内爲長句，汝與山東李白好」，「昔者與高、李，晚登單父臺」，「李侯有佳句，往往似陰鏗①」，「憶與高、李輩，論交入酒壚」，「白也詩無敵，飄然思不群」，「昔年有狂客，號爾謫仙人」，「落月滿屋梁，猶疑照顔色」，「三夜頻夢君，情親見君意」，「秋來相顧尚飄蓬，未就丹砂愧葛洪」，「寂寞書齋裏，終朝獨爾思」，「涼風起天末，君子意如何」，「不見李生久，佯狂真可哀」，凡十四五篇。至於太白與子美詩，略不見一句〔一〕。或謂《堯祠亭别杜補闕》者是已，乃殊不然。杜但爲右拾遺，不曾任補闕，兼自諫省出爲華州司功，迤邐避難入蜀，未嘗復至東州。所謂「飯顆山頭」之嘲，亦好事者所撰耳〔二〕。

【校勘】

①「陰」原作「金」，據馬本、庫本、祠本改。

【箋證】

〔一〕胡仔《苕溪漁隱叢話後集》卷四引《藝苑雌黄》云：「《洪駒父詩話》言子美集中贈太白詩最多，而李集初無一篇與杜者。按段成式《酉陽雜俎》云李集有《堯祠贈杜補闕》者，即老杜也，不獨飯顆山之句也。予嘗考之太白集中，有《沙丘城下寄杜甫》云：『我來竟何事，高卧沙丘城。城邊有古樹，日夕連秋聲。魯酒不可醉，齊歌空傷情。思君若汶水，浩蕩向南征。』又有《魯郡東石門送杜二甫》云：『醉别復幾日，登臨徧池臺。何言石門路，重有金樽開。秋波落泗水，海色明徂徠。飛蓬各自遠，且盡手中杯。』洪駒父略不見此何也？」仇兆鰲《杜詩補注》卷下《冬日懷李白》，引《四筆》本條，接云：「今考太白集中有寄少陵二章，一是魯郡石門送杜，一是沙丘城下寄杜，皆一時酬應之篇，無甚出色。亦可見兩公交情，李疎曠而杜剴切矣。至於天寶之後，間關秦、蜀，杜年愈多而詩學愈精，惜太白未之見耳。若使再有贈答，其推服少陵不知當如何傾倒耶。」

〔二〕仇兆鰲《杜詩補注》卷上《太白逸詩》："此詩唐人謂譏其太愁肝腎也。今按李集不載。洪容齋謂是好事者爲之耳。李、杜文章知己，心相推服，斷無此語，且詩詞庸俗，一望而知爲贋作也。"吴景旭《歷代詩話》卷三四《杜詩·懷贈》，引《四筆》本條，按云："『飯顆山』句，胡苕溪亦言李集中無此，疑後人所作。余觀元遺山詩：『山頭杜甫長年瘦，樓上元龍先日豪。』張伯雨詩：『直想瘦生如飯顆，竟從癢處得麻姑。』元人往往用此，亦何不細考也。最可笑者，《鶴林玉露》謂：『李贈杜云："只爲從前作詩苦。"苦之一辭，譏其困琱鐫也。杜寄李云："重與細論文。"細之一辭，譏其欠縝密也。』《遯齋閒覽》謂：『二人名既相逼，不能無相忌。』荆公亦指陰鏗之比爲彼此相軋。容齋獨闢之，良有識。"按孟啓《本事詩·高逸第三》："（李白）戲杜曰：『飯顆山頭逢杜甫，頭戴笠子日卓午。借問別來太瘦生，總爲從前作詩苦。』蓋譏其拘束也。"胡仔《苕溪漁隱叢話後集》卷八："李翰林集亦無此詩，疑後人所作也。"都穆《南濠詩話》："予謂古人嘲戲之作，集中往往不載，不特太白爲然。"

6　李太白怖州佐

李太白《上安州裴長史書》云："白竊慕高義，得趨末塵，何圖謗言忽生，衆口攢毁，將恐投杼下客，震於嚴威。若使事得其實，罪當其身，則將浴蘭沐芳，自屏於烹鮮之地，惟君侯死生之。願君侯惠以大遇，洞開心顔，終乎前恩，再辱英眄，必能使精誠動天，長虹貫日。若赫然作威，加以大怒，即膝行而前，再拜而去耳。」裴君不知何如人，至譽其「貴而且賢，名飛天京，天才超然，度越作者，稜威雄雄，下慴群物」。予謂白以白衣入翰林，其蓋世英姿，能使高力士脱鞾於殿上，豈拘拘然怖一州佐者邪？蓋時有屈伸，正自不得不爾，大賢不偶，神龍困於螻蟻，可勝歎哉！白此書自叙其平生云：「昔與蜀中友人吴指南同游于楚，指南死於洞庭之上①，白禫服慟哭，炎月伏屍，猛虎前臨，堅守不動，遂權殯於湖側。數年來，觀筋骨尚在，雪泣持刃，躬申洗削，裹骨徒步，負之而趨，寢興攜持，無輟身手，遂丐貸營葬於鄂城。」其存交重義如此。「又與逸人東巖子隱於岷山，巢居數年，不迹城市。養奇禽千計，呼皆就掌取食，了無驚猜。」其養高忘機如此，而史傳不爲書之，亦爲未盡〔一〕。

【校勘】

①「同游于楚指南」六字，據馬本、祠本補。

【箋證】

〔一〕裴長史，名不詳。詹鍈《李白詩文繫年》謂李白此《書》作於開元十八年，三十歲時。郁賢皓《李白選集》：「本文自叙生平説『迄於今三十春矣』，故學術界多認爲此《書》作於三十歲時，即開元十八年（七三〇）。」

7 祝不勝詛

齊景公有疾，梁丘據請誅祝史。晏子曰：「祝有益也，詛亦有損。聊、攝以東，姑、尤以西，其爲人也多矣。雖其善祝，豈能勝億兆人之詛？」〔一〕晉中行寅將亡，召其太祝欲加罪，曰：「子爲我祝，齋戒不敬，使吾國亡。」祝簡對曰：「今舟車飾，賦斂厚，民怨謗詛多矣。苟以爲祝有益於國，則詛亦將爲損，一人祝之，一國詛之，一祝不勝萬詛，國亡不亦宜乎，祝其何罪？」〔二〕此二説若出一口，真藥石之言也。

【箋證】

〔一〕《左傳》昭公二十年。汪中《述學》内篇二《左氏春秋釋疑》：「隨侯以牲牷肥腯粢盛豐備，謂可信於神。季良以爲民神之主也，聖王先成民而後致力於神，民和而神降之福。齊侯疾，梁邱據請誅於祝固、史嚚，晏子以爲祝不勝詛。由是言之，左氏之言鬼神未嘗廢人事也。」

〔二〕《新序·雜事第一》。

8 吕子論學

《吕子》曰：「天生人而使其耳可以聞，不學，其聞則不若聾；使其目可以見，不學，其見則不若盲；使其口可以言，不學，其言則不若瘖；使其心可以智，不學，其智則不若狂。故凡學非能益之也，達天性也，能全天之所生，而勿敗之，可謂善學者矣。」〔一〕此説甚美，而罕爲學者所稱，故書以自戒。

【箋證】

〔一〕《新序·雜事第五》。按，此所引《吕子》文，見《吕氏春秋》卷四《尊師》篇。

9 曾太皇太后

唐德宗即位，訪求其母沈太后，歷順宗，及憲宗時爲曾祖母，故稱爲曾太皇太后，蓋别於祖母也。舊、新二《唐書·紀》皆載之〔一〕。今慈福太皇太后在壽康太上時，已加尊稱，若於主上則爲曾祖母，當用唐故事加「曾」字。向者嘗以告宰相，而省吏以爲典故所無，天子逮事三世，安得有前比，亦可謂不知禮矣〔二〕。又嗣濮王士歆在隆興爲從叔祖，在紹熙爲曾叔祖，慶元爲高叔祖矣，而仍稱皇叔祖如故。士歆視嗣秀王伯圭爲從祖，今圭稱皇伯祖，而歆但爲皇叔祖，乃是弟爾。禮寺亦以爲國朝以來無稱曾、高者。彼蓋不知累朝尊屬元未之有也〔三〕。

【箋證】

〔一〕《舊唐書》卷一四《憲宗紀上》：「（永貞元年）冬十月丙申朔丁酉，集百僚，發曾太皇太后沈氏哀於肅章門外。」又見《新唐書》卷七《本紀第七》。

〔二〕《文獻通考》卷二五二《帝系考三》：「孝宗既受禪，尊憲聖皇后爲皇太后，居德壽宫，上尊號曰壽聖太上皇后。每遇誕節，上詣宫上壽，至朔望，朝上皇畢，入見后，如宫中之儀。乾道七年，加壽聖慈明尊號。淳熙二年，以上皇慶壽禮，又加號壽聖齊明廣慈。十年，后年七十，行慶壽禮。十三年，加尊號備德二字。上皇崩，遺詔改稱皇太后。上欲迎還大内，太后以上皇几筵在德壽宫，不許。因築本殿名慈福。光宗即位，后當爲太皇太后，以壽皇故，更號曰壽聖皇太后。紹熙四年，慶壽八十，加號隆慈備福。孝宗崩，始稱太皇太后。光宗疾不能行喪禮，宰臣請后於壽皇梓宫前垂簾宣光宗手批，立寧宗。慶元元年，加尊號光祐二字。二年，遷居重華宫，易名曰慈福。三年，崩。」後即引《四筆》本條。

〔三〕顧炎武《日知録》卷二四《伯父叔父》：「今之天子稱親王爲叔祖、曾叔祖，甚非古義。《禮》，天子稱同姓諸侯曰伯父、叔父，稱其先君亦曰伯父、叔父。《左傳》昭九年，景王使詹桓伯辭于晉曰『伯父惠公』；十五年，景王謂籍談曰『叔父唐叔』，皆稱其先君爲伯父、叔父之證也。故《禮》有諸父，無諸祖。」原注：「宋時亦有皇叔祖之稱而無高、曾。見《容齋四筆》。」

10 中天之臺

中天之臺有二：其一，《列子》曰：「西極化人見周穆王，王爲之改築宮室，土木之功，赭堊之色，無遺巧焉。五府爲虚，而臺始成。其高千仞，臨終南之上，名曰中天之臺。」〔一〕其一，《新序》曰：「魏王將起中天臺，許綰負操鍤入，曰：『臣能商臺。』王曰：『若何？』曰：『天與地相去萬五千里，今王因而半之，當起七千五百里之臺，高既如是，其趾須方八千里，盡王之地不足以爲臺趾。必起此臺，先以兵伐諸侯，盡有其地，又伐四夷，得方八千里，乃足以爲臺趾。度八千里之外，當定農畝之地，足以奉給王之臺者。臺具以備，乃可以作。』王默然無以應，乃罷起臺。」〔二〕

【箋證】

〔一〕《列子·周穆王》。

〔二〕《新序·刺奢》。按，馬總《意林》卷三所録《説苑》亦有此段文字。

11 實年官年

士大夫敘官閥，有所謂實年、官年兩説，前此未嘗見於官文書〔一〕。大抵布衣應舉，必減歲數，蓋少壯者欲藉此爲求昏地；不幸潦倒場屋，勉從特恩，則年未六十始許入仕，不得不豫爲之圖。至公卿任子，欲其早列仕籍，或正在童孺，故率增擡庚甲有至數歲者。然守義之士，猶曰兒曹甫策名委質，而父祖先導之以挾詐欺君，不可也。比者以朝臣屢言，年及七十者不許任監司、郡守，搢紳多不自安，争引年以決去就。江東提刑李信甫，雖春秋過七十，而官年損其五，堅乞致仕，有旨官年未及，與之外祠。知房州章騆六十八歲，而官年增其三，亦求罷去。諸司以其精力未衰，援實爲請，有旨聽終任。知嚴州秦焴乞祠之疏曰：「實年六十五，而官年已踰七十。」遂得去。齊慶胄寧國乞歸，亦曰：「實年七十，而官年六十七。」於是實年、官年之字，形於制書，播告中外，是君臣上下公相爲欺也。掌故之野甚矣，此豈可紀於史録哉〔二〕？

【箋證】

〔二〕按，增年損年，宋前實已有之。《三國志·魏志》卷一五《司馬朗傳》：「十二試經爲童子郎。監試者以其身體壯大，疑朗匿年，劾問，朗曰：『朗之内外，累世長大。朗雖稚弱，無仰高之風。損年以求早成，非志所爲也。』」《梁書》卷一《武帝紀》：「俗長浮競，人寡退情。若限歲登朝，必增年就宦。」《宋書》卷九一《何子平傳》：「子平曰：『公家正取信黄籍，籍年既至，便應扶侍私庭，何容以實年未滿，苟冒榮利。且歸養之願，又切微情。』」則官年、實年不相符之現象，漢、魏間已有之，至南朝已屢見不鮮矣。又考《通典》卷三三《職官十五》「致仕官」條，引《大唐令》有云：「籍年雖少，形容衰老者，亦聽致仕。」白居易《照鏡》詩：「皎皎青銅鏡，班班白絲鬢。豈復更藏年，實年君不信。」（《白氏長慶集》卷九）《舊唐書》卷一八下《宣宗紀》大中十年三月中書門下奏：「近日諸道所薦送者，多年齒已過，僞稱童子，考其所業，又是常流。起今日後，望令天下州府薦送童子，並須實年十一、十二已下」云云。《五代會要》卷二一《選事下》：長興二年五月二十六日，中書奏言諸色承出身及童子及第，有「擡年限歲」者。

〔二〕岳珂《愧郯録》卷六《官年實年》：「今世出仕者，年至二十，始許涖官，纔登七旬，即合致仕，或不得謝，則亦隔去磨勘，弗許遷陟。又有舉人年及該恩，則或得封敘選調，滿六衮礙格，則不得注令宰丞掾之屬。利害互出，故世俗多便文自營。年事稍尊者，率損之以遠垂車；襁褓奏官者，又增之以覬速仕。士夫相承，遂有官年、實年之別。間有位通顯者，或陳情於奏牘，間亦不以爲非。珂考之祖宗時，此事亦有明禁。《國朝會要》，治平四年五月二十八日，詔劾內殿崇班郭繼勳增加歲數情罪以聞，以其陳乞楚州監，當自言出職日，實嘗增十歲也。祖宗之懲欺僞亦嚴矣。繼勳雖終以不欺，意其出職之名，或階胥史，而進楚州之監，當必緣其年之高而不得授，所以復自言而匄損焉。此則增損惟己，尤不可以不懲者。若今陳情，率是告老引年而後及之，大非求進之比，固不可以爲據。要之，官年、實年，差別爲二，形之表章，其語亦不雅馴也。」

12 雷公炮炙論

《雷公炮炙論》載一藥而能治重疾者，今醫家罕用之，聊志於此。其説云：「髮眉墮落，塗半夏而立生。目辟眼瞷，有五花而自正。腳生肉栨，裩繫菪根①。囊皺旋多，夜煎竹木。體寒腹大，全賴鸕鷀。血泛經過，飲調瓜子。咳逆數數，酒服熟雄②。遍體癧風，冷調生側。腸虚泄利，酒假草零。久渴心煩，宜投竹瀝。除癥去塊，全仗硝、硇。益食加觴，須煎蘆、朴。强筋健骨，酒是蓯、鱓。駐色延年，精蒸神錦。知瘡所在，口點陰膠。産後肌浮，甘皮酒服。腦痛，鼻投硝末。心痛，速覓延胡。」凡十八項。謂眉髮墮落者，煉生半夏莖，取涎塗髮落處，立生。五花者，五加皮也③，葉有雄雌，三葉爲雄，五葉爲雌，須使五葉者作末，酒浸用之，目瞷者正。腳有肉栨者，取莨菪根，繫裩帶上，永痊。多小便者，煎萆薢服之，永不夜起。若患腹大如鼓，米飲調鸕鷀末服，立枯如故。血泛行者，搗甜瓜子仁作末去油，飲調服之，立絶。咳逆者，天雄炮過，以酒調一錢，匕服。癧風者，側子（附子傍生者）作末，冷酒服。虚泄者，搗五倍子末，熟水下之。癥塊者，以硇砂、硝石二味，乳鉢中研作粉，同煆了，酒服，神效。不飲者，並飲酒少者，煎逆水蘆根並厚朴二味，湯服之。蓯蓉並鱓魚作末，以黄精酒圓服之④，可力倍常十也⑤。黄精自然汁拌細研神錦，於柳木甑中，蒸七日了，以蜜圓服，顔貌可如幼女之容色。陰膠即是甑中氣垢，點少許於口中，即知藏府所起，直徹至住處知痛，足可醫也。產後肌浮，酒服甘皮立枯。頭痛者，以硝石作末，内鼻中，立止。心痛者，以延胡索作散，酒服之〔一〕。

【校勘】

①「若」，原作「宕」，據馬本、庫本、祠本改。②「熟」，原作「熱」，據馬本、庫本、祠本改。③「五」，原作「玉」，據馬本、庫本、祠本改。④「酒」，馬本、庫本、祠本作「汁」。⑤「十」，馬本、庫本、祠本作「日」。

【箋證】

〔一〕趙希弁《郡齋讀書後志》卷二：「《雷公炮炙》三卷。右宋雷斆撰，胡洽重定。述百藥性味、炮熬煮炙之方。其論多本之于乾寧晏先生。斆稱内究守國安正公，當是官名，未詳。」《四筆》此則所引《雷公炮炙論》及解説，均見唐慎微《證類本草》卷一《雷公炮炙論序》，可參。

13 治藥捷法

藥有至賤易得，人所常用，而難於修製者，如香附子、菟絲子、艾葉之類。醫家味其節度，或終日疲勞而不能成。《本草》云：「凡菟絲子，暖湯淘汰去沙土，漉乾，煖酒漬，經一宿，漉出，暴微白，搗之，不盡者，更以酒漬，經三五日乃出，更曬微乾，搗之須臾悉盡，極易碎。」〔一〕蓋以其顆細難施工，其説亦殊勞費。然自有捷法，但撚紙條數枚寘其間，則馴帖成粉。香附子洗去皮毛，炒之焦熟，然後舉投水鉢内，候浸漬透徹，漉出，暴日中微燥，乃入搗臼，悉應手糜碎①。艾葉柔軟不可著力，若入白茯苓三五片同碾，則即時可作細末。

【校勘】

①「糜」原作「縻」，據馬本、庫本、祠本改。

【箋證】

〔一〕所引《本草》，見唐慎微《證類本草》卷一。

14　陳翠説燕后

趙左師觸龍説太后，使長安君出質，用愛憐少子之説以感動之。予嘗論之於《隨筆》中。其事載於《戰國策》《史記》《資治通鑑》〔一〕。而《燕語》中又有陳翠一段，甚相似。云：「陳翠合齊、燕，將令燕王之弟爲質於齊，太后大怒曰：『陳公不能爲人之國，則亦已矣，焉有離人子母者！』翠遂入見后，曰：『人主之愛子也，不如布衣之甚也，非徒不愛子也，又不愛丈夫子獨甚。』太后曰：『何也？』對曰：『太后嫁女諸侯，奉以千金。今王願封公子，群臣曰：「公子無功不當封。今以公子爲質，且以爲功而封之也。」太后弗聽，是以知人主之不愛丈夫子獨甚也。且太后與王幸而在，故公子貴；太后千秋之後，王棄國家，而太子即位，公子賤於布衣。故非及太后與王封公子，則終身不封矣。』太后曰：『老婦不知長者之計①。』乃命爲行具。」〔二〕此語與觸龍無異，而《史記》不書，《通鑑》不取，學者亦未嘗言〔三〕。

【校勘】

①「不」原爲墨丁，據馬本、庫本、祠本補。

【箋證】

〔一〕《戰國策》卷二一《趙四》、《史記》卷四三《趙世家》、《資治通鑑》卷五《周赧王紀下》。參《隨筆》卷一三《諫説之難》。

〔二〕《戰國策》卷三〇《燕二》。

〔三〕黄震《黄氏日抄》卷五二《讀雜史二·戰國策》：戰國亂世，士生其間，始習爲揣摩之術。「今考其所謂揣摩大要，不過合從、離横之兩端。要其節目，又不過獻地於彼，取償於此，或陰合以緩兵，或中立以乘弊之數説，展轉相因，無非故智，投機輒用，有同套括。如馮章之獻漢中以紿楚，即張儀之獻商於紿齊；如陳翠之説燕太后以質子，即左師讋之説趙太后以質子；獻珥立后，昭惠所用伺楚，即薛公所嘗伺齊；夜行自喻，段產所用説新城君，即白珪所嘗説新城君。忠妾進酒之喻，蘇秦既嘗用之以鉗燕，蘇代又復用之以鉗燕。王斗説齊宣王爲冠必使工，爲國不使工而使便僻；魏牟説趙爲冠必待工，爲天下不待工而使幼艾；他日客有謂買馬必待工者，亦此類也。淳于髡謂兔犬俱斃而田父取之，蘇代謂蚌鷸相持而漁人得之，他日陳軫謂兩虎既斃、一舉盡得者，皆此類也。甚至道聞土梗之鄙語，蘇秦既施於孟嘗，再施於李兑。脅以他有美女之細術，張儀先用於鄭褎以取金，後用於鄭褎以脱身。儀、秦之於戰國，所謂傑然其間，爲游説宗師者，且一説而一身襲用之，況於其餘，固可槩見，特以天下分裂，辨説交馳，此之不容，彼之必售，一時諸侯，不得不屈以聽之。」

范祥雍《戰國策箋證》卷三〇《燕二》「陳翠合齊燕」條，引吴師道云：「此與觸讋説趙威后同。戰國所載事多如此，然觸讋言尤婉切，所以人多稱之。」又引于鬯云：「此與《趙策》載觸讋語雖中間不同，要當一事而並存傳疑。然則燕噲、燕昭即不論可矣。」

15 燕非强國

北燕在春秋時最爲僻小，能自見於中國者，不過三四，大率制命於齊。七雄之際，爲齊所取，後賴五國之力，樂毅爲將，然後勝齊，然卒於得七十城不能守也〔一〕。故蘇秦説趙王曰：「趙北有燕，燕固弱國，不足畏也。」〔二〕燕王曰：「寡人國小，西迫强秦，南近齊、趙，齊、趙彊國也。」又曰：「天下之戰國七，而燕處弱焉，獨戰則不能，有所附則無不重。」昭王謂郭隗曰：「孤極知燕弱小，不足以報齊。」蘇代曰：「一齊之彊，燕猶不能支。」奉陽君曰：「燕，弱國也，東不如齊，西不如趙。」趙長平之敗，壯者皆死，燕以二千乘攻之，爲趙所敗。太子丹謂荆軻曰：「燕小弱，數困於兵，何足以當秦？」〔三〕楚、漢之初，趙王武臣爲燕軍所得，趙廝養卒謂其將曰：「一趙尚易燕，況以兩賢王，滅燕易矣。」〔四〕彭寵以漁陽叛，即時夷滅〔五〕。十六國之起，戎狄亂華，稱燕稱趙者多矣，未嘗有只據幽、薊之地者也①。獨安禄山以三十年節制之威，又兼領河東，乘天寶政亂，出不意而舉兵，史思明繼之，雖爲天下之禍，旋亦殄滅。至於藩鎮擅地，所謂范陽、盧龍，固常受制於天雄、成德也。劉仁恭、守光父子，僭竊一方，唐莊宗遣周德威攻之，克取巡屬十餘州，如拾地芥〔六〕。石晉割賂契丹，仍其舊國，恃以爲强，然晉開運陽城之戰，德光幾不免〔七〕。周世宗小振之，立下三關〔八〕。但太平興國失於輕舉，又不治敗將喪師之罪，致令披猖，以迄于今〔九〕。若以謂幽、燕爲用武之地，則不然也。

【校勘】

①「只」原爲墨丁，據馬本、庫本、祠本補。

【箋證】

〔一〕《史記》卷三四《燕召公世家》、卷八〇《樂毅列傳》。

蘇轍《古史》卷一一《燕召公世家》：「燕，召公之後，然國於蠻貊之間，禮樂微矣。《春秋》之際，未嘗出與諸侯會盟。至於戰國，亦以耕戰自守，安樂無事，未嘗被兵。文公二十八年，蘇秦入燕，始以縱横之事説之，自是兵交中國，無復寧歲，六世而亡。」

〔二〕《戰國策》卷一九《趙二》。

〔三〕《戰國策》卷二九《燕一》。

〔四〕《史記》卷八九《陳餘列傳》。

〔五〕《後漢書》卷四二《彭寵傳》。

〔六〕《舊五代史》卷二八《唐莊宗紀》，天祐九年。

〔七〕開運陽城之戰，詳《舊五代史》卷八三《晉少帝紀》，開運元年、二年。

〔八〕《新五代史》卷七〇《東漢世家》。

〔九〕《宋史》卷四《太宗紀》：太平興國四年七月癸未，「帝督諸軍及契丹大戰于高梁河，敗績。」《遼史》卷九《景宗紀》：乾亨元年（宋太平興國四年）秋七月癸未，「耶律沙等及宋兵戰于高梁河，少卻；休格、色珍横擊，大敗之。宋主僅以身免，至涿州，竊乘驢車遁去。甲申，擊宋餘軍，所殺甚衆，獲兵仗、器甲、符印、糧饋、貨幣不可勝計。」按，徐乾學《資治通鑑後編》卷九此事下有考異云：「《東都事略》皆不載此事，《續資治通鑑長編》第云：『帝以幽州城踰旬不下，士卒疲頓，轉輸四遠，復恐契丹來救，遂詔班師。』（郁之按，《續資治通鑑長編》卷二〇，太平興國四年七月。）若不知有高梁之役者。此必《實録》忌諱而後人因之也。」《後編》又引吕中曰：「太祖之伐太原也，契丹救之，太宗之收太原也，契丹又救之，則師出有名矣。當太祖示曹翰以圖，而趙普以翰死孰可守爲對，非誠以燕不可取，而且不可守也。是時，河東之寇尚全，江南、閩廣之地未下，太原且不可取，而況燕乎？至我太宗承河北已平之勢，窺遼人可圖之釁，此可取之時矣，然再駕皇輿，三出王師，卒不能取山後之尺地，而敗岐溝，失易州，豈燕之不可收哉？蓋以平河東之後，王師已疲，失於欲速，冒於輕進，不惟燕薊無可取之時，而契丹自是有入寇之心矣。卒之崇、觀，奸臣動欲以此爲繼太祖、太宗之志，而召中原之禍，可勝歎哉！」

16 水旱祈禱

海内雨暘之數，郡異而縣不同，爲守爲令，能以民事介心，必自知以時禱祈，不待上命也。而省部循案故例，但視天府爲節，下之諸道轉運司，使巡内州縣，各詣名山靈祠，精潔致禱，然固難以一槩論。乾道九年秋，贛、吉連雨暴漲。予守贛，方多備土囊，壅諸城門，以杜水入，凡二日乃退。而臺符令禱雨，予格之不下，但據實報之。已而聞吉州於小廳設祈晴道場，大廳祈雨。問其故，郡守曰：「請霽者，本郡以淫潦爲災，而請雨者，朝旨也。」其不知變如此，殆爲侮威神天①，幽冥之下，將何所據憑哉？俚語笑林謂：兩商人入神廟，其一陸行欲晴，許賽以猪頭，其一水行欲雨，許賽羊頭。神顧小鬼言：「晴乾喫猪頭，雨落喫羊頭，有何不可。」正謂此耳。坡詩云：「耕田欲雨刈欲晴，去得順風來者怨。若使人人禱輒遂，造物應須日千變。」〔一〕此意未易爲庸俗道也。

【校勘】

①「侮威」，馬本、祠本作「侮惑」，庫本作「威侮」。

【箋證】

〔一〕蘇軾詩見《泗州僧伽塔》（《東坡全集》卷三）。按，宋人文集每有祈晴、祈雨之文，亦可乩彼時風氣矣。

容齋四筆卷四 十五則

1 今日官冗

元豐中，曾鞏判三班院，（今侍右也。）上疏言：「國朝景德墾田百七十萬頃，官萬員。皇祐二百二十五萬頃，官二萬員。治平四百三十萬頃，官二萬四千員。田日加辟，官日加多，而後之郊費視前一倍。以三班三年之籍較之，其入籍者幾七百人，而死亡免退不能二百，是年增歲溢，未見其止，則用財之端，入官之門，當令有司講求其故，使天下之入如治平，而財之用官之數同景德，以三十年之通，可以餘十年之蓄矣。」〔一〕是時，海內全盛，倉庫多有樁積，猶有此懼。慶元二年四月，有朝臣奏對，極言云：「曩在乾道間，京朝官三四千員，選人七八千員。紹熙二年，四選名籍，尚左，京官四千一百五十九員，尚右，大使臣五千一百七十三員，侍左，選人一萬二千八百六十九員，侍右，小使臣一萬一千三百十五員，合四選之數，共三萬三千五百十六員，冗倍於國朝全盛之際。近者四年之間，京官未至增添，外選人增至一萬三千六百七十員，（比紹熙增八百一員。）大使臣六千五百二十五員，（比紹熙增一千三百四十八員。）小使臣一萬八千七百餘員①，（比紹熙增七千四百員。）而今年科舉，明年奏薦不在焉。通無慮四萬三千員，比四年之數增萬員矣，可不爲之寒心哉！」〔二〕蓋連有覃霈，慶典屢行，而宗室推恩，不以服派近遠爲間斷，特奏名三舉，皆值異恩，雖助教亦出官歸正，人每州以數十百，病在膏肓，正使俞跗、扁鵲，持上池良藥以救之，亦無及已〔三〕。

【校勘】

①「餘」，馬本、庫本、祠本作「五」。

【箋證】

〔一〕《續資治通鑑長編》卷三一〇：元豐三年十一月壬子，直龍圖閣勾當三班院曾鞏議經費曰：「臣聞古者以三十年之通制國用，使有九年之蓄，而制國用者必於歲杪，蓋量入而爲出。國之所不可儉者祭祀，然不過用數之仂，則先王養財之意可知矣。蓋用之有節，則天下雖貧，其富易致也；用之無節，則天下雖富，其貧亦易致也。宋興承五代之敝，六聖相繼，與民休息，故生齒既庶，財用有餘。且以景德、皇祐、治平校之，景德户七百三十萬，墾田一百七十萬頃；皇祐户一千九十萬，墾田二百二十五萬頃；治平户一千二百七十萬，墾田四百三十萬頃。天下歲入，皇祐、治平皆一億萬以上，歲費亦一億萬以上。景德官一萬餘員，皇祐二萬餘員，治平並幕職州縣官三千三百餘員，總二萬四千員。景德郊費六百萬，皇祐一千二百萬，治平一千三百萬，以二者校之，官之衆一倍於景德，郊之費亦一倍於景德。官之數不同如此，則皇祐、治平入官之門多於景德也；郊之費不同如此，則皇祐、治平用財之端多於景德也。誠詔有司，案尋載籍，而講求其故，使官之數入者之多門可考而知，郊之費用、財之多端可考而知，然後各議其可罷者罷之，可損者損之，使天下之人如皇祐、治平之盛，而天下之用官之數、郊之費皆同於景德，二者所省蓋半矣。」云云。

〔二〕李心傳《建炎以來朝野雜記》甲集卷一二《官制三》「天聖至嘉泰四選人數」條：「祖宗時，内外文武官通一萬三千餘員。天聖中，兩制兩省不及三十員，京朝官不及二千員，三班使臣不及四千員。慶曆中，兩制兩省至五十員，京朝官二千七百餘員，流内銓選人僅萬計。乾道中，京朝官已至三四千員，選人已七八千員。紹興二年，京朝官四千一百五十九員，合四選凡三萬三千一十六員。慶元二年，京朝官如紹熙之數，選人增至一萬三千六百八十員，大使臣六千五百二十五員，小使臣一萬八千七十員，通四選凡四萬二千有奇。蓋五年之間，所損增止九千餘員，可謂官冗矣。嘉泰元年春，左選京官以上三千一百三十三員，選人萬五千二百四員，大使臣以上六千八百五十四員，校尉以上萬二千六百十六員，通四選共三萬七千八百餘員，是五年間，所損益僅四千餘員，未知何故。」

〔三〕參《五筆》卷二《官階服章》：「淳熙十六年、紹熙五年，連有覃霈，轉官賜服者衆。」按，趙翼《廿二史劄記》卷二五《宋冗官冗費》亦極論宋代冗官問題，云：「宋開國時，設官分職，尚有定數，其後薦辟之廣，恩蔭之濫，雜流之猥，祠禄之多，日增月益，遂至不可紀極。真宗咸平四年，有司言，減天下冗吏十九萬五千餘人。所減者如此，未減者可知也。王禹偁言：『臣籍濟州，先時止有一刺史，一司户，未嘗廢事。自後有團練推官一人，又增置通判副使、判局推官，而監酒榷税又增四人，曹官之外，又益司理。一州如此，天下可知。』（見《禹稱傳》）楊億疏言：『員外加置，無有限數。今員外郎至三百余人，郎中亦百數，自余太常、國子博士等，又不下數百人，率爲常參，不知職業之所守，只以恩澤而序遷。』（見《職官志》）宋祁疏言：『朝廷有三冗，天下官無定員，一冗也。州縣不廣於前，而官倍於舊。請立限員以爲定法，其門蔭、流外、貢舉等科，俟闕官時，計員補吏。』又曰：『使相節度，爲費最多，節相之建，或當邊鎮，或臨師屯，公用之錢所以勞衆享賓也。今大臣罷黜，率叨恩除，坐縻邦用，莫此爲甚。請自今非邊要無師屯者，不得兼節度；已帶節度者，不得留近藩及京師。』（見《祁傳》）范坦亦言：『户部歲入有限，今節度使至八十餘員，留後至刺史又數千人，自非軍功得之，宜減其半俸。』（見《坦傳》）按《向經傳》，方鎮有公使錢，例私以自奉，去則盡入其餘。大臣罷退，多優以節度空名；待制以下，亦或帶留後、刺史等銜。其應得之分例，亦與現任者同。故祁、坦皆欲減之。此又冗官之上更加冗費也。徽宗時，盧策疏言：『皇祐所入三千九百萬，而費才三之一；治平四千四百萬，而費五之一；熙寧五千六十萬，而費盡之。今諸道隨月所需，汲汲然不能終日矣！』此猶北宋全盛之時已如此。南渡以後，幅員既少，而耗費更多。廖剛疏言：『劉晏以一千二百萬貫供中原之兵而有餘，今以三千六百萬貫供川陝一軍而不足。川陝兵數六萬八千四百四十九人，内官員萬一千七員，兵士所給錢比官員不及十分之一，則冗員在官不在兵。』（見《剛傳》）此軍官之冗費也。汪應辰疏言：『班直轉官三日，而堂吏食錢萬緡，工匠洗器僅給百餘千，而堂吏食錢六百千，塑顯仁神御半年，功未及半，而堂吏食錢已支三萬、銀絹六百兩匹。』（見《應辰傳》）此堂吏之冗費也。舉此類推，國力何以支乎？」

2 欒城和張安道詩

張文定公在蜀，一見蘇公父子，即以國士許之。熙寧中，張守陳州南都，辟子由幕府。元豐初，東坡謫齊安，子由貶監筠酒稅，與張別，張悽然不樂，酌酒相命，手寫一詩曰：「可憐萍梗飄蓬客，自歎匏瓜老病身。從此空齋掛塵榻，不知重掃待何人。」後七年，子由召還，猶復見之於南都。及元符末，自龍川還許昌，因姪叔黨出坡遺墨，再讀張所贈詩①，其薨已十年，泣下不能已，乃追和之曰：「少年便識成都尹，中歲仍爲幕下賓。待我江西徐孺子，一生知己有斯人。」兩詩皆哀而不怨，使人至今有感於斯文。今世薄夫受人異恩，轉眼若不相識，況於一死一生，卷卷如此，忠厚之至，殆可端拜也〔一〕。

【校勘】

①「詩」，原作「時」，據馬本、庫本、祠本改。

【箋證】

〔一〕蘇轍《追和張公安道贈別絕句》，《欒城第三集》卷一。按，「掛塵榻」，用徐孺子下陳蕃之榻典，故子由和詩云：「待我江西徐孺子。」

張文定公，詳《四筆》卷二《志文不可冗》條箋證。

3 和范杜蘇四公

晉相和凝，以唐長興四年知貢舉，取范質爲第十三人。唐故事，知貢舉者，所放進士，以己及第時名次爲重，謂之「傳衣鉢」。蓋凝在梁貞明中居此級，故以處質，且云：「它日當如我。」後皆至宰相，封魯國公，官至太子太傅，當時以爲榮。凝壽止五十八，質止五十四。《三朝史》質本傳亦書之，而《新五代史·和凝傳》誤爲第五，以《登科記》考之而非也〔一〕。杜祁公罷相，以太子少師致仕，後以南郊免陪位恩，連進至太子太師，年八十而薨。蘇子容初筮仕爲南京判官，杜公方里居，告以平生出處本末，曰：「子異日所至，亦如老夫。」及蘇更踐中外，名德殊與之相似。集中有《謝杜公書》，正叙此事。其罷相也，亦以太子太師致仕，進太保，年八十二而薨〔二〕。昔賢謂貴人往往善相人，以所閲多之故也。此二者併官爵年壽皆前知，異矣。

【箋證】

〔一〕《新五代史》卷五六《和凝傳》：「唐故事，知貢舉者所放進士，以己及第時名次爲重。凝舉進士及第時第五，後知貢舉，選范質爲第五。後質位至宰相，封魯國公，官至太子太傅，皆與凝同。當時以爲榮焉。」

按《宋史》卷二四九《范質傳》：「舉進士時，和凝以翰林學士典貢部，覽質所試文字，重之，自以登第名在十三，亦以其數處之。貢闈中謂之傳衣鉢。其後質登相位，爲太子太傅，封魯國公，皆與凝同云。」此節蓋即因《三朝國史》之舊。又按曾鞏《隆平集》卷四、王稱《東都事略》卷一八《范質傳》，均云在第十三。

〔二〕《謝杜公書》，今《蘇魏公文集》未收。

曾肇《蘇丞相頌墓誌銘》：「初公從事南京，杜正獻公尚亡恙，嘗爲公道其平生出處、施設本末，且曰：『子異日所至，亦如老夫。』其後公更踐内外，以至得謝爵齒名德略相似焉，然則杜公可謂知人也已。」（杜大珪編《名臣碑傳琬琰集》中集卷三〇）

4 外臺祕要

《外臺祕要》載《制虎方》云：「到山下先閉氣三十五息，所在山神將虎來到吾前，乃存吾肺中，有白帝出，收取虎兩目，塞吾下部中，乃吐肺氣，上自通冠一山林之上。於是良久，又閉氣三十五息，兩手捻都監目作三步，步皆以右足在前，乃止，祝曰：『李耳、李耳，圖汝非李耳邪？汝盜黄帝之犬，黄帝教我問汝云何。』畢，便行，一山虎不可得見。若卒逢之者，因正面立，大張左手五指側之，極勢跳，手上下三度，於跳中大喚，咄曰：『虎，北斗君使汝去！』虎即走。」予謂人卒逢虎，魂魄驚怖，竄伏之不暇，豈能雍容步趨，仗咒語七字而脱邪？因讀此方，聊書之以發一笑。此書乃唐王珪之孫燾所作，本傳云：「燾視母疾，數從高醫游，遂窮其術，因以所學作書，討繹精明，世寶焉。」蓋不深考也〔一〕。

【箋證】

〔一〕所引見王燾《外臺祕要方》卷四〇《熊虎傷人瘡方》。《外臺祕要》四十卷，王燾撰。燾，王珪之孫，事迹附見《新唐書》卷九八《王珪傳》後。燾之序云：「嘗得古方書數千百卷，因述諸病證候，刪集方藥符禁鍼灸之法。」（趙希弁《郡齋讀書後志》卷二）蓋其書所載之方，或亦有自，而非出己作。

5 六枳關

盤洲種枳六本，以爲藩籬之限。立小門，名曰六枳關〔一〕。每爲人問其所出，倦於酬應。今取馮衍《顯志賦》中語書於此。衍云：「楗六枳而爲籬。」案《東觀漢記》作八枳。《逸周書·小開篇》云：「嗚呼！汝何敬非時？何擇非德？德枳維大人，大人枳維公，公枳維卿，卿枳維大夫，大夫枳維士。登登皇皇，維在國枳，國枳維都，都枳維邑，邑枳維家，家枳維欲無疆。」言上下相維，遞爲藩蔽也。其數有八，與《東觀記》同。予詳考之，乃九枳也〔二〕。宋景文公《賀宰相啓》：「式維公枳。」蓋用此云〔三〕。

【箋證】

〔一〕盤洲，容齋伯兄适之園林。洪适《盤洲文集》卷三二《盤洲記》，有「啓六枳關」云云。

〔二〕《後漢書》卷五八下《馮衍傳》。《東觀漢記》卷二四所引，即出《後漢書》及章懷注。《隨筆》本條此節，實亦出章懷注。蔣超伯《南漘楛語》卷二《六枳》，引馮衍《顯志賦》及章懷注，後云：「今載《汲冢周書·小開解》，章懷云《呂刑》，誤矣。」文末原有注云：「疑敬通（郁之按，馮衍字。）別有所本，非用汲冢《書》語，且數亦不合也。」

王應麟《小學紺珠》卷一〇《動植類》「八枳」條，無「家枳維欲無疆」句。按，容齋所謂「九枳」應指德枳維大人，大人枳維公，公枳維卿，卿枳維大夫，大夫枳維士，國枳維都，都枳維邑，邑枳維家，家枳維欲無疆，其數凡九也。

〔三〕《賀宰相啓》，清四庫館臣據《永樂大典》所輯本《景文集》不載。按，宋祁他文亦嘗用之。如《石楠樹賦》云：「六枳維乎萬國。」（《景文集》卷二）《代中書謝表》云：「六枳維邦。」（同前卷四〇）《上陳州晏尚書啓》：「六枳之藩。」（同前卷五二）《賀集賢李相公啓》：「越由藩枳，再序公槐。」（同前卷五二）《上太師相公啓》：「聯于公枳。」（同前卷五三）《上韓太尉啓》：「枳維之均重。」（同前卷五四）

6 王荆公上書並詩

王荆公議論高奇，果於自用。嘉祐初，爲度支判官，上萬言書，以爲「今天下財力日以困窮，風俗日以衰壞。患在不知法度，不法先王之政故也。法先王之政者，法其意而已。法其意，則吾所改易更革，不至乎傾駭天下之耳目，而固已合矣。因天下之力，以生天下之財，取天下之財，以供天下之費。自古治世，未嘗以不足爲公患也，患在治財無其道爾。在位之人才既不足，而閭巷草野之間，亦少可用之材，社稷之託，封疆之守，陛下其能久以天幸爲常，而無一旦之憂乎？願監苟且因循之敝，明詔大臣，爲之以漸，期爲合於當世之變。臣之所稱，流俗之所不講，而議者以爲迂闊而熟爛者也。」當時富、韓二公在相位，讀之不樂，知其得志必生事。後安石當國，其所注措，大抵皆祖此書〔一〕。又不忍貧民，而深疾富民，志欲破富以惠貧。嘗賦《兼并》詩一篇，曰：「三代子百姓，公私無異財。人主擅操柄，如天持斗魁。賦予皆自我，兼并乃奸回。奸回法有誅，勢亦無自來。後世始倒持，黔首遂難裁。秦王不知此，更築懷清臺。禮義日已偷，聖經久堙埃。法尚有存者，欲言時所咍。俗吏不知方，掊克乃爲才。俗儒不知變，兼并可無摧。利孔至百出，小人司闔開。有司與之争，民愈可憐哉。」〔二〕其語絶不工。迨其得政，設青苗法以奪富民之利，民無貧富，兩稅之外，皆重出息十二。呂惠卿復作手實之法，民遂大病〔三〕。其禍源於此詩。蘇子由以爲昔之詩病未有若此其酷也〔四〕。痛哉！

【箋證】

〔一〕安石所上萬言書，即《臨川文集》卷三九《上仁宗皇帝言事書》。事詳《宋史》卷三二七《王安石傳》。云：「安石議論高奇，能以辨博濟其説，果於自用，慨然有矯世變俗之志，於是上萬言書」云云。末亦云：「後安石當國，其所注措，大抵皆祖此書。」《隨筆》與《宋史》蓋皆據《國史》。《續資治通鑑長編》卷一八八：嘉祐三年十月甲子，「提點江南東路刑獄、祠部員外郎王安石爲度支判官。安石獻書萬言，極陳當世之務，其略曰」云云。

〔二〕《兼并》詩，《臨川文集》卷四。

〔三〕《宋史》卷一七七《食貨志》：「時免役出錢或未均，參知政事呂惠卿及其弟曲陽縣尉和卿皆請行手實法。其法：官爲定立田産中價，使民各以田畝多少高下，隨價自占；仍並屋宅分有無蕃息立等，凡居錢五當蕃息之錢一。非用買田穀而輒隱落者許告，有實，以三分之一充賞。將造簿，預具式示民，令依式爲狀，縣受而籍之。以其價列定高下，分爲五等。既該見一縣之民物産錢數，乃參會通縣役錢本額而定所當輸，明書其數，示衆兩月，使悉知之。詔從其請。」

〔四〕蘇轍《欒城第三集》卷八《詩病五事》：「祖宗承五代之亂，法制明具，州郡無藩鎮之强，公卿無世官之弊。古者大邦巨室之害，不見於今矣。惟州縣之間，隨其大小，皆有富民，此理勢之所必至，所謂物之不齊，物之情也。然州縣賴之以爲强，國家恃之以爲固，非所當憂，亦非所當去也。能使富民安其富而不横，貧民安其貧而不匱，貧富相恃以爲長久，而天下定矣。王介甫，小丈夫也，不忍貧民而深疾富民，志欲破富民以惠貧民，不知其不可也，方其未得志也，爲《兼并》之詩。其詩曰：（見本條。略。）及其得志，專以此爲事。設青苗法，以奪富民之利。民無貧富，兩税之外，皆重出息十二。吏緣爲奸，至倍息。公私皆病矣。吕惠卿繼之作手實之法，私家一毫以上皆籍於官，民知其有奪取之心，至于賣田殺牛，以避其禍。朝廷覺其不可，中止不行，僅乃免於亂。然其徒世守其學，刻下媚上，謂之享上；有一不享上，皆廢不用。至于今日，民遂大病。源其禍出于此詩，蓋昔之詩病，未有若此酷者也。」

7 左黄州表

唐肅宗時，王璵以祠禱見寵，驟得宰相。帝嘗不豫，璵遣女巫乘傳，分禱天下名山大川。巫皆盛服，中人護領，所至干託州縣，賂遺狼藉。時有一巫美而蠱，以惡少年數十自隨，尤憸狡不法。馳入黄州，刺史左震晨至館請事，門鐍不啓，震怒，破鐍入，取巫斬廷下，悉誅所從少年，籍其贓得十餘萬，因遣還中人。璵不能詰，帝亦不加罪〔一〕。震剛決如此，而史不記其他事。予讀《元次山集》，有《左黄州表》一篇云：「乾元己亥，贊善大夫左振，出爲黄州刺史，下車，黄人歌曰：『我欲逃鄉里，我欲去墳墓；左公今既來，誰忍棄之去。』

後一歲，又歌曰：『吾鄉有鬼巫，惑人人不知；天子正尊信，左公能殺之。』蓋此巫黃人也。振在州三遷侍御史，判金州刺史，將去，黃人多去思，故爲作表。」予謂振（即震也。）爲政宜民，見於歌頌，史官當特書之於《循吏》中，而僅能不没其實，故爲標顯於此。己亥者，乾元二年。璵以元年五月自太常少卿拜中書相，二年三月罷，《本紀》及《宰相表》同。而《新史》本傳以爲三年自太常卿拜相，明日罷，失之矣，乃承《舊史》之誤也〔二〕。

【箋證】

〔一〕《舊唐書》卷一三〇、《新唐書》卷一〇九《王璵傳》。又見李肇《唐國史補》卷上，事相同，而末云：「籍其緡錢巨萬，金寶堆積，悉列上而言曰：『臣已斬巫，請以所積資貨以貸貧民輸税，其中使送上，臣當萬死。』朝廷厚加慰奬，拜震商州刺史。」

趙紹祖《新舊唐書互證》卷一三：「新、舊二書，並於《王璵傳》載黃州刺史左震、昭應縣令梁鎮二事。案梁鎮、左震皆奇士，惜二書不詳其爲何地人。左震，吾涇縣人，左難當五世孫也。今黃州地有斬巫驛。唐李肇《國史補》、宋洪邁《容齋五筆》皆載之，而亦不知爲涇縣人。」

〔二〕按，此所謂「承《舊史》之誤」，指承《舊唐書》本傳之誤也。《新唐書》本傳：乾元三年拜相，明年罷（郁之按，《四筆》此作「明日罷」，「日」字訛。）爲刑部尚書。《舊唐書》本傳同。《舊唐書》卷一〇《肅宗紀》：乾元元年五月己未，「以太常少卿、知禮儀事王璵爲中書侍郎、同中書門下平章事」。二年三月乙未，「平章事王璵爲刑部尚書，並罷知政事」。

8 李郭詔書

唐代宗即位，郭汾陽爲近昵所摇，懼禍之及，表上自靈武、河北至于絳州，兩朝所詒詔書一千餘卷。家傳載其表語，其多如是〔一〕。又讀韋端符所撰《李衛公故物記》云：「三原令座中有客曰李丞者，衛公之胄，藏文帝賜書二十通，多言征討事，厚勞苦，『其兵事節度皆付公，吾不從中治也』。暨公疾，親詔者數四，其一曰：『有晝夜視公病大老嫗令一人來，吾欲熟知公起居狀。』權文公視此詔，常泣曰：『君臣之際乃如是耶！』」〔二〕《新史》載其事云：「靖五代孫彦芳，大和中，爲鳳翔司録參軍，以高祖、太宗賜靖詔書數函上之，天子悉留禁中。又敕摹詔本還賜彦芳。」〔三〕即二事觀之，唐世之所以眷禮名將相者，綢繆熟復至此。漢、晉以來所不及也。

【箋證】

〔一〕《舊唐書》卷一二〇《郭子儀傳》：「代宗即位，内官程元振用事，自矜定策之功，忌嫉宿將，以子儀功高難制，巧行離間，請罷副元帥，加實封七百户，充肅宗山陵使。子儀既謝恩，上表進肅宗所賜前後詔敕，因自陳訴，有云：『陛下曲垂惠奬，念及勤勞，貽臣詔書一千餘首。聖旨微婉，慰諭綢繆，彰微臣一時之功，成子孫萬代之寶。自靈武、河北、河南、彭原、鄜坊、河東、鳳翔、兩京、絳州，臣所經行，賜手詔敕書凡二十卷，昧死上進。」「一千餘卷」，蓋當是一千餘首。

〔二〕韋端符《李衛公故物記》，載《文苑英華》卷八三四。

〔三〕李彦芳事，附見《新唐書》卷九三《李靖傳》後。

9 兩道出師

國家用兵行師，異道並出，其勝敗功罪，當隨其實而處之，則賞信罰明，人知勸戒。漢武帝遣衛青、霍去病伐匈奴，去病以功益封，又封部將四人爲列侯，而青不得益封，軍吏卒皆無封侯者〔一〕。宣帝遣田廣明等五將軍擊匈奴，又以常惠護烏孫兵共出，五將皆無功，而廣明及田順以罪誅，獨常惠奉使克獲封侯〔二〕。宋文帝伐魏，雍州諸將柳元景等，既拔弘農陝城，戍潼關矣，而上以東軍王玄謨敗退，皆召還。其後玄謨貶黜，元景受賞〔三〕。紹興七年，淮西大帥劉少師罷，湖北岳少保以母憂去，累辭起復之命。朝廷以兵部尚書吕安老、侍郎張淵道分使兩部，已而正除宣撫，遂掌其軍。岳在九江，憂兵柄一失，不容再得，亟兼程至鄂，有旨復故任，而召淵道爲樞密都承旨。安老在廬遭變，言者論罷張魏公，淵道亦繼坐斥〔四〕。隆興中，北虜再動兵，張公爲督帥，遣李顯忠、邵宏淵攻符離，失利而退，一府皆貶秩。是時，汪莊敏以參知政事督視荆、襄，東西不相爲謀，乃亦坐譴〔五〕。古今不侔如此。

【箋證】

〔一〕《史記》卷一一一《衛將軍驃騎列傳》。

〔二〕《漢書》卷八《宣帝紀》：「（本始二年）」秋，大發興調關東輕車鋭卒，選郡國吏三百石伉健習騎射者，皆從軍。御史大夫田廣明爲祁連將軍，後將軍趙充國爲蒲類將軍，雲中太守田順爲虎牙將軍，及度遼將軍范明友、前將軍韓增，凡五將軍，兵十五萬騎，校尉常惠持節護烏孫兵，咸擊匈奴。」又見同書卷九四《匈奴傳》、卷七〇《常惠傳》。《匈奴傳》但云：「漢封惠爲長羅侯。」

〔三〕《資治通鑑》卷一二五《宋文帝紀》：元嘉二十七年，「上以王玄謨敗退，魏兵深入，柳元景等不宜獨進，皆召還。元景使薛安都斷後，引兵歸襄陽。詔以元景爲襄陽太守。」後又爲領軍將軍。

〔四〕張魏公浚。呂祉字安老。張宗堯字淵道。徐夢莘《三朝北盟會編》卷一九九《炎興下帙》録《秀水閒居録》：「（紹興）七年，（趙）鼎、（張）浚争權。浚自謂卻敵之功、興復之策，當獨任國事。諷侍從臺諫及其黨與，攻鼎出會稽。逐大將劉光世，以呂祉代帥其軍，屯於合淝。捃荆襄帥岳飛過失，以張宗堯監其軍，謀取内外軍柄，天下寒心。秋七月，合淝兵亂，已執呂祉入齊，傳執紛紜，（李）綱意浚必敗，即條十五，奏浚措畫之失，又貽書于浚，痛詆其過，以副本傳示遠近，欲擠浚而釣奇，且示於浚不厚也。浚既貶永州，綱亦坐貶。」張志淳《南園漫録》卷一《論將》，引《四筆》本條此段，接云：「予考《齊東野語》記淮西之事甚悉，詞意與此全不同。《宋史論斷》亦謂：『淮西之舉，岳飛在營，張浚惡飛，聽其歸終母喪而不能留。』今謂岳憂兵柄一失，不容再得，則觀岳應張之言，足明其本心，豈有憂兵柄一失不容再得之念？又朱子亦曰：『岳亦横，終恐難制。』汪浮溪藻與容齋同時，其言亦概岳於張浚而不別白，又概謂之齷齪常才，又獨言岳軍中游手竄名而廩者最多。（郁之按，見汪藻《浮溪集》卷一《行在越州條具時政》。）夫朱子之論岳，多得之張敬夫，敬夫之言多得之於父浚，宜無怪者。然觀朱子以只憑渠家文字草成《張魏公行事》，與他書所記多不同爲恨，則大賢之改過不吝，可類推已。至如容齋與汪所言，則何怪高宗中無所主而賊檜之敢於殺岳乎？以岳之忠誠才猷，據後世事定後觀之，誠所謂天下之奇才豪傑，無間言者，而當時洪、汪皆列侍從有名，猶所云若是，後數十年，朱子猶所云若是，則君子一時不值明君而欲人盡知其蘊而不冤，且欲一時是非之必定，難也。」郁之按，關於《四筆》本條岳少保事，今亦有論者考辨質疑之。（可參王曾瑜《岳飛和淮西之變》，載龔延明、岳朝軍編《岳飛研究論文集彙編》）。

〔五〕汪澈，字明遠，謚莊敏。《宋史》卷三八四本傳：「隆興元年，入奏，還武昌，而張浚克期大舉，詔澈出師應之。澈以議不合，乞令浚並領荆襄。諫議大夫王大寶論澈無制勝策。皇甫倜以忠義結山砦，扼敵要衝，澈不能節制，坐視孤軍墮敵計。趙撙以千五百人救方城，敗散五百餘人，澈漫不加省。乞罷黜。澈亦請祠。除資政殿學士、提舉洞霄宮。大寶疏再上，落職，仍祠禄。」

10 杜韓用歇後語

杜、韓二公作詩，或用歇後語，如「悽其望呂葛」、「仙鳥仙花吾友于」、「友于皆挺拔」，

「再接再礪乃」，「僮僕誠自鄙①」，「爲爾惜居諸」，「誰謂貽厥無基趾」之類是已〔一〕。

【校勘】

①「鄙」原作「劊」，據馬本、祠本改。

【箋證】

〔一〕杜甫「悽其望吕葛」，出《晚登瀼上堂》（《杜詩詳注》卷一八）；「仙鳥仙花吾友于」，出《嶽麓山道林二寺行》（同前卷二二）；「友于皆挺拔」，出《奉贈太常張卿垍二十韻》（同前卷三）。韓愈「再接再礪乃」，出《鬥雞聯句》（《五百家注昌黎文集》卷八。按，實爲孟郊句。）「僮僕誠自鄙」，出《秋雨聯句》（同前卷八）；「爲爾惜居諸」，出《符讀書城南》（同前卷六）；「誰謂貽厥無基趾」，出《寄盧仝》（同前卷五）。

朱翌《猗覺寮雜記》卷上：「《洪駒父詩話》：退之云：『誰謂貽厥無基趾。』是歇後語。《晉·五行志》何曾曰：『國家無貽厥之謀。』以此知退之用字亦必有本也。」

王楙《野客叢書》卷二〇《詒厥友于等語》：「吴曾《漫録》乃引《南史》劉湛等『友于』之語，以證子美所用爲有自。僕謂《漫録》所引未也。僕考諸史，自東漢以來多有此語，曰：『居詒厥之始。』曰：『友于之情愈厚。』西漢末之聞也。」

胡仔《苕溪漁隱叢話》後集卷七《杜子美三》引《藝苑雌黄》云：「昔人文章中多以兄弟爲『友于』，以日月爲『居諸』，以黎民爲『周餘』，以子姓爲『詒厥』，以新婚爲『燕爾』，類皆不成文理，雖杜子美、韓退之亦有此病，豈非徇俗之過邪？子美云：『山鳥山花吾友于。』又云：『友于皆挺拔。』退之云：『豈謂詒厥無基址。』又云：『爲爾惜居諸。』《後漢·史弼傳》云：『陛下隆于友于，不忍恩絶。』曹植《求通親親表》云：『今之否隔，友于同憂。』《晉史》贊論中此類尤多。洪駒父云：『此歇後語也。』」

11 唐明皇賜二相物

唐明皇以李林甫爲右相，顓付大政，而左相牛仙客、李適之、陳希烈前後同列，皆拱手備員〔一〕。林甫死，楊國忠代之，其寵遇愈甚。天寶十三載，上御躍龍殿門，張樂宴群臣，賜右相絹一千五百匹，綵羅三百匹，綵綾五百匹，而賜左相絹三百，羅、綾各五十而已〔二〕。其多寡不侔，至於五倍。如希烈庸才，知上恩意，安得不奴事之乎？宜其甘心臣於禄山也。

【箋證】

〔一〕參《續筆》卷一五《李林甫秦檜》箋證。

〔二〕《舊唐書》卷九《玄宗紀》。按，羅士琳《舊唐書校勘記》卷四，天寶十三載：「『賜右相絹』，《册府》八十，『右相』下有『楊國忠』；『賜左相絹』，《册府》『左相』下有『陳希烈』。」郁之按，見《册府元龜》卷八〇《帝王部·慶賜第二》。

12 一百五日

今人謂寒食爲一百五者，以其自冬至之後至清明，歷節氣六①，凡爲一百七日，而先兩日爲寒食故云，它節皆不然也〔一〕。杜老有鄜州《一百五日夜對月》一篇。《江西宗派詩》云：「一百五日足風雨，三十六峰勞夢魂」，「一百五日寒食雨，二十四番花信風」之類是也〔二〕。吾州城北芝山寺，爲禁煙游賞之地，寺僧欲建華嚴閣，請予作《勸緣疏》，其末一聯云：「大善知識五十三，永壯人天之仰；寒食清明一百六，鼎來道俗之觀。」或問「一百六」所出，應之曰：「元微之《連昌宮詞》：『初過寒食一百六，店舍無煙宮樹緑。』」〔三〕是以用之。

【校勘】

①「六」原作「五」，據馬本、庫本、祠本改。

【箋證】

〔一〕《三筆》卷二《介推寒食》，可參。

〔二〕楊萬里《誠齋集》卷八〇有《江西宗派詩序》。《宋史》卷二〇九《藝文志》有吕本中《江西宗派詩集》一百十五卷。「一百五日寒食雨，二十四番花信風」，徐俯詩，《宋詩紀事》卷三三。前二句，作者不詳。

錢鍾書《談藝録》三三引陸游《春日絶句》有云：「二十四番花有信，一百七日食猶寒。」又《談藝録·補訂》録《江湖後集》卷一九敖器之《清明日湖上晚步》：「一百五日苦多雨，二十四花能幾風。」

〔三〕吴景旭《歷代詩話》卷五〇《唐詩一百六》，引《四筆》本條，接云：「詩人例以百五日爲寒食矣。今微之詞意謂在清明前，寒食後，店舍已無煙，而宫中燃燭，乃一時之權宜耳。然獨云『一百六』者何？按《荆楚歲時記》云：『去冬至一百五日即有疾風甚雨。』（王君玉詩：「疾風甚雨青春老。」）又云：『據曆，合在清明前二日，亦有去冬至一百六者。』余因考之，自後漢周舉定爲三日之禁，至唐時盛興之，遂於寒食斷火三日，謂去冬至一百四日、五日、六日也，故或云一百五，或云一百六，其義一也。（《丹陽記》謂自冬至至清明凡七氣，至寒食止一百三日，蓋曆家以餘分演之爾。）」

13 老杜寒山詩

老杜《春日憶李白》詩云：「白也詩無敵，飄然思不群。清新庾開府，俊逸鮑參軍。」嘗有武弁議其失曰：「既是無敵，又卻似庾、鮑。」或折之曰：「庾清新而不能俊逸，鮑俊逸而不能清新。太白兼之，所以爲無敵也。」〔一〕今集别本一作「無數」，殆好事者更之乎〔二〕？寒山子詩云：「吾心似秋月，碧潭清皎潔。無物堪比倫，教我如何說。」人亦有言，既似秋月、碧潭，乃以爲無物堪比，何也？蓋其意謂若無二物比倫，當如何説耳。讀者當以是求之〔三〕。

【箋證】

〔一〕胡仔《漁隱叢話》前集卷二二《西崑體》引《蔡寬夫詩話》：「予爲進士時，嘗舍於汴中逆旅，數同行亦論杜詩，旁有一押糧運使臣，或顧之曰：『嘗亦觀乎？』曰：『平生好觀，然多不解。』因舉『白也詩無敵，飄然思不群』相問曰：『既言無敵，安得卻似鮑照、庾信？』時座中雖笑之，然亦不能遽對，則似亦不可忽也。」苕溪漁隱曰：「庾不能俊逸，鮑不能清新，白能兼之，此無敵也。武弁何足以知之！」

〔二〕龔頤正《芥隱筆記》「杜詩古今本不同」條：「王仲言自宣城歸，得杜甫詩三帙，有南唐澄心堂紙，有建鄴文房印、沈思遠印及敕賜印，筆法精妙，殆能書者。試考一二詩，多與今本不同，如《憶李白》詩：『白也詩無數，飄然意不群。清新庾開府，豪邁鮑參軍。渭北春天樹，江東日暮雲。何時一樽酒，重與話斯文。』」

〔三〕《五燈會元》卷一七《南岳下十三世上·黄龍心禪師法嗣》：「漳州保福本權禪師舉寒山偈曰：『吾心似秋月，碧潭清皎潔。無物堪比倫，教我如何説。』老僧即不然：『吾心似燈籠，點火内外紅。有物堪比倫，來朝日出東。』傳者以爲笑。死心和尚見之歎曰：『權兄提唱若此，誠不負先師所付囑也。』」

葉夢得《玉澗雜書》：「寒山頌：『吾心如秋月，碧潭清皎潔。無物堪比倫，教我如何說。』四海今夕共爲中秋，不知有一人能作此公見處否？雪竇禪師初住洞庭翠峰寺，道未甚行，從學者無幾。寺在太湖中，所謂東山者。嘗有詩云：『太湖四萬八千頃，月在波心說向誰。』固自已有津梁斯道之意。然月一也，寒山以爲無物可比而不可說，雪竇以爲無人可説而不可說，可説乎？不可說乎？吾不能奈静，聊復造此一重公案。」（《説郛》卷二〇上）

14 礜石之毒

讀黄伯思《東觀餘論》，内評王大令書一節，曰：「《静息帖》云：『礜石深是可疑事，兄憙患散輒發癰①。』散者，寒食散之類。散中蓋用礜石，是性極熱有毒，故云深可疑也。劉表在荆州，與王粲登障山，見一岡不生百草，粲曰：『此必古冢，其人在世服生礜石，熱蒸出外，故草木焦滅。』鑿看果墓，礜石滿塋。又今洛水冬月不冰，古人謂之温洛，下亦有礜石。今取此石置甕水中，水亦不冰。又鸛伏卵，以助暖氣。其烈酷如此，固不宜餌服。子敬之語實然。」〔一〕《淮南子》曰：「人食礜石死，蠶食之而不飢。」〔二〕予仲兄文安公鎮金陵，因秋暑減食，當塗醫湯三益教以服礜石圓，已而飲啖日進，遂加意服之，越十月而毒作，鼻衄血斗餘，自是數數不止，竟至精液皆竭，迨於捐館〔三〕。偶見其語，使人追痛，因書之以戒未來者。

【校勘】

①「憙患」原作「患喜」，據馬本、庫本、祠本改。

【箋證】

〔一〕黄伯思《東觀餘論》卷上《第九王大令書上》。

〔二〕《淮南子·説林訓》。

〔三〕仲兄文安公，洪遵。周必大《文忠集》卷七〇《洪遵神道碑》：「屬部饑，公疲精救荒，食少事多，庯醫勸服礬石，鼻衄不止暮夜。（淳熙元年）十一月甲午，薨於里第，享年五十有五。」《宋史》卷三七三《洪遵傳》：「淳熙元年提舉洞霄宫，十一月薨，年五十有五，謚文安。」

15 會合聯句

《韻略》上聲二腫字險窄。予向作《汪莊敏銘》詩八十句，唯蕭敏中讀之，曰：「押盡一韻。」今考之，猶有十字越用一董内韻。其詞曰：「維天生材，萬彙傾竦。侯王將相，曾是有種？公家江東，世繹耕壟。桃谿之涘，是播是穮。孰丰厥培，藝此圭珙。公羈未奮，逸駕思駷。沈酣《春秋》，蹈迪周、孔。徑策名第，稍辭渫溷。横經湘沅，士敬如捧。蓬萊方丈，佩飾有琫。應龍天飛，薈蔚雲滃。千官在序，摩厲從臾。吾惟片言，借箸泉湧。正冠霜臺，過者卞悚。顔顔殿陛，聲氣不動。顯仁東攢，巫史呼洶。昌言一下，恩浹千冢。薰粥孔熾，邊戒毛氄。婞婀當位，左掣右壅。公云當今，沸渭混澒。天威震耀，誰不憒踴。遂遷中司，西柄是董。出關啓旆，籌檄倥偬。業業荆襄，將懦曰拱。投袂電赴，如尊乃勇。鄧、唐、蔡、陳，馳捷系踵。佛狸歸骴，民恃不恐。璽書賜朝，百揆參總。亞勛贊册，國勢尊鞏。督軍載西，寄責冞重。方規許、洛，事援秦、隴。符離罔功，奇畫膠拲。鈞樞建使，宰席亢寵。還臨西州，夾道歡擁。有銜未卺，病癖且尰。曾不憖遺，使我心懵。湘湖高丘，草木蔚蓊。維水容裔，維山巃嵸。矢其銘詩，詞費以冗。奈何乎公，萬禩毋聳。」〔一〕若韓、孟、籍、徹《會合聯句》三十四韻，除蠓、蛹二字《韻略》不收外，餘皆不出二腫中，雄奇激越，如大川洪河，不見涯涘，非瑣瑣潢汙行潦之水所可同語也。其詩曰：「離別言無期，會合意冞重。病添兒女戀，老喪丈夫勇。劍心知未死，詩思猶孤聳。愁去劇箭飛，讙來若泉涌。析言多新貫，攄抱無昔壅。念難須勤追，悔易勿輕踵。吟巴山犖嶨，説楚波堆壟。馬辭虎豹怒，舟出蛟鼉恐。狂鯨時孤軒，幽狖雜百種。瘴衣常腥膩，蠻器多疎冗。剥苔弔斑林，角飯餌沈冢①。忽爾銜遠命，歸歟舞新寵。鬼窟脱幽妖，天居覿清拱。京游步方振，謫夢意猶恟。詩書誇舊知，酒食接新奉。嘉言寫清越，瘉病失肬腫。夏陰偶高庇，宵魂接虛擁。雪弦寂寂聽，茗盌纖纖捧。馳輝燭浮螢，幽響泄潛蛬。詩老獨何心，江疾有餘尰。我家本瀍穀，有地介皋鞏。休迹憶沈冥，峩冠慙闒媷。升朝高轡逸，振物群聽悚。徒言濯幽泌，誰與薙荒茸。朝紳鬱青緑，馬飾曜珪珙。國讎未銷鑠，我志蕩卭隴。君才誠倜儻，時論方洶溶。格言多彪蔚，縣解無梏拲。張生得淵源，寒色拔山冢。堅如撞群金，眇若抽獨蛹。伊余何所擬？跛鼈詎能踊。塊然墮岳石，飄爾罥巢氄。龍旆垂天衢，雲韶凝禁甬。君胡眠安然，朝鼓聲洶洶。」〔二〕其間或有纇句，然衆手立成，理如是也。

【校勘】

①「塜」原作「涿」，據馬本、庫本、祠本改。

【箋證】

〔一〕乾道七年八月，汪澈卒，容齋爲作此銘。澈字明遠，謚莊敏。事迹具《宋史》卷三八四本傳。蕭之敏，字敏中，九江人，紹興十二年進士，孝宗時，歷官監察御史、殿中侍御史、提點江東刑獄、湖南轉運副使。事迹詳周必大《文忠集》卷三三《祕閣修撰湖南轉運使蕭公之敏墓誌銘》。

楊慎《丹鉛餘録》卷九：「洪容齋作《汪莊敏銘》詩凡八十句，真可與韓公《會合聯句》相敵。」

潘德輿《養一齋詩話》卷九：「余二十餘歲時，嘗作《重陽坐雨述懷》詩，押盡十一軫一韻，自以爲前此未有。後觀《容齋隨筆》謂：『向作《汪莊敏銘》詩八十句，惟蕭敏中讀之曰：「押盡二腫一韻。」今考之，猶有十字越用一董内韻。』按此皆好奇，非詩法也。詩尚不可，况銘也哉？

容齋取張文潛愛誦杜公『溪回松風長』五古、坡公『梨花淡白柳深青』七絶，以爲美談。（郁之按，見《隨筆》卷一五《張文潛哦蘇杜詩》）二詩何嘗有一字求奇，何嘗有一字不奇？ 僕少年不學，鹵莽於詩，不謂容齋鉅手，久已爲此。 必知容齋述文潛之意，方於詩學有少分相應耳。」

〔二〕韓、孟、籍、徹《會合聯句》，魏仲舉編《五百家注昌黎文集》卷八。 參《四筆》卷三《此日足可惜》。

容齋四筆卷五十四則

1 土木偶人

趙德夫作《金石録》，其跋漢居攝墳壇二刻石云：「其一上谷府卿墳壇，其一祝其卿墳壇。曰墳壇者，古未有土木像，故爲壇以祀之。兩漢時皆如此。」〔一〕予案《戰國策》所載，蘇秦謂孟嘗君曰：「有土偶人與桃梗相語。桃梗曰：『子西岸之土也，埏子以爲人①，雨下水至，則汝殘矣。』土偶曰：『子東國之桃梗也，刻削子以爲人，雨降水至，流子而去矣。』」〔二〕所謂土木爲偶人，非像而何？漢至寓龍、寓車馬，皆謂以木爲之，象其真形。謂之兩漢未有，則不可也〔三〕。

【校勘】

①「埏」原作「挻」，據馬本、庫本、祠本改。

【箋證】

〔一〕《金石録》卷一四《跋尾四·漢居攝墳壇刻石二》。

〔二〕《戰國策》卷一〇《齊三》。

〔三〕周嬰《卮林》卷四《述洪》「土木偶人」條，引《四筆》本條，述曰：「應璩書：『泥人鶴立於闕里。』（郁之按，《藝文類聚》卷一〇〇《災異部》録應璩《與廣川長岑喻書》。）《續漢志》：『求雨立土人。』（郁之按，《後漢書》卷一五《禮儀志》。）李斐《漢書音義》曰：『武帝時，暴利長屯田敦煌，作土人，持勒靽，收馬渥注。』（郁之按，《漢書》卷六《武帝紀》。）《論衡》曰：『立春，耕，爲土象人，男女各二人，秉耒把鋤。』（郁之按，《論衡·亂龍篇》。）又曰：『世間繕治宅舍，作畢，解謝土神，爲土偶人，以像鬼形，名曰解土。』（郁之按，《論衡·解除篇》。）若夫夜郎雕漢吏之顔，匈奴刻郅都之貌，縣官效鬱壘之容，李子長之梧囚能動，江充之桐人爲蠱，丁蘭之木母顰眉，薛綜《東都賦注》曰：『主，木主，言刻木爲人主神，置廟中而祭之。』（郁之按，《文選》卷三張衡《東京賦》薛綜注。）則漢世蓋祀土木像矣。至若金寫范蠡而朝禮者，越王勾踐也；檀刻迦文而詢仰者，波斯匿王也。魯般之僕善御化人之伎能歌，指南司方，記里擊鼓，固在田、蘇前焉。又《淮南》謂：『魯用偶人葬而孔子歎。』（郁之按，《淮南子·繆稱訓》。）而鄭玄《禮記注》曰：『俑，偶人也，有面目，機發似於生。孔子善古而非周。』（郁之按，《禮記·檀弓下》。）《埤蒼》曰：『木人送葬，設關而能跳踊，故名之。』《周禮》冢人有鸞車象人，鄭玄解爲俑，蓋取孟子之説，則周初已有。然非惟周也，《史記》曰：『殷帝武乙無道，爲偶人，謂之天神，與之博，令人爲行天神，不勝，乃僇辱之。』《正義》曰：『偶，對也，以土木爲人對，象於人形也。』《商書》曰：『高宗夢帝賚予良弼，乃審厥象，俾以形旁求于天下。』傳曰：『審所夢之人，刻其形象，以四方旁求之於民間也。』又非惟商也，《博物志》曰：『黄帝登仙，其臣左徹者，削木象黄帝，帥諸侯以朝之。』又《論衡》曰：『黄帝以度朔之神立大桃人。』（郁之按，《論衡・訂鬼篇》。）蓋土木形骸已興于上世矣。」

陳直《史記新證・孟嘗君列傳第十五》「蘇代謂曰『今旦從外來，見木偶人與土偶人相與語』」條，按云：「長沙仰天湖出土楚竹簡有『龍觴一堲』。堲字從土，蓋爲土偶人之義。又長沙戰國楚墓中出木偶人，洛陽金村墓中出土偶人。蘇代雖用比擬語，與實際情況亦相符合。」

2 饒州風俗

嘉祐中，吴孝宗子經者〔一〕，作《餘干縣學記》云：「古者江南不能與中土等，宋受天命，然後七閩二浙與江之西東，冠帶《詩》《書》，翕然大肆，人才之盛，遂甲於天下。江南既爲天下甲，而饒人喜事，又甲於江南。蓋饒之爲州，壤土肥而養生之物多，其民家富而户羡，蓄百金者不在富人之列。又當寛平無事之際，而天性好善，爲父兄者，以其子與弟不文爲咎；爲母妻者，以其子與夫不學爲辱。其美如此。」予觀今之饒民，所謂家富户羡，了非昔時，而高甍巨棟連阡亘陌者，又皆數十年來寓公所擅〔二〕，而好善爲學，亦不盡如吴記所言。故録其語，以寄一歎。

【箋證】

〔一〕吴曾《能改齋漫録》卷一四《類對》「吴子經言似莊子」條：「吴子經，名孝宗，臨川人，荆公之舅，《歐陽文忠集》所載五言古詩《送吴生》者，即子經也。（郁之按，歐陽修《文忠集》卷七《送吴生南歸》，一作《送吴孝京字子京》。）嘗著《法語》數卷。」

〔二〕「數十年來寓公」，蓋指南渡士大夫也。容齋饒州人也，蓋有所感而發。

3 禽畜菜茄色不同

禽畜、菜茄之色，所在不同，如江、浙間，豬黑而羊白，至江、廣、吉州以西，二者則反是。蘇、秀間，鵝皆白，或有一斑褐者，則呼爲雁鵝，頗異而畜之。若吾鄉，凡鵝皆雁也。小兒至取浙中白者飼養，以爲湖沼觀美〔一〕。浙西常茄皆皮紫，其皮白者爲水茄。吾鄉常茄皮白，而水茄則紫。其異如是〔二〕。

【箋證】

〔一〕李涪《刊誤》卷下《鵝》：「夫展禮之夕，壻執雁入奠，執贄之義也。又以雁是隨陽之禽，隨夫所適。雁是野物，非時莫能致，故以鵝替之者，亦曰奠雁。《爾雅》云：『舒雁，鵝。』鵝亦雁之屬也。」余蕭客《古經解鉤沈》卷三〇《爾雅下》引李巡《爾雅注》：「野曰雁，家曰鵝。」王念孫《讀書雜誌》四之一三《漢書第十三》「群雁」條：「古謂鵝爲雁。」王引之《經義述聞》卷八《周官上》「膳用六牲」條：「對文則鵝與雁異，散文則鵝亦謂之雁。」

〔二〕《續通志》卷一七五《昆蟲草木略二·蔬類》：「水茄，形長味甘，可以止渴，亦有紫、青、白三色。」

4 伏龍肝

《本草》伏龍肝，陶隱居云：「此竈中對釜月下黄土也。以竈有神，故呼爲伏龍肝。并以迃隱爲名爾①。」雷公云：「凡使勿誤用竈下土，其伏龍肝，是十年已來竈額内火氣積，自結如赤色石，中黄，其形皃八稜。」〔一〕予嘗見臨安醫官陳輿大夫，言當以砌竈時，納猪肝一具於土中，俟其積久，與土爲一，然後用之，則稍與名相應。比讀《後漢書·陰識傳》云：「其先陰子方，臘日晨炊而竈神形見。」注引《雜五行書》曰：「宜市買猪肝泥竈，令婦孝。」〔二〕然則輿之説亦有所本云。《廣濟曆》亦有此説，又列作竈忌日，云：「伏龍在，不可移作。」所謂伏龍者，竈之神也〔三〕。

【校勘】

①「迃」，馬本、庫本、祠本作「透」。

【箋證】

〔一〕唐慎微《證類本草》卷五。李時珍《本草綱目》卷七《土》，「伏龍肝」釋名：「竈心土。」其下解釋，即據容齋此篇。

〔二〕《後漢書》卷六二《陰識傳》，章懷注：「《雜五行書》曰：『竈神名禪，字子郭，衣黄衣，夜被髮從竈中出，知其名呼之，可除凶惡。宜市猪肝泥竈，令婦孝。』」

〔三〕《廣濟曆》，即《廣濟陰陽百忌曆》。詳《續筆》卷四《卜筮不同》條。

方以智《通雅》卷二一《鬼神姓名》：「郭禪，竈神。見《後漢·陰就傳》，(陳)無功引之。智按，其祖陰子方，以黄羊祀竈。章懷注：『竈神，名禪，字子郭。』不言姓郭。杭州刻《本草》作陰子萬，誤矣。元瑞云：『竈神姓張，名單，字子郭，夫人字卿忌。一曰竈神名壤子。』(郁之按，胡元瑞此説實出段成式《酉陽雜俎》卷一四《諾皋記上》。)《廣濟曆》曰：『伏龍。』《莊子》：『竈有髻。』」

5　勇怯無常

「民無常勇，亦無常怯，有氣則實，實則勇，無氣則虚，虚則怯。怯勇虚實，其由甚微，不可不知。勇則戰，怯則北。戰而勝者，戰其勇者也；戰而北者，戰其怯者也。怯勇無常，儵忽往來，而莫知其方，惟聖人獨見其所由然。」此《吕氏春秋·決勝篇》之語，予愛而書之〔一〕。

【箋證】

〔一〕《吕氏春秋》卷八《仲秋紀·決勝》篇。容齋此條，蓋有鑒於宋金和戰之局面而特書之，以爲「聖人」之勸也。

6 趙德甫金石録

東武趙明誠德甫，清憲丞相中子也。著《金石録》三十篇，上自三代，下訖五季，鼎、鍾、甗、鬲、槃、匜、尊、爵之款識，豐碑大碣顯人晦士之事蹟，見于石刻者，皆是正僞謬，去取褒貶，凡爲卷二千〔一〕。其妻易安李居士，平生與之同志，趙没後，愍悼舊物之不存，乃作後序，極道遭罹變故本末。今龍舒郡庫刻其書，而此序不見取，比獲見元稿於王順伯，因爲撮述大概云：「予以建中辛巳歸趙氏，時丞相作吏部侍郎，家素貧儉，德甫在太學，每朔望謁告出，質衣取半千錢，步入相國寺，市碑文果實歸，相對展玩咀嚼。後二年，從宦①，便有窮盡天下古文奇字之志，傳寫未見書，買名人書畫、古奇器。有持徐熙《牡丹圖》求錢二十萬，留信宿，計無所得，捲還之，夫婦相向惋悵者數日。及連守兩郡，竭俸入以事鉛槧，每獲一書，即日勘校裝緝。得名畫彝器，亦摩玩舒卷，指摘疵病，盡一燭爲率。故紙札精緻，字畫全整，冠於諸家。每飯罷，坐歸來堂，烹茶，指堆積書史，言某事在某書某卷第幾葉第幾行，以中否勝負，爲飲茶先後，中則舉杯大笑，或至茶覆懷中，不得飲而起。凡書史百家字不刓缺、本不誤者，輒市之，儲作副本。靖康丙午，德甫守淄川，聞虜犯京師，盈箱溢篋，戀戀悵悵，知其必不爲己物。建炎丁未，奔太夫人喪南來，既長物不能盡載，乃先去書之印本重大者，畫之多幅者，器之無款識者，已又去書之監本者，畫之平常者，器之重大者，所載尚十五車，連艫渡淮、江。其青州故第所鎖十間屋，期以明年具舟載之，又化爲煨燼。己酉歲六月，德甫駐家池陽，獨赴行都，自岸上望舟中告别。予意甚惡，呼曰：『如傳聞城中緩急，奈何？』遥應曰：『從衆。必不得已，先棄輜重，次衣衾，次書册，次卷軸，次古器。獨宗器者可自負抱②，與身俱存亡，勿忘之！』徑馳馬去。秋八月，德甫以病不起。時六宫往江西，予遣二吏，部所存書二萬卷，金石刻二千本，先往洪州，至冬，虜陷洪，遂盡委棄。所謂連艫渡江者，又散爲雲煙矣。獨餘輕小卷軸，寫本李、杜、韓、柳集，《世説》《鹽鐵論》、石刻數十副軸，鼎鼐十數，及南唐書數篋，偶在卧内，巋然獨存。上江既不可往，乃之台、温，之衢，之越，之杭，寄物於嵊縣。庚戌春，官軍收叛卒，悉取去，入故李將軍家。巋然者十失五六，猶有五七簏，挈家寓越城，一夕爲盗穴壁，負五簏去，盡爲吴説運使賤價得之。僅存不成部帙殘書策數種。忽閲此書，如見故人，因憶德甫在東萊静治堂，裝褾初就，芸籤縹帶，束十卷作一帙，日校二卷，跋一卷，此二千卷，有題跋者五百二卷耳。今手澤如新，墓木已拱。乃知有有必有無，有聚必有散，亦理之常，又胡足道！所以區區記其終始者，亦欲爲後世好古博雅者之戒云。」時紹興四年也，易安年五十二矣，自叙如此〔二〕。予讀其文而悲之，爲識於是書。

【校勘】

①「官」，馬本、祠本作「宧」。　②「宗」，原作「宋」，據馬本、祠本改。

【箋證】

〔一〕《金石録》三十卷，今存。 趙明誠自序云：「上自三代，下訖隋唐五季，内自京師，達於四方遐邦絶域夷狄所傳，倉史以來，古文奇字、大小二篆、分隸行草之書，鐘鼎簠簋尊敦甗鬲槃杅之銘，詞人墨客詩歌賦頌碑誌叙記之文章，名卿賢士之功烈行治，至於浮屠老子之説。 凡古物奇器豐碑巨刻所載，與夫殘章斷畫磨滅而僅存者，略無遺矣。 因次其先後爲二千卷。 余之致力於斯，可謂勤且久矣。」

趙挺之，字正夫，密州諸城人，官御史中丞，遷吏部尚書，拜尚書右丞，進左丞、中書門下侍郎，卒謚清憲。 事迹具《宋史》卷三五一本傳。

〔三〕王順伯，參《三筆》卷一六《唐世辟寮佐有詞》箋證。

中華書局一九九一年影印《宋本金石録》卷末附張元濟後記云：「（《金石録》）宋時刊本凡二，初鋟版于龍舒郡齋。 開禧改元，趙不譾重刻於浚儀。（此宋本）是非浚儀重刊，必爲龍舒初版矣。 洪邁《容齋四筆》云：『趙德甫《金石録》，其妻易安李居士作《後序》，今龍舒郡庫刻其書而此序不見取。』是本無易安後序，是亦一證也。」

《四庫全書》揚州刻本《金石録》後序末云：「紹興二年玄黓歲壯月朔甲寅，易安室題。」按，壯月，八月也。考紹興二年八月戊子朔，四年八月甲寅朔，《隨筆》作四年，是。《四庫提要》云：「清照跋，據洪邁《容齋四筆》，原爲龍舒刻本所不載。邁於王順伯家見原稿，乃撮述大概載之。此本所刻，乃與邁所撮述者同，則後人補入，非清照之全文矣。」（《四庫全書總目》卷八六《金石録》提要）河田羆《静嘉堂秘籍志》卷二二「金石録」條：璜川吴氏舊藏抄本《金石録》有某氏手跋曰：「易安《後序》載入《容齋隨筆》者，蓋經洪文敏改定，此所録則其原本也。」

7 韓文公薦士

唐世科舉之柄，顓付之主司，仍不糊名。又有交朋之厚者爲之助，謂之「通牓」，故其取人也畏於譏議，多公而審。亦或脅於權勢①，或撓於親故，或累於子弟，皆常情所不能免者。若賢者臨之則不然，未引試之前，其去取高下，固已定於胸中矣（一）。韓文公《與祠部陸員外書》云：「執事與司貢士者相知識，彼之所望於執事者，至而無間，彼之職在乎得人，執事之職在乎進賢，如得其人而授之，所謂兩得矣。愈之知者，有侯喜、侯雲長、劉述古、韋群玉，（《摭言》作紓。）此四子者，可以當首薦而極論，期於成而後止可也。沈杞、張苰、（《科記》又作弘。）尉遲汾、李紳、張後餘、李翊，皆出群之才，與之足以收人望而得才實，主司廣求焉，則以告之可也。往者陸相公司貢士，愈時幸在得中，所與及第者，皆赫然有聲。原其所以，亦由梁補闕肅、王郎中礎佐之。梁舉八人無有失者，其餘則王皆與謀焉。陸相於王與梁如此不疑也，至今以爲美談。」[二]此書在集中不注歲月。案《摭言》云：「貞元十八年，權德輿主文，陸傪員外通牓，韓文公薦十人於傪，權公凡三榜，共放六人，餘不出五年内皆捷。」以《登科記》考之，貞元十八年，德輿以中書舍人知舉，放進士二十三人，尉遲汾、侯雲長、韋紓、沈杞、李翊登第。十九年，以禮部侍郎放二十人，侯喜登第。永貞元年，放二十九人，劉述古登第。通三牓，共七十二人，而韓所薦者預其七。元和元年，崔邠下放李紳，二年，又放張後餘、張弘。皆與《摭言》合[三]。陸傪在貞元間，時名最著，韓公敬重之。其《行難》一篇，爲傪作也，曰：「陸先生之賢聞於天下，是是而非非。自越州召拜祠部，京師之人日造焉。先生曰：『今之用人也不詳，位于朝者，吾取某與某而已，在下者多于朝，凡吾與者若干人。』」又送其刺歙州序曰[四]：「君出刺歙州，朝廷耆舊之賢，都邑游居之良，齎咨涕洟，咸以爲不當去。」則傪之以人物爲己任久矣，其刺歙以十八年二月，權公放牓時，既以去國，而用其言不替，其不負公議而采人望，蓋與陸宣公同。韓公與書時，方爲四門博士，居百寮底，殊不以其薦爲犯分。故公作《權公碑》云：「典貢士，薦士於公者，其言可信，不以其人布衣不用；即不可信，雖大官勢人交言，一不以綴意。」又云：「前後考第進士，及庭所策試士，踊相躡爲宰相達官，其餘布處臺閣外府，凡百餘人。」梁肅及傪，皆爲後進領袖，一時龍門，惜其位不通顯也，豈非汲引善士爲當國者所忌乎？韓公又有《答劉正夫書》云：「舉進士者，於先進之門，何所不往。先進之於後輩，苟見其至，寧可以不答其意邪？來者則接之，舉城士大夫莫不皆然，而愈不幸獨有接後進名。」以是觀之，韓之留意人士可見也。

【校勘】

①「或」，馬本、庫本、祠本作「有」。

【箋證】

〔一〕蘇軾《議學校貢舉狀》：「唐之通榜，故是弊法，雖有以名取人厭伏衆論之美，亦有賄賂公行權要請託之害，一使恩去王室，權歸私門，降及中葉，結爲朋黨之論。通榜取人，又豈足尚哉！」（《東坡全集》卷五一）傅璇琮《唐翰林學士傳論》上編《唐代翰林與文學》：「唐代知舉者一般僅爲一人，但另有佐助者，推薦人才，稱爲公薦或通榜。（引本條此節，略。）當時翰林學士可以不出院，在任職期間作公薦或通榜。在當時舉子録取中，有時通榜所起的作用更爲實際，社會影響更大。」

〔二〕《唐摭言·通榜》條：「陸忠州榜時，梁補闕肅、王郎中礎佐之。肅薦八人俱捷，餘皆共成之，故忠州之得人皆烜赫。事見韓文公《與陸傪員外書》。」徐一夔《始豐稿》卷一《讀韓文公薦士書》：「史稱韓愈成就後進士，往往知名。今讀其《與陸員外薦士書》，信其能成就後進士也。書所列自侯喜以下四人，則備言其文行；自沈杞以下六人，則或稱其文，或著其行，且曰：『今天下之士，不可遽數，但言其最近而切者爾。』以今而觀，侯喜諸人，時天下之有道而文者，豈復有賢如愈者哉？自愈而論，當時之士，誠未有當其薦者。雖然，天下之材，大小長短，各從所賦，而未嘗無也。謂天下無材者，是厚誣天下之人也。矧人之材所以爲世用，其不用者，不幸也。且天下之事如此其多也，一人能集之乎？不可也。朝廷之位如此其廣也，一人能兼之乎？不可也。不可責於一人，則大者、長者、小者、短者，當各適其用，而不可有一之或棄。愈有見乎此，惟恐己之不知，人之不用，國家曠官廢事是懼，是以不敢薄待天下也。」

〔三〕見王定保《唐摭言》卷八《通榜》。

顧炎武《日知録》卷一七《糊名》：「國家設科之意，本以求才，今之立法則專以防奸爲主，如彌封、謄録一切之制是也。考之唐初，吏部試選，人皆糊名，令學士考判。武后以爲非委任之方，罷之。（此則糊名已用之選人，而未嘗用之貢舉。）貞元中，陸贄知貢舉，訪士之有才行者於翰林學士梁肅，肅曰：『崔群雖少年，他日必至公輔。』果如其言。（《册府元龜》。《唐書》本傳：「贄知貢舉，時崔元翰、梁肅文藝冠時。贄輸心於肅，肅與元翰推薦藝實之士，一歲選士纔十四五，數年之内，居臺省清近者十餘人。」）太和初，禮部侍郎崔郾試進士東都，吴武陵出杜牧所賦阿房宫辭，請以第一人處之。（《武陵傳》）此知其賢而進之也。張昌齡舉進士，與王公治齊名，皆爲考功員外郎王師旦所絀。太宗問其故，對曰：『昌齡等華而少實，其文浮靡，非令器也。取之則後生勸慕，亂陛下風雅。』帝然之。温庭筠苦心硯席，尤長於詩賦。初舉進士，至京師，人士翕然推重。然士行塵雜，不修邊幅，能逐絃吹之音，爲側豔之詞。公卿家無賴子弟裴誠、令狐滈之徒，相與蒱飲，酣醉終日。繇是累年不第。（本傳。）羅隱有詩名，尤長於詠史，然多譏諷，以故不中第。（《册府元龜》。）此知其不可而退之也。《宋史・陳彭年傳》言：『景德中，彭年與晁迥同知貢舉，請令有司詳定考試條式。真宗命彭年與戚綸參定，多革舊制，專務防閑。其所取者不復選擇文行，止較一日之藝，雖杜絶請託，然置甲等者或非人望。』（《文獻通考》略同。）《宋白傳》言：『初，陳彭年舉進士，輕俊，喜謗主司。白知貢舉，惡其爲人，黜落之。彭年憾焉。後居近侍，爲貢舉條制，多所關防，蓋爲白設也。』（《山堂考索》同。）蓋昔之取士，雖程其一日之文，亦參之以平生之行，而鄉評士論一皆達於朝廷。（《李諮傳》：「舉進士，真宗聞其至孝，擢第三人。」當時尚未糊名。陸游《老學菴筆記》：「本朝進士，初亦如唐制，兼采時望。真廟時，周安惠公起建糊名法，一切以程文爲去留。」）故《王旦傳》言：『翰林學士陳彭年，呈政府科場條目，旦投之地，曰：「内翰得官幾日，乃欲隔截天下進士！」彭年皇恐而退。』而范仲淹、蘇頌之議，並欲罷彌封、謄録之法，使有司先考其素行，以漸復兩漢選舉之舊。（本傳。）夫以彭年一人之私，而遵之爲數百年之成法，無怪乎繁文日密，而人材日衰。欲求才者非有重門洞開之心胸，不能起而更張之矣。」按，此下復引《四筆》本條「皆與《摭言》合」以上一段。

〔四〕《送陸歙州傪序》：「貞元十八年二月十八日，祠部員外郎陸君出刺歙州。」（《五百家注昌黎文集》卷一九）

8 王勃文章

王勃等四子之文，皆精切有本原。其用駢儷作記序碑碣，蓋一時體格如此，而後來頗議之。杜詩云：「王、楊、盧、駱當時體，輕薄爲文哂未休。爾曹身與名俱滅，不廢江河萬古流。」正謂此耳。身名俱滅，以責輕薄子。江河萬古流，指四子也〔一〕。韓公《滕王閣記》云：「江南多游觀之美，而滕王閣獨爲第一。及得三王所爲序、賦、記等①，壯其文辭。」注謂：「王勃作游閣序。」又云：「中丞命爲記，竊喜載名其上，詞列三王之次，有榮耀焉。」則韓之所以推勃，亦爲不淺矣〔二〕。勃之文今存者二十卷云②〔三〕。

【校勘】

①「三」字原脱，據馬本、庫本、祠本補。　②馬本、庫本、祠本「二十」下有「七」字。

【箋證】

〔一〕王勃、楊炯、盧照鄰、駱賓王。事迹具《舊唐書》卷一九〇上《文苑列傳上》。炯傳云：「炯與王勃、盧照鄰、駱賓王以文詞齊名海内，稱爲『王、楊、盧、駱』，亦號爲『四傑』。」錢大昕《十駕齋養新録》卷一八《文人勿相輕》條：「杜子美詩所以高出千古者，『不薄今人愛古人』也。王、楊、盧、駱之體，子美能爲而不屑爲，然猶護惜之，不欲人訾議，且曰：『汝曹身與名俱滅，不廢江河萬古流』，其推挹如此。」

至於杜甫此詩，亦有不同解釋。徐復觀《從文學史觀點及學詩方法試釋杜甫〈戲爲六絶句〉》一文，（載所著《中國文學精神》）指出《分門集注杜工部詩》中所引的「趙曰」及《後村先生大全集》卷一七八，即以「輕薄爲文」爲譏笑四傑。又引杜則堯輯《黄晦聞先生論杜詩》云：「其第二首正批評王、楊、盧、駱承齊梁之餘風，爲文輕薄，而當時後生效其體裁，蔚成風氣，反嗤點庾信而不休。然爾曹身死而名即滅，終不能損庾信萬古之令譽，故曰『不廢江河萬古流』也。」（按，徐復觀認爲此説未必出自黄晦聞，或是僞造。）

〔二〕韓愈《新修滕王閣記》（《五百家注昌黎文集》卷一三）。

馬茂元《讀兩唐書文藝（苑）傳劄記》（中華書局編輯部編《文史》第八輯）引《四筆》本條，後按云：「六朝駢體，發展至唐，纂組益趨工麗，句調愈加整齊，四傑推一時之選，而《滕王閣序》尤爲具有代表意義之作品，洪邁所謂『一時體格如此』也。此種文字，爲晚唐、兩宋四六文之濫觴。其間雖不無才情宏放、吐屬清新之作，然就其總傾向言之，則講求者惟在隸事對仗之工巧，色澤文彩之鮮豔。重形式而輕内容，於斯爲極。承梁、陳之弊，開風氣之先，原本要終，四傑不能辭其咎。蘇軾《潮州韓文公廟碑》謂韓愈『文起八代之衰』，正以其能自振於積習之中，大力反對此種文體也。昌黎論文之旨，具見集中諸作，旗幟至爲鮮明，於四傑曾無假借。其《新修滕王閣記》之所以盛推『三王』者，蓋因王仲舒連類而及耳。考此文作於元和十五年，時韓愈官袁州刺史，而王仲舒以御史中丞觀察江南西道。文中所云『三王之序、賦、記』，乃指王勃之序、王緒之賦、王仲舒之記（見舊注）。韓愈於王仲舒爲屬吏，此文又承王命而作，故因『三王』之巧合，而漫作應酬語以稱頌之，非有意於論文，尤非論王勃、王緒之文也。《四庫全書總目提要》卷一百四十九集部別集類二《王子安集提要》亦據此以評四傑之文，實則洪邁及紀昀之所取於四傑者，乃在其淹貫群書，隸事精切，特借昌黎之盛名，以成其説耳，於昌黎之本旨，固無當也。然似是而非，轉相援引，由來久矣。故辨之如此。」

〔三〕《舊唐書》本傳稱勃有文集三十卷。《宋史·藝文志》著録《王勃詩》八卷，又《文集》三十卷，《雜序》一卷。明以來其集已佚，原目遂不可考。明崇禎中閩人張燮搜輯《文苑英華》諸書，編爲十六卷。參《四庫全書總目》卷一四九《王子安集》提要。按勃之文今存者「二十卷」，別本或作「二十七卷」。

9 呂覽引詩書

《呂氏春秋·有始覽·諭大篇》引《夏書》曰：「天子之德，廣運乃神，乃武乃文。」又引《商書》曰：「五世之廟，可以觀怪；萬夫之長，可以生謀。」高誘注皆曰：「逸書也。廟者，鬼神之所在，五世久遠，故於其所觀魅物之怪異也。」予謂呂不韋作書時，秦未有《詩》《書》之禁，何因所引訛謬如此〔一〕？高誘注文怪異之説，一何不典之甚邪？又《孝行覽》

亦引《商書》曰：「刑三百，罪莫重於不孝。」今安得有此文？亦與《孝經》不合〔二〕。又引《周書》曰：「若臨深淵，若履薄冰。」注云：「《周書》，周文公所作。」〔三〕尤妄也。又以「普天之下，莫非王土，率土之濱，莫非王臣」爲舜自作詩〔四〕，「子惠思我，褰裳涉洧，子不我思，豈無他士」爲子産答叔向之詩〔五〕。不知是時《國風》《雅》《頌》何所定也。甯戚《飯牛歌》，高誘全引《碩鼠》三章〔六〕，又爲可笑。

【箋證】

〔一〕楊樹達《積微居讀書記·讀呂氏春秋札記》「諭大篇」條，引《四筆》此節，接云：「洪氏不知東晉晚出《古文尚書》爲僞書，認爲是周、秦相傳舊本，而據僞書『咸有一德』之文與此異，故爲此說。」

〔二〕《呂氏春秋·孝行覽·孝行》。

〔三〕《呂氏春秋·慎大覽·慎大》。

〔四〕《呂氏春秋·孝行覽·慎人》。

〔五〕《呂氏春秋·慎行論·求人》。

〔六〕《呂氏春秋·離俗覽·舉難》。

胡紹煐《文選箋證》卷二〇《成公子安嘯賦》「甯子斂手而歎息」條：「歌曲所載各異，疑皆後人僞託。《呂覽·離俗·舉難篇》：甯戚飯牛車下，望桓公而悲，擊角疾歌。高誘注以爲歌《碩鼠》，似得其實。《後漢書·馬融傳》注引《説苑》亦云歌《碩鼠》，可證。今考《説苑·善説篇》：『甯戚飯牛康衢，擊車輻而歌，顧見桓公，得之霸也。』萬氏希槐謂，以上下文義求之，『顧見』二字正『碩鼠』之譌，校精。《容齋五筆》云：『飯牛歌，高誘注全引《碩鼠》三章，實爲可笑。』蓋未見及此也。」

10 藍田丞壁記

韓退之作《藍田縣丞廳壁記》，柳子厚作《武功縣丞廳壁記》，二縣皆京兆屬城，在唐爲畿甸，事體正同，而韓文雄拔超峻，光前絶後，以柳視之，殆猶碔砆之與美玉也①〔一〕。莆田方崧卿得蜀本，數處與今文小異，其「破崖岸而爲文」一句，繼以「丞廳故有記」，蜀本無「而」字。考其語脉，乃「破崖岸爲文丞」是句絶，「文丞」者，猶言文具備員而已，語尤奇崛。若以「丞」字屬下句，則既是丞廳記矣，而又云「丞廳故有記②」，雖初學爲文者不肯爾也〔二〕。此篇之外，不復容後人出手。侄孫倬，頃丞宣城，後生頗有意斯道，自作《題名記》示予。予曉之曰：「他文尚可隨力工拙下筆，至如此記，豈宜犯不韙哉！」倬時已勒石，深悔之。近日亦見有爲之者，吾家孫侄多京官調選，再轉必爲丞，慮其復有效尤者，故書以戒之〔三〕。

【校勘】

①「碔砆」原作「武夫」，據馬本、庫本、祠本改。 ②「故」原爲墨丁，據馬本、庫本、祠本補。

【箋證】

〔一〕方苞《望溪集》卷五《答程夔州》：「昌黎作記，多緣情事爲波瀾。永叔、介甫則别求義理，以寓襟抱。柳子厚惟記山水，刻雕衆形，能移人之情。至監察使、四門助教、武功縣丞廳壁諸記，（郁之按，指《柳河東集》卷二六《監察使壁記》《四門助教廳壁記》《武功縣丞廳壁記》。）則皆世俗人語言意思，援古證今，指事措語，每題皆有現成文字，一篇不假思索，是以北宋文家於唐多稱韓、李，而不及柳氏也。」

〔二〕方崧卿《韓集舉正》卷五《第十三卷·藍田縣丞廳壁記》：「破崖岸而爲文丞。」校云：「閣、杭同。蜀本『文』作『之』，亦無『而』字。程夢良曰：『文丞』句絶，猶文具也。」

〔三〕顧炎武《日知録》卷二〇《文章推服古人》：「宋洪邁從孫倬丞宣城，自作《題名記》。邁告之曰：『他文尚可隨力工拙下筆，如此記豈宜犯不韙哉！』蓋以韓文公有《藍田縣丞廳壁記》故也。夫以題目之同於文公而以爲犯不韙，昔人之謹厚何如哉！」日本津阪東陽《夜航詩話》卷四：「猥擬古人名作，政自敢與昔賢抗衡，多見其不知量耳。」下引《隨筆》及《日知録》此節，又云：「後生輕薄，不自知身分，動輒敢犯不韙，珠玉在側，不勝形穢，可不憚也哉！」

11 錢武肅三改元

歐陽公《五代史》叙《列國年譜》云：「聞於故老，謂吴越亦嘗稱帝改元，而求其事迹不可得，頗疑吴越後自諱之。及旁采諸國書，與吴越往來者多矣，皆無稱帝之事。獨得其封落星石爲寶石山制書，稱寶正六年辛卯耳。」〔一〕王順伯收碑，有《臨安府石屋崇化寺尊勝幢》云：「時天寶四年歲次辛未四月某日，元帥府府庫使王某。」又《明慶寺白傘蓋陀羅尼幢》云：「吴越國女弟子吴氏十五娘建。」其發願文序曰：「十五娘生忝霸朝，貴彰國懿。天寶五年太歲壬申月日題。」順伯考其歲年，知非唐天寶，而辛未乃梁開平五年，其五月改乾化，壬申乃二年。梁以丁卯篡唐，武肅是歲猶用唐天祐，次年自建元也。《錢唐湖廣潤龍王廟碑》云：「錢鏐貞明二年丙子正月建。」《新功臣禪院碑①》《封睦州牆下神廟敕》，皆貞明中登聖寺磨崖，梁龍德元年歲次辛巳，錢鏐建。又有龍德三年《上宮詩》，是歲梁亡。《九里松觀音尊勝幢》：「寶大二年歲次乙酉建。」《衢州司馬墓誌》云：「寶大二年八月歿。」順伯案，乙酉乃唐莊宗同光三年，其元年當在甲申。蓋自壬申以後用梁紀元，至後唐革命，復自立正朔也。又《水月寺幢》云：「寶正元年丙戌十月，具位錢鏐建。」是年爲明宗天成。《招賢寺幢》云：「丁亥寶正二年。」又小昭慶金牛、碼碯等九幢，皆二年至五年所刻。貢院前橋柱刻「寶正六年歲在辛卯造」。然則寶大止二年而改寶正。寶正盡六年，次年壬辰，有《天竺日觀菴經幢》，復稱長興三年八月，用唐正朔，其年三月，武肅薨。方寢疾，語其子元瓘曰：「子孫善事中國，勿以易姓廢事大之禮。」於是以遺命去國儀，用藩鎮法〔二〕。然則有天寶、寶大、寶正三名，歐陽公但知其一耳〔三〕。《通鑑》亦然。自是歷晉、漢、周及本朝，不復建元〔四〕。今猶有清泰、天福、開運、會同、（係契丹年。）乾祐、廣順、顯德石刻，存者三四十種，固未嘗稱帝也〔五〕。

【校勘】

①「禪」，馬本、庫本、祠本作「壇」。

【箋證】

〔一〕《新五代史》卷七一《十國世家年譜》叙首。「稱寶正六年辛卯」句後有云：「則知其嘗改元矣。辛卯，長興二年，乃鏐之末世也，然不見其終始所因，故不得而備列。錢氏訖五代，嘗外尊中國，豈其張軌之比乎？十國皆非中國有也，其稱帝改元與不，未足較其得失。」《四庫全書考證》卷二八《史部·歐陽修撰五代史》卷七一《十國世家年譜序》稱寶正六年辛卯，則知其嘗改元矣」條：「按《容齋四筆》，錢武肅三改元，有天寶、寶大、寶正三名，歐陽公偶遺之耳。」

〔二〕《資治通鑑》卷二七七《後唐紀·明宗聖德和武欽孝皇帝中之下》長興三年三月，「吴越武肅王錢鏐疾，謂將吏曰：『吾疾必不起，諸兒皆愚懦，誰可爲帥者？』衆泣曰：『兩鎮令公仁孝有功，孰不愛戴！』鏐乃悉出印鑰授傳瓘曰：『將吏推爾，宜善守之！』又曰：『子孫善事中國，勿以易姓廢事大之禮。』」「傳瓘既襲位，更名元瓘。兄弟名傳者，皆更爲元。以遺命，去國儀，用藩鎮法。」

錢大昕《廿二史考異》卷六六《五代史六・十國世家年譜》「獨得其封落星石爲寶石山制書，稱寶正六年辛卯，則知其嘗改元矣」條，先引《容齋四筆》此條，後按云：「予謂容齋據王順伯説，考定吴越三改元，既精審矣；其云丁卯歲猶用天祐號，則未然。考越州《崇福侯廟記》題開平二年，則其時武肅亦用開平之號，而即於是年自建元也。寶正之號當盡於七年，至三月以後文穆嗣立，乃去寶正號而稱長興耳。」

〔三〕吴承志《横陽札記》卷九《吴越改元》條，引《四筆》本條，接云：「路振《九國志・吴越世家》云：『文穆王名元瓘，後唐長興三年四月己卯嗣位。先是，鏐以中原喪亂，於梁開平元年改元天寶，私行境中。凡改元四：天寶十六年、寶大二年、寶正六年，至是以遺命用藩鎮禮，仍遵中國年號。』《志》言錢氏改元終始甚備，歐（陽修）、宋（庠）、王（順伯）、洪（邁）顧俱不之及，未詳其故。徐無黨《年譜注》引《志》，與今本亦微不同，豈此文爲後人附益耶？《志》云『改元四』，所列止天寶、寶大、寶正三名，王應麟《玉海・歷代年號考》載『廣初』一名，似所見舊本作『天寶十年、廣初六年』，今本脱佚三字。然則南宋本已有此文矣。（紹興卧龍山城隍廟有吴越《重修記》碑，末書『大梁開平二年歲在戊辰』，阮氏元《兩浙金石志》云：『是年吴越改元天寶，而碑仍書梁號。』此與杭州《慈雲嶺記》篇首稱『梁單閼之歲』相同，可見錢王當日雖僭號改元，而於中原正朔未嘗竟削而不用也。《通鑑考異》引閻自若《唐末汎聞録》云：

『同光四年京師亂，朝命遂絶。鏐遂僭大號，改元保正。明年明宗錫命至，乃去號，復用唐正朔。』閻所見寶正二年奏表，亦用天成年號，可見王、洪之説，失之意揣。葉氏廷琯《吹網録》據《隨筆》以駁吴氏任臣《十國春秋》『天寶六年』之文，亦未免强作解事矣。）」

〔四〕《資治通鑑》卷二七五《後唐紀四・明宗聖德和武欽孝皇帝上之下》天成元年：「是歲，吴越王鏐以中國喪亂，朝命不通，改元寶正。其後復通中國，乃諱而不稱。」司馬光《考異》卷二九《後唐紀上》「是月吴越王鏐改元寶正」句下：「閻自若《唐末汎聞録》云：『同光四年，京師亂，朝命斷絶，鏐遂僭大號，改元保正。明年，明宗錫命至，乃去號，復用唐正朔。』《紀年通譜》云：『鏐雖外勤貢奉，而陰爲僭竊，私改年號於其國。其後，子孫奉中朝正朔，漸諱改元事，及錢俶納土，凡其境内有石刻僞號者，悉使人交午鑿滅之。惟今杭州西湖落星山塔院中有鏐封此山爲壽星寶石山僞詔，刻之於石，雖經鑱毁，其文尚可讀。後題云：「寶正六年歲在辛卯。」明宗長興二年也。其元年即天成二年也。好事者或傳曰保正非也。』余公綽《閩王事迹》云：『同光元年春，梁策錢鏐爲尚父。來年，改寶正元年。永隆三年，吴越世宗文穆王薨。』林仁志《王氏啓運圖》云：『同光元年，梁封浙東尚父爲吴越國王，尋自改元寶正。長興三年，吴越武肅王崩，子世皇嗣。永隆二年，吴越世皇崩，子成宗嗣。』公綽、仁志所記，年歲差繆，然可見錢氏改元及廟號，故兼載焉。」

王鳴盛《十七史商榷》卷九七《新舊五代史五》「吴越改元」條：「歐《史・十國世家年譜》叙首云：『聞故老謂吴越亦嘗稱帝改元，而求其事迹不可得，獨得其封落星石爲寶石山，制書稱寶正六年辛卯，則知其嘗改元矣。』范坰等《備史》固無年號，而明錢肅潤刻《備史》，跋其後，即力辨歐《史》之非。薛《史》亦云：『命所居曰宮殿，府署曰朝廷，其參佐稱臣，但不改年號而已。』考洪邁《容齋四筆》第五卷駁歐《史》之疏漏，援王順伯所收碑。（郁之按，所引即據《四筆》本條，略。）予謂洪、王是矣。但《鎮東軍牆隍廟碑》係開平二年歲在戊辰，下有一『月』字，而上下皆空，蓋是年未改元之前所立，然則温篡唐，鏐受其封號，即稱臣奉其紀年，觀望久之，知其未能一統，乃改元自娱。順伯謂温篡後鏐猶用天祐，誤也；而其餘考據則博而且精。秀水鍾淵映又搜得舊《武原志》載土中所得《朱府君墓誌》，題云『寶大元年歲次甲申』。此順伯所未見者。要之，天寶改於戊辰，梁開平二年；寶大改於甲申，唐同光二年；寶正改於丙戌，唐天成元年。歷歷可考。歐公說極確，所恨寡聞。范坰、錢肅潤與薛《史》謂錢鏐未常改元，則大誤矣。外懼誅討，尊奉中朝，實則自帝一方，以愚其民，乃掩耳盜鈴之計。歐公惟舉寶正，《通鑑》及《目録》亦然，而《考異》則歷引閻自若《唐末汎聞録》《紀年通譜》、余公綽《閩王事迹》、林仁志《閩王啓運圖》以證之。至《玉海》則於天寶、寶大、寶正外又載廣初一號，（郁之按，《玉海》卷一三《律曆·歷代年號》）此號則不知吴越何王何年之所改。洪言晉、漢、周及宋，吴越不復改元。今蘇州虎丘千人石畔有大佛頂陀羅尼石幢一座，四面刻之，高約二丈餘，末題：『下元甲子顯德五載龍集戊午日躔南斗高陽許氏建。』此吴越忠懿王錢俶時所立，可見其時不改元。」

〔五〕清泰，後唐末帝年號。天福，後晉高祖年號。開運，後晉出帝年號。乾祐，後漢高祖年號。廣順、顯德，乃後周太祖、世宗年號。會同，契丹遼太宗年號。

王象之《輿地碑記目》卷一《婺州碑記·義烏真如寺耶律年號》：「寺在義烏縣西南一百八十步。《東陽志》云：『吴越錢氏會同十年建。』洪邁《隨筆》載錢氏有年號三，曰寶大、天寶、保正，而無所謂會同。象之謹按，會同乃契丹年號，《東都事略·契丹傳》載遼主德光以天福三年改元會同，至開運四年南牧。《歷年圖》載天福二年歲在戊戌，而會同十年歲在丁未，自戊戌至丁未，整整十年。意者錢氏奉德光之正朔，則丁未之歲，乃契丹會同十年，故用其紀元耳。《十國紀年·吴越王錢弘佐傳》云開運四年四月敵陷京師，稱會同十年，而《馬殷傳》止書云開運四年，契丹犯闕，中國兵亂，貢賦不通，而不書會同年號。是湖南諸國不用會同年號，而吴越獨用會同年號故也。」又同書卷三《福州碑記·烏石宣威感應王廟碑銘契丹年號》：「陳郊撰並序《長樂志》云：『會同十年封。』《長樂志》又云：『年號，史闕。』《東陽志》：『義烏縣真如院碑，吴越會同十年建。』洪邁《隨筆》載錢氏有年號三，曰天寶、寶大、保正，而無會同年號。象之謹按《通鑑》晉天福三年歲在戊戌，契丹主耶律德光即位，改元會同，至後漢天福十二年丁未，整整十年，蓋是歲福州陷於吴越錢氏，是時錢氏不改年號只用中原正朔，契丹入汴，故用契丹年號。二浙既用會同年號，是年福州既屬吴越，故福州亦用會同年號。」

12 黃庭換鵝

李太白詩云：「山陰道士如相見，應寫《黃庭》換白鵝。」蓋用王逸少事也。前賢或議之曰：逸少寫《道德經》，道士舉鵝群以贈之。元非《黃庭》，以爲太白之誤〔一〕。予謂太白眼高四海，衝口成章，必不規規然旋檢閲《晉史》，看逸少傳，然後落筆。正使誤以《道德》爲《黃庭》，於理正自無害，議之過矣〔一〕。東坡雪堂既毁，紹興初，黃州一道士自捐錢粟再營建，士人何頡斯舉作《上梁文》，其一聯云：「前身化鶴，曾陪赤壁之游；故事換鵝，無復《黃庭》之字。」乃用太白詩爲出處，可謂奇語〔二〕。案張彦遠《法書要録》載褚遂良《右軍書目》，正書有《黃庭經》云。注：「六十行。與山陰道士。」真蹟故在。又武平一《徐氏法書記》云：「武后曝太宗時法書六十餘函，有《黃庭》。」又徐季海《古跡記》：「玄宗時，大王正書三卷，以《黃庭》爲第一。」〔三〕皆不云有《道德經》，則知乃《晉傳》誤也〔四〕。

【箋證】

〔一〕李白「山陰道士如相見」詩，見《送賀賓客歸越》（王琦《李太白集注》卷一七）。逸少寫《道德經》，見《晉書》卷八〇《王羲之傳》：「山陰有一道士，養好鵝，羲之往觀焉，意甚悦，固求市之。道士云：『爲寫《道德經》，當舉群相贈耳。』羲之欣然寫畢，籠鵝而歸。」

蔡絛《西清詩話》云：「李太白『山陰道士如相訪，爲寫《黃庭》換白鵝。』乃《道德經》，非《黃庭》也。逸少嘗寫《黃庭經》與王修，故二事相紊。」（《苕溪漁隱叢話前集》卷四〇）

吴曾《能改齋漫録》卷三《辯誤》「黃庭博鵝」條：「太白集有《懷古・王右軍》詩云：『山陰遇羽客，要此好鵝賓。掃素寫《道經》，筆精妙入神。書罷籠鵝去，何曾别主人。』據此詩，則太白未嘗誤用。何耶？按本傳：『逸少聞山陰道士好養鵝，往觀焉。』非山陰道士訪逸少也。前詩不特誤使《黄庭》事，嘗疑以爲世俗子所增。」

《藝苑雌黄》云：「《白氏六帖》所載，亦言《黄庭經》，則古人誤用此事，非獨太白爲然也。」（《漁隱叢話後集》卷二七《東坡二》）

或謂太白不誤。沈濤《交翠軒筆記》卷三：「《太平御覽·職官部》引何法盛《晉中興書》：『山陰有道士養群鵝，羲之意甚悦，道士云：「爲寫《黄庭經》，當舉群相贈。」乃爲寫訖，籠鵝而去。』乃知太白用事不誤。後人少見多怪耳。」又或謂李白此詩爲僞託。袁文《甕牖閒評》卷五云：「恐必爲後人贋作。」

〔二〕《東坡志林》卷六：「蘇子得廢園於東坡之脅，築而垣之，作堂焉，其正曰雪堂。」祝穆《方輿勝覽》卷五〇《黄州·人物》：「何頡之，黄岡人，從蘇子瞻游。」又同卷《堂館》：「雪堂，在州治東百步，蜀人蘇子瞻謫居黄三年，故人馬正卿爲守，以故營地數十畝與之，是爲東坡。以大雪中築室，名曰雪堂，繪雪于堂之壁。西有小橋，堂下有暗井。七年，移汝州。去黄之日，遂以雪堂付潘大臨兄弟居焉。崇寧壬午，黨禁既興，堂遂毁。其後，邦人屬神霄宫道士李斯立重建。何斯舉作《上梁文》，其警聯云：『歲在辛酉，蔚爲鸞鳳之棲；堂毁崇寧，奄作鼪鼯之野。』又云：『前身化鶴，當陪赤壁之游；故事博鵝，無復《黄庭》之字。』蓋佳語也。」

〔三〕程大昌《演繁露》卷一二《换鵝是黄庭經》：「王羲之本傳以書换鵝者，《道德經》也。文士用作

《黄庭》，人皆謂誤。張彦遠《法書要録》載《褚遂良右軍書目》正書第二卷有《黄庭經》，注云：『六十行。與山陰道士。』其時真迹固在，既可以見其爲《黄庭》無疑。又武平一《徐氏法書記》，親在禁中見武后曝太宗時法書六十餘函，所記憶者，扇書《樂毅》《告誓》《黄庭》。又徐浩《古迹記》，玄宗時大王正書三卷，以《黄庭》爲第一。不聞《道德經》，則《傳》之所載卻誤。」又其《考古編》卷八《黄庭經》，可參。

〔四〕褚遂良《右軍書目》、武平一《徐氏法書記》、徐季海《古迹記》，均見《法書要録》卷三。

按，黄庭换鵝公案，議論紛紜。黄伯思《東觀餘論》卷下《跋黄庭經後》：「按逸少以晉穆帝升平五年卒，是年歲在辛酉，後二年，即哀帝興寧二年，始降《黄庭》于世，安得逸少預書之？又按梁虞龢《論書表》云：『山陰曇礦村養鵝道士謂羲之曰：「久欲寫河上公《老子》，縑素早辦，而無人能書。府君若能自屈書《道德經》兩章，便合群以奉。」於是羲之便停半日爲寫畢，攏鵝去。』而《晉書》本傳亦著道士云：『爲寫《道德經》，當舉群相贈耳。』初未嘗言寫《黄庭》也。以二書考之，則《黄庭》非逸少書無疑。然陶隱居《與梁武帝啓》云：『逸少有名之迹不過數首，《黄庭》《勸進》《告誓》等，不審猶有存否。』蓋此啓在著《真誥》前，故未之考證耳。至唐張懷瓘作《書斷》云：『《樂毅》《黄庭》但得幾篇，即爲國寶。』遂誤以爲逸少書。李太白承之，作詩：『山陰道士如相見，應寫《黄庭》换白鵝。』苟欲隨之耳，初未嘗考之。而韓退之第云『數紙尚可博白鵝』，而不云《黄庭》，豈非覺其謬歟？」

張淏《雲谷雜紀》卷一駁黄伯思之説，云：「以予考之，其説非也。蓋書《黄庭經》换鵝，與書《道德經》换鵝，自是兩事。伯思謂《黄庭》之傳在右軍死後二年，此最失于詳審也。道家有《黄庭内景經》，又有《黄庭外景經》及《黄庭遁甲緣身經》《黄庭玉軸經》，世俗例稱爲《黄庭經》。《内景經》乃大道玉晨君所作，扶桑大帝君命暘谷神王傳魏夫人，凡三十六章，即《真誥》所言者。《外景經》三篇，乃老君所作，即右軍所書者，與夫人所得者初不同。予家舊藏右軍所書《外景經》石刻一卷，凡六十行，末云：『永和十二年五月二十五日在山陰縣寫。』以歐陽《集古録目》校之，與文忠所藏本同，則右軍之寫《黄庭》甚曉然，緣諸公考之未詳，故未免紛紜如此。黄伯思謂《與梁武啓》在著《真誥》之前，此又曲爲之辯也。予又嘗于《道藏》中得務成子注《外景經》一卷，有序云：『晉有道士好《黄庭》之術，意專書寫，嘗求于人，聞王右軍精于草隸而性復愛白鵝，遂以數頭贈之，得其妙翰。右軍逸興自縱，未免脱漏，但美其書耳。』張君房所進《雲笈七籤》亦載此序，最爲的據也。蓋《道德經》是偶悦道士之鵝而寫；若《黄庭》，是道士聞其善書且喜鵝，故以是爲贈而求其書，此是兩事頗分明，緣俱以寫經得鵝，遂使後人指爲一事，而妄起異論。惟李太白知其爲二事，故其詩《右軍》一篇云：『右軍本清真，瀟灑出風塵。山陰遇羽客，邀此好鵝賓。掃素寫《道德》，筆精妙入神。書罷籠鵝去，何曾别主人。』此言書《道德經》得鵝也。《送賀賓客歸越》一篇云：『鏡湖清水漾清波，狂客歸舟逸興多。山陰道士如相見，應寫《黄庭》换白鵝。』此言書《黄庭經》得鵝也。太白于兩詩各言之，初未嘗誤，乃後人自誤也。」

馬叙倫《讀書續記》卷一：「余謂如張、洪兩家所記（郁之按，張淏《雲谷雜記》、洪邁《容齋四筆》），則《黄庭》確爲右軍書矣。然《晉書》成于唐太宗，太宗求二王書，幾無不備，何以本傳乃有此誤？是仍未易定也。」

13 宋桑林

《左傳》：「宋公享晉侯於楚丘，請以《桑林》。」注：「《桑林》者，殷天子之樂名。」「舞師題以《旌夏》。晉侯懼而退，及著雍疾，卜《桑林》見。荀偃、士匄欲奔請禱焉，荀罃不可。」〔一〕予案《吕氏春秋》云：「武王勝殷，立成湯之後於宋，以奉桑林。」高誘注曰：「桑山之林，湯所禱也。故使奉之。」《淮南子》云：「湯旱，以身禱於桑山之林。」許叔重注曰：「桑山之林，能興雲致雨，故禱之。」「桑林」二説不同〔二〕。杜預注《左傳》不曾引用，豈非是時未見其書乎〔三〕？

【箋證】

〔一〕《左傳》襄公十年，杜注。按《正義》曰：「若非天子之樂，則宋人不當請，荀罃不須辭。以宋人請而荀罃辭，明其非常樂也。宋是殷後，得用殷樂，知《桑林》是殷天子之樂名也。《經典》言『殷樂爲《大護》』，而此復云《桑林》者，蓋殷家本有二樂，如周之《大武》《象舞》也。名爲《大護》，則傳記有説。湯以寬政治民，除其邪虐，言能覆護下民，使得其所，故名其樂爲《大護》。

其曰『桑林』，先儒無説。惟《書傳》言，湯伐桀之後，大旱七年，史卜曰：『當以人爲禱。』湯乃剪髮斷爪，自以爲牲，而禱於桑林之社，而雨大至，方數千里。或曰禱桑林以得雨，遂以《桑林》名其樂也。皇甫謐云：『殷樂一名《桑林》。』以《桑林》爲《大護》別名，無文可馮，未能察也。」

〔二〕分別見《吕氏春秋·慎大覽·慎大》《淮南子·修務訓》。

〔三〕今檢杜注，確未見引用《吕氏春秋》《淮南子》二書。顧炎武《左傳杜解補正》卷中「十年請以桑林」條，先引《容齋四筆》，接云：「陸氏曰：『《莊子》有《桑林》之舞，則《桑林》者，樂名也。』」郁之按，《莊子·養生主》：「庖丁爲文惠君解牛，莫不中音，合於《桑林》之舞，乃中《經首》之會。」郭象注：「《桑林》，宋舞樂名。」案即《左傳》舞師題以《旌夏》是也。」

14　馮夷姓字

張衡《思玄賦》：「號馮夷俾清津兮，櫂龍舟以濟予。」李善注《文選》引《青令傳》曰：「河伯姓馮氏，名夷，浴於河中而溺死，是爲河伯。」《太公金匱》曰：「河伯姓馮名脩。」《裴氏新語》謂爲馮夷。《莊子》曰：「馮夷得之，以游大川。」《淮南子》曰：「馮夷服夷石而水仙。」〔一〕《後漢·張衡傳》注引《聖賢冢墓記》曰：「馮夷者，弘農華陰潼鄉隄首里人，服八石，得水仙，爲河伯。」又《龍魚河圖》曰：「河伯姓吕名公子，夫人姓馮名夷。」〔二〕唐碑有

《河侯新祠頌》，秦宗撰，文曰：「河伯姓馮名夷字公子。」數説不同，然皆不經之傳也〔三〕。蓋本於屈原《遠游》篇，所謂「使湘靈鼓瑟兮，令海若舞馮夷。」前此未有用者〔四〕。《淮南子·原道訓》又曰：「馮夷、大丙之御也，乘雲車，入雲蜺。」許叔重云：「皆古之得道能御陰陽者。」此自别一馮夷也〔五〕。

【箋證】

〔一〕《文選》卷一五《思玄賦》，李善注。

《廣雅·釋天》：「河伯謂之馮夷。」王念孫《疏證》：「《莊子·大宗師》篇：『馮夷得之，以游大川。』司馬彪注引《清泠傳》云：『馮夷，華陰潼鄉隄首人也。服八石，得水仙，是爲河伯。』《竹書紀年》：『帝芬十六年，洛伯用與河伯馮夷鬥。』《文選·七發》注引《淮南子》作馮遲。《海内北經》：『從極之淵，維冰夷恒都焉。冰夷人面，乘兩龍。』郭璞注云：『冰夷，馮夷也。』《穆天子傳》：『陽紆之山，河伯無夷之所都居。』郭注云：『無夷，馮夷也。』」

〔二〕《後漢書》卷八九《張衡傳》，章懷注。

〔三〕趙明誠《金石録》卷二六《跋尾十六·唐河侯新祠頌》，秦宗撰，云：「『河伯姓馮，名夷，字公子，潼鄉華陰人也。』按章懷太子《張衡傳》注引《聖賢墓冢記》亦云：『馮夷者，弘農華陰潼鄉隄首里人，服八石，得水仙，爲河伯。』又引《龍魚河圖》曰：『河伯，姓吕，名公子。夫人姓馮，名夷。』三説雖異，然其爲無所稽據則同也。嗚呼，自古荒誕之説惑人，雖聰明之士，猶或不免，況庸人乎！」

姚寬《西溪叢語》卷下亦云：《聖賢冢墓記》《龍魚河圖》《河侯新祠頌》「三説雖異，其實皆無所據」。

〔四〕《遠游》，洪興祖《楚詞補注》卷五。

按胡應麟《少室山房筆叢》卷一七《三墳補逸上》：「（《竹書紀年》）『帝芬十六年，洛伯用與河伯馮夷鬥。』洛伯、河伯，皆國名也；用與馮夷，諸侯名也。世率以馮夷爲水神，賴此折之。」顧炎武《日知録》卷二五《河伯》：「《竹書》：『帝芬十六年，洛伯用與河伯馮夷鬥。帝泄十六年，殷侯微。（上甲微也。）以河伯之師伐有易，殺其君綿臣。』是河伯者，國居河上而命之爲伯，如文王之爲西伯，而馮夷者其名爾。」然則馮夷之名，或在屈原之前已有之。

〔五〕所引出《淮南子・原道訓》。許慎注：「『夷』或作『遲』，『丙』或作『白』，皆古之得道能御陰陽者也。」劉文典《淮南鴻烈集解》引陶方琦云：「《文選・七發》注引許注云：『馮遲、太白，河伯也。』古夷、遲通。《齊俗訓》『馮夷得道，以潛大川』，許注：『馮夷，河伯也。』《文選・廣絶交論》注引《淮南》『昔者馮遲、太丙之御也』，亦作『遲』。《莊子・秋水篇》釋文：『河伯一名馮遲。』顔籀《匡謬正俗》云：『古遲、夷通。《淮南》説馮夷河伯乃爲遲。』師古所云《淮南》，即許本也。枚乘《七發》『六駕蛟龍，附從太白』，以太白爲河伯，是許説之所本。」姜亮夫《楚辭通故》第一輯《天部第一》「馮夷」條，録《四筆》本條，按云：「考論可謂詳矣，然所證皆漢以後説也。按《山海經》云：『從極之淵，深三百仞，維冰夷恒都焉。冰夷人面乘兩龍。』郭注：『冰夷，馮夷也。』《穆天子傳》卷一：『戊寅天子西征，鶩行至於陽紆之山。河伯無夷之所都居。』注云：『無夷，馮夷也。』又《竹書紀年》帝芬十六年『洛伯用與河伯馮夷鬥。』三説皆出屈原前，蓋三晉南楚有此傳也。」又云：「字又作馮遲。《文選·七發》『六駕蛟龍，附從太白』，注：《淮南子》曰『昔馮遲、太白之御』，許慎曰『馮遲、太白，河伯也』。」

容齋四筆卷六十五則

1 韓文公逸詩

唐《五竇聯珠集》載，竇牟爲東都判官，陪韓院長、韋河南同尋劉師，不遇，分韻賦詩。都官員外郎韓愈得「尋」字，其語云：「秦客何年駐，仙源此地深。還隨躡鳧騎，來訪馭雲襟。院閉青霞入，松高老鶴尋。猶疑隱形坐，敢起竊桃心。」〔一〕今諸本韓集皆不載。近者莆田方崧卿考證訪𧸘甚至①，猶取《聯珠》中竇庠《酬退之登岳陽樓》一大篇，顧獨遺此，何也〔二〕？

【校勘】

①「𧸘」，原作「頣」，據馬本、庫本、祠本改。

【箋證】

〔一〕《竇氏聯珠集》五卷，唐西江褚藏言所輯叔向之子竇常、竇牟、竇群、竇庠、竇鞏兄弟五人之詩，人爲一卷。「五人皆爲郎，工詞章，爲《聯珠集》行於時，義取昆弟若五星然」。事迹具《新唐書》卷一七五本傳。愈詩，見毛晉汲古閣所刊本《竇氏聯珠集》卷二，附見竇牟《陪韓院長韋河南同尋劉師不遇》之後，但題「同前」，而無所謂「得尋字」云云，蓋已非宋本之舊。

〔二〕方崧卿有《韓集舉正》，參前卷《藍田丞壁記》。今人劉真倫《韓愈集宋元傳本研究》第一編《集本》四《方崧卿韓集校理本考述》提及《四筆》本條，云：據此「知洪氏所見方本缺此篇。但朱熹《考異》遺文『尋劉尊師不遇』條下注：『方云：此詩得於《五竇聯珠集》。』可見朱氏所見方本有此篇。由此可以斷定：洪、朱所見方本並非一本」。

竇庠《酬韓愈侍郎登岳陽樓見贈》，見《竇氏聯珠集》卷四。韓愈有《岳陽樓別竇司直》（《五百家注昌黎文集》卷二），庠爲和篇。

2　竇叔向詩不存

《竇氏聯珠》序云：五竇之父叔向，當代宗朝，「善五言詩，名冠流輩」。時屬貞懿皇后山陵，上注意哀挽，即時進三章，内考首出，傳諸人口。有「命婦羞蘋葉，都人插柰花」，「禁兵環素帟，宫女哭寒雲」之句〔一〕，可謂佳唱，而略無一首存於今。荆公《百家詩選》亦無之，是可惜也。予嘗得故吳良嗣家所抄唐詩〔二〕，僅有叔向六篇，皆奇作。念其不傳於世，今悉録之。《夏夜宿表兄話舊》云：「夜合花開香滿庭，夜深微雨醉初醒。遠書珍重何時達，舊事淒涼不可聽。去日兒童皆長大，昔年親友半凋零。明朝又是孤舟别，愁見河橋酒幔青。」《秋砧送包大夫》云：「斷續長門夜，清泠逆旅秋。征夫應待信，寒女不勝愁。帶月飛城上，因風散陌頭。離居偏入聽，況復送歸舟。」《春日早朝應制》云：「紫殿俯千官，春松應合歡。御爐香焰暖，馳道玉聲寒。乳燕翻珠綴，祥烏集露盤。宫花一萬樹，不敢舉頭看。」《過檜石湖》云：「曉發魚門伐①，晴看檜石湖。日銜高浪出，天入四空無。只尺分洲Ӧ②，纖毫指舳艫。渺然從此去，誰念客帆孤。」《貞懿挽歌》二首云：「二陵恭婦道，六寢盛皇情。禮遜生前貴，恩追殁後榮。幼王親捧土，愛女復連塋。東望長如在，誰云向玉京。」「後庭攀晝柳，上陌咽清笳。命婦羞蘋葉，都人插柰花。壽宫星月異，仙路往來賒。縱有迎神術，終悲隔絳紗。」第三篇亡。叔向字遺直，仕至左拾遺，出爲溧水令。《唐書》亦稱其以詩自名云〔三〕。

【校勘】

①「伐」，馬本、庫本、祠本作「埭」。　②「只」，馬本、庫本、祠本作「咫」。

【箋證】

〔一〕見《竇氏聯珠集》卷一，褚藏言撰竇常詩序傳。

〔二〕鄭樵《通志》卷六六《藝文略》有吴良嗣《籝金堂書目》三卷，蓋家富藏書者也。《宋史》卷二〇四《藝文志》有鄱陽吴氏《籝金堂書目》三卷，則良嗣乃容齋之鄉人。

〔三〕《新唐書》卷一七五《竇群傳》：「父叔向，以詩自名。」

毛晉《竇氏聯珠集跋》：「叔向詩不可多得。據宋洪容齋云：（即本條，略。）又據宋計敏夫云：『竇叔向字遺直，京兆人，代宗時常袞爲相，用爲左拾遺、内供奉，及貶，亦出爲溧水令。』有《寒食賜火》詩云：『恩光及小臣，華燭忽驚春。電影隨中使，星輝拂路人。幸因榆柳暖，一照草茅貧。』《端午日恩賜百索》云：『仙宮長命縷，端午降殊私。事盛蛟龍見，恩深犬馬知。餘生倘可續，終冀答明時。』《酬李袁州嘉祐》云：『少年輕會復輕離，老大關心總是悲。强説前程聊自慰，未知攜手定何時。公才屈指登黄閣，匪服胡顔上赤墀。想到長安誦佳句，滿朝誰不念瓊枝。』（郁之按，出《唐詩紀事》卷三一。）自宋迄今，歷幾百年，余所見叔向詩，反多于容齋，始信詩文顯晦故自有時，匪關歲月之先後久暫也。」《全唐詩》卷二七一，録其詩九首，即容齋所録六首及計敏夫三首。

《文苑英華》卷二四三《酬張二十員外前國子博士竇叔向》，署「張繼」，《全唐詩》卷二四二據此收於張繼名下。岑仲勉《唐人行第録》考證此應是竇叔向詩，張二十即張繼。此詩題應作《酬張二十員外》，「前國子博士竇叔向」爲附收入張集時之署名，後人不明唐集附收之例，因誤作張詩。考詳童養年《全唐詩續補遺》卷四。

3 用柰花事

竇叔向所用柰花事，出《晉史》，云成帝時，三吴女子相與簪白花，望之如素柰，傳言天公織女死，爲之著服。已而杜皇后崩，其言遂驗〔一〕。紹興五年，寧德皇后訃音從北庭來〔二〕，知徽州唐煇使休寧尉陳之茂撰疏文〔三〕，有語云：「十年罹難，終弗返於蒼梧；萬國銜冤，徒盡簪於白柰。」是時，正從徽宗蒙塵①，其對偶精確如此〔二〕。

【校勘】

①「宗」，馬本、庫本、祠本作「廟」。

【箋證】

〔一〕《晉書》卷三二《成恭杜皇后傳》。竇叔向所用柰花事，指前條《貞懿挽歌》二首之二。

〔二〕《宋史》卷一二二《禮志》：「紹興五年四月甲子，徽宗崩于五國城。七年正月，問安使何蘚等還以聞，宰執入見，帝號慟擗踴，終日不食。」

〔三〕陳之茂，字阜卿，毗陵人，張九成榜同進士出身，治《春秋》，三十年四月除著作佐郎，八月除監察御史。（陳騤《南宗館閣録》卷七《官聯上》）

4 王廖兒良

賈誼《過秦論》曰：「六國之士，吴起、孫臏、帶佗、兒良、王廖、田忌、廉頗、趙奢之朋制其兵。」《漢書》注家皆無所釋，顔師古但音兒爲五奚反，廖爲聊而已〔一〕。此八人者，帶佗、兒良、王廖不知其何國人，獨《呂氏春秋》云：「老聃貴柔，孔子貴仁，墨翟貴廉，關尹貴清，列子貴虛，陳駢貴齊，楊朱貴己①，孫臏貴勢，王廖貴先，兒良貴後。」而注云：「王廖謀兵事，貴先，建茅也。兒良作《兵謀》，貴後。」〔二〕雖僅見二人之名，然亦莫能詳也。廖、良列於孔、老之末，而漢四種兵書，有良《權謀》一篇〔三〕。又賈誼首稱甯越、杜赫爲之謀〔四〕。《漢書》亦不注。呂氏云孔、墨、甯越，皆布衣之士也。越，中牟人也，周威公師之〔五〕。又稱杜赫以安天下説周昭文君〔六〕，則越、赫善謀，可以槩見。漫書之，以補《漢》之缺。

【校勘】

①「楊」，原作「陽」，據馬本、庫本、祠本改。

【箋證】

〔一〕《漢書》卷三一《陳勝項籍列傳》。顔師古注：「臏音頻忍反。佗音徒何反。兒音五奚反。廖音聊。」

〔二〕《呂氏春秋·審分覽·不二》。高誘注。

〔三〕漢四種兵書：龐煖三篇，兒良一篇，廣武君一篇，韓信三篇。見《漢書》卷三〇《藝文志》兵書權謀類。

〔四〕賈誼《過秦論》：「六國之士有甯越、徐尚、蘇秦、杜赫之屬爲之謀。」（《漢書》卷三一《陳勝項籍列傳》）王觀國《學林》卷一〇《寧甯》：「《史記·秦本紀》太史公載賈誼《過秦論》曰：『六國之士有寧越。』徐廣注曰：『或自別有此人，不必甯越也。』觀國案，古人寧、甯二字通用，故《史記·酷吏傳》有寧成，而《前漢·酷吏傳》有甯成，乃一人也。又《前漢·地理志》上谷郡有廣寧縣，《晉書·地理志》上谷郡有廣甯縣，則寧、甯二字通用也。以此考之，則《過秦論》所謂寧越乃甯越也。徐廣以謂自別有此人，誤矣。」袁文《甕牖閒評》卷一亦云：徐廣「不知寧、甯二字通用，而妄爲此論，此尤可笑者也。」

〔五〕《呂氏春秋·不苟論·博志》。

〔六〕《呂氏春秋·有始覽·諭大》：「杜赫説周昭文君以安天下。」注：「杜赫，周人，杜伯之後。」

5 徙木僨表

商鞅變秦法，恐民不信，乃募民徙三丈之木而予五十金。有一人徙之，輒予金，乃下令〔一〕。吴起治西河，欲諭其信於民，夜置表於南門之外，令於邑中曰：「有人能僨表者，仕之長大夫。」民相謂曰：「此必不信。」有一人曰：「試往僨表，不得賞而已，何傷？」往僨表，來謁吴起，起仕之長大夫。自是之後，民信起之賞罰〔二〕。予謂鞅本魏人，其徙木示信，蓋以效起，而起之事不傳〔三〕。

【箋證】

〔一〕《史記》卷六八《商君列傳》。

〔二〕《吕氏春秋·似順論·慎小》。《韓非子·内儲説上》：「吴起爲魏武侯西河之守，秦有小亭臨境，吴起欲攻之，不去則甚害田者，去之則不足以徵甲兵。於是乃倚一車轅於北門之外，而令之曰：『有能徙此南門之外者，賜之上田上宅。』人莫之徙也。及有徙之者還，賜之如令。俄又置一石赤菽東門之外，而令之曰：『有能徙此於西門之外者，賜之如初。』人争徙之。乃下令大夫曰：『明日且攻亭，有能先登者仕之國大夫，賜之上田宅。』人争趨之。於是攻亭，一朝而拔之。」《困學紀聞》卷一〇《諸子》，引《韓非子》《吕氏春秋》，云：「愚按商鞅入秦，在吴起死後二十一年，徙木予金，其祖吴起之遺智歟？」

〔三〕錢穆《先秦諸子繫年》有《商鞅考》云：「商鞅衛人，與吴起同邦土，其仕魏，事公孫痤，而痤又甚賢起。起之爲治，大仿李克。鞅入秦相孝公，考其行事，則李克、吴起之遺教爲多。立木南門，此吴起僨表之故智也。」此句下原注云：「此《容齋隨筆》四、《困學紀聞》十均言之。桓譚《新論》：『魏三月上祀，農官讀法。』其法亦督農事、盡地力之意。其制殆亦始於李悝。則吴起、商鞅之立木僨表，其先亦師李氏讀法之意也。今《周官》有讀法之制，其書出當在後，蓋亦三晉之士所爲。」徐規《容齋隨筆補正》（《仰素集》），據《史記·吴起列傳》《商君列傳》，指出商鞅、吴起均是衛國人，而非魏國人。

6 建武中元續書

《隨筆》所書《建武中元》一則，文惠公作《隸釋》，於蜀郡守何君《閣道碑》一篇中，以爲不然〔一〕。比得蜀士袁夢麒應祥《漢制叢録》，亦以紀、志、傳不同爲惑，而云近歲雅州榮經縣治之西，有得《蜀郡治道記》於崖壁間者，記末云：「建武中元二年六月就。」於是千載之疑，涣然冰釋〔二〕。予觀何君《閣道》正建武中元二年六月就。袁君所言榮經崖壁之記，蓋是此耳。但以出於近歲，恨不得質之文惠，爲之惆然〔三〕。

【箋證】

〔一〕參《隨筆》卷六《建武中元》。

〔二〕《宋史》卷二〇三《藝文志》故事類《漢制叢録》二十卷。《直齋書録解題》作三十二卷，《文獻通考》作三十三卷。直齋云：「以二漢所記典故分門編類，凡二十五門。」又，袁夢麒，《宋志》《解題》均作「袁夢麟」。

〔三〕婁機《漢隸字源》卷一《考碑》：「何君閣道碑。建武中元二年立，在雅州。《墨寶》云：『見於榮經縣，以適邛莋之路也。出於紹興辛未。』《隸釋》云：『東漢隸書，斯爲之首。』」正謂此耳。文惠公，容齋伯兄适也，卒於孝宗淳熙十一年甲辰，而《四筆》作於寧宗慶元間，故云不得相質而惆然也。

7　草駒聾蟲

今人謂野牧馬爲草馬①，《淮南子·脩務訓》曰：「馬之爲草駒之時，跳躍揚蹏，翹尾而走，人不能制。」注云：「馬五尺以下爲駒，放在草中，故曰草駒。」蓋今之所稱者是也〔一〕。下文曰：「形之於馬，馬不可化，其可駕御，教之所爲也。馬，聾蟲也，而可以通氣志，猶待教而成，又況人乎？」注云：「蟲，喻無知也。」聾蟲之名甚奇〔二〕。

【校勘】

①「牧」，原作「收」，據馬本、庫本、祠本改。

【箋證】

〔一〕顔師古《匡謬正俗》卷六「草馬」條：「問曰：牝馬謂之草馬，何也？答曰：本以牡馬壯健堪駕乘及軍戎者，皆伏皂櫪，芻而養之。其牝馬唯充蕃字，不暇服役，常牧于草，故稱草馬耳。《淮南子》曰：『夫馬之爲草駒之時，跳躍揚蹏，翹足而走，人不能制。』高誘曰：『五尺已下爲駒。放在草中，故曰草駒。』是知草之得名，主於草澤矣。」

〔二〕王應麟《困學紀聞》卷一〇《諸子》：「《文子》：『聾蟲雖愚，不害其所愛。』注云：『籠聾無耳。』《淮南子》曰：『狂馬不觸木，猘狗不自投於河，雖聾蟲而不自陷，又況人乎？』又曰：『馬，聾蟲也。』注云：『喻無知。』孝皇問王季海曰：『聾字何以從龍從耳？』對曰：『《山海經》，龍聽以角，不以耳。』」

8 記李履中二事

崇寧中，蔡京當國，欲洗邪恕誣謗宗廟之罪，既拔拭用之，又欲令立邊功以進身，於是以爲涇原經略使，遂謀用車戰法，及造舟五百艘，將直抵興靈，以空夏國。詔以付熙河漕臣李復。復，長安人，久居兵間，習熟戎事，力上疏詆切之。予頃書之於《國史》恕列傳中〔一〕。比得上饒所刊《潏水集》，正復所爲文，得此兩奏，歎其能以區區外官而排斥上相之客如此。恨史傳爲不詳盡，乃録于此。其《乞罷造戰車疏》云：「奉聖旨，令本司製造戰車三百兩。臣嘗覽載籍，古者師行，固嘗用車，蓋兵不妄動，征戰有禮，不爲詭遇，多在平原易野①，故車可以行。今盡之極邊②，戎狄乘勢而來，雖鷙鳥飛翥，不如是之迅捷，下寨駐軍，各以保險爲利。其往也，車不及期，居而保險，車不能登，歸則虜多襲逐，争先奔趨，不暇回顧，車安能收？非若古昔於中國爲用。臣聞此議出於許彦圭，彦圭因姚麟而獻説，朝廷遂然之，不知彦圭劇爲輕妄。唐之房琯，嘗用車戰，大敗於陳濤斜，十萬義軍，無有脱者。畿邑平地且如此，況今欲用於峻阪溝谷之間乎？又戰車比常車闊六七寸，運不合轍，牽拽不行。昨來兵夫，典賣衣物，自賃牛具，終日方進五七里，遂致兵夫逃亡，棄車於道，大爲諸路之患。今乞便行罷造，如别路已有造者，乞更不牽拽前來。」其《乞罷造船奏》云：「邢恕乞打造船五百隻，於黄河順流放下，至會州西小河内藏放。有旨專委臣監督，限一年了當契勘。本路只有船匠一人，須乞於荆、江、淮、浙和雇。又丁線物料，亦非本路所出。觀恕奏請，實是兒戲。且造船五百隻，若目今工料並備，亦須數年。自蘭州駕放至會州，約三百里，北岸是敵境，豈可容易？會州之西，小河鹹水，其闊不及一丈，深止於一二尺，豈能藏船？黄河過會州入韋精山，石峽險窄，自上垂流直下，高數十尺，船豈可過？至西安州之東，大河分爲六七道，水淺灘磧，不勝舟載，一船所載不過五馬二十人，雖到興州，又何能爲？又不知幾月得至。此聲若出，必爲夏國侮笑。臣未敢便依旨揮擘畫，恐虚費錢物，終誤大事。」〔二〕疏既上，徽宗察其言忠，遂罷二役〔三〕。復字履中，爲關内名儒，官至中大夫、集英殿脩撰。李昭玘嘗贈詩云：「結交賴有紫髯翁，鶴骨嶄嶄爛脩目。五言長城屹千丈，萬卷書樓聊一讀。」可知其人矣〔四〕。

【校勘】

①「易」，馬本、庫本、祠本作「廣」。　②「之」，馬本、庫本、祠本作「在」。

【箋證】

〔一〕《宋史》卷四七一《邢恕傳》：「徽宗初，言者論其矯誣，責爲少府少監，分司西京，居均州。蔡京當國，經營湟、鄯，以開邊隙，欲使恕立方面之勳，起爲鄜延經略安撫使，旋改涇原，擢至龍圖閣學士。恕乞築蕭關，采其里人許彥圭車戰法，爲淺攻計。又欲使熙河造船，直抵興靈，以空夏國巢穴。其謀皆迂誕。轉運使李復言恕所爲類兒戲，不可用。帝亦燭其妄。京力主之。」

〔二〕兩疏均見李復《潏水集》卷一。《四庫提要》云：「《潏水集》十六卷，宋李復撰。復字履中，先世家開封祥符，以其父官關右，遂爲長安人，登元豐二年進士，歷官熙河轉運使，終於中大夫、集賢殿修撰。其事迹不見於《宋史》。《宋史翼》卷八有傳。洪邁《容齋隨筆》載其於蔡京、邢恕謀用戰艦一事，上疏排詆，甚爲切直，而恨史之不能詳盡。今觀是集，如謂揚雄不知道，謂井田兵制不可遽言復古，皆確然中理，其他持論亦皆醇正，不止朱子所稱一條。又久居兵間，嫻習戎事，故所上奏議，大都侃侃建白，深中時弊，亦不止洪邁所稱二疏。」（《四庫全書總目》卷一五五）余嘉錫《四庫提要辨證》卷二二《集部三》「潏水集十六卷」條，謂洪邁尚不知李復秦州殉節之事，至樓鑰始表而出之。又考李復事迹甚詳。可參不贅。

〔三〕「徽宗察其言忠，罷二役」云云，見《潏水集》卷末所附乾道癸巳吴越錢端禮書後。

〔四〕李昭玘，字成季，濟南人，少與晁補之齊名，爲蘇軾所知。入黨籍中，居閒十五年，自號樂静先生。事迹具《宋史》卷三四七本傳。李昭玘贈詩，見《潏水集》卷末淳熙癸卯錢象祖書後。李履中儒學，嘗見稱於朱熹。考朱熹《晦庵集》卷七一《偶讀謾記》有云：「閩中人李復，字履中，及識横渠先生，紹聖間爲西邊使者，博記能文。今信州有《潏水集》者，即其文也。其間有論孟子養氣者：『動必由理，故仰不愧於天，俯不怍於地，無憂無懼，其氣豈不充乎？故曰是集義所生者。舍是則明有人非，幽有鬼責，自歉於中，氣爲之喪矣。故曰無是餒也。』此語雖疎，然却得其大旨。近世諸儒之論，多似過高而失之，甚者流於老莊而不知，不若此說之爲得也。惜其亂於詩文博雜之中，學者或不之讀，故表而出之。」

9　乾寧覆試進士

唐昭宗乾寧二年試進士，刑部尚書崔凝下二十五人。放榜後，宣詔翰林學士陸扆、祕書監馮渥入内，各贈衣一副，及氊被，於武德殿前覆試，但放十五人。自狀頭張貽範以下重落，其六人許再入舉場，四人所試最下，不許再入〔一〕。蘇楷其一也，故挾此憾，至於駁昭宗「聖文」之謚〔二〕。崔凝坐貶合州刺史〔三〕。是時，國祚如贅斿①，悍鎮强藩，請隧問鼎之不暇，顧卷卷若此。其再試也，詩賦各兩篇，内《良弓獻問賦》以「太宗問工人木心不正，脉理皆邪，若何道理」十七字，皆取五聲字，依輪次以雙周隔句爲韻，限三百二十字成。貽範等六人，訖唐末不復綴榜。蓋是時不糊名，一黜之後，主司不敢再收拾也。有黄滔者，是年及第，閩人也，九世孫沃爲吉州永豐宰，刊其遺文，初試、覆試凡三賦皆在焉。《曲直不相入賦》，以題中曲直兩字爲韻。釋云：「邪正殊途，各有好惡。」終篇只押兩韻。《良弓獻問賦》，取五聲字次第用，各隨聲爲賦格。於是第一韻尾句云「資國祚之崇崇」，上平聲也；第二韻「垂寶祚於緜緜」，下平聲也；第三韻「曾非唯唯」，上聲也；第四韻「露其言而粲粲」，去聲也，而闕入聲一韻〔四〕。賦韻如是，前所未有。國將亡，必多制，亦云可笑矣。信州永豐人王正白，時再試中選，郡守爲改所居坊名曰「進賢」，且減户税，亦後來所無〔五〕。

【校勘】

①「旍」，馬本、庫本、祠本作「疣」。

【箋證】

〔一〕《黄御史集》卷末附録《唐昭宗實録》：「乾寧二年二月乙未，敕：『高宗夢傅説，周文遇子牙，列位則三公，弼諧則四輔。朕纂承鴻緒，克紹寶圖，思致治平，未臻至化。今大朝方興文物，須擇賢良，冀於僉選之間，以觀廊廟之器。今年新及第進士張貽憲等二十五人，並指揮取今月九日於武德殿祇候。委中書門下準此處分，仍付所司。』丙申，試新及第進士張貽憲等於武德殿東廊，内一人盧賡稱疾不至，宣令舁入。又云華陰省親，其父渥進狀乞落下。分二十五鋪分，不許往來。内出四題：《曲直不相入賦》，取『曲直』二字爲韻；《良弓獻問賦》，以『太宗所問工人：木心不正，脉理皆邪，若何理道』，取五聲字輪次，各雙用爲韻；《詢于蒭蕘》詩，回紋，正以『蒭』字、倒以『蕘』字爲韻；《品物咸熙》詩，七言八韻成。令至九日午後一刻進納。丁酉，宣翰林學士承旨、户部侍郎、知制誥陸扆，祕書監馮渥，於雲韶殿考所試詩賦。各賜衣一襲、氊被等。己亥，敕：『朕自君臨寰海，八載于兹。夢寐英賢，物色巖野，思名實相符之士，藝文具美之人，用立于朝，庶裨於理。且令每歲鄉里貢士，考覈求才，必在學貫典墳，詞窮教化，然後升於賢良之籍，登諸俊造之科。如聞近年已來，兹道寖壞，鶚多披於隼翼，羊或服於虎皮。未聞一卷之師，已在遷喬之列。永言其弊，得不以懲。昨者，崔凝所考定進士張貽憲等二十五人，觀其所進文書，雖合程度，必慮或容請託，莫致精研。朕是以召至前軒，觀其實藝，爰於經史，自擇篇題。今則比南郭之竽音，果分一一；慕西漢之辭彩，無媿彬彬。既鑒妍媸，須有升黜。其趙觀文、程晏、崔賞、崔仁寶等四人，才藻優贍，義理昭宣，深窮體物之能，曲盡緣情之妙。所試詩賦，辭藝精通，皆合本意。其盧贍、韋説、封渭、韋希震、張蟦、黄滔、盧鼎、王貞白、沈崧、陳曉、李龜禎等十一人，所試詩賦，義理精通，用振儒風，且躡異級。其趙觀文等四人，並盧贍等十一人，並與及第。其張貽憲、孫溥、李光序、李樞、李途等五人，所試詩賦，不副題目，兼句稍次，且令落下，許後再舉。其崔礪、蘇楷、杜承昭、鄭稼等四人，詩賦最下，不及格式，蕪纇頗甚，曾無學業，敢竊科名，浼我至公，難從濫進，宜令所司落下，不令再舉。其崔凝爵秩已崇，委寄殊重，司我取士之柄，且乖慎選之圖，幸朕明恩，自貽伊咎，委中書門下行敕處分奏來。其進士張貽憲等二十四人名，準此處分。賜陸扆、馮渥銀器分物，其落下舉人並賜絹三匹。』中書門下覆奏：『伏以文學設科，風化是繫，得其人則儒雅道長，非其才則趨競者多。實在研精，仍資澄汰。昨者宣召貢士，明試殿庭，題目盡取於典墳，賦詠用觀其工拙。果周睿鑒，盡叶至公。升黜而懲勸並行，取舍而憲章斯在。其趙觀文等二十四人，望準宣處分。崔凝商量，別狀奏聞。』丁未，敕：『國家文學之科，以革隋弊。歲登俊造，委之春官。蓋欲華實相符，爲第一用。近寖訛謬，虛聲相高。朕所以思得貞正之儒，以掌其事。而聞刑部尚書知貢舉崔凝，百行有常，中年無黨，學窺典奧，文贍菁英，洎遍踐清華，多歷年數，累更顯重，積爲休聲，遂輟其憲綱，任之文柄，宜求精當，稍異平常。朕昨者以聽政之餘，偶思觀閱，臨軒比試，冀盡其才，及覽成文，頗多蕪纇，豈宜假我公器，成彼私榮？既觀一一之吹，盡乏彬彬之美。且乖朕志，宜示朝章。尚遵含垢之恩，俾就專城之任。勉加自省，勿謂無恩。可貶合州刺史。』」容齋本條敘事，殆即據此《實録》。唯「貽憲」作「貽範」。

〔二〕蘇楷挾憾駁昭宗謚，詳《舊唐書》卷二〇下《哀帝紀》，云：天祐二年十月甲午，「起居郎蘇楷駁昭宗謚號曰：『帝王御宇，由理亂以審汙隆；宗祀配天，資謚號以定升降。故臣下君上皆不得而私也。伏以陛下順考古道，昭彰至公，既當不諱之朝，寧阻上言之路。伏以昭宗皇帝睿哲居尊，恭儉垂化，其於善美，孰敢蔽虧。然而否運莫興，至理猶鬱，遂致四方多事，萬乘頻遷。始則閹豎猖狂，受幽辱於東內；終則嬪嬙悖亂，罹夭閼於中闈。其於易名，宜循考行。有司先定尊謚曰聖穆景文孝皇帝，廟號昭宗，敢言溢美，似異直書。按後漢和、安、順帝，緣非功德，遂改宗稱，以允臣下之請。今郊禋有日，祫祭惟時。將期允愜列聖之心，更下詳議新廟之稱。庶使叶先朝罪己之德，表聖主無私之明。』楷，禮部尚書循之子，凡劣無藝，乾寧二年應進士登第，後物論以爲濫，昭宗命翰林學士陸扆、祕書監馮渥覆試，黜落，永不許入舉場。楷負愧銜怨，至是全忠弒逆君上，柳璨陷害朝臣，乃與起居郎羅衮、起居舍人盧鼎連署駁議。楷目不知書，手僅能執筆，其文羅衮作也。時政出賊臣，哀帝不能制。太常卿張廷範改謚曰恭靈莊閔孝皇帝，廟號曰襄宗。全忠雄猜物鑒，自楷駁謚後，深鄙之。既傳代之後，循、楷父子皆斥逐，不令在朝。」《新唐書》卷一〇《昭宗紀》：天祐元年八月，「皇帝崩，年三十八。明年，起居郎蘇楷請更謚恭靈莊閔，廟號襄宗。至後唐同光初，復故號謚云。」

〔三〕崔凝貶合州，詳注一。

〔四〕黄滔，字文江，泉州莆田人，乾寧二年進士第，光化中除四門博士，尋遷監察御史裏行，充威武軍節度推官。王審知據有全閩，而終守臣節。（參《黄御史集》末附《莆陽志》）有《黄御史集》。《十國春秋》卷九五《閩六》有傳，可參。

《黄御史集》卷一《御試曲直不相入賦》，題下原注：「題中『曲直』兩字爲韻。釋云：『邪正殊途，各有好惡。』乾寧二年覆試。」《御試良弓獻問賦》，題下原注：「釋云：『太宗問工人，木心不正，則脉理皆邪於理道。取五聲字次第用，各雙聲，爲賦格。』乾寧二年覆試。」

〔五〕王正白，即王貞白，容齋避宋諱嫌名改。《唐才子傳》卷七：「王貞白，字有道，信州永豐人也。乾寧二年登第，後物議紛紛，詔翰林學士陸扆於内殿覆試，中選，授校書郎。時登第後七年矣。

後值天王狩于岐，乃退居著書，不復干禄。當時大獲芳譽。性恬和，明《易》象，手編所爲詩三百篇及賦文等爲《靈溪集》七卷，傳於世。」《直齋書録解題》卷一九詩集類著録，云：「其集自有序，永豐人有藏之者，洪景盧得而刻之。」

容齋此謂郡守改坊名，減户税，或即出《靈溪集》附録傳記。按徐松《登科記考》卷二四：「趙觀文，乾寧二年崔凝下第八人登第。是年，命陸扆重試，而觀文爲榜首。《桂林風土記》：『進賢坊，因趙觀文狀頭及第，前陳太保改坊名。』」其改坊名，恰與王貞白事同。

10 臨海蟹圖

文登吕亢，多識草木蟲魚，守官台州臨海，命工作《蟹圖》，凡十有二種。一曰蝤蛑，乃蟹之巨者，兩螯大而有細毛如苔，八足亦皆有微毛。二曰撥棹子，狀如蝤蛑，螯足無毛，後兩小足薄而微闊，類人之所食者，然亦頗異，其大如升，南人皆呼爲蟹，八月間盛出，人採之，與人鬥，其螯甚巨，往往能害人。三曰擁劍，狀如蟹而色黄，其一螯偏長三寸餘，有光。四曰彭蜞，螯微毛，足無毛，以鹽藏而貨於市。《爾雅》曰：「彭螖，小者蟧。」云小蟹也。螖音滑，蟧音勞，吴人呼爲彭越。《搜神記》言此物嘗通人夢，自稱「長卿」。今臨海人多以「長卿」呼之。五曰竭朴，大於彭蜞，殼黑斑，有文章，螯正赤，常以大螯障目，小螯取食。

六曰沙狗，似彭蜎，壤沙爲穴，見人則走，屈折易道不可得。七曰望潮，殼白色，居則背坎外向，潮欲來，皆出坎舉螯如望，不失常期。八曰倚望，亦大如彭蜎，居常東西顧睨，行不四五，又舉兩螯，以足起望，惟入穴乃止。九曰石蜠，大於常蟹，八足，殼通赤，狀若鵝卵。十曰蜂江，如蟹，兩螯足極小，堅如石，不可食。十一曰蘆虎，似彭蜞，正赤，不可食。十二曰彭蜞，大於蜎，小於常蟹。吕君云：「此皆常所見者，北人罕見，故繪以爲圖。又海商言，海中鼉鼊島之東，一島多蟹，種類甚異①。有虎頭者，有翅能飛者，有能捕魚者，有殼大兼尺者，以非親見，故不畫。」李履中得其一本，爲作記〔一〕。予家楚，宦游二浙、閩、廣，所識蟹屬多矣，亦不悉與前説同，而所謂黃甲、白蟹、蟳、蠘諸種，吕圖不載，豈名謂或殊乎？故紀其詳，以示博雅者〔二〕。

【校勘】

①「類」，庫本作「名」。

【箋證】

〔一〕李復，字履中，詳本卷《記李履中二事》條。檢清四庫館臣從《永樂大典》裒輯之《潏水集》十六卷，無此記。

考劉恂《嶺表録異》卷中：「蝤蛑乃蟹之巨者。異者蟹螯上有細毛如苔，身上八足。蝤螯，則足無毛，後兩小足薄而闊，（原注：俗謂之撥棹子。）與蟹有殊，其大如升，南人皆呼爲蟹。（原注：有大如小楪子者。）八月，此物與人鬥，往往夾殺人也。」又有竭朴、招潮子。與容齋所引《蟹圖》之記略同。又段公路《北户録》卷一《紅蟹殼》：「儋州出紅蟹，即蝤蛑、擁劍、蟚蜞、倚望、招潮、竭朴、沙狗、蘆虎」云云。又《太平御覽》卷九四三《鱗介部十五》，所謂擁劍、蝤蝥、彭蜞、竭朴、沙狗、招潮、倚望、石蜠、蜂江、蘆虎之屬，皆在。竊謂吕亢蓋據文獻而作圖，非必得自海濱之見聞。

〔二〕周密《癸辛雜識後集》「故都戲事」條：「嘗侍先子觀潮，有道人負一簏自隨，啓而視之，皆枯蟹也。多至百餘種，如惠文冠，如皮弁，如箕，如瓢，如虎，如黿，如螘，如蝟，或赤，或黑，或紺，或斑如玳瑁，或粲如茜錦，其一上有金銀絲，皆平日目所未覩。信海涵萬類，無所不有。昔聞有好事者，居海瀕，爲《蟹圖》，未知視此爲何如也。」蓋吕圖所不載者多矣。

11 東坡作碑銘

東坡《祭張文定文》云：「軾於天下，未嘗銘墓，獨銘五人，皆盛德故。」以文集考之，凡七篇。若富韓公、司馬温公、趙清獻公、范蜀公并張公，坡所自作。此外趙康靖、滕元發二誌，乃代張公者，故不列於五人之數〔一〕。眉州《小集》有元祐中奏稿云：「臣近準敕差撰故同知樞密院事趙瞻神道碑并書者，臣平生本不爲人撰行狀、埋銘、墓碑，士大夫所共知。只因近日撰《司馬光行狀》，蓋爲光曾爲臣亡母程氏撰埋銘，又爲范鎮撰墓誌，蓋爲鎮與先臣某平生交契至深，不可不撰。及奉詔撰司馬光、富弼等墓碑，不可固辭，然終非本志，況臣老病廢學，文詞鄙陋，不稱人子所欲顯揚其親之意，伏望聖慈别擇能者，特許辭免。」觀此一奏，可印公心。而杭本《奏議》十五卷中不載〔二〕。

【箋證】

〔一〕東坡所撰墓誌，參《續筆》卷六《文字潤筆》箋證。

按，東坡《答李方叔》云：「某從來不獨不作不書銘誌，但緣子孫欲追述祖考而作者，皆未嘗措手也。近日與温公作行狀、書墓誌者，獨以公嘗爲先妣墓銘，不可不報耳。其他決不爲，所辭者衆矣。」（《東坡全集》卷八二）蓋嘗於此反復致意矣。

〔二〕元祐中奏稿，即《辭免撰趙瞻神道碑狀》，載《東坡全集》卷六〇。考蘇轍作軾墓誌，稱軾所著有《奏議》十五卷。《直齋書録解題》卷一七，《東坡集》有《奏議》十五卷，稱「杭、蜀本同，但杭無《應詔集》」。今《東坡全集》本卷五十一至六十六，凡十六卷，皆奏議。按，眉州《小集》，當即蘇氏眉山功德寺所刻大小二本之小本。參《五筆》九《擒鬼章祝文》條。

12 洗兒金錢

車駕都錢塘以來，皇子在邸生男及女，則戚里、三衙、浙漕、京尹皆有餉獻，隨即致答，自金幣之外，洗兒錢果，動以十數合，極其珍巧，若總而言之，殆不可勝算，莫知其事例之所起〔一〕。劉原甫在嘉祐中，因論無故疏決云：「在外群情皆云，聖意以皇女生，故施此慶，恐非王者之令典也。又聞多作金銀、犀象、玉石、琥珀、玳瑁、檀香等錢，及鑄金銀爲花果，賜予臣下，自宰相、臺諫，皆受此賜。無益之費，無名之賞，殆無甚於此。若欲夸示奢麗，爲世俗之觀則可矣，非所以軌物訓儉也。宰相、臺諫，以道德輔主，奈何空受此賜，曾無一言，遂事不諫！臣願深執恭儉，以答上天之貺，不宜行姑息之恩，以損政體。」〔二〕偉哉劉公之論，其勁切如此！歐陽公銘墓，略而不書〔三〕。予爲《國史》，亦不知載於本傳，比方讀其奏章，故敬紀之〔四〕。韓偓《金鑾密記》云：「天復二年，大駕在岐，皇女生三日，賜洗兒果子、金銀錢、銀葉坐子、金銀鋌子。」〔五〕予謂唐昭宗於是時尚復講此，而在庭無一言，蓋宮掖相承，欲罷不能也。

【箋證】

〔一〕王楙《野客叢書》卷一〇《生子錫賚》：「《世說》載晉元帝生子，普賜群臣。殷羡謝曰：『皇子誕育，普天同慶，臣無勳焉，猥蒙頒賚。』帝笑曰：『此事豈可使卿有勳邪？』（郁之按，《世說新語》卷下之下《排調》。）後南唐時，宮中嘗賜洗兒果，有近臣謝表云：『猥蒙寵數，深愧無功。』此正用《世說》事。而李後主亦曰：『此事如何著卿有功？』故東坡《洗兒詞》謂：『深愧無功，此事如何著得儂。』又用《南唐史》中語。僕又觀《北史》有一事亦相類。秦孝王妃生男，隋文帝大喜，頒賜群官有差。李文博曰：『今王妃生男，於群臣何事，乃妄受賞。』此事亦然，但其言差隱耳。」則此風俗可謂源遠流長矣。

〔二〕見劉敞《公是集》卷三二《上仁宗論皇女生疏決賜予》。《續資治通鑑長編》卷一八九，嘉祐四年四月壬辰，御崇政殿録繫囚雜犯，死罪以下遞降一等，徒以下釋之。知制誥劉敞言：「疏決在京繫囚，雖恩出一時，然在外群情皆云，聖意以皇女生，故施此慶澤，恐非王之令典也。」云云。可參不贅。

〔三〕劉敞，字原甫，臨江新喻人，慶曆中舉進士，官至集賢院學士。事迹具《宋史》卷三一九本傳、歐陽修《文忠集》卷三五《集賢院學士劉公墓誌銘》。

〔四〕容齋所修「國史」，指《四朝國史》。

〔五〕《新唐書》卷五八《藝文志》雜史類有韓偓《金鑾密記》五卷。《崇文總目》《郡齋讀書志》《宋史·藝文志》，均作一卷。《直齋書録解題》作三卷。

13 告命失故事

祖宗時知制誥六員，故朝廷除授，雖京官磨勘，選人改秩，奏薦門客、恩科助教，率皆命詞，然有官列已崇而有司不舉者，多出時相之意。劉原甫掌外制，以任顓落職，不降誥詞，曾奏陳以爲非故事，得旨即施行之。已而劉元瑜、王琪降官，直以敕牒，劉又言非朝廷賞罰訓誥毖重之意〔一〕。今觀劉集有《太平州文學袁嗣立改江州文學制》云：「昔先王簡不帥教而不變者，屏之裔土，終身不齒，若爾之行，豈足顧哉！然猶假以仕板，徙之善郡，不貲之恩也。勉思自新，無重其咎。」未幾，嗣立又徙洪州，制云：「爾頃冒憲典，遷之尋陽，復以親嫌，於法當避。夫薄志節、寡廉恥者，固不可使處有嫌之地，益徙豫章，思自湔滌。」〔二〕嗣立之事微矣，乃費兩誥。讀此命書，可知其人。漫書之以發一笑。

【箋證】

〔一〕劉敞此事，《宋史》卷三一九本傳不載。其《公是集》卷三三《論除降不用誥》：「臣至和中，因任顓落職，不降誥詞，曾奏陳朝廷非故事，難以爲法。其時延和奏對，面奉德音，許賜施行。自此，故事復正。去年劉元瑜降官，直以敕牒，近日王琪降官，亦不出誥，則是前詔尋復廢閣。事體之間，似趨苟簡。雖非王政之急，然亦失朝廷賞罰訓誥慎重之意。伏乞檢會申明，所貴雖小事，猶不失舊體，使百司有以遵法。取進止。」

〔二〕清四庫館臣《永樂大典》輯本《公是集》五十四卷，無此兩篇。

14 扁字二義

扁音薄典切，《唐韻》二義，其一曰扁署門户，其一曰姓也，此外無它説〔一〕。案《鶡冠子》云：「五家爲伍，十伍爲里，四里爲扁，扁爲之長，十扁爲鄉。其上爲縣爲郡。其不奉上令者，以告扁長。」〔二〕蓋如遂、黨、都、保之稱。諸書皆不載〔三〕。

【箋證】

〔一〕《廣韻》卷三《上聲・銑第二十七》有「扁」字，所釋即此二義，蓋因《唐韻》之舊也。「扁，姓也」下云：「又方典切。」按《集韻》卷二《平聲二・元第二十二》：「扁，番也。《莊子》：『扁然。』」（郁之按，《莊子・知北游》：「扁然而萬物自古以固存。」郭象注：「扁音偏，又音幡。」）

〔二〕《鶡冠子》卷中《王鈇第九》。陸佃解：「扁當爲甸。」

〔三〕《禮記・學記》鄭玄注引《周禮》云：「『五百家爲黨，萬二千五百家爲遂。』黨屬於鄉，遂在遠郊之外。」《周禮・鄉師》賈公彥疏：五家爲比，二十五家爲閭，百家爲族，五百家爲黨，二千五百家爲州，万二千五百家爲鄉。

都、保似晚出。後周始立保正之法，須新令，制人五家爲保。（《隋書》卷二四《食貨志》）南宋曹彥約《屯田議》云：「凡奠居，五家爲比，合二百五十畝，其宅二十五畝。十家爲保，合五百畝，其宅五十畝。比有師，保有長。五保爲隊，隊五十人，隊有長。五隊爲都，都二百五十人，都有長。五都爲屯，屯千二百五十人，屯有長。」（《昌谷集》卷一六）

15 娑羅樹

世俗多指言月中桂爲娑羅樹，不知所起。案《酉陽雜俎》云：「巴陵有寺，僧房床下，忽生一木，隨伐而長。外國僧見曰：『此娑羅也。』元嘉中，出一花如蓮①。唐天寶初，安西進娑羅枝，狀言：『臣所管四鎮拔汗那國，有娑羅樹，特爲奇絶，不芘凡草②，不止惡禽，近采得樹枝二百莖以進③。』」〔一〕予比得楚州淮陰縣唐開元十一年海州刺史李邕所作《娑羅樹碑》，云：「非中夏物土所宜有者，婆娑十畝，蔚映千人。惡禽翔而不集，好鳥止而不巢。深識者雖徘徊仰止而莫知冥植，博物者雖沈吟稱引而莫辨嘉名。隨所方面，頗證靈應。東瘁則青郊苦而歲不稔，西茂則白藏泰而秋有成。嘗有三藏義淨，還自西域，齋戒瞻歎。於是邑宰張松質請邕述文建碑。」〔二〕觀邕所言惡禽不集，正與上説同。又有松質一書答邕云：「此土玉像，爰及石龜，一離淮陰，百有餘載，前後抗表，尚不能稱，賴公威德備聞，所以還歸故里，謹遣僧三人，父老七人，賫狀拜謝。」〔三〕宣和中，向子諲過淮陰，見此樹，今有二本，方廣丈餘，蓋非故物。蔣穎叔云：「玉像石龜，不知今安在。」然則娑羅之異，世間無別種也。吴興芮燁國器有《從沈文伯乞娑羅樹碑》古風一首云：「楚州淮陰娑羅樹，霜露榮悴今何如。能令草木死不朽，當時爲有北海書。荒碑雨侵澀苔蘚，尚想墨本傳東吴。」正賦此也。歐陽公有《定力院七葉木》詩云：「伊、洛多佳木，娑羅舊得名。常於佛家見，宜在月宮生。釦砌陰鋪静，虚堂子落聲。」亦此樹耳，所謂七葉者，未詳〔四〕。

【校勘】

①「一」字原脱，據馬本、庫本、祠本補。　②「芘」，馬本、庫本、祠本作「比」。　③「采」，庫本作「來」。

【箋證】

〔一〕段成式《酉陽雜俎》卷一八《廣動植之三·木篇》。容齋此乃節文，狀原有云：「聳幹無慚於松栝，成蔭不愧於桃李。近差官拔汗那使，令采得前件樹枝二百莖，如得託根長樂，擢穎建章，布葉垂陰，鄰月中之丹桂；連枝接影，對天上之白榆。」盛弘之《荊州記》曰：「巴陵縣僧寺床下忽生一木，不旬日，勢凌軒棟，道人移居避之。木既長，旦晚俱極香，有西域僧見之，曰娑羅樹也。彼僧所憩之蔭常著花，至元嘉十一年，忽生一花，狀如芙蓉。」（《太平御覽》卷九六一《木部十》）《酉陽雜俎》所記或出此。

〔二〕《李北海集》卷四《楚州淮陰縣婆羅樹碑》。

慎懋官《華夷花木考》：「娑羅樹，出西番海中。潯州官圃一株甚巨，每枝生葉七片，有花穗甚長，而黄如粟花，秋後結實如栗，可食。正所謂七葉樹也。今餘杭南安寺前二株，左右對植，甚茂。問之土人，皆不知其名，一僧乃云：『相傳娑羅樹，番僧所植者。』此不謬矣。唐李邕《娑羅樹碑》云『惡禽不集，凡草不庇。東瘁則青郊苦而歲不稔，西茂則白藏泰而秋有成』是也。第以段成式之博雅而曰『花開如蓮』，則大悖耳。」（陳元龍《格致鏡原》卷六六《木類三》引）

〔三〕趙明誠《金石録》卷五《目録五》：「第九百七十一，唐張松質《與李邕書》。」王象之《輿地碑記目》卷二《楚州碑記》有《娑羅碑陰刊上海州李使君狀》，云唐淮陰縣令張松質書。黄鶴《補注杜詩》卷一《陪李北海宴歷下亭》題下補注：「嘗見唐朝請郎行淮陰縣令清河張松質有《謝娑羅樹書》石刻，書與海州李使君，首云：『開元十一年五月五日李使君。』」

〔四〕郎瑛《七修類稿》卷四〇《婆羅琪樹》：「俗以月中桂爲娑羅樹，而歐陽詠之亦曰：『伊、洛多奇木，婆羅舊得名。常於佛家見，宜在月宮生。』《容齋隨筆》引證雖多，由未親見，徒使觀者尚疑，故自云所謂七葉木未詳也，殊不知七葉木即娑羅樹。歐陽《定力院七葉木》詩與梅聖俞《送韓文饒宰河南》詩曰『主簿堂前七葉樹』，皆是此耳。蓋此木每枝生葉七片，花如栗花。《酉陽雜俎》云『花開如蓮』，非也。今南都弘濟寺前有二株，大可二圍，永樂間三保太監西洋帶回之種。予友王水部曾得孫枝帶回，今已把矣。」

容齋四筆卷七十四則

1 天咫

黄魯直和王定國詩《聞蘇子由病卧績溪》云：「湔祓瘴霧姿，朝趨去天咫。」蜀士任淵注引「天威不違顏咫尺」〔一〕。予案《國語》，楚靈王築三城，使子晳問范無宇，無宇不可，王曰：「是知天咫，安知民則？」韋昭曰：「咫者少也，言少知天道耳。」〔二〕《酉陽雜俎》有《天咫篇》。黄詩蓋用此〔三〕。徐師川《喜王秀才見過小酌翫月》四言曰：「君家近市，所見天咫。庭户之間，容光能幾？菰蒲之中，江湖之涘。一碧萬頃，長空千里。」正祖述黄所用云〔四〕。

【箋證】

〔一〕任淵《山谷内集詩注》卷二《次韻定國聞子由卧病績溪》。此所引二句下，淵注云：「《戰國策》汗明説春申君曰：『今僕居鄙俗之日久矣，君獨無湔祓僕也。』退之詩：『纔開還落瘴霧中。』《左傳》曰：『天威不違顏咫尺。』《唐書》：『城南韋杜，去天尺五。』」

〔二〕《國語》卷一七《楚語上》。韋昭注：「咫，言少也。言少知天道耳，何知治民之法。」

李劍國《唐五代志怪傳奇叙録》「酉陽雜俎」條，謂：「韋昭訓咫爲少實誤，咫亦則意，二字音近，古可通。賈誼《新書·連語》：『器薄咫亟毀，酒薄咫亟酸。』即以咫爲則。故天咫即天則、天道之意，引申之，則又可作天庭、天闕解。宋人詩用『天咫』，又引申爲朝廷。《容齋四筆》所引黄魯直詩『朝趨去天咫』，徐師川詩『君家近市，所見天咫』，即是。」

〔三〕胡應麟《少室山房筆叢》卷一九《二酉綴遺上》，先引《四筆》此條，後按云：「據洪説，似得天咫字面，段或本此，未可知，因並録之。」「又《二筆》十六卷（郁之按，《續筆》卷一六《月中桂兔》）云：『《酉陽雜俎·天咫篇》載月星神異數事，其命名之義，取楚靈王曰「是知天咫，安知民則」之説也。』按前二説，則景盧已確據爲《國語》所出，第終覺牽强，於他目不盡同云。」

〔四〕徐俯，字師川，參《三筆》卷一二《顔魯公祠堂詩》箋證。劉克莊《江西詩派小序》稱師川爲黄庭堅之甥，然自爲一家。（《後村集》卷二四）

2 縣尉爲少仙

《隨筆》載縣尉爲少公〔一〕，予後得晏幾道叔原一帖《與通叟少公》者，正用此也〔二〕。杜詩有《野望因過常少仙》一篇，所謂「落盡高天日，幽人未遣回」者，蜀士注曰：「少仙應是言縣尉也。縣尉謂之少府，而梅福爲尉，有神仙之稱。」少仙二字，尤爲清雅，與今俗呼爲仙尉不侔矣〔三〕。

【箋證】

〔一〕《隨筆》卷一《贊公少公》。

〔二〕帖今未見。通叟，或是知江都縣王觀。觀字通叟，高郵人（一作如皋人），嘉祐二年進士，累遷大理丞，知江都縣，有《芍藥譜》一卷。參厲鶚《宋詩紀事》卷二二。

〔三〕郭知達編《九家集注杜詩》卷二一，題下趙彦材（次公）注。趙次公，字彦材，蜀人，隆興年間，任隆州司法，著有《杜詩注》《蘇詩注》。南宋人曾噩序《九家注》，稱「蜀士趙次公爲少陵忠臣」。參今人林繼中《杜詩趙次公先後解輯校》丙帙卷之四。本條所云「蜀士」，即此人。梅福，字子真，爲南昌尉。「一朝棄妻子，去九江，至今傳以爲仙」。見《漢書》卷六七《梅福傳》。宋人稱仙尉，如梅堯臣《送臧尉》：「藹藹神仙尉。」（《宛陵集》卷二）蘇頌《送邵裔員外尉長洲》：「綵衣仙尉拜官榮。」（《蘇魏公文集》卷七）范祖禹有《答劉仙尉書》（《范太史集》卷三六），林之奇有《答黄晦叔仙尉書》（《拙齋文集》卷九）。

3 杜詩用受覺二字

杜詩所用「受」「覺」二字皆絶奇，今摭其「受」字云：「修竹不受暑」，「勿受外嫌猜」，「莫受二毛侵」，「監河受貸粟」，「輕燕受風斜」，「能事不受相促迫」，「野航恰受兩三人」，「一雙白魚不受釣」，「雄姿未受伏櫪恩」〔一〕。其「覺」字云：「已覺糟床注」，「身覺省郎在」，「自覺成老醜」，「更覺松竹幽」，「日覺死生忙」，「最覺潤龍鱗」，「喜覺都城動」，「更覺老隨人」，「每覺昇元輔」，「覺而行步奔」，「尚覺王孫貴」，「含悽覺汝賢」，「廚煙覺遠庖」，「詩成覺有神」，「已覺披衣慣」，「自覺酒須賒」，「早覺仲容賢」，「城池未覺喧」，「無人覺來往」〔二〕，「人才覺弟優」〔三〕，「直覺巫山暮」，「重覺在天邊」，「行遲更覺仙」，「深覺負平生」，「秋覺追隨盡」，「追隨不覺晚」，「熊羆覺自肥」，「自覺坐能堅」，「已覺良宵永」，「更覺綵衣春」，「已覺氣與嵩華敵」，「未覺千金滿高價」，「梅花欲開不自覺」，「胡來不覺潼關隘」，「自得隨珠覺夜明」，「放箸未覺金盤空」，「東歸貪路自覺難」，「更覺良工心獨苦」，「始覺屏障生光輝」，「不覺前賢畏後生」，「吏情更覺滄洲遠」，「我獨覺子神充實」，「習池未覺風流盡」。用之雖多，然每字命意不同，又雜於千五百篇中，學者讀之，唯見其新工也〔四〕。若陳簡齋亦好用此二字，未免頻複者，蓋只在數百篇内，所以見其多，如「未受風作惡」，「不受珠璣絡」，「不受折簡呼」，「不受人招麾」，「不受安危侵」，「飽受今日閑」，「卻扇受景風」，「語聞受遠響」，「坐受世故驅」，「庭柏不受寒」，「可復受憂戚」，「寧受此酸辛」，「滔滔江受風」，「坐受世褊迫」，「清池不受暑」，「平池受細雨」，「窮村受春晚」，「不受急景催」，「肯受元規塵」，「了不受榮悴」，「意閑不受榮與辱」，「獨自人間不受寒」，「枯木無知不受寒」，「天馬何妨略受韉」，「來禽花高不受折」，「不受陰晴與寒暑」，

「長林巨木受軒輊」。「未覺懶相先」，「未覺壯心休」，「未覺身淹留」，「未覺埔陰遲」，「未覺欠孟嘉」，「未覺有等倫」，「未覺風來遲」，「未覺經旬久」，「欲往還覺非」，「獨覺賦詩難」，「稍覺夜月添」，「菰蒲覺風入」，「未覺此計非」，「高處覺眼新」，「意定覺景多」，「未覺徐娘老」，「未覺有榮辱」，「未覺飢腸虛」，「未覺平生與願違」，「村空更覺水潺湲」，「眼中微覺欠扁舟」，「居夷更覺中原好」，「便覺杯觴耐薄寒」，「牆頭花定覺風闌」，可謂多矣。蓋喜用其字，自不知下筆所著也。

【箋證】

〔一〕蔡夢弼《草堂詩話》卷上引《螢雪叢説》：「老杜詩詞酷愛下『受』字，蓋自得之妙，不一而足。」

〔二〕胡仔《漁隱叢話後集》卷九引《鍾山語録》云：「『無人覺來往』，下得『覺』字大好。」

〔三〕郭在貽《杜詩劄記》「覺」字條：「《重送劉十弟判官》：『年事推兄忝，人才覺弟優。』『覺弟優』之『覺』字，仇氏無注，其餘諸家亦無説，殆於此字未假深求也。今按『覺』與『推』對文，則此覺字乃有推、數之意，猶今言算得上、數得著，而非通常感覺之意也。覺字有推、數之意，實則從較字來，覺、較、校、交、教諸字通用，乃六朝以迄唐宋俗語中習見之現象。較者比較也，由比較之義引申之，則有差、愈、推、數諸義；唯推、數之義，各家似均未及，此似又可補《詩詞曲語辭彙釋》諸書之不足也。」（《訓詁叢稿》）

〔四〕孫奕《示兒編》卷一〇《詩説》「屢用字」條：「杜陵翁獨爲詩人冠冕者，吐辭不凡，夐出塵表。

有『受』字、『自』字、『不肯』字，前輩能言之，如『過』字，已經宗工鉅儒道破，然愈用而愈新者，請復拈出。所謂『龜開萍葉過』，『蛟龍引子過』，『四十明朝過』，『何事炎天過』，『步屧宜輕過』，『讀書難字過』，『俊鶻無聲過』，『雲裏不聞雙雁過』，『河廣傳聞一葦過』，則孰不喜談而樂道。若乃用『破』字，如『讀書破萬卷』，『嘗新破旅顔』，『梅蕊臘前破』，『戀闕丹心破』，『歌長擊樽破』，『白團爲我破』，『悠悠邊月破』，『鯨力破滄溟』，『清風破炎暑』，『干戈滿地客愁破』，『吾廬獨破受凍死亦足』。又用『一』字，如『乾坤一腐儒』，『天地一沙鷗』，『江漢一歸舟』，『長嘯一含情』，『防身一長劍』，『每蒙天一笑』，『萬古一長嗟』，『回首一茫茫』，『社稷一戎衣』，『猶作一飄蓬』，『山陰一茅宇』，『悲風方一醒』，『一擬問高天』，『一起轍中鱗』，『吏呼一何怒，婦啼一何苦』，『飄然時危一老翁』，『江湖滿地一漁翁』，『衮職曾無一字補』，『萬古雲霄一羽毛』，『浦上童童一青蓋』，『宿昔一逢無此流』，『先判一飲醉如泥』。又用『信』字，如『作客信乾坤』，『吟詩信杖扶』，『冥搜信客旌』，『所過信席珍』，『信然龜觸網』，『信知生男惡』，『信是德業優』，『太陽信深仁』，『疾惡信如讎』，『逸群絶足信殊傑』，『兒童莫信打慈鴉』，『春風自信牙檣動』。又用『生』字，如『春泥百草生』，『春氣晚更生』，『湍減石稜生』，『衆壑生寒早』，『水生春纜没』，『欲得淮王術，風吹暈已生』，『牛女年年渡，何曾風浪生』，『二月六夜春水生』，『樓上炎天冰雪生』，『大小二篆生八分』。又用『覺』字，如『時危覺凋喪』，『無人覺來往』，『詩成覺有神』，『廚煙覺遠庖』，『未覺村野醜』，『飄蕭覺素髮』，『但覺高歌有鬼神』，『已覺氣與嵩華敵』，

『不覺前賢畏後生』，『放筯不覺金盤空』，『取樂喧呼覺船重』。凡此不厭其數用也。」龔頤正《芥隱筆記》「老杜用受字進字逗字」條：「老杜受字、進字、逗字，最用工夫。『吹面受和風』，『修竹不受暑』，『飛燕受風斜』，『野航恰受兩三人』，『樹濕風涼進』，『山谷進風涼』，『殘生逗江漢』，『遠逗錦江波』。陰鏗詩有『行舟逗遠樹』。」

4 西太一宫六言

「楊柳鳴蜩緑暗，荷花落日紅酣。三十六陂春水，白頭想見江南。」荆公《題西太一宫》六言首篇也。今臨川刻本以「楊柳」爲「柳葉」，其意欲與荷花爲切對，而語句遂不佳。此猶未足問，至改「三十六陂春水」爲「三十六宫煙水」，則極可笑。公本意以在京華中，故想見江南景物，何預於宫禁哉？不學者妄意塗竄，殊爲害也。彼蓋以太一宫爲禁廷離宫爾①〔一〕。

【校勘】

①「禁廷離宫爾」原倒爲「廷離宫爾禁」，據馬本、庫本、祠本乙正。

【箋證】

〔一〕李壁《王荆公詩注》卷四〇《題西太一宫》，壁注：「三十六陂，在揚州天長縣，故云：『想見江南。』蔣之奇傳可考。」按李壁注本，「楊柳」亦作「柳葉」。《朱子語類》卷一四〇《論文下·詩》

引作「柳樹」。天聖六年二月壬戌，作西太一宫。實爲祠祭之所。（詳《宋史》卷九《仁宗紀》、卷九八《禮志》。）

5 由與猶同

《新唐書·藩鎮傳序》云：「其人自視由羌狄然。」據字義，「由」當爲「猶」，故吴縝作《唐書音訓》有《糾謬》一篇，正指其失。彼元不深究《孟子》也。文惠公頃與予作《唐書補過》，嘗駁其説〔一〕。予作文每用之，輒爲人所疑問，今爲詳載於此。如「以齊王，由反手也」，「由弓人而恥爲弓」，「王由足用爲善」，「是由惡醉而强酒」，「由己溺之，由己飢之」，「由射於百步之外」，「見且由不得亟」，其義皆然。蓋「由」與「猶」通用也〔二〕。

【箋證】

〔一〕吴縝《新唐書糾謬》卷二〇「藩鎮傳序」條：「今案由蓋猶字，史臣之誤也。」按，《唐書音訓》四卷，竇苹撰，晁公武《郡齋讀書志》卷二下、陳振孫《直齋書録解題》卷四著録。（參《四庫全書總目》卷一一五竇苹《酒譜》提要。）

錢大昕《跋新唐書糾謬》：「吴廷珍初登第，上書歐陽公，求預史局，公以其輕佻，不許。及《新史》成，作此書詆毁，不遺餘力。然廷珍讀書既少，用功亦淺，其所指摘，多不中要害。」以下列舉其謬誤多處，末云：「《新史》舛謬固多，廷珍所糾，非無可采，但其沾沾自喜，只欲快其胸臆，

則非忠厚長者之道，歐公以輕佻屏之，宜矣。」（《潛研堂文集》卷二八）

文惠公，容齋伯兄适。《唐書補過》，不詳卷數，諸家書目不載，佚。吴師道輯《敬鄉録》卷二徐無黨文首叙録云：「或謂縝父師孟以不與修《唐史》，故作《糾繆》。及此書，洪适兄弟又斥其非，作《唐書補過》以駮之，則吴亦不能無過歟。」

〔二〕「以齊王，由反手也」，見《孟子·公孫丑上》。「由弓人而恥爲弓」，「王由足用爲善」，見《孟子·公孫丑下》。「是由惡醉而强酒」，見《孟子·離婁上》。「由己溺之，由己飢之」，見《孟子·離婁下》。「由射於百步之外」，見《孟子·萬章下》。「見且由不得亟」，見《孟子·盡心上》。又按《孟子·離婁章句下》：「禹思天下有溺者，由己溺之也。」朱熹《集注》：「由與猶同。」

顧炎武《日知録》卷七《孟子字樣》：「九經《論語》皆以漢石經爲據，故字體未變。《孟子》字多近今，蓋久變於魏、晉以下之傳録也。《容齋四筆》言《孟子》『是由惡醉而强酒』，『見且由不得亟』，並作『由』，今本作『猶』。是知今之《孟子》又與宋本小異。」

6 人焉廋哉

孔子論人之善惡，始之曰「視其所以」，繼之以「觀其所由，察其所安」，然後重言之曰「人焉廋哉，人焉廋哉」，蓋以上之三語詳察之也〔一〕。而孟氏一斷以眸子，其言曰：「存乎人者，莫良於眸子。眸子不能掩其惡，胸中正，則眸子瞭焉，胸中不正，則眸子眊焉。聽其言也，觀其眸子，人焉廋哉！」〔二〕説者謂：「人與物接之時，其神在目。故胸中正，則神精而明。不正，則神散而昏。心之所發，并此而觀，則人之邪正不可匿矣。言猶可以僞爲，眸子則有不容僞者。」〔三〕孔聖既已發之於前，孟子知言之要，續爲之説，故簡亮如此。舊見王季明云，太學士子嘗戲作一論〔四〕，其略曰：「知『人焉廋哉』之義，然後知『人焉廋哉，人焉廋哉』之義，然後知『人焉廋哉』之義。孔子所云『人焉廋哉，人焉廋哉』者，詳言之也。孟子所云『人焉廋哉』者，略言之也。孔子之所謂『人焉廋哉，人焉廋哉』，即孟子之所謂『人焉廋哉』也。孟子之所謂『人焉廋哉』，即孔子之所謂『人焉廋哉，人焉廋哉』也。」繼又疊三語爲一云：「夫人焉廋哉，人焉廋哉，人焉廋哉，雖曰不同，而其所以爲人焉廋哉，人焉廋哉，人焉廋哉，未始不同。」演而成數百字，可資一笑，亦幾於侮聖言矣。

【箋證】

〔一〕《論語·爲政》。

〔二〕《孟子·離婁上》。

〔三〕朱熹《四書章句集注·孟子集注》卷四《離婁章句上》。

〔四〕王晞亮，字季明，莆田人，紹興元年恩賜進士。擢吏部員外郎，拜給事中，以祕閣修撰致仕，卒。所著有《過庭遺録》。（參郝玉麟等編《福建通志》卷四四《人物·興化府二》）

7 久而俱化

天生萬物，久而與之俱化，固其理焉。無間於有情無情，有知無知也〔一〕。予得雙雁於衢人鄭伯膺，純白色，極馴擾可翫，寘之雲壑，不遠飛翔。未幾，殞其一，其一塊獨無儔。因念白鵝正同色，又性亦相類，乃取一隻與同處。始也，兩下不相賓接，見則東西分背，雖一盆飼穀①，不肯並啜。如是五日，漸復相就，踰旬之後，怡然同群，但形體有大小，而色澤飛鳴則一。久之，雁不自知其爲雁，鵝不自知其爲鵝，宛如同巢而生者，與之俱化，於是驗焉。今人呼鵝爲舒雁，或稱家雁，其褐色者爲雁鵝，雁之最大者曰天鵝〔二〕。唐太宗時，吐蕃録東贊上書，以謂聖功遠被，雖雁飛于天，無是之速。鵝猶雁也，遂鑄金爲鵝以獻〔三〕。蓋二禽一種也。

【校勘】

①「飼」原作「伺」，據馬本、庫本、祠本改。

【箋證】

〔一〕張載《西銘》：「民吾同胞，物吾與也。」釋云：「若動若植，有情無情，莫不有以若其性、遂其宜焉。此儒者之道所以必至於參天地、贊化育，然後爲功用之全，而非有所强於外也。」

〔二〕《爾雅·釋鳥》：「舒雁，鵝。」郭璞注：「《禮記》曰：『出如舒雁。』今江東呼鴚。」邢昺疏：「鵝一名舒雁，今江東呼鴚。某氏云，在野舒翼飛遠者爲鵝。李巡曰：野曰雁，家曰鵝。」《四筆》卷五《禽畜菜茄色不同》：「蘇、秀間，鵝皆白，或有一斑褐者，則呼爲雁鵝，頗異而畜之。若吾鄉，凡鵝皆雁也，小兒至取浙中白者飼養，以爲湖沼觀美。」

〔三〕見《新唐書》卷二一六《吐蕃列傳》。

8　黄文江賦

晚唐士人作律賦，多以古事爲題，寓悲傷之旨，如吴融、徐寅諸人是也〔一〕。黄滔字文江，亦以此擅名，有《明皇回駕經馬嵬坡》隔句云：「日慘風悲，到玉顔之死處；花愁露泣，認朱臉之啼痕。」「褒雲萬疊，斷腸新出於啼猿；秦樹千層，比翼不如於飛鳥。」「羽衛參差，擁翠華而不發；天顔愴悢①，覺紅袖以難留。」「神仙表態，忽零落以無歸；雨露成波，已沾濡而不及。」「六馬歸秦，卻經過於此地；九泉隔越，幾悽惻於平生。」《景陽井》云：「理昧納隍，處窮泉而詎得；誠乖馭朽，攀素綆以胡顔。」「青銅有恨②，也從零落於秋風；碧浪無情，寧解流傳於夜壑。」「荒涼四面，花朝而不見朱顔；滴瀝千尋，雨夜而空啼碧溜。」

「莫可追尋，《玉樹》之歌聲邈矣；最堪惆悵，金瓶之咽處依然。」《館娃宮》云：「花顔縹緲，欺樹裏之春風；銀焰熒煌，卻城頭之曉色。」「恨留山鳥，啼百卉之春紅③；愁寄壟雲，鎖四天之暮碧。」「遺堵塵空，幾踐群遊之鹿；滄洲月在，寧銷怒濁之濤④。」《陳皇后因賦復寵》云：「已爲無雨之期，空懸夢寐；終自凌雲之製，能致煙霄。」《秋色》云：「空三楚之暮天，樓中歷歷；滿六朝之故地，草際悠悠。」《白日上昇》云：「較美古今，列子之乘風固劣；論功晝夜，姮娥之奔月非優。」凡此數十聯，皆研確有精致，若夫格律之卑，則自當時體如此耳〔二〕。

【校勘】

①「悢」原作「恨」，據馬本、庫本、祠本改。　②「恨」原作「限」，據馬本、庫本、祠本改。　③「卉」，馬本、庫本、祠本作「草」。　④「濁」，馬本、庫本、祠本作「觸」。

【箋證】

〔一〕吴融，字子華，越州山陰人。龍紀初，及進士第。累遷侍御史，拜中書舍人。昭宗反正，造次草詔，無不稱旨，進户部侍郎，還翰林，遷承旨，卒。有《唐英集》三卷。事迹具《新唐書》卷二〇三本傳。

徐寅，字夢昭，「博學經史，尤長於賦。乾寧初，舉進士，試《止戈爲武賦》，有『破山加點，擬戍無人』之句。侍郎李擇奇之，擢祕書省正字。寅嘗作《人生幾何賦》，四方傳寫，長安紙價爲高者三日。」（鄭方坤《全閩詩話》卷一引《閩書》）有《探龍集》一卷，《雅道機要》並詩八卷，亦曰《釣磯集》，又有賦五卷。吴任臣《十國春秋》卷九五《閩六》有傳，詳可參。

〔二〕黄滔，參《四筆》卷六《乾寧覆試進士》箋證。容齋嘗爲滔集作序，云：「御史生最晚，而獨不然。其文贍蔚有典則，策扶教化；其詩清淳豐潤，若與人對語，和氣郁郁，有貞元、長慶風概。祭陳林先輩諸文，悲愴激越，交情之深，不以晝夜死生、亂離契闊爲間斷。《馬嵬》《館娃》《景陽》《水殿》諸賦，雄新雋永，使人讀之廢卷太息，如身生是時，目擊其故。爲文若是，其亦可貴已。」（拙輯《鄱陽三洪集》卷九八）楊萬里《誠齋詩話》：「御史黄公之詩：『如聞新雁一聲初，觸夢半白已侵頭。』『餘燈依古壁，片月下滄州。』如《游東林寺》：『寺寒三伏雨，松偃數朝枝。』如《上李補闕》：『諫草封山藥，朝衣施衲僧。』如《退居》：『青山寒帶雨，古木夜啼猿。』此與韓致堯、吴融輩未知孰爲先後。按《唐·藝文志》，御史黄滔字文江，光啓中爲四門博士，其集舊曰《黄滔集》云。」

9 沈季長進言

沈季長元豐中爲崇政殿説書，考開封進士，既罷，入見，神宗曰：「《論不以智治國》，誰爲此者？」對曰：「李定所爲。」上曰：「聞定意譏朕。」季長曰：「定事陛下有年，頃者御史言定乃人倫所棄，陛下力排群議，而定始得爲人如初，繼又擢用不次，定雖懷利，尚當知恩，臣以此敢謂無譏陛下意。《詩序》曰：『言之者無罪，聞之者足以戒。』《書》曰：『小人怨汝詈汝，則皇自敬德。』陛下自視豈任智者，不知何自慊疑①，乃信此爲譏也？」上曰：「卿言甚善。朕今已釋然矣。卿長者，乃喜爲人辯謗。」對曰：「臣非爲人辯謗，乃爲陛下辯譖耳。」它日，上語及前代君臣，因曰：「漢武帝學神仙不死之術，卿曉其意否？此乃貪生以固位耳，故其晚年舉措謬戾②，禍貽骨肉，幾覆宗社。且人主固位，其禍猶爾，則爲人臣而固位者，其患亦何所不至，故朕每患天下之士能輕爵禄者少。」季長曰：「士而輕爵禄，爲士言之，則可，爲國言之，則非福也。人主有尊德樂道之志，士皆以不得爵禄爲恥，寧有輕爵禄者哉？至於言違諫咈，士有去志，故以爵禄爲輕。」上曰：「誠如卿言。」案，季長雖嘗至脩起居注，其後但終於庶僚，史不立傳。王和甫銘其墓，載此兩論，予在史院時未之見也。其子銖爲侍從，恨不獲附見之，故表出於是〔一〕。

【校勘】

①「慊」，馬本、庫本、祠本作「嫌」。　②「措」，庫本作「指」。

【箋證】

〔一〕「王和甫銘其墓」，王安禮《王魏公集》卷七《故朝奉郎權發遣秀州軍州兼管内勸農事輕車都尉借紫沈公墓誌銘》。謂季長字道原，王安石妹壻。有子銖，「和州防禦推官，文學行義，皆有可稱」。《宋史》卷三五四《沈銖傳》：銖字子平，銖少從安石學，進士高第，至國子直講。歷官太學博士，祕書省正字，崇政殿說書，拜中書舍人，兼侍講。安禮，字和甫，安石之弟。嘉祐六年進士及第，歷官翰林學士，知開封府，尚書左丞，遷資政殿學士，知太原府。事迹具《宋史》卷三二七本傳。

10 繁遏渠

《國語》魯叔孫穆子曰：「金奏《肆夏》：《繁》《遏》《渠》。天子所以饗元侯也。」韋昭注曰：「《繁》《遏》《渠》，《肆夏》之三也。《禮》有《九夏》，皆篇名。」〔一〕昭雖曉其義，而不詳釋。案《周禮·春官》：「鐘師掌金奏，以鐘鼓奏《九夏》。」鄭氏注引呂叔玉云：「《肆夏》《繁遏》《渠》，皆《周頌》也。《肆夏》，《時邁》也。《繁遏》，《執競》也。《渠》，思文也。」又曰：「繁，多也。遏，止也。言福禄止於周之多也。故《執競》曰：『降福穰穰，降福簡簡。』渠，大也。言以后稷配天，王道之大也。故《思文》曰：『思文后稷，克配彼天。』」〔二〕予謂此說亦近於鑿。

【箋證】

〔一〕《國語·魯語下》，韋昭注：「金奏，以鐘奏樂也。《肆夏》，一名樊。《韶夏》，一名遏。《納夏》，一名渠。此《三夏》曲也。《禮》有《九夏》。《周禮》：鐘師掌以鐘鼓奏《九夏》。元侯，牧伯也。後鄭司農云：『《九夏》皆篇名，頌之類也，載在樂章，樂崩，亦從而亡，是以頌不能具。』」按《周禮·春官》：「凡樂事以鐘鼓奏《九夏》：《王夏》《肆夏》《昭夏》《納夏》《章夏》《齊夏》《族夏》《祴夏》《驁夏》。」

〔三〕方以智《通雅》卷二九《樂曲》：「觀元凱所引，《韶夏》即《昭夏》。樊即繁也。吕叔玉又以《繁遏》爲一章，又以『執競』爲『執傹』，當時各有見本。」

11 替戾岡

坡公游鶴林、招隱，有岡字韻詩，凡作七首，最後云：「背城借一吾何敢，切勿樽前替戾岡。」〔一〕小兒問三字所出。案《晉書·佛圖澄傳》，澄能聽鈴音以知吉凶，往投石勒。及劉曜攻洛陽，勒將救之，其群下咸諫，以爲不可。勒以訪澄，澄曰：「相輪鈴音云：『秀支替戾岡，僕谷劬秃當。』此羯語也。秀支，軍也。替戾岡，出也。僕谷，劉曜胡位也。劬秃當，捉也。此言軍出捉得曜也。」勒遂擒曜。坡公正用此云〔二〕。

【箋證】

〔一〕坡公岡字韻詩七首，指《同柳子玉游鶴林招隱醉歸呈景純》《景純見和復次韻贈之二首》《柳子玉亦見和因以送之兼寄其兄子璋道人》《子玉家宴用前韻見寄復答之》《景純復以二篇一言其亡兄與伯父同年之契一言今者唱酬之意仍次其韻》，見《東坡全集》卷六。又見舊題王十朋《東坡詩集注》卷一二，所注同。

〔二〕坡公而後，宋人時見用之。洪适詩：「共溪陰雲巷，冰輪替戾岡。」（《盤洲文集》卷三《次韻李相之觀溪漲二首》之二）俞德鄰詩：「人間別有桃源路，肯爲浮榮替戾岡。」（《佩韋齋集》卷四《次韻簡林紹先諸友三首》之一）皆繼東坡而用此事也。又，何夢桂詩：「幽人癖好山，結屋山北方。於菟出繞屋，寧復劬秃當。」（《潛齋集》卷一《感懷再和山房韻》）劉辰翁詞：「不飲强須飲，不飲奈何明。也曾劬秃當了，依舊滑如冰。」（《須溪集》卷一〇《水調歌頭·和馬觀復中秋》）亦是作意好奇。

12　文潞公平章重事

文潞公元豐六年以太師致仕，時七十八歲矣。後二年，哲宗即位，太皇太后垂簾同聽政，用司馬公爲門下侍郎，公奏乞召潞公置之百寮之首，以鎮安四海，后遣中使梁惟簡宣諭曰：「彦博名位已重，又得人心，今天子幼沖，恐其有震主之威。且於輔相中無處安排，又已致仕，難爲復起。」公當時以新入，不敢復言。元祐元年三月，公拜左僕射，乃再上奏曰：「《書》曰：『人惟求舊。』蓋以其歷年之多也。彦博沉敏有謀略，知國家治體，能斷大事，自仁宗以來，出將入相，功效顯著，天下所共知，年踰八十，精力尚强。臣初曾奏陳，尋蒙宣諭。切惟彦博一書生爾，年逼桑榆，富貴已極，夫復何求？非有兵權死黨可畏懼也。

假使爲相，一旦欲罷之，止煩召一學士，授以詞頭，白麻既出，則一疋夫爾，何難制之？有震主之威，防慮太過。若依今官制用之爲相，以太師兼侍中，行左僕射，有何不可？儻不欲以劇務煩老臣，則凡常程文書，只委右僕射以下簽書發遣，惟事有難決者，方就彦博咨稟。自古致仕復起，蓋非一人，彦博今年八十一，不過得其數年之力，願急用之，臣但以門下侍郎助彦博，恐亦時有小補。今不以彦博首相，而以臣處之，是猶捨騏驥而策駑駘也，切爲朝廷惜之。若以除臣左僕射，難爲無故以他人易之，則臣欲露表舉其自代。」奏入，不許〔一〕。給事中范純仁亦勸乞召致，留爲師臣。未幾，右僕射韓縝求去，后始賜司馬公密詔，欲除彦博兼侍中，行右僕射事，其合行恩禮，令相度條具。公以名體未正，不敢居其上，乞以行左僕射，自守右僕射。詔曰：「使彦博居卿上，非予所以待卿之意，卿更思之。」公執奏言：「臣爲京官時，彦博已爲宰相，今使彦博列位在下，非所以正大倫也。」於是召赴闕〔二〕。既而御史中丞劉摯、左正言朱光庭、右正言王覿俱上言：「彦博春秋高，不可爲三省長官。」司馬公又言：「若令以正太師平章軍國重事，亦足以尊老成矣①。」四月，遂下制如公言，詔一月兩赴經筵，六日一入朝，因至都堂與執政商量事，朝廷有大政令，即與輔臣共議〔三〕。潞公此命，可謂鄭重費力，蓋本不出於主意也。然居位越五年，屢謝病，乃得歸，竟坐此貽紹聖之貶〔四〕。

【校勘】

①「尊老」，原倒，據馬本、庫本、祠本乙。

【箋證】

〔一〕司馬光上奏，詳《續資治通鑑長編》卷三六八，在元祐元年閏二月。后遣中使宣諭云云，見光之奏疏。原注云：「四月己丑，乃召彦博。」

〔二〕《續資治通鑑長編》卷三七四：元祐元年四月，「光奏：『彦博勳德爵齒，遠在臣前，今恩制已除臣左僕射，若以彦博行尚書左僕射，臣守右僕射，則事體俱正。仍乞差内臣一員，往西京宣彦博赴闕。』翌日，太皇太后又批付光曰：『卿憂國遠慮，不爲身謀，其亦可知。今若一旦使彦博居卿之上，於予所以待卿之意，深未允當，卿更思之。』光又奏：『臣竊惟彦博，光輔四朝，勳德著明，官爲太師，年八十一，臣向爲京師官時，彦博已爲宰相，比彦博，乃是後進，今若一旦使彦博列位臣下，庸勳崇德，貴爵尚齒，國之大倫也，臣四者皆不及彦博，而位居其上，非所以正大倫也。臣昨日所奏，蓋國體，非臣飾小廉，竊虚名，惟陛下幸聽。』太皇太后卒不聽，及韓縝罷，即遣中使召彦博，蓋用光奏云。」

〔三〕同前書卷三七六：元祐元年四月，「先是，太皇太后遣中使陳衍齎御札就賜司馬光，曰：『范純仁奏乞以文彦博爲師臣，備顧問，可以尊朝廷，服四裔。朱光庭劄子，乞尊禮爲帝師，勿勞以宰相職事。所有朱光庭劄子三道，付卿看詳，可親書條具聞奏者。』光言：『臣鄉蒙恩擢爲首相，自知智力淺薄，歷事未多，故乞陛下用文彦博以太師兼侍中，行左僕射，而臣佐之，庶無罪悔。今范純仁、朱光庭以爲彦博元老師臣，不可煩以吏事，此在陛下裁度。若以正太師平章軍國重事，令五日或六日一入朝，因至門下中書都堂，與諸執政商量重事，令執政就宅咨謀，其餘常程文書，只委僕射以下簽書發遣，如此亦足以尊大臣、優老臣矣。光庭又言范純仁、吕公著、韓維皆可爲右相。臣愚以爲，范純仁、韓維各有才德，而進用日近，履歷未深，恐升遷太驟，衆情未服。惟吕公著舊歷兩府，今位次最高，若用爲右相，韓維爲門下侍郎，范純仁依舊，最爲允當，克厭衆心。乞聖意采擇。其光庭劄子三道謹同封進入。』」又，同前書卷三七七：元祐元年五月，「河東節度使守太師開府儀同三司致仕潞國公文彦博，特授太師平章軍國重事。」李燾注：「公著、彦博除命，新舊録並在四月十五日壬寅，而《公著家傳》乃於五月一日丁巳載之，又與韓維拜門下侍郎同日。家傳所載，或得其實，今從之。」

〔四〕《宋史》卷三一三《文彦博傳》：「彦博無歲不求退，居五年，復致仕。紹聖初，章惇秉政，言者論彦博朋附司馬光，詆毁先烈，降太子少保，卒。」

13 考課之法廢

唐制，尚書考功掌内外文武官吏之考課，凡應考之官，家具録當年功過行能，本司及本州長官對衆讀，議其優劣，定爲九等考第，然後送省。別敕定京官位望高者二人，一校京官考，一校外官考，又定給事中、中書舍人各一人，一監京官考，一監外官考，郎中判京官考，員外郎判外官考。凡考課之法，有四善、二十七最。一最以上有四善，爲上上。有三善，或無最而有四善，爲上中。有二善，或無最而有三善，爲上下。其末至於居官諂詐、貪濁有狀，爲下下。外州則司録、録事參軍主之，各據之以爲黜陟〔一〕。國朝此法尚存。慶曆、皇祐中，黄亞夫庶佐一府、三州幕①，其集所載考詞十四篇，《黄司理》者曰：「治犴獄②，歲再周矣③，論其罪棄市者五十四，流若徒三百十有四，杖百八十六，皆得其情，無有冤隱不伸，非才也其孰能？其考可書中。」《舞陽尉》者曰：「舞陽大約地廣，它盜往往囊橐於其間，居一歲，爲竊與强者凡十一，前件官捕得之，其亡者一而已矣，非才焉固不能。可書中。」《法曹劉昭遠》者曰：「法者，禮之防也。其用之以當人情爲得，刻者爲之，則拘而少恩。前件官以通經舉進士，始掾於此，若老於爲法者，每抱具獄，必傅之經義然後處④，故無一不當其情。其考可書中。」〔二〕它皆類此。不知其制廢於何時。今但付之士案吏據定式書於印紙，比者又令郡守定縣令臧否高下，人亦不知所從出。若使稍復舊貫，似爲得宜，雖未必人人盡公得實，然思過半矣〔三〕。

【校勘】

①「庶」原脱，據馬本、庫本、祠本補。　②「犴」原作「許」，據馬本、庫本、祠本改。　③「再」，庫本作

「在」。　④「傅」原作「傳」，據馬本、庫本、祠本改。

【箋證】

〔一〕《唐六典》卷二《尚書吏部》考功之職。

〔二〕《黄司理第二考詞》《舞陽尉第三考詞》《法曹劉昭遠考詞》，載黄庶《伐檀集》卷下。庶字亞夫，分寧人，慶曆二年進士，黄庭堅之父，有《伐檀集》。

〔三〕陸深《儼山外集》卷二七《春雨堂雜抄》，引《四筆》本條，接云：「予每見今世考語只用一二語，遂定殿最。彌文者或用駢儷語至數十言，於事實頗略，私心病之。乃知宋時綜核如此，儻可據以爲法耶？」順治《御定孝經衍義》卷六四《天子之孝·論官材》，引《四筆》本條，有諸臣按語：「宋慶曆、皇祐中考詞如此，純雅可爲法則，其于虚實之論，固已核矣，要非文無害吏所能爲也。當洪邁時，此制廢已久，迄今數百餘年，皆踵據定式，書紙尾之陋，斯則舊貫可復，奚必當今之是乎？」

14 小官受俸

沈存中《筆談》書國初時州縣之小官俸入至薄，故有「五貫九百六十俸①，省錢且作足錢用」之語〔一〕。黄亞夫皇祐間自序其所爲《伐檀集》云：「歷佐一府、三州，皆爲從事，踰十年，郡之政巨細無不與，大抵止於簿書獄訟而已，其心之所存，可以效於君、補於國、資於民者，曾未有一事可以自見。然月廩於官，粟麥常兩斛，錢常七千，問其所爲，乃一常人皆可不勉而能，兹素餐昭昭矣。遂以『伐檀』名其集，且識其愧。」予謂今之仕宦，雖主簿、尉，蓋或七八倍於此，然常有不足之歎。若兩斛、七千，秪可禄一書吏小校耳。豈非風俗日趨於浮靡，人用日以汰，物價日以滋，致於不能贍足乎？亞夫之立志如此，真可重也。山谷先生乃其子云〔二〕。

【校勘】

①「俸」原作「奉」，據馬本、庫本、祠本改。

【箋證】

〔一〕沈括《夢溪筆談》卷二三《譏謔》：「嘗有一名公，初任縣尉，有舉人投書索米，戲爲一詩答之，曰：『五貫九百五十俸，省錢請作足錢用。妻兒尚未厭糟糠，僮僕豈免遭饑凍。贖典贖解不曾休，喫酒喫肉何曾夢。爲報江南癡秀才，更來謁索覓甚甕。』熙寧中，例增選人俸錢，不復有五貫九百俸者。此實養廉隅之本也。」

〔二〕黄亞夫，詳前《考課之法廢》條。《伐檀集》自序作於皇祐五年。

容齋四筆卷八十七則

1 庫路真

《新唐書·地理志》：「襄州，土貢：漆器庫路真二品十乘花文五乘。」〔一〕庫路真者，漆器名也，然其義不可曉。《元豐九域志》云「貢漆器二十事」是已①〔二〕。《于頔傳》，頔爲襄陽節度，襄有髹器，天下以爲法。至頔驕蹇，故方帥不法者，稱爲「襄樣節度」〔三〕。《舊唐書·職官志》，武德七年，改秦王、齊王下領三衛及庫真、驅咥真，並爲統軍〔四〕。疑是周、隋間西邊方言也。記《白樂天集》曾有一説，而未之見〔五〕。

【校勘】

①「貢」原作「真」，據馬本、庫本、祠本改。「已」原作「以」，據馬本、祠本改。

【箋證】

〔一〕《新唐書》卷四〇《地理志》：「襄州襄陽郡，望。土貢：綸巾，漆器，庫路真二品：十乘花文、五乘碎石文。」《四筆》此處引文疑有誤。

〔二〕《元豐九域志》卷一《望襄州襄陽郡山南東道節度》，土貢。

〔三〕見《新唐書》卷一七二《于頔傳》。

胡震亨《讀書雜録》卷上：「俗諺呼雕鏤器物玲瓏空虚者爲庫露格，此其來遠。皮日休譏時政詩有『襄陽作髹器，中有庫露真。持以遺北國，紿云生有神。每歲走其使，所費如雲屯。』髹，漆也，不知其器爲何。」

〔四〕《舊唐書》卷四二《職官志》。「真」，作「直」。

〔五〕《宋書》卷七四《魯爽傳》：「遣爽隨永昌王庫仁真向壽陽，與弟瑜共破劉祖於尉武。」四庫本考證曰：「庫仁真，當是彼時番語，勇健之稱。《南史·侯景傳》言『勇兼人，名爲庫真部督』，當是此義也。」

鄧之誠《骨董續記》卷二《庫路真》：「《唐書·地理志》：襄州貢漆器庫路真二品十乘，花紋五乘。《容齋四筆》：（即本條，略。）之誠按，皮日休《文藪》有《誚虚器》一篇云：（見注三，略。）日休此詩當作於咸亨中，其時正羈縻突厥、回紇，故曰『每歲走其使』。據《元和郡縣志》，襄州貢賦，開元貢庫路真，元和貢只云漆器，或已罷斥，不遺北虜矣。容齋引庫路真、驅咥真爲喻，謂爲西邊方言。按《南齊書·魏虜傳》，舉北魏語言呼内左右爲直真，外左右爲烏矮真，曹局文書吏爲比德真，擔衣人爲樸大真，帶杖人爲胡洛真，通事人爲乞萬真，守門人爲可薄真，僞臺乘驛賤人爲拂竹真，諸州乘驛人爲咸真，殺人者爲契害真，爲主辭受人爲折潰真，貴人作食人爲附真，三公貴人通謂之羊真。意真者人也。胡洛真與庫路真之音略似，未知即帶杖人否？《唐志》稱之爲乘，皮詩則言有神，其制如何，終不可曉。容齋謂白樂天曾有一說，而未之見，今檢《白集》亦未得，或容齋偶然誤記耳。」

2 得意失意詩

舊傳有詩四句誦世人得意者云①：「久旱逢甘雨，他鄉見故知，洞房花燭夜，金榜掛名時。」好事者續以失意四句曰：「寡婦携兒泣，將軍被敵擒，失恩宫女面，下第舉人心。」此二詩，可喜可悲之狀極矣〔一〕。

【校勘】

①「誦」，馬本、祠本作「誇」。

【箋證】

〔一〕沈濤《銅熨斗齋隨筆》卷八《神童詩》：「《百川書志》云：『《汪神童詩》二卷。或云宋人。』止五言小絶句六十首，頗有意味，蓋即今村學所誦之神童詩也。詩中如『久旱逢甘雨』云云，見《容齋四筆》，自是宋人所作。」

劉聲木《萇楚齋續筆》卷五《四喜四憂》，先引《四筆》此條，後按云：「失意詩現已失傳，得意詩今人無不知之者，流傳之久，逾七八百年，亦可怪矣。今人於得意詩四句下，每句各加二字，即雨雹，索債，石女，藍榜，本得意，改爲失意詩，似更耐人思索也。」

3 狄監盧尹

文潞公留守西京，年七十七，爲耆英會，凡十有二人。時富韓公年七十九，最長，至于太中大夫張問，年七十，唯司馬公方六十四歲，用狄監、盧尹故事，亦預於會〔一〕。或問狄、盧之説，乃見唐《白樂天集》，今所謂《九老圖》者。懷州司馬胡杲年八十九，衛尉卿吉皎年八十六，龍武長史鄭據八十四，慈州刺史劉嘉、侍御史盧貞皆八十二，其年皆在元豐諸公之上。永州刺史張渾、刑部尚書白居易皆七十四。時會昌五年。白公序云：「六賢皆多年壽，予亦次焉。祕書監狄兼謩，河南尹盧正，以年未七十，雖與會而不及列。」〔二〕故温公紀韓公至張昌言而自不書。今士大夫皆熟知此事，姑志狄、盧二賢，以示兒輩。但唐兩盧正，本字犯廟諱。而又同會，疑文字或誤云〔三〕。

【箋證】

〔一〕司馬光《傳家集》卷六八《洛陽耆英會序元豐五年正月作》：「昔白樂天在洛，與高年者八人游，時人慕之，爲《九老圖》傳於世。宋興，洛中諸公繼而爲之者凡再矣，皆圖形普明僧舍。普明，樂天之故第也。元豐中，潞國文公留守西都，韓國富公納政在里第，自餘士大夫以老自逸於洛者，於時爲多。潞公謂韓公曰：『凡所爲慕於樂天者，以其志趣高逸也，奚必數與地之襲焉？』

一旦悉集士大夫老而賢者於韓公之第，置酒相樂，賓主凡十有一人，既而圖形妙覺僧舍，時人謂之洛陽耆英會。又洛中舊俗，燕私相聚，尚齒不尚官，自樂天之會已然，是日復行之，斯乃風化之本，可頌也。宣徽王公方留守北都，聞之，以書請於潞公曰：『某亦家洛，位與年不居數客之後，顧以官守，不得執卮酒在坐席，良以爲恨，願寓名其間，幸無我遺。』其爲諸公嘉羨如此。光未及七十，用狄監、盧尹故事，亦預於會。潞公命光序其事，不敢辭。時五年正月壬辰，端明殿學士兼翰林侍讀學士太中大夫提舉崇福宮司馬光序。開府儀同三司守司徒武寧軍節度使致仕韓國公富弼，字彦國，年七十九。河東節度使開府儀同三司守太尉判河南府兼西京留守司事潞國公文彦博，字寬夫，年七十七。司封郎中致仕席汝言，字君從，年七十七。太常少卿致仕王尚恭，字安之，年七十六。太常少卿致仕趙丙，字南正，年七十五。祕書監致仕劉几，字伯壽，年七十五。衛州防禦使致仕馮行己，字肅之，年七十五。太中大夫充天章閣待制提舉崇福宮楚建中，字正叔，年七十三。司農少卿致仕王慎言，字不疑，年七十五。太中大夫提舉崇福宮張問，字昌言，年七十一。龍圖閣直學士通議大夫提舉崇福宮張燾，字景元，年七十。」

按，據司馬光序，凡十一人。若計司馬光，則爲十二人。容齋本條謂「至張昌言」，與光序不同。又沈括《夢溪筆談》卷九《人事一》謂耆年會十三人，有王拱辰，云：「宣徽南院使檢校太尉判大名府王拱辰，年七十一。」據光序，王拱辰雖列名而實未赴會。

〔二〕《白氏長慶集》卷三七《胡吉鄭劉盧張等六賢皆多年壽予亦次焉偶於弊居合成尚齒之會七老相

顧既醉甚歡静而思之此會稀有因成七言六韻以紀之傳好事者》。

按汪立名編《白香山詩集》卷四〇《九老圖詩並序》：「會昌五年三月，胡、吉、劉、鄭、盧、張等六賢，於東都敝居履道坊合尚齒之會。其年夏，又有二老，年貌絶倫，同歸故鄉，亦來斯會，續命書姓名年齒，寫其形貌，附於圖右，與前七老題爲《九老圖》，仍以一絶贈之：雪作鬚眉雲作衣，遼東華表鶴雙歸。當時一鶴猶稀有，何況今逢兩令威。」《新唐書》卷一一九本傳：白居易「東都所居履道里，疏沼種樹，構石樓香山，鑿八節灘，自號醉吟先生，爲之傳。暮節惑浮屠道尤甚，至經月不食葷，稱香山居士。嘗與胡杲、吉旼、鄭據、劉真、盧真、張渾、狄兼謩、盧貞燕集，皆高年不事者，人慕之，繪爲《九老圖》。」汪立名編於《九老圖詩》後，引《新唐書》按云：「《新書》多約略意會之誤，紀述頗失實，如遺卻李元爽及如滿僧，而以狄、盧爲九老，謬矣。《白集》今本雖遺《九老圖》一絶句，然而狄、盧年未七十，雖與會而不及列，及詩中七人七賢等語具在，則狄、盧自不與九老之數明矣。」趙翼《甌北詩話》卷四，亦謂《新唐書》「未考香山集也」。徐規《容齋隨筆補正》（《仰素集》）：「吉皎」，《新唐書·白居易傳》及周密《齊東野語》「耆英諸會」條均作「吉旼」；「劉嘉」，同上兩書及點校本《白居易集》卷三七《尚齒之會》皆作「劉真」；「盧真」，同上三書皆作「盧真」。

〔三〕王世貞《弇州四部稿》卷一六〇《宛委餘編五》：「若洛社耆英，則前懷州司馬胡杲年八十九，衛尉卿致仕吉旼年八十六，前右龍武軍長史鄭據年八十四，前益州刺史劉真年八十二，前侍御史内供奉官盧真年七十八，前永州刺史張渾、刑部尚書白居易俱年七十，而祕書監狄兼謩、河南尹盧貞以未七十，雖與會而不及列。洪景盧謂此會有兩盧真，蓋誤以真爲貞也。」陶敏《〈全唐詩〉盧貞小傳及收詩訂誤》（《唐代文學與文獻論集》）：「開成、會昌中洛陽有兩盧貞。前侍御史内奉官范陽盧貞，《全唐詩》卷四六三作盧真，録其《七老會詩》一首。但此詩亦從《唐詩紀事》卷四九録出，《紀事》卻作盧貞。《容齋四筆》卷八『狄監盧尹』條云：『唐兩盧貞，而又同會，疑文字或誤云。』可見洪邁所見白詩自注亦作盧貞而不作盧真。」兩盧貞，一爲河南尹，一爲侍御史内供奉。

4 項韓兵書

漢成帝時，任宏論次兵書爲四種，其《權謀》中有《韓信》三篇，《形勢》中有《項王》一篇，前後《藝文志》載之，且云：「漢興，張良、韓信序次兵法，凡百八十二家，删取要用，定著三十五家。諸吕用事而盜取之。」項、韓雖不得其死，而遺書可傳於後者，漢世不廢，今不復可見矣〔一〕。

【箋證】

〔一〕所引《藝文志》語，見《漢書》卷三〇《藝文志》。「前後藝文志」，疑應作「前漢藝文志」。王應麟《漢藝文志考證》卷八「張良、韓信序次兵法」條：「《高帝紀》：『韓信申軍法。』李靖曰：『張良所學，《六韜》《三略》是也；韓信所學，穰苴、孫武是也，然大體不出三門四種而已。』」

方回《續古今考》卷一六《韓信兵法項羽兵法張良兵法》：「《韓信傳》引兵法曰：『陷之死地而後生，投之亡地而後存。』《史記》作『置之亡地』。《項籍傳》：『梁奇其意，乃教以兵法。』《史記》云：『乃教籍兵法。』項籍、韓信所謂兵法，乃其幼少所讀書也。」

何焯《義門讀書記》卷一七《前漢書》「項籍傳乃教以兵法」至「又不肯竟」條：「《藝文志》兵法形勢中有《項王》一篇。而黥布置陣如項籍軍，高祖望而惡之。蓋治兵置陣是其所長，故能力戰摧鋒，而不足於權謀，故其後往來奔命，卒爲人乘其罷而蹈之，所謂略知其意而不竟者也。」

王鳴盛《十七史商榷》卷五《史記五》「韓信兵法」條：「觀信引兵法以自證其用兵之妙，且又著書三篇，序次諸家爲三十五家，可見信平日學問本原。寄食受辱時揣摩已久，其聯百萬之衆，戰必勝，攻必取，皆本於平日學問，非以危事嘗試者。信書雖不傳，就本傳所載戰事考之，可見其純用權謀，所謂『出奇設伏，變詐之兵』也。『形勢』内有《項王》一篇，項王嘗學兵法，故良與信亦取而存之，以項之形勢當信之權謀則敗矣。」

5 承天塔記

黄魯直初謫戎、涪〔一〕，既得歸，而湖北轉運判官陳舉，以時相趙清憲與之有小怨，訐其所作《荆南承天塔記》，以爲幸災，遂除名羈管宜州，竟卒于彼〔二〕。今豫章集不載其文〔三〕。蓋謂因之兆禍，故不忍著録。其曾孫罃續編《别集》，始得見之。大略云：「余得罪竄黔中，道出江陵，寓承天禪院，住持僧智珠方徹舊浮圖於地，而囑余曰：『成功之後，願乞文記之。』後六年，蒙恩東歸，則七級巋然已立，於是作記。」其後云：「儒者嘗論一佛寺之費，蓋中民萬家之産，實生民穀帛之蠹，雖余亦謂之然。然自省事以來，觀天下財力屈竭之端，國家無大軍旅勤民丁賦之政，則蝗旱水溢或疾疫連數十州，此蓋生人之共業，盈虚有數，非人力所能勝者邪！」其語不過如是，初無幸災風刺之意，乃至於遠斥以死，冤哉！

【箋證】

〔一〕《宋史》卷四四四《黄庭堅傳》：庭堅嘗爲《神宗實録》檢討官。「章惇、蔡卞與其黨論《實録》多誣，俾前史官分居畿邑以待問。摘千餘條示之，謂爲無驗證。既而院吏考閲，悉有據依，所餘才三十二事。庭堅書『用鐵龍爪治河有同兒戲』，至是首問焉。對曰：『庭堅時官北都，嘗親見之，真兒戲耳。』凡有問，皆直辭以對。聞者壯之。貶涪州别駕，黔州安置。言者猶以處善地爲骫法，以親嫌，遂移戎州。」

〔二〕《宋史·黄庭堅傳》：「徽宗即位，起監鄂州税，簽書寧國軍判官，知舒州，以吏部員外郎召，皆辭不行。丐郡，得知太平州，至之九日，罷主管玉龍觀。庭堅在河北，與趙挺之有微隙，挺之執政，轉運判官陳舉承風旨，上其所作《荆南承天院記》，指爲幸災，復除名、羈管宜州。三年，徙永州，未聞命而卒。」按，趙挺之，詳《四筆》卷五《趙德甫金石録》箋證。

王明清《揮麈後録》卷八：「黄太史魯直本傳及文集序云：『太史罷守當塗，奉玉隆之祠，寓居江夏，嘗作《荆南承天寺塔記》。湖北轉運判官陳舉承風指，采摘其間數語，以爲幸災謗國，遂除名，編隸宜州。時崇寧三年正月也。』明清後閲徽宗詔旨云：『大觀二年二月壬午，淮南轉運副使陳舉奏：「臣巡按至泗州臨淮縣東門外，忽見一小蛇，長八寸許，在臣船上。尋以燭照之，已長四尺有餘，知是龍神，以箱複金紙迎之，遂入箱中，並箱複送至廟中。知縣黄鞏差人報稱，所有箱内揭起金紙錢，已失小蛇，止有開通元寶錢一文、小青蟲一箇。次日早，差人齎送臣船。臣切思之，神龍之示人以事，必以其類。以臣承乏漕事，實主財賦，不示以別物而示以錢者，以其如泉之流行於天下而無窮也；不示以別錢而示以開通元寶，以其有開必有通而無壅也。示之以青蟲一者，其蟲至微，背首皆青，腹與足皆金色。青，東方色也，示其有生意；金，西方物也，示其有成意也。臣切以謂神龍伏見陛下復修神考漕運與鹽法，使内外財賦豐羨流通，不滯一方而無有壅塞，公私通行，靡有窮竭，故見斯異。臣不隱默，謹述事由，並開通元寶錢一文及小青蟲一箇，盛以塗金銀合子，謹專人詣闕進呈。」奉聖旨：「陳舉特罰銅二十斤。」其進開通錢並青蟲兒塗金銀合封全，並於東水門外投之河中，以戒詭誕。」』敬綴於編，仰見祐陵聖聰，明察奸欺。繇是而知所謂陳舉者，誠無忌憚之小人。所爲若是，不獨宜州之一事也。遺臭千載，可不戒哉。」

〔三〕豫章集，指豫章所刻《山谷集》。參《續筆》卷八《詩詞改字》條。《荆南承天塔記》，今見《山谷别集》卷四，題《江陵府承天禪院塔記》。首云：「紹聖二年，余以史事得罪，竄黔中」。「非人力所能勝者耶」之後又有云：「天下之善人少，不善人常多。王者之刑賞以治其外，佛者之禍福以治其内，則於世教豈小補哉？而儒者嘗欲合而軋之，是真何理哉！」

6 穆護歌

郭茂倩編次《樂府詩》，《穆護砂①》一篇，引《歷代歌辭》曰：「曲犯角。」其語曰：「玉管朝朝弄，清歌日日新。折花當驛路，寄與隴頭人。」〔一〕黄魯直《題牧護歌後》云：「予嘗問人此歌，皆莫能説牧護之義。昔在巴、僰間六年，問諸道人，亦莫能説。他日，船宿雲安野次，會其人祭神罷而飲福，坐客更起舞，而歌《木瓠》。其詞有云：『聽説商人木瓠，四海五湖曾去。』中有數十句，皆叙賈人之樂，末云：『一言爲報諸人，倒盡百瓶歸去。』繼有數人起舞，皆陳述己事，而始末略同。問其所以爲木瓠，蓋刳曲木狀如瓠，擊之以爲歌舞之節耳。乃悟穆護蓋木瓠也。」〔二〕據此説，則茂倩所序爲不知本原云。且四句律詩，如何便差排爲犯角曲，殊無意義〔三〕。

【校勘】

①「砂」，馬本、庫本、祠本作「歌」。

【箋證】

〔一〕郭茂倩《樂府詩集》卷八〇《近代曲辭・穆護砂》。引《歷代歌辭》曰：「《穆護砂》曲，犯角。」

〔二〕姚寬《西溪叢語》卷上：「山谷《題牧護歌後》云：『向嘗問南方衲子，《牧護歌》是何種語，皆不能説。後見劉夢得作夔州刺史，樂府有《牧護歌》，似是賽神語，亦不可解。及來黔中，聞賽神者夜歌「聽説儂家《牧護》」，末云「奠酒燒錢歸去」，雖長短不同，要皆自叙五七十語，乃知蘇傒嘉州人，故作此歌，學巴人曲，猶石頭學魏伯陽作《參同契》也。』予長兄伯聲，嘗考火祆字，其畫從天，胡神也，音醯堅切，《教法佛經》所謂摩醯首羅也。本起大波斯國，號蘇魯支，有弟子名玄真，習師之法，居波斯國大總長如火山，後行化於中國。宋次道《東京記》：『寧遠坊有祆神廟。』注云：『《四夷朝貢圖》云：康國有神名祆，畢國有火祆祠。疑因是建廟。或傳晉戎亂華時立此。』又據杜預《左傳注》云：『睢受汴，東經陳留、梁、譙、彭城入泗。此水次有祆神，皆社祠之。蓋殺人而用祭也。』此即火祆之神，其來蓋久。至唐貞觀五年，有傳法穆護何禄，將祆教詣闕聞奏，敕令長安崇化坊立祆寺，號大秦寺，又名波斯寺。至天寶四年七月，敕：『波斯經教，出自大秦，傳習而來，久行中國，爰初建寺，因以爲名，將以示人，必循其本，其兩京波斯寺宜改爲大秦寺，天下諸州郡有者準此。』武宗毁浮圖，籍僧爲民。會昌五年敕：大秦穆護火祆等六十餘人，並放還俗。然而根株未盡。宋公言祆立廟，出於胡俗，而未必究其即波斯教法也。又嘗見《官品令》，有祆正。祆法初來，以鴻臚寺爲禮遠令邸，後世因用以僧尼隸焉。設官來歷如此。祆之有正，想在唐室。段成式《酉陽雜俎》：『孝億國界三千餘里，舉俗事祆，不識佛法，有祆祠三千餘所。』又：『銅馬俱在德建國烏滸河中，灘流中有火祆祠，相傳祆神本自波斯國乘神通來，因立祆祠。祠内無像，於大屋下置小廬舍，向西，人向東禮神。有一銅馬，國人言自天而下，屈前足在空中，後足入土，自古數有穿視，竟不及其蹄。西夷以五月爲歲，每歲自烏滸河中有馬出，其色如金，與此銅馬嘶鳴相應，俄復入水。近有大食王不信，入祆祠，將壞之，忽有火燒其兵，遂不敢毁。』則祆教流行外域，延入中國，蔓衍如此。康國蓋在西。《朝貢圖》之言，與此合也。《教坊記》曲名有《牧護子》，已播在唐樂府。《崇文書》有《牧護詞》，乃李燕撰，六言，文字記五行災福之説。則後人因有作語爲《牧護》者，不止巴人曲也。祆之教法蓋遠，而穆護所傳，則自唐也。蘇傒作歌之意，正謂旁門小道似是而非者，因以爲戲，非效《參同契》之比。山谷蓋未深考耳。且祆有祠廟，因作此歌以賽神，固未知劉作歌詩止效巴人之語，亦自知其源委也。」

〔三〕按崔令欽《教坊記》有《穆護子》。任半塘《教坊記箋訂·曲名》：「《穆護子》，乃五言四句聲詩，應與《樂府詩集》所見之《穆護砂》同出於大曲《穆護》，『砂』原作『煞』，謂大曲之尾聲也。

宋姚寬《西溪叢話》上云：『《教坊記》曲名有《牧護字》，已播在唐樂府。』按『字』或係『子』之訛。豈宋本《教坊記》之曲名作『牧護字』耶？ 又云：『《崇文總目》有《牧護詞》，乃李燕撰，六言，文字記五行災福之説。』宋人所唱《牧護歌》仍六言，顯爲唐體，甚至即唐辭。 黄庭堅解爲木瓠，洪邁《容齋隨筆》四集八認爲黄已明其本原，殊非。《輟耕録》録雜劇曲名，謂『彰德唱《木斛沙》』，元人乃有《穆護砂慢》之調。 方以智《通雅》對於三名概以溝通。 胡震亨《唐音統籤》一謂唐人六字詩有《牧護歌》，應即指李燕之作。」

饒宗頤《穆護歌考》：「宋人所記此歌來歷，每不同其説，而體制或云六言，或云數十句。 自黄山谷、洪邁、張邦基諸家各執一解，至姚寬始謂《穆護》原爲祆廟賽神之曲。」「牧護、穆護，原爲祆教僧之稱。 由於祆教之普及，唐宋以降，穆護已成爲一通名。 故以其所唱之歌，通稱爲《穆護歌》。」「詞曲中有《穆護子》，向來認爲取名於火教僧官之『穆護』，自南宋姚寬至明季方以智皆然，近人若許地山、徐嘉瑞、任半塘均無異詞，足以訂正楊升菴《穆護子》爲隋開汴河詞人所制勞歌之瞽説。」（《饒宗頤二十世紀學術文集》卷一二）

7 省試取人額

累舉省試，鎖院至開院，限以一月①。 如未訖事，則申展亦不過十日，所奏名以十四人取一爲定數，不知此制起於何年〔一〕。 黄魯直以元祐三年爲貢院參詳官，有書帖一紙云：

「正月乙丑鎖太學，試禮部進士四千七百三十二人。三月戊申具奏進士五百人。」乃是在院四十四日，而九人半取一人，視今日爲不侔也。此帖載於別集〔二〕。

【校勘】

①「一」字原脱，據馬本、庫本、祠本補。

【箋證】

〔一〕《玉海》卷一一六《選舉·科舉三》「建炎類省試」：「建炎元年十二月丙辰朔，命諸路憲司選官即漕司所在州類省試，率十四人取一。」《文獻通考》卷三二《選舉考五》：「省試舊以十四人取一名。隆興初，建、劍、宣、鼎、洪五州進士三舉實到場者，皆以覃恩免解。有旨增省額百人，遂以十七人取一人，而四川類省試則十六人取一名，後不復改。」

〔二〕《山谷別集》卷一一《題太學試院》。

8 通印子魚

「魚通印」之語，本出於王荆公《送張兵部知福州》詩「長魚俎上通三印」之句。蓋以福州瀕海多魚，其大如此，初不指言爲子魚也〔一〕。東坡始以「通印子魚」對「披緜黄雀」，乃借「子」字與「黄」字爲假對耳。山谷所云「子魚通印蠔破山」，蓋承而用之〔二〕。陳正敏

《遯齋閑覽》云：「其地有通應廟，廟前港中子魚最佳。」〔三〕王初寮詩「通應子魚鹽透白」〔四〕，正采其説。郡人黄處權云：「興化子魚，去城五十里地名迎仙者爲上，所産之處，土人謂之子魚潭而已①，初無通應港之名。」有大神祠，賜額曰「顯應」，乃《遯齋》所指之廟者，亦非「通應」也。潭傍又有小祠一間，庳陋之甚，農家以祀田神，好事欲實《遯齋》之説，遂粉刷一扁，妄標曰「通應廟」，側題五小字曰「元祐某年立」，此尤可笑。且用神廟封額以名土物，它處未嘗有也〔五〕。

【校勘】

①「人」，庫本作「名」。

【箋證】

〔一〕李壁《王荆公詩注》卷三七《送福建張比部》。壁注云：「王得臣少卿《麈史》：『閩中鮮食最珍者子魚，長七八寸，闊三二寸，剖之，子滿腹。冬月，正其佳時。莆田迎仙鎮，乃其出處。』予按部過之，驛左有祠，謂之通應侯祠。有水曰通應溪，潮汐上下，土人以鹹淡水不相入處魚最美。』（郁之按，見《麈史》卷二。）俗乃誤傳通應爲『通印』。荆公博學多聞，詩言『三印』，豈自有所稽耶？」

〔二〕《東坡全集》卷一二《送牛尾狸與徐使君》：「通印子魚猶帶骨，披綿黄雀漫多脂。」《山谷外集》卷四《送曹子方福建路運判兼簡運使張仲謀》：「子魚通印蠔破山，不但蕉黄荔子丹。」吴曾《能改齋漫録》卷一五《方物》「子魚通印蠔破山」條：「子魚出於興化軍通應廟前，語訛以應爲印。或曰子魚以容印者爲佳，故王荆公詩云：『長魚俎上通三印，新茗齋中試一旗。』則此説容可信也。東坡詩亦云：『通印子魚猶帶骨。』」

〔三〕《漁隱叢話前集》卷三四《半山老人二》引《遯齋閒覽》云：「莆陽通應子魚，名著天下。蓋其地有通應侯廟，廟前有港，港中之魚最佳。今人必求其大可容印者，謂之通印子魚，故荆公亦有詩云：『長魚俎上通三印。』此傳聞之訛也。」按，陳正敏，自號遯翁。《宋史》卷二〇六《藝文志》小説類有陳正敏《遯齋閒覽》十四卷。《郡齋讀書志》卷三下小説類亦著録，謂崇、觀間撰。按「通應」之説，又見陳善《捫虱新話》上集卷三《通應子魚》：「泉州莆田有通應侯廟，其下臨海，出子魚甚美。世呼『通應子魚』者，記所出也。荆公詩遂誤用，謂『長魚俎上通三印』，東坡又以『通印子魚』對『披緜黄雀』。此皆是傳聞之誤。」又，莊綽《雞肋編》卷中：「興化軍莆田縣去城六十里有通應侯廟，江水在其下，亦曰通應。地名迎仙，水極深緩，海潮之來亦至廟所，故其江水鹹淡得中。子魚出其間者，味最珍美。上下十數里，魚味即異，頗難多得。故通應子魚，名傳天下。而四方不知，乃謂子魚大可容印者爲佳，雖山谷之博聞，猶以『通印鯗魚』爲『披綿黄雀』之對也，至云『鯗魚背上通三印』，則傳者益誤，正可與『一麾』爲比矣。以子名者，取子多爲貴也。」

〔四〕王安中，字履道，號初寮道人，宣和中爲翰林學士，擢尚書左丞。事迹具《宋史》卷三五二本傳。

有《初寮集》七十六卷，今有清四庫館臣《永樂大典》輯本八卷。此詩佚。

〔五〕吴景旭《歷代詩話》卷五七《辛集上之下·宋詩·通印》，引《四筆》此條，按云：「觀遯齋之意，以爲今人求其大可容印者謂之通印子魚，此亦傳聞之誤，而容齋反以通應廟之説爲是妄增。」徐文靖《管城碩記》卷二六：「《述異記》：『城陽縣城南有堯母慶都墓。魚頭間有印文，謂之印頰魚。』《吴都賦》『鯽龜鱕鯌』注云：『鯽魚無鱗，身正方如印。』是皆爲印魚也。《明一統志》『通印子魚，漳浦縣出。』王半山詩『長魚俎上通三印』，郭祥正詩『仙魚通印勝鴞炙』，蘇子瞻詩『通印子魚長帶骨』，皆作通印。《遯齋》『大可容印』之説，非。」

9　壽亭侯印

荆門玉泉關將軍廟中，有壽亭侯印一鈕，其上大環，徑四寸，下連四環，皆系於印上。相傳云：紹興中，洞庭漁者得之，入于潭府，以爲關雲長封漢壽亭侯，此其故物也，故以歸之廟中。南雄守黄兑見臨川興聖院僧惠通印圖形，爲作記。而復州寶相院，又以建炎二年因伐木於三門大樹下土中深四尺餘得此印，其環并背俱有文云：「漢建安二十年壽亭侯印。」今留於左藏庫〔一〕。邵州守黄沃叔啓慶元二年復買一鈕於郡人張氏，其文正同，只欠五系環耳。予以謂皆非真漢物，且漢壽乃亭名，既以封雲長，不應去漢字，又其大比它漢印幾倍之。聞嘉興王仲言亦有其一。侯印一而已，安得有四？雲長以四年受封，當即刻印，不應在二十年，尤非也。是特後人爲之以奉廟祭，其數必多。今流落人間者，尚如此也〔二〕。予爲黄叔啓作辯跋一篇，見《贅稿》〔三〕。

【箋證】

〔一〕趙彦衛《雲麓漫抄》卷五：「《荆門軍圖經》，關將軍廟在當陽縣玉泉山。紹興初，潭州人有得其印於水者。二十有三年，寺僧法源白於高使君，得公牒，之潭取之，歸於寺。其文爲『壽亭侯印』四字，方廣一寸有半，其上有穿，穿有環，廣如其印；又其上，並二環，各廣七分，加其半以爲之長，色皆剛瑩異常，銅環，古所以佩也。三十有二年，艮齋謝先生自夷陵考試回，嘗見之。荆門太守王公録云：『余幼時，侍先公爲湖南提舉常平時得觀之。印方二寸餘，細上有雙環，闊可六七寸，篆不古，非漢、魏間字體，莫可推曉。』或云：晉、宋以下，别有封壽亭侯者，亦未可知。予以慶元中，因職事，嘗於左藏封樁庫見之，如其制。又有『關南司馬』一印，字皆作疊篆，不知何時在左藏，則是别有此二印也。毗陵人張駒千里好古，曩嘗云：『建炎二年六月，復州寳相禪院因科修城木，於三門前大樹下，斸四尺餘，得此印，環上刻「建安二十年壽亭侯印」。』今環上卻無此字，又與荆門軍所載不同。」

張淏《雲谷雜記》卷三：「紹興中，洞庭漁人獲一印，方僅二寸，其制甚古，紐有連環四，兩兩相貫，上有一大環總之，蓋所以佩也。漁者以爲金，競而訟于官，辨其文乃『漢壽亭侯』四字。關雲長爲漢壽亭侯，人疑必其物也。遂留長沙官庫。守庫吏見印上時有光焰，因白于官，乃遣人送荆門軍關祠中，光怪遂絶。淳熙四年，玉泉寺僧真慈將獻之東宫，印已函而未發，忽光焰四起，衆皆驚愕，遂不復獻。」黄兑，字悦道，臨川人，紹興進士，官至朝議大夫。（《雍正江西通志》卷八〇《人物十五·撫州府》）《建炎以來繫年要録》卷一六八：紹興二十五年四月，「右朝請大夫黄兑提舉兩浙東路常平茶鹽公事。兑，娶秦檜兄女，曹泳薦用之。」所作記，未見。

〔二〕王鳴盛《十七史商榷》卷四一《三國志三》「漢壽亭侯」條：「洪邁《容齋四筆》第八卷辨壽亭侯印一條云：（即本條，略。）其辨甚精。流俗無知之輩或創異解云：『本是封爲壽亭侯，陳壽特加一「漢」字以著明其爲漢。』試問彼時地名中安得有所謂『壽亭』者乎？況使果作『壽亭侯』，則其時操方身爲漢臣，其表封關公係假漢帝之命以行，此其爲漢亦何待言，而陳壽必爲贅加一『漢』字乎？不通古今之妄人，其謬一至於此。又《尚書·禹貢》『荆州』疏引郭璞《爾雅注》云：『有水從漢中沔陽縣南流至梓潼、漢壽。』漢壽即漢廣，漢郡葭明縣，蜀先主始改名漢壽，晉又改晉壽。此不但與武陵漢壽本非一地，全無干涉，且當操表封關公時，先主尚未入蜀，蜀地未有此名也。《唐詩鼓吹》第一卷劉夢得《漢壽城春望》詩明古岡廖文炳解於題下，既云『城在今四川保寧府廣元縣』，則以爲蜀漢壽矣，而於首聯『荒祠古墓對荆榛』解云：『古荆州治亭下有子胥廟，楚王故墳，則又似武陵。』此不知考核兩漢壽之名同地異也。《魏志·劉放傳》：『黄初三年，封魏壽亭侯。』裴亦無注。此疑亦武陵漢壽。此雖吴地，因其時孫權臣服，魏人遥改名之，與蜀之漢壽無涉。」又，趙翼《陔餘叢考》卷三五《漢壽亭侯》條，亦可參。

胡鳴玉《訂譌雜録》卷五《漢壽亭侯》：「古有亭侯之封，乃侯爵之最下者。《漢・桓帝紀》封單超等五人爲縣侯，尹勳等七人爲亭侯。列傳中爲亭侯者甚多。亭有一字名者，如獻帝建安初封曹操爲費亭侯是也。亭有二字名者，如靈帝以解犢亭侯入繼是也。又《楚漢春秋》，高祖封許負爲鳴雌亭侯，魏封蘇林爲安成亭侯，孟康爲廣陵亭侯，吴封韋昭爲高陵亭侯。關公之爲漢壽亭侯，即其類。亭曰漢壽，二字名也。史延熙十四年，費禕北屯漢壽，景耀元年詔漢中兵屯漢壽，是其地，今爲廣元縣，屬四川保寧府。世人稱爲壽亭侯，誤以漢字屬上。《容齋隨筆》云：（即本條，略。）玉案，今世所傳《三國志通俗演義》謂曹操始鑄壽亭侯印授公，公不受，及加漢字乃受。此説出自俚俗，豈足據哉！」又，朱駿聲《經史答問》卷一：「漢壽，地名。亭侯，爵名。漢有亭侯、鄉侯、通侯。」

後世每有「壽亭侯印」出土。談遷《棗林雜俎》中集「關將軍印」條：「景泰中，安州二甲夫得古金印，曰『壽亭侯印』。知州楊集上於朝。弘治間，都憲河間張汝器開漕河於揚州，得古印四，一『壽亭侯印』。皆蟠螭紐，製作古雅。」又宋犖《筠廊偶筆》卷上：「大内有壽亭侯印，方一寸，瓦鈕連環四，刻『壽亭侯印』朱文四字，翡翠燦然，旁有痕，似嵌寶玉取去者。先文康嘗印取一紙寶玩之。此印流傳不一，詳《容齋四筆》中。」

〔三〕容齋《贅稿》三十八卷，《宋史・藝文志二》傳記類著録，今佚。黄沃，字叔啓，黄滔之九世孫，爲吉州永豐宰。參《四筆》卷六《乾寧復試進士》條。

10 茸附治疽漏

時康祖病心痔二十年，用《聖惠方》治腰痛者鹿茸、附子服之，月餘而愈。《夷堅己志》書其事〔一〕。予每與醫言，輒云：「癰疽之發，蘊熱之極也，烏有翻使熱藥之理？」福州醫郭晉卿云：「脉陷則害漏，陷者冷也，若氣血温煖，則漏自止，正用得茸、附。」案《内經素問·生氣通天論》曰：「陷脉爲瘻，留連肉腠。」注云：「陷脉謂寒氣陷缺其脉也，積寒留舍，經血稽凝，久瘀内攻，結於肉理，故發爲瘍瘻，肉腠相連。」〔二〕此說可謂明白，故復記於此，庶幾或有助於瘍醫云。

【箋證】

〔一〕今本《夷堅己志》此條佚。江灌《名醫類案》卷一〇引《夷堅己志》：「時康祖大夫患心漏二十年，當胸數竅，血液長流，醫皆莫能治。或云：『竅多則愈損，閉則慮穴他岐，當存其一二，猶爲上策。』坐此形神困瘁，又積苦腰痛，行則傴僂。不飲酒，雖雞魚蟹蛤之屬，皆不入口。淳熙間，通判温州，郡守韓子温見而憐之，爲檢《聖惠方》載腰痛一門冷熱二症示之，使自擇。康祖曰：『某年老久羸，安敢以爲熱？』始作寒症治療，取一方，用鹿茸者服之。逾旬痛減，更覺氣宇和暢，遂一意專服，悉屏他藥。洎月餘，腰屈復伸，無復呼痛，心漏亦愈。以告醫者，皆莫能測其所以然。後九年，康祖自鎮江通判滿秩造朝，訪子温，則精力倍昔，飲啖無所忌。云漏愈之後，日勝一日。子温書吏吴弼亦苦是疾，照方服之，浹旬而愈。其方本治腰痛，用鹿茸去毛，酥炙微黄，附子炮去皮臍，皆二兩，鹽花三分，爲末，棗肉丸三十丸，空心酒下。」

〔二〕《黄帝内經素問》卷一《生氣通天論篇第三》。唐王冰注本。

11 莆田荔枝

莆田荔枝，名品皆出天成，雖以其核種之，終與其本不相類。宋香之後無宋香，所存者孫枝爾。陳紫之後無陳紫，過牆則爲小陳紫矣〔一〕。《筆談》謂焦核荔子，土人能爲之，取本木，去其大根，火燔令焦，復植於土，以石壓之，令勿生旁枝①，其核自小〔二〕。里人謂不然，此果形狀，變態百出，不可以理求，或似龍牙，或類鳳爪，釵頭紅之可簪，緑珠子之旁綴，是豈人力所能加哉？初，方氏有樹，結實數千顆，欲重其名，以二百顆送蔡忠惠公，紿以常歲所産止此。公爲目之曰「方家紅」，著之於譜，印證其妄。自後華實雖極繁茂，逮至成熟，所存者未嘗越二百，遂成語讖。此段已載《遯齋閑覽》中，郡士黄處權復志其詳如此〔三〕。

【校勘】

①「枝」，馬本、庫本、祠本作「根」。

【箋證】

〔一〕蔡襄《荔枝譜》第七：「陳紫：因治居第，平窊坎而樹之。或云厥土肥沃之致。今傳其種子者，皆擇善壤，終莫能及，是亦賦生之異也。」「小陳紫：其樹去陳紫數十步。初，一家並種之，及其成也差小，又時有穊核者，因而得名。其家別居，二紫亦分屬東西陳焉。」「宋公荔枝：樹極高大，實如陳紫而小，甘美無異。或云陳紫種出宋氏。世傳其樹已三百歲，舊屬王氏。黄巢兵過，欲斧薪之，王氏媪抱樹號泣，求與樹偕死，賊憐之不伐。宋公名誠。」宋香，蓋即宋公荔枝也。

〔二〕沈括《夢溪筆談》卷二四《雜志一》。

〔三〕蔡襄《荔枝譜》：「方家紅，可徑二寸，色味俱美，言荔枝之大者，皆莫敢擬。歲生一二百顆，人罕得之。方氏子名蓁，今爲大理寺丞。」

《遯齋閒覽》，黄處權，俱參《四筆》卷八《通印子魚》箋證。

12 雙陸不勝

《新唐書·狄仁傑傳》，武后召問：「夢雙陸不勝，何也？」仁傑與王方慶俱在，二人同辭對曰：「雙陸不勝，無子也。天其意者以儆陛下乎？」於是召還廬陵王〔一〕。《舊史》不載。《資治通鑑》但書鸚鵡折翼一事，而《考異》云：「雙陸之説，世傳《狄梁公傳》有之，以爲李邕所作，而其詞多鄙誕，疑非本書，故黜不取。」〔二〕《藝文志》有李繁《大唐説纂》四卷，今罕得其書，予家有之。凡所紀事，率不過數十字，極爲簡要，《新史》大氐采用之。其《忠節》一門曰：「武后問石泉公王方慶曰：『朕夜夢雙陸不勝，何也？』曰：『蓋謂宮中無子，意者恐有神靈儆夫陛下。』因陳人心在唐之意，后大悟，召廬陵王，復其儲位，俾石泉公爲宮相以輔翊之。」〔三〕然則《新史》兼采二李之説，而爲狄爲王莫能辨也。《通鑑》去之，似爲可惜。

【箋證】

〔一〕《新唐書》卷一一五《狄仁傑傳》。

〔二〕《資治通鑑》卷二〇六《唐紀二十二·則天皇后中之下》聖曆元年。太后謂仁傑曰：「朕夢大鸚鵡兩翼皆折，何也？」對曰：「武者，陛下之姓。兩翼，二子也。陛下起二子，則兩翼振矣。」太后由是無立承嗣、三思之意。

《資治通鑑考異》卷一一《唐紀三》「聖曆元年二月狄仁傑勸太后召廬陵王吉頊説張易之昌宗」下考異云：「世有《狄梁公傳》，云李邕撰，其辭鄙誕，殆非邕所爲。其言曰：『后納諸武之議，將移宗社，擬立武三思爲儲副，遷廬陵王於房陵。諸武陰計，日夜獻謀曰：「陛下姓武，合立武氏，未有天子而取別姓將爲後者也。」天后既已許，禮問群臣曰：「朕年齒將衰，國無儲王，今欲擇善，誰可當之？朕雖得人，終在群議。」諸宰臣多聞計定，言皆希旨，仁傑獨退立，寂無一言。

天后問曰：「卿獨無言，當有異見？」公曰：「有之。臣上觀乾象，無易主之文；中察人心，實未厭唐德。」天后曰：「卿何以知之？」公曰：「頃者，匈奴犯邊，陛下使梁王三思於都市召募，一月之外，不滿千人，後廬陵王踵之，未經二旬，數盈五萬。以此觀之，人心未去。陛下將欲繼統，非廬陵王不可。餘實非臣所知。」天后震怒，命左右扶而去之。』按廬陵王爲河北元帥，在立爲太子後，且當是時，睿宗爲皇嗣，若仁傑請以廬陵王繼統，則是勸太后廢立也。此固未可信。或者，仁傑以廬陵母子至親而幽囚房陵，勸召還左右則有之矣。《談賓録》曰：『聖曆二年臘月，張易之兄弟貴寵逾分，懼不全，請計於天官侍郎吉頊，頊曰：「公兄弟承恩深矣，非有大功於天下，自古罕有全者，唯有一策，苟能行之，豈止全家，亦當享茅土之封耳。除此之外，非頊所謀。」易之兄弟泣請之。頊曰：「天下思唐德久矣，主上春秋高，武氏諸王殊非所屬意，公何不從容請立廬陵，以繫生人之望？」易之乃承間屢言之，則天意乃易。既知頊首謀，乃召問頊。頊曰：「廬陵、相王皆陛下之子，高宗切託於陛下，唯陛下裁之。」則天意乃定。』《御史臺記》曰：『則天置控鶴府，頊與易之、昌宗同於府供奉，與昌宗親治。昌宗自以貴寵踰分，懼不全，請計於頊』云云，如《談賓録》。蓋太后寵信諸武，誅鉏李氏，雖己子廬陵亦廢徙房陵，故仁傑勸召還左右，以强李氏，抑諸武耳。張、吉非能爲唐社稷謀也，欲求己利耳。若仍立皇嗣，則己有何功？故勸太后立廬陵爲太子，而太后從之。然則欲召還廬陵者，仁傑之志也；立爲太子者，張、吉之謀也。《談賓》言聖曆二年及以頊爲天官侍郎，《臺記》謂睿宗爲相王，則皆誤也。

《新・狄仁傑傳》云：『張易之嘗從容問自安計。仁傑曰：「惟勸迎房陵王，可以免禍計。」』仁傑亦安肯與易之深言此事？《狄梁公傳》又云：『後經旬，召公入，曰：「朕昨夜夢與人雙陸，頻不見勝，何也？」對曰：「雙陸輸者，蓋謂宮中無子。此是上天之意，假此以示陛下，安可久虚儲位哉？」天后曰：「是朕家事，斷在胸中。卿豈合預焉？」仁傑對曰：「臣聞王者以天下爲家，四海之内悉爲臣妾，何者不爲陛下家事？君爲元首，臣爲股肱，臣安得不預焉？」又命扶出，竟不納。』按，於時皇嗣在宮中，不得言無子及久虚儲位也。《朝野僉載》云：『則天曾夢一鸚鵡羽毛甚偉，兩翅俱折，以問臣宰，群公默然，内史狄仁傑曰：「鵡者，陛下姓也。兩翅折者，陛下二子廬陵、相王也。陛下起此二子，兩翅全也。」魏王承嗣、武三思連項皆赤。後契丹反，圍幽州，檄朝廷曰：「還我大陵相王來。」則天乃憶狄公之言，謂之曰：「卿曾與我占夢，今乃應矣。朕欲立太子，何者爲得？」仁傑曰：「陛下内有賢子，外有賢姪，取舍詳擇，斷在宸衷。」則天曰：「我自有聖子，承嗣、三思是何疥癬！」承嗣等懼，掩耳而走。即降敕追廬陵、河内王等，奏不許入城，龍門安置。賊徒轉盛，陷没冀州。則天急，乃立廬陵王爲太子，充元帥。初募兵，無有應者，聞太子行，北邙山頭兵滿無容人處，賊自退散。』按，是時睿宗未爲相王，又仁傑若言『内有賢子，外有賢姪』，乃是懷兩端也。今采衆説之可信者存之。」

〔三〕《大唐説纂》，《崇文總目》作《唐説纂》。陳振孫《直齋書録解題》卷一一《小説家類》：「《大唐説纂》四卷，不著名氏，分門類事，若《世説》。止有十二門，恐非全書。」《宋史》卷二〇《藝文志》小説類有《唐説纂》四卷，亦不著名氏。

13 華元入楚師

《左傳》，楚莊王圍宋，宋華元夜入楚師，登子反之牀，起之曰：「寡君使元以病告。」子反懼，與之盟，而退三十里。杜注曰：「兵法，因其鄉人而用之，必先知其守將左右謁者、門者之姓名，因而利道之。華元蓋用此術，得以自通。」〔一〕予案前三年晉、楚邲之戰，隨武子稱楚之善曰：「軍行，右轅，左追蓐，前茅慮無，中權後勁，軍政不戒而備。」〔二〕大氏言其備豫之固。今使敵人能入上將之幕而登其牀，則刺客奸人，何施不得？雖至於王所可也，豈所謂軍制乎？疑不然也。《公羊傳》云：「楚使子反乘堙而闚宋城，宋華元亦乘堙而出見之。」其説比《左氏》爲有理〔三〕。

【箋證】

〔一〕《左傳》宣公十五年。

〔二〕《左傳》宣公十二年。

〔三〕《公羊傳》宣公十五年。

張尚瑗《左傳折諸》卷一一《宣公》「使華元夜入楚師」條：「楚備甚嚴，華元必不能夜入且登子反之床也，所以然者，楚莊之意已倦，元側之交本親，子反開壁以來之，抑亦楚莊之意耳。《左氏》密謀徒以夜入見異，讀者另當著眼。」

14 公羊用疊語

《公羊傳》書楚子圍宋，宋人及楚人平事，幾四百字。其稱「司馬子反」者八，又再曰「將去而歸爾」「然後而歸爾」「然後歸爾」「臣請歸爾」「吾亦從子而歸爾」，又三書「軍有七日之糧爾」，凡九用「爾」字，然不覺其煩〔一〕。

【箋證】

〔一〕《春秋》宣公十五年「夏五月宋人及楚人平」，《公羊傳》云：「莊王圍宋，軍有七日之糧爾，盡此不勝，將去而歸爾，於是使司馬子反乘堙而窺宋城。宋華元亦乘堙而出見之。司馬子反曰：『子之國何如？』華元曰：『憊矣。』曰：『何如？』曰：『易子而食之，析骸而炊之。』司馬子反曰：『嘻，甚矣憊。雖然，吾聞之也，圍者拑馬而秣之，使肥者應客，是何子之情也。』華元曰：『吾聞之，君子見人之厄則矜之，小人見人之厄則幸之。吾見子之君子也，是以告情於子也。』司馬子反曰：『諾，勉之矣。吾軍亦有七日之糧爾，盡此不勝，將去而歸爾。』揖而去之，反於莊王。莊王曰：『何如？』司馬子反曰：『憊矣。』曰：『何如？』曰：『易子而食之，析骸而炊之。』莊王曰：『嘻，甚矣憊。雖然，吾今取此然後而歸爾。』司馬子反曰：『不可，臣已告之矣，軍有七日之糧爾。』莊王怒曰：『吾使子往視之，子曷爲告之！』司馬子反曰：『以區區之宋，猶有不欺人之臣，可以楚而無乎？是以告之也。』莊王曰：『諾，舍而止。雖然，吾猶取此然後歸爾。』司馬子反曰：『然則君請處於此，臣請歸爾。』莊王曰：『子去我而歸，吾孰與處於此？吾亦從子而歸爾。』引師而去之。」

15 文書誤一字

文書一字之誤，有絶係利害者，予親經其三焉，至今思之，猶爲汗下。乾道二年冬，蒙恩召還，過三衢，郡守何德輔問奏對用幾劄，因出草稿示之，其一乞蠲減鄱陽歲貢誕節金千兩事，言此貢不知起於何時，或云藝祖初下江南，郡庫適有金，守臣取以獻長春節，遂爲故事。誤書「長春」爲「萬春」，乃金主褒節名也。德輔讀之，指以相告，予悚然面發赤，亟改之〔一〕。三年，以侍講講《毛詩》，作發題，引孔子於《論語》中說《詩》處云：「不學《詩》，無以言。」誤書「言」爲「立」，已寫進讀正本，經筵吏袁顯忠曰：「恐是言字。」予愧謝之〔二〕。淳熙十三年在翰苑，作《賜安南國曆日詔》云：「茲履夏正，載頒漢朔。」書「夏正」爲「周正」，院吏以呈宰執，周益公見而摘其誤，吏還以告〔三〕，蓋語順意同，一時不自覺也。

【箋證】

〔一〕周必大《文忠集》卷一七二《思陵録》云：「（洪）邁又具劄奏：『饒州天申節進銀之外貢金三百

兩，乞一例蠲免。』」《劄子》云：「紹興間來，每年遇聖節，饒州有貢金一千兩，而麩金十兩之額，與他例同，此不與焉。本州先期敷科，吏緣爲奸，豪商操權，私價轉增，遂致一方久罹其害，人莫敢言。罔知所起，或云藝祖初年，江南郡庫適有金，取以獻長春節，遂爲例。」云云。（《鄱陽三洪集》卷九一）

〔二〕按，容齋三年七月除中書舍人兼侍讀兼權直學士院。詳拙著《洪邁年譜》。

〔三〕周益公必大，時知樞密院。十三年賜安南曆日，《宋史》失書。

16 歷代史本末

古者世有史官，其著見於今，則自《堯》《舜》二典。始，周之諸侯各有國史，孔子因魯史記而作《春秋》，左氏爲之傳，《鄭志》、《宋志》、晉、齊太史、南史氏之事皆見焉。更纂異同以爲《國語》〔一〕。漢司馬談自以其先周室之太史，有述作之意，傳其子遷，紬金鐀石室之書①，罔羅天下放失舊聞，述黄帝以來至于元狩，馳騁古今，上下數千載間，變編年之體爲十二本紀、十表、八書、三十世家、七十列傳，凡百三十篇。而十篇有録無書，元、成之間，褚先生補缺，作《武帝紀》《三王世家》《龜策》《日者列傳》，張晏以爲言辭鄙陋，今雜於書中〔二〕。而《藝文志》有馮商《續太史公》七篇，則泯没不見〔三〕。司馬之書既出，後世雖有作者，不能少紊其規制。班彪、固父子，以爲漢紹堯運建帝業，而六世史臣，追述功德，私作本紀，編於百王之末，廁於秦、項之列。故探纂前紀②，綴輯舊聞，以述《漢書》，起元高祖③，終于王莽之誅，大抵仍司馬氏，第更八書爲十志，而無世家，凡百卷。固死，其書未能全，女弟昭續成之，是爲《前漢書》。荀悦《漢紀》則續所論著者也〔四〕。後漢之事，初命儒臣著述於東觀，謂之《漢記》。其後有袁宏紀，張璠、薛瑩、謝承、華嶠、袁山松、劉義慶、謝沈皆有書。宋范曄刪采爲十紀、八十列傳，是爲《後漢書》，而張璠以下諸家盡廢，其志則劉昭所補也〔五〕。三國雜史至多，有王沈《魏書》、元行沖《魏典》、魚豢《典略》、張勃《吴録》、韋昭《吴書》、孫盛《魏春秋》、司馬彪《九州春秋》、丘悦《三國典略》、員半千《三國春秋》、虞溥《江表傳》，今唯以陳壽書爲定，是爲《三國志》。《晉書》則有王隱、虞預、謝靈運、臧榮緒、孫綽、干寶諸家，唐太宗詔房喬、褚遂良等修定爲百三十卷，以四論太宗所作，故總名之曰「御撰」，是爲《晉書》，至今用之。南北兩朝各四代，而僭僞之國十數，其書尤多，如徐爰、孫嚴、王智深、顧野王、魏澹、張大素、李德林之正史，皆不傳。今之存者，沈約《宋書》、蕭子顯《齊書》、姚思廉《梁》《陳書》、魏收《魏書》、李百藥《北齊書》、令狐德棻《周書》、魏鄭公《隋書》。其它國則有和包《漢趙紀》、田融《趙石記》、范亨《燕書》、王景暉《南燕録》、高閭《燕志》、劉昞《涼書》、裴景仁《秦記》、崔鴻《十六國春秋》、蕭方、武敏之《三十國春秋》。李太師延壽父子悉取爲《南史》八十卷，《北史》百卷。今沈約以下八史雖存，而李氏之書獨行，是爲《南》《北史》〔六〕。唐自高祖至于武宗，有《實録》，後唐脩爲書，劉昫所上者是已，而猥釀無統④。國朝慶曆中，復詔刊脩，歷十七年而成，歐陽文忠公主紀、表、志，宋景文公主傳，今行於世〔七〕。梁、唐、晉、漢、周，謂之《五代》，國初監脩國史薛居正提舉上之。其後歐陽芟爲《新書》，故《唐書》《五代史》各有舊、新之目〔八〕。凡十七代，本末如此，稚兒數以爲問，故詳記之。

【校勘】

①「鑚」，馬本、庫本、祠本作「匱」。②「探」，馬本、祠本作「采」。③「元」，馬本、庫本、祠本作「於」。④「釀」，馬本、庫本、祠本作「雜」。

【箋證】

〔一〕參劉知幾《史通》卷一二《外篇·古今正史》「説尚書」「説春秋」條。云：「當周室微弱，諸侯力争，孔子應聘不遇，自衛而歸，乃與魯君子左丘明觀書於太史氏，因《魯史記》而作《春秋》。上遵周公遺制，下明將來之法，自隱及哀，盡十二公行事。經成以授弟子，弟子退而異言，丘明恐失其真，故論本事而爲傳，明夫子不以空言説經也。」《四庫全書總目》卷五一《國語》提要：「《國語》出自何人，説者不一，然終以漢人所説爲近古。所記之事與《左傳》俱迄智伯之亡，時代亦復相合，中有與《左傳》未符者，猶《新序》《説苑》同出劉向而時復牴牾，蓋古人著書各據所見之舊文，疑以存疑，不似後人輕改也。」

〔二〕《史記》卷一二《孝武本紀》四庫本考證：「按《漢書·司馬遷傳》云：『十篇缺，有録無書。』張晏曰：『遷没之後，亡《景紀》《武紀》《禮書》《樂書》《兵書》《漢興以來將相年表》《日者列傳》《三王世家》《龜策列傳》《傅靳列傳》，元、成之間，褚先生補缺，作《武帝紀》《三王世家》《龜策》《日者傳》，言辭鄙陋，非遷本意也。』而顔師古則云：『序目本無《兵書》，張晏云亡失，此説非也。』信矣。顧張晏所稱褚先生補書惟一紀、一世家、二傳，而餘六篇並未著爲誰氏所補。又六篇中，《兵書》既屬本無，則止九篇，與班固所云十篇缺者又不符合，然則其五篇之果缺與否，並亦難信也。」張晏語見《史記》卷一三〇《太史公自序》裴駰《集解》引。

〔三〕《漢書》卷三〇《藝文志》：「馮商所續太史公七篇。」顔師古注：「韋昭曰：『馮商受詔續太史公十餘篇，在班彪《別録》。商字子高。』師古曰：《七略》云：『商，陽陵人，治《易》，事五鹿充宗，後事劉向，能屬文，後與孟柳俱待詔，頗序列傳，未卒，病死。』」

〔四〕「漢紹堯運建帝業」至「凡百卷」，見《漢書·叙傳》。劉知幾《史通》卷一二「説漢書」條：「《史記》所書，年止漢武，太初已後，闕而不録。其後劉向、向子歆及諸好事者，若馮商、衛衡、揚雄、史岑、梁審、肆仁、晋馮、段肅、金丹、馮衍、韋融、蕭奮、劉恂等相次撰續，迄於哀、平間，猶名《史記》。至建武中，司徒掾班彪以爲其言鄙俗，不足以踵前史；又雄、歆僞褒新莽，誤後惑衆，不當垂之後代者也。於是采其舊事，旁貫異聞，作《後傳》六十五篇。其子固以父所撰未盡一家，乃起元高皇，終乎王莽，十有二世，二百三十年，綜其行事，上下通洽，爲《漢書》紀、表、志、傳百篇。其事未畢，會有上書云固私改作《史記》者，有詔京兆收繫，悉録家書封上。固弟超詣闕自陳，明帝引見，言固續父所作，不敢改易舊書，帝意乃解。即出固，徵詣校書，受詔卒業。經二十餘載，至章帝建初中乃成。固後坐竇氏事，卒於洛陽獄，書頗散亂，莫能綜理。其妹曹大家博學能屬文，奉詔校叙。又選高才郎馬融等十人，從大家授讀。其八表及《天文志》等，猶未克成，多是待詔東觀馬續所作。而《古今人表》不類本書。始自漢末，迄乎陳世，爲其注解者凡二十五家，至於專門受業，遂與《五經》相亞。初，漢獻帝以固書文煩難省，乃詔侍中荀悦依《左氏傳》删爲《漢紀》三十篇，命祕書給紙筆。經五六年乃就。其言簡要，亦與本傳並行。」

〔五〕《史通》卷一二「説後漢書」條：「在漢中興，明帝始詔班固與睢陽令陳宗、長陵令尹敏、司隸從事孟冀作《世祖本紀》，並撰功臣及新市、平林、公孫述事，作列傳、載記二十八篇。自是以來，春秋世亦以焕炳，而忠臣義士莫之撰勒。於是又詔史官謁者僕射劉珍及諫議大夫李尤雜作紀，表，名臣、節士、儒林、外戚諸傳，起自建武，訖乎永初，事業垂竟而珍、尤繼卒。復命侍中伏無忌與諫議大夫黄景作諸王、王子、功臣、恩澤侯表，南單于、西羌傳，地理志。至元嘉元年，復令太中大夫邊韶、大軍營司馬崔寔、議郎朱穆、曹壽雜作孝穆、崇二皇及順烈皇后傳，又增外戚傳入安思等后，儒林列傳入崔篆諸人。寔、壽又與議郎延篤雜作《百官表》，順帝功臣孫程、郭願及鄭衆、蔡倫等傳。凡百十有四篇，號曰《漢紀》。嘉平中，光禄大夫馬日磾，議郎蔡邕、楊彪、盧植著作東觀，接續紀傳之可成者，而邕别作《朝會》《車服》二志。後坐事徙朔方，上書求還，續成十志。會董卓作亂，大駕西遷，史臣廢棄，舊文散逸。及在許都，楊彪頗存注記。至於名賢君子，自本初已下闕續。魏黄初中，唯著《先賢表》，故記殘缺，至晉不成。泰始中，祕書丞司馬彪始討論衆説，綴其所聞，起元光武，終於孝獻，録世十二，編年二百，通綜上下，旁引庶事，爲紀、志、傳凡一十三篇，號曰《續漢書》。又散騎常侍華嶠删定《東觀記》爲《後漢書》，帝紀十二、皇后紀二、三譜、十典、列傳七十，總九十七篇，其十典竟不成而卒。自斯已往，作者相繼，爲編年者四族，創紀傳者五家，推其所長，華氏居最。而遭晉室東徙，三惟一存。至宋宣城太守范曄，乃廣集學徒，窮覽舊籍，删煩補略，作《後漢書》，凡十紀、十志、八十列傳，合爲百篇。會曄以罪被收，其十志亦未成而死。先是，晉東陽太守袁宏抄撮《漢氏後書》，依荀悦體，著《後漢紀》三十篇。世言漢中興史者，唯范、袁二家而已。」

〔六〕此節蓋參取劉知幾《史通》卷一二《外篇·古今正史》「説三國志」「説晉書」「説宋書」「説齊書」「説梁書」「説陳書」「説十六國春秋」「説後魏書」「説北齊書」「説後周書」各條，不具録。周嬰《巵林》卷四《述洪·歷代史》，引《四筆》此一節，以爲容齋討理未盡，羅列甚詳，可參。容齋此條，本非爲著述考證而作，特爲兒子開具書目而已。

按，「蕭方、武敏之《三十國春秋》」，「蕭方」當爲「蕭方等」之訛。兩《唐書》《宋史·藝文志》俱誤。王應麟《困學紀聞》卷一三《考史》：「蕭方等，梁元帝子，爲《三十國春秋》，以晉爲主，附列劉淵以下二十九國。《通鑑》晉元興三年引方等論。《綱目》但云『蕭方』，誤削『等』字。」徐文靖《管城碩記》卷三〇：「《新唐書・藝文志》：『蕭方《三十國春秋》。』《容齋隨筆》曰：『崔鴻《十六國春秋》，蕭方、武敏之《三十國春秋》。』按，内典有《大方等大集經》。徐陵《傅大士碑》文：『大乘方等，靈藥寶珠。』江總《大莊嚴寺碑》：『弘宣方等，博綜圍陀。』皆謂此也。梁尚佛教，故元帝世子以方等爲名。據《梁書》，徐妃生忠壯世子方等，王夫人生貞惠世子方諸、愍懷太子方矩，兄弟皆雙名也。方等以母失寵，内不自安，嘗啓曰：『申生不顧其死，方等敢愛其生。』《南史》，梁太清三年七月，『遣世子方等討河南王譽，軍敗，死之』。方等爲雙名，歷歷可證。」

〔七〕《史通》卷一二「説唐書」條：「司空房玄齡、給事中許敬宗、著作佐郎敬播相與自立編年體，號爲『實録』。迄乎三帝，世有其書。」《四庫全書》史部一《舊唐書》卷首提要云：「《舊唐書》二百卷，石晉宰相劉昫等撰，因韋述舊史增損而成。林駉、晁公武皆譏其失。蓋其書不出一手，或一事兩見，一文兩載，一人兩傳，複亂之失，在所不免。又順宗以前其事較詳，宣宗以後其事多略。宋嘉祐中，乃命重修。然敘事條暢，有勝於《新書》者。楊慎、顧炎武皆謂不可偏廢，是也。」

〔八〕《四庫全書總目》卷四六《舊五代史》提要：「晁公武《讀書志》云：『開寶中，詔修梁、唐、晉、漢、周書，盧多遜、扈蒙、張澹、李昉、劉兼、李穆、李九齡同修，宰相薛居正等監修。』（郁之按，趙希弁《郡齋讀書後志》卷一「五代史一百五十卷」條。）《玉海》引《中興書目》云：『開寶六年四月戊申，詔修《五代史》。七年閏十月甲子書成，凡百五十卷，目録二卷，爲紀六十一，志十二，傳七十七。』（郁之按，王應麟《玉海》卷四六《藝文》「五代史、五代史記」條。）多據累朝《實録》及范質《五代通録》爲稿本。其後歐陽修別撰《五代史記》七十五卷藏於家。修殁後，官爲刊印，學者始不專習薛史。然二書猶並行於世，至金章宗泰和七年，詔學官止用歐陽《史》，於是薛《史》遂微。」《舊五代史》有清人《永樂大典》輯本。陳尚君先生有《舊五代史新輯會證》。

17 賢者一言解疑謗

賢者以單詞片言，爲人釋謗解患，卓卓可書者，予得兩事焉。秦氏當國時，先忠宣公、鄭亨仲資政、胡明仲侍郎、朱新仲舍人，皆在謫籍，分置廣東。方務德爲經略帥，待之盡禮。秦對一客言曰：「方滋在廣部，凡得罪於朝廷者，必加意護結，得非欲爲異日地乎？」客曰：「非公相有云，不敢輒言。方滋之爲人，天性長者，凡於人唯以周旋爲志，非獨於遷客然也。」秦悟曰：「方務德卻是箇周旋底人。」其疑遂釋（一）。當時使一儉巧者承其問，微肆一語，方必得罪，而諸公不得安迹矣。言之者可謂大君子，當求之古人中。嚴陵王大卞赴曲江守，過南安，謁張先生子韶，從容言：「大卞頃在檢院，以羅彥濟中丞章去國，其後彥濟自吏書出守嚴，遂遷避于蘭溪。彥濟到郡，遣書相邀曰①：『與君有同年之契，何爲爾？』不得已，復還。既見，密語云：『前此臺評，乃朱新仲所作，託造物之意以相授，一時失於審思，至今爲悔。』此事既往，今適守韶，而朱在彼，邂逅有弗愜，爲之奈何？」張揣其必將修怨，即云：「國光爲君子爲小人②，皆在此舉。」王悚然曰：「謹受教。」至則降意彌縫，終二年，不見分毫形迹，蓋本自相善也。予曩侍張公坐，聞其言，故追紀之〔二〕。

【校勘】

①「遺」，馬本、庫本、祠本作「遺」。　②「光」，馬本、庫本、祠本作「先」。

【箋證】

〔一〕方滋，字務德，桐廬人。南渡後，三爲監司，五爲郡，七領節帥，嘗爲兩廣經略，歷知建康、鄂州、秀州、鎮江等地。事迹詳韓元吉《南澗甲乙稿》卷二一《方公墓誌銘》。

〔二〕張九成，字子韶，自號無垢居士，紹興二年進士第一，授鎮東軍簽判，歷宗正少卿，兼侍講，權刑部侍郎。忤秦檜，謫居南安軍。檜死，起知温州，丐祠卒，贈太師，封崇國公，謚文忠，事迹具《宋史》卷三七四本傳。羅彥濟，字汝楫，歙人，政和二年進士，歷官吏部尚書、龍圖閣學士。事迹詳洪适《盤洲文集》卷七七《羅尚書墓誌銘》。國光，蓋大卞字也。

黄淳耀《吾師録·規諷》，先録《四筆》本條，接云：「夫秦客語婉，子韶語峻，蓋所對之人不同耳，而一言造福，則其爲仁人之心一也。彼順口諛人者，不過求其感悦，避其嫌怪，而不知貽害多矣，奈何以人之生死榮辱爲己結納之具耶？」（《陶菴全集》卷一八）

容齋四筆卷九十六則

1 蔣魏公逸史

蔣魏公《逸史》二十卷，穎叔所著也，多紀當時典章文物。云舊有數百册，兵火間盡失之，其曾孫芾始攟摭遺稿而成此書，將以奏御，以其副上之太史，且板行之，傳之天下後世，既而不果〔一〕。蔣公在熙寧、元祐、崇寧時，名爲博聞强識，然閲其論述，頗有可議，恨不及丞相在日與之言。其一云：「行、守、試，視其官品之高下，除者必帶本官。呂晦叔除守司空而不帶金紫光禄大夫者，此翰林之失也，既不帶官，不當著『守』字，故晦叔辨之，遂去『守』字爲正司空，議者謂超過特進、東宫三太、儀同矣。」予謂行、守、試必帶正官，固也，然自改官制以後，既爲司空，自不應復帶階官。呂從金紫遷，只是超特進一級耳，東宫三太，何嘗以爲宰相官？儀同又係使相也。呂亦無自辨之説〔二〕。其二云：「文潞公既爲真太師矣，其罷也，乃加『守』字，潞公怏怏，諸公欲爲去之，議者謂非典故，潞公之意，止欲以真太師致仕耳。諸公曰：『如此可乎？』曰：『不可。爲真太師則在宰相之上。』竟不去『守』字，但出劄子，令權去之。」案，潞公本以開府儀同三司守太師、河東節度使致仕，入爲平章軍國重事，故繫銜只云太師。及再致仕，悉還舊稱，當時有旨於制詞内除去「守」字，以嘗正任太師也。所謂「劄子權去」，恐或不然〔三〕。其三云：「舊制，執政雙轉，謂自工部侍郎轉刑部，刑部轉兵部，兵部轉工部尚書，工部侍郎直轉工書，比執政三遷也。」予考舊制，執政轉官，與學士等。六侍郎則升兩曹，以工、禮、刑、户、兵、吏爲叙，至兵侍者，轉右丞，至吏侍者，轉左丞，皆轉工書，然後細遷。今言兵侍即轉工書，非也。宰相爲侍郎者，升三曹，爲尚書者，雙轉。如工侍轉户侍，禮侍轉兵侍，若係户侍，當改二丞，而宰相故事不歷丞①，故直遷尚書。今言工侍對轉工書，非也〔四〕。其四云：「楊察爲翰林學士，一夜當三制，劉沆以參知政事，富弼以宣徽使，皆除宰相。宣徽在參政下，則富當在劉下，乃誤以居上，人皆不覺其失，惟學士李淑知之，揚言其事，遂貼麻改之。」予考《國史》至和元年八月，劉沆以參知政事拜集賢相。二年六月，以忠武軍節度使知永興軍文彦博爲昭文相，位第一，劉沆遷史館相，位第二，宣徽南院使判并州富弼爲集賢相，位第三，其夕三制是已。而劉先一年已在相位，初無失誤貼改之説〔五〕。其五云：「有四儀同：一曰開府儀同三司，二曰儀同三司，三曰左儀同三司，四曰右儀同三司。」案自漢鄧騭始爲儀同三司，魏、晉以降，但有開府儀同三司之目，周、隋又增上字爲一階，又改儀同三司爲儀同大將軍，又有開府、上開府，儀同、上儀同，班列益卑，未嘗有左右之稱也〔六〕。後進不當輒議前輩，因孫偃有問，書以示之〔七〕。

【校勘】

①「歷」，馬本、庫本、祠本作「立」。

【箋證】

〔一〕蔣之奇，字穎叔，常州宜興人，擢進士第，元祐初，進天章閣待制，加寶文閣待制。紹聖中，召爲中書舍人，改知開封府，進龍圖閣直學士，拜翰林學士。徽宗初，知樞密院事。事迹具《宋史》卷三四三本傳。蔣芾，字子禮，紹興二十一年進士第二人，孝宗乾道中，拜右僕射同中書門下平章事兼樞密使，又拜左僕射。事迹具《宋史》卷三八四本傳。

《直齋書録解題》卷五雜史類有《逸史》二十卷，云：「丞相陽羨蔣芾子禮撰，其曾祖魏公之奇穎叔所記《逸史》，殆數百册，兵火散失，捃摭遺稿，得六百六十事，爲十九門。淳熙改元，書成，爲之序。」李心傳《舊聞證誤》卷二：「蔣子禮所次其曾大父穎《逸史》。」蓋是書乃之奇原稿而子禮編次者。

〔二〕呂公著，字晦叔。《宋史》卷三三六本傳：「（元祐）三年四月懇辭位，拜司空同平章軍國事。」《續資治通鑑長編》卷四〇九：哲宗元祐三年四月，「司空同平章軍國事呂公著免册禮，令學士院降詔。從之。舊制，將相皆以階官守三師或三公。元豐改官制，文彦博常以河東節度使守太師，王安石以觀文殿大學士守司空。元祐初，彦博罷節度使入爲平章軍國重事，即去『守』

字。及公著爲司空，學士院草制，誤存『守』字，是日，三省被旨貼麻改正。」《宋宰輔編年録》卷九：元祐三年，「四月辛巳，右僕射呂公著加司空同平章軍國事。」原有按語云：「唐故事，雖三公亦必冠以文散階，若曰守司徒、司空之類，本朝因之。元豐官制，三公、三師與諸大夫均爲寄禄官，不復有階，然猶存『守』字。去『守』字，自彦博始。」

〔三〕杜大珪編《名臣碑傳琬琰集》下卷一三《文忠烈公彦博傳》：「（元豐）六年，請老，除守太師、河東永興軍節度使。彦博又固辭，許罷兩鎮，以守太師致仕。元祐初，議除彦博三省長官，御史劉摯等有言，乃命平章軍國重事。已而，彦博屢抗章請去，五年，復以太師致仕。」按，此采自《實録》，可信。容齋此謂再致仕，除去「守」字，故《實録》云「復以太師致仕」，而不云「守太師致仕」也。《宋史》卷三一三《文彦博傳》但云：「請老，以太師致仕。」蓋誤也。又云：「崇寧中預元祐黨籍，後特命出籍，追復太師。」則是矣。

〔四〕丁騭《上哲宗論寄禄官宜分左右》：「官制未行已前，侍從臣僚自禮部遷户部，自户部遷吏部，常調臣僚自工部遷刑部，自刑部遷兵部，三遷，凡十二年。今自通議大夫一遷即爲正議大夫，自正議大夫一遷爲光禄大夫，舊所謂左右丞是也。自右以至於左，凡八年，今一遷即爲之矣。自光禄大夫一遷爲銀青光禄大夫，舊所謂六部尚書是也。侍從臣僚則自禮部遷户部，户部遷吏部，常調臣僚則自工部遷刑部，刑部遷兵部，累而至吏部，凡五遷，謂之細轉，今二十四年之官八年俱歷之矣。」（趙汝愚編《宋名臣奏議》卷六九《百官門·官制》）

〔五〕《續資治通鑑長編》卷一八〇："仁宗至和二年六月戊戌，「忠武節度使、知永興軍文彦博爲吏部尚書、平章事。昭文館大學士、宣徽南院使、判并州富弼爲户部侍郎、平章事。集賢殿大學士、工部侍郎、平章事、集賢殿大學士劉沆加兵部侍郎、監修國史。初，除弼監修國史，沆止遷兵部侍郎，乃處弼下。論者以爲咸平四年故事，吕蒙正領昭文館大學士，李沆監修國史，向敏中集賢殿大學士，今所除非故事，由學士承旨楊察之誤。尋貼麻改沆監修國史，而弼爲集賢殿大學士，彦博與弼並命。是日宣制。」

〔六〕高承《事物紀原》卷四《勳階寄禄部》「開府」條："「漢文帝元年，用宋昌爲衛將軍，位亞三司。後漢章帝建初三年，使車騎將軍馬防班同三司。同三司，自此始也。殤帝延平元年，鄧騭爲車騎將軍、儀同三司。儀同之號，自此始也。魏黄權以車騎將軍、開府儀同三司。蓋漢制唯三公開府，至魏以餘官，其儀同三公，故以爲號。由此歷代以名官。唐武德七年以爲散官。」《隋書》卷二八《百官志下》："「高祖又采後周之制，置上柱國、柱國、上大將軍、大將軍、上開府儀同三司、開府儀同三司、上儀同三司、儀同三司、大都督、帥都督、都督總十一等，以酬勤勞。」

〔七〕孫偃，容齋孫洪偃。《夷堅支癸》卷六《雷州病道士》："「予二孫偃、傪。」《宋史・藝文志》有洪偃《五朝史述論》八卷，末注："「洪邁孫。」

2 沈慶之曹景宗詩

宋孝武嘗令群臣賦詩，沈慶之手不知書，每恨眼不識字，上逼令作詩，慶之曰："「臣不知書，請口授師伯。」上即令顔師伯執筆，慶之口授之曰：「微生遇多幸，得逢時運昌。朽老筋力盡，徒步還南岡。辭榮此聖世，何愧張子房！」上甚悦，衆坐並稱其辭意之美〔一〕。梁曹景宗破魏軍還，振旅凱入，武帝宴飲連句，令沈約賦韻，景宗不得韻，意色不平，啓求賦詩，帝曰：「卿伎能甚多，人才英拔，何必止在一詩？」景宗已醉，求作不已。時韻已盡，唯餘「競」「病」二字，景宗便操筆，其辭曰：「去時兒女悲，歸來笳鼓競。借問行路人，何如霍去病？」帝歎不已，約及朝賢驚嗟竟日〔二〕。予謂沈、曹二公，未必能辨此，疑好事者爲之〔三〕，然正可爲一佳對，曰：「辭榮聖世，何愧子房？借問路人，何如去病？」若全用後兩句，亦自的切。

【箋證】

〔一〕《南史》卷三七《沈慶之傳》。

〔二〕《南史》卷五五《曹景宗傳》。參《續筆》卷五《作詩先賦韻》。

〔三〕鄧伯羔《藝彀補》「曹景宗能詩」條：「《容齋隨筆》謂曹公未必辦此，好事者爲之耳。此大不然。景宗《答釋法雲書》云：『法師識踰有境，學詣無生，揄揚之善，焕如東里，披玩周環，用忘所疾。』此書即梁朝諸文士不能過也。《梁書》本傳稱景宗『自恃尚勝，每作書，字有不解，不肯問人，皆以意造』，書肯倩人乎？洪景盧何居之高、視之下也。」

3 藍尾酒

白樂天《元日對酒》詩云：「三盃藍尾酒，一楪膠牙餳。」又云：「老過占他藍尾酒，病餘收得到頭身。」「歲盞後推藍尾酒，春盤先勸膠牙餳。」〔一〕《荆楚歲時記》云：「膠牙者，取其堅固如膠也。」而藍尾之義，殊不可曉。《河東記》載申屠澄與路傍茅舍中老父、嫗及處女環火而坐，嫗自外挈酒壺至，曰：「以君冒寒，且進一盃。」澄因揖遜曰：「始自主人翁，即巡澄，當婪尾。」蓋以「藍」爲「婪」，「當婪尾」者，謂最在後飲也〔二〕。葉少藴《石林燕語》云：「唐人言藍尾多不同，藍字多作啉，出於侯白《酒律》，謂酒巡匝，末坐者連飲三盃，爲藍尾，蓋末坐遠，酒行到常遲，故連飲以慰之，以啉爲貪婪之意。或謂啉爲燣，如鐵入火，貴其出色，此尤無稽。則唐人自不能曉此義。」葉之説如此〔三〕。予謂不然。白公三盃之句，只爲酒之巡數耳，安有連飲者哉？侯白滑稽之語，見於《啓顔録》。《唐·藝文志》，白有《啓顔録》十卷、《雜語》五卷，不聞有《酒律》之書也。蘇鶚《演義》亦引其説〔四〕。

【箋證】

〔一〕分别見《白氏長慶集》卷三一《七年元日對酒》、卷三六《喜入新年自詠》、卷二四《殷判官二十三兄》。

〔二〕《太平廣記》卷四二九《申屠澄》，注出《河東記》。朱勝非《紺珠集》卷一二：「婪尾酒，最後飲酒也。《太平廣記》虎部申屠證事。」

〔三〕葉夢得《石林燕語》卷八。

〔四〕莊綽《雞肋編》卷中：「白樂天詩云：『歲盞後推藍尾酒，辛盤先勸膠牙餳。』又云：『三杯藍尾酒，一楪膠牙餳。』而東坡亦云：『藍尾忽驚新火後，遨頭要及浣花前。』皆用『藍』字。余嘗見唐小説載，有翁姥共食一餅，忽有客至，云：『使秀才婪尾。』於是二人所啖甚微，末乃授客，其得獨多。故用貪婪之字。如歲盞屠酥酒，自小飲至大老人，最後所餘爲多，則亦有貪婪之意。」《新唐書》卷五九《藝文志》小説家類有侯白《啓顔録》十卷、《雜語》五卷。蘇鶚《蘇氏演義》卷下：「侯白，字君素，魏郡鄴人。始舉秀才，隋朝頗見貴重，博聞多知，諧謔辯論，應對不窮，人皆悦之。或買酒饌，求其言論，必啓齒發題，解頤而返，所在觀之如市。越公甚加禮重。文帝命侍從以備顧問。撰《酒律》《笑林》，人皆傳録。」黄朝英《靖康緗素雜記》卷三《婪尾》：「蘇鶚《演義》云：『今人以酒巡匝爲啉尾。』即再命其爵也。云南朝有異國進貢藍牛，其尾長三丈；一云藍穎水牛，其尾三丈。時人仿之，以爲酒令。今兩盞，從其簡也。此皆非正。行酒巡匝，即重其盞，蓋慰勞其得酒在後也。又云：『啉者，貪也，謂處於座末，得酒最晚，腹癢於酒，既得酒巡匝，更貪婪之，故曰啉尾。』啉字從口，足明貪婪之意。此説近之。余觀宋景文公《守歲》詩云：『迎新送故只如此，且盡燈前婪尾杯。』又云：『稍倦持螯手，猶殘婪尾觴。』又東坡《寒食》詩：『藍尾忽驚新火後，遨頭要及浣花前。』注引樂天《寒食》詩云：『三杯藍尾酒，一楪膠牙餳。』乃用『藍』字，蓋『婪』『藍』一也。」郎瑛《七修類稿》卷二六《藍尾酒》：「藍尾二字，洪容齋引白樂天之詩及《燕語》等言以解二字，俱無下落，雖得後飲之意，只爲末座飲之在後也。自又曰：唐人亦不能曉。殊不知不識其事，當求其字，藍，濫也。《説文》云：『濫，滓滓也。』滓滓者，渾濁也。據此，則藍尾酒乃酒之濁腳，如盡壺酒之類，故有尾字之義。知此，則樂天『三杯藍尾酒，一楪膠牙餳』，『歲盞後推藍尾酒，春盤先勸膠牙餳』，則少蘊所謂『酒巡匝末』俱通矣。」

按，今人或以爲「婪尾」「啉尾」「藍尾」皆「闌尾」之異體形式，其中「婪」「啉」「藍」皆是純粹記音字。（參見王慶《説婪尾、藍尾、闌尾、闌》，《文史知識》二〇一三年第十一期）2013 年第 11 期）。

4 歐陽公辭官

歐陽公自亳州除兵部尚書知青州，辭免至四，云：「恩典超優，遷轉頗數。臣近自去春，由吏部侍郎轉左丞，未踰兩月，又超轉三資，除刑部尚書；今纔踰歲，又超轉兩資。尚書六曹，一歲之間，超轉其五。」累降詔不從其請〔一〕。此是熙寧元年未改官制時，今人多不能曉。蓋昔者左右丞在尚書下，所謂左丞超三資除刑書者，謂歷工、禮乃至刑也。下云又超兩資者，謂歷户部乃至兵也。其上唯有吏部，故言尚書六曹超轉其五云〔二〕。

【箋證】

〔一〕歐陽修《文忠集》卷九四《辭轉兵部尚書劄子》，題下原注：「熙寧元年九月。」

〔二〕《容齋四筆》卷九《蔣魏公逸史》：「予考舊制，執政轉官，與學士等。六侍郎則升兩曹，以工、禮、刑、户、兵、吏爲敘，至兵侍者，轉右丞，至吏侍者，轉左丞，皆轉工書，然後細遷。」

5　南北語音不同

南北語音之異，至於不能相通，故器物花木之屬，雖人所常用，固有不識者。如毛、鄭釋《詩》，以梅爲枏，竹爲王芻，蔓爲蕘翹翹之草是已。顔師古注《漢書》亦然。淮南王安《諫武帝伐越書》曰：「輿轎而隃領。」服虔曰：「轎音橋，謂隘道輿車也。」臣瓚曰：「今竹輿車也。江表作竹輿以行。」項昭曰：「陵絶水曰轎，音旗廟反。」師古曰：「服音、瓚説是也，項氏謬矣。此直言以轎過領耳，何云陵絶水乎？旗廟之音，無所依據。」〔一〕又《武帝紀》：「戈船將軍。」張晏曰：「越人於水中負人船，又有蛟龍之害，故置戈於船下，因以爲名。」瓚曰：「《伍子胥書》有戈船，以載干戈，因謂之戈船也。」師古曰：「以樓船之例言之，則非爲載干戈也。此蓋船下安戈戟以禦蛟鼉水蟲之害。張説近之。」二説皆爲三劉所破，云：「今南方竹輿，正作旗廟音，項亦未爲全非。顔乃西北人，隨其方言，遂音橋。」又云：「船下安戈戟，既難厝置，又不可以行。且今造舟船甚多，未嘗有置戈者，顔北人，不知行船。項説是也①。」〔二〕予謂項音轎字是也，而云陵絶水則謬，故劉公以爲未可全非。張晏云「越人於水中負船」，尤可笑〔三〕。

【校勘】

①「項」，馬本、祠本作「瓚」。

【箋證】

〔一〕《漢書》卷六四《嚴助傳》。周廣業《循陔纂聞》卷一考轎之制度歷史甚詳，可參。

〔二〕此劉攽説，見《四庫全書》本《漢書·嚴助傳》注。參《三筆》卷一《象載瑜》「三劉漢釋」注。

〔三〕吴箕《常談》：「轎，今人所乘竹輿也。《漢書·嚴助傳》：『輿轎而踰嶺。』轎之義，與今正同。服虔音橋，謂『橋梁隘道輿車也』。臣瓚謂『今竹輿車也，江表作竹輿以行』是也。項昭音旗廟反。師古以服音爲是而項氏爲繆。以今世俗所呼，則服音爲謬。古今之物稱謂不同如此。」

6 南舟北帳

頃在豫章，遇一遼州僧於上藍，與之閑談，曰：「南人不信北方有千人之帳，北人不信南人有萬斛之舟，蓋土俗然也。」《法苑珠林》云：「山中人不信有魚大如木，海上人不信有木大如魚。胡人見錦，不信有蟲食樹吐絲所成。吴人身在江南，不信有千人氈帳，及來河北，不信有二萬碩船。」〔二〕遼僧之談合於此。

【箋證】

〔一〕見《法苑珠林·日月篇·星宿部》。

葉寘《愛日齋叢鈔》卷五：「《捫蝨新話》云：『北人不識梅，南人不識雪。蓋梅至北方則變而成杏。今江、湖、二浙四五月之間，梅欲黄落而雨，謂之梅雨。轉淮而北，則杏亦雨。地氣然也。語曰：「南人不識雪，向道似楊花。」然南方楊實無花，以此知北人不但不識梅，而且無梅雨，南人不但不識雪，則亦不識楊花矣。』予謂荆公詩：『北人初未識，渾作杏花看。』堪對『南人不識雪』之語。按錢昭度詩：『南人如問雪，向道是楊花。』恐《新話》所引即是。洪氏《四筆》記遼僧云：（見本條。略。）今觀《法苑珠林》語，見於《顔氏家訓》，皆同。吁，世以耳目臆度天下事，有遺論矣。」

7　魏冉罪大

自漢以來，議者謂秦之亡，由商鞅、李斯。鞅更變法令，使民不見德，斯焚燒《詩》《書》，欲人不知古，其事固然。予觀秦所以得罪於天下後世，皆自挾詐失信故耳。其始也，以商於六百里啖楚絶齊，繼約楚懷王入武關，辱爲藩臣，竟留之至死。及其喪歸，楚人皆憐之，如悲親戚。諸侯由是不直秦〔一〕。未及百年，「三户亡秦」之語遂驗。而爲此謀者，張儀、魏冉也。儀之惡不待言，而冉之計頗隱，故不爲士君子所誅。當秦武王薨，諸弟争立，唯冉力能立昭王。冉者，昭王母宣太后之弟也。昭王少，太后自治事，任冉爲政，威震秦國，才六年而詐留楚王，又怒其立太子，復取十六城。是時，王不過十餘歲，爲此者必冉也。後冉爲范雎所間而廢逐。司馬公以爲冉援立昭王，除其災害，使諸侯稽首而事秦，秦益彊大者，冉之功也。蓋公不細考之云〔二〕。又嘗請趙王會澠池，處心積慮，亦與詐楚同，賴藺相如折之，是以無所成，不然，與楚等耳〔三〕。冉區區匹夫之見，徒能爲秦一時之功，而詒秦不義不信之名萬世不滅者，冉之罪誠大矣！

【箋證】

〔一〕《史記》卷四〇《楚世家》。

〔二〕穰侯魏冉，事迹詳《史記》卷七二《穰侯列傳》。《資治通鑑》卷五《周赧王下》五十年。「臣光曰：穰侯援立昭王，除其災害，薦白起爲將，南取鄢、郢，東屬地於齊，使天下諸侯稽首而事秦，秦益强大者，穰侯之功也。雖其專恣驕貪，足以賈禍，亦未至盡如范雎之言。若雎者，亦非能爲秦忠謀，直欲得穰侯之處，故搤其吭而奪之耳，遂使秦王絶母子之義，失舅甥之恩。要之，雎真傾危之士哉！」

〔三〕《史記》卷八一《廉頗藺相如列傳》。

8 辯秦少游義倡

《夷堅己志》載潭州義倡事，謂秦少游南遷過潭，與之往來，後倡竟爲秦死。常州教授鍾將之得其説於李結次山，爲作傳〔一〕。予反復思之，定無此事，當時失於審訂，然悔之不及矣。秦將赴杭倅時，有妾邊朝華，既而以妨其學道，割愛去之，未幾罹黨禍，豈復眷戀一倡女哉〔二〕？予記《國史》所書温益知潭州，當紹聖中，逐臣在其巡内，若范忠宣、劉仲馮、韓川原伯、吕希純子進、吕陶元鈞，皆爲所侵困。鄒公南遷過潭，暮投宿村寺，益即時遣州都監將數卒夜出城，逼使登舟，竟淩風絶江去，幾於覆舟〔三〕。以是觀之，豈肯容少游款昵累日？此不待辯而明，《己志》之失著矣！

【箋證】

〔一〕《夷堅己志》亡佚。潭州義倡事，今見涵芬樓刊本《夷堅志補》卷二《義倡傳》，云：「義倡者，長沙人也，不知其姓氏。家世倡籍，善謳，尤喜秦少游樂府，得一篇，輒手筆口詠不置。久之，少游坐鈎黨南遷，道長沙，訪潭土風俗妓籍中可與言者，或言倡，遂往焉。少游初以潭去京師數千里，其俗山獠夷陋，雖聞倡名，意甚易之。及見，觀其姿容既美，而所居復瀟灑可人意，以爲非唯自湖外來所未有，即京洛間亦不易得。坐語間，顧見几上文一編，就視之，目曰《秦學士詞》，因取竟閲，皆己平日所作者，環視無他文。少游竊怪之，故問曰：『秦學士何人也？若何自得其詞之多？』倡不知其少游也，即具道所以，少游曰：『能歌乎？』曰：『素所習也。』少游愈益怪，曰：『樂府名家，無慮數百，若何獨愛此乎？不惟愛之，而又習之歌之，若素愛秦學士者，彼秦學士亦嘗遇若乎？』曰：『妾僻陋在此，彼秦學士，京師貴人也，焉得至此！藉令至此，豈顧妾哉！』少游乃戲曰：『若愛秦學士，徒悦其詞爾，若使親見容貌，未必然也。』倡歎曰：『嗟乎！使得見秦學士，雖爲之妾御，死復何恨！』少游察其語誠，因謂曰：『若欲見秦學士，即我是也，以朝命貶黜，因道而來此爾。』妓大驚，色若不懌者，稍稍引退，入謂母媪。有頃媪出，設位，坐少游於堂，倡冠帔立階下，北面拜。少游起且避，媪掖之坐以受。拜已，張具筵飲，虚左席，示不敢抗。母子左右侍觴，酒一行，率歌少游一闋以侑之，卒飲甚歡，比夜乃罷。止少游宿，衾枕席褥，必躬設，夜分寢定，倡乃寢。先平明起，飾冠帔，奉沃匜，立帳外以待。少游感其意，爲留數日，妓不敢以燕惰見，愈加敬禮。將别，囑曰：『妾不肖之身，幸得侍左右，今學士以王命不可久留，妾又不敢從行，恐重以爲累，惟誓潔身以報，他日北歸，幸一過妾，妾願畢矣！』少游許之。一别數年，少游竟死於藤。倡雖處風塵中，爲人婉娩有氣節，既與少游約，因閉門謝客，獨與媪處。官府有召，辭不獲，然後往。誓不以此身負少游也。一日，晝寢寤，驚泣曰：『自吾與秦學士別，未嘗見夢，今夢來別，非吉兆也，秦其死乎？』亟遣僕順途覘之。數日得報，秦果死矣。乃謂媪曰：『吾昔以此身許秦學士，今不可以死故背之。』遂衰服以赴，行數百里，遇於旅館，將入，門者禦焉，告之故而後入。臨其喪，拊棺繞之三週，舉聲一慟而絶。左右驚救，已死矣。湖南人至今傳之，以爲奇事。京口人鍾明將之，常州校官，以聞于郡守李次山結，既爲作傳，又系贊曰：倡慕少游之才，而卒踐其言，以身事之，而歸死焉，不以存亡間，可謂義倡矣。世之言倡者，徒曰下流不足道。嗚呼！今夫士之潔其身以許人，能不負其死而不愧於倡者，幾人哉！倡雖處賤而節義若此，然其處朝廷、處鄉里、處親識僚友之際而士君子其稱者，乃有愧焉！則倡之義，豈可薄邪！詩曰：『采葑采菲，無以下體。』余聞李使君結言其先大父往持節湖湘間，至長沙，聞倡之事而歎異之，惜其姓氏之不傳云。」

鍾將之，字仲山，丹陽人，紹興十八年登進士第。事迹具《京口耆舊傳》卷五本傳。

李結，字元明，河陽人。慕元次山之風，因以次山自號。考詳拙著《洪邁年譜》淳熙十五年譜。

〔二〕張邦基《墨莊漫録》卷三：「秦少游侍兒朝華，姓邊氏，京師人也。元祐癸酉歲納之，嘗爲詩云：『天風吹月入欄杆，烏鵲無聲子夜闌。織女明星來枕上，了知身不在人間。』時朝華年十九也。後三年，少游欲修真，斷世緣，遂遣朝華歸父母家，資以金帛而嫁之。朝華臨别，泣不已，少游作詩云：『月霧茫茫曉柝悲，玉人揮手斷腸時。不須重向燈前泣，百歲終當一别離。』朝華既去二十餘日，使其父來云：『不願嫁，乞歸。』少游憐而復取歸。明年，少游出倅錢唐，至淮上，因與道友論議，歎光景之遄歸，謂華曰：『汝不去，吾不得修真矣。』亟使人走京師，呼其父來，遣朝華隨去，復作詩云：『玉人前去卻重來，此度分攜更不迴。腸斷龜山離別處，夕陽孤塔自崔嵬。』時紹聖元年五月十一日。少游嘗手書記此事，未幾，遂竄南荒去。」

〔三〕《宋史》卷三四三《温益傳》：「温益，字禹弼，泉州人，第進士，歷大宗正丞、利州路湖南轉運判官、工部員外郎。紹聖中，由諸王府記室出知福州，徙潭州。」所言侵辱諸公之事，並見本傳。

9 姓源韻譜

姓氏之書，大抵多謬誤。如唐貞觀《氏族志》，今已亡其本〔一〕。《元和姓纂》，誕妄最多〔二〕。國朝所修《姓源韻譜》，又爲可笑①。姑以洪氏一項考之，云：「五代時有洪昌、洪杲②，皆爲參知政事。」予案二人乃五代南漢僭主劉龔之子，及晟嗣位，用爲知政事，其兄弟本連「弘」字，以本朝國諱，故《五代史》追改之，元非姓洪氏也〔三〕。此與洪慶善序丹陽弘氏云「有弘憲者，元和四年嘗跋《輞川圖》」，不知弘憲乃李吉甫之字耳，其誤正同。《三筆》已載此説〔四〕。

【校勘】

①「又」，馬本、庫本、祠本作「尤」。　②「杲」，原作「果」，據馬本、庫本、祠本改。

【箋證】

〔一〕《舊唐書》卷三《太宗紀下》：「（貞觀）十二年春正月乙未，吏部尚書高士廉等上《氏族志》一百三十卷。」《舊唐書》卷八二《李義府傳》：「貞觀中，太宗命吏部尚書高士廉、御史大夫韋挺、中書侍郎岑文本、禮部侍郎令狐德棻等及四方士大夫諳練門閥者，修《氏族志》，勒成百卷，升降去取，時稱允當。」

〔二〕《新唐書》卷五八《藝文志》譜牒類有林寶《元和姓纂》十卷。陳振孫《直齋書録解題》卷八譜牒類，《元和姓纂》十卷，叙録云：「唐太常博士三原林寶撰。元和中，朔方别帥天水閻某者封邑太原，以爲言，上謂宰相李吉甫曰：『有司之誤，不可再也。宜使儒生條其源系，考其郡望，子孫職任，並總緝之。每加爵邑，則令閲視。』吉甫以命寶，二十旬而成。此書絶無善本，頃在莆田，以數本參校，僅得七八，後又得蜀本校之，互有得失，然粗完整矣。」王應麟《困學紀聞》卷一四《考史》：「林寶《元和姓纂》十卷，自皇族之外，各依四聲類集，每韻之内，以大姓爲首。鄧名世謂稍能是正數十條，而齊、秦之屬亦所未暇，至鉏丘、茅夷指爲複姓，又不勝其謬。鄭樵謂寶不知自姓所由來。」《四庫全書》著録《永樂大典》本《元和姓纂》十八卷，《四庫全書總目》卷一三五提要云：「寶以二十旬而成書，援引間有訛謬，且當矜尚門第之時，各據其譜牒所陳，附會攀援，均所不免。觀《白居易集》自叙家世，以白乙丙爲祖，而云出自白公勝，顛倒時代，悖謬顯然，其他可知。洪邁《容齋隨筆》稱《元和姓纂》誕妄最多，蓋有由也。然於唐人世系，則詳且核矣。」今有岑仲勉校本，岑氏《元和姓纂四校記自序》云：「夫林氏以二十旬之功，成煌煌巨帙，舛誤之菆，任誰不免。雖然，林書之可取者固自多矣。」

〔三〕按《郡齋讀書志》《直齋書録解題》皆著録唐張九齡所撰之《姓源韻譜》。所謂宋修《姓源韻譜》，未見著録。

《資治通鑑》卷二七八《後唐明宗紀七》長興三年，「漢主立其子耀樞爲雍王，龜圖爲康王，弘度爲賓王，弘熙爲晉王，弘昌爲越王，弘弼爲齊王，弘雅爲韶王，弘澤爲鎮王，弘操爲萬王，弘杲爲循王，弘暐爲思王，弘邈爲高王，弘簡爲同王，弘建爲益王，弘濟爲辯王，弘道爲貴王，弘昭爲宜王，弘政爲通王，弘益爲定王。」同書卷二八三《後晉・齊王上》天福八年，「弘熙即皇帝位，更名晟，改元應乾。以弘昌爲太尉兼中書令、諸道兵馬都元帥、知政事，循王弘杲爲副元帥，參預政事。」胡三省注：「晟，漢主玢之弟也。」

〔四〕《三筆》卷六《李衛公輞川圖跋》。

10 譽人過實

稱譽人過實，最爲作文章者之疵病，班孟堅尚不能免。如薦謝夷吾一書，予蓋論之於《三筆》矣〔一〕。柳子厚《復杜温夫書》云：「三辱生書，書皆逾千言，抵吾必曰周、孔，周、孔安可當也！語人必於其倫①。生來柳州，見一刺史即周、孔之，今而去我，道連而謁於潮，又得二周、孔。去之京師，京師顯人，爲文詞立聲名以千數，又宜得周、孔千百。何吾生胸中擾擾焉多周、孔哉！」是時，劉夢得在連，韓退之在潮，故子厚云然。此文人人能誦，然今之好爲諛者，固自若也〔二〕。予表出之，以爲子孫戒。張説賀魏元忠衣紫曰：「公居伊、周之任。」即爲二張所讒，幾於隕命〔三〕。此但形於語言之間耳。

【校勘】

①「語」，馬本、祠本作「擬」。

【箋證】

〔一〕《容齋三筆》卷二《後漢書載班固文》。

〔二〕章士釗《柳文指要》下《通要之部》卷二《永貞一瞥》「伊周管葛與周孔」條：「好諛者人之常情，甚者尤好自諛。當王叔文用事時，《舊唐書》稱：『事下翰林，叔文定可否，宣於中書，俾執誼承奏於外。與韓泰、柳宗元、劉禹錫、陳諫、淩準、韓曄唱和，曰管，曰葛，曰伊，曰周，凡其黨倜然自得，謂天下無人。』《新書》承之。此叔文一黨之自譽爲伊、周、管、葛也明甚。今且假定有此等言，此或由人譽抑或自娱，自叔文以至景儉、温、質、諫、準、曄、禹錫等，吾不敢保證其必無此事外，至有關子厚，吾人決不應以此類讕言加之，欲求其故，可得而言。」下録《四筆》本條。

〔三〕《資治通鑑》卷二〇七《唐則天皇后紀下》，長安三年。諸張深怨魏元忠，「會太后不豫，張昌宗恐太后一日晏駕，爲元忠所誅，乃譖元忠與（高）戩私議云：『太后老矣，不若挾太子爲久長。』

太后怒下元忠、戬獄，將使與昌宗廷辨之。昌宗密引鳳閣舍人張説，賂以美官，使證元忠，説許之。及入，太后問之，説曰：『臣實不聞元忠有是言，但昌宗逼臣使誣證之耳。』易之、昌宗遽呼曰：『張説與魏元忠同反。』太后問其狀，對曰：『説嘗謂元忠爲伊、周，伊尹放太甲，周公攝王位，非欲反而何！』説曰：『易之兄弟小人，徒聞伊、周之語，安知伊、周之道！日者元忠初衣紫，臣以郎官往賀，元忠語客曰：「無功受寵，不勝慙懼。」臣實言曰：「明公居伊、周之任，何愧三品！」彼伊尹、周公皆爲臣至忠，古今慕仰，陛下用宰相，不使學伊、周，當使學誰邪？且臣豈不知今日附昌宗立取台衡，附元忠立教族滅，但臣畏元忠冤魂，不敢誣之耳！』太后曰：『張説反覆小人，宜並繫治之。』它日更引問，説對如前。太后怒，命宰相與河内王武懿宗共鞫之，説所執如初。朱敬則抗疏理之曰：『元忠素稱忠正，張説所坐無名，若令抵罪，失天下望。』蘇安恒亦上疏，易之等見其疏大怒，欲殺之，賴朱敬則及鳳閣舍人桓彦範、著作郎陸澤、魏知古保救得免。」

11 作文句法

作文旨意句法，固有規倣前人，而音節鏘亮不嫌於同者。如《前漢書·贊》云：「豎牛奔仲叔孫卒①，郈伯毁季昭公逐，費忌納女楚建走，宰嚭譖胥夫差喪，李園進妹春申斃，上官訴屈懷王執，趙高敗斯二世縊，伊戾坎盟宋痤死，江充造蠱太子殺，息夫作奸東平誅。」〔一〕

《新唐書》效之云：「三宰嘯凶牝奪辰，林甫將蕃黄屋奔，鬼質敗謀興元蹙，崔、柳倒持李宗覆。」[二]劉夢得《因論·儆舟篇》云：「越子膝行吴君忽，晉宣尸居魏臣怠，白公厲劍子西哂，李園養士春申易。」[三]亦效班史語也。然其模範本自《荀子·成相篇》[四]。

【校勘】

①「豎」，原作「竪」，據馬本、庫本、祠本改。

【箋證】

[一]《漢書》卷四五《蒯伍江息夫傳·贊》。

[二]《新唐書》卷二二三下《奸臣傳·贊》。

[三]《因論》，《劉賓客文集》卷六。王應麟《困學紀聞》卷一七《評文》：「劉夢得《歎牛》云：『員能霸吴屬鏤賜，斯既帝秦五刑具。長平威振杜郵死，垓下敵禽鍾室誅。』《儆舟》云：『越子膝行吴君忽，晉宣尸居魏臣怠，白公厲劍子西哂，李園養士春申易。』文法效《漢書》蒯通等傳。」

[四]楊慎《丹鉛餘録》卷一四謂此文法祖《韓非子》門人捐水。《韓非子·内儲説下》：「門人捐水而夷射誅，濟陽自矯而二人罪，司馬喜殺爰騫而季辛誅，鄭袖言惡臭而新人劓，費無忌教郄宛而令尹誅，陳需殺張壽而犀首走，故燒芻廥而中山罪，殺老儒而濟陽賞。」或以爲出古歌謠。張表臣《珊瑚鈎詩話》卷一：「《度世古玄歌》云：『始青之下月與日，兩半

銅斗合成一。大如彈丸黄如橘，就中佳味甜如蜜。出彼玉堂入金室，子若得之慎勿失。』退之《樊宗師銘》云：『惟古於詞必己出，降而不能乃剽賊，後皆指前公相襲，從漢迄今用一律。寥寥久哉莫覺屬，神徂聖伏道絶塞，既極乃通發紹述。文從字順各有職，有欲求之此其躅。』宋子京《唐・奸臣贊》云：『三宰嘯凶牝奪晨，林甫將藩黄屋奔，鬼質敗謀興元蹙，崔、柳倒持李宗覆。』韓、宋之文皆宗於古，然退之爲之則有餘，子京勉之則不足，又施於史詞，似非所宜矣。」

12 書簡循習

近代士人，相承於書尺語言，浸涉奇猥，雖有賢識，不能自改。如小簡問委，自言所在，必求新異之名。予守贛時，屬縣興國宰詒書云：「瀲水有驅策，乞疏下。」瀲水者，彼邑一水耳，郡中未嘗知此，不足以爲工，當言下邑、屬邑足矣〔一〕。爲縣丞者，無不采《藍田壁記》語，云「負丞某處」，「哦松無補」，「涉筆承乏」，皆厭爛陳言。至稱丞曰「藍田」，殊爲可笑。初赴州郡，與人書，必言「前政頽靡，倉庫匱乏，未知所以善後」，沿習一律。正使真如所陳，讀者亦不之信〔二〕。予到當塗日，謝執政書云：「郡雖小而事簡，庫錢倉粟，自可枝梧，得坐嘯道院，誠爲至幸。」周益公答云：「從前得外郡太守書，未有不以窘冗爲詞，獨創見來緘如此。」蓋覺其與它異也。此兩者皆狃熟成俗，故紀述以戒子弟輩〔三〕。

【箋證】

〔一〕《池北偶談》卷一四《談藝四・地名》：「《容齋四筆》載：『興國宰書稱「瀲水有驅策」云。瀲水者，彼邑一水耳，郡中未嘗知之。』近時人自系鄉里，多舉其地一山、一水或一古迹，令人茫然不知何地。甚有割裂古名，如常州稱『南蘭』，而去『陵』字；江寧稱『白鍾』，蓋合白門、鍾山而各去其一字，此何説也？又嘗見諸城二士人詩卷，一稱蘇臺，一稱秦臺。或問之，則蘇臺者謂超然臺，秦臺謂琅邪臺耳，尤可絶倒。」

〔二〕《藍田壁記》，指韓愈《藍田縣丞廳壁記》，參《四筆》卷五《藍田丞壁記》。

〔三〕容齋淳熙十五年除知太平州，治所在當塗。周益公，必大。詳拙撰《洪邁年譜》。

錢鍾書《談藝録・補訂》：「《建章録》見今存《永樂大典》卷七千九百六十二『興』字下所引最多，卷一萬二千四十三『酒』字、一萬四千五百三十七『樹』字下亦引片言隻語。《容齋四筆》卷九《書簡循習》條指摘當時筆札之奇猥而『求雅反俗』。山谷或難辭作俑之咎耶？山谷散文每有此病。《朱子語類》卷一百三十云：『山谷使事，多錯本旨。如作人墓誌云：「敬授來使，病於夏畦。」本欲言皇恐之意，卻不知與夏畦關甚事。』竊揣山谷心事，當以『夏畦』必『鋤田日當午，汗滴禾下土』（聶夷中《田家》），大可借之道『戰戰皇皇，汗出如漿』。（《世説・言語門》鍾毓語。）不徒使事運古，亦復曲喻旁通。詩或駢文中對仗韻腳苟如是，信屬牽强迂遠，卻未得遽斥謂『錯』。作古文碑版，乃撏撦割裂，以歇後之隱語，代叙事之直書，則非止『不關宏旨』，幾於不通文理。」

13 健訟之誤

破句讀書之誤，根著于人，殆不可復正。在《易·彖》之下，先釋卦義，然後承以本名者凡八卦。《蒙》卦曰：「《蒙》，山下有險，險而止，蒙」，以「止」字爲句絶，乃及於「蒙」，始係以「《蒙》亨，以亨行」。《訟》卦曰：「《訟》，上剛下險，險而健，訟」，以「健」字爲句絶，乃及於「訟」，始係以「《訟》有孚」。《豫》卦「剛應而志行，順以動，豫」，《隨》卦「剛來而下柔，動而説，隨」，《蠱》卦「剛上而柔下，巽而止，蠱」，《恒》卦「巽而動，剛柔皆應，恒」，《解》卦「《解》，險以動，動而免乎險，解」，《井》卦「巽乎水而上水，井」，皆是卦名之上爲句絶。而童蒙入學之初，其師點句，輒混於上，遂以「健訟」相連。此下「説隨」二字尚爲有説，若「止蒙」「動豫」之類，將如之何？凡謂頑民好訟者，曰「嚚訟」、曰「終訟」，可也，黄魯直《江西道院賦》云「細民險而健，以終訟爲能。筠獨不嚚於訟」是已〔一〕。《同人》卦：「柔得中而應乎《乾》曰《同人》，《同人》曰，同人于野，亨。」據其文義，正與諸卦同，但多下一「曰」字，王弼以爲「《乾》之所行，故特曰『《同人》曰』」〔二〕，程伊川以爲衍三字〔三〕，恐不然也。

【箋證】

〔一〕黄庭堅《山谷集》卷一《江西道院賦序》。

胡鳴玉《訂譌雜録》卷七《健訟之誤》，引《四筆》此條以上一節，接云：「險而健訟，與《蒙》卦之『險而止蒙』、《隨》卦之『動而説隨』、《蠱》卦之『巽而止蠱』一例，諸卦未嘗誤讀，豈獨誤於《訟》也？　此非讀書破句之過，乃流俗割裂截取之弊。」

〔二〕王弼注，見《周易注疏》卷三。

〔三〕《伊川易傳》卷一《同人卦》，「同人曰」下注云：「此三字羨文。」

14　用史語之失

今之牽引史語者，亦未免有失。張釋之言便宜事，文帝曰：「卑之，毋甚高論，令今可行也。」遂言秦、漢之間事，帝稱善。顔師古云：「令其議論依附時事。」予謂不欲使爲甚高難行之論，故令少卑之爾。而今之語者，直以言議不足采爲「無甚高論」〔一〕。又文帝問上林令禽獸簿，不能對，虎圈嗇夫從旁代對，帝曰：「吏不當如此邪？」薛廣德諫元帝御樓船，曰：「宜從橋。」且有「血汙車輪」之訐。張猛曰：「乘船危，就橋安。」上曰：「曉人不當如是邪？」師古謂「諫争之言，當如猛之詳婉也」。案，兩帝之語皆是褒嘉之詞，猶云「獨不當如是乎」，今乃指人引喻非理或直述其私曰「曉人不當如是」〔二〕。又韓公《送諸葛覺往隨州讀書》詩云：「鄴侯家多書，插架三萬軸。一一懸牙籤，新若手未觸。爲人强記覽，過眼不再讀。偉哉群聖文，磊落載其腹。」鄴侯蓋謂李繁，時爲隨州刺史，藏書既多，且記性警敏，故籤軸嚴整如是耳。今人或指言雖名爲收書而未嘗過目者，輒曰「新若手未觸」，亦非也〔三〕。

【箋證】

〔二〕事見《漢書》卷五〇《張釋之傳》。

王楙《野客叢書》卷二《卑之無甚高論》：「今人以『卑之』『無甚高論』之語卻所説之卑者，甚失當時之意。按《張釋之傳》，釋之朝畢，因前言便宜事，文帝曰：『卑之，無甚高論，令今可行也。』於是釋之言秦、漢間事，秦所以失，漢所以興者，文帝稱善。所謂『卑之無甚高論』者，文帝懼釋之陳五帝三王上古久遠之事，無益於時，故令陳今可行之説，釋之遂言秦、漢之事，文帝所以稱善。則『卑之』『無甚高論』自是兩句，今人作一句讀之，所以失當時之意也。」胡鳴玉《訂譌雜録》卷二《卑之毋甚高論》，録王楙説，接云：「此説先得我心，但亦改『毋』爲『無』，雖『毋』『無』字古通用，然《史》《漢》元文並作『毋』，是禁止之辭，不得輒易也。」

杭世駿《訂訛類編》卷四《卑之無甚高論》：「《索隱》曰：『卑，下也。欲令且卑下其志，無甚高談論語，但令依今時事，無説古遠也。』《野客叢書》亦謂『卑之』『無甚高論』是兩句。今作一句讀，解作所論之卑下而不高。上下文義如何聯貫？坡詩：『論少卑之且借秦。』爲合本意。」

王叔岷《史記斠證》卷一〇二《張釋之馮唐列傳》「卑之，毋甚高論，令今可施行也」條，引《四筆》本條，謂「蓋論卑則易行（見《管仲傳》），迂遠則闊於事情（見《孟子傳》）而難行也」。

〔二〕事見《漢書》卷七一《薛廣德傳》。胡鳴玉《訂譌雜録》卷六《曉人不當如是耶》：「本謂以言曉喻人者當如猛之和婉，正以廣德之言爲戇激也。今俗引用以曉人爲通曉道理之人，則失其解矣。」

〔三〕朱翌《猗覺寮雜記》卷上：「近世譏藏書不讀者，多引退之《送諸葛覺》詩云『鄴侯家多書，插架三萬軸。一一排牙籤，新若手未觸』，以言手未嘗把書，故如此新耳。是未嘗考其全篇也。其下云：『爲人强記覽，過眼不再讀。偉哉群聖文，磊落載其腹。』則是未嘗不讀書也。鄴侯，李繁也。史云陽城論裴延齡，使繁書，已封，盡能誦記，乃録以示延齡，延齡白帝城以疏示於朝，摘其條目自訴，城奏入，帝怒不省。以此觀之，爲人强記覽，不誣也。『新若手未觸』，恐是言愛護之至，塵埃不及，或是一讀即記，不假再閲，故書皆如新。送諸葛往從讀書，且謂『學問得所欲』，決非有書不讀者。近世不考求本末，小兒輩雷同以『手未觸』之句譏人，故爲辨之。退之又爲繁作《處州孔子廟碑》，云：『鄴侯尚文，其於古記無不貫達。』益知非不讀書者。史書爲隨州刺史，不書爲處州，觀碑所稱道與史所記其人甚不相類，當以退之言爲正。」費衮《梁谿漫志》卷三《司馬温公讀書法》：「司馬温公獨樂園之讀書堂，文史萬餘卷，而公晨夕所常閲者，雖累數十年，皆新若手未觸者。嘗謂其子公休曰：『賈竪藏貨貝，儒家惟此耳，然當知寶惜。吾每歲以上伏及重陽間，視天氣晴明日，即設几案於當日所，側群書其上，以曝其腦，所以年月雖深，終不損動。至於啓卷，必先視几案潔浄，藉以茵褥，然後端坐看之。或欲行看，即承以方版，未嘗敢空手捧之，非惟手汗漬及，亦慮觸動其腦。每至看竟一版，即側右手大指面襯其沿，而覆以次指面撚而挾過，故得不至揉熟其紙。每見汝輩多以指爪撮起，甚非吾意。今浮屠、老氏猶知尊敬其書，豈以吾儒反不如乎？當宜誌之。』」按，此正朱翌所云「愛護之至」者。

15 文字書簡謹日

作文字紀月日，當以實言，若拘拘然必以節序，則爲牽强，乃似麻沙書坊桃源居士輩所跋耳〔一〕。至於往還書問，不可不繫日，而性率者，一切不書。予有婿生子，遣報云：「今日巳時得一子。」更不知爲何時。或又失之好奇。外姻孫鼎臣，每致書，必題其後曰「某節」，至云「小暑前一日」「驚蟄前兩日」之類。文惠公常笑云：「看孫鼎臣書，須著置曆日於案上。」蓋自元正、人日、三元、上巳、中秋、端午、七夕、重九、除夕外，雖寒食、冬至，亦當謹識之，況於小小氣候，後生宜戒〔二〕。

【箋證】

〔一〕祝穆《方輿勝覽》卷一一《建寧府》：「土産書籍行四方。麻沙、崇化兩坊産書，號爲圖書之府。」桃源居士輩，蓋書賈所倩之民間文人耳。

〔二〕文惠公，洪适。孫鼎臣，嘗爲袁州判官（《夷堅志·支丁》卷四《袁娼馮妍》）。

16 更衣

雅志堂後小室，名之曰「更衣」，以爲姻賓憩息地。稚子數請所出，因録班史語示之〔一〕。《灌夫傳》：「坐乃起更衣。」顔注：「更，改也。凡久坐者皆起更衣，以其寒煖或變也。」〔二〕「田延年起至更衣。」顔注：「古者延賓必有更衣之處。」〔三〕《衛皇后傳》：「帝起更衣，子夫侍尚衣。」〔四〕

【箋證】

〔一〕雅志堂，應是容齋私家亭榭也。稚子，容齋之少子櫰也，見《容齋四筆序》。

〔二〕《漢書》卷五二《灌夫傳》。顔師古注。

〔三〕《漢書》卷六六《楊敞傳》。顔師古注。

〔四〕《漢書》卷九七上《衛皇后傳》。孝武衛皇后，字子夫。

容齋四筆卷十 十七則

1 過所

《刑統·衛禁律》云："不應度關而給過所，若冒名請過所而度者。"又云："以過所與人。"又《關津疏議》："關謂判過所之處，津直度人，不判過所。"〔一〕《釋名》曰："過所，至關津以示之。"或曰："傳，傳轉也，轉移所在，識以爲信。"〔二〕漢文帝十二年，"除關無用傳"。張晏曰："傳，信也，若今過所也。""兩行書繒帛，分持其一，出入關，合之乃得過，謂之傳也。"〔三〕《魏志》："倉慈爲敦煌太守，西域雜胡欲詣洛者，爲封過所。"〔四〕《廷尉決事》曰："廣平趙禮詣雒治病，門人齎過所詣洛陽，責禮冒名渡津，受一歲半刑。"〔五〕徐鉉《稽神録》："道士張謹好符法，客游華陰，得二奴，曰德兒、歸寶，謹愿可憑信。張東行，凡書囊、符法、過所、衣服，皆付歸寶負之。將及關，二奴忽不見，所齎之物皆失之矣。時秦、隴用兵，關禁嚴急，客行無驗，皆見刑戮。既不敢東度，復還主人，乃見二兒，因擲過所還之。"〔六〕然過所二字，讀者多不曉，蓋若今時公憑引據之類，故裒其事于此〔七〕。

【箋證】

〔一〕《唐律疏義》卷八《衛禁下》「不應度關」條：「諸不應度關而給過所，若冒名請過所而度者，各徒一年。即以過所與人，及受而度者，亦準此。」又同卷「關津留難」條：「諸關津度人，無故留難者一日，主司笞四十，一日加一等罪，止杖一百。」《疏義》曰：「關謂判過所之處，津直度人，不判過所者。」

〔二〕《刑統》，詳《隨筆》卷三《國忌休務》。

〔三〕劉熙《釋名》卷六《釋書契》：「示，示也。過所，至關津以示之也。」「傳，轉也，轉移所在，執以爲信也。」所引「傳，傳轉也」，疑衍一「傳」字。

〔四〕《漢書》卷四《文帝紀》：十二年三月，「除關無用傳」。張晏曰：「傳，信也，若今過所也。」如淳曰：「兩行書繒帛，分持其一，出入關，合之乃得過，謂之傳也。」李奇曰：「傳，棨也。」師古曰：「張説是也。古者或用棨，或用繒帛。棨者，刻木爲合符也。」

〔五〕《三國志·魏志》卷一六《倉慈傳》：「西域雜胡欲來貢獻，而諸豪族多逆斷絶；既與貿遷，欺詐侮易，多不得分明。胡常怨望，慈皆勞之。欲詣洛者，爲封過所，欲從郡還者，官爲平取，輒以府見物與共交市，使吏民護送道路，由是民夷翕然稱其德惠。」

〔六〕見《太平御覽》卷五九八《文部十四》「過所」條引《廷尉決事》。按《隋書》卷三三《經籍志》史部刑法類有《魏廷尉決事》十卷。《舊唐書》卷四六《經籍志》刑法類有《廷尉決事》二十卷。

《新唐書》卷五八《藝文志》故事類有《魏廷尉決事》十卷，刑法類有《廷尉決事》二十卷。

〔六〕《太平廣記》卷四五五《張謹》，注出《稽神録》。

〔七〕王鳴盛《十七史商榷》卷八一《新舊唐書十三》「過所」條：「《舊志》『關令，凡行人車馬出入往來，必據過所以勘之。』語本《六典》，《新》作『車馬出入據過所爲往來之節』，改得殊不如《舊》。『過所』猶言路引，亦似今兵部所給勘合火牌，《新志》於『司門郎中員外郎』一條云『天下關二十六度者，本司給過所』是也。然其制不始於唐，漢已有之。洪邁《容齋四筆》第十卷歷引《刑統·衛禁律》《釋名》、漢文帝十二年張晏注、《魏志》倉慈事、《廷尉決事》、徐鉉《稽神録》以釋『過所』之義，最詳明。」按，《太平廣記》卷四五五據《稽神録》所載《張謹》一篇，「過所」作「行李」，蓋即妄人不明其義而擅改者。

2 露布

用兵獲勝，則上其功狀於朝，謂之露布。今博學宏詞科以爲一題〔一〕，雖自魏、晉以來有之，然竟不知所出，唯劉勰《文心雕龍》云：「露布者，蓋露板不封，布諸觀聽也。」〔二〕唐莊宗爲晉王時，擒滅劉守光，命掌書記王緘草露布，緘不知故事，書之於布，遣人曳之，爲議者所笑〔三〕。然亦有所從來。魏高祖南伐，長史韓顯宗與齊戍將力戰，斬其裨將。高祖曰：「卿何爲不作露布？」對曰：「頃聞將軍王肅獲賊二三人，驢馬數疋，皆爲露布，私每哂之。近雖得摧醜虜，擒斬不多，脱復高曳長縑，虚張功捷，尤而效之，其罪彌甚，臣所以斂毫卷帛，解上而已。」〔四〕以是而言，則用絹高懸久矣。

【箋證】

〔一〕參《三筆》卷一〇《詞學科目》。

〔二〕此句見《太平御覽》卷五九七《文部》一三《露布》引《文心雕龍》。按《文心雕龍·檄移》：「張儀檄楚，書以尺二，明白之文，或稱露布，播諸視聽也。」吴訥《文章辨體序題》「露布」條：「今考之魏、晉之文，俱無傳本。唐、宋雖有傳者，然其命辭全用四六，蓋與當時表文無異。」

〔三〕事詳《資治通鑑》卷二六九《後梁紀四·均王上下》，乾化三年。胡三省注：「魏、晉以來，每戰勝則書捷狀，建之漆竿，使天下皆知之，謂之露布。露布者，暴白其事而布告天下，未嘗書之於布而使人曳之也。」

〔四〕事詳《資治通鑑》卷一四一《齊紀七·高宗明皇帝下》，建武四年。王應麟《辭學指南》：「露布之名，始於漢。按《光武紀》注：『《漢制度》曰：「制詔三公，皆璽封尚書令印，重封，露布州郡。」』《祭祀志》注引《東觀書》：『有司奏孝順號露布，奏可。』又鮑昱詣尚書封胡降檄曰：『故事通官文書不著姓。』又當司徒露布、李雲露布上書，注謂不封也。魏改元景初，詔曰：『司徒露布，咸使聞知。』蜀漢建興五年春伐魏，詔曰：『丞相其露布天下。』

此皆非將帥獻捷所用。《通典》云：『後魏攻戰克捷，欲天下聞知，乃書帛，建於漆竿上。』名爲露布，自此始也。(任城王魏曰：「露布者，布於四海，露之耳目。」)王肅獲賊二三，皆爲露布，韓顯宗有『高曳長縑、虛張功捷』之譏。」

3 東坡題潭帖

《潭州石刻法帖》十卷，蓋錢希白所鐫，最爲善本〔一〕。吾鄉程欽之待制，以元符三年帥桂林，東坡自儋耳移合浦，得觀其藏帖，每册各題其末①。第二卷云：「唐太宗作詩至多，亦有徐、庾風氣，而世不傳，獨於《初學記》時時見之。」第四卷云：「吴道子始見張僧繇畫，曰：『浪得名耳！』已而坐卧其下，三日不能去。庾征西初不服逸少，有家雞野鶩之論，後乃以爲伯英再生。今觀其書，乃不逮子敬遠甚，正可比羊欣耳。」第六卷云：「『辛相安和，殷生無恙。』辛相當是簡文帝，殷生則淵源也邪？」第八卷云：「希白作字，自有江左風味，故長沙法帖比淳化待詔所摹爲勝，世俗不察，争訪閣下本，誤矣。此逸少一卷，尤妙。庚辰七夕，合浦官舍借觀。」第九卷云：「謝安問獻之：『君書何如尊公？』答曰：『故自不同。』安曰：『外人不爾。』曰：『人那得知！』」已上所書，今麻沙所刊《大全集·志林》中或有之〔二〕。案，庾亮及弟翼俱爲征西將軍，坡所引者翼也。坡又有詩曰：「暮年卻得庾安西，自厭家雞題六紙。」蓋指翼前所歷官云〔三〕。此帖今藏予家。

【校勘】

①「册」，庫本作「帖」。

【箋證】

〔一〕葉夢得《石林燕語》卷三：「太宗留意字書。淳化中，嘗出内府及士大夫家所藏漢、晉以下古帖，集爲十卷，刻石于祕閣，世傳爲《閣帖》是也。絳人潘師旦取閣本再摹，藏於家，爲絳本。慶曆間，劉丞相沆知潭州，亦令僧希白摹刻於州廨，爲潭本。絳本雜以五代近世人書，微出鋒。希白自善書，潭本差能得其行筆意。」

曹士冕《法帖譜系》卷上《慶曆長沙帖》：「丞相劉公沆帥潭日，以淳化官帖命慧照大師希白模刻于石，寘之郡齋。增入『霜寒』『十七日』、王濛、顔真卿等諸帖，而字行頗高，與淳化閣本差不同。逐卷各有歲月。第一卷題云：『慶曆五年季夏，慧照大師希白模勒。』第二卷：『慶曆八年仲冬月，慧照大師希白重模。』第三卷則『五年六月』；第四卷『八年仲冬月』；第五卷『戊子歲孟冬』；第六卷『五年季夏』；第七卷『五年仲秋月』；第八卷『五年季夏月模勒上石』；第九卷『八年仲冬月』；第十卷『五年仲秋月』。每卷各有『慶曆』及『慧照大師希白重模』字，不復贅録。」

按，錢希白，或稱僧希白。蓋此僧姓錢，亦未可知。曾宏父《石刻鋪叙》卷下：「《長沙帖》十卷，慧昭師錢希白摹鐫。」可爲一證。然此「錢希白」定非錢易字希白者。考錢易，字希白，太宗朝舉進士甲科，仁宗天聖間，遷翰林學士，卒。《宋史》卷三一七有傳。李劍國《宋代志怪傳奇叙録》「洞微志」條考其生平甚詳。易未嘗爲僧，年代亦不相及，故知非此摹刻之僧希白也。陶宗儀《書史會要》卷六：「釋希白，字寶月，號慧照大師，長沙人，作字有江左風味，慶曆中，嘗以《淳化閣帖》模刻於潭之郡齋。」又，王柏《魯齋集》卷五《淳化帖記》則謂「劉希白《長沙帖》」，蓋承「丞相劉公沆」之「劉」而訛。

〔二〕按，麻沙刊《東坡大全集》今已失傳。檢今本《東坡志林》，未見。曾宏父《石刻鋪叙》卷下：「《長沙帖》十卷，實祕閣前帖翻本，内羲、獻帖略有增入，慶曆間慧昭師錢希白摹鐫，自五年乙酉，至八年戊子訖事。嘗觀雜文中載東坡自儋耳移合浦，見桂帥程欽之潭帖册，各題其後。（郁之按，即本條所載之第二、四、六、八、九卷。略。）今刻皆不曾以坡書添入逐卷，要是當時題於程所藏碑刻，潭無真迹，故闕如也。但二卷郄愔書，第三卷帖何以斷當字分兩行，希白善書者，於此殆不可曉。後又有山谷評釋，今《長沙帖》間不存希白臨摹歲月，或云土人又私翻，木版有紋可辨。《容齋隨筆》謂坡仙遺墨今藏其家。有數字差異。」

〔三〕《晉書》卷七三《庾亮傳》：「陶侃薨，遷亮都督江、荆、豫、益、梁、雍六州諸軍事，領江、荆、豫三州刺史，進號征西將軍、開府儀同三司、假節。亮固讓開府，乃遷鎮武昌。」《庾翼傳》：「亮卒，授都督江荆司雍梁益六州諸軍事、安西將軍、荆州刺史、假節，代亮鎮武昌。」「又進翼征西將軍。」又《南齊書》卷三三《王僧虔傳》：「庾征西翼書，少時與右軍齊名，右軍後進，庾猶不分，在荆州與都下人書云：『小兒輩賤家雞，皆學逸少書，須吾下，當比之。』」東坡詩出《東坡全集》卷九《次韻答舒教授觀余所藏墨》。柳宗元《柳河東集》卷四二《殷賢戲批書後寄劉連州并示孟崙二童》：「書成欲寄庾安西，紙背應勞手自題。聞道近來諸子弟，臨池尋已厭家雞。」東坡蓋用柳詩。

4　山公啓事

《晉書·山濤傳》：「濤再居選職，十有餘年，每一官缺，輒啓擬數人，詔旨有所向，然後顯奏，隨帝意所欲爲先。故帝之所用，或非舉首，衆情不察，以濤輕重任意。或譖之於帝，濤行之自若。一年之後，衆情乃寢。濤所奏甄拔人物，各爲題目，時稱《山公啓事》。」〔一〕此語今多引用，然不得其式，《法帖》中乃有之，云：「侍中、尚書僕射、奉車都尉、新沓伯臣濤言：『臣近啓崔諒、史曜、陳準可補吏部郎，詔書可爾。此三人皆衆所稱，諒尤質正少華，可以崇教，雖大化未可倉卒，風尚所勸，爲益者多。臣以爲宜先用諒。謹隨事以聞。』」〔二〕觀此一帖，可以槩見。然所啓三人，後亦無聞，既云皆衆所稱，當不碌碌也。舊《潭帖》爲識者稱許，以爲賢於他本，然於此奏「未可倉卒」之下乃云「風筆惻然」，全無意義。今所録者，臨江本也〔三〕。

【箋證】

〔一〕《晉書》卷四三《山濤傳》。

〔二〕《法帖》，承前條《石刻法帖》而言也。《山公啓事》三卷，《隋書》卷三五《經籍志》著録。《太平御覽》中録《山公啓事》數篇，可參。

〔三〕劉克莊《後村集》卷三二《跋舊潭帖》：「《潭帖》尤爲坡公所賞，以爲希白作字，自有江左風味，比淳化待詔所摹爲勝，世俗不察，争求閣下本，誤矣。以余所見《潭帖》凡有數本，有絶佳者，有稍殘缺者，有行數不同者，有漏落數行者。時謂劉相刊二本，一留郡，一藏家，而後人翻開於黔、和等州，又不知幾本也。于十卷之末，或題云慶曆五年，或云八年，或云六月，或云季夏；或云模勒上石，或無上石二字，或云重模。若以八年者爲重模，則五年者亦有重模字，不應一年内已模而復模也。内第三卷山濤帖末有『風筆惻感』之語，洪容齋《隨筆》已歎其不成文。容齋知其一爾。此卷謝發帖云『風尚所勸』云云，今至『風』字止，卻移『筆惻感』三字在濤帖之後，移『尚所勸』以下十九字在欣帖之後。又第六卷右軍字先後失次尤甚。帖字屢經臨模，固已失真。劉次莊《釋文》雖有未盡，亦十得五六，加以陳去非、黄長睿、施武子更迭考辨，十得八九。若《潭帖》乃悉顛倒而錯亂之，幾成異域神咒矣。往往刊帖之時，不敢比擬尚方，欲自爲帖，但異其行數可也，亂其文理不可也。豈劉公本非博雅，或貴重不暇參校，或希白雖工于模字而拙于尋行數墨歟？鐫刻雖工，如不可讀何！坡既推潭勝閣，近時陳師復善書，亦于閣帖有異論，余恐蘇、黄所見非真閣帖本爾。真者或七八行爲一板，或十六七行爲一板，皆李廷珪墨模印，其黑如漆，字尤豐豔有精神，蓋熙陵八法既高，王著輩亦精其技，標題可見，非希白敢望。舊臨江非不善，失之險薄刻削，去閣本遠矣。帖家故當以閣爲祖，絳次之，舊臨江次之，潭又次之，武岡又次之。臨江佳者可亂閣，武岡佳者可亂絳，汝鼎拙野無以議爲也。余晚得一本，乃以舊潭翦碎，按《釋文》排比裝背，歷歷可讀，必一老士人舊物，惜不令希白見之。」

5 親王回庶官書

《隨筆》中載親王與侍從往還禮數〔一〕，又得錢丕《行年雜紀》云：「昇王受恩命，丕是時爲將作少監，亦投賀狀，王降回書簽子啓頭。繼爲皇太子，三司判官並通牓子，詣内東門參賀。通入後，中貴出傳令旨傳語。及受册寶訖，百官班賀，又赴東宫賀，宰相親王階下班定，太子降階，宰相前拜，致詞訖，又拜。太子皆答拜，亦致詞叙謝。」〔二〕一時之儀如此。

【箋證】

〔一〕參《隨筆》卷三《親王與從官往還》。

〔二〕錢丕，惟治之子，希白之姪，大中祥符初，官駕部員外郎，天禧元年，任將作少監，終光禄少卿。

（參《宋詩紀事》卷七，《分門古今類事》卷七《夢兆門中》「錢丕得官」條。）《行年雜紀》，佚。《夷堅志·支辛》嘗酌取之。（趙與旹《賓退録》卷八。）

6 責降考試官

天禧二年九月，敕差屯田員外郎判度支計院任布、著作郎直史館徐奭、太子中允直集賢院麻温其，並充開封府發解官。十月，差兵部員外郎直集賢院楊侃、太子中允直集賢院丁度，並國子監發解官。十一月，解一百四人，解元郭稹。十六日，宣翰林學士錢惟演、盛度，樞密直學士王晦叔，龍圖閣待制李虛己、李行簡，覆考開封舉人，爲落解舉人有訟不平者。及奏名，郭稹依舊，其餘覆落并却考上人數甚多。十二月，發解官並降差遣，任布鄧州，徐奭洪州，楊侃江州，丁度齊州，並監税〔一〕。此事見於錢丕《雜紀》。用五侍從覆考解試，前後未之有也。

【箋證】

〔一〕《續資治通鑑長編》卷九二：真宗天禧二年十一月，「甲戌，命翰林學士錢惟演、盛度、樞密直學士王曙、龍圖閣待制李虛己、李行簡於祕閣再考定開封府得解舉人試卷，令祕閣校理王準封彌，定爲三等，具名以聞。乃詔從上解百五十人。」「丁亥，命翰林學士承旨晁迥、知制誥陳堯咨於祕閣再考國子監及太常寺別試進士文卷，上其名。詔國子監從上解二十人、太常寺六人。開封府、國子監、太常寺發解官皆坐薦舉不實，責監諸州酒稅。屯田員外郎判度支勾院任布，鄧州。著作郎直集賢院徐奭，洪州。太子中允直集賢院麻温其，池州。度支判官太子中允直集賢院楊偘，汝州。太子中允直集賢院丁度，齊州。太常少卿直史館張復，罰銅十斤。初作祥源觀，布論之，既忤宰相，及考試開封，而奭潛發封卷視之，遂與奭等俱責。」又同書卷九三：天禧三年正月乙亥，「諸路貢舉人郭積等四千三百人見于崇政殿。時積冒緦喪赴舉，爲同輩所訟。上命典謁詰之，積引咎，付御史臺劾問。殿三舉同保人並贖金殿一舉。時有司欲脱宋城王洙，問洙曰：『果保積否？不然，可易也。』洙曰：『保之，不願易也。』遂與積俱罷。京西轉運使胡則言，滑州進士楊世質等訴本州黜落，即取元試卷付許州通判崔立看詳，立以爲世質等所試不至紕繆，已牒滑州依例解發。詔轉運司具析不先奏裁直令解發緣由以聞。其試卷仰本州繳進，世質等仍未得解發，及取到試卷，詔貢院定奪，乃言詞理低次，不合充薦。詔落世質等，而劾轉運使及崔立之罪。」

7 青蓮居士

李太白《贈玉泉仙人掌茶詩序》云：「荆州玉泉寺近清溪諸山，往往有乳窟。其水邊處處有茗草羅生，枝葉如碧玉，唯玉泉真公常采而飲之。余遊金陵，見宗僧中孚，示予茶數十片，其狀如手，名爲仙人掌茶，蓋新出乎玉泉之山，曠古未覿，因持以見遺，兼贈詩，要予答之，遂有此作。後之高僧大隱，知仙人掌茶發乎中孚禪子及青蓮居士李白也。」〔一〕太白之稱，但有「謫仙人」爾，「青蓮居士」獨於此見之，文人未嘗引用，而仙人掌茶，今池州九華山中亦頗有之，其狀略如蕨拳也〔二〕。

【箋證】

〔一〕王琦《李太白集注》卷一九《答族姪僧中孚贈玉泉仙人掌茶並序》。按同卷《答湖州迦葉司馬問白是何人》：「青蓮居士謫仙人，酒肆藏名三十春。湖州司馬何須問，金粟如來是後身。」楊齊賢曰：「青蓮居士，太白自號也。」

〔二〕《（乾隆）江南通志》卷八六《食貨志》，池州府物産有仙人掌茶。

8 閩俗詭祕殺人

奸凶之民，恃富逞力，處心積慮，果於殺人。然揆之以法，蓋有敕律所不曾登載，善治惡者，當原情定罪，必致其誅可也。閩中習俗尤甚，每執縛其仇，窮肆殘虐。或以酒調鋸屑，逼之使飲，欲其粘着肺腑，不能傳化，馴致痰渴之疾。或炒沙鎔蠟，灌注耳中，令其聾聵。或以濕薦束體，布裹卵石，痛加毆箠，而外無痕傷。或按擦其肩背，使皮膚寬皺，乃施針刺入肩井，不可復出。或以小釣鈎藏於鰍魚之腹，强使吞之，攻鑽五臟，久而必死。凡此衆者①，類非一端，既痕腫不露於外，檢驗不得而見情犯，巨蠹功意兩惡而法所不言〔一〕。顔度魯子爲轉運使，嘗揭榜禁約〔二〕。予守建寧，亦窮治一兩事〔三〕。吴、楚間士大夫宦游於彼者，不可不察也。

【校勘】

①「衆」，馬本、祠本作「術」，庫本作「等」。

【箋證】

〔一〕按《宋史》卷三〇二《吴及傳》：「閩俗多自毒死，以誣仇家，官司莫能辨。」其俗之奸凶，又添一證矣。

〔二〕王鏊《姑蘇志》卷五一《名臣》：「顔度，字魯子，兖公五十三世孫，自唐魯公真卿兄子顒爲常熟令，其後遂爲吴人。度居崑山，以文章政事名一時。歷海門簿、臨海令，有去思。乾道五年，知長興縣，遇事慈恕，以善惡福應之説諭人，人不忍欺。其聽訟，於淳樸中，時出智計，以得其實，聞者稱爲神明。召拜監察御史，遷軍器監、司農、宗正、太常少卿，權工部侍郎，直寶文閣，江東、福建運副，知湖州，江東、京西運副，以中大夫祕閣修撰提舉沖佑觀，封長洲縣男，卒，年七十五。孝宗謂『度每出一言，不動如山』，因以『如山』自號焉。」

〔三〕《宋史·洪邁傳》：邁知建寧府，「富民有睚眦殺人、衷刃篡獄者，久拒捕，邁正其罪，鯨流嶺外」。

9 富公遷官

富韓公慶曆二年以右正言知制誥報聘契丹，還，除吏部郎中、樞密直學士，不受。尋除翰林學士，又不受。三年，除右諫議大夫、樞密副使，力辭。乃改資政殿學士，而諫議如初，公受之。又五月，復爲副樞〔一〕。蓋昔時除目才下，即時命詞給告，及其改命，但不拜執政，而猶得所進官。用今日官制言之，是承議郎、（舊爲正言。）中書舍人（舊知制誥。）而爲太中大夫、（舊爲諫議①。）資政殿學士也。

【校勘】

①文中三處注文原皆無，據馬本、庫本、祠本補。

【箋證】

〔一〕蘇軾《富鄭公神道碑》：「奉使契丹。二年，改右正言知制誥」。「使還，除吏部郎中、樞密直學士，懇辭不受。始受命，聞一女卒，再受命，聞一男生，皆不顧而行。得家書，不發而焚之，曰：『徒亂人意！』尋遷翰林學士。公見上，力辭，曰：『增歲幣，非臣本志也，特以朝廷方討元昊，未暇與北角，故不敢以死争，其敢受乎！』慶曆三年三月，遂命公爲樞密副使，辭之愈力，改授資政殿學士兼翰林侍讀學士。七月，復除樞密副使。公言：『虜既通好，議者便謂無事，邊備漸弛，虜萬一敗盟，臣死且有罪，非獨臣不敢受，亦願陛下思强敵輕侮中原之恥，坐薪嘗膽，不忘修政。』因以告納上前而罷。逾月，復除前命。」（《東坡全集》卷八七）。

10 唐藩鎮行墨敕

池州銅陵縣孚旣侯廟，有唐中和二年二月一碑，其詞云：「敕宣、歙、池等州都團練、觀察使牒。當道先準詔旨，許行墨敕授管内諸州有功刺史、大將等，憲官具件如後：晉朝故晉陽太守兼揚州長史張寬牒。奉處分，當道先準詔旨，許行墨敕，奬勸功勳，雖幽顯不同，而褒昇一致。神久標奇紀①，早揖英風，靈跡屢彰，神速不昧。夫寵贈之典，非列藩宜爲，神功旣昭，乃軍都顒請，是行權制，用副人心。謹議褒贈游擊將軍宣州都督。」後云：「使、檢校工部尚書兼御史大夫裴押。」邑人以爲裴休。《秋浦志》亦然。予考之，非也〔一〕。張魏公宣撫川、陝，便宜封爵諸神，實本諸此〔二〕。

【校勘】

①「紀」，馬本、庫本、祠本作「絕」。

【箋證】

〔一〕裴休，字公美，河内濟源人。《舊唐書》卷一七七本傳述其履歷甚詳，云：「長慶中，從鄉賦登第，又應賢良方正，升甲科。太和初，歷諸藩辟召，入爲監察御史、右補闕、史館修撰。會昌中，自尚書郎歷典數郡。大中初，累官户部侍郎，充諸道鹽鐵轉運使，轉兵部侍郎，兼御史大夫，領使如故。六年八月，以本官同平章事，判使如故。十年，罷相，檢校户部尚書、汴州刺史、御史大夫，充宣武軍節度使。其年冬，進階金紫光禄大夫、上柱國，河東縣子，食邑五百户，守太子少保，分司東都。十一年冬，檢校户部尚書，潞州大都督府長史、御史大夫，充昭義節度、潞磁邢洺觀察使。十三年十月，加檢校吏部尚書、太原尹、北都留守、河東節度觀察等使。十四年八月，以本官兼鳳翔尹，充鳳翔隴州節度使。咸通初，入爲户部尚書，累遷吏部尚書、太子少師，卒。」則中和二年裴休蓋已卒有年矣。勞格以爲「裴」當即「虔餘」，參《唐尚書省郎官石柱題名考》卷一二《户部員外郎》「裴虔餘」條、郁賢皓《唐刺史考》第十編卷一五六江南西道宣州「裴行餘」條。

〔二〕《直齋書録解題》卷八：「《秋浦志》八卷，太守南昌胡兆乾道八年修。」紹興初，詔以張浚爲川陜宣撫處置使，「得便宜黜陟」（《宋史》卷三六一《張浚傳》）。此所謂「便宜封爵諸神」，應在此際。

11 吏部循資格

唐開元十八年四月，以侍中裴光庭兼吏部尚書。先是，選司注官，惟視其人之能否，或不次超遷，或老於下位，有出身二十餘年不得禄者。又州縣亦無等級，或自大入小，或初近後遠，皆無定制。光庭始奏用《循資格》，各以罷官若干選而集，官高者選少，卑者選多，無問能否，選滿則注，限年躡級，毋得踰越，非負譴者皆有陞無降。其庸愚沉滯者皆喜，謂之「聖書」，而材俊之士，無不怨嘆。宋璟争之，不能得。二十一年，光庭薨，博士孫琬議光庭用《循資格》，失勸獎之道，請謚曰「克」。是年六月，制自今選人有才業操行，委吏部臨時擢用。雖有此制，而有司以《循資格》便於己，猶踵行之〔一〕。蓋今日吏部四選，乃其法也。予案元魏肅宗神龜二年，官員既少，應選者多，尚書李韶銓注不行，大致怨嗟。崔亮代之，奏爲格制，不問士之賢愚，專以停解月日爲斷，沉滯者皆稱其能。亮甥劉景安與書曰：「商、周以鄉塾貢士，兩漢由州郡薦材，魏、晉中正，雖未盡美，應什收六七。而朝廷貢材，止求其文，不取其理，察孝廉唯論章句，不及治道，立中正不考材行，空辨姓氏。舅屬當銓衡，宜須改張易調，反爲《停年格》以限之，天下士子，誰復脩厲名行哉！」洛陽令薛琡上書言：「黎元命繫長吏，若選曹惟取年勞，不簡能否，義均行鴈，次若貫魚，執簿呼名，一人足矣，數人而用，何謂銓衡？乞令王公貴人薦賢以補郡縣。」詔公卿議之。其後，甄琛等繼亮，利其便己，踵而行之。魏之選舉失人，自亮始也〔二〕。至孝静帝元象二年，以高澄攝吏部尚書，始改亮年勞之制，銓擢賢能，當是自此一變〔三〕。光庭又祖亮故智云。然後人罕有談亮、澄事者。

【箋證】

〔一〕事詳《資治通鑑》卷二一三《唐玄宗紀》開元十八年至二十一年。按《新唐書》卷四五《選舉志》：「開元十八年，侍中裴光庭兼吏部尚書，始作《循資格》，而賢愚一槩，必與格合，乃得銓授，限年躡級，不得踰越。於是久淹不收者皆便之，謂之『聖書』。及光庭卒，中書令蕭嵩以爲非求材之方，奏罷之。乃下詔曰：『凡人年三十而出身，四十乃得從事，更造格以分寸爲差，若循新格，則六十未離一尉。自今選人，才業優異有操行及遠郡下寮名迹稍著者，吏部隨材甄擢之。』」《舊唐書》卷八四《裴光庭傳》：「初，光庭與蕭嵩争權不協，及爲吏部，奏用《循資格》，並促選限至正月三十日令畢，其流外行署，亦令門下省之。光庭卒後，嵩又奏請一切罷之，光庭所引進者盡出爲外職。時有門下主事閻麟之，爲光庭腹心，專知吏部選官，每麟之裁定，光庭隨而下筆，時人語曰：『麟之口，光庭手。』太常博士孫琬將議光庭謚，以其用《循資格》，非獎勸之道，建議謚爲『克』。時人以爲希嵩意旨。上聞而特下詔，賜謚曰忠獻，仍令中書令張九齡爲其碑文。」

〔二〕《資治通鑑》卷一四九《梁武帝紀》，天監十八年。（當魏神龜二年。）

〔三〕《資治通鑑》卷一五〇《梁武帝紀》，大同四年。（當元象元年。）

12 五行納音

六十甲子納音之説，術家多不能曉〔一〕。原其所以得名，皆從五音所生，有條不紊，端如貫珠。蓋甲子爲首，而五音始於宮，宮土生金，故甲子爲金，而乙丑以陰從陽。商金生水，故丙子爲水，而丁丑從之。角木生火，故戊子爲火。徵火生土①，故庚子爲土。羽水生木，故壬子爲木。而己丑、辛丑、癸丑各從之。至於甲寅，則納音起於商，商金生水，故甲寅爲水。角木生火，故丙寅爲火。徵火生土，故戊寅爲土。羽水生木，故庚寅爲木。宮土生金，故壬寅爲金。而五卯各從之。至甲辰，則納音起於角，角木生火，故甲辰爲火。徵火生土，故丙辰爲土。羽水生木，故戊辰爲木。宮土生金，故庚辰爲金。商金生水，故壬辰爲水。而五巳各從之。宮、商、角既然，惟徵、羽不得居首。於是甲午復如甲子，甲申如甲寅，甲戌如甲辰，而五未、五酉、五亥，亦各從其類〔二〕。

【校勘】

①「徵」，原避仁宗諱作「祉」，據馬本、庫本、祠本改。下同。

【箋證】

〔一〕《宋史》卷二〇六《藝文志》著龜類有《證六十甲子納音五行》一卷。

〔二〕沈括《夢溪筆談》卷五《樂律一》：「六十甲子有納音，鮮原其意。蓋六十律旋相爲宮法也。一律含五音，十二律納六十音也。凡氣始於東方而右行，音起於西方而左行，陰陽相錯，而生變化。所謂氣始於東方者，四時始於木，右行傳於火，火傳於土，土傳於金，金傳於水。所謂音始於西方者，五音始於金，左旋傳於火，火傳於木，木傳於水，水傳於土。（納音與《易》納甲同法：乾納甲而坤納癸，始於乾而終於坤；納音始於金，金乾也，終於土，土坤也。）納音之法，同類娶妻，隔八生子，（此《漢志》語也。）此律吕相生之法也。五行先仲而後孟，孟而後季，此遁甲三元之紀也。甲子金之仲，（黄鍾之商。）同位娶乙丑，（大吕之商，同位，謂甲與乙，丙與丁之類。下皆仿此。）隔八下生壬申金之孟。（夷則之商，隔八，謂大吕下生夷則也。下皆仿此。）壬申同位娶癸酉，（南吕之商。）隔八上生庚辰金之季。（姑洗之商，此金三元終，若只此陽辰言之，則依遁甲逆傳仲孟季，若兼妻言之，則順傳孟仲季也。）庚辰同位娶辛巳，（中吕之商。）隔八下生戊子火之仲。（黄鍾之徵，金三元終，則左行傳南方火也。）戊子娶己丑，（大吕之徵。）生丙申火之孟。（夷則之徵。）丙申娶丁酉，（南吕之徵。）生甲辰火之季。（姑洗之徵。）甲辰娶乙巳，（中吕之徵。）生壬子木之仲。（黄鍾之角，火三元終，則左行傳于東方木。）如是左行至於丁巳中吕之宫，五音一終。復自甲午金之仲娶乙未，隔八生壬寅，一如甲子之法，終于癸亥。（謂蕤賓娶林鍾，上生太蔟之類。）自子至于巳爲陽，故自黄鍾至於中吕皆下生；自午至于亥爲陰，故自林鍾至于應鍾皆上生。」

陶宗儀《輟耕録》卷二〇《納音》：「六十甲子之有納音，世人鮮知其理。嘗觀《筆談》有曰：（即前引沈括《筆談》文，略。）得此一説，固已判然。及讀《瑞桂堂暇録》亦論及此，則尤明白簡易。其曰：『六十甲子之納音，此以金、木、水、火、土之音而明之也。一六爲水，二七爲火，三八爲木，四九爲金，五十爲土，然五行之中，惟金、木爲自然之音，水、火、土必相假而後成音。蓋水假土，火假水，土假火。故金音四九，木音三八，水音五十，火音一六，土音二七。此不易之論也。何以言之？甲己、子午，九也；乙庚、丑未，八也；丙辛、寅申，七也；丁壬、卯酉，六也；戊癸、辰戌，五也；巳亥，四也。甲子、乙丑，其數三十有四，四者金之音也，故曰金。戊辰、己巳，其數二十有八，八者木之音也，故曰木。庚午、辛未，其數三十有二，二者火也，土以火爲音，故曰土。甲申、乙酉，其數三十，十者土也，水以土爲音，故曰水。戊子、己丑，其數三十有一，一者水也，火以水爲音，故曰火。凡六十甲子皆然。此納音之所起也。大抵六十甲子，曆也；納音，律也；支干，納音之别也。此天地自然之數。』」

錢大昕《潛研堂文集》卷三《納音説》：「六十甲子納音所屬五行，沈存中《筆談》、陶九成《輟耕録》皆著其説，然所引者僅唐以後之書，又多傅會難信。予蓄疑有年，適讀《抱朴子》云：『按《玉策記》及《開名經》，皆以五音六屬知人年命之所在。子午屬庚，卯酉屬己，寅申屬戊，丑未屬辛，辰戌屬丙，巳亥屬丁。一言得之者，宫與土也。三言得之者，徵與火也。五言得之者，羽與水也。七言得之者，商與金也。九言得之者，角與木也。』《玉策記》《開名經》乃漢魏人所撰，始知納音果是古法。而所謂一言、三言、五言、七言、九言得之者，猶未曉其何義。丁酉冬至前五日，偶往婁東，舟中攜《抱朴内篇》，反復思之，忽得其解。蓋納音之原，實出於納甲。納甲者，以十干配八卦，《乾》納甲壬，《坤》納乙癸，《震》長男而納庚，《巽》長女而納辛，《坎》中男而納戊，《離》中女而納己，《艮》少男而納丙，《兑》少女而納丁。又以十二支配八卦，《乾》納甲子壬午，《坤》納乙未癸丑，《震》納庚子午，《巽》納辛丑未，《坎》納戊寅申，《離》納己卯酉，《艮》納丙辰戌，《兑》納丁巳亥。京君明、干令升之徒用以説《易》。《春秋傳》，周史筮陳敬仲，得《觀》之《否》，知其當代姜姓有國。先儒謂六四辛未，未爲羊，《巽》爲長女，故曰『姜』。則布干支於八卦，古法已有之矣。納音者，又以六十甲子配五音，三元運轉，還相爲宫，而實以《震》《巽》《坎》《離》《艮》《兑》六子所納之干支爲本。五音始於宫，宫者，土音也，庚子、庚午、辛丑、辛未、戊寅、戊申、己卯、己酉、丙辰、丙戌、丁巳、丁亥，乃六子所納之干支，故爲五聲之元，於行屬土，於音屬宫，所謂一言得之者也。戊子、戊午、己丑、己未、丙寅、丙申、丁卯、丁酉、甲辰、甲戌、乙巳、乙亥，於行屬火，於音屬徵。戊至庚，己至辛，丙至戊，丁至己，甲至丙，乙至丁，相隔各三位，故曰三言得之也。丙子、丙午、丁丑、丁未、甲寅、甲申、乙卯、乙酉、壬辰、壬戌、癸巳、癸亥，於行屬水，於音屬羽。丙至庚，丁至辛，甲至戊，乙至巳，壬至丙，癸至丁，相隔各五位，故曰五言得之也。甲子、甲午、乙丑、乙未、壬寅、壬申、癸卯、癸酉、庚辰、庚戌、辛巳、辛亥，於行屬金，於音屬商。甲至庚，乙至辛，壬至戊，癸至己，庚至丙，辛至丁，相隔各七位，故曰七言得之也。壬子、壬午、癸丑、癸未、庚寅、庚申、辛卯、辛酉、戊辰、戊戌、己巳、己亥，於行屬木，於音屬角。壬至庚，癸至辛，庚至戊，辛至己，戊至丙，己至丁，相隔各九位，故曰九言得之也。土之音至微，火水則稍有音矣，金木則音漸著矣。土一，火二，水三，金四，木五，此五音由微而著之序也。數始於一，言一言者，宫也，土音也，乃以爲音母，隔八位而復得本母，三八二十有四，而嬗於金，以商爲母，金嬗於火，以徵爲母。火嬗於水，以羽爲母。水嬗於木，以角爲母。其相生遞轉之序，皆與宫音同。凡六十甲子再終百有二十而復於始，還相爲宫，循環無端，要皆本於納甲。而用六子不用《乾》《坤》，猶之八卦方位以《震》《兑》《坎》《離》居四正，而《乾》《坤》退居無事之地也。沈存中所推娶妻生子、隔八相生之説，蓋已略見一斑而未明乎立法之原意，謂數必自甲子始，不知其實始於庚子午也。於《易》，《蠱》之《彖》曰『先甲後甲』，《巽》之五曰『先庚後庚』，甲者，納甲之始；庚者，納音之始也。誰謂納音非古法哉！若陶九成所引諸説，支離穿鑿，不合於古，儒者所不道也。」

13 五行化真

五行運化，如甲、己化真土之類，若推求其義，無從可得，蓋只以五虎元所生命之。如「甲、己之年丙作首」，謂丙寅月建也，丙屬火，火生土，故甲、己化真土。「乙、庚之歲戊爲頭」，謂戊寅月建也，戊屬土，土生金，故乙、庚化真金。「丙、辛寄向庚寅去」，庚屬金，金生水，故丙、辛化真水①。「丁、壬壬位順行流」，壬屬水，水生木，故丁、壬化真木。「戊、癸但向甲寅求」，甲屬木，木生火，故戊、癸化真火〔一〕。此二説皆得之莆田鄭景實〔二〕。頃在館中，見魏幾道談五行納音，亦然〔三〕。

【校勘】

①「故」原脫，據馬本、庫本、祠本補。

【箋證】

〔一〕考敦煌遺書斯坦因六一三號《大宋太平興國三年應天具注曆日》卷有闕名《五子元例正建法歌訣》：「甲己之年丙作首，乙庚之歲戊爲頭。丙辛之年庚次第，丁壬還作順行流。戊癸既從中位起，正月順向甲寅求。」此乃曆法家根據年干推定當年正月月干（即月建）之便捷口訣。（參李正宇《敦煌遺書宋人詩輯校》，《敦煌研究》一九九二年第二期。）釋曇瑩《珞琭子賦注》卷上：「胎生元命，三獸定其門宗；律呂宮商，五虎論其成敗。」注云：「律呂宮商者，陽六爲律，陰六爲呂。《玉册》曰：『五音總於律呂。』律呂相合，分支定干，散之六十音也。吹律吸呂，以定宮商之信以生義，蓋言五行合爲五音者也。是故甲、己，宮，土，遁起丙寅；乙、庚，商，金，起於戊寅；丙、辛，羽，水，起於庚寅；丁、壬，角，木，起於壬寅；戊、癸，徵，火，起於甲寅。五音皆自寅而起，遁人之成敗吉凶由此而始，故曰『五虎論其成敗』。」「五虎者，皆起於寅，甲、己起丙寅，乙、庚起戊寅，丙、辛起庚寅，丁、壬起壬寅，戊、癸起甲寅，故云五虎也。」

〔二〕「此二説」，指本條及前《五行納音》條。鄭臬，字景實，莆田人，官朝議大夫、直寶文閣、運副。（周應合《景定建康志》卷二六《官守志三·轉運司》）《夷堅志·支戊》卷二《鄭主簿夢》：「莆田鄭景實臬，淳熙庚子年從鄉相陳魏公於建康」。云云。

《賓退録》卷一：「世有十干化五行真氣之説，莫究其理。洪文敏載鄭景實（㮚）之語，謂取歲首月建之干所生，如甲、己丙作首，丙屬火，火生土，則甲、己化土。他仿此。頗通。余記昔年一術士云：遇龍則化。龍，辰也。甲、己得戊辰，戊屬土，故化土。乙、庚得庚辰，庚屬金，故化金。丙、辛以降皆然。其實一也。」

〔三〕魏志，字幾道，吴江人，紹興四年進士，與兄憲俱進士，有聲太學。（參陸友仁《吴中舊事》、王鏊《姑蘇志》卷五〇《名臣》）

14　錢忠懿判語

王順伯家有錢忠懿一判語，其狀云：「臣贊寧，右臣伏奉宣旨撰文疏，今進呈，乞給下，取設齋日五更前上塔，臣自宣却欲重建，乞於仁政殿前夜間化却，不然便向塔前化，並取聖旨。判曰：便要吾人宣讀後，於真身塔前焚化。廿七日。」而在前花押。予謂錢氏固嘗三改元，但或言其稱帝，則否也〔一〕。此狀内「進呈」「聖旨」等語，蓋類西河之人疑子夏於夫子〔二〕，故自貽僭帝之議，想它所施行皆然矣。

【箋證】

〔一〕錢氏三改元，參《四筆》卷五《錢武肅三改元》。王順伯，參《三筆》卷一六《唐世辟寮佐有詞》

箋證。

〔二〕鄭方坤《經稗》卷一〇《三禮》「疑女於夫子」條：「《禮記》載曾子數子夏之罪云：『吾昔與女從夫子於洙泗之間，退而老於西河之上，使西河之人疑女於夫子，女罪一也。』注云：『言其不稱師也。』蓋古之君子言必稱師，示有所授，且不忘本也。故《子張》一篇載群弟子之語，子夏之言十一，而未嘗稱師；曾子之言五，而三稱曰『吾聞諸夫子』，則子夏爲曾子所罪，固其宜矣。」

15 王逸少爲藝所累

王逸少在東晉時，蓋温太真、蔡謨、謝安石一等人也，直以抗懷物外，不爲人役，故功名成就，無一可言，而其操履識見，議論閎卓，當世亦少其比。公卿愛其才器，頻召不就。殷淵源輔政，勸使應命，遺之書曰：「足下出處，正與隆替對，豈可以一世之存亡，必從足下從容之適？」逸少報曰：「吾素自無廊廟，王丞相欲内吾，誓不許之，手跡猶存，由來尚矣，不於足下參政而方進退。自兒娶女嫁，便懷尚子平之志，數與親知言之，非一日也。」及殷侯將北伐，以爲必敗，貽書止之。殷敗後，復圖再舉，又遺書曰：「以區區江左，所營綜如此，天下寒心久矣。自寇亂以來，處内外之任者，疲竭根本，各從所志，竟無一功可論，一事可紀。任其事者，豈得辭四海之責哉！若猶以前事爲未工，故復求之於分外，宇宙雖廣，何所自容！」又與會稽王牋曰：「今雖有可欣之會，内求諸己，而所憂乃重於所欣，以區區吴、越，經緯天下十分之九，不亡何待！願令諸軍皆還保淮，須根立勢舉，謀之未晚。」其識慮精深，如是其至，恨不見於用耳。而爲書名所蓋，後世但以翰墨稱之〔一〕。《晉書》本贊，標爲唐太宗御撰，專頌其「研精篆素，盡善盡美」，至有「心慕手追」之語，略無一詞論其平生，則一藝之工，爲累大矣〔二〕。獻之立志，亦似其父。謝安欲使題太極殿榜，以爲萬代寶，而難言之，試及韋仲將陵雲榜事，即正色曰：「使其若此，有以知魏德之不長。」遂不之逼〔三〕。觀此一節，可以知其爲人，而亦以書名之故，没其盛德。二王尚爾，況於他人乎！

【箋證】

〔一〕殷淵源遺書一節，詳《晉書》卷八〇《王羲之傳》。容齋所引皆有删節。王應麟《困學紀聞》卷一三《考史》：「右軍所長，不止翰墨。其勸殷浩内外協和，然後國家可安；其止浩北伐，謂力争武功，非所當作；其遺謝萬書，謂隨事行藏，與士卒同甘苦；謂謝安虚談廢務，浮文妨要，非當世所宜。言論風旨，可著廊廟，江左第一流也，不可以藝掩其德。（曾子固）謂之一能，過矣。」

〔二〕《晉書·王羲之傳》末，太宗制曰：「所以詳察古今，研精篆素，盡善盡美，其惟王逸少乎？觀其點曳之工，裁成之妙，煙霏露結，狀若斷而還連，鳳翥龍蟠，勢如斜而反正，翫之不覺爲倦，覽之莫識其端，心慕手追，此人而已。其餘區區之類，何足論哉！」

〔三〕《晉書》卷八〇《王獻之傳》。

16 鄂州南樓磨崖

慶元元年，鄂州修南樓，剥土有大石露于外，奇崛可觀。郡守吴琚見而愛之，命洗剔出圭角，即而諦視，乃磨崖二碑。其一刻兩字，上曰「柳」，徑二尺四寸，筆勢清勁，下若翻書「人」字①，唯存人腳，不可復辨。或以爲符，或以爲花押，邦人至褾飾置神堂，香火供事。或云道州學側虞帝廟内亦有之，云柳君名應辰，是唐末五代時湖北人也〔一〕。其一高丈一尺，闊如其高而加五寸，刻大字八十五，凡爲九行，其文曰：「乾正元年，荆襄寇亂，大吴將軍出陳武昌，詔太守楊公出鎮。」後云：「荆、江、京、漢推忠、輔國、侍衛將軍吴居中記。」案楊行密之子溥嗣吴王位，是歲，唐明宗天成二年，溥以十一月僭帝，改元乾貞。宋莒公《紀年通譜》書爲「乾正」，云避仁宗嫌名〔二〕。《通鑑》亦同〔三〕，而此直以爲「乾正」，一時所立，不應有誤也。

【校勘】

①「人」，馬本、祠本作「天」。

【箋證】

〔一〕參《五筆》卷一〇《柳應辰押字》。

〔二〕《宋史》卷二〇三《藝文志》編年類有宋庠《紀年通譜》十二卷。宋仁宗諱禎。

〔三〕《資治通鑑》卷二七六《後唐明宗紀》：天成二年十一月甲子，吴大赦，改元乾貞。

17　賞魚袋出處

《隨筆》書衡山唐碑别駕賞魚袋，云「名不可曉」〔一〕。今按《唐職林·魚帶門》叙金玉銀鐵帶及金銀魚袋，云：「開元敕，非灼然有戰功者，餘不得輒賞魚袋。」〔二〕斯明文也。

【箋證】

〔一〕見《隨筆》卷八《賞魚袋》。

〔二〕陳振孫《直齋書録解題》卷六《職官類》：「《唐職林》三十卷，石埭尉維揚馬永錫明叟撰。以《唐六典》爲主，而附以《新史》所載事實，頗采傳記、歌詩之屬。」《唐職林》所載蓋出《通典》卷六三《嘉禮八·天子諸侯玉佩劍綬璽印》：「（開元）二十五年五月敕：『緋紫之服，班命所崇，以賞有功，不可踰濫。如聞諸軍賞借人數甚多，曾無甄别，是何道理！自今以後，除灼然有戰功，餘不得輒賞魚袋。』」岳珂《愧郯録》卷四《魚袋》，詳考唐宋魚袋之制，引《四筆》本條，按云：「以魚袋充賞，蘇氏

《記》、新、舊史皆有賞緋紫例兼魚袋之文。《會要》開元二年閏二月敕，承前諸軍人多有借緋及魚袋者，無功借賞，深非道理，宜敕收取。郎將以上，先借後奏。其靈武、和戎、天武、幽州鎮軍，赤水、河源、瀚海、安西、定遠等軍，既臨賊衝，事藉垂賞，量軍大小，各賜金魚袋一二十枚，銀魚袋五十枚，並委軍將臨時行賞。則賞魚袋出處，亦可與《職林》參見也。」

容齋四筆卷十一 十八則

1 京丞相轉官

慶元二年，朝廷奉上三宮徽稱册寶，繼又進敕令、玉牒、實録，大臣遷秩，于再于三〔一〕。蓋自崇寧至于紹熙，未之有也。於是京右丞相以十月受册寶賞，由正議轉宣奉。十二月用敕局賞，當得兩官，以一回授、一轉光禄。三年二月，用提舉玉牒實録院及禮儀使賞，有旨三項各轉兩官，辭之至四五。詔減爲四官，其半回授，其二遂轉金紫。四月之間，陟五華資，仍回授三帙〔二〕。在法，宰執轉官與除拜同，故得給使恩。百二十年而入流者二十有四〔三〕。邁記淳熙十四年，王左相進《玉牒》，并充國史禮儀使；梁右相進《四朝史傳》《國朝會要》，并充玉牒禮儀使。詔各與轉兩官。所謂各者，指二相也。時梁公誤認爲三者各兩官，已係特進，謂如此則序進太師矣。中批只共爲兩官，復辭之。詔許回授，又辭，但令加恩，亦辭。適已罷相在經筵，訖於分毫不受，惟王公獨加恩〔四〕。今日之事全相類，而又已有去冬二賞矣。有司不諳練故實，徑準昔年中旨行出，聞京公殊不自安，然無説可免，惜乎東閤賢賓客不告以十年内親的故事，以成其美。邁頃居翰苑，答王、梁諸詔，嘗上章開析論列，是以竊識其詳〔五〕。

【箋證】

〔一〕《宋史》卷三七《寧宗紀》：「（慶元二年）冬十月戊申，率群臣奉上壽聖隆慈備福光佑太皇太后、壽成惠慈皇太后、聖安壽仁太上皇、壽仁太上皇后册寶于慈福壽康宫。」

〔二〕京鏜，字仲遠，豫章人，慶元二年正月，拜右丞相。本條此事《宋史》卷三九四本傳不載。

〔三〕參《三筆》卷七《執政辭轉官》。

〔四〕王淮，字季海，婺州金華人，紹興十五年進士，淳熙中拜相，事迹具《宋史》卷三九六本傳。《宋史》卷三五《孝宗紀》：十三年十一月甲子，「王淮等上《仁宗英宗玉牒》，神宗、哲宗、徽宗、欽宗《四朝國史·列傳》《皇帝會要》」。《容齋三筆》卷八《吾家四六》有《王丞相進玉牒加恩制》。梁克家，字叔子，泉州晉江人，乾道中拜右相，是年十一月罷相，事迹具《宋史》卷三八四本傳。按，轉官加恩，本傳皆未載。

〔五〕《容齋三筆》卷八《吾家四六》有《梁丞相醴泉使兼侍讀制》，又《答詔》。

2 熙寧司農牟利

熙寧、元豐中，聚斂之臣，專務以利爲國，司農遂鬻天下祠廟。官既得錢，聽民爲賈區，廟中慢侮穢踐，無所不至。南京有閼伯、微子兩廟，一歲所得不過七八千，張文定公判應天府，上言曰：「宋，王業所基也，而以火王。閼伯封於商丘，以主大火，微子爲宋始封，此二祠者獨不得免乎？乞以公使庫錢代其歲入。」神宗震怒，批出曰：「慢神辱國，無甚於斯！」於是天下祠廟皆得不粥[一]。又有議前代帝王陵寢，許民請射耕墾，司農可之，唐之諸陵，因此悉見芟刈。昭陵喬木，翦伐無遺。御史中丞鄧潤甫言：「熙寧著令，本禁樵采，遇郊祀則敕吏致祭，德意可謂遠矣。小人掊克，不顧大體，使其所得不貲，猶爲不可，況至爲淺鮮者哉！願絀創議之人，而一切如故。」於是未耕之地僅得免[二]。二者可謂前古未有，一日萬幾，蓋無由盡知之也。

【箋證】

〔一〕見蘇軾《張文定公墓誌銘》(《東坡全集》卷八八)。《東都事略》卷七四《張方平傳》采之。

〔二〕《宋史》卷三四三《鄧潤甫傳》。《續資治通鑑長編》卷二八〇，繫在熙寧十年二月。

3　文與可樂府

今人但能知文與可之竹石，惟東坡公稱其詩騷，又表出「美人卻扇坐，羞落庭下花」之句。予常恨不見其全，比得蜀本《石室先生丹淵集》，蓋其遺文也[一]。於樂府雜詠，有《秦王卷衣篇》曰：「咸陽秦王家，宮闕明曉霞。丹文映碧鏤，光采相鉤加。銅螭逐銀猊，壓屋鷩蟠拏。洞户鎖日月，其中光景賒。春風動珠箔，鸞額金窠斜。美人卻扇坐，羞落庭下花。閑弄玉指環，輕冰扼紅牙。君王顧之笑，爲駐七寶車。自卷金縷衣①，龍鸞蔚紛葩。持以贈所愛，結懽期無涯。」其語意深入騷人閫域。又有《王昭君》三絶句云：「絶豔生殊域，芳年入内庭。誰知金屋寵，只是信丹青。」「幾歲後宫塵，今朝絶國春。君王重恩信，不欲遺他人。」「極目胡沙滿，傷心漢月圓。一生埋没恨，長入四條絃。」令人讀之，縹縹然感槩無已也〔二〕。

【校勘】

①「縷」，庫本作「鏤」。

【箋證】

〔一〕文同，字與可，梓州梓潼人，漢文翁之後，故人以石室先生稱之。舉進士，稍遷太常博士、集賢校理，知陵州，又知洋州，最後知湖州。同以文學名，操韻高潔，畫筆尤妙。有《丹淵集》四十卷。事迹具《東都事略》卷一一五、《宋史》卷四四三本傳。遺文其曾孫鷟編爲四十卷，慶元中，曲沃家誠之守邛州，以同嘗三仕於邛，多遺迹，因取其集重加釐正，而卷帙則仍其舊。參《四庫全書總目》卷一五三《丹淵集》提要。

葉德輝《郋園讀書志》卷八：「新刻石室先生《丹淵集》四十卷，《年譜》一卷，《附録》一卷，明萬曆壬子知鹽亭縣事蒲以懌刻本。按，宋晁公武衢州本《郡齋讀書志》、陳振孫《直齋書録解題》

均載文同《丹淵集》四十卷，又洪邁《容齋隨筆》稱『得蜀本石室先生《丹淵集》，蓋其遺文也』云云。是今本標題及卷序皆宋本之舊。」

〔二〕釋惠洪《冷齋夜話》卷一《東坡論文與可詩》：「東坡嘗對歐公誦文與可詩曰：『美人卻扇坐，羞落庭下花。』歐公笑曰：『與可無此句，與可拾得耳。』世徒知與可掃墨竹，不知其高才兼諸家之妙，詩尤精絶。戲作鷺鷥詩曰：『頸細銀鈎淺曲，腳高緑玉深翹。岸上水禽無數，有誰似汝風標。』」

4 譏議遷史

大儒立言著論，要當使後人無復擬議，乃爲至當。如王氏《中説》謂：「陳壽有志於史，依大議而削異端，使壽不美於史，遷、固之罪也。」又曰：「史之失自遷、固始也，記繁而志寡。」王氏之意，直以壽之書過於《漢》《史》矣，豈其然乎〔一〕？《元經》續《詩》《書》，猶有存者，不知能出遷、固之右乎〔二〕？蘇子由作《古史》，謂：「太史公易編年之法爲本紀、世家、列傳，後世莫能易之，然其人淺近而不學，疏略而輕信，故因遷之舊，別爲《古史》。」今其書固在，果能盡矯前人之失乎？指司馬子長爲淺近不學，貶之已甚，後之學者不敢謂然〔三〕。

【箋證】

〔一〕引文見王通《中說》卷二《天地篇》。《三國志・魏志》卷一「太祖武皇帝」條下，四庫本有考證云：「此書於曹操始稱太祖，及漢帝遷許以操爲大將軍，則改稱公。蓋天子三公稱公也，既進爵爲王，則改稱王，即曹丕未篡之先亦稱王而已，明其爲漢王公也。爲漢王公而卒乃帝，其爲篡也章矣。陳壽仕晉，而晉繼魏，故微其辭以寓其旨。若孫權，則雖篡後猶權之耳。惟先主，始終皆稱先主，無易辭。以此知陳壽意中隱以正統予蜀，如《綱目》之指。故隋王通曰：『使陳壽不美於《春秋》，遷、固之罪。』言其體雖襲《史》《漢》之舊而書法則容有合於《春秋》也。」

〔二〕《元經薛氏傳》，詳《續筆》卷一《文中子門人》條箋證。

〔三〕蘇轍語出《古史》自叙。按《古史》六十五卷，轍以司馬遷《史記》多不得聖人之意，乃因遷之舊，上自伏羲、神農，下訖秦始皇，爲本紀七、世家十六、列傳三十七。自謂「追録聖賢之遺意，以明示來世。至於得失成敗之際，亦備論其故。」（《古史》自叙）《四庫全書總目》卷五〇提要云：「平心而論，史至於司馬遷，猶詩至於李、杜，書至於鍾、王，畫至於顧、陸，非可以一支一節比擬其長短者也。轍乃欲點定其書，殆不免於輕妄。至其糾正補綴，如《史記》載《堯典》妻舜之後，瞽瞍尚欲殺舜，轍則本《尚書》謂妻舜在瞽瞍允若之後。《史記》載伊尹以負鼎説湯，造父御周穆王見西王母事，轍則删之。《史記》不載禱雨桑林事，轍則增之《宋世家》。《史記》贊宋襄公泓之戰爲禮讓，轍則貶之。辨《管子》之書爲戰國諸子所附益；於《晏子傳》增入晏子處崔杼之變、知陳氏之篡與諷諫數事；於宰我則辨其無從叛之事；於子貢則辨其無亂齊之事；又據《左氏傳》爲柳下惠、曹子臧、吴季札、范文子、叔向、子産等傳，以補《史記》所未及；《魯連傳》附以虞卿；《刺客傳》不載曹沬，其去取之間，亦頗爲不苟。存與遷書相參考，固亦無不可矣。」

5 常何

唐太宗貞觀五年，以旱，詔文武官極言得失。時馬周客遊長安，舍於中郎將常何之家。何武人不學，不知所言，周代之陳便宜二十餘條。上怪其能，以問何。對曰：「此非臣所能，家客馬周爲臣具草耳。」上即召周與語，甚悦，以何爲知人，賜絹三百疋〔一〕。常何後亦不顯，莫知其所以進。予案《李密傳》，密從翟讓與張須陀戰，率驍勇常何等二十人爲游騎，遂殺須陀〔二〕。常何之名蓋見於此。《唐史》亦采於劉仁軌《行年河洛記》也〔三〕。

【箋證】

〔一〕事見《資治通鑑》卷一九三《唐太宗紀》，貞觀三年。新、舊《唐書·馬周傳》均在五年。

〔二〕《新唐書》卷八四《李密傳》。

〔三〕趙紹祖《消暑録》「唐書載常何事」條：「容齋因馬周之薦自中郎將常何，而云常何事不概見，後亦不顯，乃考得一事云：『《李密傳》：與張須陀戰，率驍勇常何等二十人爲游騎，遂殺須陀。』

然此爲常何未入唐事。余按《舊唐書·太宗本紀》：『貞觀十八年，征遼東，刑部尚書鄖國公張亮爲平壤道大總管，左領軍常何、瀘州都督左難當副之。』（《新書》在《遼東傳》，而未載其官。）此是薦馬周以後事。」

〔三〕《郡齋讀書志》卷二上編年類：「《河洛行年記》十卷。右唐劉仁軌撰，記唐初李密、王世充事，起大業十三年二月，迄武德四年七月。」

6 李密詩

李密在隋大業中，從楊玄感起兵被獲，以計得脱。變姓名爲劉智遠，教授諸生自給，鬱鬱不得志，哀吟泣下。《唐史》所書如此〔一〕。劉仁軌《行年河洛記》專載密事，云：「密往來諸賊帥之間，説以舉大計，莫肯從者，因作詩言志曰：『金風蕩初節，玉露垂晚林。此夕窮途士，鬱陶傷寸心。平野葭葦合，荒村葵藿深。眺聽良多感，徙倚獨沾襟。沾襟何所爲，悵然懷古意。秦、洛既未平，漢道將何冀？樊噲市井屠，蕭何刀筆吏。一朝逢時會，千載傳名謚。寄言世上雄，虚生真可愧。』諸將見詩漸敬之。」予意此篇，正其哀吟中所作也〔二〕。

【箋證】

〔一〕《新唐書》卷八四《李密傳》。

〔二〕潘德輿《養一齋詩話》卷九：「愚按《隋書·李密傳》明云：『密詣淮陽，舍於村中，變姓名聚徒教授，鬱鬱不得志，爲五言詩云云，因泣下數行。時人有怪之者，以告太守捕之，密乃亡去。』容齋不引《隋書》而徒以意斷之，何耶？信乎論古之難也。」

7 寺監主簿

自元豐官制行，九寺、五監各置主簿，專以掌鈎考簿書爲職，它不得預。紹聖初，韓粹彦爲光禄主簿，自言今輒預寺事，非先帝意也，請如元豐詔書。從之。如玉牒修書，主簿不預，見於王定國《雜録》①〔一〕，予猶及見。紹興中，太府寺公狀文移，惟卿丞繫銜，後來掌故之吏，昧於典章，遂一切與丞等。今百官庶府，背戾官制，非特此一事也〔二〕。

【校勘】

①「雜」，馬本、庫本、祠本作「舊」。

【箋證】

〔一〕王鞏，字定國。《宋史》卷二〇六《藝文志》小説類有王鞏《甲申雜記》一卷、《聞見近録》一卷。傅增湘《藏園群書題記》卷八《宋本甲申雜記聞見近録跋》：「《直齋書録解題》傳記類載《聞見近録》，小説類載《隨手雜録》，蓋本各自爲書。按《文淵閣書目》荒字號有《三槐王氏雜録》，似即此書。（郁之按，指《聞見近録》）」蓋即此所云王定國《雜録》也。

〔二〕岳珂《愧郯録》卷六《寺監簿職守》：「南渡而後，官失其守，凡寺監主簿率多預尾書，與丞雁行。珂爲扈簿日，固竊疑所職有常，非可越俎，盡削文移之繫銜者，如故事，獨本寺常程文書猶間占位涉筆。先夫人一日見吏呈牘，謂珂曰：『簿不預政，此元豐令文也，當謹視官制。』珂唯謝退而卻之，吏皆拱手不敢去，固卻乃從，殊費頰舌。後閲洪文敏邁《容齋四筆》有曰：（即本條，略。）今珂再考典故，元豐六年七月庚申，詔寺監主簿止是專掌簿書，其公事自當丞以下通議施行。今取問寺監有令主簿簽書公事處，大理寺丞長貳正主簿八員，衛尉寺卿主簿二員，將作監少監丞主簿五員，都水監使者丞主簿四員，少府監少監丞主簿三員，司農寺少卿丞主簿四員，太常寺丞主簿二員，軍器監少監丞主簿四員，内長貳主簿可並降一官，正丞並展磨勘二年，各不以去官原，則初制信必之嚴蓋如此。《會要》亦具書禁令，顧今上下習故爲常，比比皆是，反於其所謂簿書乃無一可考，是亦重可興歎也。若平日扈寺文移，簿固預書，而申省與部，獨不列簿銜，蓋舊制僅存者，似頗與邁所見異，或見諸它官府云。」

8　温大雅兄弟名字

《新唐書》，温大雅字彦弘，弟彦博字大臨，大有字彦將，《舊史》不載彦博字，它皆同〔一〕。三温，兄弟也，而兩人以大爲名，彦爲字，一以彦爲名，大爲字。《宰相世系表》則云彦將字大有，而博、雅與傳同〔二〕，讀者往往致疑。歐陽公《集古録》引《顔思魯制》中書舍人彦將行，證《表》爲是〔三〕，然則唯彦博異耳，故或以爲誤。予少時因文惠公得歐率更所書《虞恭公誌銘》，乃彦博也，其名字實然〔四〕。後見《大唐創業起居注》，大雅所撰，其中云：「煬帝遣使夜至太原，温彦將宿於城西門樓上，首先見之。報兄彦弘，馳以啓帝，帝方卧，聞而驚起，執彦弘手而笑。」〔五〕據此，則三温之名皆從彦，而此書首題乃云大雅奉敕撰，不應於其間敢自稱字。已而詳考之，高宗太子弘爲武后所酖，追尊爲孝敬皇帝，廟曰義宗，列於太廟，故諱其名〔六〕。如弘文館改爲昭文，弘農縣改爲恒農，徐弘敏改爲有功，韋弘機但爲機，李含光本姓弘，易爲李，曲阿弘氏易爲洪，則大雅之名，後人追改之也〔七〕。顔魯公作《顔勤禮碑》，叙顔、温二家之盛，曰：思魯、大雅，愍楚、彦博，遊秦、彦將〔八〕。以雅爲名，亦由避諱耳。錢聞詩在太學，以此爲策問，而言歐陽作傳戾於聞見，彼蓋不察宋子京之作云〔九〕。

【箋證】

〔一〕《舊唐書》卷六一、《新唐書》卷九一《温大雅傳》。

〔二〕《新唐書》卷七二《宰相世系表》。

〔三〕歐陽修《集古録》卷七《唐顔勤禮神道碑》：「按《唐書》云温大雅字彦弘，弟彦博字大臨，弟大有字彦將。兄弟義當一體，而名大者字彦，名彦者字大，不應如此。蓋唐世諸賢名字可疑者多。余於中書見顔氏裔孫有獻其家世所藏告身三卷以求官者，其一《思魯除儀同制》，其一《勤禮除詹事府主簿制》，其一《師古加正議大夫制》。《思魯制》云『内史令臣瑀宣』者，蕭瑀也。『侍郎臣封德彝奉舍人臣彦將行』。不應内史令書名，而侍郎、舍人書字，又必不稱臣而書字，則德彝、彦將皆當爲名。」

錢大昕《潛研堂文集》卷三二《跋太常丞温佶碑》：「歐陽公謂温彦博兄弟三人，名大者字彦，名彦者字大，爲不可曉。洪景伯據《創業起居注》，謂昆弟皆以彦爲名，大雅名犯孝敬皇帝諱，故改稱字。今請此銘云『先生之先，在世多才。曰博、宏、將，三英彦聯』，亦足徵昆弟三人同名彦也。」

〔四〕洪适《盤洲文集》卷六二《跋歐書温彦博碑》：「按《新唐》列傳云：温大雅，字彦弘；彦博，字大臨；大有，字彦將。如史所書，則是彦博兄及弟，皆名大字彦，獨彦博反此耳。近世陳朝散正敏著《遯齋閒覽》，間證史傳之訛，謂古人蓋有以字顯者。彦博當是以字行於時。殆舊史之誤，而《新書》未之正。竇苹作《唐書音訓》亦云：『以兄弟名字推之，似名大臨而字彦博。』予考《新唐・世系表》乃云彦將字大有。又顔魯公嘗作《顔勤禮碑》，内叙顔、温二家之盛，其略曰：『思魯、大雅，俱仕東宮；愍楚、彦博，同直内史；游秦、彦將，皆典祕閣。』如表之所書、碑之所序，則是彦博、彦將，皆以彦配名；惟大雅異耳。又歐陽文忠公在中書日，有《顔氏裔孫獻其祖思魯除儀同誥》，内云内史令臣瑀宣、侍郎臣封德彝、奉舍人臣彦將行，公謂不應稱臣而書字彦將，固當爲名。惟三公名字，不應伯仲異同，後人率皆惑之。予家有《彦博墓誌》及《神道碑》，皆云諱彦博，字大臨，不云其以字行。陳、竇二公，雖疑史策之誤，然碑碣不容失實。其説無據，當從碑誌爲正。以魯公之文、思魯之制、《新書》之表爲憑，則是大雅獨與二弟不同。予復考大雅嘗撰《唐創業起居注》，内書煬帝遣使，夜至太原，温彦將宿於城西門樓上，首先見之，報兄彦弘，馳以啓帝。帝方卧聞而驚起，執彦弘手而笑。據此則温氏昆弟皆以彦爲名明矣。而此書首題乃云大雅奉敕撰。又顔碑亦云大雅，抑又何耶？蓋唐之孝敬皇帝諱弘，如弘文館改昭文，弘農縣改恒農，姓弘者改洪。徐有功本名弘敏，亦緣避諱，遂以字行。大雅正類有功，亦以孝敬故，遂稱其字耳。難者曰：『有功蓋避同時諱，大雅生在孝敬之前，不應亦避其諱。』是不知生雖不避，後世追改之，故稱其字爲名。如《晉書》避高祖諱，不云劉淵，而云劉元海；避太祖諱，不云石虎，而云石季龍。李延壽亦以韓擒虎爲韓禽。司馬遷作史，避武帝諱，改蒯徹爲蒯通。班固避宣帝諱，改荀況爲孫況；爲明帝諱，改莊忌爲嚴忌。史策之例，緣帝諱而更易姓名者多矣。《新書》有《韋弘機傳》，而《舊書》止作韋機。又可見其因孝敬而削也。《新書》正之，故復用本名。而大雅猶名其字者，蓋當時國史所改。《新書》因之不加研究，失於復正故爾。」按，容齋本篇即據伯兄此跋。

《資治通鑑》卷一九五《唐太宗紀》：貞觀十一年六月，「右僕射虞恭公温彦博薨」。趙均《金石林時地考》卷下：「《右僕射虞恭公温彦博碑》，歐陽詢書，今存半段。」

〔五〕《舊唐書》卷四六《經籍志》有温大雅撰《大唐創業起居注》三卷。存。此所引出此書卷上《起義旗至發引凡四十八日》。

〔六〕《舊唐書》卷五《高宗紀》：上元二年，「五月己亥，追謚太子弘爲孝敬皇帝。」《舊唐書》卷七《中宗紀》：神龍元年，「（六月）丁卯祔孝敬皇帝神主於太廟，廟號義宗。」

〔七〕《舊唐書》卷三八《地理志》：弘農縣，「神龍元年改弘爲恒」。《新唐書》卷一一三《徐有功傳》：「徐有功名弘敏，避孝敬皇帝諱，以字行。」《新唐書》卷五九《藝文志》神仙類有道士李含光《老子、莊子、周易學記》三卷，又《義略》三卷，注云：「含光，揚州江都人，本姓弘，避孝敬皇帝諱改焉。天寶間人。」《舊唐書》卷一八五上有《韋機傳》，《新唐書》卷一〇〇有《韋弘機傳》。王溥《唐會要》卷六四：弘文館，「神龍元年十月十九日改爲昭文館，避孝敬諱故也。」

〔八〕歐陽修《集古録》卷七《唐顏勤禮神道碑》：「右《顏勤禮神道碑》，顏真卿撰並書。序顏、温二家之盛，云：『思魯、大雅，在隋俱仕東宫。愍楚、彦博，同直内史省。游秦、彦將，皆典祕閣。』」

〔九〕此謂錢聞詩不知《新唐書·温大雅傳》乃宋子京之作，而非歐陽修之作。按《宰相世系表》乃歐公之作。錢聞詩，字子言，成都人，紹興三十二年壽皇登極上舍釋褐，淳熙中知南康軍，有文集二十八卷。（參徐碩《至元嘉禾志》卷一五《宋登科題名》《宋史》卷二〇八《藝文志》《宋詩紀事》卷五六。）

9 册府元龜

真宗初，命儒臣編修《君臣事迹》，後謂輔臣曰：「昨見《宴享門》中録唐中宗宴飲，韋庶人等預會和詩，與臣寮馬上口摘含桃事，皆非禮也。已令削之。」又曰：「所編事迹，蓋欲垂爲典法，異端小説，咸所不取，可謂盡善。」而編修官上言：「近代臣僚自述揚歷之事，如李德裕《文武兩朝獻替記》、李石《開成承詔録》、韓偓《金鑾密記》之類，又有子孫追述先德，叙家世，如李繁《鄴侯傳》《柳氏序訓》《魏公家傳》之類，或隱己之惡，或攘人之善，並多溢美，故匪信書。并僭僞諸國，各有著撰，如僞《吴録》《孟知祥實録》之類，自矜本國，事或近誣。其上件書，並欲不取。餘有《三十國春秋》《河洛記》《壺關録》之類，多是正史已有；《秦記》《燕書》之類，出自僞邦；《殷芸小説》《談藪》之類，俱是談諧小事；《河南志》《邠志》《平剡録》之類，多是故吏賓從述本府戎帥征伐之功，傷於煩碎；《西京雜記》《明皇雜録》，事多語恠；《奉天録》尤是虚詞。盡議采收，恐成蕪穢。」並從之。及書成，賜名《册府元龜》，首尾十年，皆王欽若提總，凡一千卷。其所遺棄既多，故亦不能暴白〔一〕。如《資治通鑑》則不然，以唐朝一代言之，叙王世充、李密事，用《河洛記》〔二〕；魏鄭公諫争，用《諫録》〔三〕；李絳議奏，用《李司空論事》〔四〕；睢陽事，用《張中丞傳》〔五〕；淮西事，用《涼公平蔡録》〔六〕；李泌事，用《鄴侯家傳》〔七〕；李德裕太原、澤潞、回鶻事，用《兩朝獻替記》〔八〕；大中吐蕃尚婢婢等事，用林恩《後史補》〔九〕；韓偓鳳翔謀畫，用《金鑾密記》〔一〇〕，平龐勛，用《彭門紀亂》〔一一〕；討裘甫，用《平剡録》〔一二〕；記畢師鐸、呂用之事，用《廣陵妖亂志》〔一三〕。皆本末粲然，然則雜史、瑣説、家傳，豈可盡廢也〔一四〕！

【箋證】

〔一〕《續資治通鑑長編》卷六一：真宗景德二年九月丁卯，「令資政殿學士王欽若、知制誥楊億修《歷代君臣事迹》。欽若請以直祕閣錢惟演等十人同編修。（郁之按，十人者，據《玉海》卷五四《藝文·類書》「景德册府元龜」條云：「欽若等奏請直祕閣錢惟演、刁衎、龍圖閣待制杜鎬、戚綸、直集賢院李維、直史館王希逸、陳彭年、姜嶼、陳越、太子右贊善大夫宋貽序同編修。」）初令惟演等各撰篇目送欽若暨億參詳。欽若等又自撰集上進，詔用欽若等所撰爲定，有未盡者，奉旨增之。又令宮苑使勝州刺史勾當皇城司劉承珪、内侍高品監三館祕閣圖書劉崇超典掌其事。編修官非内殿起居當赴常參者免之，非帶職不當給實俸者特給之，其供帳飲饌，皆異於常等。」同書卷八一：大中祥符六年八月壬申，「樞密使王欽若等上《新編修君臣事迹》一千卷，上親製序，賜名《册府元龜》」。容齋此處所引，蓋據《實録》或《國史》，今《續資治通鑑長編》《宋史》俱失書。又《玉海》卷五四《藝文·類書》「景德册府元龜」條：「景德四年九月戊辰上謂輔臣曰：『所編《君臣事迹》，蓋欲垂爲典法，異端小説，咸所不取。觀所著篇序，援據經史，頗盡體要，而誡勸之理有所未盡也。』欽若等曰：『自纘集此書，發凡起例，類事分門，皆上禀聖意授之。群官間有凝滯，皆答陳論，今蒙宣諭，動以懲勸爲本，垂世之急務也。』」容齋此條所引編修官上言一節，或即在此時。

《四庫全書總目》卷一三五《册府元龜》提要云：「洪邁《容齋隨筆》謂其時編修官上言，凡臣僚自述及子孫追叙家世，如《鄴侯傳》之類，並不采取，遺棄既多，故亦不能暴白。袁氏《楓窗小牘》亦謂開卷皆常目所見，無罕覯異聞，不爲藝家所重。是此書在宋世學者頗不滿之，但典籍至繁，勢不能遍爲掇拾，去誣存實，未可槩以挂漏相繩，況纂輯諸臣皆一時淹貫之士，雖卷帙既富，難盡免於牴牾，而考訂明晰，亦多可資覽古之助。」

〔二〕《直齋書録解題》卷五《雜史類》：「《行在河洛記》十卷。唐宰相尉氏劉仁軌正則撰。記李密、王世充事。末二卷，記隋都城宫殿池苑。按《唐志》作《行年記》二十卷。」

〔三〕《直齋書録解題》卷五《典故類》：「《魏鄭公諫録》五卷。唐尚書吏部郎中琅邪王綝撰。綝字方慶，以字行，相武后，其爲吏部，當在高宗時。《館閣書目》作王琳，誤也。所録魏公進諫奏對之語，又名《魏文貞公故事》。」《四庫全書總目》卷五七《魏鄭公諫録》提要云：「《唐書·藝文志》以爲《魏徵諫事》，司馬光《通鑑書目》以爲《魏元成故事》，標題互異。惟洪邁《容齋隨筆》作《魏鄭公諫録》，與此相合。」

〔四〕《直齋書録解題》卷五《典故類》：「《李司空論事》一卷。唐大中史官蔣偕録。司空者，李絳深之，元和宰相也。」《玉海》卷六一《藝文》「唐李絳論事集」條：「《李絳傳》，所論事萬餘言，其甥夏侯以授蔣偕，次爲七篇。《志》別集，李絳《論事集》三卷，蔣偕集。又集二十卷，劉禹錫爲序。《書目》，《李司空論事》七卷，元和中論諫，共數百事，大中中，史官蔣偕編次。《志》云三卷，數不同者，《志》之誤也。」

〔五〕歐陽修《集古録跋尾》：「《張中丞傳》，李翰撰。張巡、許遠之事壯矣，秉筆之士皆喜爲之稱述也。然以翰所記考《唐書》列傳及韓退之所書，（郁之按，指韓愈《張中丞傳後叙》。）皆互有得失，而列傳最爲疎略。雖云史家當記大節，然其大小數百戰，屢敗賊兵，其智謀材力亦有過人可以示後者，史家皆滅而不著，甚可惜也。翰之所書誠爲太繁，然廣記備言，所以備史官之采也。」（歐陽修《文忠集》卷一四〇）

〔六〕《直齋書録解題》卷五《雜史類》：「《涼國公平蔡録》一卷。唐山南東道掌書記鄭澥蘊士撰。涼國公者，李愬也。」

〔七〕《相國鄴侯家傳》十卷。李繁撰。繁，鄴侯泌之子。宋子京謂其辭浮侈。（《郡齋讀書志》卷二下《傳記類》）周勛初《唐語林校證》末附録《唐語林援據原書提要》「鄴侯家傳」條：「《家傳》原書已佚，只在類書、總集中偶有徵引。洪邁《容齋四筆》卷十一《册府元龜》條言此書事多溢美，而觀其殘文，頗多侈陳怪異，體近小説，只有部分史實可以相信。」

〔八〕《兩朝獻替記》三卷，李德裕撰。德裕相文宗、武宗，録當時奏對論議。（《郡齋讀書志》卷二下《雜史類》）

〔九〕《新唐書》卷五八《藝文志》雜史類：林恩《補國史》十卷。注云：「僖宗時進士。」《宋史》卷二〇三《藝文志》，五卷。

〔一〇〕《新唐書》卷五八《藝文志》雜史類：韓偓《金鑾密記》五卷。《宋史》卷二〇三《藝文志》，一卷。

《郡齋讀書志》卷二下《雜史類》：「《金鑾密記》一卷。右唐韓偓撰，天復中爲翰林學士，從昭宗西幸。梁祖以兵圍鳳翔，偓每與謀議，因密記之，及所聞見事，止復京師偓貶云。」《直齋書録解題》卷五《雜史類》：「《金鑾密記》三卷。唐翰林學士承旨京兆韓偓致堯撰。具述在翰苑時事，危疑艱險甚矣。」

〔一一〕《新唐書》卷五八《藝文志》雜史類：鄭樵《彭門紀亂》三卷。注云：「龐勛事。」

〔一二〕《新唐書》卷五八《藝文志》雜史類：鄭言《平剡録》一卷。注云：「裘甫事。言字垂之，浙西觀察使王式從事，咸通翰林學士、户部侍郎。」討裘甫事，見《資治通鑑》卷二五〇《唐懿宗紀》，胡三省注：「自至德以來，浙東盜起者再。袁晁、裘甫是也。裘甫之禍不烈於袁晁。袁晁之難，張伯儀平之，《通鑑》所書數語而已。今王式之平裘甫，《通鑑》書之視張伯儀平袁晁事爲詳，蓋唐中世之後，家有私史，王式儒家子也，成功之後，紀事者不無張大。《通鑑》因其文而序之，弗覺其煩耳。《容齋隨筆》曰：『《通鑑》書討裘甫事用《平剡録》。』蓋亦有見於此。《考異》二十卷，辯訂唐事者居大半焉，亦以唐私史之多也。」

〔一三〕《新唐書》卷五八《藝文志》雜史類：郭廷誨《廣陵妖亂志》二卷。注云：「高駢事。」《通志》卷六五《藝文略》雜史類，三卷，注云：「記高駢鎮廣陵，爲妖人吕用之所惑，致生亂，至楊行密。」《直齋書録解題》卷五《雜史類》，三卷，云：「言高駢、吕用之、畢師鐸等事。」

〔一四〕周中孚《鄭堂讀書記》卷六一「册府元龜」條：「今觀其書，前五百卷紀君，後五百卷紀臣，皆載歷代德美之事，爲將來取法，凡悖惡之事及不足爲訓者皆不纂録，義據通深，囊括典要，主極臣謨，燦然明且備矣。考洪氏《容齋隨筆》有援《資治通鑒》之書以相比較，嫌其不録雜史、瑣語、小説、家傳而少之，不知著述自有體要，其勢不能以兩得也。洪氏所論，殆猶未達是書之旨也夫。」

10 漢高帝祖稱豐公

《前漢書・高祖紀贊》云：「劉氏自秦獲於魏。秦滅魏，遷大梁，都于豐。故周市説雍齒曰：『豐，故梁徙也。』是以頌高祖云：『漢帝本系，出自唐帝。降及于周，在秦作劉。涉魏而東，遂爲豐公。』豐公，蓋太上皇父。」案上六句皆韻語，不知何人作此頌，諸家注釋，大氏闕如。予自少時讀班史，今六七十年，何啻百遍，用朱點句，亦須十本，初不記憶高帝之祖稱豐公，比再閲之，怳然若昧平生，聊表見於此。舊書不厭百回讀，信哉〔一〕！

【箋證】

〔一〕《初學記》卷九《帝王部》載《帝王世紀》曰：「漢出自帝堯，劉姓也。豐公生執嘉，即太上皇也。太上皇之妃曰媪，是爲昭靈后，生子邦，字季，是爲漢高皇帝。」

顧炎武《日知録》卷二〇《非三公不得稱公》：「《左傳》自王卿而外無書公者，惟楚有之。其君已僭爲王，則臣亦僭爲公。楚、漢之際，有滕公、戚公、柘公、薛公、郯公、蕭公、陳公、魏公、留公、方與公，高祖初稱沛公，太上皇父稱豐公，皆楚之遺名。此縣公之公也。」

11 樞密行香

唐世樞密使專以内侍爲之，與它使均稱内諸司，五代以來始參用士大夫，遂同執政〔一〕。案《實録》所載景德二年三月元德皇后忌，中書、樞密院文武百官，並赴相國寺行香。初，樞密院言：「舊例，國忌行香，唯樞密使副依内諸司例不赴，恐有虧恭恪。今欲每遇大忌日，與中書門下同赴行香。」從之。樞密使副、翰林、樞密直學士並赴，自兹始也。然則樞密之同内諸司久矣〔二〕。隆興以來，定朝臣四參之儀，自宰臣至于郎官、御史，皆班列殿庭拜舞，惟樞密立殿上不預，亦此意云〔三〕。

【箋證】

〔一〕參《三筆》卷四《樞密稱呼》。

〔二〕《宋史》卷一二三《禮志》：「元德皇后忌日，舊制，樞密使依内諸司，例惟進名，不赴行香，知樞密院王欽若以爲言，自是，三司使副、翰林、樞密、龍圖直學士並赴焉。」《續資治通鑑長編》卷六二景德三年三月甲寅，「元德皇太后忌，知樞密院王欽若言：『舊制，大忌，樞密使依内諸司例，唯進名不赴行香，有虧恭恪。自今欲與中書門下同赴佛寺。』從之。自是，三司使副、翰林、樞密、龍圖等學士並赴焉。」

〔三〕《宋史》卷一一六《禮志》：「政和詳定五禮新儀，有文德殿月朔視朝儀、紫宸殿望參儀、垂拱殿四參儀、紫宸殿日參儀、垂拱殿日參儀、崇政殿再坐儀、崇政殿假日起居儀，其文不載。中興仍舊制。乾道二年九月閤門奏垂拱殿四參。」原注：「四參官謂宰執、侍從、武臣正任、文臣卿監員郎監察御史已上。」

12 船名三翼

《文選》張景陽《七命》曰：「浮三翼，戲中沚。」〔一〕其事出《越絶書》。李善注頗言其略，蓋戰船也。其書云：「闔閭見子胥，問船運之備。對曰：『船名大翼、小翼、突冒、樓船、橋船。大翼者當陵軍之車，小翼者當陵軍之輕車。』」〔二〕又《水戰兵法内經》曰：「大翼一艘，廣一丈五尺三寸，長十丈；中翼一艘，廣一丈三尺五寸，長九丈；小翼一艘，廣一丈二尺，長五丈六尺。」〔三〕大抵皆巨戰船，而昔之詩人乃以爲輕舟。梁元帝云「日華三翼舸」，又云「三翼自相追」，張正見云「三翼木蘭船」，元微之云「光陰三翼過」。其它亦鮮用之者〔四〕。

【箋證】

〔一〕《文選》卷三五《七命》。李善注：「《越絶書》，伍子胥《水戰兵法内經》曰：『大翼一艘長十丈，中翼一艘長九丈六尺，小翼一艘長九丈。』」

〔二〕《北堂書鈔》卷一三七《舟部》「大翼小翼」條引《越絶書》曰：「闔廬見子胥：『敢問船運之備何如？』對曰：『船名大翼、小翼、突冒、樓船、橋船。今船軍之教，比陵軍之法乃可用之。大翼者，當陵軍之重車；小翼者，當陵軍之輕車；突冒者，當陵軍衝車；樓船者，當陵軍之行樓車也；橋船者，當陵軍之輕足剽定騎也。』」按，今本《越絶書》皆無此語。（參《四庫全書總目》卷六六《越絶書》提要。）又見《太平御覽》卷七七〇所引。二書所引，「突冒」均作「突冒」。

〔三〕王應麟《漢藝文志考證》卷八《兵權謀》：「《伍子胥》十篇。《唐志》，《伍子胥兵法》一卷。《文選注》引《越絶書》伍子胥《水戰兵法内經》。《武經總要》云：『伍子胥對闔廬，以船軍之教比陸軍之法。』」

〔四〕元微之詩「光陰三翼過」，不見《元氏長慶集》。葛立方《韻語陽秋》卷二〇：「張景陽《七命》有『浮三翼，泛中沚』之句，故詩家多用三翼爲輕舟，如梁元帝『日華三翼舸』、元微之『光陰三翼過』是也。所謂三翼者，皆巨戰船也，用爲輕舟誤矣。」

13 東坡誨葛延之

江陰葛延之，元符間，自鄉縣不遠萬里省蘇公於儋耳，公留之一月。葛請作文之法，誨之曰：「儋州雖數百家之聚，而州人之所須，取之市而足，然不可徒得也，必有一物以攝之，然後爲己用。所謂一物者，錢是也。作文亦然，天下之事，散在經、子、史中，不可徒使，必得一物以攝之，然後爲己用。所謂一物者，意是也。不得錢不可以取物，不得意不可以用事。此作文之要也。」葛拜其言，而書諸紳。嘗以親製龜冠爲獻，公受之，而贈以詩曰：「南海神龜三千歲，兆叶朋從生慶喜。智能周物不周身，未死人鑽七十二。誰能用尔作小冠，岣嶁耳孫創其製。今君此去寧復來，欲慰相思時整視。」今集中無此詩。葛常之，延之三從弟也，嘗見其親筆〔一〕。

【箋證】

〔一〕葛立方《韻語陽秋》卷三：「東坡在儋耳時，余三從兄諱延之，自江陰擔簦萬里絶海往見，留一月，坡嘗誨以作文之法曰：（同《隨筆》本條，略。）吾兄拜其言而書諸紳。嘗以親製龜冠爲獻，坡受之，而贈以詩云：（見本條。略。）今集中無此詩。余曾見其親筆。」按此詩查慎行《蘇詩補注》已輯録。

費衮《梁谿漫志》卷四《東坡教人作文寫字》：「葛延之在儋耳，從東坡游，甚熟，坡嘗教之作文字，云：『譬如市上店肆，諸物無種不有，卻有一物可以攝得，曰錢而已。莫易得者是物，莫難得者是錢。今文章詞藻事實乃市肆諸物也，意者錢也，爲文若能立意，則古今所有，翕然並起，皆赴吾用。汝若曉得此，便會做文字也。』又嘗教之學書云：『世人寫字，能大不能小，能小不能大，我則不然。胸中有箇天來大字，世間縱有極大字，焉能過此。從吾胸中天大字流出，則或大或小，惟吾所用。若能了此，便會作字也。』嘗爲作龜冠詩送其行，葛以語胡蒼梧，蒼梧爲記之。此大匠誨人之妙法，學者不可不知也。」

姚永樸《文學研究法》卷三《神理》：「雖然積理固文學家要務，但觀洪景盧《容齋四筆》載：（即本條「葛拜其言，而書諸紳」以上一節。略。）然則理雖積之於書，而意則攝之於我。既有意矣，又必有術以行之，然後能執簡御繁，化腐爲奇。」

14 用書雲之誤

今人以冬至日爲書雲，至用之於表啓中，雖前輩或不細考，然皆非也〔一〕。《左氏傳》：「僖公五年正月辛亥朔，日南至，公既視朔，遂登觀臺以望，而書，禮也。凡分、至、啓、閉，必書雲物，爲備故也。」杜預注云：「周正月，今十一月。分，春秋分也；至，冬夏至也；啓者，立春、立夏；閉者，立秋、立冬；雲物者，氣色災變也。」〔二〕蓋四時凡八節，其禮並同。漢明帝永平二年春正月辛未，宗祀光武畢，登靈臺觀雲物〔三〕，尤可爲證。而但讀《左傳》前兩三句，故遂顓以指冬至云〔四〕。今太史局官，每至此八日，則爲一狀，若立春則曰風從艮位上來，春分則曰風從震位上來〔五〕，它皆倣此，只是定本，元非摭實。《起居注》

隨即修入，顯爲文具，蓋古之書雲意也。

【箋證】

〔一〕按，令狐楚《進鞍馬器械等狀》：「迎日良辰，書雲令節。」（《文苑英華》卷六四〇）蔡襄《端明集》卷三二《南郊道場贊佛文》：「甫届書雲之辰，往陳奠璧之祀。」釋覺範《石門文字禪》卷二八《化冬齋果子》：「偶届書雲之節，特干指廩之豪。」歐陽修《漁家傲》詞：「南至迎長知漏箭，書雲紀候冰生研。」（《六一詞》）曹勛《松隱集》卷二〇《幕中冬至書事》：「書雲節物動冠裳，愧我從軍樂事妨。」文天祥《文山集》卷二〇《冬至》：「書雲今日事。」蓋爲唐宋文人所習用也。

〔二〕《左傳》僖公五年。

〔三〕《後漢書》卷二《明帝紀》。章懷注：「《周禮》保章氏以五雲之色辨吉凶水旱豐荒之祲象。鄭司農注云：『以二至二分觀雲色。青爲蟲，白爲喪，赤爲兵荒，黑爲水，黄爲豐，故《春秋傳》曰：「凡分、至、啓、閉必書雲物，爲備故也。」』杜預注云：『物謂氣色災變也。』」

〔四〕王觀國《學林》卷八《冬至》亦引《左傳》及杜注，接云：「書雲物在八節之日，不特冬至而已。冬至雖亦預書雲之日，然獨言書雲而不言冬至，則泛而不切，當先叙冬至之日，然後用書雲，始得事之實。」

〔五〕《宋會要輯稿》運曆二《節候》，記載頗詳，可參。

15 張鷟譏武后濫官

武后革命，濫授人官，故張鷟爲諺以譏之曰：「補闕連車載，拾遺平斗量，杷推侍御史，椀脱校書郎。」〔一〕唐新、舊《史》亦載其語，但泛言之〔二〕。案天授二年二月，以十道使所舉人石艾縣令王山輝等六十一人，並授拾遺、補闕；懷州録事參軍霍獻可等二十四人，並授侍御史；并州録事參軍徐昕等二十四人，授著作郎；内黄縣尉崔宣道等二十三人，授衛佐校書。凡百三十二人，同日而命，試官自此始也。其濫如此〔三〕。《劉子玄傳》：「武后詔九品以上陳得失，子玄言：『君不虚授，臣不虚受。今群臣無功，遭遇輒遷，至都下有車載、斗量、杷推、椀脱之諺。』」〔四〕正爲此設。然只是自外官便除此四職，非所謂輒遷，子玄之言失之矣。

【箋證】

〔一〕張鷟《朝野僉載》卷四：「則天革命，舉人不試皆與官，起家至御史評事、拾遺、補闕者，不可勝數。張鷟爲謡曰：『補闕連車載，拾遺平斗量。杷推侍御史，椀脱校書郎。』時有沈全交者，傲誕自縱，露才揚己，高巾子，長布衫，南院吟之，續四句曰：『評事不讀律，博士不尋章。麪糊存撫使，眯目聖神皇。』遂被杷推御史紀先知捉向左臺，對仗彈劾，以爲謗朝政，敗國風，請於朝堂決杖，然後付法。則天笑曰：『但使卿等不濫，何慮天下人語？不須與罪，即宜放卻。』先知於是乎面無色。」

〔二〕《新唐書》卷一三二《劉知幾傳》：知幾言：「君不虚授，臣不虚受。妄受不爲忠，妄施不爲惠。今羣臣無功，遭遇輒遷，至都下有『車載斗量，杷推椀脱』之諺。」按《舊唐書》未見記載。

〔三〕王溥《唐會要》卷六七《試及斜濫官》，所録同，在「天授二年二月十五日」。《資治通鑑》卷二〇五《唐則天皇后紀》：長壽元年一月丁卯，「太后引見存撫使所舉人，無問賢愚，悉加擢用，高者試鳳閣舍人、給事中，次試員外郎、侍御史、補闕、拾遺、校書郎。試官自此始。時人爲之語曰：『補闕連車載，拾遺平斗量。』」胡三省注：「《容齋隨筆》以爲此語出於張鷟。」

〔四〕《新唐書》卷一三二《劉子玄傳》。

16 唐王府官猥下

唐自高宗以後，諸王府官益輕，惟開元二十三年，加榮王以下官爵，悉拜王府官屬。浸又減省，僅有一傅一友一長史，亦但備員，至與其府王不相見。寶曆中，瓊王府長史裴簡求具狀言：「諸王府本在宣平坊，多年摧毁，後付莊宅使收管，遂爲公局。每聖恩除授，無處禮上。王官爲衆所輕，府既不存，官同虚設，伏乞賜官宅一區。」乃詔賜延康坊宅〔一〕。予因閲《九經字樣》一書，開成中唐玄度所纂，其官階云朝議郎、知沔王友、充翰林待詔。

沔王名恂，憲宗之子，而以書吏爲友，其餘可知〔二〕。案文、武、宣、昭四宗，皆自藩王登大位，剛明果斷，爲史所稱，蓋出於天性，然非資於師友成就也。

【箋證】

〔一〕《新唐書》卷八二《十一宗諸子列傳》：「鄂王瑶，既封，遥領幽州都督、河北節度大使。開元二十三年，與榮、光、儀、潁、永、壽、延、盛、濟、信、義十一王並授開府儀同三司，實封二千户。詔詣東宫、尚書省，上日百官集送，有司供張設樂。是日，悉拜王府官屬，然未有府也，而選任冒濫，時不以爲榮。」

王溥《唐會要》卷六七《王府官》：「武德令、師一人，景雲二年十一月十九日，改爲傅，開元二年九月六日省，已後復置。武德年令，又有王國常侍郎、舍人等官。開元初定令，並除之。寶曆三年六月，瓊王府長史裴簡求狀，請與諸王共置王府一所：『伏見諸王府本在宣平坊東西角，摧毁多年，因循不修，至元和十三年七月十三日，莊宅使收管，其年八月二十五日賣與邠寧節度使高霞寓。伏以在城百官皆有曹局，惟王府寮吏獨無公署，每聖恩除授，無處禮上，胥徒散居，難於管轄，遂使下吏因兹弛慢，王官爲衆所輕。雖蒙列在官班，皆爲偷安散秩。伏以府因王制，官列府中，府既不存，官司虚設。伏乞賜官宅一區，俾諸府合而共局，庶寮會而異處，如此則人吏可令衙集，案牘可見存亡，都城無廢闕之曹，道路息是非之論。』敕旨，宜賜延康坊閻令琬宅一所，仍令所司檢計，與量修改，及逐要量約什物。」

〔二〕《九經字樣》一卷，唐元度撰。元度，開成中官翰林院待詔。書今存。卷首附《九經字樣牒文》：「右國子監奏得覆定石經字體官翰林待詔、朝議郎、權知沔王友、上柱國、賜緋魚袋唐玄度狀」云云。

17 御史風聞

御史許風聞論事〔一〕，相承有此言，而不究所從來，以予考之，蓋自晉、宋以下如此〔二〕。齊沈約爲御史中丞，奏彈王源曰：「風聞東海王源。」〔三〕蘇冕《會要》云：「故事，御史臺無受詞訟之例，有詞狀在門，御史採狀有可彈者，即略其姓名，皆云風聞訪知。其後疾惡公方者少，遞相推倚，通狀人頗壅滯。開元十四年，始定受事御史，人知一日劾狀，遂題告事人名，乖自古風聞之義。」〔四〕然則向之所行，今日之短卷是也〔五〕。二字本見《尉佗傳》〔六〕。

【箋證】

〔一〕吴曾《能改齋漫録》卷一二《謹正》「許風聞言事」條：「大觀四年詔：諸路走馬承受公事、使臣、大小行人之職，耳目之任，舊許風聞，庶幾邊防動息、州郡不法得以上達。近有陳請不實、重行黜陟之文，例皆偷安苟簡，避罪緘默，甚失設置之意，可仍舊許風聞言事。」

〔二〕周一良《魏晉南北朝史札記·梁書札記》「風聞奏事」條，引《四筆》本條，接云：「所謂風聞奏事，《通典》二四御史臺條云：『舊制但風聞彈事，提綱而已』。注云：『舊例御史臺不受訴訟。有通詞狀者，立於臺門候御史，御史竟往門外收采。如可彈者，略其（指通詞狀之人）姓名，皆云風聞訪知』。唐代御史自開元以後始『罕有風聞彈舉之事，多受詞訟，推覆理盡，然後彈之』。至風聞彈事之源，當即漢代所謂以『謠言』奏劾之類。如《後漢書》九十下《蔡邕傳》載所奏七事中第四事，『又令三公謠言奏事』。注引《漢官儀》云：『三公所采長吏臧否，人所疾苦，條奏之，是爲舉謠言者也。』據《續漢·百官志》司徒，以及劉陶、范滂諸傳，漢之三府掾及公卿皆得舉謠言，所舉例皆刺史二千石。是風聞奏事東漢已有，不自晉宋始，唯奏事者與被劾者晉宋與漢又自有異耳。」

〔三〕《文選》卷四〇《奏彈王源》。李善注：「《漢書》曰：『尉佗曰：「風聞老夫父母墓已壞削。」』賈逵《國語注》曰：『風，采也，采聽商旅之言也。』」按，尉佗語出《漢書》卷九五《趙佗傳》。按《晉書》卷八三《顧和傳》：「（王）導遣八部從事之部，和爲下傳還，同時俱見，諸從事各言二千石官長得失，和獨無言。導問和：『卿何所聞？』答曰：『明公作輔，寧使網漏吞舟，何緣采聽風聞，以察察爲政？』導咨嗟稱善。」《南齊書》卷三六《謝超宗傳》：「上積懷超宗輕慢，使兼中丞袁彖奏曰：『風聞征北諮議參軍謝超宗，根性浮險，率情躁薄，仕近聲權，務先諂狎。』」云云，可證容齋之説。

〔四〕《新唐書》卷五九《藝文志》有蘇冕《會要》四十卷，次高祖至德宗九朝之事。王溥《唐會要》卷六〇《御史臺》録此文，又載蘇氏駁曰：「御史臺正朝廷綱紀，舉百司紊失，有彈邪佞之文，無受詞訟之例，今則重于此而忘于彼矣。」

〔五〕「今日之短卷」，按《建炎以來繫年要録》卷一六一：紹興二十年六月，「左朝請郎何大圭直祕閣。大圭進《聖德頌》，故有是命。初大圭之削籍也，張浚爲之保叙。至是，以短卷譖浚於秦檜，士論薄之。」又同書卷一七〇：紹興二十五年十二月，「諸王宫大小學教授朱三思罷，以右正言凌哲論其諂事王會，遂得教授宫學。會之去朝，復附曹泳，以短卷密疏人事于泳，多非其實故也。」

〔六〕見注三。

18 唐御史遷轉定限

唐元和中，御史中丞王播奏：「監察御史，舊例在任二十五月轉，準具員不加，今請仍舊；其殿中侍御史，舊十二月轉，具員加至十八月，今請減至十五月；侍御史，舊十月轉，加至十三月，今請減至十二月。」從之〔一〕。案，唐世臺官，雖職在抨彈，然進退從違，皆出宰相，不若今之雄緊，觀其遷叙定限可知矣。國朝未改官制之前，任監察滿四年而轉殿中，又四年轉侍御，又四年解臺職，始轉司封員外郎。元豐五年以後，陞沉迴別矣〔二〕。

【箋證】

〔一〕《太平御覽》卷二二六《職官部·御史中丞下》引《唐書·官品志》：「元和中，御史中丞王播奏：『監察御史，舊例在任二十五月轉準具員，不加，今請仍舊例。殿中侍御史，舊例（「殿中侍御史舊例」七字，據《唐會要》卷六〇《御史臺上》補。）在任十三月轉準具員，加至十八月，今請減至十五月。侍御史，舊例在任六月（郁之按，「六月」，《唐會要》作「十月」。）轉準具員，加十三月，今請減至十月。』從之。」

《册府元龜》卷五一六《憲官部·振舉》：「（元和）五年二月，御史中丞王播奏：『監察御史，舊例在任二十五月轉準具員，不加，今請仍舊。殿中侍御史，舊例在任十三月轉準具員，加十三月，今後減至十月。』從之。播爲中丞，振舉朝章，百職修舉。」

〔二〕《文獻通考》卷五三《職官考七·御史臺》「監察侍御史」條之末，引《隨筆》本條及前條。而此所記之遷叙定限，《宋史·職官志》失書。

容齋四筆卷十二 十三則

1 小學不講

古人八歲入小學，教之六書，《周官》保氏之職，實掌斯事，厥後浸廢。蕭何著法，太史試學童，諷書九千字，乃得爲吏。以六體試之。吏人上書，字或不正，輒有舉劾。劉子政父子校中祕書①，自《史籀》以下凡十家，序爲小學，次於六藝之末。許叔重收集篆、籀、古文諸家之學，就隸爲訓注，謂之《説文》。蔡伯喈以經義分散、傳記交亂、訛僞相蒙，乃請刊定五經，備體刻石，立于太學門外，謂之《石經》。後有吕忱，又集《説文》之所漏略，著《字林》五篇以補之。唐制，國子監置書學博士，立《説文》《石經》《字林》之學，舉其文義，歲登下之。而考功、禮部課試貢舉，許以所習爲通。人苟趍便，不求當否〔一〕。大曆十年，司業張參纂成《五經文字》，以類相從〔二〕。至開成中，翰林待詔唐玄度又加《九經字様》，補參之所不載〔三〕。晉開運末，祭酒田敏合二者爲一編，並以考正俗體訛謬〔四〕。今之世不復詳考，雖士大夫作字，亦不能悉如古法矣。韓子曰：「凡爲文辭，宜略識字。」又云：「阿買不識字，頗知書八分。」安有不識字而能書？蓋所謂識字者，如上所云也〔五〕。予采張氏、田氏之書，擇今人所共昧者，謾載於此②，以訓子孫。本字從木，一在其下，今爲大十者非。休字象人息於木陰，加點者非。美从羊从大，今从犬从火者非。匍字古者以車戰，故軍从勹下車，後相承作軍，義無所取。看字从手，凡視物不審，則以手遮目看之，作看者非。揚州取輕揚之義，从木者非。梁从木，作梁者非。乾有干、虔二音，爲字一體，今俗分別作乹字音虔，而乾音干者非。尊从酋下寸，作尊者非。奠从酋从丌，作奠者非。夷从弓从大③，作夷者訛。耆从旨，作老下目者訛。漆、泰、黍、黎，下並从氺，相承省作小④，今从小，从小者訛。決、沖、況、涼、盜，並从水，作冫者訛。饑、飢二字，上穀不熟，下餓也，今多誤用。至於果、芻、韭之加草，岡加山，攜之作携，鉏作鋤，惡作悪，霸作覇，筍作笋，頿作髭，須加髟或从水，祕从禾，簡作蕳，寶从尔，趨从多，衡合从角从大而从魚，啓从又及弋，肇从文，徹从去，麤作麁，蟲作虫，隳許規反，俗作隳，又以爲惰，幡作幡⑤，怪爲恠，關爲関⑥，炙从夕，閒从日，功从力⑦，兹合从二玄而作兹，升作廾，輩从北，妬从戶⑧，姦爲奸，纛从毒，吝作吝，冤上加點，鄰作隣，年从干⑨，互作㸦，元从點，舌从千，蓋作盖，京作亰，皎从日，次从冫，鼓从皮，潛、譖、僭从替，出作二山，覺从與，游、於以方爲才，皁爲皂，曷爲曷⑩，匹爲疋，收作収，敍作叙，卧从臣从人，而以人爲卜，改从戊己之己而以爲巳，凡作凢⑪，允作尣，館作舘，覽作覧，祭合从月从又而作祭，瞻作瞻，綵从衣，滛从乍，徧作遍，徼作儌，漾作漾，琴瑟之弦从糸，輕作輊，如是者皆非也〔六〕。

【校勘】

①「政」原作「正」，據馬本、庫本、祠本改。 ②「謾」，馬本、庫本、祠本作「漫」。 ③「大」原作「夫」，據馬本、庫本、祠本改。 ④「小」，馬本作「水」，祠本作「氺」。 ⑤「幡」原作「幡」，據馬本、祠本改。 ⑥「闋爲闗」，馬本、祠本作「闋爲關」。 ⑦「功」原作「切」，據馬本、祠本改。 ⑧「戶」，馬本、祠本作「后」。 ⑨「干」，馬本、庫本、祠本作「午」。 ⑩「曷爲曷」原作「曷爲曷」，據馬本、祠本改。 ⑪「凢作凡」，馬本、祠本作「凡作凢」。

【箋證】

〔一〕張參《五經文字序例》：「逮《周禮》保氏掌養國子，以道教之六書，謂象形、指事、會意、形聲、轉注、假借，六者造字之本也。雖蟲篆變體，古今異文，離此六者則爲謬惑矣。王者制天下，必使車同軌，書同文，故教人八歲入小學，文有疑者，則必闕而求之。春秋之末，保氏教廢，無所取正，各遂其私，故孔子曰：『吾猶及史之闕文也，今亡矣。』蓋夫子少時人猶有闕疑之問，後亡斯道，歎其不知而作之也。蕭何漢制亦有著法，太史試學童，諷書九千字，乃得爲吏。以六體試之。吏人上書字或不正，輒有舉劾。皆正史遺文，可得焯知者也。劉子政父子校中祕書，自史籀以下凡十家，序爲小學，次於六藝之末。後漢許叔重收集籀、篆、古文諸家之學，就隸爲訓注，謂之《說文》。時蔡伯喈亦以滅學之後，經義分散，儒者師門各滯所習，傳記交亂，訛僞相蒙，乃請刊定《五經》，備體刻石，立于太學之門外，謂之石經。學者得以取法焉。遭離變難，僅有存者。後有吕忱，又集《説文》之所漏略，著《字林》五篇以補之。今制，國子監置書學博士，立《説文》《石經》《字林》之學，舉其文義，歲登下之，亦古之小學也。自頃考功、禮部課試貢舉，務於取人之急，許以所習爲通，人苟趨便，不求當否，字失六書，猶爲壹事，五經本文，蕩而無守矣。」

〔二〕張參《五經文字序例》：「（大曆）十年夏六月，有司以職事之病，上言其狀，詔委國子儒官勘校經本送尚書省。參幸承詔旨，得與二三儒者分經鈎考而共決之，互發字義，更相難極。又以前古字少，後代稍益之，故經典音字多有假借，陸氏《釋文》，自南徂北，徧通衆家之學，分析音訓，特爲詳舉，固當以此正之。卒以所刊書于屋壁，雖未如蔡學之精密，石經之堅久，慕古之士，且知所歸。然以經典之文六十餘萬，既字帶惑體，音非一讀，學者傳授，義有所存，離之若有失，合之則難並，至當之餘，但朱發其傍而已。猶慮歲月滋久，官曹代易，倘復蕪汙，失其本真，乃命孝廉生顔傳經收集疑文互體，受法師儒，以爲定例，凡一百六十部，三千二百三十五字，分爲三卷。《説文》體包古今，先得六書之要；有不備者，求之《字林》；其或古體難明，衆情驚懵者，則以《石經》之餘，比例爲助；《石經》湮没，所存者寡通，以經典及《釋文》相承隸省，引而伸之，不敢專也。近代《字樣》多依四聲，傳寫之後，偏旁漸失。今則采《説文》《字林》諸部，以類相從，務於易了，不必舊次。自非經典文義之所在，雖切於時，略不集録，以明爲經不爲字也。其字非常體，偏有所合者，詳其證據，各以朱字記之，俾夫觀省，無至多惑。」

戴震《重刊五經文字九經字樣序》：「唐國子司業張參《五經文字》，初書於屋壁，日久剥壞，乃更土塗，以木版關其背，使負墉相比，而書其表。語詳劉禹錫《國學新修五經壁記》。及開成二年，國子監《九經》石壁成，翰林勒字官唐玄度復拾補參所略，爲《九經字樣》。二書即列《石經》之後。今石刻俱存，字多損闕，末有庸妄人補字。」（《戴震集》卷一〇）

錢大昕《潛研堂金石文跋尾》卷九「五經文字」條：「右《五經文字》三卷，國子司業張參撰。成於大曆十一年，洎開成中，始刻於石。」

〔三〕唐玄度《九經字樣》，存，參《四筆》卷一一《唐王府官猥下》。此書前載開成二年八月牒：「準太和七年十二月敕，覆九經字體者。今所詳覆，多依司業張參《五經文字》爲準，諸經之中，别有疑闕，古今體異，隸變不同，如總據《説文》，則古體驚俗；若依近代文字，或傳寫乖訛。今與校勘官同商校是非，取其適中，纂録《新加九經字樣》一卷，請附於《五經文字》之末。」

〔四〕《册府元龜》卷六〇八《學校部·刊校》：「周田敏爲尚書左丞兼判國子監事，廣順三年六月，敏獻印板書《五經文字》《五經字樣》各二部，一百三十册。奏曰：『臣等自長興三年校勘雕印九經書籍，經注繁多，年代殊藐，傳寫紕繆，漸失根源，臣守官膠庠，職司校定，旁求援據，上備雕鐫，幸遇聖明，克終盛事，播文德於有截，傳世教以無窮，謹具陳進。』」《玉海》卷四三《藝文》「唐九經字樣、五經文字」條：「晉開運末，祭酒田敏合二者爲一編，以考正俗體訛謬。後周廣順三年六月，田敏進印板《九經》書，《五經文字》《樣》各二部，一百三十册。」全祖望《鮚埼亭集外編》卷二三《新雕五經文字九經字樣題詞》：「唐《石經》在關中者，一厄于韓建，再厄于向拱，三厄于韓縝，而當時之完本不可見。金源以後，累經修治，迨明嘉靖乙卯地震，而元以前之補本亦不可見。吾友甘泉馬君嶰谷昆弟，得宋搨《五經文字》《九經字樣》，以爲是希世之珍也，亟爲雕本以傳之。予讀《舊唐書》，頗譏開成石本之蕪累，顧當時寫官既不一，容不能無棼錯，而張參、唐元度之書，則固有功於遺經者也。向嘗聞之顧先生亭林、朱先生竹垞，謂是二書自田敏後，無鏤板者，以歎息於好事者之難。以予考之，二書之刊于田敏，已非石本之舊。洪容齋云：『晉開運末，國子祭酒田敏合二書爲一編，以考證俗體訛謬。』深寧王氏《玉海》亦云。而婁機《廣干禄字書》竟稱爲田氏之作，則開運所定者，乃二書之合編，《册府元龜》仍分列爲二者非也。陳直卿云：『《九經字樣》一卷，唐玄度撰，晉開運中刻本。』近有作《石經考異》者，疑其別爲一書，不知此即田氏之定本，直卿因其卷首但存唐氏序文，遂誤以屬玄度，正猶婁機之竟以屬諸田氏也。田氏于五代時，號爲儒林，其校《石經》，用功尤久且勤。然擅改《尚書·盤庚》之文，於《爾雅》不識『日及』，頗爲經師所笑。其於二書，猶幸其無甚改竄，而要不若石本之舊，爲可信也。然則二書石本之舊，蓋八百年以來無鏤板者。嶰谷昆弟之爲是舉，不可謂非補經苑之憾矣。」又同卷《重和五經字樣板本題詞》：「唐開成《石經》之末，有張司業《五經文字》、唐待詔《九經字樣》附勒于石，暨晉開運中田祭酒合二書爲一，造成板本，是爲《五經字樣》。及宋重和中，又重修之，顧其書不甚傳。」

〔五〕所引韓愈文，分别見《科斗書後記》（《五百家注昌黎文集》卷一三）、《醉贈張祕書》（同前卷二）。

〔六〕張氏、田氏之書，亦未盡善。全祖望《重和五經字樣板本題詞》引《宋會要》云，重和元年十一月丙子，提舉成都府路學生翟棲筠奏：「臣竊見國子監有張參《五經文字》，唐玄度《九經字樣》，所以辨證書名，頗有依據。然其法本取蔡邕《石經》、許氏《説文》，而蔡、許之學，頗有未盡：如是從日而從月，昏從氏而從民，謬戾甚衆。願詔儒臣，重加修定，去其訛誤，存其至當，一以《字説》爲主，分文部類，爲《新定五經字樣》，頒之庠序。』詔可。于是，太學官集衆修之。」胡鳴玉《訂譌雜録》卷九《小學不講》：「流俗作字，輒多謬譌，予於《四書字音砭俗》詳言之。繼覽《容齋隨筆》一則，（即《四筆》本條。）實獲我心。」

2 主臣

漢文帝問陳平決獄、錢穀，平謝曰：「主臣。」《史記》《漢書》皆同。張晏曰：「若今人謝曰『惶恐』也。」文穎曰：「惶恐之辭，猶今言死罪也。」晉灼曰：「主，擊也。臣，服也。言其擊服，惶恐之辭。」馬融《龍虎賦》曰：「勇怯見之，莫不主臣。」正用此意〔一〕。《文選》載梁任昉《奏彈曹景宗》，先叙其罪，然後繼之曰「景宗即主臣」，仍繼之曰「謹案某官臣景宗」，又《彈劉整》亦曰「整即主臣」。齊沈約《彈王源》文亦然。李善捨《史》《漢》所書，而引王隱《晉書》庾純自劾，以謂「然以『主』爲句，則『臣』當下讀」，殊爲非是。不知所謂「某人即主」有何義哉〔二〕？

【箋證】

〔一〕《史記》卷五六《陳丞相世家》。裴駰《集解》：「張晏曰：『若今人謝曰惶恐也。馬融《龍虎賦》曰：「勇怯見之，莫不主臣。」』孟康曰：『主臣，主群臣也，若今言人主也。』韋昭曰：『言主臣，道不敢欺也。』」司馬貞《索隱》：「蘇林與孟康同。既古人所未了，故並存兩解。」四庫本有考證云：「如孟、韋之説，于《馮唐傳》之『主臣』更通不去，自應從張晏作皇恐解。《索隱》於此依違其説，不若《馮唐傳》注之詳確也。」按《史記》卷一〇二《馮唐傳》：「唐曰：『主臣！陛下雖得廉頗、李牧，弗能用也。』」《索隱》：「樂彦云：『人臣進對，前稱主臣，猶上書前云昧死。』」文穎、晉灼注，出《漢書》卷四〇《王陵傳》顔師古注。師古曰：「文、晉二説是也。」

〔二〕任昉《奏彈曹景宗》《奏彈劉整》，沈約《奏彈王源》，並見《文選》卷四〇。《奏彈曹景宗》李善注：「主謂爲主首也。王隱《晉書》庾純自劾曰：『醉酒荒迷昏亂，儀度即主，臣謹按河南尹庾純』云云，然以『主』爲句，『臣』當下讀也。」

趙翼《陔餘叢考》卷二一《主臣》：「李善讀法則從『主』字析句。洪容齋乃引《史》《漢》爲據，謂亦當以『主臣』爲句，而詆李善之誤，殊不知非也。蓋『某即主』句，乃總結前案，以明罪有所歸，而下復出己意以斷之。『主』字之義，猶言魁首耳。若從容齋之説，則所謂『某人即惶恐者」，有何義哉？按《魏書·于忠傳》御史尉元匡奏曰：『前領軍將軍臣忠，不能砥礪名行，自求多福，方因矯制，擅相除假，清官顯職，歲月隆崇，傷禮敗德。臣忠即主，謹案臣忠』云云。又《閹宦傳》，御史中尉王顯奏言：『風聞前洛州刺史陰平子石榮，積射將軍抱老壽，恣蕩非軌，易室而奸，臊聲布於朝野，醜音被于行路。即攝鞫問，皆與風聞無差，犯禮傷化。老壽等即主，謹案石榮』云云。此兩篇體例相同，『主』字之下，『謹案』之上，俱不用『臣』字，益知李善讀法別有此例矣。」

張雲璈《選學膠言》卷一七《主臣非史漢之主臣二字不當連讀》條：「《容齋四筆》亦據《史》《漢》謂當『主臣』連讀，以譏李注之誤。竊謂《史》《漢》所言『主臣』，自屬當時之語，宜如舊說，而《文選》之『主臣』并非引用《史》《漢》。後人見二字相連一處，適與《史》《漢》相合，遂强以《史》《漢》之『主臣』釋之，致令句讀不分，文義相近，不知其與《史》《漢》固絶不相蒙也。李氏讀法，確不可易。『即主謹案』，自是當時彈章一定舊式。而『謹案』之上，或稱『臣』，或不稱『臣』，則固可不拘也。」

按，喬松年《蘿藦亭札記》卷六、梁章鉅《文選旁證》卷三三、俞正燮《癸巳類稿》卷一一《主臣解》及錢鍾書《管錐編》第二〇三，皆不同意容齋之説。錢謂：「『即主』以上猶立狀，舉其罪；謹案以下猶擬判，定其罰」。别可參周一良《魏晉南北朝史札記·梁書札記》「劾奏公文格式」條。

3　景華御苑

崔德符坐元符上書邪黨，困於崇寧〔一〕。後監洛南稻田務，嘗送客於會節園，是時冬暮，梅花已開。明年春，監修大内，閹官容佐取以爲景華御苑，德符不知也。至春晚，復騎瘦馬與老兵游園内，坐梅下賦詩。其詞曰：「去年白玉花，結子深枝間。小憩藉清影，低鸎啄微酸。故人不可見，春事今已闌。繞樹尋履跡，空餘土花斑。」次日，佐入園，見地上馬糞，知爲德符。是時，府官事佐如不及，而德符未嘗謁之。佐即具奏，劾以擅入御苑作踐。有旨勒停。家素貧，傳食於諸賢之舍，久乃歸陽翟〔二〕。德符没於靖康，官卑，不應立傳，予詳考本末，爲特書之，頗憶此段事，擬載於傳中，以悼君子之不幸〔三〕。且知馬永卿《懶真録》中有之〔四〕，而求不可得，漫紀于此。

【箋證】

〔一〕《宋史》卷三五六《崔鶠傳》：崔鶠，字德符，陽翟人，登進士第，調鳳州司户參軍、筠州推官。徽宗初立，以日食求言，鶠上書。「帝覽而善之，以爲相州教授。後蔡京條籍上書人，以鶠爲邪等，免所居官。久之，調績溪令。移病歸，始居郟城，治地數畝，爲婆娑園。屏處十餘年，人無貴賤長少，悉尊師之。宣和六年，起通判寧化軍，召爲殿中侍御史。既至而欽宗即位，授右正言。」「得攣疾，不能行。三求去，帝惜之，不許。吕好問、徐秉哲爲言，乃以龍圖閣直學士主管嵩山崇福宫，命下而卒。」

〔二〕此事又見張邦基《墨莊漫録》卷三，末云：「以此罪廢累年，靖康初，起爲右正言，未幾卒，贈直龍圖閣，歸葬郟城。詩文甚高。」

〔三〕今檢《宋史·崔鶠傳》，未載此事。

〔四〕今見馬永卿《嬾真子》卷五。

4 州陞府而不爲鎮

州郡之名，莫重於府，雖節鎮不及焉，固未有稱府而不爲節度者。比年以來，陞蜀州爲崇慶府，劍州爲隆慶府，恭州爲重慶府，嘉州爲嘉定府，秀州爲嘉興府，英州爲英德府。蜀、劍既有崇慶、普安軍之額，而恭、嘉以下獨未然，故幕職官仍云某府軍事判官、推官，大與府不相稱，皆有司之失也。信陽軍一小壘耳，而司户參軍銜内帶兼節推，尤爲可笑。頃在中都時，每爲天官主者言之，云亦不必白朝廷，只本案檢舉改正申知足矣。乃曰：「久例如此。」竟相承到今〔一〕。文安公嘗爲左選侍郎，是時，未知此也〔二〕。

【箋證】

〔一〕岳珂《愧郯録》卷八《升建府鎮》：「景德三年，詔以宋州爲應天府。大中祥符元年，又建南京，尊建國也。按宋爲藝祖龍興之地，肇基王迹，遂奄九有，昭揭寖建，以示華夏，理則宜之，然自後列聖潛藩，漸以爲故事。藝祖歷睦州刺史，太宗歷睦州防禦，英宗歷岳州團練、齊州防禦，宣和元年，升睦州爲建德軍，岳州爲岳陽軍，三年改睦州爲嚴州遂安軍，治平二年升齊州爲興德軍，政和六年又升濟南府，此刺史、團練、防禦州升鎮若府之始也。藝祖、神宗歷忠武節度，神宗歷安州觀察，元豐三年升許州爲潁昌府，宣和元年升安州爲德安府，此列鎮升府之始也。太宗歷封晉王，仁宗歷封慶國公、壽春郡王，英宗歷封鉅鹿郡公，政和六年升晉州爲平陽府，壽州爲壽春府，七年升慶州爲慶陽軍，宣和元年又升慶陽府，且升邢州爲信德府，此郡國已帶節鎮升府之始也。珂嘗恭考《國史》，或升或否，類出於有司一時之請，迄今尚有不盡舉行者。先後重輕，疑有隆殺，殆不可以弭後世目睫之議也。謹備論之。藝祖歷睦州刺史、永州防禦，定國、義成、忠武、歸德四節度；太宗王晉國，歷睦州防禦，泰寧一節度；真宗王韓、襄、壽，歷尹江陵，荆南、淮南二節度；仁宗公慶國，王壽春，郡昇國，歷尹江寧，忠正、建康二節度；英宗公鉅鹿郡，歷岳州團練，泰州、齊州二防禦；神宗公光國，王淮陽，郡潁國，歷安州觀察，忠武一節度；哲宗公均國，王延安郡，歷天平、彰武二節度；徽宗公寧國，王遂寧，郡端國，歷鎮寧、平江、鎮江、昭德、彰信五節度；欽宗公韓國，王京兆，郡定國，歷山南東道、興德、武昌三節度；高宗公蜀國，王廣平，郡康國，歷牧桂州、鄭州、亳州、平陽、信德、冀州、定武、鎮海、遂安、慶源、静江、奉寧、集慶、建雄、安國、安武十節度；孝宗公建國，王普安，郡建國，歷和州、貴州二防禦，保慶、常德、寧國、鎮南四節度；光宗王恭國，榮州刺史，鎮洮一節度，今上公英國，王平陽，郡嘉國，歷明州觀察，安慶、武寧二節度。珂嘗合而詳考，蓋王之國十有二：晉、韓、襄、壽、昇、潁、端、定、康、建、恭、嘉，而十一備府鎮之名，建雄之爲平陽，山南東道之爲襄陽，忠正之爲壽春，建康之爲建康，順昌之爲順昌，肇慶之爲肇慶，定武之爲中山，永慶之爲德慶，建寧之爲建寧，重慶之爲重慶，嘉慶之爲嘉定是也，獨韓不得與。王之郡八，壽春、淮陽、延安、遂寧、京兆、廣平、普安、平陽，而七備府鎮之名，壽春、平陽之外，鎮安之爲淮寧，彰武之爲延安，武信之爲遂寧，永興之爲京兆，普安之爲隆慶是也，獨洺不得與。公之國八郡一，慶、光、均、寧、韓、蜀、建、英、鉅鹿，而兼府鎮者四，慶陽、建寧之外，崇慶之爲崇慶，安國之爲信德；列鎮而不爲府者三，光之爲光山，均之爲武當，寧之爲興寧；散府而不爲鎮者一，英之爲英德是也。節度觀察之府三十有八：定國、義成、忠武、歸德、泰寧、荆南、淮南、忠正、建康、天平、彰武、鎮寧、平江、鎮江、昭德、彰信、山南東道、興德、武昌、定武、鎮海、遂安、慶源、静江、泰寧、集慶、建雄、安國、安武、保慶、常德、寧國、鎮南、鎮洮、安慶、武寧、安州、明州，而升爲府者二十有六：潁昌、應天、壽春、建康、延安、襄陽、濟南、中山、平陽、信德之外，泰寧之爲襲慶，荆南之爲江陵，天平之爲東平，鎮寧之爲開德，平江之爲平江，鎮江之爲鎮江，昭德之爲隆德，彰信之爲興仁，慶源之爲慶源，静江之爲静江，常德之爲常德，寧國之爲寧國，鎮南之爲隆興，安慶之爲安慶，安遠之爲德安，奉國之爲慶元；不升府者十有二：同、滑、楊、鄂、青、嚴、鄭、亳、冀、拱、熙、徐是也。

防團刺史之州八：睦、永、岳、泰、齊、和、貴、榮。兼府鎮者，惟濟南，列鎮而不爲府者，惟睦與岳；不升府鎮者五：永、泰、和、貴、榮是也。尹牧例隨所領節鎮，不復複出其間。郡國之封，則晉、襄、壽、昇、定五國，已先啓鎮，特以升府，示褒京兆、平陽二郡，已兼府鎮，不復增益。節度之號，則江陵、建康、慶源、平陽、信德五鎮，先已建府，又非以潛藩而升者，雖中興以後，職方未盡復，間有隔王化者，其如嚴、光、均、英、楊、鄂、永、岳、泰、和、貴、榮，則猶不得如故常。嚴蓋三聖流光之地，又爲特盛，惜乎有司之不建明也。泰雖爲英宗龍躍之祥，當時辭不拜，恐不得與云。」

王明清《揮麈前録》卷一：「太祖皇帝以歸德軍節度使創業，升宋州爲歸德府，後爲應天府。太宗以晉王即位，升并州爲太原府。真宗以壽王建儲，升壽州爲壽春府。仁宗以昇王建儲，升建業爲江寧府。英宗以齊州防禦使入繼，以齊州爲興德軍。神宗自潁王升儲，以汝陰爲順昌府。哲宗自延安郡王升儲，升延州爲延安府。徽宗以端王即位，升端州爲肇慶府。欽宗自定王建儲，前已升中山府。太上以康王中興，升康州爲德慶府。今上以建王建儲，升建安爲建寧府。宣和元年六月，邢州民董世多進狀，以英宗嘗爲鉅鹿郡公；又知岳州孫勰進言，英宗嘗爲岳州防禦使。詔加討論。時邢州已升安國軍，遂以邢州爲信德府，岳州爲岳陽軍。是歲十月，又詔以列聖潛邸所領地，再加討論。以真宗嘗爲襄王，升襄州爲襄陽府；仁宗嘗爲慶國公，以慶州爲慶陽府；英宗嘗爲宜州刺史，以宜州爲慶遠軍；神宗嘗爲安州觀察使，以安州爲德安府，又嘗爲光國公，以光州爲光山軍；哲宗嘗爲東平軍節度使，以鄆州爲東平府，嘗爲均國公，以均州爲武當軍；徽宗嘗爲寧國公，以寧州爲興寧軍。其後又以徽宗嘗爲平江、鎮江軍節度使，並升爲府；又以太宗昔嘗爲睦州防禦使，升睦州爲遂昌軍。今上皇帝即位之初，升隆興、寧國、常德、崇慶諸府，皆以潛藩擁麾之地也。」

〔二〕文安公，容齋仲兄遵。

5 漢唐三君知子

英明之君，見其子有材者，必愛而稱之。漢高祖謂趙王如意類己，欲以易孝惠，以大臣諫而止〔一〕。宣帝以淮陽王欽壯大，好經書、法律，聰達有材，數嗟嘆曰：「真我子也！」常有意欲立爲嗣，而用太子起於微細，且蚤失母，故弗忍〔二〕。唐太宗以吳王恪英果類我，欲以代雉奴〔三〕。其後如意爲呂母所戕，恪爲長孫無忌所害，欽陷張博之事，殆於不免。此三王行事，無由表見。然孝惠之仁弱，幾遭呂氏之覆宗；孝元之優柔不斷，權移於閹寺，漢業遂衰；高宗之庸懦，受制凶后，爲李氏禍尤慘〔四〕。其不能繼述固已灼然。高祖、宣帝、太宗蓋本三子之材而言之，非專指其容貌也，可謂知子矣。彼明崇儼謂英王哲（即中宗也。）貌類太宗〔五〕，張説謂太宗畫像雅類忠王〔六〕，（即肅宗也①。）此惟取其形似也。若以材言之，中宗之視太宗，天壤相隔矣。漢成帝所幸妾曹宮産子，曰：「我兒額上有壯髮，類孝元皇帝。」〔七〕使其真是孝元，亦何足道？而況於嬰孺之狀邪！

【校勘】

①文中兩處注文原脱，據馬本、庫本、祠本補。

【箋證】

〔一〕《史記》卷九《吕后本紀》。

〔二〕《漢書》卷八〇《宣元六王傳·淮陽憲王欽傳》。

〔三〕《新唐書》卷八〇《太宗諸子列傳·鬱林王恪傳》。

〔四〕孝惠、孝元、高宗，謂漢惠帝、元帝、唐高宗也。凶后，謂武則天。

〔五〕《舊唐書》卷八六《高宗諸子列傳·章懷太子賢傳》：章懷太子賢，高宗第六子。上元二年，立爲皇太子。「時正議大夫明崇儼以符劾之術爲則天所任，使密稱英王狀類太宗，又宫人潛議云：『賢是后姊韓國夫人所生。』賢亦自疑懼」。終於廢爲庶人，逼令自殺。

〔六〕《資治通鑑》卷二一三《唐玄宗紀》：開元十八年，「六月丙子，以單于大都護忠王浚領河北道行軍元帥，以御史大夫李朝隱、京兆尹裴伷先副之，帥十八總管以討奚、契丹。命浚與百官相見於光順門。張説退謂學士孫逖、韋述曰：『吾嘗觀太宗畫像，雅類忠王，此社稷之福也。』」《舊唐書》卷一〇《肅宗紀》：「左丞相張説退謂學士孫逖、韋述曰：『嘗見太宗寫真圖，忠王英姿穎發，儀表非常，雅類聖祖，此社稷之福也。』」

〔七〕《漢書》卷九七下《外戚列傳・孝成趙皇后傳》。

6 當官營繕

元豐元年，范純粹自中書檢正官謫知徐州滕縣，一新公堂吏舍，凡百一十有六間，而寢室未治，非嫌於奉己也，曰：「吾力有所未暇而已。」是時，新法正行，御士大夫如束濕①，雖任二千石之重，而一錢粒粟不敢輒用，否則必著册書。東坡公歎其廉②，適爲徐守，故爲作記。其略曰：「至於宫室，蓋有所從受，而傳之無窮，非獨以自養也。今日不治，後日之費必倍。而比年以來，所在務爲儉陋，尤諱土木營造之功，欹仄腐壞，轉以相付，不敢擅易一椽，此何義也！」〔一〕是記之出，新進趨時之士，娼疾以惡之。恭覽《國史》，開寶二年二月詔曰：「一日必葺，昔賢之能事。如聞諸道藩鎮、郡邑公宇及倉庫，凡有隳壞，弗即繕脩，因循歲時，以至頹毁，及僝工充役，則倍增勞費。自今節度、觀察、防禦、團練使、刺史、知州、通判等罷任，其治所廨舍，有無隳壞及所增修，著以爲籍，迭相符授。幕職州縣官受代，則對書於考課之曆，損壞不全者，殿一選，修葺、建置而不煩民者，加一選。」〔二〕太祖創業方十年，而聖意下逮，克勤小物，一至於此。後之當官者不復留意③，以興仆植僵爲務，則暗於事體，不好稱人之善者，往往翻指爲妄作名色，盜隱官錢，至於使之束手諱避，忽傾視陋④，逮於不可奈何而後已。殊不思貪墨之吏，欲爲奸者，無施不可，何必假於營造一節乎〔三〕？

【校勘】

①「士」，庫本作「史」。　②「廉」，原作「然」，據馬本、庫本、祠本改。　③「不」，原作「小」，據馬本、庫本、祠本改。　④「傾視」，馬本、庫本、祠本倒。

【箋證】

〔一〕《宋史》卷三一四《范純粹傳》：「純粹字德孺，以蔭遷至贊善大夫、檢正中書刑房，與同列有爭，出知滕縣。」

所引蘇軾記，即《滕縣公堂記》。《記》又云：「滕，古邑也，在宋、魯之間，號爲難治。庭宇陋甚，莫有葺者，非惟不敢，亦不暇。自天聖元年，縣令太常博士張君太素實始改作，凡五十有二年，而贊善大夫范君純粹自公府掾謫爲令，復一新之。公堂吏舍，凡百一十有六間，高明碩大，稱子男邦君之居。而寢室未治，范君非嫌於奉己也，曰：『吾力有所未暇而已。』昔毛孝先、崔季珪用事，士皆變易車服以求名，而徐公不改其常，故天下以爲泰。其後世俗日以奢靡，而徐公固自若也，故天下以爲嗇。君子之度一也，時自二耳。」（《東坡全集》卷三六）。

〔二〕《續資治通鑑長編》卷九，太祖開寶元年二月癸亥詔。當亦依據《國史》。

〔三〕丘濬《大學衍義補》卷八八《宮闕之居》引容齋本條，按云：「官吏必有廨宇，以爲視事臨民之所，衆之聚集所在，下之瞻視所繫，誠不可無也。上而朝廷則有宮闕，下而官府則有廨宇，非以私奉養也。蓋上之所居必尊嚴，則下不敢輕忽；上之所居有定在，則下知所趨集；上之所居有統會，則下有所聯束，此勢之必然，亦自然之理也。」

7 治曆明時

《易·革》之《彖》曰：「天地革而四時成。湯、武革命，順乎天而應乎人。」魏、晉而降，凡及禪代者，必據以爲説。案漢轅固與黄生爭論湯、武於景帝前，但評受命之是非，不引《易》爲證〔一〕。卦之《象》曰：「君子以治曆明時。」〔二〕其義了不相涉。偃孫頗留意曆學，云：按唐一行《大衍曆日度議》曰：「《顓帝曆》上元甲寅正月甲寅晨初合朔立春，七曜皆直艮維之首，湯作《殷曆》，更以十一月合朔冬至爲上元，周人因之。」此謂治曆也。至於三統之建，夏以寅爲歲首，得人統；殷以丑，爲得地統；周武王改從子，爲得天統。此謂明時也〔三〕。其革命之説，劉歆作《三統曆》及《譜》，引《革·彖》「湯、武革命」，又曰「治曆明時，所以和人道也」〔四〕，如是而已。其前又引《逸書》曰：「先其革命。」顔師古曰：「言王者統業，先立算數，以命百事也。」〔五〕推此而伸之，所云革命，蓋謂是耳，非論其取天下也。況大衍之用四十有九〔六〕，一行以之起曆，而《革》卦之序，在《周易》正當四十九，然則專爲曆甚明〔七〕。考其上句，尤極顯白，然諸儒贊《易》，皆不及此，王弼亦無一言。

【箋證】

〔一〕《漢書》卷八八《儒林傳》。參《續筆》卷二《湯武之事》。

〔二〕《易·革》之《象》。

〔三〕《舊唐書》卷一九一《方伎·僧一行傳》：「一行尤明著述，撰《大衍論》三卷。」又云：「一行推《周易》大衍之數，立衍以應之，故撰《開元大衍曆經》。」焦循《里堂札記·庚午手札·寄李尚之》：「《革》之『治曆明時』，從來莫得其解。今按之，凡《豐》之稱『章』，稱『蔀』，《大壯》《家人》之稱遂皆爲《革》，而言《豐》五『來章』則成《革》，《大壯》二之五亦成《革》，《革》之『治曆』明，而《豐》之『蔀』亦不煩他解。《革》四一陽奇，於三歲之上即是閏餘。《易》不言閏，《周髀》亦不言閏，周初之曆，於此可考。」

〔四〕《後漢書》卷一二《律曆志》：「自太初元年始用《三統曆》，施行百有餘年。」四庫本有考證曰：「按太初元年用《太初曆》，《史記·曆書》具存。三統之法作於劉歆，前書雖備載其說，而當時未嘗用也。」按《漢書》卷二一上《律曆志》：「夫曆春秋者，天時也，列人事而因以天時。傳曰：『民受天地之中以生，所謂命也。是故有禮誼動作威儀之則以定命也，能者養以之福，不能者敗以取禍。』故列十二公二百四十二年之事，以陰陽之中制其禮。故春爲陽中，萬物以生；秋爲陰中，萬物以成。是以事舉其中，禮取其和，曆數以閏正天地之中，以作事厚生，皆所以定命也。《易》金火相革之卦曰『湯武革命，順乎天而應乎人』，又曰『治曆明時』，所以和人道也。」云云。蓋即劉歆之説。

〔五〕《漢書》卷二一上《律曆志》：「數者，一、十、百、千、萬也，所以算數事物，順性命之理也。《書》曰：『先其算命。』」師古注：「逸書也。言王者統業，先立算數，以命百事也。」

〔六〕《漢書》卷二一上《律曆志》：「《易》大衍之數五十，其用四十九。」

〔七〕按，自「偃孫頗留意曆學云」至「然則專爲曆甚明」一段，皆應是洪偃之説。

8 仕宦捷疾

唐傅遊藝以期年之中，歷衣青、緑、朱、紫，時人謂之「四時仕宦」，言其速也〔一〕。國朝惟緑、緋、紫三等。而紫袍者，除武臣外，文官之制，其别有六：庶僚黑角帶，佩金魚；未至侍從，而特賜帶者，爲荔枝五子，不佩魚；中書舍人、諫議、待制、權侍郎，紅鞓黑犀帶，佩魚；權尚書、御史中丞、資政、端明殿閣學士、直學士、正侍郎、給事中，金御仙花帶，不佩魚，謂之横金；翰林學士以上正尚書，御仙帶，佩魚，謂之重金；執政官宰相，方團毬文帶，俗謂之笏頭者是也。其叙如此〔二〕。若孟進躐得者則不然①。紹興中，宋樸自侍御史遷中丞，施鉅自中書檢正、鄭仲熊自右正言，並遷權侍郎，三人皆受告日易服，以正謝日拜執政。樸、鉅以緋，仲熊以緑，服紫之次日，而賜毬文帶。蓋侍從以下，俟正謝乃易帶，而執政命才下，即遣中使齎賜，遂服之而赴都堂供職，可謂捷疾矣〔三〕。若李綱則又異於是，宣和七年十二月二十九日，自太常少卿除兵部侍郎，未謝間，靖康元年正月四日，胡騎將至京城，綱以邊事求見，宰執奏事未退，綱語知閤門事朱孝莊曰：「有急切公事，欲與宰執廷辯。」孝莊曰：「舊例，未有宰執未退而從官求對者。」綱曰：「此何時，而用例邪！」孝莊即具奏。詔引綱立於執政之末。時宰執議欲奉鑾輿出狩襄、鄧，綱請固守，上曰：「誰可將者？」綱曰：「願以死報，第人微官卑，恐不足以鎮服士卒。」白時中乞以爲禮部尚書，綱曰：「亦只是侍從。」即命除尚書右丞。綱曰：「臣未正謝，猶衣緑，非所以示中外。」即面賜袍帶并笏，綱服之以謝，且言：「方時艱難，臣不敢辭。」此爲不經緋紫而極其服章，未之有也〔四〕。

【校勘】

①「孟」，馬本、庫本、祠本作「猛」。

【箋證】

〔一〕《舊唐書》卷一八六《酷吏·傅游藝傳》。

〔二〕徐度《卻掃編》卷上：「舊制，執政以上始服毬文帶，佩魚；侍從之臣止服遇仙帶，世謂之横金。

元豐官制，始詔六曹尚書、翰林學士並服遇仙帶，佩魚。故東坡《謝翰林學士表》曰：『寶帶重金，佩元豐之新渥。』蓋謂是也。然武臣節度使班翰林學士上，六曹尚書下，至今止横金，迨拜太尉，則毬文佩魚，蓋恩禮視執政故也。」又云：「元豐官制，侍從官給事中以上，乃服金帶；中書舍人以下，皂帶，佩魚，與庶官等。大觀間，始詔中書舍人、諫議大夫、待制皆許服紅鞓犀帶，佩魚。建炎間，復置權六曹侍郎，亦如之。」

葉夢得《石林燕語》卷五：「舊制，學士以上賜御仙花帶而不佩魚，雖翰林學士亦然，惟二府服笏頭帶，佩魚，謂之重金。元豐官制行，始詔六曹尚書、翰林學士、雜學士皆得佩魚。」

〔三〕參《續筆》卷三《執政四入頭》《續筆》卷一五《李林甫秦檜》。

〔四〕《靖康要録》卷一：靖康元年正月四日，「兵部侍郎李綱除尚書右丞、東京留守、同知樞密院事。是時，從官以邊事求見者皆非時賜對。綱侍班延和殿下，聞宰相、執政欲奉鑾輿狩襄、鄧，遇知東上閤門事朱孝莊，語之曰：『有急切公事，欲與宰執廷辯。公能奏取旨乎？』孝莊曰：『宰執未退而從官求對，前此無例。』綱曰：『此何時，而用例耶！』孝莊曰：『諾。』即具奏，得旨別對。因奏：『聞諸道路，宰執欲奉陛下出狩以避敵，果行之，宗社危矣。且太上皇帝以宗社傳陛下，今捨之而去，可乎？』上默然。太守白時中曰：『都城豈可以守？』綱曰：『天下城池豈復有如都城者？且宗廟社稷、百官萬民所在，捨此何之？若能率厲將士，慰安民心，與之固守，豈有不可守之理？』上顧宰執曰：『策將安出？』宰執皆默然。綱進曰：『今日之計，莫若整齊軍馬，揚聲出戰，固結民心，相與堅守，以待勤王之師。』上曰：『誰可將者？』綱曰：『朝廷平日以高爵厚禄養大臣，蓋將用之於有事之日。今白時中、李邦彦等雖書生，未必知兵，然藉其位號，撫馭將士，以抗敵鋒，乃其職也。』時中曰：『李綱莫能將兵出戰。』綱曰：『陛下不以臣爲庸懦，倘使治兵，願以死報，第人微官卑，不足以鎮服士卒。』上顧宰執曰：『執政有何缺？』趙野對曰：『尚書右丞缺。』時宇文粹中從道君東幸故也。上曰：『李綱除右丞。』面賜袍帶並笏。」

9 詞臣益輕

治平以前，謂翰林學士及知制誥爲兩制，自翰林罷補外者，得端明殿學士，謂之换職〔一〕。熙寧之後，乃始爲龍圖，紹興以來愈不及矣。脩起居注者序遷知制誥，其次及辭不爲者，乃爲待制，趙康靖、馮文簡、曾魯公、司馬公、吕正獻公是也〔二〕。學士闕，則次補，或爲宰相所不樂者，猶得侍讀學士，劉原甫是也〔三〕。在職未久而外除者，爲樞密直學士，韓魏公是也〔四〕；亦爲龍圖直學士，歐陽公是也〔五〕。後來褒擢者，僅得待制，王時亨是也〔六〕。餘以善去者，集英脩撰而止耳。

【箋證】

〔一〕歐陽修《歸田録》卷下：「端明殿學士，五代後唐時置，國朝尤以爲貴，多以翰林學士兼之。其不以翰院兼職及换職者，百年間纔兩人特拜，程戡、王素是也。」

〔二〕趙康靖公槩，參《四筆》卷二《待制知制誥》。

馮文簡公京，《宋史》卷三一七本傳：「同修起居注。吴充以論温成皇后追册事，出知高郵。京疏充言是，不當黜。劉沆請並斥京，仁宗曰：『京亦何罪！』但解其記注，旋復之。試知制誥，避婦父富弼當國嫌，拜龍圖閣待制。」

曾魯公公亮，《宋史》卷三一二本傳：公亮「爲國子監直講，改諸王府侍講。歲滿，當用故事試館職，獨獻所爲文，授集賢校理、天章閣侍講、修起居注。擢天章閣待制，賜金紫。先是，待制不改服。仁宗面錫之，曰：『朕自講席賜卿，所以尊寵儒臣也。』遂知制誥兼史館修撰，爲翰林學士、判三班院。」

司馬公光，《宋史》卷三三六本傳：修起居注、判禮部。「進知制誥，固辭，改天章閣待制、兼侍講，知諫院。」

吕正獻公公著，《宋史》卷三三六本傳：「進知制誥，三辭不拜，改天章閣待制兼侍讀。」

〔三〕劉原甫敞，《宋史》卷三一九本傳：敞同修起居注，未一月，擢知制誥。宰相陳執中惡其斥己，沮止之，帝不聽。「敞以識論與衆忤，求知永興軍，拜翰林侍讀學士」。

〔四〕韓魏公琦。《宋史》卷三一二本傳：琦歷開封府推官、三司度支判官，拜右司諫。權知制誥。益、利歲饑，爲體量安撫使。自蜀歸，即命爲陝西安撫使。進樞密直學士，副夏竦爲經略安撫招討使。

〔五〕歐陽公修。《宋史》卷三一九本傳：慶曆三年，修知諫院。朋黨之論起，修乃爲《朋黨論》以進。帝獨奬其敢言，面賜五品服，顧侍臣曰：「如歐陽修者，何處得來！」同修起居注，遂知制誥。故事，必試而後命，帝知修，詔特除之。奉使河東。使還，會保州兵亂，以爲龍圖閣直學士、河北都轉運使。

〔六〕王剛中，字時亨。《宋史》卷三八六本傳：紹興十五年進士第二人，「孝宗爲普安郡王，剛中兼王府教授，每侍講，極陳古今治亂之故，君子小人忠佞之辨。遷中書舍人，言：『禦敵今日先務，敵强則犯邊，弱則請盟，今勿計敵人之强弱，必先自治，擇將帥，蒐戰士，實邊儲，備器械，國勢富强，將良士勇，請盟則爲漢文帝，犯邊則爲唐太宗。』上韙其言。會西蜀謀帥，上曰：『無以逾王剛中矣。』以龍圖閣待制知成都府、制置四川。御便殿，臨遣錫金帶、象笏。進敷文閣直學士。」

10　夏英公好處

夏英公既失時譽，且以《慶曆聖德頌》之故，不正之名愈彰〔一〕，然固自有好處。夏羌之叛，英公爲四路經略安撫招討使，韓魏公副之。賊犯山外，韓公令大將任福自懷遠城趨得勝寨，出賊後，如未可戰，即據險置伏，要其歸，戒之至再。又移檄申約，苟違節度，雖有功亦斬。福竟爲賊誘，没于好水川，朝論歸咎於韓。英公使人收散兵，得韓檄於福衣帶間，言罪不在韓，故但奪一官〔二〕。英公此事賢矣，而後來士大夫未必知也，予是以表出之。

【箋證】

〔一〕石介《慶曆聖德頌》，載《徂徠集》卷一。

魏泰《東軒筆録》卷九：「慶曆中，吕許公罷政事，以司徒歸第，拜晏元獻公殊、章郇公得象爲相。又以諫官歐陽修、余靖上疏，罷夏竦樞密使，其他升拜不一。時石介爲國子監直講，獻《慶曆聖德頌》，褒貶甚峻，而於夏竦尤極詆斥，至目之爲『不肖』及有『手鋤奸枿』之句。頌出，泰山孫復謂介曰：『子之禍自此始矣。』未幾，黨議起，介在指名，遂罷監事，通判濮州，歸徂徠山，而病卒。會山東舉子孔直温謀反，或言直温嘗從介學，於是英公言於仁宗曰：『介實不死，必北走矣。』尋有旨編管介之子於江淮。又出中使，與京東部刺史發介棺，以驗虚實。是時，吕居簡爲京東轉運使，謂中使曰：『若發棺空，而介果北走，則雖孥戮不足以爲酷；萬一介屍在，未嘗叛去，即是朝廷無故剖人冢墓，何以示後世耶？』中使曰：『誠如金部言，然則若之何以應中旨？』居簡曰：『介之死必有棺斂之人，又内外親族及會葬門生無慮數百，至於舉柩定棺，必用凶肆之人，今皆檄召至此劾問之，苟無異説，即皆令具軍令狀以保任之，亦足以應詔也。』中使大以爲然。遂自介親屬及門人姜潛已下並凶肆棺斂舁柩之人，合數百狀，皆結罪保證，中使持以入奏，仁宗亦悟竦之譖，尋有旨，放介妻子還鄉，而世以居簡爲長者。」

〔二〕事詳《宋史》卷三一二《韓琦傳》及卷三二五《任福傳》。

11 祖宗用人

祖宗用人，進退遲速，不執一端，苟其材可任，則超資越級，曾不少靳，非拘拘於愛惜名器也。宋琪自員外郎以正月擢拜諫議大夫，三月參知政事。太宗將用李昉，時昉官工部尚書，七月特遷琪刑書，遂並命爲相。而琪居昉上，自外郎歲中至此〔一〕。石熙載以太平興國四年正月，自右補闕（今朝奉郎。）爲兵部員外郎、（今朝請郎。）樞密直學士，才七日，簽書院事，四月拜給事中，（今通議大夫。）爲副樞，十月遷刑部侍郎，（今正議。）六年遷户部尚書，（今銀青光禄。）爲使，八年罷爲右僕射。（今特進。）從初至此五歲，用今時階秩言之，乃是朝奉郎而爲特進也〔二〕。當日職名，唯有密直多從庶僚得之，旋即大用。張齊賢、王沔皆自補闕、直史館，遷郎中，充學士，越半歲，並遷諫議、簽樞〔三〕。温仲舒、寇準皆自正言、（今承議郎①。）直館，遷郎中，充職一年，並爲樞密副使〔四〕。向敏中自工部郎中以本官充職，越三月同知密院〔五〕。錢若水自同州推官入直史館，踰年擢知制誥，一年除翰林學士，遂以諫議同知密院，首尾五年〔六〕。

【校勘】

①文中七處注文原脱，據馬本、庫本、祠本補。

【箋證】

〔一〕《宋史》卷二六四《宋琪傳》:「(太平興國)八年春正月,擢拜右諫議大夫、同判三司。三月,改左諫議大夫、參知政事。是秋,上將以工部尚書李昉參預國政,以其先入,乃遷琪爲刑部尚書。十月,趙普出鎮南陽,琪遂與昉同拜平章。自員外郎歲中四遷至尚書爲相。」《宋史》卷二六五《李昉傳》:「太宗即位,加昉户部侍郎。受詔與扈蒙、李穆、郭贄、宋白同修《太祖實録》,從攻太原,師還,以勞拜工部尚書兼承旨。太平興國中,改文明殿學士。時趙普、宋琪居相位久,求其能繼之者,宿舊無踰於昉,遂命參知政事。十一月,普出鎮,昉與琪俱拜平章事。」

〔二〕《宋史》卷二六三《石熙載傳》:「太宗即位,復以左補闕召,同知貢舉。時梅山洞蠻屢爲寇,以熙載知潭州。召還,擢爲兵部員外郎,領樞密直學士。未幾,簽書樞密院事,詔賜官第一區。太平興國四年,親征河東,以給事中充樞密副使從行,還,遷刑部侍郎。五年,拜户部尚書、樞密使,以病足在告,寢疾久之未愈,八年,上表求解職,詔加慰撫,授尚書右僕射。」

〔三〕《宋史》卷二六五《張齊賢傳》:「太宗擢進士,欲置齊賢高第,有司偶失掄選,上不悦,一榜盡與京官,於是齊賢以大理評事通判衡州。」「(太平興國)六年,爲江南西路轉運副使。冬,改右補闕,加正使。」「召還,拜樞密直學士,擢右諫議大夫、簽書樞密院事。雍熙初,遷左諫議大夫。」《宋史》卷二六六《王沔傳》:「太平興國初,舉進士,解褐大理評事。四年,太宗親征太原,見於行在，授著作郎、直史館。遷右拾遺，出爲京西轉運副使。明年，加右補闕、知懷州。八年春，與宋白、賈黄中等同知貢舉，擢膳部郎中、樞密直學士。遷右諫議大夫、同簽書樞密院事，賜第崇德坊。雍熙元年，加左諫議大夫、樞密副使。」

〔四〕《宋史》卷二六六《温仲舒傳》：「端拱初，拜右正言、直史館、判户部憑由司。三年，拜工部郎中、樞密直學士，知三班院。」「淳化二年，拜右諫議大夫、樞密副使，改同知樞密院事。」《宋史》卷二八一《寇準傳》：「年十九，舉進士。授大理評事。累遷殿中丞、通判鄆州。召試學士院，授右正言、直史館，爲三司度支推官，轉鹽鐵判官。會詔百官言事，而準極陳利害，帝益器重之。擢尚書虞部郎中、樞密院直學士，判吏部東銓。嘗奏事殿中，語不合，帝怒起，準輒引帝衣，令帝復坐，事決乃退。上由是嘉之，曰：『朕得寇準，猶文皇之得魏徵也。』淳化二年春，大旱，太宗延近臣問時政得失，衆以天數對。準對曰：『《洪範》天人之際，應若影響，大旱之證，蓋刑有所不平也。』太宗怒，起入禁中。頃之，召準問所以不平狀，準曰：『願召二府至，臣即言之。』有詔召二府入，準乃言曰：『頃者祖吉、王淮皆侮法受賕，吉贓少乃伏誅；淮以參政沔之弟，盜主守財至千萬，止杖，仍復其官，非不平而何？』太宗以問沔，沔頓首謝，於是切責沔，而知準爲可用矣。即拜準左諫議大夫、樞密副使，改同知院事。」

〔五〕《宋史》卷二八二《向敏中傳》：「太平興國五年進士，解褐將作監丞、通判吉州，就改右贊善大夫。轉運使張齊賢薦其材，代還，爲著作郎。召見便殿，占對明暢，太宗善之，命爲户部推官，出爲淮南轉運副使。以耕籍恩，超左司諫，入爲户部判官、知制誥。未幾，權判大理寺。時没入祖吉贓錢，分賜法吏，敏中引鍾離意委珠事，獨不受。妖尼道安構獄，事連開封判官張去華，敏中妻父也，以故得請不預決讞。既而法官皆貶，猶以親累落職，出知廣州。入辭，面叙其事，太宗爲之感動，許以不三歲召還。翌日，遷職方員外郎，遣之。是州兼掌市舶，前守多涉譏議。敏中至荆南，預市藥物以往，在任無所須，以清廉聞。就擢廣南東路轉運使，召爲工部郎中。太宗飛白書敏中洎張詠二名付中書，曰：『此二人，名臣也，朕將用之。』左右因稱其材，並命爲樞密直學士。」「太宗欲大任敏中，當塗者忌之。會有言敏中在法寺時，皇甫侃監無爲軍榷務，以賄敗，發書歷詣朝貴求爲末減，敏中亦受之。事下御史，按實，嘗有書及門，敏中覩其名，不啓封遣去。俄捕得侃私僮詰之，云其書尋納筩中，瘞臨江傳舍。馳驛掘得，封題如故。太宗大驚異，召見，慰諭賞激，遂決於登用。未幾，拜右諫議大夫、同知樞密院事。自郎中至是百餘日，超擢如此。」

〔六〕《宋史》卷二六六《錢若水傳》：「淳化初，寇準掌選，薦若水洎王扶、程肅、陳充、錢熙五人文學高第，召試翰林，若水最優，擢祕書丞、直史館。歲餘，遷右正言、知制誥。會置理檢院於乾元門外，命若水領之。俄同知貢舉，加屯田員外郎。詔詣原、鹽等州制置邊事，還奏合旨，翌日改職方員外郎、翰林學士，與張洎並命。俄知審官院、銀臺通進封駁司。嘗草賜趙保忠詔，有云：『不斬繼遷，開狡兔之三穴；潛疑光嗣，持首鼠之兩端。』太宗大以爲當。至道初，以右諫議大夫同知樞密院事。」

12 至道九老

李文正公昉罷相後①，只居京師，以司空致仕〔一〕。至道元年，年七十一矣，思白樂天洛中九老之會〔二〕，適交游中有此數，曰太子中允張好問，年八十五；太常少卿李運，年八十；故相吏部尚書宋琪、廬州節度副使武允成，皆七十九；吴僧贊寧，年七十八；郢州刺史魏丕，年七十六；左諫議大夫楊徽之，年七十五；水部郎中朱昂與昉，皆七十一。欲繼其事爲宴集，會蜀寇起而罷〔三〕。其中兩宰相乃著一僧，唐世及元豐耆英所無也〔四〕。次年，李公即世，此事竟不成。耋老康寧，相與燕嬉於升平之世，而雅懷弗遂，造物豈亦吝此耶！

【校勘】

①「昉」字原脱，據馬本、庫本、祠本補。

【箋證】

〔一〕《宋史》卷二六五《李昉傳》：淳化四年，罷爲右僕射。明年，昉年七十，以特進、司空致事。至道二年，陪祀南郊，禮畢入賀，因拜舞仆地，臺史掖之以出，卧疾數日，薨，年七十二。《續資治

〔一〕通鑑長編》卷三六：淳化五年五月壬申，「以右僕射李昉爲司空致仕」。

〔二〕白樂天洛中九老會，參《四筆》卷八《狄監盧尹》。

〔三〕《宋史》卷二六五《李昉傳》：「昉所居有園亭、別墅之勝，多召故人親友宴樂其中。既致政，欲尋洛中九老故事，時吏部尚書宋琪，年七十九；左諫議大夫楊徽之，年七十五；郢州刺史魏丕，年七十六；太常少卿致仕李運，年八十；水部郎中朱昂，年七十一；廬州節度副使武允成，年七十九；太子中允致仕張好問，年八十五；吴僧贊寧，年七十八，議將集，會蜀寇而罷。」按，周密《齊東野語》卷二〇《耆英諸會》條謂李昉年七十。

王禹偁《小畜集》卷二〇《右街僧録通惠大師文集序》：「至道元年，（通惠大師贊寧）知西京教門事。今上咸平元年，詔充右街僧録。先是，故相文貞公懸車之明年，年七十一，思繼白少傅九老之會，得舊相吏部尚書宋琪，年七十九；左諫議大夫楊徽之，年七十五；郢州刺史判金吾街仗事魏丕，年七十六；太常少卿致仕李運，年八十；水部郎中直祕閣朱昂，年七十一；廬州節度副使武允成，年七十九；太子中允致仕張好問，年八十五；大師時年七十八，凡九人焉。文貞公將讌於家園，形於繪事，以聲詩流詠播於無窮，會蜀寇作亂，朝廷出師不果而罷。今九老之中，李、宋、楊、魏、張，已先逝矣。」

按，「蜀寇」指李順、王小波之亂。《續資治通鑑長編》卷三五：淳化五年正月，「李順入據成都，僭號大蜀王，改元曰應運，遣兵四出侵掠，北抵劍關，南距巫峽，郡邑皆被其害焉。」「上始聞李順攻劫劍南諸州，命昭宣使、河州團練使王繼恩爲西川招安使，率兵討之。」同書卷三六：五月，破賊十萬餘，斬首三萬，擒賊帥李順。九月，蜀寇漸平。

又按，徐規《容齋隨筆補正》（載《仰素集》）謂《四筆》本條記事多據王禹偁《右街僧録通惠大師文集序》。考贊寧生於後梁貞明五年，到北宋至道元年，年七十七，非七十八；又考李順克成都、宋廷出師在淳化五年，乃在至道前一年。謂容齋沿王氏之誤。（郁之按，容齋蓋據《國史·李昉傳》，而非王《序》。）

〔四〕元豐耆英會，參《四筆》卷八《狄監盧尹》。

13　李文正兩罷相

宰相拜罷，恩典重輕，詞臣受旨者，得以高下其手。李文正公昉①，太平興國八年，以工部尚書爲集賢、史館相。端拱元年，爲布衣翟馬周所訟。太宗召學士賈黄中草制，罷爲右僕射，令詔書切責。黄中言：「僕射百寮師長，今自工書拜，乃爲殊遷，非黜責之義。若以均勞逸爲辭，斯爲得體。」上然之，其詞略云：「端揆崇資，非賢不授。昉素高問望②，久展謨猷，謙和秉君子之風，純懿擅吉人之美。輟從三事，總彼六卿。用資鎮俗之清規，式表尊賢之茂典。」其美如此〔一〕。淳化二年，復歸舊廳〔二〕。四年又罷，優加左僕射，學士張洎言：「近者霖霪百餘日，昉職在燮和陰陽，不能決意引退。僕射之重，右減於左，位望不侔，因而授之，何以示勸？」上批洎奏尾，止令罷守本官。洎遂草制峻詆，腦詞云：「燮和陰陽，輔相天地，此宰相之任也。苟或依違在位，啓沃無聞，雖居廊廟之崇，莫著彌綸之效③。宜敷朝旨，用罷鼎司。昉自處機衡，曾無規畫。擁化源而滋久，孤物望以何深！俾長中臺，尚爲優渥。可依前尚書右僕射，罷知政事。」歷考前後制麻，只言可某官，其云罷知政事者，洎創增之也。《國史》昉傳云：「昉厚善洎，及昉罷，洎草制乃如此。」〔三〕紹興二十九年沈該罷制，學士周麟之於結句後添入「可罷尚書左僕射同平章事」，蓋用此云〔四〕。

【校勘】

①「文」字原脱，據馬本、庫本、祠本補。　②「問」，馬本、庫本、祠本作「聞」。　③「莫」，原作「草」，據馬本、庫本、祠本改。

【箋證】

〔二〕《續資治通鑑長編》卷二九：端拱元年正月，「先是，有翟馬周者，擊登聞鼓，訟中書侍郎兼工部尚書平章事李昉身任元宰，屬北戎入寇，不憂邊思職，但賦詩飲酒，並置女樂等事，上以方講藉田，稍容忍之。於是召翰林學士賈黄中草制，授昉右僕射，罷政，且令黄中切責之。黄中言：『僕射師長百僚，舊宰相之任，今自工部尚書拜，乃殊遷，非黜之之義也。若以文昌務簡均逸爲辭，庶幾得體。』上然之。庚子，昉罷爲右僕射。」

徐自明《宋宰輔編年録》卷二：「端拱元年二月庚子，李昉罷相。」制曰：「端拱崇資，文昌右相，蓋非賢而不授，諒出綍以惟公。告爾具寮，舉兹明命。具官李昉，巖廊舊德，文學名儒。踐臺閣之通班，素高聞望；處鈞衡之大任，久展謀猷。謙和秉君子之風，純懿擅古人之美。今者輟從三事，總彼六卿，董齊喉舌之官，載光北斗；領袖縉紳之列，首冠南宫。用資鎮俗之清規，式表尊賢之茂典。異數適尊於表著，睠懷别視於股肱。佩服渥恩，優游名器。恭踐厥位，惟往欽哉。」

〔二〕《續資治通鑑長編》卷三二：太宗淳化二年九月，「命左僕射李昉兼中書侍郎，參知政事張齊賢爲吏部侍郎，並平章事。」

〔三〕《續資治通鑑長編》卷三四：淳化四年十月辛未，「右僕射平章事李昉，給事中、參知政事賈黄中、李沆，左諫議大夫、同知樞密院事温仲舒，並罷守本官。先是，上召翰林學士張洎草制，授昉左僕射，罷平章事。洎上言曰：『昉因循保位，近霖霪百餘日，陛下焦勞惕慮，憂形於色，昉居輔相之任，職在燮理，陰陽乖戾如此，而昉晏然自若，無歸咎引退之意，矧中臺僕射之重，百僚師長，右減於左，位望輕重不侔，因而授之，何以勸人臣之盡節？宜加黜削，以儆具臣。』上以昉耆舊，不欲深譴，但令罷守本官。制詞仍以『久壅化源，深辜物望』責之。」

《宋史》卷二六五《李昉傳》：昉「雅厚張洎而薄張佖，及昉罷相，洎草制深攻詆之，而佖朔望必詣昉。或謂佖曰：『李公待君素不厚，何數詣之？』佖曰：『我爲廷尉日，李公方秉政，未嘗一有請求，此吾所以重之也。』」

〔四〕《宋宰輔編年録》卷一六：紹興二十九年六月己酉，沈該罷左相。（觀文殿大學士、提舉洞霄宫。）周麟之詞見《海陵集》卷一一，題《除沈該觀文殿大學士宫觀制》，未見結句所添之語。

容齋四筆卷十三二十四則

1 科舉之弊不可革

法禁益煩，奸僞滋熾，唯科場最然，其尤者莫如銓試。代筆有禁也，禁之愈急，則代之者獲賂謝愈多〔一〕。其不幸而敗者百無一二，正使得之，元未嘗致法。吏部長貳簾試之制，非不善也，而文具兒戲，抑又甚焉〔二〕。議論奉公之臣①，朝夕建明，然此風如決流偃草，未嘗少革。或以謂失於任法而不任人之故。殊不思所任之人，渠肯一意向方，見惡輒取，於事無益，而禍謗先集于厥身矣。開寶中，太子賓客邊光範掌選，太廟齋郎李宗訥赴吏部銓，光範見其年少，意未能屬辭，語之曰：「苟授筆成六韻，雖不試書判，可入等矣。」宗訥曰：「非唯學詩，亦嘗留心詞賦。」即試詩賦二首，數刻而就。甚嘉賞之，翌日擬授祕書省正字〔三〕。今之世寧復有是哉！

【校勘】

①「之」原脱，據馬本、庫本、祠本補。

【箋證】

〔一〕《宋史全文》卷二二下：紹興二十六年正月，殿中侍御史湯鵬舉言：「今科舉之法，名存實亡。或先期以出題目，或臨時以取封號，或假名以入試場，或多金以結代筆，故孤寒遠方士子不得預高甲，而富貴之家子弟常竊巍科。」

〔二〕黄震《黄氏日抄》卷七八《曉諭假手代筆榜》：「近世乃有爲微利所動者，反爲富民代筆，攙取本身元有之禄料，而暗虧平生遠大之前程，不曉何見，真可痛惜。」又云：「近來風俗不美，富室間不安分，更欲揮金捐財，假手代筆，攘竊士人科第，盜取朝廷官爵，敗亂官箴，賺誤百姓。」

〔三〕《兩朝綱目備要》卷二：「紹熙二年四月，初命任子簾試。銓試者舊有之，凡任子，若同進士出身之人，皆赴。建炎兵火後，權停。紹興三年始復舊。去年八月，司業計衡又奏，乞中選人就吏部長貳廳前簾試，試中然後許參選。至是，吏部條具，如所奏内同進士出身並恩科人，便不簾試。仍下四川制置司一體施行。從之。黄由時爲考功郎官，建言今已增試律義，自不須更簾試。大臣進呈，上曰：『簾試，以革代筆之弊，正當加嚴，豈可廢也！』明年八月，謝深甫又言：『銓試不中，四十以上注殘零闕人，乞令郎官就長貳廳寫律一條，俾之解釋，如或不通，未得參注。』從之。」

〔三〕李宗訥，昉之子。事跡詳《宋史》卷二六五本傳。

2 宰執子弟廷試

太宗朝，吕文穆公蒙正之弟蒙亨舉進士，禮部高等薦名。既廷試，與李文正公昉之子宗諤，並以父兄在中書罷之。《國史·許仲宣傳》云，仲宣子待問，雍熙二年舉進士，與李宗諤、吕蒙亨、王扶並預廷試。宗諤即宰相昉之子，蒙亨參知政事蒙正之弟，扶鹽鐵使明之子。上曰：「斯並勢家，與孤寒競進，縱以藝升，人亦謂朕有私也。」皆下第，正此事也〔一〕。仲宣時爲度支使。仁宗朝，韓忠憲公億爲參知政事，子維以進士奏名禮部，不肯試大廷，受蔭入官〔二〕。唐質肅公介參政，子義問鎖廳試禮部，用舉者召試祕閣，介引嫌罷之〔三〕。舊制嚴於宰執子弟如此，與夫秦益公柄國，而子熺、孫塤皆於省殿試輒冠多士者異矣〔四〕。

【箋證】

〔一〕按《宋史》卷二七〇《許仲宣傳》不載此事。事見《宋史全文》卷三，雍熙二年二月。錢大昕《廿二史考異》卷七六《宋史十·李宗諤傳》「恥以父任得官，獨由鄉舉，第進士」，案語引《四筆》此條，復云：「《宋史·吕蒙正傳》亦云『蒙亨舉進士高等，既廷試，以蒙正居中書故報罷』，而《宗諤傳》云『第進士』，《王明傳》云『子挺、扶，並進士及第』，《許仲宣傳》云『子待問，再舉及第』，然則終於不第者，惟蒙亨一人耳。」

〔二〕《宋史》卷三一五《韓維傳》：「韓維字持國，以進士奏名禮部。方億輔政，不肯試大廷，受蔭入官。」

〔三〕《宋史》卷三一六《唐義問傳》：「義問字士宣，善文辭，鎖廳試禮部，用舉者召試祕閣，父介引嫌罷之。」

〔四〕《宋史》卷四七三《秦檜傳》：「（紹興十二年）子熺舉進士，館客何溥赴南省，皆爲第一。」又云：「（紹興二十四年）三月，檜孫塤以敷文閣待制試進士舉，省、殿試皆爲第一。檜從子焞、焴，姻黨周夤、沈興傑皆登上第。士論爲之不平。考官則魏師遜、湯思退、鄭仲熊、沈虚中、董德元也。師遜等初知貢舉，即語人曰：『吾曹可以富貴矣。』及廷試，檜又奏思退爲編排，師遜爲詳定。塤與第二人曹冠策皆攻專門之學，張孝祥策則主一德元老，且及存趙事。帝讀塤策，皆檜、熺語，於是擢孝祥爲第一，降塤第三。」何孟春《餘冬序録》卷五，引《四筆》此條，接云：「宋徽宗朝，蔡君謨子某登第在前列，蔡京引爲同族，嫌而抑置於後，檜無足論已。我朝，公卿子弟高第，不以爲嫌。景泰間，都御史王文子鄉試弗第，至自訟焉。春目所及見者，孝宗己未科，武宗辛未科，閣老皆有子入廷試，其父引嫌，不預讀卷，其子並得及第也。」

3 國初救弊

國朝削併僭僞，救民水火之中，然亦有因仍舊弊，未暇更張者，故須賴於賢士大夫昌言之。江左初平，太宗選張齊賢爲江南西路轉運使，諭以民間不便事，令一一條奏。先是諸州罪人多錮送闕下，緣路非理而死者，常十五六。齊賢至蘄州，見南劍州吏送罪人者，索得州帖視之，二人皆逢販私鹽者，爲荷鹽籠得鹽二斤，又六人皆嘗見販鹽而不告者，並黥決傳送，而五人已死于路。江州司理院自正月至二月，經過寄禁罪人，計三百二十四人。建州民二人，本田家客户，嘗於主家塘内，以錐刺得魚一斤半，並杖脊、黥面，送闕下。齊賢上言：「乞俟至京，擇官慮問，如顯有負屈者，本州官吏量加懲罰。自今只令發遣正身。」及虔州，送三囚，嘗市得牛肉，并家屬十二人悉詣闕，而殺牛賊不獲，齊賢憫之，即遣其妻子還。自是江南送罪人者減太半。是皆相循習所致也，一賢改爲①，其利民如此。齊賢以太平興國二年方登科，六年爲使者，八年還朝，由密學拜執政，可謂迅用也〔一〕。

【校勘】

①「一」，馬本、庫本、祠本作「齊」。

【箋證】

〔一〕《宋史》卷二六五《張齊賢傳》：「齊賢道逢南劍、建昌、虔州所送，索牒視之，率非首犯，悉伸其冤抑。因力言於朝，後凡送囚至京，請委强明吏慮問，不實，則罪及原問官屬。自是江南送罪人者爲減大半。先是，江南諸州小民，居官地者有地房錢，吉州緣江地雖淪没，猶納勾欄地錢，編木而浮居者名水場錢，皆前代弊政，齊賢悉論免之。初，李氏據有江南，民户税錢三千已上者户出丁一人，黥面，自備器甲輸官庫，出即給之，日支糧二升，名爲義軍。既内附，皆放歸農。至是，言者以爲此輩久在行伍，不樂耕農，乞遣使選充軍伍，並其家屬送闕下。齊賢上言：『江南義軍，例皆良民，横遭黥配，無所逃避。克復之後，便放歸農，久被皇風，並皆樂業。若逐户搜索，不無驚擾。法貴有常，政尚清浄，前敕既放營農，不若且仍舊貫。』齊賢居使職，勤究民弊，務行寬大，江左人思之不忘。召還，拜樞密直學士，擢右諫議大夫、簽書樞密院事。雍熙初，遷左諫議大夫。端拱元年冬，拜工部侍郎。淳化二年夏，參知政事，數月，拜吏部侍郎、同中書門下平章事。」

4　房玄齡名字

《舊唐書》目録書「房元齡」，而本傳云「房喬字玄齡」，《新唐書》列傳「房玄齡字喬」，而《宰相世系表》「玄齡字喬松」，三者不同〔一〕。趙明誠《金石録》得其神道碑，褚遂良書，名字與《新史》傳同〔二〕。予記先公自燕還，有房碑一册，于志寧撰，乃玄齡字喬松，本欽宗在東宫時所藏，其後猶有一印，曰「伯志西齋」。今亦不存矣〔三〕。

【箋證】

〔一〕《舊唐書》卷六六、《新唐書》卷九六《房玄齡傳》，《新唐書》卷七一下《宰相世系表》。

沈括《夢溪筆談》卷三《辨證一》：「余家有閻博陵畫唐秦府十八學士，各有真贊，亦唐人書，多與舊史不同。姚柬字思廉，舊史姚思廉字簡之。蘇臺、陸元明、薛莊，《唐書》皆以字爲名。李玄道、蓋文達、于志寧、許敬宗、劉孝孫、蔡允恭，《唐書》皆不書字。房玄齡字喬年，《唐書》乃『房喬字玄齡』。以舊史考之，魏鄭公對太宗云『目如懸鈴者佳』，則玄齡果名，非字也。」張淏《雲谷雜記》卷二：「《舊唐書》：『房喬字玄齡。』《新書》：『玄齡字喬。』歐陽公《集古録》中有玄齡墓碑，亦云字喬。按隋人多以字爲名，玄齡實本名喬，後來即以字行，卻以名爲字也。竇苹《唐書音訓》云，唐十八學士圖贊，皆當時墨迹，云房玄齡字喬年。苹即嘗見圖贊，必不妄也。豈以單稱，不類表德，遂添一年字？《宰相世系表》又以玄齡字喬松，未知何據。玄齡，一代之顯人，而名字紛錯如此，殊可怪，而《唐史》表、傳自相牴牾，尤可怪也。」趙紹祖《讀書偶記》卷五《房玄齡》：「《舊唐書》房喬字玄齡，《新書》玄齡字喬，蓋據玄齡墓碑也。然《宰相世系表》又云字喬松。竊怪《表》《傳》何以自相抵牾。洪容齋謂：『予記先公自燕還，有房碑一册，于志寧撰，乃字喬松，本欽宗在東宫時所藏，其後猶有一印，曰「伯志西齋」。』據此則玄齡有兩碑，一字喬，一字喬松，《表》《傳》各識其一。欲以廣異聞也。余後見張淏《雲谷雜記》又謂竇苹《唐書音訓》云：『唐《十八學士圖贊》，皆當時墨迹，房玄齡字喬年。』苹既嘗見《圖贊》，必不妄。《音訓》刻南監本《唐書》後，余初所藏《新書》汲古本也，故作《金石跋》時未見圖贊，亦未見淏之《雜記》，因再記之，以俟博識。」

〔二〕《金石録》卷二四《唐跋尾十四》：「右唐房玄齡碑，文字磨滅斷續，不可考究，惟其名字僅存，其後題『修國史河南公』，而名姓殘缺者，褚遂良也。按《舊唐史》云：玄齡名喬字玄齡，而《新史》乃云名玄齡字喬，今碑所書與《新史》合，惟《宰相世系表》又云『玄齡字喬松』者，不知何所據也。」

〔三〕按，于志寧所撰房碑，《集古録》《金石録》《寶刻叢編》諸書均未載。

5　二朱詩詞

朱載上，舒州桐城人，爲黃州教授，有詩云：「官閑無一事，胡蝶飛上階。」東坡公見之，稱賞再三，遂爲知己〔一〕。中書舍人新仲翌①，其次子也，有家學，十八歲時，戲作小詞，所謂「流水泠泠，斷橋斜路梅枝亞」者。朱希真見而書諸扇，今人遂以爲希真所作。又有摺疊扇詞云：「宮紗蜂趕梅，寶扇鸞開翅。數摺聚清風，一捻生秋意。搖搖雲母輕，裊裊瓊枝細。莫解玉連環，怕作飛花墜。」公親書稿固存，亦因張安國書扇，而載於《于湖集》

中。其詠五月菊詞云：「玉臺金盞對炎光。全似去年香。有意莊嚴端午，不應忘卻重陽。菖蒲九節，金英滿把，同泛瑶觴。舊日東籬陶令，北窗正傲羲皇。」淵明於五六月高卧北窗之下，清風颯至②，自謂羲皇上人。用此事於五月菊，詩家嘆其精切云〔二〕。

【校勘】

①「翌」，原脱，據馬本、庫本、祠本補。②「清」，原脱，據馬本、庫本、祠本補。

【箋證】

〔一〕陳鵠《耆舊續聞》卷一：「朱司農載上嘗分教黄岡，時東坡謫居黄，未識司農公，客有誦公之詩云：『官閒無一事，蝴蝶飛上階。』東坡愕然，曰：『何人所作？』客以公對。東坡稱賞再三，以爲深得幽雅之趣。」

〔二〕《耆舊續聞》卷一：「待制公（郁之按，朱新仲。）十八歲時，嘗作樂府云：『流水泠泠，斷橋斜路橫枝亞。雪飛下，全勝江南畫。白璧青錢，欲買春無價。歸來也，風吹平野，一點香隨馬。』朱希真訪司農公不值，於几案間閲見此詞，驚賞不已，遂書於扇而去。初不知何人作也。一日，洪覺範見之，叩其所從來，朱具以告，二人因同往謁司農公，問之，公亦愕然，客退，從容詢及待制公，公始不敢對，既而以實告。司農公責之曰：『兒曹讀書，正當留意經史間，何用作此等語耶！』然其心實喜之，以爲此兒他日必以文名於世。今諸家詞集及《漁隱叢話》皆以爲孫和仲或朱希真所作，非也。正如《詠摺疊扇》詞云：『宫紗蜂趁梅，寶扇鸞開翅。數摺聚清風，一捻生秋意。搖搖雲母輕，裊裊瓊枝細。莫解玉連環，怕作飛花墜。』余嘗親見稿本於公家，今《于湖集》乃載此詞，蓋張安國嘗爲人題此詞於扇故也。大抵公於文不苟作，雖游戲嘲謔，必極其精妙。嘗詠五月菊詞云：『玉臺金盞對炎光。全似去年香。有意莊嚴端午，不應忘卻重陽。菖蒲九節，金英滿把，同泛瑶觴。舊日東籬陶令，北窗正卧羲皇。』又與秦師垣啓：『鷄鳴函谷，孟嘗由是以出關；雁落上林，屬國已聞於歸漢。』蓋秦使北見留，未幾縱還，既而金人復悔，遣騎兵追之，已無及矣。公之用事，親切多類此，遂得擢用。」

按，「流水泠泠」詞，見朱翌《灊山集》卷三《點絳脣·梅》。黄大輿《梅苑》卷一〇、黄昇《花菴詞選》卷九均録作僧覺範詞。摺疊扇詞，見張孝祥《于湖詞》卷二。考王安中《初寮詞》有《生查子·柳州作》云：「春紗蜂趕梅，宮扇鸞開翅。幾摺聚香風，一撚生秋意。搖搖雲母輕，裊裊璚枝細。莫解玉連環，怕作風飛起。」與于湖詞及容齋所録新仲之詞文字近似，當是一首。詠五月菊詞，見《灊山集》卷三《朝天措·五月菊》。

6　金剛經四句偈

今世所行《金剛經》，用姚秦鳩摩羅什所譯，其四句偈曰：「一切有爲法，如夢幻泡影，如露亦如電，應作如是觀。」又曰：「若以色見我，以音聲求我，是人行邪道，不能見如來。」〔一〕予博觀它本，頗有不同。元魏天竺三藏菩提流支譯云：「一切有爲法，如星翳燈幻，露泡夢電雲，應作如是觀。」而「不能見如來」之下更有四句云：「彼如來妙體，即法身諸佛，法體不可見，彼識不能知。」陳天竺三藏真諦譯云：「如如不動，恒有正説，應觀有爲法，如暗翳燈幻，露泡夢電雲。若以色見我，以音聲求我，是人行邪道，不應得見我。由法應見佛，調御法爲身，此法非識境，法如深難見。」唐三藏玄奘譯云：「諸和合所爲，如星翳燈幻，露泡夢電雲，應作如是觀。諸以色見我，以音聲尋我，彼生履邪斷，不能當見我。應觀佛法性，即導師法身，法性非所識，故彼不能了。」唐沙門義浄譯，前四句與魏菩提本同，而後云：「若以色見我，以音聲求我，是人起邪觀，不能當見我。」後四句與玄奘本同〔二〕。予案今人稱六如，東坡以名堂者，謂夢、幻、泡、影、露、電也。而此四譯，乃知有九如〔三〕。《大般若經》第八會《世尊頌》、第九會《能斷金剛分》二頌，亦與玄奘所譯同。

【箋證】

〔一〕《宋史》卷二〇五《藝文志》有鳩摩羅什譯《金剛般若波羅密經》一卷。按《舊唐書》卷一〇一《辛替否傳》、卷一七八《李蔚傳》，均引作「一切有爲法，如夢幻泡影，如露亦如電。」又《舊唐書》卷一〇一《張廷珪傳》亦引《經》云：「若以色見我，以音聲求我，是人行邪道，不能見如來。」可知唐世所行《金剛經》，亦是鳩摩羅什所譯也。

〔二〕趙彦衛《雲麓漫抄》卷三：「《金剛經》凡有六譯：姚秦鳩摩羅什、元魏菩提流支、陳真諦、隋笈多、唐玄奘、義浄。古今所宗，惟秦譯。『慧命須菩提』六十三字，世傳因僧靈幽入冥得之。又云魏菩提流支文，後人參入之。《經》中有『即』『則』二字，高麗大安六年以義天之祖名稷，故易『即』爲『則』。壽昌元年刊於大興王寺，後從沙門德詵、則瑜之請，仍還本文，而以『則』音呼之，此本或傳入中國故也。」

〔三〕蘇軾《與李方叔書》：「朝雲者，死於惠州久矣。别後學書，頗有楷法，亦學佛法，臨去誦六如偈以絶。葬之惠州棲禪寺，僧作亭覆之，榜曰六如亭。」（《東坡全集》卷七七）錢鍾書《談藝録·補訂》：「《大智度論·十喻釋論》第十一、又《諸法釋論》第十二舉十喻：『如幻，如焰，如水中月，如虚空，如響，如揵闥婆城，如夢，如影，如鏡中象，如化。』《維摩所説經·方便品》第二言『是身無常、無强、無力、無堅』，於『無常』『無堅』亦舉十喻：『如聚沫，如泡，如炎，如芭蕉，如幻，如夢，如影，如響，如浮雲，如電』。唐譯《華嚴經·十地品》第二十六之四先後兩次舉八喻：『如幻，如夢，如影，如響，如水中月，如鏡中象，如焰，如化』。又云：「《金剛經》之『六如』流傳最廣，所謂：『一切有爲法，如夢、幻、泡、影，如露亦如電。應作如是觀。』唐伯虎自號『六如』，即取義於斯。《容齋四筆》卷十三謂『六如』者，乃用鳩摩羅什譯本，真諦、玄奘、義浄、菩提流支四譯皆尚有『如燈』『如星』『如雲』，合爲『九如』。」震鈞《天咫偶聞》卷一：「乾隆中，以舊譯佛經多失本真，詔開清字經館，以唐古特文譯西番文，又以蒙古文譯唐古特文，再以清文譯蒙古文，於是經之真面目始出。相傳《金剛經》之『如夢幻泡影，如露亦如電』句，原本甚長冗，凡十數句，唐人譯本節之耳。」

7 四蓮華之名

嗢鉢摩華，青蓮華也；鉢特摩華，亦云波頭摩，赤蓮華也；拘毋陁華，亦云俱物頭，亦云俱牟陁，紅蓮也；奔荼利華，亦云芬陁利，白蓮也〔一〕。堵羅綿，柳絮之類，即兜羅綿也〔二〕。

【箋證】

〔一〕《法苑珠林・六道篇・畜生部・受報》：寒地獄有八名，「六名鬱波羅地獄。此是青蓮華，此華葉細，由肉色細坼，似此華裂，對日而開。七名波摩地獄。此是赤蓮華，由肉色大坼，似此華開。八名分陀利地獄。此是白蓮華，由彼骨坼，似此華開。」陳大章《詩傳名物集覽》卷八《隰有荷華》條：「内典：芬陀利華，白蓮花也；優鉢羅花，青蓮花也；波頭摩花，赤蓮也。」按《通典》卷一九二《邊防八・西戎四・罽賓》：「大唐貞觀十一年，其國遣使，又號罽賓，獻俱物頭花，丹紫相間，其香遠聞。」（郁之按，段公路《北户録》卷三《指甲花》《册府元龜》卷九七〇《外臣部・朝貢第三》貞觀二十一年三月，作「丹白相間」。）則拘毋陀華非紅蓮也，蓋紅白相間之色也。

〔二〕《一切經音義》卷三：「堵羅緜，梵語細綿絮也。沙門道宣注《四分戒經》云：『草木花絮也。蒲臺花、柳花、白楊、白疊花等絮是也。』」趙汝适《諸蕃志》卷上《志國》「南毗國」條：「土産諸色番布、兜羅綿。」又同書卷下《志物》「吉貝」條：「吉貝樹類小桑，萼類芙蓉，絮長半寸許，宛如鵝毳，有子數十。南人取其茸絮，以鐵筋碾去其子，即以手握茸就紡，不煩緝績，以之爲布。最堅厚者，謂之兜羅綿，次曰番布，次曰木棉布，又次曰吉布。或染以雜色，異紋炳然。幅有闊至五六尺者。」《續資治通鑑長編》卷二九九：元豐二年七月，經制熙河路邊防財用李憲言博買牙人與蕃部私交易，其中即有兜羅綿。

8 黑法白法

安立黑法，感黑異熟，所謂地獄傍生鬼界。安立白法，感白異熟，所謂人天。安立黑白法①，感黑白異熟，所謂一分傍生鬼界及一分人。安立非黑非白法，感非黑非白異熟，所謂預留果，或一來果，或不還果〔一〕。

【校勘】

①「法」原作「去」，據馬本、庫本、祠本改。

【箋證】

〔一〕《法苑珠林·業因篇·業因部》：「如《對法論》云：『復次有四種諸業差別：謂黑黑異熟業，白白異熟業，黑白黑白異熟業，非黑白無異熟業，能盡諸業。黑黑異熟業者，謂不善業。由染汙故，不可愛異熟故。白白異熟業者，謂三界善業。不染汙故，可愛異熟故。黑白黑白異熟業者，謂欲界雜業。善不善雜故。非黑白無異熟業，能盡諸業者，謂於方便無間道中諸無漏業，以方便道無間道，是彼諸業對治故。非黑者，離煩惱垢故；白者，一向清浄故；無異熟者，生死相違故。能盡諸業者，由無漏業，爲永拔得黑等三有漏業，與異熟習氣故。』」

《隋書》卷三五《經籍志》佛經類序云：「有四等之果，一曰須陁洹，二曰斯陀含，三曰阿那含，四曰阿羅漢。至羅漢者，則出入生死，去來隱顯，而不爲累。」宫夢仁《讀書紀數略》卷四二《人部·釋氏類》「四果」條：「預流果，須陀洹也。一來果，斯陀含也。不來果，阿那含也。無生果，阿羅漢也。」按，徐應秋《玉芝堂談薈》卷一六《四方佛》「預流果」作「入流果」。《四筆》本條作「留」，蓋訛。

9 多心經偈

《多心經》偈曰：「揭帝揭帝，波羅揭帝，波羅僧揭諦，菩提薩摩訶。」〔一〕又有《大明咒經》，鳩羅什所譯，曰：「竭帝竭帝，波羅竭帝，波羅僧竭帝，菩提僧莎呵。」〔二〕

【箋證】

〔一〕唐三藏法師玄奘譯《般若波羅蜜多心經》：「説《般若波羅蜜多咒》，即説咒曰：『揭帝揭帝，般羅揭帝，般羅僧揭帝，菩提僧莎訶。』」摩竭提國三藏沙門法月重譯《普遍智藏般若波羅蜜多心經》譯作：「揭諦揭諦，波羅揭諦，波羅僧揭諦，菩提莎婆訶。」唐上都大興善寺三藏沙門智慧輪奉詔譯《般若波羅蜜多心經》譯作：「唵（引）誐帝誐帝，播（引）囉誐帝，播（引）囉散誐帝，冒（引）地娑縛（二合）賀（引）。」

〔三〕鳩摩羅什譯《摩訶般若波羅蜜大明咒經》。

10 天宮寶樹

「行行相值，莖莖相望，枝枝相準，葉葉相向，華華相順，實實相當。」此《無量壽經》所言天宮寶樹，非塵世所有也〔一〕。

【箋證】

〔一〕康僧鎧譯《佛説無量壽經》卷上。

11 白分黑分

月盈至滿，謂之白分；月虧至晦，謂之黑分。白前黑後合爲一月〔一〕。又曰：日隨月後行，至十五日覆月都盡，是名黑半；日在月前行，至十五日具足圓滿，是名白半〔二〕。

【箋證】

〔一〕見《法苑珠林·劫量篇·大三災部》。

〔二〕見《法苑珠林·日月篇·虧盈部》。

12 月雙閏雙

十五夜爲半月，兩半月爲一月，三月爲一時，兩時爲一行，兩行爲一年①，二年半爲一雙。此由閏，故以閏月兼本月，此謂月雙，非閏雙也，以五年再閏爲閏雙〔一〕。

【校勘】

①「年」原作「季」，據馬本、祠本改。

【箋證】

〔一〕《法苑珠林·劫量篇·大三災部·時節》：「依論計之，十五夜爲半月。兩半月爲一月。三月爲一時。兩時爲一行。一行即半年，六月也。兩行爲一年。二年半爲一雙。此由閏故。以閏月兼本月，此謂月雙，非閏雙也。若以五年兩閏爲閏雙者，二年半有一閏，豈立隻乎？」

13 踰繕那一由旬

數量之稱，謂踰繕那，四十里也。《毗曇論》，四肘爲一弓，五百弓爲一拘盧舍，八拘盧舍爲一由旬。一弓長八尺，五百弓長四百丈。一拘盧舍有二里，十六里爲一由旬〔一〕。

【箋證】

〔一〕《法苑珠林·劫量篇·大三災部·時節》：「依奘法師《西國傳》云：『夫數量之稱，謂踰繕那。（舊云由旬，又曰踰闍那，又曰由延，皆訛略。）踰繕那者，自古聖王一日運行也。舊傳一踰繕那四十里矣。印度國俗乃三十里，聖教所載唯十六里。』故《毗曇論》：『四肘爲一弓，五百弓爲一拘盧舍，八拘盧舍爲一由旬。』一弓長八尺，五百弓長四百丈，四百丈爲一拘盧舍。一里有三百六十步，一步有六尺，合有二百一十六丈爲一里。二里有四百三十二丈。計前五百弓有四百丈爲一拘盧舍，猶欠三十二丈不滿二里。計一拘盧舍減有二里，計八拘盧舍減十六里爲一由旬。若依《雜寶藏經》：『一拘盧舍有五里。』計《毗曇》八拘盧舍爲一由旬，合有四十里。」俞正燮《癸巳類稿》卷九《由旬義》：「《佛本行集經·角術争婚品》云：『婆羅極義，十溝也。其數目：溝、壤、秭、垓、京、兆、億、萬、千、百、十、一。以微塵起一，遞七乘之，爲窗塵，爲兔塵，爲羊塵，爲牛塵，爲蟣，爲虱，爲芥子，爲大麥，爲指節，爲半尺。倍之爲尺，二尺爲肘，四肘爲弓，五弓爲杖，二十杖爲息，八十息爲拘盧舍，八拘盧舍爲由旬。是以八千弓爲拘盧舍，六萬四千弓爲由旬。』唐慧苑《華嚴音義·十定品》云：『三百弓爲里，四里爲俱盧舍。』則以千二百弓爲俱盧舍，九千六百弓爲由旬。《立世阿毘曇論》云：『四肘爲一弓，五百弓爲俱盧舍，八俱盧舍爲由旬。』《俱舍論》云：『七麥爲指節，三節爲指，二十四指横布爲肘，竪四肘爲弓，五百弓爲拘盧舍。』《大唐西域記》云：『五百弓爲拘盧舍，八拘盧舍爲踰繕那。』則以五百弓爲俱盧舍，四千弓爲由旬。《西域記》又云：『由旬，三十里，爲印度國俗，正曰踰繕那。』其由旬、由延、踰闍那，皆訛略。《放光般若經》云：『俞旬三十里。』《根本説一切有部尼陀那》注：『踰繕那當三十里，欲令易了，故有言驛之處。』是三説皆以三十里爲正義。秦僧肇《維摩詰所説經·不思議品》注云：『大由旬六十里，中由旬五十里，小由旬四十里。』《翻譯名義集選》云：『由旬三別，大八十里，中六十里，小四十里。』玄應《一切經音義》云：『俱盧舍者，牛鳴聞五里。由旬者，正言踰繕那，四十里。』是三説則至四十而極，更無四十以下之説。然《華嚴音義》云：『拘盧舍四里，由旬三十二里。』又云：『準《本行經》，由旬十七里餘二百八十餘步。』今按《本行》無積步之法，不知《華嚴音義》從何置算。《西域記》云：『踰繕那者，自古聖王一日運行也。舊四十里，印度三十里。聖教所載，惟十六里。』《阿毘曇論》亦云：『俱盧舍二里，由旬十六里。』是由旬有六萬四千弓、九千六百弓、四千弓、八十里、六十里、五十里、四十里、三十二里、三十里、十七里餘、十六里之別。魏慧覺譯《賢愚因緣經·須達起精舍緣品》云：『舍利弗言，佛行日半由旬，須達即於道次二十里作一客舍。』此旁出之言，有屋舍相去里數，最爲明證，則四十里爲的數也。」

14 七極微塵

七極微塵成一阿耨池上塵，七阿耨塵爲銅上塵，七銅上塵爲水上塵，七水上塵爲兔毫上塵，七兔毫上塵爲一羊毛上塵，七羊毛上塵爲一牛毛上塵，七牛毛上塵成一嚮遊塵，七嚮遊塵成一蟣，七蟣成一虱，七虱成一穬麥①，七穬麥爲一指，二十四指爲一肘，四肘爲一弓〔一〕。

【校勘】

①「一」原脱，據馬本、庫本、祠本補。

【箋證】

〔一〕見《法苑珠林·三界篇·身量部》。

15 宰相贈本生父母官

封贈先世，自晉、宋以來有之，迨唐始備，然率不過一代，其恩延及祖廟者絶鮮，亦未嘗至極品〔一〕。郭汾陽二十四考中書令，而其父贈止太保〔二〕；權德輿位宰相，其祖贈止郎中〔三〕。唐末五季，宰輔貴臣，始追榮三代，國朝因之〔四〕。李文正公昉本工部郎中超之子，出繼從叔紹①。昉再入相，表其事求贈所生父、祖官封，詔贈祖温太子太保，祖母權氏莒國太夫人，父超太子太師，母謝氏鄭國太夫人〔五〕。可謂異數，後不聞繼之者。

【校勘】

①「紹」原作「沼」，據馬本、庫本、祠本改。

【箋證】

〔一〕參《三筆》卷一〇《司封贈典之失》、《五筆》卷八《唐臣乞贈祖》。趙翼《陔餘叢考》卷二七《封贈》：「洪景盧云：『封贈先世，自晉、宋以來有之，迨唐始備。』然唐世贈典惟一品乃及其祖，餘官只贈父耳。長慶後稍變通，權德輿罷相，爲檢校吏部尚書、興元節度使，表納檢校吏部尚書，請回贈其祖倕。詔不許納官，而贈倕爲尚書禮部郎中。此後世貤贈之始也。《白樂天集》亦有户部尚書楊於陵贈其祖爲吏部郎中、祖母崔爲郡夫人制詞。然德輿身爲檢校吏部尚書，而贈其祖不過禮部郎中；於陵爲户部尚書，而贈其祖不過禮部郎中，則亦不能以子孫之官全贈其祖也。《宋史》：李虚己當南郊恩封，請以罷妻封以授祖母。寇瑊少孤，鞠于祖母王氏，及登朝，乞以妻封回授。趙概逢郊，恩當任子進階，乞回其恩封母郡太君。詔皆許之，後遂爲例。此則宋時可以己官全贈其先，較唐制又稍優矣。元許有壬言：『今制封贈祖父母，降于父母一等。』則元時封贈先世亦尚有差別。本朝令甲：一二品封三代，三品以下封二代，六品以下封一代，皆全用其本身官秩，並許以本身封典回贈其祖，則例封一代者，實亦得封二代。聖朝錫類之仁，超出前世萬萬矣。」又前代回贈之例，有推及本生祖父者。《舊唐書》：崔植有《陳情表》，云：『亡父嬰甫，是臣本生，亡伯祐甫，是臣承後。嗣襲雖移，孝心則在。請以在身官秩，特乞回贈本生。』詔贈嬰甫吏部侍郎。至本生祖父之外別有移封者，唐李德裕爲荊南節度使，遇當追贈，奏乞回贈其兄故楚州刺史德修，詔贈禮部尚書。劉總奏請追贈其外祖溪州刺史張懿，乃贈懿工部尚書，其妻李氏趙國夫人。宋王曾爲參知政事，以幼孤，育于叔父母，奏請改葬，乃詔贈其叔宗元工部員外郎，母嚴氏懷仁縣太君。歐陽修少孤，其叔教之學，既貴，乞以一官回贈，詔贈郎中。是又恩例之出於祖父外者也。」

〔二〕《舊唐書》卷一二〇《郭子儀傳》：「父敬之，歷綏、渭、桂、壽、泗五州刺史，以子儀貴，贈太保，追封祁國公。」

〔三〕宋敏求《春明退朝録》卷中：「唐相止贈一代，權德輿罷相，爲檢校吏部尚書、興元節度使，自潤州改葬其父於東都亡祖之域。其祖倕，終右羽林軍録事參軍，因表納檢校吏部尚書兼御史大夫，請回贈祖一官。詔不許納官，特贈倕尚書、禮部郎中。（德輿在遷祔式假内，公事皆差官勾當，有敕使及別奉詔命，即令權服慘服承進止。）」按《舊唐書》卷一四八《權德輿傳》：父皐，字士繇，「因子德輿爲相，立家廟，至元和十二年，復贈太子太保。」

〔四〕《春明退朝録》卷中：「凡輔臣、宣徽使初入，封三代，爲東宫三少，（曾祖爲少保，祖爲少傅，父爲少師。）因進官或遇大禮，進加至太師。兩令、國公、使相、節度使，亦封三代。尚書、資政殿大學士、三司使，封二代，至太尉。（大學士自如兩府例。）學士至待制，封一代，至太尉。餘升朝官以上，至吏部尚書。（父歷兩府，贈至師、令、國公。歷兩制、大兩省，贈至大尉。）」《續資治通鑑長編》卷四八：咸平四年正月，「舍人院上《重詳定百官封贈條制》，詔從之。凡現任將相、在朝正一品及任中書、樞密院官特遣封三代依舊外，應東宫一品以下，雖曾任將相，只依編敕本品追封其三代曾祖母、祖母、母；除中書門下二品及平章事、在朝正一品、使相封國太夫人外，餘只封郡太夫人止。如舊有國號者，依舊追封。其位極將相，勳業崇高，薨謝之時，特恩追封王爵依舊外，如因子孫追贈，雖曾任將相，並不許封王。除祖父先居高位，累贈至一品外，如子孫官高，祖父官卑，已贈五品者，須歷品贈官，方得贈至正一品。母、妻所封郡縣，依本姓望封。封國者，不拘此限。」

〔五〕《宋史》卷二六五《李昉傳》：「李昉，字明遠，深州饒陽人。父起，晉工部郎中、集賢殿直學士。從大父右資善大夫超無子，以昉爲後，蔭補齋郎，選授太子校書。」「初，超未有子，昉母謝方娠，指腹謂伯母張曰：『生男當與伯母爲子。』故昉出繼於超。昉再相，因表其事，求贈所生父母官。詔贈其祖温太子太傅，祖母權氏莒國太夫人，起太子太師，謝氏鄭國太夫人。」

16 執政贈三代不同

文臣封贈三代，自初除執政外，凡轉廳皆不再該，唯知樞密院及拜相乃復得之〔一〕。然舊法又不如是。歐陽公作程文簡公琳父神道碑，歷叙恩典曰：「琳參知政事，贈爲太子少師。在政事遷左丞，（係轉一官①。）又贈太子太師。罷爲資政殿學士，又贈太師、中書令。爲宣徽北院使，又贈兼尚書令。」〔二〕則是轉官與罷政亦褒贈，而自宫師得太師中令，更爲超越。它或不然。

【校勘】

①此注文原脱，據馬本、庫本、祠本補。

【箋證】

〔一〕《宋史》卷一七〇《職官志》：「封贈之典，舊制有三代、二代、一代之等，因其官之高下而次第焉。凡初除及每遇大禮封贈三代者，太師、太傅、太保、左右丞相、少師、少傅、少保、樞密使、開府儀同三司、知樞密院事、參知政事、同知樞密院事、樞密副使、簽書樞密院事。凡遇大禮封贈三代者，節度使。三代初封，曾祖，朝奉郎；祖，朝散郎；父，朝請郎。」前條注四，可參。

〔二〕歐陽修《文忠集》卷二一《袁州宜春縣令贈太師中書令兼尚書令冀國公程公神道碑銘》。

17 唐孫處約事

《新唐書·來濟傳》云：「初，濟與高智周、郝處俊、孫處約客宣城石仲覽家，仲覽衍於財，有器識，待四人甚厚。私相與言志。處俊曰：『願宰天下。』濟及智周亦然。處約曰：『宰相或不可冀，願爲通事舍人足矣。』後濟領吏部，處約始以瀛州書佐入調，濟遽注曰：『如志。』遂以爲通事舍人。後皆至公輔。」《高智周傳》云：「智周始與郝處俊、來濟、孫處約共依江都石仲覽。仲覽傾産結四人驩，因請各語所期。處俊曰：『丈夫惟無仕，仕至宰相乃可。』智周、濟如之。處約曰：『得爲舍人，在殿中周旋吐納可也。』後濟居吏部，處約以瀛州參軍入調，濟曰：『如志。』擬通事舍人。畢，降階，勞問平生。」案兩傳相去才一卷，不應重複如此，可謂冗長[一]。本出韓琬所撰《御史臺記》[二]，而所載自不實。《處約傳》：「貞觀中，爲齊王祐記室。祐多過失，數上書切諫。王誅，太宗得其書，擢中書舍人。」是歲十七年癸卯。來濟次年亦爲中書舍人，永徽三年拜相，六年檢校吏部尚書，是歲丁巳，去癸卯首尾十五歲。若如兩傳所書，大爲不合。韓琬之説誠謬，史氏又失於不考。仲覽鄉里，一以爲宣城，一以爲江都，豈宣城人而家於廣陵也[三]？

【箋證】

[一] 吴縝《新唐書糾謬》卷一二《事狀叢複》「來濟高智周」條，略同。

[二] 《太平廣記》卷一四七《定數二・高智周》：「高智周，義興人也。少與安陸郝處俊、廣陵來濟、富陽孫處約同寓於石仲覽。仲覽，宣城人，而家於廣陵，破産以待此四人。其相遇甚厚，嘗夜卧，因各言其志，處俊先曰：『願秉衡軸一日足矣。』智周、來濟願亦當然。處約於被中遽起，曰：『丈夫樞軸或不可冀，願且爲通事舍人，殿庭周旋吐納足矣。』仲覽素重四人，嘗引相工視之，皆言貴極人臣，顧視仲覽曰：『公因四人而達。』後各從官州郡，來濟已領吏部，處約以瀛州書佐，因選引時，隨銓而注。濟見約，遽命筆曰：『如志，如志。』乃注通事舍人。注畢下階，叙平生之言，亦一時之美也。智周嘗出家爲沙門，鄉里惜其才學，勉以進士充賦，擢第，授越王府

參軍，累遷費縣令，與佐官均分俸錢，遷祕書郎，累遷中書侍郎，知政事，拜銀青光禄大夫。智周聰慧，舉朝無比，日誦數萬言，能背碑覆局，淡泊於冠冕，每辭職，輒遷贈越州都督，謚曰定。」注出《御史臺記》。

《新唐書》卷五八《藝文志》有韓琬《御史臺記》十二卷。今已散佚。《郡齋讀書志》卷二下《職官類》著録此書，云：「載唐初至開元御史臺中制度故事，以大夫、中丞、侍御史、殿中、監察、主簿、録事分門。」《中興館閣書目》云：「殿中侍御史韓琬《御史臺記》十二卷。自唐初，訖開元五年。臺中官屬，凡十有一人。皆論建置沿革，附以名氏爵里，美惡必書。叙傳一篇，自紀世家。並附雜説一十八事。」（《玉海》卷一二一《唐御史臺》引）琬，字茂貞，《新唐書》卷一一二有傳。日本人池田温《論韓琬〈御史臺記〉》，（載其所著《唐研究論文選集》）考證此書甚詳，謂兩《唐書》《大唐新語》《資治通鑑》等書皆嘗參取之，而《太平廣記》保存此書之佚文尤多。

〔三〕孔平仲《珩璜新論》云：「《唐史·來濟傳》『宣城石仲覽』，《高智周傳》『江都石仲覽』，史籍異辭，何可勝數。」按，前引《太平廣記·高智周》篇，明言「仲覽宣城人而家於廣陵」，可無疑。又，趙紹祖《新舊唐書互證》卷一二「來濟傳」條，引《四筆》本條，云：「容齋之言頗核，但永徽六年，歲在乙卯，去癸卯首尾十三歲，而誤爲丁巳者，蓋誤以顯慶二年濟貶台州之歲當之也。」

18 夏侯勝京房兩傳

《漢書·儒林傳》欲詳記經學師承，故序列唯謹，然夏侯勝、京房又自有傳。《儒林》

云：「勝其先夏侯都尉，以《尚書》傳族子始昌，始昌傳勝，勝又事同郡簡卿。傳兄子建，建又事歐陽高。」而本傳又云：「從始昌受《尚書》，後事簡卿，又從歐陽氏。從子建，師事勝及歐陽高。」《儒林》言：「房受《易》梁人焦延壽。以明災異得幸，爲石顯所譖，誅。」凡百餘字，而本傳又云：「治《易》，事梁人焦延壽。其説長於災變，房用之尤精。爲石顯告非謗政治，誅。」此兩者近於重複也。若其它張禹、彭宣、王駿、倪寬、龔勝、鮑宣、周堪、孔光、李尋、韋賢、玄成、薛廣德、師丹、王吉、蔡誼、董仲舒、眭孟、貢禹、疏廣、馬宮、翟方進諸人，但志姓名及所師耳〔一〕。

【箋證】

〔一〕詳《漢書》卷八八《儒林傳》，《漢書》卷七五《夏侯勝傳》《京房傳》。按，趙翼《廿二史札記》卷四《後漢書編次訂正》：「夏侯勝治《尚書》，京房治《易》，宜入《儒林傳》，而另爲列傳，與眭宏等同卷，以其皆精於占驗也。」

19 漢人坐語言獲罪

漢昭帝時，有大石自立，僵柳復起。眭孟上書，言：「有從匹夫爲天子，宜求索賢人，禪以帝位而退，自封百里。」霍光惡之，論以祅言惑衆，伏誅〔一〕。案，孟之妄發，其死宜矣。

宣帝信任宦官，蓋寬饒奏封事，言：「五帝官天下，三王家天下。家以傳子，官以傳賢。」執金吾議以指意欲求禪，亦坐死〔二〕。考其所引，亦不爲無罪。楊惲之報孫會宗書，初無甚怨怒之語，其詩曰：「田彼南山，蕪穢不治，種一頃豆，落而爲萁。」張晏釋以爲言朝廷荒亂，百官諂諛。可謂穿鑿，而廷尉當以大逆無道，刑及妻子。予熟味其詞，獨有所謂「君父至尊親，送其終也，有時而既」，蓋宣帝惡其君喪送終之喻耳〔三〕。莊助論汲黯輔少主守成，武帝不怒，實係於一時禍福云〔四〕。賈誼、劉向談説痛切無忌諱，文、成二帝未嘗問焉，《隨筆》紀之矣〔五〕。

【箋證】

〔一〕《漢書》卷七五《眭弘傳》、（按，眭弘字孟。）《漢書》卷二七中之下《五行志》。《隨筆》卷一六《讖緯之學》、《三筆》卷二《占術致禍》，可參。

〔二〕事詳《漢書》卷七七《蓋寬饒傳》。《四筆》卷二《五帝官天下》，可參。

〔三〕事詳《漢書》卷六六《楊惲傳》。

〔四〕《漢書》卷五〇《汲黯傳》：「上方招文學儒者，上曰吾欲云云，黯對曰：『陛下内多欲而外施仁義，奈何欲效唐虞之治乎？』上怒變色而罷朝。公卿皆爲黯懼。上退，謂人曰：『甚矣，汲黯之戇也！』群臣或數黯，黯曰：『天子置公卿輔弼之臣，寧令從諛承意，陷主於不誼乎？且已在其位，縱愛身，奈辱朝廷何！』黯多病，病且滿三月，上常賜告者數，終不瘉。最後，嚴助爲請告。上曰：『汲黯何如人也？』曰：『使黯任職居官，亡以瘉人，然至其輔少主守成，雖自謂賁育弗能奪也。』上曰：『然。古有社稷之臣，至如汲黯，近之矣。』」莊助即嚴助。

〔五〕參《隨筆》卷一一《誼向觸諱》。

20 樞密書史

景德四年，命宰臣王旦監修《兩朝正史》，知樞密院王欽若、陳堯叟，參知政事趙安仁並修國史。後來執政入樞府，皆不得提舉修書，非故事也〔一〕。

【箋證】

〔一〕《續資治通鑑長編》卷六六：景德四年八月丁巳，「詔修《太祖太宗正史》。宰臣王旦，監修國史；知樞密院事王欽若、陳堯叟，參知政事趙安仁，翰林學士晁迥、楊億，並修國史。」

21 知州轉運使爲通判

今世士大夫既貴不可復賤。淳化中，北戎入寇，以殿前都虞候曹璨知定州，時趙安易官宗正少卿，已知州，遂就徙通判①〔一〕。同時有羅延吉者，既知彭、祁、絳三州，而除通判廣州〔二〕。滕中正知興元府，而通判河南〔三〕。袁郭知楚、鄆二州，會秦王廷美遷置房州，詔崇儀副使閻彦進知州，而以郭通判州事〔四〕。范正辭既知戎、淄二州，而通判棣、深〔五〕。又陳若拙歷知單州、殿中侍御史、西川轉運使，召歸，會李至守洛都，表爲通判；久之，柴禹錫鎮涇州，復表爲通判〔六〕。連下遷而皆非貶降，近不復有矣〔七〕。

【校勘】

①「已」，馬本、庫本、祠本作「以」。

【箋證】

〔一〕《宋史》卷二五六《趙安易傳》：「（太平興國）九年，起拜宗正少卿、知定州，會以曹璨知州，徙安易爲通判。」

〔二〕羅延吉，《宋史》无傳。考此人乃五代鄴王紹威之子，官至諫議大夫。（韓琦《安陽集》卷四六《叙先考令公遺事與尹龍圖書》）釋文瑩《玉壺清話》卷五：「興國二年，詔遣副廣南羅延吉爲轉運副使，以定嶺寇。」

〔三〕《宋史》卷二七六《滕中正傳》：「乾德五年，度支員外郎侯陟表中正有材幹，入爲殿中侍御史。兩川平，選知興元府，判西京留臺，俄通判河南府留守司事。」

〔四〕《宋史》卷四《太宗紀》：「（太平興國七年正月）丙辰，秦王廷美降封涪陵縣公、房州安置，以崇儀副使閻彦進知房州，監察御史袁郭通判軍州事，各賜白金三百兩。」又見《宋史》卷二七六《袁郭傳》。

〔五〕《宋史》卷三〇四《范正辭傳》：「開寶中，判入等，遷國子監丞，知戎州，改著作佐郎。代還，治逋欠於淄州，轉運使稱其能，轉左贊善大夫，就知淄州。太平興國中，改殿中丞，通判棣、深二州。」

〔六〕《宋史》卷二六一《陳若拙傳》：「太平興國五年，進士甲科，解褐將作監丞、通判鄂州，改太子右贊善大夫、知單州。以能政，就改太常丞，遷監察御史，充鹽鐵判官。益州繫囚甚衆，太宗覽奏訝之，召若拙面諭，委以疏決，遷殿中侍御史、通判益州。淳化三年，就命爲西川轉運副使，未幾，改正使。召歸，會李至守洛都，表若拙佐治，改度支員外郎，通判西京留司。久之，柴禹錫鎮涇州，復奏爲通判。」

〔七〕馬端臨《文獻通考》卷六三《職官考·郡丞》引《四筆》本條，按云：「藝祖之設通判，本欲懲五季藩鎮專擅之弊，而以儒臣臨制之，號稱監州。蓋其官雖郡佐，而其人間有出於朝廷之特命，不以官資之崇庳論，如野處所言是也。其與後來之汎汎以半刺稱者不侔矣。」

22 范正辭治饒州

范正辭太平興國中，以饒州多滯訟，選知州事。至則宿繫皆決遣之，胥史坐淹獄停職者六十三人。會詔令科州兵送京①，有王興者，懷土憚行，以刃故傷其足，正辭斬之。興妻上訴，太宗召見正辭，庭辯其事。正辭曰：「東南諸郡，饒實繁盛，人心易動，興敢扇摇。

苟失控馭，則臣無待罪之地矣。」上壯其敢斷，特遷官，充江南轉運副使。饒州民甘紹者，爲群盜所掠，州捕繫十四人，獄具將死。正辭案部至，引問之，因皆泣下。察其非實，命從他所訊鞫。既而民有告盜所在者，正辭潛召監軍掩捕之。盜覺遁去，正辭即單騎出郭二十里追及之。賊控弦持矟來逼，正辭大呼，以鞭擊之，中賊雙目，仆之。餘賊渡江散走，被傷者尚有餘息，旁得所棄贓，按其奸狀伏法，十四人皆得釋。此吾鄉里事，而郡人多不聞之〔一〕。

【校勘】

①「科」，馬本、庫本、祠本作「料」。

【箋證】

〔一〕二事皆見《宋史》卷三〇四《范正辭傳》。

23 榮王藏書

濮安懿王之子宗綽①，蓄書七萬卷。始與英宗偕學于邸，每得異書，必轉以相付。宗綽家本有《岳陽記》者，皆所賜也，此《國史》本傳所載〔一〕。宣和中，其子淮安郡王仲糜進目録三卷，忠宣公在燕得其中秩，云：「除監本外，寫本、印本書籍計二萬二千八百三十六卷。」觀一秩之目如是，所謂七萬卷者爲不誣矣。三館祕府所未有也，盛哉〔二〕！

【校勘】

①「安」，原作「王」，據馬本、庫本、祠本改。

【箋證】

〔一〕今檢《宋史》未載此事，亦未立傳。

〔二〕胡應麟《少室山房筆叢》卷一《經籍會通一》引《四筆》此條，接云：「第宋世三館所藏不過四萬以上，況英宗時尚在宋初，其時板本未盛，即重複通計，亦未能遽至此。《隨筆》所計謬無疑。」忠宣公，洪皓。

24 秦杜八六子

秦少游《八六子》詞云：「片片飛花弄晚，濛濛殘雨籠晴。正銷凝，黄鸝又啼數聲。」語句清峭，爲名流推激。予家舊有建本《蘭畹曲集》，載杜牧之一詞，但記其末句云：「正銷魂，梧桐又移翠陰。」秦公蓋效之，似差不及也〔一〕。

【箋證】

〔一〕劉將孫《養吾齋集》卷九《蕭學中采詞序》：「古今作者之作流落多矣，豈獨當吾世爲可恨哉！秦少游詞勝於詩，『正銷凝，黄鸝又啼數聲』，乃其詞最勝處。然洪容齋記杜牧之『正銷魂，梧桐又移翠陰』，乃知少游所出，幾於句意仿效，不止暗犯而已。後來行到一溪深處，有黄鸝千百，乃其觀化垂去，神變活脱，猶未離此窠臼，牧之要何可及哉！然予極意求其全，不可得，頃乃得之古詩雜襲中。非容齋拈出，詎復知有牧之者！」陳霆《渚山堂詞話》卷一：「秦詞全用杜格，然秦首句云：『倚危亭，恨如芳草，萋萋剗盡還生。』二語妙甚，故非杜可及也。」

《蘭畹曲集》，或名《蘭畹集》《蘭畹曲會》，孔夷輯。《碧雞漫志》：「《蘭畹曲會》，孔寧極之子方平所集，其自作者稱魯逸仲，皆方平隱名。」蓋哲宗、徽宗間人也。「曲會」猶言詞集。（參饒宗頤《詞集考》）《草堂詩餘》卷二寇平仲《陽關引·離別》，末注云：「舊本《蘭畹集》載寇萊公《陽關引》，其語豪壯，送别之曲當爲第一。」《花草粹編》卷一李後主《搗練子·聞砧》，末注出《蘭畹曲會》。

容齋四筆卷十四 十四則

1 祖宗親小事

太宗朝，吕端自諫議大夫、開封判官左遷衛尉少卿，時群官有負宿譴者，率置散秩，會置考課院，每引對，多泣涕，以不免飢寒爲請。至端，即前奏曰：「臣罪大而幸深，苟得潁州副使，臣之願也。」上曰：「朕自知卿。」無何，復舊官。踰月，拜參知政事〔一〕。上留意金穀之務，一日盡召三司吏李溥等對於崇政殿，詢以計司利害。溥等願給筆札，於是二十七人共上七十一事。詔以四十四事付有司奉行，十九事下鹽鐵使陳恕等，議其可否，遣知雜御史監議，賜溥等白金緡錢，悉補侍禁、殿直，領其職。謂宰相曰：「溥等條奏事，亦頗有所長。朕嘗語恕等，若文章稽古，此輩固不可望卿，錢穀利病，彼自幼至長寢處其中，必周知根本。卿但假以顔色，引令剖陳，必有所益。」恕不肯降意詢問，旋以職事曠廢，上召而責之，始頓首謝〔二〕。王賓以供奉官充亳州監軍，妻極妬悍。時監軍不許挈家至任所，妻擅至亳州，賓具以白上。上召見其妻詰責，俾衛士交捽之，杖一百，配爲忠靖卒妻，一夕死〔三〕。陳州民張矩，殺里中王裕家兩人，知州田錫未嘗慮問，又詣闕訴冤。遣二朝士鞫之，皆云非矩所殺。裕家冤甚，其子福應募爲軍，因得見，曰：「臣非欲隸軍，蓋家冤求訴耳！」太宗怒，付御史府治之，寘矩于法，二朝士皆坐貶，錫洎通判郭渭，謫爲海、郢州團練副使〔四〕。饒州卒妻訴理夫死，至召知州范正辭庭辯〔五〕。且夫引見散秩庶僚，而容其各各有請；三司胥吏而引對正殿，命以官爵，聽其所陳；一州都監而得自上奏，至召其妻責辱之；一卒應募，而得入見，遂伸家冤，爲貶責吏。萬幾如是，安得不理！今之言典故者，蓋未能盡云。

【箋證】

〔一〕事詳《宋史》卷二八一《吕端傳》。

〔二〕《宋史》卷二六七《陳恕傳》。

〔三〕《宋史》卷二七六《王賓傳》。

〔四〕《宋史》卷二九三《田錫傳》：「端拱二年，京畿大旱，錫上章，有『調燮倒置』語，忤宰相，罷爲户部郎中，出知陳州。坐稽留殺人獄，責授海州團練副使。後徙單州。」錢大昕《廿二史考異》卷七七《宋史十一·田錫傳》「出知陳州，奏稽留殺人獄，責授海州團練副使」條，引《四筆》此則，後按云：「史於《錫傳》既不詳書，而《刑法志》亦不之及，何也？」

〔五〕詳前卷《范正辭治饒州》條。

2 王居正封駁

紹興五、六年間，王居正爲給事中，時王繼先方以醫進，中旨以其壻添監浙江税務，録黄過門下，居正封還。高宗批三省將上，及二相進呈，聖訓云：「卿等亦嘗用醫者否？」對曰：「皆用之。」曰：「所酬如何？」曰：「或與酒，或與錢，或與縑帛，隨大小效驗以答其勞。」上曰：「然則朕宫中用醫，反不得酬謝邪？文字未欲再付出，可以喻居正使之書讀。」丞相退，即語居正曰：「聖意如此，是事亦甚小，給事不必固執。」居正唯唯，遂請對，上語如前，而玉色頗厲。居正對曰：「臣庶之家，待此輩與朝廷有異，量功隨力，各致陳謝之禮。若朝廷則不然，繼先之徒，以技術庸流，享官榮，受禄俸，果爲何事哉？一或失職，重則有刑，輕則斥逐。使其應奉有效，僅能塞責而已，想金帛之賜，固自不少。至於無故增創員闕，誠爲未善，臣不願陛下輒起此門。」上悟曰：「卿言是也。」即日下其奏，前降旨揮更不施行。居正之直諒有守，高宗之聽言納諫，史録中恐不備載，故敬書之〔一〕。邁頃聞之於張九成〔二〕。

【箋證】

〔一〕丘濬《大學衍義補》卷一一二《治國平天下之要・正百官・戒濫用之失》引《四筆》本條，接云：

「朝廷之用醫，亦猶其用百家也。用醫而效，乃其職爾；若其秩滿，多著全效，則升用之，亦猶百僚之課最而進其秩也。然又必各隨其品而予之，其勞勣固不可以不酬，而品流亦不可以不別。高宗一聞居正之言，即悟而是之，可謂能用善矣。後世人主宜法高宗，其毋以朝廷公卿大夫之名爵而加諸異端雜流，伎藝工作之徒有勞效者，隨本任而加升賞可也。」

按，《宋史》卷四七〇《王繼先傳》，繼先「建炎初，以醫得幸，其後寖貴寵，世號王醫師」。「繼先遭遇冠絶人臣，諸大帥承順下風，莫敢少忤。其權勢與秦檜埒」。王居正封駁事，《宋史》卷三八一《王居正傳》、卷四七〇《王繼先傳》均未載。

〔二〕張九成，詳《隨筆》卷一五《張子韶祭文》箋證。

3　王元之論官冗

省官之説，昔人論之多矣，唯王元之兩疏，最爲切當。其一云：「臣舊知蘇州長洲縣，自錢氏納土以來，朝廷命官，七年無縣尉，使主簿兼領之，未嘗闕事。三年增置尉，未嘗立一功。以臣詳之，天下大率如是。誠能省官三千員，減俸數千萬，以供邊備，寬民賦，亦大利也。」〔一〕其二云：「開寳中，設官至少，臣占籍濟上，未及第時，止有刺史一人，李謙溥是也①，司户一人，孫賁是也。近及一年，朝廷别不除吏。自後有團練推官一人，畢士安是也。太平興國中，臣及第歸鄉，有刺史、通判、副使、判官、推官、監軍，監酒榷税筭又增四員，曹官之外更益司理。問其租税，減於曩日也，問其人民，逃於昔時也，一州既爾，天下可知。冗兵耗于上，冗吏耗于下，此所以盡取山澤之利而不能足也。」〔二〕觀此二説，以今言之，何止於可爲長太息哉！

【校勘】

①「溥」，原作「溥」，據馬本、祠本改。

【箋證】

〔一〕王元之此疏，見《續資治通鑑長編》卷三〇：端拱二年正月，右拾遺直史館王禹偁奏議曰：「以臣計之，外任其人、内修其德之道，各有五焉。内有五者，一曰並省官吏，惜經費也。昔唐虞建官惟百。夏商官倍，亦克用乂。周設六官，僚屬漸廣。秦並六國，郡縣食禄者日增，用力者日耗。降及漢魏，以至隋唐，員數有加，職名無損。清介者止於奉科，貪濁者又恣侵漁，是以約人署官，斯爲中矣。今百官三班中若備言冗食，恐有煩聽覽，只如臣舊知蘇州長洲縣，（郁之按，此處與容齋所引同。略。）臣請黜陟庶僚，並省群吏，賢者得以陳力，不肖者得以歸耕，誠能省去三千員，減俸數十萬，以供邊備，寬民賦，亦平戎之大計也。」

〔二〕此疏見《續資治通鑑長編》卷四二：至道三年十二月。「初，刑部郎中、知揚州王禹偁準詔上疏言五事，其二曰「減冗兵，并冗吏，使山澤之饒稍流於下」一節。又載《宋史》卷二九三本傳。《宋文鑑》卷四二録全文，題《應詔言事疏》。

葉適《習學記言》卷四八：「禹偁言減冗兵，并冗吏，使山澤之饒稍流於下。按朱台符以京東運使應詔亦言：『陛下即位肆赦，臨朝聽政，覃恩而宥罪，施仁而及物，未嘗蠲免殘租，許行榷利，山海之貨悉歸於上，酒税之饒不流於下，蓋不欲盡山澤之利而與民共。』當時雖已無此事而猶有此論也。其後則此論亦無矣。事之已往猶可追，論之不存深可畏。且使今日有欲言寬山澤之禁者，人不嬉笑而怒罵乎？至言：『太祖時東未得江浙漳泉，南未得荆湖交廣，朝廷財賦可謂未豐，然而擊河東，備北敵，國用亦足，兵威亦强，其義安在？所畜之兵鋭而不衆，所用之將專而不疑故也。自後盡取東南數國，又平河東，土地財賦可謂廣矣，而兵威不振，國用轉急，其義安在？所畜之兵冗而不盡鋭，所用之將衆而不自專故也。』此事今日固不能行矣，而此論則至今猶在，尚可議也。且太祖精揀兵以嚴教習，專任將以責戰守，其謀不爲難知，其效不爲難繼，而卒無能髣髴其一二以行之者，何耶？若其論則固已腐朽熟爛，五尺童子皆能道之而以陳於夸新喜奇者之前，雖不至於怒罵而嬉笑者，皆是矣。故余欲及此論之尚存，使明良忠智之士久於其任，悉力畢心，汰疲冗之兵，用廉耻之將，尺扞寸禦，敵人無敢逸越，以修太祖之烈，然後考尋已遠不存之論，散利薄征，遺澤餘潤，民得資以衣食，不至於餓窮流徙而無告，以復前代之舊，則豈惟仲禹偁、台符之志而已哉？雖孔、孟不過是也。」所見殆與容齋略同。

按《四筆》本條王禹偁二疏，清四庫館臣輯本《小畜集》均未録。

4　梁狀元八十二歲

陳正敏《遯齋閒覽》：「梁灝八十二歲，雍熙二年狀元及第。其謝啓云：『白首窮經，少伏生之八歲；青雲得路，多太公之二年。』後終祕書監，卒年九十餘。」〔一〕此語既著，士大夫亦以爲口實。予以《國史》考之，梁公字太素，雍熙二年廷試甲科，景德元年以翰林學士知開封府，暴疾卒，年四十二。子固亦進士甲科，至直史館，卒年三十三。史臣謂：「梁方當委遇，中途夭謝。」又云：「梁之秀穎，中道而摧。」明白如此，遯齋之妄不待攻也〔二〕。

【箋證】

〔一〕陳正敏《遯齋閒覽》，佚。曾慥《類説》卷四七載《遯齋閒覽》一卷，此條在其中。

〔二〕此事後世學者屢有考證。趙與旹《賓退録》卷八：「容齋辨陳正敏之妄，梁灝非八十二登科，是矣。與旹因記《玉壺清話》載仁宗問梁適：『卿是那箇梁家？』適對曰：『先臣祖灝，先臣父固。』上曰：『怪卿面貌酷似梁固。』按《國史》，適乃灝之子，固之弟。小説家多不考訂，率意妄言。觀者又不深考，往往從而信之。如此類甚多，殊可笑。」王世貞《弇州四部稿》卷一六五《宛委餘編十》，引《四筆》本條，接云：「《朝野雜記》謂顥登第年才二十二。（郁之按，李心傳《建炎以來朝野雜記》甲集卷九《故事》「狀元年三十以下數」條。）胡鴻臚《真珠船》謂《宋史》顥卒九十二，溯其登第時乃七十三，非八十二；又謂《雜記》乃固登第之年。此大可笑。非《宋史》九字爲四字之誤，則狃於《遯齋閒覽》之説也。按雍熙二年乃太宗太平興國八年，以後改號也。據本傳，父文度早世，顥養於叔父，時王禹偁舉鄉貢，顥依以爲學，嘗以疑義質於禹偁，禹偁拒之不答，顥發憤讀書，不期月復有所質，禹偁大稱賞之。（郁之按，《宋史》卷二九六《梁顥傳》。）禹偁以太平八年舉進士，於顥差爲前輩。今據《閒覽》《真珠船》所云，則顥之少孤當在沙陀石晉之際，而長於禹偁且四十餘年矣。其不相應一也。顥若果九十有二，豈使之爲翰林學士，又使之權知開封而暴卒耶？其不相應二也。子固以大中祥符元年甲第，僅二十三，顥卒時十八耳，而又有弟述及適，俱相仁宗朝，至熙寧三年卒，年七十，去景德元年顥卒時僅三歲耳。顥七十五而得固，九十而始得適？其不相應三也。顥以四十二歲卒，固以三十三歲卒，於事理甚明。中間顥所歷官皆繁劇，其上封事無老人意。史又稱其美風姿，强力少疾，於《遯齋》之説有毫髮類耶？洪文敏在内制久，其見《國史》甚真，與《朝野雜記》之言同。《真珠船》又似夢中説夢矣。」

朱明鎬《史糾》卷五《宋史·梁顥傳》：「容齋博覽强記，自應悉其家乘，有所考授。《宋史》信遯齋之語，略容齋之筆，遂致傳會俗説，徒滋傳疑耳。」

王鳴盛《蛾術編》卷六〇《説人十·梁顥登第之年》：「予謂《宋史》不過以『四十二』誤爲『九十二』，其他皆合。」

5 太宗恤民

曾致堯爲兩浙轉運使，嘗上言：「去歲所部秋租，惟湖州一郡督納及期，而蘇、常、潤三州，悉有逋負，請各按賞罰。」太宗以江、淮頻年水災，蘇、常特甚，致堯所言，刻薄不可行，因詔戒之，使倍加安撫，勿得騷擾。是事必已編入《三朝寶訓》中，此《國史》本傳所載也〔一〕。

【箋證】

〔一〕按《宋史》卷四四一《曾致堯傳》所載同，當即據《國史》本傳。《直齋書録解題》卷五：「《三朝寶訓》三十卷，翰林學士李淑等撰。天聖五年，監修國史青社王曾孝先奏，乞用唐吴兢《貞觀政要》故事，取三朝聖語、政事及臣僚奏對不入正史者，别爲一書，與《國史》《實録》並行。至十年書成，詔以『寶訓』爲名。」

6 潘游洪沈

紹興十三年，敕令所進書删定官五員，皆自選人改秩。潘良能季成、游操存誠、沈介德和、伯兄景伯，皆拜祕書省正字，張表臣正民以無出身，除司農丞。四正字同日赴館供職。少監秦伯陽於會食之次，謂坐客言：「一旦增四同舍，而姓皆從水傍，熺有一句，願諸君爲對之，以成三館異日佳話。」即云：「潘、游、洪、沈泛瀛洲。」坐客合詞賞歎，竟無有能對者〔一〕。予因記《筆談》所載，元厚之絳少時，曾夢人告之曰：「異日當爲翰林學士，須兄弟數人同在禁林。」厚之自思素無兄弟，疑爲不然。及熙寧中，除學士，同時相先後入院者，韓維持國、陳繹和叔、鄧綰文約、楊繪元素，名皆從糸，始悟兄弟之説。欲用「絳、繹、繪、維、綰綸紼」爲對，然未暇考之史録，歲月果同否也〔二〕。

【箋證】

〔一〕《建炎以來繫年要録》卷一四八：紹興十三年二月乙亥，「左承事郎沈介、潘良能、左宣教郎洪适、左宣義郎游操，並爲祕書省正字」。勞格《讀書雜識》卷一一「張表臣」條，引《重修毗陵志》九：「添差通判軍州事題名張表臣，紹興十三年十月右承務郎，十五年七月罷。」

〔二〕「《筆談》所載」，見沈括《夢溪筆談》卷二一《異事》。按《愛日齋叢鈔》卷二引《四筆》本條，接云：「予觀《桐陰舊話》云：『元章簡公厚之嘗夢兄弟三人同爲學士，然厚之終鮮兄弟，嘗疑之，及與宫師、楊元素同在翰院，故事具奏不出官姓，一日因簽奏事，乃恍然記昨夢，蓋三公名皆連絲旁也。』宫師即持國。參之《筆談》，無陳、鄧二公。韓无咎記家世舊事，庶幾得實。《石林詩話》又云：『元厚之知荆南，夢至仙府，三人者聯書名旁，有告之曰：「君三人蓋兄弟也。」覺而思之，莫知所謂。未幾入爲學士，韓持國維、楊元素繪先已在院。一日書名，三人名皆從絞絲，始悟夢中兄弟之意。已而持國、元素外補，厚之尹京，後三年，復與元素還職，而鄧文約綰相繼爲直院，則三人之名又皆從絞絲。』其事莫詳於此，然亦不著陳也。存中紀之《異事》之目，在當時傳聞，固應無差。景盧猶謂未考史録，前賢考究，不肯草草，多類此也。」

7 舞鷗游蜻

戰國時，諸子百家之書所載絶有同者。《列子·黄帝篇》云：「海上之人有好漚（音鷗。）鳥者，每旦之海上，從漚鳥游，漚鳥之至者百數而不止。其父曰：『吾聞漚鳥皆從汝游，汝取來吾玩之。』明日之海上，漚鳥舞而不下也。」《吕覽·精喻篇》云：「海上人有好蜻（蜻蜓也①。）者，每朝居海上，從蜻游，蜻之至者百數而不止，前後左右盡蜻也，終日玩之而不去。其父告之曰：『聞蜻皆從汝居，取而來，吾將玩之。』明日之海上，蜻無至者矣。」此二説如出一手也〔一〕。

【校勘】

①此文中兩處注文原脱，據馬本、庫本、祠本補。

【箋證】

〔一〕黄震《黄氏日抄》卷五六《讀諸子二·吕氏春秋》，先引《精喻篇》，後云：「愚謂此即海鷗之説移用，未必有其事也。」按《列子》之書，近世學者或疑其僞，參《四筆》卷一《列子與佛經相參》。《列子》蓋襲用《吕覽》也。

錢鍾書《管錐編》第二册《列子張湛注·黄帝》：「『海上之人有好漚鳥者』云云。按《容齋四筆》卷一四早言此節與《吕氏春秋·精喻》中一節相同。吕書云：『海上之人有好蜻者』，高誘注：『蜻蜓小蟲』，而《列子》易蟲爲鳥。《鶡冠子·泰族》云：「未離已而在彼者，狎漚也」，陸佃注：『如狎漚者，心動於内，則漚鳥舞而不下。』陸解甚確。則《鶡冠子》之僞作，後於《列子》耶？《三國志·魏書·高柔傳》裴注：『孫盛曰：機心内萌，則鷗鳥不下。』孫在東晉初，殆已見《列子》耶？晉人文字驅遣《列子》，此爲朔矣。謝靈運《山居賦》：『撫鷗鮍而悦豫，杜機心于林池』，自注：『莊周云：「海人有機心，鷗鳥舞而不下。」』實用《列子》此文而嫁名《莊子》。」

8 郎中用資序

國朝官制既行，除用職事官，不問資序高下，但隨階品，而加行、守、試以賦禄，郎中、員外郎亦自爲兩等，頗因履歷而授之。後來相承，必欲已關陞知州資序者爲郎中，於是拜員外郎者，具改官後實歷歲月申吏部，不以若干任，但通理細滿八考則陞知州，乃正作郎中，別命詞給告。頃嘗有旨，初除郎官者，雖資歷已高，且爲員外，候吏部再申，然後陞作郎中。近歲掌故失之，故李大性自浙東提刑除吏部，時佐自大理正除刑部，徐閎自太府丞除都官，岳震自將作少監除度支，其告内即云郎中，與元旨揮戾矣〔一〕。

【箋證】

〔一〕《宋史》卷一六三《職官志》：「元豐官制行，六曹尚書、侍郎爲長貳，郎官理郡守以上資任者爲郎中，通判以下資序者爲員外郎。除授皆視寄禄官，高一品以上者爲『行』，下一品者爲『守』，下二品以下者爲『試』，品同者不用行、守、試，餘職準此。郎官雖理知州資序，未曾實歷知州及監司、開封府推官者，止除員外郎。又詔，職事官除去『行』字一等。元豐官制行，置吏部郎中，主管尚書左、右選及侍郎左、右選各一員，參掌選事而分治之。凡郎官，並用知府資序以上人充，未及者爲員外郎。建炎四年，詔權攝、添差郎官並罷。初進擬，第去吏部郎官；及擬告身細銜，始直書尚書吏部郎中或員外郎，主管尚書某選，主管侍郎某選。紹興八年，吕希常以監六部門兼權侍右郎官。紹興三十一年，李端明正除尚右郎官，既而何俌、楊倓、費行之除吏部郎官，皆有侍左、侍右、尚左、尚右之稱。自此相承不改。淳熙十六年，光宗即位，詔四選通差，用尚書顔師魯之請也。先是，乾道元年詔：『今後非曾任監司、守臣，不除郎官，著爲令。』自是館學、寺監臣，拘礙資格，遷除不行。郎曹闕員，但得兼攝，旋即外補；間有不次擢用者，則自二著躐升二史，以至從列。其自外召至爲郎，則資級已高，曾不數月，必序進卿、少，而郎有正員者益少矣。」

李大性，字伯和，端州四會人。光宗時，提舉浙東常平，改浙東提刑兼知慶元府，召爲吏部郎中。事迹具《宋史》卷三九五本傳。時佐、徐閎、岳震諸人之事，蓋皆容齋所親歷，《宋史》未載。

9 臺諫分職

臺、諫不相見，已書於《續筆》中〔一〕，其分職不同，各自有故實。元豐中，趙彦若爲諫議大夫，論大臣不以道德承聖化，而專任小數，與群有司校計短長，失具瞻體。因言門下侍郎章子厚、左丞王安禮不宜處位。神宗以彦若侵御史論事，左轉祕書監。蓋許其論議，而責其彈擊爲非也〔二〕。元祐初，孫覺爲諫議大夫，是時諫官、御史論事有分限，毋得越職。覺請申《唐六典》及天禧詔書，凡發令造事之未便①，皆得奏陳。然《國史》所載，御史掌糾察官邪，肅正綱紀；諫官掌規諫諷諭，凡朝政闕失，大臣至百官，任非其人，三省至百司，事有失當，皆得諫正。則蓋許之矣〔三〕。唐人朝制，大率重諫官而薄御史。中丞温造道遇左補闕李虞，恚不避，捕從者笞辱。左拾遺舒元褒等建言：「故事，供奉官惟宰相外無屈避，造棄蔑典禮，辱天子侍臣。遺、補雖卑，侍臣也；中丞雖高，法吏也。侍臣見陵，法吏自恣，請得論罪。」乃詔臺官、供奉官共道路，聽先後行，相值則揖〔四〕。然則居此二雄職者②，在唐日了不相謀云。

【校勘】

①「令造」，原倒，據馬本、庫本、祠本改。　②「職」，原作「識」，據馬本、庫本、祠本改。

【箋證】

〔一〕《續筆》卷三《臺諫不相見》。

〔二〕《續資治通鑑長編》卷三四〇：元豐六年十月戊寅，「試中書舍人趙彦若爲右諫議大夫。」原注：「諫議大夫初除，故特書之。」同書卷三四一：元豐六年十二月丙戌，「右諫議大夫趙彦若言：『三公論道經邦，燮理陰陽，又曰冢宰，掌邦治，統百官，均四海，皆舉大體，故陳平言「宰相上佐天子，理陰陽，下遂萬物之宜，外鎮撫四夷，内親附百姓，使卿大夫各得任其職」，蓋據此以爲説也。《周禮》大宰分職則詳，是知三公之官，不無吏事之責。風聞去年官制初行，有司議同職犯罪四等，自是律文之正，固當以時舉行，而執政大臣不以爲便，乃引陳平之言自解，而廢沮法律正文。必若所云，宜知大體。然前時執法奏大臣不置都簿，大臣亦奏御史臺不置都簿以報之。近日執法奏大臣依刑部申不用符召寺吏，大臣亦奏執法前在禮部不用符召寺吏以報之。執法者既罪白而罰當矣，臣獨疑大臣不能以道德承聖化，而專任小數，校量必勝，失大臣之體，自謂得計，而内不憂于職事，外不畏于人言，以此爲調燮之功，則似非天意；以此爲輔佐之效，則實負聖明。伏計寬仁，未忍切責，願垂戒敕，俾知省思。庶有恐懼之心，可以助致和氣。』

不報。」

又同書卷三四二：元豐七年正月乙丑，「右諫議大夫趙彦若言：『伏見尚書省聽事寫《周官篇》，此朝廷稽古命官之本也。《周官》大旨在乎得人，故曰「不惟其官，惟其人」，又曰「官不必備，惟其人。」今門下侍郎章惇、尚書左丞王安禮，並無行檢，非《周官》之所謂「惟其人」也。自居執政，未聞有補，而異黨復一，人畏其强，僚屬觀望，雖謫不悔。權勢至此，不宜處位，請皆外補，以肅具臣。』後四日，手詔：『朝廷自修復官政，小大群司，各有職守。昨降黜諸寺監丞簿，後上下尤知謹戢，罕有僭紊。近彦若輒侵越御史論事，不可不懲。』乃降一官，試祕書監。」

〔三〕《宋史》卷三四四《孫覺傳》：「哲宗即位，兼侍講，遷右諫議大夫。時諫官、御史論事有限，毋得越職。覺請申《唐六典》及天禧詔書，凡發令造事之未便，皆得奏陳。論宰相蔡確、韓縝進不以德，確自訟有功無罪，覺隨所言折之，確竟去。縝白遷覺給事中，辭曰：『間者執政畏人議己，則遷官以餌之，願與縝俱罷。』踰月，縝去。」

又《宋史》卷一六一《職官志》：「左散騎常侍、左諫議大夫、左司諫、左正言，同掌規諫諷諭。凡朝政闕失、大臣至百官任非其人、三省至百司事有違失，皆得諫正。國初雖置諫院，知院官凡六人，以司諫、正言充職；而他官領者，謂之知諫院。正言、司諫亦有領他職而不預諫諍者。官制行，始皆正名。元豐八年，諫議大夫孫覺言：『據《官制格目》，諫官之職，凡發令舉事，有不便於時，不合於道，大則廷議，小則上封。若賢良之遺滯於下，忠孝之不聞於上，則以事狀論薦，乞依此以修舉職事。』八月，門下省言：『諫議大夫、司諫、正言合通爲一。』詔並從之。十月，詔仿《六典》置諫官員。」

〔四〕温造、李虞事，詳《新唐書》卷九一《温造傳》。

10 貞元朝士①

劉禹錫《聽舊宫人穆氏唱歌》一詩云：「曾陪織女度天河，記得雲間第一歌。休唱貞元供奉曲，當時朝士已無多。」劉在貞元任郎官、御史，後二紀方再入朝，故有是語〔一〕。汪藻始采用之，其《宣州謝上表》云：「新建武之官儀，不圖重見；數貞元之朝士，今已無多。」汪在宣和間爲館職符寶郎，是時紹興十三、四年中，其用事可謂精切〔二〕。邁嘗四用之，《謝侍講修史表》云：「下建武之詔書，正尔恢張於治具；數貞元之朝士，獨憐留落之孤蹤。」〔三〕以德壽慶典，曾任兩省官者遷秩，蒙轉通奉大夫，謝表云：「供奉當時，敢齒貞元之朝士；頌歌大業，願賡至德之中興。」充永思陵橋道頓遞使，轉宣奉大夫，謝表云：「武德文階，愧三品維新之澤；貞元朝士，動一時既往之悲。」主上即位，明堂禮成，謝加恩云：「考皇祐明堂之故，操以舉行；念貞元朝士之存，今其餘幾。」〔四〕亦各隨事引用。近者，單夔以知紹興府進華文閣直學士，謝表云：「數甘泉法從之舊，真貞元朝士之餘。」夔當淳熙中雖爲侍郎，然一朝名臣尚多，又距今才十餘歲，似爲未穩貼也〔五〕。

【校勘】

①「貞」，原作「正」，據馬本、庫本、祠本改。此避宋仁宗諱。下同。

【箋證】

〔一〕《劉賓客文集》卷二五《聽舊宫中樂人穆氏唱歌》。劉禹錫，貞元九年擢進士第，又登宏辭科。從事淮南節度使杜佑幕，典記室。從佑入朝，爲監察御史。貞元末，王叔文於東宫用事，禹錫尤爲叔文知獎。叔文敗，坐貶連州刺史，在道貶朗州司馬。元和十年，自武陵召還。詳《舊唐書》卷一六〇本傳。

〔二〕汪藻《浮溪集》卷五《謝宣州到任表》。汪藻，字彦章，饒州德興人。入太學，中進士第。徽宗親製《君臣慶會閣詩》，群臣皆賡進，惟藻和篇衆莫能及。尋除《九域圖志》所編修官，再遷著作佐侍郎。紹興八年，上所修《日曆》，再進官，升顯謨閣學士，尋知徽州，逾年徙宣州。詳《宋史》卷四四五本傳。

〔三〕《宋史》卷三七三《洪邁傳》：淳熙十二年春，召對，「上嘉之，以提舉佑神觀兼侍講、同修國史」。《表》見拙輯《鄱陽三洪集》卷九三《謝侍講兼修國史表》。

〔四〕詳拙著《洪邁年譜》淳熙十三年、十五年、紹熙五年譜。

〔五〕施宿等《會稽志》卷二《太守》：「單夔，慶元二年五月，以太中大夫、顯謨閣待制知。三年五月，除華文閣直學士，是年九月罷。」按范成大《吴郡志》卷一一《本朝牧守題名》：「單夔，朝奉大夫充敷文閣待制，淳熙五年九月到，六年三月提舉江州太平興國宫。」

11 表章用兩臣字對

表章自叙以兩「臣」字對説，由東坡至汪浮溪多用之。然須要審度君臣之間情義厚薄，及姓名眷顧於君前如何，乃爲合宜。坡《湖州謝表》云：「知臣愚不適時，難以追陪新進；察臣老不生事，或能牧養小民。」《登州表》云：「於其黨而觀過，謂臣或出於愛君；就所短以求長，知臣稍習於治郡。」《侍讀謝表》云：「謂臣雖無大過人之才，知臣粗有不欺君之實，欲使朝夕與於討論。」《潁州表》云：「意其忠義許國，故暫召還；察其老病畏人，復許補外。」〔一〕汪《謝徽州》云：「謂臣不改歲寒，故起之散地；察臣素推月旦，故付以本州。」《爲陸藻謝給事中》云：「知臣椎鈍無他，故長奉賢王之學；憫臣踐揚滋久，故亟陞法從之班。」《爲汪樞密謝子自虜中歸不令入城降詔獎諭表①》云：「知臣齒髮已凋，常恐鄧攸之無後；憐臣肺肝可見，有如去病之辭家。」〔二〕凡此所言，皆可自表於君前者。劉夢得《代竇群容州表》，有「察臣前任事實，恕臣本性朴愚」之句，坡公蓋本諸此〔三〕。近年後生假倩作文，不識事體，至有碌碌常流，乍得一壘，亦輒云「知臣」「察臣」之類，真可笑也。

【校勘】

①「諭」原作「論」，據馬本、庫本、祠本改。

【箋證】

〔一〕所引《湖州謝表》《登州表》《侍讀謝表》《潁州表》，分别見《東坡全集》卷六七、卷六八。按所引《潁州表》無兩「臣」字。考此二句之前有云「謂臣簪履之舊物，嘗忝帷幄之近臣。奉事七年，崎嶇一節」，下乃接《隨筆》本條此二句。

〔二〕《謝徽州》，見汪藻《浮溪集》卷五《謝徽州到任表》；《爲汪樞密謝子自虜中歸不令入城降詔獎諭表》，見《浮溪集》卷六。《爲陸藻謝給事中》，今檢四庫館臣《永樂大典》輯本《浮溪集》未見。陸藻，字惇禮，政和間，爲國子司業，遷給事中。宣和初，知泉州，尋入爲吏部侍郎，終顯謨閣直學士、知福州。參梁克家《淳熙三山志》卷二七。

〔三〕《劉賓客文集》卷一四《爲容州竇中丞謝上表》。王志堅《四六法海》卷四蘇軾《湖州謝上表》末有按語，先引洪説，後云：「按此體歐公亦時用之。」如歐陽修《文忠集》卷九二《乞外任第二表》：「念臣日侍冕旒，察臣心非木石。」又《再乞外任第三表》：「察臣粗識廉恥，閔臣遽此衰疲。」皆屬此例。錢鍾書《管錐編》第三册《全晉文卷九七》引《四筆》本條，按云：「洪氏未識唐前表奏早以兩『臣』字對説，如陸機此《表》之『忘臣』『哀臣』，又《全後周文》卷一〇庾信《代人乞致仕表》：

『察臣榮不可支，矜臣分不能强。』唐人固常仿此，如《全唐文》卷七七一李商隱《代平安公遺表》：『豈意陛下謂臣奄有三縣，未稱其能，謂臣出以一麾，未足爲貴。』北宋愈多，蘇軾所師歐陽修《亳州謝上表》即云：『察臣自取于怨仇，本由孤直；憫臣力難於勉强，蓋迫衰殘』。何必本劉禹錫哉？又如王安石弟子陸佃《陶山集》卷七《謝中書舍人表》：『察臣於隱約之中，擢臣於疏賤之外』，卷八《蔡州謝上表》：『念臣才能雖薄，猶是舊人；察臣悔吝固多，實非餘黨。』南宋尤成匡格，此洪邁之所以嗤笑歟？莊仲方《南宋文範》卷二七、二八所録，自宗澤《遺表》至方岳《辭起復知州表》『察臣』『念臣』『俾臣』『憐臣』『知臣』『矜臣』『謂臣』之類，層見疊出，葫蘆依樣，其中或不無『碌碌常流』。楊萬里《誠齋集》卷四七《謝御賓封回自劾狀表》：『憐臣老而幸會，親逢賓日之清明；知臣野而樸忠，未聽客星之漁釣』，則洵免於此嘲矣。」

12 劉夢得謝上表

郡守謝上表，首必云：「伏奉告命授臣某州，已於某月某日到任上訖。」然後入詞。獨劉夢得數表不然，《和州》者曰：「伏奉去年六月二十五日制書，授臣使持節和州諸軍事，守和州刺史。臣自理巴、賓，不聞善最，恩私忽降，慶抃失容。臣某。中謝。伏惟皇帝陛下丕承寶祚，光闡鴻猷，有漢武天人之姿，稟周成睿哲之德。發言合古①，舉意通神。委用得人，動植咸悦。理平之速，從古無倫。微臣何幸，獲覩昌運。臣業在辭學，早歲策名。

德宗尚文，擢爲御史。出入中外，歷事五朝。累承恩光，三换符竹。分憂之寄，禄秩非輕，而素蓄所長，效用無日。臣聞一物失所，前王軫懷，今逢聖朝，豈患無位。臣即以今月二十六日到所任上訖。伏以地在江淮，俗參吴楚，災旱之後，綏撫誠難。謹當奉宣皇風，慰彼黎庶，久於其道，冀使知方。伏乞聖慈俯賜昭鑒。」〔一〕首尾叙述皆與他人表不同。其《夔州》《汝州》《同州》《蘇州》諸篇一體〔二〕。邁長子梓常稱誦之。及爲太平州，遂擬其體，代作一表。其詞云：「臣邁言：伏奉今年九月十七日制書，授臣知太平州者。一麾出守，方切兢危，三命滋共，弗容控避。仰皇天之大造，扣丹地以何言。中謝。恭惟皇帝陛下叡知有臨，神武不殺，慕舜之孝，見堯於牆，德冠古今而獨尊，仁並清寧而徧覆。明見萬里，將大混於車書；子來庶民，更精求於岳牧。臣家本儒素，時無令名。濫竽宏博之科，税駕清華之地②。瀛山抱槧，郎省握蘭。在紹興之季年，污記注於右史。龍飛應運，鳳曆紀祥，不遺細微，兼取愚頓，遂以詞賦之職，獲侍清閒之歡。雖宿命應仙，許暫來於天上，而塵心未斷，旋即墮於人間。一去十八年之中，三叨二千石之寄。末繇金華郡，還紬石室書。從珍臺閒館之游，勸廣厦細旃之講。真拜學士，號名私人，受九重知己之殊，極三入承明之幸。使與大議，不專斯文。而臣弱羽不足以當雄風，蹇步不足以勝重任。上恩惜其終棄，左符寵其餘生。李廣數奇，徒羨侯於校尉；汲黯妄發，敢歎薄於淮陽。臣即以今月二十八日到任上訖。伏以郡在江東，昔稱道院；地鄰淮右，今謂壯藩。謹當宣布恩威，奉行寬大，求民之瘼，問俗所宜。緩帶輕裘，雖弗賢長城於李勣；清心省事，敢不避正堂於蓋公。庶幾固結本根，少復報酬知遇。」〔三〕全規模其步驟，然視昔所作，猶覺語煩。

【校勘】

①「合」原作「今」，據馬本、庫本、祠本改。　②「稅」原作「說」，據馬本、庫本、祠本改。

【箋證】

〔一〕《劉賓客文集》卷一四《和州謝上表》。

〔二〕《劉賓客文集》卷一四《夔州謝上表》、卷一五《蘇州謝上表》、卷一六《汝州謝上表》《同州謝上表》。

〔三〕《播芳大全文粹》卷五誤署洪邁作。參拙著《洪邁年譜》淳熙十五年譜。

13 陳簡齋葆真詩

自崇寧以來，時相不許士大夫讀史作詩，何清源至於修入令式，本意但欲崇尚經學，痛沮詩賦耳，於是庠序之間以詩爲諱〔一〕。政和後，稍復爲之，而陳去非遂以《墨梅絶句》擢寘館閣〔二〕。嘗以夏日偕五同舍集葆真宮池上避暑，取「緑陰生晝静」分韻賦詩，陳得「静」字。其詞曰：「清池不受暑，幽討起予病。長安車轍邊，有此萬荷柄。是身唯可懶，共寄無盡興。魚游水底涼，鳥語林間静。談餘日亭午，樹影一時正。清風不負客，意重百金贈。聊將兩鬢蓬，起照千丈鏡。微波喜摇人，小立待其定。梁王今何許，柳色幾衰盛。人生行樂耳，詩律已其賸。邂逅一尊酒，它年《五君詠》。重期踏月來，夜半嘯煙艇。」詩成，出示坐上，皆詫爲擅場。朱新仲時親見之，云京師無人不傳寫也〔三〕。

【箋證】

〔一〕葉夢得《避暑録話》卷下：「政和間，大臣有不能爲詩者，因建言詩爲元祐學術，不可行。李彦章爲御史，承望風旨，遂上章論陶淵明、李、杜而下皆貶之，因詆黄魯直、張文潛、晁无咎、秦少游等，請爲科禁。故事，進士聞喜燕，例賜詩以爲寵。自何丞相文縝榜後，遂不復賜，易詔書以示訓戒。何丞相伯通適領修敕令，因爲科云：『諸士庶傳習詩賦者，杖一百。』是歲冬初雪，太上皇意喜，吴門下居厚首作詩三篇以獻，謂之『口號』。上和賜之。自是，聖作時出，訖不能禁，詩遂盛行于宣和之末。伯通無恙時，或問：『初設刑名，將何所施？』伯通無以對，曰：『非謂此詩，恐作律賦、省題詩害經術爾。』而當時實未有習之者也。」

按，何執中，字伯通，處州龍泉人。歷官吏部尚書、特進、尚書左僕射，改太宰，進少師，封榮國公，卒贈太師，追封清源郡王，謚正獻。事迹具《宋史》卷三五一本傳。

〔二〕胡仔《漁隱叢話前集》卷五三《陳去非吕居仁》：「去非《墨梅絶句》云：『含章簾下春風面，造化功成秋兔毫。意足不求顔色似，前身相馬九方皋。』後徽廟召對，稱賞此句。自此知名，仕宦亦寖顯。陳無已作《王平甫文集後序》云『則詩能達人矣，未見其窮也』，故葛魯卿於去非《簡齋集叙》遂用此語，蓋爲是也。」

按，陳與義字去非，政和三年，上舍甲科，授開德府教授，累遷太學博士，擢符寶郎。久之，召爲兵部員外郎。紹興元年夏，遷中書舍人，兼掌内制，拜吏部侍郎。六年，拜翰林學士、知制誥。七年，參知政事。事迹具《宋史》卷四四五本傳。

《墨梅絶句》，參《續筆》卷八《緇塵素衣》。

〔二〕「緑陰生晝静」，出《韋蘇州集》卷七《游開元精舍》。陳去非所賦見《簡齋集》卷三《夏日集葆真池上以緑陰生晝静賦詩得静字》。

朱翌，字新仲。詳《隨筆》卷一六《靖康時事》箋證。

14 仙傳圖志荒唐

昔人所作神仙傳之類，大底荒唐謬悠，殊不能略考引史策。如衛叔卿事云：「漢儀鳳二年，孝武皇帝閑居殿上而見之。」〔一〕月支使者事云：「延和三年，武帝幸安定，而月支國遣使獻香。」〔二〕案，儀鳳乃唐高宗紀年名，延和乃魏太武、唐睿宗紀年名，而誕妄若是。自餘山經地志，往往皆然。近世士大夫采一方傳記及故老談説，競爲圖志，用心甚專，用力甚博，亦不能免牴牾。高夔守襄陽，命僚屬作一書，其叙歷代沿革云：「在周爲楚、鄧、鄾諸國。」〔三〕據《左傳》，鄾乃鄧邑，後巴人伐楚圍鄾，蓋楚滅鄧，故亦來屬，元非列國也。又引《左傳》蔓成然事，以蔓爲國。據成然乃楚大夫，靈王奪其邑，無所謂「蔓國」也〔四〕。

【箋證】

〔一〕《太平廣記》卷四《衛叔卿》：「衛叔卿者，中山人也，服雲母得仙。漢儀鳳二年八月壬辰，孝武皇帝閒居殿上，忽有一人乘雲車，駕白鹿，從天而下，來集殿前。其人年可三十許，色如童子，羽衣星冠。帝乃驚問曰：『爲誰？』答曰：『吾中山衛叔卿也。』」云云。注出《神仙傳》。

〔二〕《太平廣記》卷四《月支使者》：「漢延和三年春，武帝幸安定，西胡月支國王遣使獻香四兩，大如雀卵，黑如桑椹。」云云。注出《仙傳拾遺》。

〔三〕高夔，淳熙間知襄陽府。參《宋史全文》卷二七下，孝宗淳熙十二年九月。《文獻通考》卷二〇五《經籍考》：「《襄陽志》四十卷，郡守朐山高夔命教授吳興劉宗、幕官上蔡任泐編纂，爲書既詳備，而刊刻亦精緻，圖志之佳者。」蓋即此書。

〔四〕巴人伐楚圍鄾，《左傳》哀公十八年。蔓成然事，詳《左傳》昭公十三年。

容齋四筆卷十五十五則

1 徽廟朝宰輔

蔡京擅國命，首尾二十餘年，一時士大夫未有不因之以至大用者，其後頗采公議，與爲異同。若宰相則趙清憲挺之①、張無盡商英、鄭華原居中、劉文憲正夫，所行所言，世多知之。其居執政位者，如張康國賓老、温益禹弼、劉逵公路、侯蒙元功者，皆有可録。康國定元祐黨籍，看詳講議司編彙奏牘，皆深預密議，及後知樞密院，始浸爲崖異。徽宗察京專愎，陰令狙伺其奸，蓋嘗許以相。是時，西北邊帥多取部内好官自辟置，以力不以才。康國曰：「並塞當擇人以紓憂，顧奈何欲私所善乎？」乃隨闕選用，定爲格。京使御史中丞吴執中擊之，康國先知之，具以奏〔一〕。益鎮潭州，凡元祐逐臣在湖南者，悉遭侵困，因《愛莫助之圖》遂爲京用。至中書侍郎，乃時有立異。京一日除監司郡守十人，將進畫，益判其後曰：「收。」京使益所厚中書舍人鄭居中問之。益曰：「君在西掖，每見所論事，舍人得舉職，侍郎顧不許邪？今丞相所擬十人，其皆姻黨耳②，欲不逆其意，得乎？」〔二〕逵以附京至中書侍郎。京去相，逵首勸上碎元祐黨碑，寬上書邪籍之禁，凡京所行悖理殃民事，稍稍釐正之〔三〕。蒙在政地，上從容問：「蔡京何如人？」對曰：「使京能正其心術，雖古賢相何以加！」上頷首，且使密伺京所爲，京聞而銜之〔四〕。凡此數端，皆見於《國史》本傳。

【校勘】

①「憲」原作「獻」，據馬本、祠本改。　②「其」，馬本、庫本、祠本作「共」。

【箋證】

〔二〕事詳《宋史》卷三五一《張康國傳》。

〔三〕事詳《宋史》卷三四三《温益傳》。

《愛莫助之圖》，《宋史》卷三二九《鄧洵武傳》云：「洵武因對言：『（陛下）必欲繼志述事，非用蔡京不可。』京出居外鎮，帝未有意復用也。洵武爲帝言：『陛下方紹述先志，群臣無助者。』乃作《愛莫助之圖》以獻。其圖如《史記》年表，列旁行七重，別爲左右，左曰元豐，右曰元祐，自宰相、執政、侍從、臺諫、郎官、館閣、學校各爲一重。左序助紹述者，執政中唯温益一人，餘不過三四，若趙挺之、范致虚、王能甫、錢遹之屬而已。右序舉朝輔相、公卿、百執事咸在，以百數。帝出示曾布，而揭去左方一姓名。布請之，帝曰：『蔡京也。洵武謂非相此人不可，以與卿不同，故去之。』布曰：『洵武既與臣所見異，臣安敢豫議？』明日改付温益，益欣然奉行，請籍異論者，於是決意相京。」

〔三〕事詳《宋史》卷三五一《劉逵傳》。

〔四〕事見《宋史》卷三五一《侯蒙傳》。

按《宋史》卷三五一卷末史臣論曰：「崇寧、宣和之間，政在蔡京，罷不旋踵輒起，奸黨日蕃。一時貪得患失之小人，度徽宗終不能去之，莫不趨走其門。若張康國、朱諤、劉逵、林攄者，皆是也。康國、逵中雖異京，然其材智皆非京敵，卒爲京黨所擊。」

2 教官掌牋奏

所在州郡，相承以表奏書啓委教授，因而餉以錢酒〔一〕。予官福州，但爲撰公家謝表及祈謝晴雨文，至私禮牋啓小簡皆不作。然遇聖節樂語嘗爲之，因又作他用者三兩篇，每以自愧〔二〕。鄒忠公爲潁昌教授，府守范忠宣公屬撰興龍節致語，辭不爲。范公曰：「翰林學士亦作此。」忠公曰：「翰林學士則可，祭酒、司業則不可。」范公敬謝之〔三〕。前輩風節，可畏可仰如此〔四〕。

【箋證】

〔一〕按《四庫全書總目》卷一六一李廷忠《橘山四六》提要云：「廷忠名位不顯，故集中啓劄爲多，大抵候問酬謝之作，而第十四卷内乃皆賀正、賀冬至箋表，中有乘軺、護漕等語，與廷忠仕履不合，必非其所自謂。案洪邁《容齋四筆》稱宋時所在州郡，相承以表奏書啓委教授，因而餉以錢酒。此必廷忠爲教官時，代州守及憲臣所作，特原本未及注明，遂不可辨耳。」

〔二〕容齋紹興十八年至二十年爲福州教授。參拙著《洪邁年譜》。

〔三〕《宋史》卷三四五《鄒浩傳》：「鄒浩，字志完，常州晉陵人。第進士，調揚州、潁昌府教授。呂公著、范純仁爲守，皆禮遇之。純仁屬撰樂語，浩辭。純仁曰：『翰林學士亦爲之。』浩曰：『翰林學士則可，祭酒、司業則不可。』純仁敬謝。」

〔四〕俞樾《茶香室續鈔》卷八《教授兼表奏書啓》引本條，接云：「按教授兼州郡書啓，此制似可行於今，然觀鄒忠公事，則知宋時學校官固重於今也。」又引吴曾《能改齋漫録》（郁之按，《能改齋漫録》卷一三《見任教授不得爲人撰書啓簡牘樂語》）：「政和四年，臣僚上言：『欲望應見任教授，不得爲人撰書啓簡牘樂語之類，庶幾日力有餘，辦舉職事，以副陛下責任師儒之意。』奉聖旨依。」接云：「是此事政和間有禁也。」

3　經句全文對

予初登詞科，再至臨安，寓於三橋西沈亮功主簿之館，沈以予買飯于外，謂爲不便，自取家饌日相供。同年湯丞相來訪，扣旅食大概，具爲言之。湯公笑曰：「主人亦賢矣！」因戲出一語曰：「哀王孫而進食，豈望報乎？」良久，予應之曰：「爲長者而折枝，非不能也。」公大激賞而去〔一〕。汪聖錫爲祕書少監，每食罷會茶，一同舍輒就枕不至。及起，亦戲之曰：「宰予晝寢，於予與何誅。」衆未有言，汪曰：「有一對，雖於今事不切，然卻是一个出處。」云：「子貢方人，夫我則不暇。」同舍皆合詞稱美〔二〕。

【箋證】

〔一〕「哀王孫而進食，豈望報乎」，用《史記》卷九二《淮陰侯列傳》全句。「爲長者而折枝，非不能也」，用《孟子·梁惠王上》全句。

〔二〕「宰予晝寢，於予與何誅」，用《論語·公冶長》全句。「子貢方人，夫我則不暇」，用《論語·憲問》全句。

4 北郊議論

三代之禮，冬至祀天於南郊，夏至祭地於北郊。王莽於元始中改爲合祭，自是以來，不可復變〔一〕。元豐中，下詔欲復北郊，至六年，唯以冬至祀天，而地祇不及事。元祐七年，又使博議，而許將、顧臨、范純禮、王欽臣、孔武仲、杜純各爲一説〔二〕。逮蘇軾之論出，於是群議盡廢。當時，諸人之説有六：一曰今之寒暑與古無異，宣王六月出師，則夏至之日，何爲不可祭；二曰夏至不能行禮，則遣官攝行，亦有故事；三曰省去繁文末節，則一歲可以再郊；四曰三年一祀天，又一年一祭地；五曰當郊之歲，以十月神州之祭，易夏至之方澤，可以免方暑舉事之患；六曰當郊之歲，以夏至祀地祇於方澤，上不親郊，而通爟火於禁中望祀。軾皆辟之，以謂無一可行之理。其文載於《奏議》，凡三千言〔三〕。元符中，又詔議合祭，論者不一，唯太常少卿宇文昌齡之議，最爲簡要。曰：「天地之勢，以高卑則異位，以禮制則異宜，以樂則異數。至於衣服之章，器用之具，日至之時，皆有辨而不亂。夫祀者，自有以感於無，自實以通於虚，必以類應類，以氣合氣，然後可以得而親，可以冀其格。今祭地於圜丘，以氣則非所合，以類則非所應，而求高厚之來享，不亦難乎？」後竟用其議〔四〕。此兩説之至當如此。

【箋證】

〔一〕《漢書》卷二五《郊祀志》。

〔二〕事詳《續資治通鑑長編》卷四七七，元祐七年九月。

〔三〕蘇軾《上圜丘合祭六議劄子》（《東坡全集》卷六三《奏議》）。

岳珂《愧郯録》卷三《南北郊》，引《四筆》本條，接云：「二郊重事也。中興後，雖循合祭之制，大槩不過三説：一以祖宗久行，神靈之所顧歆，崇觀作新，卒無福應；一以經元祐宗工鉅儒之論，必不可破；一以因時制宜，難於頻舉重禮。然以珂考之，合祭之議，謂之便今可也，謂之合古不可也；分祭之議，謂之合古可也，謂之便今不可也。二議自不相掩。軾必欲兼取而合之，此所以啓後日紛紛之論。軾之自謂合於古者八，而六議不與焉。晚學蓋嘗竊疑之而不敢議也，及博觀紹聖間諸公之所以藉口者，則亦容有説矣，謹參以臆説而著之。《虞書》：『肆類禋望，徧于群神。』當時必不略地示之祀。夫受禪，大事也，祇見之初，固皆秩非常之禮，如漢魏以後，升燎而後即位耳，恐未可以爲比，此一可疑也。武王克商，柴祭上帝，望祭山川，未嘗有南郊北郊之别。夫告成，亦大事也，且告非祭也，如今之奏告，國有大事則告之，固不容拘以二至，而亦不容循以爲常也，此二可疑也。《昊天有成命》之詩，歌天而不歌地，使歌於北郊，則未有歌其所不祭、祭其所不歌者。夫《般》，巡守而祀四岳河海也，其詩曰：『允猶翕河。』若以爲祭則必歌，則海岳之祭，將合於河乎？《天作》之詩不言先公，猶曰一廟也，河海異地矣，故或者以折陳詳道，而張商英首言之紹聖之初，此三可疑也。《春秋》書『不郊猶三望』，《左氏》以爲郊之細，魯猶及山川，周獨不及嶽瀆乎？嶽瀆苟得從祀，地示固必合祭矣。夫説者言三望，或以爲泰山、河、海，又以爲淮河，又以爲分野之星及山川，固自不同。《禮·三正記》曰：『郊後必有三望。』先儒以爲助天布功，是以祭天及之，皆於郊之明日，然《春秋》書猶以示譏，若曰廢其大而祀其細，則可譏耳。望未嘗合於郊也，蓋别祭也。逆計以及魯之禮，因魯以想周之制，此四可疑也。天地合祭久矣，議者乃謂始於王莽，且禮當論其是非，不當以人而廢。夫《書》之紀虞、周，皆變禮也，《詩》《春秋》之紀周、魯，皆疑辭也，則謂不始於莽，亦不過以十九章歌爲説耳。此五可疑也。漢禮視古多違，要未爲確，此五可疑也。光武親誅莽，尚采元始故事，八陛重壇，皆南鄉西上，見於建武之制。夫漢世郊禮駁矣，五時待我而具，高祖未嘗不因秦渭陽五帝之廟，汶上明堂之祠，多出方士之口，汾脽后土，至孝武而始舉，其制如圓丘之類，亦不經。漢不祭地示者六葉，康衡改郊位，隨輒罷去。終西漢之世，事地甚略，光武草創之爲，亦姑謂『度吾所能行』，或如高祖之因秦而已。中原之定七郊，仍別有方澤，恐未可據，此六可疑也。《水經注》：伊水東北，魏有圓丘，準漢日爲重壇，天地位其上。夫漢已不足法，而魏可因乎？此七可疑也。唐天寶元年，敕皇地示宜如南郊，合祭以後，皆合于圓丘。夫天寶之時，視漢魏益邈矣。且元豐之詔，固欲盡剗近代之陋，而一還成周之典，今以是爲證，果足以厭議者之心乎？此八可疑也。夫摭其合者八，而皆不免於疑，固將又求其所以合，則益趨於滕口矣。昌齡之議，截截明辨，如白黑一二之不可易是矣，抑不知軾之已出於此也。珂謂止常禮、大禮二字，自足以爲不可破之論，正不必區區求合，以啓多言。今世之郊，士大夫識《周禮》者，皆能心非之，特壓以軾之重望，而重以元祐諸公之公言，蓋謂昌齡名頗不著，紹聖以後，爲是紛紛者，卒不可從，故雖邁著書，亦兩存其説，俱謂至當。而軾之所謂合古者，僅寘之不辨而已爾。不然，夫豈不知昌齡之非軾倫擬也耶？」

〔四〕事詳《宋史》卷三五三《宇文昌齡傳》。

《建炎以來繫年要録》卷四三：紹興元年四月丁丑，「刑部尚書權禮部尚書胡直孺等言：『參酌皇祐詔書，將來請合祭昊天上帝、皇地示于明堂，奉太祖、太宗以配天，庶幾禮専事簡。』從之。時上將行明堂禮，命有司議。初議三聖並侑，如皇祐詔書。禮部員外郎王居正以爲：『皇祐明堂，本非爲萬世不易之理也。蓋古之帝王，自非建邦啓土、肇造區夏者，皆無配天之祭，故雖周之成、康，漢之文、景、明、章，其德業非不美，然而子孫不敢推以配天，避祖宗也。聖宋崛起，非有始封之祖，則創業之祖，太祖是矣，有德之宗，太宗是矣。太祖則周之后稷，配祭於郊者也；太宗則周之文王，配祭於明堂者也。此二者不遷之法。皇祐宗祀，合祭天地，固宜以太祖、太宗配，當時蓋拘於嚴父，故配帝並及於真宗。主上紹膺大統，自真至神，均爲祖廟，獨躋則患在於無名，並配則幾同於祫享。望以太祖、太宗並配明堂，於禮爲合。』宰相范宗尹是之。議遂定。天地復合祭，自此始。」

5 討論濫賞詞

東坡公《行香子》小詞云：「清夜無塵，月色如銀。酒斟時，須滿十分。浮名浮利，休苦勞神。歎隙中駒，石中火，夢中身。雖抱文章，開口誰親？且陶陶，樂盡天真。不如歸去，作箇閑人。對一張琴，一壺酒，一溪雲。」紹興初，范覺民爲相，以自崇寧以來，創立法度，例有汎賞，如學校，茶鹽，錢幣，保伍，農田，居養，安濟，寺觀，開封、大理獄空，四方邊事，御前、内外諸局①，編敕會要、學制、禮制、道史等書局，掖庭編澤，行幸，曲恩，諸色營繕，河埽功役，採石、木柀、花石等綱，祥瑞，禮樂，西城所公田②，伎術，伶優，三山，永橋，明堂，西内，八寶，玄圭，種種濫賞，不可勝述。其曰應奉有勞、獻頌可采、職事修舉、特授特轉者，又皆無名直與。及白身補官，選人改官，職名礙格，非隨龍而依隨龍人，非戰功而依戰功人等，每事各爲一項，建議討論。又行下吏部，若該載未盡名色，並合取朝廷旨揮，臨時參酌。追奪事件，遂爲畫一規式，有至奪十王官者。雖公論當然，而失職者胥動造謗，浮議蜂起〔一〕。無名子因改坡語云：「清要無因，舉選艱辛。繫書錢，須要十分。浮名浮利，虚苦勞神。歎旅中愁，心中悶，部中身。雖抱文書③，苦苦推尋。更休説，誰假誰真。不如歸去，作箇齊民。免一回來，一回討，一回論。」至大字書寫貼於内前牆上，邏者得之以聞。是時，僞齊劉豫方盜據河南，朝論慮或搖人心，亟罷討論之舉。范公用是爲臺諫所攻，今章且叟《奏稿》中正載彈疏，竟去相位云〔二〕。

【校勘】

①「局」，馬本、庫本、祠本作「司」。②「西」，馬本、庫本、祠本作「兩」。③「書」，馬本、庫本、祠本作「章」。

【箋證】

〔一〕《建炎以來繫年要録》卷三四：建炎四年六月辛巳，「用宰相范宗尹請，申命有司討論崇、觀以來濫賞，凡修書、營繕、應奉、開河、免夫、獄空之類，凡十有八項，皆釐正之。自越州駐蹕以來，已收使人令吏部改正，拘收付身毁抹。」（三省奏：今具濫賞名色下項：修蓋神霄宮，推恩轉官減年，應緣奉安等轉官減年，除編修敕令格式及修國史推恩外，應緣修書轉官減年。應禮制等局所得轉官減年，西城所措置田土及應緣本所恩例轉官減年，應奉有勞轉官減年，祇應有勞轉官減年，修蓋宣德樓、集英殿及刱造宮院池苑艮嶽及內外應干營造轉官減年之類，催促燕山府路免夫錢糧一時推賞轉官減年，進奉御前物色轉官減年，駕幸省宅等處轉官減年，催促五局木植並顔色轉官減年之類，應緣開河部夫及應副錢糧稍草之類轉官減年。應開封府大理寺趁辦獄空推恩轉官減年，應緣修築舊城轉官減年。應上件濫賞名色所得占射差遣之類，應主管臣僚御書閣所得轉官減年，詔上件濫賞名色，今後並更，不許收使。按此事建炎二年十月丙子已降指揮審量，其後中輟，故云申命，但元旨不如是之詳耳。）又同書卷四六：紹興元年七月壬寅，「申命有司討論濫賞」。七月癸亥，「尚書右僕射、同中書門下平章事兼知樞密院事范宗尹，充觀文殿學士、提舉臨安府洞霄宮。初，宗尹既建討論濫賞之議，士大夫僥倖者争排之。諸大將楊惟忠、劉光世、辛企宗兄弟皆嘗從童貫行軍，論者疑其亦當貶削。吏部侍郎高衛初以圍田改官，及是主右選，力持此以爲不便，上疏詆之。同知樞密院事李回亦言：『宣和間任中書舍人，以校正御前文籍遷官，乞削職罷政。』上曰：『宣和政事，恐不必一一皆非。人主留意文籍，自是美事，豈可與其他濫賞同科？』參知政事秦檜曰：『此法一行，濁流者稍加削奪，便比無過之人，誠爲僥倖；清流者少挂吏議，即爲辱甚大，不敢立朝，恐君子受弊。』上顧諭宗尹，宗尹曰：『此事如回者無幾，其他亦不足惜。』遂降旨。侍從及館職兼領者罷。又詔武臣濫賞，並免討論。令尚書省榜諭。其日，壬子也。命既下，上終以爲難。後二日，上批：『朕不欲歸過君父，斂怨士夫，可日下寢罷。』（七月甲寅。）宗尹堅以爲可行，即日求去。始宗尹之建議也，檜力贊之。至是，見上意堅，反以此擠宗尹。又五日，詔驛召呂頤浩，次日遂召翰林學士汪藻草宗尹免制曰：『日者輕用人言，妄裁官簿。以廟堂之尊而負天下之謗，以人主之孝而暴君親之非。朕方丁寧德意，而申命于朝，汝乃廢格詔書，而持必于下。』宗尹入相踰一年。始宗尹與辛道宗兄弟往來甚密，上不樂之，及是遽罷。於是，崇、觀以來濫賞悉免討論，但命吏部審量而已。（討論濫賞，初見建炎二年十月丙子，四年六月辛巳，今年七月壬寅再舉行。熊克《小曆》云：「侍御史沈與求條宗尹大罪二十，宗尹力請罷政。」蓋誤。此時與求未還朝。今年九月乃用與求言奪宗尹職名，克不詳考耳。）」又同書卷一一四：紹興七年九月辛酉，「申命吏部審量崇、觀以來濫賞。初，范宗尹既免相，遂罷討論，及是復開坐二十四項，凡調官、遷秩、任子，皆令吏部審量以聞。自是追奪者復衆矣。」王明清《揮麈後録》卷一一：「建炎末，范覺民當軸，下討論之制，論崇、觀以來汎濫受賞遷擢與夫入仕之人，官曹殺亂，宜從鐫汰。自此僥倖之徒屏迹不敢出。紹興辛酉，御史乃言以謂：『方事之殷，從軍之人多有受前日之濫賞者，願亟罷此文，以安反側。』詔從之。蓋是時秦會之初用事也。」

〔二〕章誼，字宜叟，（作「且」字誤。）建州浦城人，登崇寧四年進士第。事迹具《宋史》卷三七九本傳。容齋此謂章氏彈疏，《要録》及熊克《中興小曆》俱未言及。按《宋史》卷二〇八《藝文志》有章誼《奏議》二卷。楊士奇等撰《歷代名臣奏議》卷一四三《用人》所録章誼數篇，或即作于紹興初。

6　尺八

唐盧肇爲歙州刺史，會客於江亭，請目前取一事爲酒令，尾有樂器之名。肇令曰：

「遥望漁舟，不闊尺八。」有姚巖傑者，飲酒一器，凭欄嘔歲，須臾即席，還令曰：「凭欄一吐，已覺空喉。」此語載於《摭言》〔一〕。又《逸史》云：「開元末，一狂僧往終南回向寺，一老僧令於空房内取尺八來，乃玉笛也①。謂曰：『汝主在寺，以愛吹尺八，謫在人間，此常吹者也。汝當回，可將此付汝主。』僧進於玄宗，持以吹之②，宛是先所御者。」〔二〕孫夷中《仙隱傳》：「房介然善吹竹笛，名曰尺八。將死，預將管打破，告諸人曰：『可以同將就壙。』」亦謂此云〔三〕。尺八之爲樂名，今不復有〔四〕。《吕才傳》云：「貞觀時，祖孝孫增損樂律，太宗詔侍臣舉善音者。王珪、魏徵盛稱才製尺八，凡十二枚，長短不同，與律諧契。太宗即召才參論樂事。」〔五〕尺八之所出，見於此，無由曉其形製也〔六〕。《爾雅·釋樂》亦不載。

【校勘】

①「笛」，原脱，據馬本、祠本補。　②「以」，馬本、庫本、祠本作「取」。

【箋證】

〔一〕《唐摭言》卷一五《海叙不遇》。

〔二〕《太平廣記》卷九六《回向寺狂僧》。注出《逸史》。

〔三〕《通志》卷六七《藝文略第五·道家二》著録《仙隱傳》十卷，注云：「周孫夷中撰。」白雲霽《道藏目録詳注》卷四著録《三洞修道儀》一卷，注云：「荆南葆光子孫夷中集。」當即此人。書佚。

〔四〕《夢溪筆談》卷五：「笛有雅笛，有羌笛。其形製所始，舊説皆不同。《周禮》：『笙師掌教篪篴。』或云：『漢武帝時，丘仲始作笛。』又云：『起於羌人。』後漢馬融所賦長笛，空洞無底，剡其上孔五孔，一孔出其背，正似今之『尺八』。李善爲之注云：『七孔，長一尺四寸。』此乃今之横笛耳。太常鼓吹部中謂之『横吹』，非融之所賦者。融賦云：『易京君明識音律，故本四孔加以一，君明所加孔後出，是謂商聲五音畢。』沈約《宋書》亦云：『京房備其五音。』《周禮》笙師注：『杜子春云：篴乃今時所吹五空竹篴。』以融約所記論之，則古篴不應有五孔。則子春之説，亦未爲然。今《三禮圖》畫篴亦横設，而有五孔，又不知出何典據。」陳暘《樂書》卷一二二《樂圖論·雅部》「篴」條：「杜子春謂如今時所吹五孔竹篴，則是謂當讀爲滌蕩之滌，非矣。漢部所用雅笛七竅，不知去二變以全五聲之正也。蔡邕曰：『形長尺圍寸，無底，有穴。』今亡。大抵管、笛一法爾。唐制尺八，取倍黄鐘九寸爲律，得其正也。」又同書卷一四八《樂圖論·俗部》「簫管、中管、尺八管、竪篴」條：「簫管之制，六孔，旁一孔加竹膜焉，足黄鐘一均聲。或謂之尺八管，或謂之竪笛，或謂之中管。尺八，其長數也。後世宫縣用之。竪篴，其植如篴也。中管，居長篴、短篴之中也。今民間謂之簫管，非古之簫與管也。」

〔五〕《新唐書》卷一〇七《吕才傳》。

〔六〕日本加藤善庵《柳橋詩話》卷下：「尺八，詳見《容齋隨筆》，且云今無由曉其形製也。然則南宋時其製已不傳矣。本邦所傳尺八豈其遺製邪？將原是別物而冒尺八之稱邪？南江詩有『湖村尺八』之言，則知室町氏之時尺八盛行矣。」

7 三給事相攻

元祐中，王欽臣仲至自權工部侍郎除給事中，爲給事姚勔所駁而止〔一〕。大觀中，陳亨伯自左司員外郎擢給事中，爲權官蔡薿所沮而出〔二〕。政和末，伯祖仲達在東省，以疾暫謁告兩日，張天覺復官之命過門下第四廳，給事方會論爲畏繳駁之故，所以託病，遂罷知滁州〔三〕。

【箋證】

〔一〕《宋史》卷二九四《王欽臣傳》不載此事。《續資治通鑑長編》卷四六八：元祐六年十一月壬寅，「工部侍郎王欽臣爲給事中」。「戊申，朝奉郎、國子祭酒豐稷，兼侍講、權給事中孔武仲，言：『王欽臣除給事中。按欽臣，天資淺薄，溺於榮利，强忌好勝，反覆任情。給事中乃東臺獻替之職，欽臣豈可居此！』詔寢前命。」容齋此謂姚勔所駁，未詳所據。

〔二〕陳遘，字亨伯，第進士。張商英得政，用爲左司員外郎，俄擢給事中。會商英免相，蔡薿攝封駁，力沮止之。遘懼，請外。以直祕閣爲河北轉運使。詳《宋史》卷四四七本傳。

〔三〕「伯祖仲達」：洪彦昇，字仲達，饒州樂平人。爲監察御史，遷殿中侍御史。事詳《宋史》卷三四八本傳。

8 朱藏一詩

政和末，老蔡以太師魯國公總治三省，年已過七十，與少宰王黼争權相傾。朱藏一在館閣，和同舍秋夜省宿詩云：「老火未甘退，稚金方力征。炎涼分勝負，頃刻變陰晴。」兩人門下士互興譖言，以爲嘲謗。其後黼獨相，館職多遷擢，朱居官如故，而和人菊花詩云：「紛紛桃李春，過眼成枯萎。晚榮方耐久，造物豈吾欺。」或又譖於黼以爲怨懟〔一〕。是時，士論指三館爲「鬧藍」〔二〕。

【箋證】

〔一〕朱勝非，字藏一，詳《三筆》卷一三《十八鼎》箋證。蔡京總治三省，參《三筆》卷一五《蔡京除吏》。

〔二〕「鬧藍」，本義指喧鬧多事之寺院。《圓悟佛果禪師語録》卷二〇《禪人寫真求贊》二十首之十八：「七處入鬧藍，近來稍寧謐。」士論指三館爲鬧藍，意謂三館已不復往日之寧静，而成爲紛擾是非之地。（參袁賓《「囉囉哩」考（外五題）》，《中國禪學》第一卷，中華書局二〇〇二）陸佃《陶山集》卷一三《祭丞相蘇子容文》：「元祐紛更，鬧藍不入。」蘇泂《泠然齋詩集》卷四《過高資丞相墓》：「先祖當元祐，誠心相哲宗。鬧藍初不入，遺表尚深忠。」此二處所言「鬧藍」，亦皆引申之義。

9 蔡京輕用官職

蔡京三入相時，除用士大夫，視官職如糞土，蓋欲以天爵市私恩。政和六年十月，不因赦令，侍從以上先緣左降同日還職者二十人。通奉大夫張商英爲觀文殿學士，中大夫王襄爲延康殿學士，顯謨閣待制李圖南爲述古殿學士，寶文閣待制蔡薿、顯謨閣待制葉夢得並爲龍圖閣直學士，寶文閣待制張近、通奉大夫錢即、右文殿修撰王漢之並爲顯謨閣直學士，中大夫葉祖洽爲徽猷閣直學士，朝散大夫曾孝蘊爲天章閣待制，朝散郎俞㮚、朝議大夫曾孝序、中奉大夫范致明、右文殿修撰蔡肇、大中大夫孫鼛、朝議大夫王覺、右文殿修撰陳暘並爲顯謨閣待制，朝請郎蔡懋、中奉大夫龐恭孫、朝請郎洪彦昇並爲徽猷閣待制。至十一月冬祀畢，大赦天下，仍復推恩〔一〕。

【箋證】

〔一〕蔡京濫除市私恩，可參《續筆》卷四《宣和冗官》、《三筆》卷一五《蔡京除吏》條。本條所記政和六年十月事，《宋史》失書。

10 節度使改東宫環衛官

太祖有天下，將收藩鎮威柄，故漸行改革。至於位至侍中、中書令、使相者，其高僅得東宫官，次但居環衛。鳳翔王晏爲太子太師，安遠武行德爲太子太傅，護國郭從義爲左金吾上將軍，鳳翔王彦超爲右金吾上將軍，定國白重贇爲左千牛上將軍，保大楊廷璋爲右千牛上將軍，静難劉重進爲羽林統軍。若符彦卿者，以太師中書令、天雄節度使直罷歸洛，八年不問，亦不别除官。其廟謨雄斷如是〔一〕。靖康初，以戚里冒政、宣恩典，多建節鉞，乃稽用此制。錢景臻以少傅、安武節度，劉宗元以開府儀同三司、鎮安節度，並爲左金吾上將軍。范訥以平凉，劉敷以保信，劉敏以保成，張楙以嚮德，王舜臣以岳陽，朱孝孫以應道，錢忱以瀘川節度，並爲右金吾上將軍〔二〕。自後不復舉行矣〔三〕。

【箋證】

〔一〕《續資治通鑑長編》卷一〇：太祖開寶二年十月己亥，「上宴藩臣於後苑，酒酣，從容謂之曰：『卿等皆國家宿舊，久臨劇鎮，王事鞅掌，非朕所以優賢之意也。』前鳳翔節度使兼中書令王彦超喻上指，即前奏曰：『臣本無勳勞，久冒榮寵，今已衰朽，乞骸骨歸丘園，臣之願也。』前安遠節度使兼中書令榆次武行德、前護國節度使郭從義、前定國節度使白重贇、前保大節度使楊廷璋，競自陳攻戰閥閲及履歷艱苦，上曰：『此異代事，何足論也。』庚子，以行德爲太子太傅，從義爲左金吾衛上將軍，彦超爲右金吾衛上將軍，重贇爲左千牛衛上將軍，廷璋爲右千牛衛上將軍。」按，王晏、劉重進不在其中。《續資治通鑑長編》卷九：開寶元年正月，「左領軍衛上將軍、燕國公劉重進卒。」《宋史》卷二五二《王晏傳》：「乾德元年，進封韓國公，上章請老，拜太子太師，致仕。每朝會，令綴中書門下班。俄歸洛陽別墅，四年冬卒。」

〔二〕《宋史》卷二三《欽宗紀》：靖康元年五月庚午，「少傅、安武軍節度使錢景臻，鎮安軍節度使、開府儀同三司劉宗元，並爲左金吾衛上將軍。保信軍節度使劉敷、武成軍節度使劉敏、嚮德軍節度使張楙、岳陽軍節度使王舜臣、應道軍節度使朱孝孫、瀘川軍節度使錢忱，並爲右金吾衛上將軍。」

〔三〕《宋史》卷三七三《洪适傳》：「隆興二年二月，召貳太常兼權直學士院。上欲除諸將環衛官，詔討論其制。适具唐及本朝沿革十一條上之，且言：『太祖、太宗朝，常以處諸將及降王之君臣，自後多以皇族爲之，故國史以爲官存而事廢。陛下修飾戎備，不必遠取唐制，祖宗故事蓋可法則。今徑行換授，恐有減奉之患，乞如閤職兼帶節度，至刺史帶上將軍，横行遥郡帶大將軍，正使帶將軍，副使帶中郎，又以下則帶左右郎將，其官府人吏，令有司相度以聞。』」《續宋編年資治通鑑》卷八：「（隆興二年）五月，復環衛官。詔：『近來環衛久不除授，非所以儲材而均任也。可依舊制，以材略有聞、堪任將帥及久勤軍事、暫歸休逸之人，並爲環衛官，更不除换，只令兼領。以節度使即領左右金吾衛將軍，承宣使即領左右衛上將軍，又有左右驍衛、武衛、屯衛、領軍衛、監門衛、千牛衛上將軍。左右金吾以下諸衛大將軍、諸衛將軍之類，朝參依正官班次。宗室不在此制，仍不差戚里及非戰功之人。』」（郁之按，《宋史全文》卷二四上，謂是隆興元年十一月壬辰詔，且云：「既而環衛官共以十員爲額。」）

11 宰相任怨

宰相欲收士譽，使恩歸己，故只以除用爲意，而不任職及顯有過舉者，亦不肯任怨，稍行黜徙。文惠公在相位〔一〕，嘗奏言：「今之監司、郡守，其無大過者，臺諫固不論擊，但其間實有疲懦庸老之人，依阿留之，轉爲民害。臣欲皆與祠禄，理作自陳，監司或就移小郡，庶幾人有家食之資，國無曠官之失。」孝宗欣然聽許。於是，湖南轉運判官任詔改知復州，廣東提舉鹽事劉景改知南雄州。時太常丞闞，監左藏庫許子紹欲得之，公以大超越，諭使小綏。子紹宛轉愈力，乃白其事，出通判静江府。議者私謂若如此則是廟堂而兼臺諫之職。殊不思進賢退不肖，真宰相之事耳。欲擬宫觀三四人，未暇而去位，子紹之出，遂織入言章中〔二〕。近者京丞相以國子録吴仁傑居職未久，便欲求遷，奏罷歸吏部注簽判，亦此意也〔三〕。

【箋證】

〔一〕文惠公，容齋伯兄适。《宋史》卷三三《孝宗紀》：乾道元年十二月戊寅，「以洪适爲尚書右仆射、同中書門下平章事兼樞密使」。二年三月辛未，罷。

〔二〕本條所載洪适事，《宋史》失書。許子紹，字季韶，歷陽人。詳《臨桂縣志》卷二一《金石志二》。

〔三〕吴仁傑，字斗南，一字南英，其先洛陽人，居崑山。父信，修武郎。仁傑博洽經史，育才講學朱子之門。登淳熙進士第，歷羅田令、國子録。詳《宋史翼》卷二九《列傳第二九・文苑四》。京丞相鏜，字仲遠，豫章人，登紹興二十七年進士第。事迹具《宋史》卷三九四本傳。

12 四李杜

漢太尉李固、杜喬，皆以爲相守正，爲梁冀所殺。故掾楊生上書，乞李、杜二公骸骨，使得歸葬〔一〕。梁冀之誅，權勢專歸宦官，傾動中外，白馬令李雲露布上書，有「帝欲不諦」之語。桓帝得奏震怒，逮雲下北寺獄。弘農五官掾杜衆，傷雲以忠諫獲罪，上書願與雲同日死。帝愈怒，下廷尉，皆死獄中〔二〕。其後襄楷上言，亦稱爲李、杜〔三〕。靈帝再治鈎黨，范滂受誅，母就與之訣，曰：「汝今與李、杜齊名，死亦何恨！」謂李膺、杜密也〔四〕。李太白、杜子美同時著名，故韓退之詩云：「李、杜文章在，光焰萬丈長。」〔五〕凡四李、杜云〔六〕。

【箋證】

〔一〕《後漢書》卷九三《杜喬傳》。

〔二〕《後漢書》卷八七《李雲傳》。

〔三〕《後漢書》卷六〇下《襄楷傳》：延熹九年，楷自家詣闕上疏曰：「自陛下即位以來，頻行誅伐，梁、寇、孫、鄧，並見族滅，其從坐者，又非其數。李雲上書，明主所不當諱；杜衆乞死，諒以感悟聖朝，曾無赦宥，而並被殘戮，天下之人，咸知其冤。漢興以來，未有拒諫誅賢、用刑太深如今者也。」「陛下宜承天意，理察冤獄，爲劉瓆、成瑨虧除罪辟，追録李雲、杜衆等子孫。」

〔四〕《後漢書》卷九七《范滂傳》。又同卷《杜密傳》：「黨事既起，免歸本郡，與李膺俱坐，而名行相次，故時人亦稱『李杜』焉。」章懷注：「前有李固、杜喬，故言『亦』也。」

〔五〕韓愈《調張籍》（《五百家注昌黎文集》卷五）。

〔六〕趙翼《陔餘叢考》卷三九《六李杜》條，又補李沖、杜預，李韶、杜範，爲「六李杜」。陸以湉《冷廬雜識》卷五《七李杜》條，又加李商隱、杜牧爲七。復云：「又《新唐書・杜審言傳》：『少與李嶠、崔融、蘇味道爲文章四友，世號崔、李、蘇、杜。』至杜子美詩云：『李、杜齊名真忝竊。』又指李銜矣。」

13 渾脱隊

唐中宗時，清源尉呂元泰上書言時政，曰：「比見坊邑相率爲渾脱隊，駿馬胡服，名曰『蘇幕遮』，旗鼓相當，騰逐喧譟。以禮義之朝，法胡虜之俗，非先王之禮樂，而示則於四方。《書》曰：『謀時寒若。』何必羸形體、讙衢路，鼓舞跳躍而索寒焉！」書聞不報。此蓋并論潑寒胡之戲。《唐史》附於《宋務光傳》末，元泰竟亦不顯〔一〕。近世風俗相尚，不以公私宴集，皆爲耍曲耍舞，如《勃海樂》之類，殆猶此也〔二〕。

【箋證】

〔一〕《新唐書》卷一一八《宋務光傳》。

潑寒胡之戲，《舊唐書》卷九七《張説傳》：「自則天末年，季冬爲潑寒胡戲，中宗嘗御樓以觀之。至是，因蕃夷入朝，又作此戲。説上疏諫曰：『臣聞韓宣適魯，見周禮而歎；孔子會齊，數倡優之罪。列國如此，況天朝乎？今外蕃請和，選使朝謁，所望接以禮樂，示以兵威。雖曰戎夷，不可輕易，焉知無駒支之辯、由余之賢哉？且潑寒胡未聞典故，羸體跳足，盛德何觀；揮水投泥，失容斯甚。法殊魯禮，褻比齊優，恐非干羽柔遠之義，尊俎折衝之禮。』自是此戲乃絶。」《舊唐書》卷八《玄宗紀》：「開元元年十二月己亥，禁斷潑寒胡戲。」

〔二〕《宋會要輯稿·刑法二》：「（淳熙）十二年三月八日，右正言蔣繼周言，今蕃樂有名《渤海樂》者，盛行于世，都人多肆習之，往往流傳宮禁，乞行禁戢。從之。」《宋史》卷三五《孝宗紀》：淳熙十二年三月辛卯，「禁習《渤海樂》」。

14 歲陽歲名

歲陽、歲名之説，始於《爾雅》。太歲在甲曰閼逢，在乙曰旃蒙，在丙曰柔兆，在丁曰彊圉，在戊曰著雍，在己曰屠維，在庚曰上章，在辛曰重光，在壬曰玄黓，在癸曰昭陽，謂之歲陽。在寅曰攝提格，在卯曰單閼，在辰曰執徐，在巳曰大荒落，在午曰敦牂，在未曰協洽，在申曰涒灘，在酉曰作噩，在戌曰閹茂，在亥曰大淵獻，在子曰困敦，在丑曰赤奮若，謂之歲名〔一〕。自後唯太史公《曆書》用之，而或有不同。如閼逢爲焉逢，旃蒙爲端蒙，柔兆爲游兆，彊圉爲彊梧，著雍爲徒維，屠維爲祝犁，上章爲商横，重光爲昭陽，玄黓爲横艾，昭陽爲尚章，大荒落爲大芒駱①，協洽爲汁洽，涒灘乃爲赤奮若②，作噩爲作鄂，閹茂爲淹茂，大淵獻、困敦更互，赤奮若乃爲汭漢③〔二〕。此蓋年祀久遠，傳寫或訛，不必深辨。但漢武帝太初元年太歲丁丑，而以爲甲寅，其失多矣〔三〕。《爾雅》又有月陽、月名。月在甲曰畢，在乙曰橘，在丙曰修，在丁曰圉，在戊曰厲，在己曰則，在庚曰窒，在辛曰塞，在壬曰終，在癸曰極。正月爲陬，二月爲如，三月爲寎，四月爲余，五月爲皐，六月爲且④，七月爲相，八月爲壯，九月爲玄，十月爲陽，十一月爲辜，十二月爲涂。考之典籍，唯《曆書》謂太初十月爲畢聚。《離騷》云：「攝提貞于孟陬。」《左氏傳》：「十月曰良月。」《國語》：「至于玄月。」它未嘗稱引。郭景純注釋云：「自歲陽至月名，皆所未詳通者，故闕而不論。」蓋不可强爲之説〔四〕。非若《律書》所言二十八舍、十母、十二子，猶得穿鑿傅致也。《資治通鑑》專取歲陽、歲名以冠年，不可曉解，殊不若甲子至癸亥爲明白爾〔五〕。韓退之詩「歲在淵獻牽牛中」〔六〕，王介甫《字説》言「彊圉」〔七〕，自餘亦無説。《左傳》所書「歲在星紀，而淫於玄枵」，「歲在降婁，降婁中而旦」，「歲在陬訾之口」，「歲五及鶉火」，「歲在顓帝之虚」，「歲在豕韋」，「歲在大梁」，皆用歲星次舍言之。司馬倬跋温公《潛虚》，其末云：「乾道二年，歲在柔兆閹茂、玄黓執徐月、極大淵獻日。」謂丙戌年、壬辰月、癸亥日，以歲名施於月日，尤爲不然。漢章不自爲文，殆是僚寀强解事者所作也〔八〕。

【校勘】

①「駱」，馬本、庫本、祠本作「落」。②「乃爲赤奮若」，馬本、庫本、祠本作「爲汭漢」。③「汭漢」，馬本、庫本、祠本作「赤奮若」。④「旦」，馬本、祠本作「且」。

【箋證】

〔一〕《爾雅·釋天》。

〔二〕《史記》卷二六《曆書》。按歲陽、歲名諸名詞，《淮南子·天文訓》亦有之。

〔三〕《史記》卷二六《曆書》「其更以七年爲太初元年」句，四庫本考證云：「按武帝太初元年，歲在丁丑，非甲寅也。此云『年名焉逢攝提格，月名畢聚，日得甲子，夜半朔旦冬至』者，蓋著太初歷術之元，非是年爲甲寅年甲寅月十一月甲子朔旦冬至也。況年爲甲寅，月則爲丙寅，必不得爲畢聚也。司馬貞輩不明曆法，故紛紛聚訟耳。又按《曆術·甲子篇》第一章，蓋後人因上文『焉逢』至『冬至』二十一字引而不發，難以推步，故續此一篇于後，以申其義，非遷本書也。後復有焉逢攝提格太初元年，以至末祝犂大荒落建始四年，則又後人推衍而續增之，已不知太初元年甲寅之爲托始，而直以爲武帝太初元年爲甲寅矣。故所紀甲子，無一不誤，如建始四年爲壬辰，而誤以爲己巳也。其文既叙至成帝建始四年，則非馬遷本文，不待辨矣。竊恐尚非褚少孫之筆。又按歲在焉逢攝提格，甲寅年也，月在畢聚，甲寅月也。甲寅年則正月爲丙寅，甲寅月則歲爲壬癸。今曰歲在甲寅月在甲寅日得甲子者，謂甲寅歲之前十一月，則甲子正月，建丙寅之十一月，則亦甲子也。曆從夏時，則曰月在畢聚；曆從周正，則曰歲在焉逢攝提格。蓋夏時周正，皆所以敬授人時，而曆元必從冬至起，則一也。元必始甲，無始壬癸之理，則文必如是乃明也。是故不特武帝太初元年非歲在甲寅，亘古固無甲寅年之甲寅月也。」

〔四〕郭景純注，見《爾雅·釋天》。

郎瑛《七修類稿》卷一《天地類》「歲陽歲名」條：「歲陽歲名，考之字義，貼之太歲，不可曉也。故洪景盧以爲不可强爲之説。郭景純亦曰未詳，謂起於《爾雅》。《爾雅》，周公所著，何陳氏《世編》、司馬貞《索隱》皆收於天皇氏之下。此宋景濂辯《爾雅》非周公之書，明矣。予又以文字起於倉頡，大撓始作甲子，何天皇之時，即有此名，是孰傳而孰信耶？先儒以《爾雅》隆於漢時，恐或然也。蓋《淮南子·天文訓》中，細解其義，惟以月令爲主，支干配合而言；又以子配癸，不依次序，不知何也。亦恐未爲太歲在某之意。但郭、洪二公以爲是耶，則當引以明之；非耶，則當據以辟之。豈當時皆未見之耶？或始於《鴻烈解》，亦未可知。所謂《淮南》亂言乖實是也。今據其解，分其支干，增釋其義，以俟博學者辯焉。」學者可參，不贅録。

〔五〕《通鑑》卷一《周紀一》注云：「起著雍攝提格，盡玄黓困敦，凡三十五年。」胡三省注：「温公繫年用《春秋》之法。」

楊慎《丹鉛餘録》卷一四：「星書云：古之支干只用書日，不以紀年。紀年，用歲陽、歲陰名。故温公《通鑑》紀年以攝提格、閼逢之名，蓋有存古之義。不知者議之，以爲不若直用甲子，乃不學之過也。」

〔六〕此句，韓集、《全唐詩》《全唐詩補編》均失收。考書目文獻出版社影印《詩淵》第六册頁四四九九韓子蒼《壽鄭丞相》詩首句是「歲在淵獻牽牛中」，全詩云：「歲在淵獻牽牛中，月缺其圓夜無風。不知魏分此何夕，瑞光千丈如長虹。乃是絳闕來滎公，仙宮羽衛紛層空。滎公鼎軸三朝老，活國時推第一功。已見指揮收北地，曾聞談笑卻西戎。震風凌雨士奔走，十年分與爲帡幪。陰功隱德乃如此，故應福禄來無窮。朝來寶閣動喜氣，黄雲赤霧相溟濛。紫衣貴人押君賜，琥珀酒釅琉璃鍾。小儒荷恩與稱述，詩自老來殊不工。獻公以九皋之仙鶴，祝公以萬仞之喬松，願公壽與宋無極，劍履日在明光宫。」按，韓駒字子蒼，有《陵陽集》四卷，未收此詩。《全宋詩》卷一四四三據《詩淵》輯此詩在駒名下。考駒卒于高宗紹興初，終駒之世，鄭姓丞相唯鄭居中，却與詩中事迹皆不合。故此詩疑即韩愈詩。此詩所頌之鄭滎公，應是韓愈交往密切之鄭餘慶。韓愈《山南鄭相公與樊員外酬答爲詩其末咸有見及語樊封以示愈依賦十四韻以獻》

恰有「滎公鼎軸老」之句，可證。

〔七〕《宋史》卷二〇二《藝文志》小學類有王安石《字説》二十四卷。佚。

〔八〕《宋史》卷二〇五《藝文志》儒家類有司馬光《潛虛》一卷。今本未見此跋。《四庫全書總目》卷一〇八此書提要云：「蓋世無原書久矣，姑以源出於光而存之耳。」司馬倬，字漢章，紹興二十七年自紹興提舉常平罷。參拙著《洪邁年譜》淳熙八年譜。

15 官稱别名

唐人好以它名標牓官稱，今漫疏於此，以示子侄之未能盡知者。太尉爲掌武，司徒爲五教，司空爲空土，侍中爲大貂，散騎常侍爲小貂，御史大夫爲亞台、爲亞相、爲司憲，中丞爲獨坐、爲中憲，侍御史爲端公、南床、横榻、雜端〔一〕，又曰脆梨，殿中爲副端，又曰開口椒，監察爲合口椒〔二〕，諫議爲大坡、大諫，補闕（今司諫。）爲中諫，又曰補衮，拾遺（今正言。）爲小諫，又曰遺公，給事郎爲夕郎、夕拜，知制誥爲三字，起居郎爲左螭，舍人爲右螭，又並爲修注，吏部尚書爲大天，禮部爲大儀，兵部爲大戎，刑部爲大秋，工部爲大起，吏部郎爲小選、爲省眼，考功、度支爲振行，禮部爲小儀、爲南省舍人，今曰南宫，刑部爲小秋，祠部爲冰（柄①。）廳，比部爲比盤，又曰昆腳皆頭，屯田爲田曹，水部爲水曹，諸部郎通曰哀烏、依烏，太常卿爲樂卿，少卿爲少常、奉常，光禄爲飽卿，鴻臚爲客卿、睡卿，司農爲走卿，大理爲棘卿，評事爲廷平，將作監爲大匠，少監爲少匠，祕書監爲大蓬，少監爲少蓬，左右司爲都公，太子庶子爲宫相，宰相呼爲堂老，兩省相呼爲閣老，尚書丞郎爲曹長，御史、拾遺爲院長〔三〕。下至縣令曰明府，丞曰贊府、贊公，尉曰少府、少公、少仙，此已見前《筆》〔四〕。

【校勘】

①文中三處注文原無，據馬本、庫本、祠本補。

【箋證】

〔一〕王讜《唐語林》卷八：「御史臺三院：一曰臺院，其僚曰侍御史，衆呼爲端公。見宰相及臺長，則曰某姓侍御。知雜事，謂之雜端。」

〔二〕曾慥《類説》卷六引《御史臺記》：「賈忠言撰《御史本草》，以裹行爲合口椒，最毒；監察爲開口椒，微毒；殿中爲蘿蔔，侍御爲脆梨，言漸入佳味。遷南省郎，號甘草，言可以久安矣。」

〔三〕李肇《唐國史補》卷下：「宰相相呼爲元老，或曰堂老。兩省相呼爲閣老。尚書丞郎、郎中相呼爲曹長。外郎、御史、遺、補相呼爲院長。上可兼下，下不可兼上。惟侍御史相呼爲端公。」趙彦衛《雲麓漫抄》卷三，引李肇《國史補》，按云：「今人呼中官之次者曰閣長，京都緝事人曰院長，親事官呼上名曰端公。古今之殊如此。」

顧起元《説略》卷六《官儀》：「古人官有别稱者。詹事曰儲端，給事中曰夕郎，中書舍人久次曰閣老、又曰老鳳、又曰小鳳，光禄曰飽卿，鴻臚曰睡卿，司農曰走卿，宗正曰冷卿，衛侯曰暖卿，太常少卿曰清卿，别駕曰半刺，駙馬都尉曰粉侯，禮部儀郎曰大儀，員外郎曰中儀、又曰小儀。又《幽閒鼓吹》，李德裕爲兵部尚書，杜邠公呼爲大戎，後爲太尉，人呼爲掌武。《北夢瑣言》，周寶爲侍中，人呼爲大貂。右補闕張曙，人呼爲中諫。唐御史久次一人知雜事，謂之雜端；次一人知西推、三司，號副端。《職林》，吏部爲省眼，户部曰版使，祕書監曰大蓬，丞曰小蓬。」

〔四〕李慈銘《越縵堂讀書記》八《文學》「容齋隨筆」條：「其唐人《官稱别名》一條，所載尚未盡。如户部尚書爲大農，刑部侍郎爲少秋官，尚書左丞爲左轄，右丞爲右轄，吏部郎中爲小天，六部員外郎爲外郎，節鎮掌書記爲外三字，此類甚多，皆屢見唐人記載。唯少秋官止見韓昌黎文。」《四筆》卷七《縣尉爲少仙》，可參。

容齋四筆卷十六十二則

1 漢重蘇子卿

漢世待士大夫少恩，而獨於蘇子卿加優寵，蓋以其奉使持節，褒勸忠義也。上官安謀反，武子元與之有謀，坐死。武素與上官桀、桑弘羊有舊，數爲燕王所訟，子又在謀中，廷尉奏請逮捕武，霍光寢其奏〔一〕。宣帝立，録群臣定策功，賜爵關内侯者八人，劉德、蘇武食邑。張晏曰：「舊關内侯無邑，以武守節外國，德宗室俊彦，故特令食邑。」〔二〕帝閔武年老，子坐事死，問左右：「武在匈奴久，豈有子乎？」武曰：「前發匈奴時，胡婦實産一子通國，有聲問來，願因使者贖之。」上許焉。通國至，上以爲郎，又以武弟子爲右曹。以武著節老臣，令朝朔望，稱祭酒，甚優寵之。皇后父、帝舅、丞相、御史、將軍皆敬重武。後圖畫中興輔佐有功德知名者於麒麟閣，凡十一人，而武得預〔三〕。武終於典屬國，蓋以篤老不任公卿之故①。先公縶留絶漠十五年，能致顯仁皇太后音書，蒙高宗皇帝有「蘇武不能過」之語。而厄於權臣，歸國僅陞一職，立朝不滿三旬，訖於竄謫南荒惡地，長子停官。追誦漢史，可爲痛哭者已〔四〕！又案武本傳云：「奉使初還，拜爲典屬國，秩中二千石。昭帝時，免武官。後以故二千石與計謀立宣帝，賜爵。張安世薦之，即時召待詔，數進見，復爲典屬國。」然則豫定策時，但以故二千石耳。而《霍光傳》連名奏昌邑王時，直稱典屬國，《宣紀》封侯亦然，恐誤也〔五〕。

【校勘】

①「篤」，馬本、庫本、祠本作「武」。

【箋證】

〔一〕《漢書》卷五四《蘇武傳》。

〔二〕《漢書》卷八《宣帝紀》，本始元年。

〔三〕《漢書》卷五四《蘇武傳》。

〔四〕「先公」，洪皓。《宋史》卷三七三《洪皓傳》：「（紹興）十二年七月，見於内殿，力求郡養母，帝曰：『卿忠貫日月，志不忘君，雖蘇武不能過，豈可舍朕去邪？』請見慈寧宫，帝人設簾，太后曰：『吾故識尚書。』命撤之。皓自建炎己酉出使，至是還，留北中凡十五年，同時使者十三人，惟皓、邵、弁得生還，而忠義之聲，聞於天下者，獨皓而已。」因忤秦檜，出知饒州。又責濠州團練副使，安置英州。

〔五〕《漢書》卷六八《霍光傳》：「光與群臣連名奏王」，稱「典屬國臣武」。《漢書》卷八《宣帝紀》，八人並賜爵關内侯，稱「典屬國武」。

2 昔賢爲卒伍

三代而上，文武不分，春秋列國軍將皆命卿，處則執政，出則將兵，載於《詩》《書》《左傳》，可考也。然此特謂將帥耳，乃若卒伍之賤，雖賢士亦爲之，不以爲異。魯哀公時，吴伐魯，次于泗上。微虎欲宵攻王舍，私屬徒七百人，三踊於幕庭，卒三百人，有若與焉。杜預云：「卒，終也，謂於七百人中，終得三百人任行也。」或謂季孫曰：「不足以害吴，而多殺國士，不如已也。」乃止之〔一〕。此蓋後世斫營劫寨之類，而有若亦爲之。齊伐魯，冉求帥左師，樊遲爲右，季孫曰：「須也弱。」有子曰：「就用命焉。」謂雖年少，能用命也。冉有用矛於齊師，故能入其軍。杜預云：「言能以義勇也。」〔二〕皆孔門高弟，而親卒伍之事，後世豈復有之？

【箋證】

〔一〕《左傳》哀八年。

〔二〕《左傳》哀十一年。

《朱子語類》卷一三：「有若之三踊於魯大夫之庭，冉有用矛却齊以入其軍，而樊須雖少能用命也。古之人執干戈衛社稷，躬耕稼與陶漁之事皆是也。後世驕侈日甚，反以臣子之職爲耻。

此風日變，不可復也。士君子知此，爲學者言之，以漸率其子弟，庶幾可少變乎？」

3 兵家貴於備預

晉盜盧循據廣州，以其黨徐道覆爲始興相，循寇建康，以爲前鋒。初，道覆遣人伐船材於南康山，至始興賤賣之，居人争市之，船材大積，而人不疑。至是悉取以裝艦，旬日而辦〔一〕。蕭衍鎮雍州，以齊室必亂，密修武備，多伐材竹，沉之檀溪，積茅如岡阜，皆不之用。中兵參軍吕僧珍覺其意，亦私具櫓數百張。衍既起兵，出竹木裝艦，葺之以茅，事皆立辦。諸將争櫓，僧珍出先所具者，每船付二張，争者乃息〔二〕。魏太武南伐盱眙，太守沈璞以郡當衝要，乃繕城浚隍，積財穀，儲矢石，爲城守之備。魏攻之，三旬不拔，燒攻具退走〔三〕。古人如此者甚多，道覆雖失所從，爲畔涣之歸①，然其事固可稱也。

【校勘】

①「涣」原作「换」，據馬本、庫本、祠本改。

【箋證】

〔一〕《資治通鑑》卷一一五《晉安帝紀》，義熙六年。胡寅《致堂讀史管見》卷九：「道覆長於料敵，而不能料主，知循不足與有爲，而强爲之謀，豈惟不能擇主，亦不能處己矣。是時劉裕方匡晉室，亦一時之雄也，道覆爲之驅馳，豈不什百於事循哉？然則道覆雖能謀善戰，直一賊耳。」

〔二〕《資治通鑑》卷一四二《齊東昏侯紀》，永元元年。

〔三〕《資治通鑑》卷一二五《宋文帝紀》，元嘉二十七年。

4 渠陽蠻俗

靖州之地，自熙寧九年收復唐溪洞誠州，元豐四年仍建爲誠州，元祐二年廢爲渠陽軍，又廢爲寨，五年復之，崇寧二年改爲靖州。始時渠陽縣爲治所，後改屬沅州而治永平。其風俗夐與中州異。蠻酋自稱曰官，謂其所部之長曰都幙，邦人稱之曰土官。酋官入郭，則加冠巾，餘皆椎髻，能者則以白練布纏之，曾殺人者謂之能。婦人徒跣，不識鞋履，以銀、錫或竹爲釵，其長尺有咫。通以斑紬布爲之裳。紀歲不以建寅爲首，隨所處無常月。要約以木鐵爲契。病不謁醫，但殺牛祭鬼，率以刀斷其咽，視死所向以卜，多至十百頭。凡昏姻，兄死弟繼，姑舅之昏，他人取之，必賄男家，否則争，甚則讎殺。男丁受田於酋長，不輸租而服其役，有罪則聽其所裁，謂之草斷。凡貸易之逋，甲不能償，則掠乙以取直，謂之準㩌。長少相犯，則少者出物，謂之出面。言語相誣，則虚者出物，謂之裹口。田丁之居，峭巖重阜，大率無十家之聚。遇讎殺則立栅布棘以受之。各有門款，門款者，猶言伍籍也。借牛綵於鄰洞者，謂之拽門款。方争時，以首博首，獲級一二則潰去，明日復來，必相當乃止。欲解仇，則備財物以和，謂之陪頭暖心。戰之日，觀者立其傍和勸之，官雖居其中，不敢犯也。敗則走，謂之上坡。志在於掠，而不在於殺，則震以金鼓，而挺其一隅，縱之逸，謂之趼。敗者屈而歸之，掠其財而還其地，謂之入地。兵器有甲冑、標牌、弓弩，而刀之鐵尤良。弩則傅矢於弦而偏架之，謂之偏架弩，其利侔中土神臂弓，雖暑濕亦可用。凡仇殺，雖微隙必發，雖昔釁必報，父子兄弟之親不避也。子弟爲士人者，隸於學，雖殺則歸，罷則復來〔一〕。荆湖南、北路，如武岡、桂陽之屬傜民，大略如此〔二〕。

【箋證】

〔一〕歐陽忞《輿地廣記》卷二八《荆湖北路》：「靖州，古蠻夷地，唐爲溪洞誠州。皇朝熙寧九年收復，仍置。元祐二年，廢爲渠陽軍。三年，廢爲寨，屬沅州。紹聖中，復置誠州。崇寧二年，改爲靖州，今縣三。」祝穆《方輿勝覽》卷三一：領縣三：永平、會同、通道。治永平。引《圖經》云：「今尚有猺狑、犵獠之號。其計歲月，率以甲子。其要約，以木鐵爲契。其樂器，有愁笛、壺笙。其兵器，與中國等。東通于邵，南通于融，北通于沅。」

〔二〕《輿地廣記》卷四《皇朝郡國》：荆湖南路：潭、衡、道、永、郴、邵、全、武岡、桂陽。荆湖北路：江陵、鄂、安、復、鼎、澧、峽、岳、歸、辰、沅、靖、漢陽、荆門。

5 寄資官

内侍之職，至于幹辦後苑，則爲出常調，流輩稱之曰苑使〔一〕。又進而幹辦龍圖諸閣，曰閣長〔二〕。其上曰門司，曰御藥，曰御帶。又其上爲省官，謂押班及都知也〔三〕。在法，内侍轉至東頭供奉官則止，若幹辦御藥院，不許寄資，當遷官則轉歸吏部。司馬公論高居簡云：「舊制，御藥院官至内殿崇班以上，即須出外，今獨留四人，中外以此竊議。」言之詳矣〔四〕。後乃不然，逮其遷帶御器械可帶階官，然後盡還所寄之資〔五〕。至於宣慶諸使①，遥郡防、團、觀察，其高者爲延福宫、景福殿承宣使〔六〕。頃在樞密行府，有院吏兵房副承旨董球，於紹興三十二年正月尚未有正官，至四月，予接伴人使回，球通刺字來謁，已轉出爲武顯大夫。問其何以遽得至此，曰：「副承旨比附武顯郎，後用賞故爾。」蓋亦寄資也〔七〕。

【校勘】

①馬本、庫本、祠本「宣慶」上有「宣政」二字。

【箋證】

〔一〕張仲文《白獺髓》：「禁中後苑官有後苑使，主綱領本苑事；有權幹辦後苑官，監視苑内事。」（《説郛》卷三八上）

〔二〕趙彦衛《雲麓漫抄》卷三：「今人呼中官之次者曰閤長。」

〔三〕《宋史》卷一六六《職官志》：「入内内侍省有都都知、都知、副都知、押班、内東頭供奉官、内西頭供奉官、内侍殿頭、内侍高品、内侍高班、内侍黄門。内侍省有左班都知、副都知、右班都知、副都知、押班、内東頭供奉官、内西頭供奉官、内侍殿頭、内侍高品、内侍高班、内侍黄門。自供奉官至黄門，以二百八十人爲定員。凡内侍初補曰小黄門，經恩遷補則爲内侍黄門。後省官闕，則以前省官補。押班次遷副都知，次遷都都知，遂爲内臣之極品。」

〔四〕《宋史》卷四六八《高居簡傳》：「高居簡，字仲路，世本番禺人。以父任爲入内黄門。護作温成原廟奉神物，以精辦稱，超轉殿頭，領後苑事。坐奉使梓夔路多占驛兵，降高品。歷領龍圖、天章、寶文閣、内東門司，幹當御藥院。神宗即位，御史張唐英言其資性憸巧，善迎合取容。中丞司馬光亦言其『久處近職，罪惡已多。祖宗舊制，幹當御藥院官至内殿崇班以上，即須出外。今陛下獨留四人，中外以此竊議。況居簡頃在先朝，依憑城社，物論切齒。及陛下繼統，乃復先自結納，使寵信之恩過於先帝。願明治其罪，以解天下之惑』。於是罷爲供備庫使。」《宋史》卷三三六《司馬光傳》：「御藥院内臣，國朝常用供奉官以下，至内殿崇班則出；近歲暗理官資，非祖宗本意。因論高居簡奸邪，乞加遠竄。章五上，帝爲出居簡，盡罷寄資者。既而復留二人，光又力争之。」司馬光《傳家集》卷二八《論御藥寄資劄子（嘉祐八年五月二十一日上。）》：「臣伏見祖宗以來，擇内臣謹信者，勾當御藥院，以其職任最爲親近，恐名位寢崇，歲月稍久，則權勢太重，不可制御，故常用供奉官以下爲之，轉至内殿崇班，則出爲外官，此乃祖宗深思遠慮、防微杜漸、高出前古、詒謀萬世者也。近歲以來，頗隳舊法。居此任者，往往闇理官資，請其俸給，久而不去，殊失祖宗之意，深爲不便。今兹踐祚之初，所宜革去積弊，率由舊章。竊見勾當御藥院劉保信等四人，亦曾自陳乞因覃恩改任外官，伏望皇太后殿下、皇帝陛下各依逐人所請，將應自來内臣闇理官資者並除正官，授以外任，别擇供奉官以下素知心腹、忠信謹慤之人，使勾當御藥院，仍自今後，凡轉官至内殿崇班以上者，並須出外，以遵祖宗之制，不得闇理官資，依舊留任内廷差遣。」

〔五〕《建炎以來繫年要録》卷三三：建炎四年五月丙寅，「入内東頭供奉官梁邦彦，還所寄資，爲武節大夫、秀州刺史、入内内侍省押班。」同書卷五七：紹興二年八月庚子，「入内東頭供奉官鄭諶，還所寄資，爲武功大夫、英州刺史、帶御器械。」又同書卷六二：紹興三年正月辛未，「入内東頭供奉官、幹辦皇城司馮益，還所寄資，爲武功大夫、康州防禦使、帶御器械。」

〔六〕《宋史》卷一六六《職官志》：「熙寧中，入内内侍省、内侍省都知、押班遂省，各以轉入先後相壓，永爲定式。其官稱，則有内客省使、延福宫使、宣政使、宣慶使、昭宣使。元豐議改官制，張誠一欲易都知、押班之名，置殿中監以易内侍省。既而宰執進呈，神宗曰：『祖宗爲此名有深意，豈可輕議？』政和二年，始遂改焉。以通侍大夫易内客省使，正侍大夫易延福宫使，中侍大夫易景福殿使，中亮大夫易宣慶使，中衛大夫易宣政使，拱衛大夫易昭宣使，供奉官易内東頭供奉官，左侍禁易内西頭供奉官，右侍禁易内侍殿頭，左班殿直易内侍高品，右班殿直易内侍高班，而黄門之名如故。」

〔七〕周必大《掖垣類稿》卷三有《武顯大夫樞密院吏房副承旨董球爲曹涉應得差遣不肯呈行特降一官制》（《文忠集》卷九六）。

6 親王帶將仕郎

薛氏《五代史》，梁太祖開平元年五月，皇第五男友雍封賀王。及友珪篡位，以將仕郎試祕書省校書郎賀王友雍爲銀青光禄大夫、檢校工部尚書兼御史大夫。以親王而階將仕郎，仍試銜初品，雖典章掃地之時，恐不應爾也〔一〕。

【箋證】

〔一〕《舊五代史》卷一二《梁書第十二·宗室列傳》：友珪，「乾化元年，充諸軍都虞侯。二年，弑太祖，篡位。均王以兵討之，自殺。」「賀王友雍，太祖第六子，受禪後封。」本條作「第五男」，殆誤。

7 郡縣用陰陽字

山南爲陽，水北爲陽，《穀梁傳》之語也〔一〕。若山北、水南則爲陰，故郡縣及地名多用之。今略叙於此。山之南者，如嵩陽、華陽、恒陽、衡陽、鎮陽、岳陽、嶧陽、夏陽、城陽、陵陽、岐陽、首陽、營陽、咸陽、櫟陽、宜陽、山陽、（屬河内郡，太行在北①。）廣陽、辟陽、河陽、魯陽、黎陽、樅陽、零陽、巫陽、東陽、韶陽、郴陽、揭陽、弋陽、（屬汝南郡，弋山在西北。）當陽、青陽、黔陽、壽陽、麻陽、雲陽、美陽、復陽、（在復山之南②。）上曲陽、（在常山。）下曲陽、（在鉅鹿。）稒陽、（在五原。）原陽。（在雲中。）水之北者，馮翊之池陽、頻陽、郃陽、沈陽，扶風之杜陽，河東之大陽，（在大河之北③。）平陽，（在平河之陽。）太原之晉陽、汾陽，及河陽、洛陽、滎陽、偪陽、渭陽、淮陽、汶陽、濟陽、襄陽、滏陽、漁陽、遼陽、泗陽、伊陽、永陽、滁陽、潮陽、澧陽、灌陽、汧陽、洮陽、沭陽，東郡之濮陽、東武陽，潁川之潁陽、昆陽、舞陽，汝南之汝陽、鮦陽、細陽、灈陽、滇陽、新陽、安陽、博陽、成陽，南陽之育陽、涅陽、堵陽、蔡陽、筑陽、棘陽、比陽、朝陽、湖陽、紅陽，江夏之西陽，廬江之尋陽，九江之曲陽，濟陰之句陽，（音鉤，句瀆之丘④。）沛郡之穀陽、扶陽、漂陽，魏郡之繁陽，鉅鹿之堂陽，清河之清陽，涿郡之高陽、饒陽、范陽，勃海之浮陽，濟南之般陽、朝陽，泰山之東平陽、東武陽、寧陽，北海之膠陽，東海之開陽、曲陽、都陽，臨淮之射陽、蘭陽，丹陽之丹陽⑤、陵陽、溧陽，豫章之鄱陽、鄡陽，桂陽之耒陽、桂陽、湞陽，武陵之無陽、辰陽、酉陽、零陽，零陵之洮陽，漢中之旬陽、沔陽、安陽，犍爲之江陽、武陽、漢陽，金城之枝陽，天水之略陽、阿陽，安定之涇陽、彭陽，北地之泥陽，上郡之定陽，雁門之沃陽、劇陽，上谷之沮陽，漁陽之要陽，遼西之海陽，右北平之夕陽、聚陽，蒼梧之封陽，趙國之易陽，膠東之觀陽，長沙之益陽，已上皆見《漢書・地理志》〔二〕。其水之下，必曰在某水之陽。合山水之稱陽者，百有五六十，至陰字則甚少，蓋面勢在背，自難立國邑耳。山之北者，唯華陰、山陰、黽陰、蒙陰、鶉陰、雕陰、襄陰；水之南者，汾陰、蕩陰、潁陰、汝陰、舞陰、濟陰、漢陰、晉陰、蒲陰、湘陰、漯陰、河陰、湖陰、江陰、淮陰、圜陰，僅三十而已。若樂陽、南陽、合陽、被陽、富陽、（在泰山者。）昌陽、建陽、（在東海者。）武陽之類，尚多有之，莫能知其爲山爲水也〔三〕。

【校勘】

①原本注文誤入正文，據馬本、庫本、祠本改。下同。　②「在復山之南」，馬本、庫本、祠本作「南陽復山之陽」。　③「在大河之北」，馬本、祠本作「大河之陽」，庫本作「大河之南」。　④此句原脱，據馬本、庫本、祠本補。　⑤前一「陽」字原作「揚」，據馬本、庫本、祠本改。

【箋證】

〔一〕《穀梁傳》僖公二十八年。

〔二〕《漢書》卷二八《地理志》。

〔三〕華陰至武陽諸地名，亦見《漢書・地理志》。

8 杜畿李泌董晉

漢建安中，河東太守王邑被召，郡掾衛固、范先請留之。固等外以請邑爲名，而内實與并州高幹通謀。曹操選杜畿爲太守，固等使兵絶陝津，數月不得渡。畿曰：「河東有三萬户，非皆欲爲亂也。吾單車直往，出其不意，固爲人多計而無斷，必僞受吾。吾得居郡一月，以計縻之足矣。」遂詭道從郖津度，固遂奉之。畿謂固、先曰：「衛、范，河東之望也，吾仰成而已。」比數十日，諸將斬固等首〔一〕。唐貞元初，陝虢兵馬使達奚抱暉殺節度使張勸①，代總軍務，邀求旌節。德宗遣李泌往，欲以神策軍送之，泌請以單騎入，上加泌觀察使。泌出潼關，鄜坊步騎三千布於關外，曰：「奉密詔送公。」泌寫宣以却之，疾驅而前。抱暉不使將佐出迎，去城十五里方出謁。泌稱其攝事保城壁之功，入城視事。明日，召抱暉至宅，語之曰：「吾非愛汝而不誅，恐自今有危疑之地，朝廷所命將帥皆不能入，故匄汝餘生。」抱暉遂亡命〔二〕。宣武節度使李萬榮疾病，其子迺爲兵馬使，欲爲亂，都虞候鄧惟恭執送京師。詔以東都留守董晉爲節度使。惟恭權軍事，自謂當代萬榮，不遣人迎晉。晉既受詔，即與傔從十餘人赴鎮，不用兵衛。至鄭州，或勸晉且留觀變。有自汴州出者，言不可入，晉不對，遂行。惟恭以晉來之速，不及謀，去城十餘里，乃帥諸將出迎。晉入，仍委以軍政。久之，惟恭内不自安，潛謀作亂，事覺，晉悉捕斬其黨，械惟恭送京師〔三〕。觀此三者，其危至矣。杜鐖、李泌、董晉，皆以單車入逆城，從容妥定，其智勇過人如此。《唐史》猶譏晉爲懦弛苟安〔四〕，殆不然也。是時，朝議以晉柔仁多可，恐不能集事，用汝州刺史陸長源爲行軍司馬以佐之。長源性剛刻，多更張舊事，晉初皆許之，案成則命且罷，由是軍中得安。初，劉玄佐、李萬榮、鄧惟恭時，士卒驕不能禦，乃置腹心之士，幕於公庭廡下，挾弓執劍以備之，時勞賜酒肉。晉至之明日，悉罷之〔五〕。謂之懦弛，實爲失當。晉在汴三年而薨，長源代之，即爲軍士所殺。向使晉聽用其言，汴亂久矣〔六〕。又《李泌傳》但云拜陝虢觀察使，開車道至三門，及殺淮西亡兵，於赴鎮事略不書，亦失之也〔七〕。

【校勘】

①「殺節」二字原倒，據馬本、庫本、祠本乙。

【箋證】

〔一〕《資治通鑑》卷六四《漢獻帝紀》，建安十年。

〔二〕《資治通鑑》卷二三一《唐德宗紀》，貞元元年。

〔三〕《資治通鑑》卷二三五《唐德宗紀》，貞元十二年。

〔四〕《新唐書》卷一五一《關董袁趙竇列傳》卷末贊曰：「晉懦弛苟安，滋欲以恩信傾賊，迂暗之人，烏可語功名會哉！」

〔五〕《資治通鑑》卷二三五《唐德宗紀》，貞元十二年。

〔六〕《資治通鑑》卷二三五《唐德宗紀》，貞元十五年，「二月丁丑，宣武節度使董晉薨。乙酉，以其行軍司馬陸長源爲節度使。長源性刻急，恃才傲物，判官孟叔度輕佻淫縱，好慢侮將士，軍中皆惡之。董晉薨，長源知留後，揚言曰：『將士弛慢日久，當以法齊之耳。』衆皆懼，或勸之發財以勞軍，長源曰：『我豈河北賊，以錢買健兒求節鉞邪！』故事，主帥薨，給軍士布以制服，長源命給其直。叔度高鹽直，下布直，人不過得鹽三二斤，軍中怨怒，長源亦不爲之備，是日，軍士作亂，殺長源。」

〔七〕《新唐書》卷一三九《李泌傳》。

9 嚴有翼詆坡公

嚴有翼所著《藝苑雌黄》，該洽有識，蓋近世博雅之士也。然其立説頗務譏詆東坡公，予嘗因論玉川子《月蝕詩》，誚其輕發矣〔一〕。又有八端，皆近於蚍蜉撼大木，招後人攻擊。如《正誤篇》中，摭其用五十本葱爲「種薤五十本」〔二〕，發丘中郎將爲「中郎解摸金①」〔三〕，扁鵲見長桑君，使飲上池之水，爲「倉公飲上池」〔四〕，鄭餘慶烝胡蘆爲盧懷慎云〔五〕，如此甚多。坡詩所謂抉雲漢，分天章，萬斛泉源不擇地而出。若用葱爲薤，用校尉爲中郎，用扁鵲爲倉公，用餘慶爲懷慎，不失爲名語，於理何害？公豈一一如學究書生，案圖索駿，規行矩步者哉〔六〕！《四凶篇》中，謂坡稱太史公多見先秦古書，四族之誅，皆非殊死，爲無所考據〔七〕。《盧橘篇》中謂坡詠枇杷云「盧橘是鄉人」爲何所據而言〔八〕。《昌陽篇》中《昌蒲贊》，以爲信陶隱居之言，以爲昌陽，不曾詳讀《本草》，妄爲此説〔九〕。《苦荼篇》中謂「《周詩》記苦荼」爲誤用《爾雅》〔一〇〕。《如臯篇》中謂「不向如臯閑射雉」與《左傳》杜注不合，其誤與江總「暫往如臯路」之句同〔一一〕。《荔枝篇》中謂四月食荔枝詩，愛其體物之工，而坡未嘗到閩中，不識真荔枝，是特火山耳〔一二〕。此數者或是或非，固未爲深失，然皆不必爾也。最後一篇遂名曰《辨坡》，謂雪詩云：「飛花又舞謫仙簷」，李太白本言送酒，即無雪事〔一三〕。「水底笙歌蛙兩部」，無笙歌字。殊不知坡借花詠雪，以鼓吹爲笙歌，正是妙處〔一四〕。「坐看青丘吞澤芥」，「青丘已吞雲夢芥」，用芥字和韻，及以「澤芥」對「溪蘋」，可謂工新。乃以爲出處曾不蔕芥，非草芥之芥〔一五〕。「知白守黑名曰谷」正是老子所言，又以爲《老子》只云爲天下谷，非名曰谷也〔一六〕。如此論文章，其意見亦淺矣。

【校勘】

①「中郎」，馬本、庫本、祠本作「校尉」。

【箋證】

〔一〕按《藝苑雌黄》十卷，《四庫全書總目》卷一九七提要云：「有翼，建安人，嘗爲泉、荆二郡教官，其所著《藝苑雌黄》見於《宋史·藝文志》者二十卷，入集部文史類。陳振孫《書録解題》則入於子部雜家類，稱其書『大抵辨正訛謬，其目子史、傳注、詩詞、時序、名數、聲畫、器用、地理、動植、神怪、雜事，卷爲二十，條凡四百。硯岡居士唐稷序之。』洪邁《容齋隨筆》又記其中有《辨坡篇》，皆詆諆蘇軾之語。今考此本止有十卷，而無序及標目，與宋人所言俱不合。」「蓋有翼原書已亡，好事者摭拾《漁隱叢話》所引，以僞託舊本。」《續筆》卷一四《玉川月蝕詩》，可參。

〔二〕「種薤五十本」，《次韻段縫見贈》：「細思種薤五十本，大勝取禾三百廛。」（《東坡全集》卷一四）按《漢書》卷八九《龔遂傳》：遂爲渤海太守，勸民口種百本薤、五十本葱、一畦韭。

〔三〕「校尉解摸金」，《馬桓魋墓二子有詩次其韻二首》之二：「縱令司馬能鑱石，奈有中郎解摸金。」（《東坡全集》卷八）按《後漢書》卷一〇四《袁紹傳》：陳琳爲袁紹作檄書，言曹操時置發丘中郎將、摸金校尉，所過毁突，無骸不露。

〔四〕「倉公飲上池」，《次韻錢舍人病起》：「何妨一笑千痾散，絶勝倉公飲上池。」（《東坡全集》卷一六）趙次公注云：「扁鵲，渤海鄭人，姓秦氏，少爲人舍長，舍客長桑君過，扁鵲獨奇之，常謹遇之。長桑君亦知扁鵲非常人，呼扁鵲私坐，與語曰：『我有禁方，年老欲傳與公，公毋泄。』乃出其懷中藥與扁鵲，曰：『飲，煮以上池之水三十日，當知物矣。』乃悉取其禁方書與扁鵲，忽然不見。今詩言倉公，誤以爲淳于意。」（王十朋《東坡詩集注》卷一三）按，次公注出《史記》卷一〇五《扁鵲倉公列傳》。

楊鍾羲《雪橋詩話》卷二：「子美詩用古殊切核，然如所云：『弟子貧原憲，諸生老伏虔。』以云濟南伏生，則名勝非虔，以云後漢服虔，則姓服非伏。蘇詩差處尤多，如摸金校尉爲摸金中郎，扁鵲爲倉公，『賈梁道』司馬懿爲司馬師之類。洪容齋以爲無害，亦非篤論。詩人以古爲塗澤，借字可，借事則不可。借字，《史》《漢》多有之。若借事，有事實在，安可虛借？大蘇詩『石建方欣洗腧廁』，以廁腧倒用之；『水底笙歌蛙兩部』，以稚圭鼓吹字爲笙歌，雖借，於義不可訓，亦不可。」

〔五〕見《岐亭五首》之二：「不見盧懷慎，烝壺似烝鴨。」（《東坡全集》卷一四）按趙次公注云：「據《盧氏雜説》，是鄭餘慶，而先生指爲盧懷慎，豈懷慎事同此而别有出處耶？舊注知引《盧氏雜説》，卻便改懷慎以證先生之句，則甚誤矣。」（王十朋《東坡詩集注》卷一八）

〔六〕潘德輿《養一齋詩話》卷九：「坡詩『中郎解摸金』，『倉公飲上池』，駁於李治，先駁於嚴有翼，此皆無可辭之責備，而容齋以爲『坡詩抉雲漢，分天章，萬斛泉源，不擇地而出。如用五十本葱爲薤五十本，鄭餘慶蒸胡蘆爲盧懷慎，及倉公、中郎等，皆不失爲名語。有翼《藝苑雌黄》歷詆坡公用事之誤，意見甚淺。』余謂未免左袒太過也。容齋論坡公《二疏贊》云：『作議論文字，須考引事實無差忒，乃可傳信。』今詩句之失，原非文比，然必一一文飾之，恐亦非坡公意。」按，潘德輿所謂「駁於李治」，見李治《敬齋古今黈》卷八，云：「東坡先生，神仙中人也，其篇什歌詠，沖融浩瀚，庸何敢議爲！然其才大氣壯，語太峻快，故中間時時有少隉杌者，如牏廁、廁牏之倒，滹沱河、蕪蔞亭之誤，皆是也。今聊疏其一二，可以爲峻健者之戒。《和劉貢父》云：『數奇逢惡歲，計拙集枯梧。』按《晉語》，優施歌曰：『暇豫之吾吾，不如烏烏。人皆集於菀，己獨集於枯。』東坡此詩意全用《晉語》事，而押韻處便加『梧』字，豈非太峻快耶？《次韻秦少章》云：『山圍故國城空在，潮打西陵意未平。』此則全用劉禹錫《石頭城》詩，但改其下三五字耳，亦是太峻快也。《桓魋墓》云：『縱令司馬能鑱石，奈有中郎解摸金。』按，陳琳爲袁紹檄曹操云：『曹又特置發丘中郎將、摸金校尉。』則摸金乃校尉，非中郎也。《病起》云：『何妨一笑千痾散，絕勝倉公飲上池。』按《史記》，長桑君出藥與扁鵲，飲以上池之水，曰三十日，當知物矣。坡則以爲倉公。倉公，淳于意也。《送陳六》云：『去年持節發倉廩，到處賣刀收繭栗。』按《王制》：『祭天地之牛角繭栗，宗廟之牛角握，賓客之牛角尺。』此用繭栗，不得便爲牛。《次韻張秉道》云：『憐君嗜好更迂闊，得我新詩喜折屐。』按《晉書》，折者屐齒而非屐也。若云『得我新詩齒折屐』，則其爲喜，不言可知。《石鼓歌》云：『上蔡公子牽黃狗。』本譽李斯善作篆，而復引黃犬事，殆似勉强。《次韻周長官見寄》云：『罔罔可憐真喪狗，時時相觸是虛舟。』喪家之狗，而止用兩字，似不甚妥。又《送客》云：『鍾乳金釵十二行。』樂天詩云：『鍾乳三千兩，金釵十二行。』今便配合爲一句，恐非後輩楷式。《觀歐陽鈐轄刀劍戰袍》云：『書生只肯坐帷幄，談笑毫端弄殺生。叫呼擊鼓催上竿，猛士應憐小兒黠。』此語雖有激而出，然使不知道者觀之，能無失倫之嫌乎？」

〔七〕《東坡志林》卷三：「《史記·舜本紀》：『舜歸而言於帝，請流共工於幽陵，以變北狄；放驩兜於崇山，以變南蠻；遷三苗於三危，以變西戎；殛鯀於羽山，以變東夷。』太史公多見先秦古書，故其言時有可考，以證西漢以來儒者之失。四族者，若皆窮奸極惡，則必誅於堯之世，不待舜矣。屈原云：『鯀悻直以亡身。』則鯀蓋剛而犯上者耳。若四族者，皆小人也，則安能以變四夷之族哉？由此觀之，四族之誅，皆非誅死，亦不廢棄，但遷之遠方，爲要荒之君長爾。如左氏之言，皆後世流傳之過。若堯世有大奸在朝而不能去，則堯不足爲堯矣。」《續資治通鑑長編》卷二九九：元豐二年七月己巳，御史中丞李定言：「知湖州蘇軾，初無學術，濫得時名，偶中異科，遂叨儒館。有可廢之罪四。昔者，堯不誅四凶，至舜則流放竄殛之，蓋其惡始見於天下也。軾初騰沮毀之論，陛下猶置之不問，容其改過，軾怙終不悔。」

〔八〕「盧橘是鄉人」，見《真覺院有洛花花時不暇往四月十八日與劉景文同往賞枇杷》：「魏花非老伴，盧橘是鄉人。」（《東坡全集》卷一八）。舊題王十朋《東坡詩集注》卷三，注引《談助》云：「盧橘，枇杷也。揚雄賦：『盧橘夏熟。』」按，惠洪《冷齋夜話》卷一《盧橘》：「東坡詩曰：『客來茶罷空無有，盧橘微黄尚帶酸。』張嘉甫曰：『盧橘何種果類？』答曰：『枇杷是矣。』又問：『何以驗之？』答曰：『事見相如賦。』嘉甫曰：『「盧橘夏熟，黄甘橙榛，枇杷橪柿，亭柰厚朴」。盧橘果枇杷，則賦不應四句重用。應劭注曰《伊尹書》曰箕山之東，青鳥之所，有盧橘常夏熟。不據依之，何也？』東坡笑曰：『意不欲耳。』」陶宗儀《南村輟耕録》卷二六《盧橘》：「世人多用盧橘以稱枇杷，按司馬相如《游獵賦》云：『盧橘夏熟，黄柑橙榛，枇杷橪柿。』夫盧橘與枇杷並列，則盧橘非枇杷明矣。」

〔九〕《石菖蒲贊叙》：「《本草》：『菖蒲，味辛温，無毒，開心，補五臟，通九竅，明耳目，久服輕身，不忘，延年，益心智，高志不老。』注云：『生石磧上。九節者良。生下濕地大根者，乃是昌陽，不可服。』韓退之《進學解》云：『訾醫師以昌陽引年，欲進其豨苓。』不知退之即以昌陽爲菖蒲耶，抑謂其似是而非不可以引年也？」(《東坡全集》卷九四)

〔一〇〕《問大冶長老乞桃花茶栽東坡》：「《周詩》記苦荼，茗飲出近世。」(《東坡全集》卷一三)按《爾雅·釋木》：「檟，苦荼。」郭璞注：「樹小如梔子，冬生葉，可煮作羹飲。今呼早采者爲荼，晚取者爲茗，一名荈，蜀人名之苦荼。」

〔一一〕《和梅户曹會獵鐵溝》：「不向如皋閒射雉，歸來何以得卿卿。」句下原注：「是日惟梅、趙不射。」(《東坡全集》卷七)王十朋《東坡詩集注》卷七，李厚注云：「《左傳》，賈大夫惡，娶妻而美，三年不言不笑。御以如皋射雉獲之，其妻始笑而言。」趙次公注云：「皋者澤名也，如訓往也，言御其妻而往於皋澤也。然自古樂府詩已誤使。樂府詩有《雉子班》三篇，皆使如皋字。張正見曰：『唯當度弱水，不怯如皋箭。』毛處約曰：『能使如皋路，相追巧笑歸。』江總曰：『暫往如皋路，當令巧笑開。』上兩篇猶未覺其誤，至江總詩『如皋』上『暫往』字，蓋誤指『如皋』兩字爲地名矣。今先生亦承此誤乎？」

〔一二〕指《四月十一日初食荔枝》。（《東坡全集》卷二三）

〔一三〕蔡襄《荔支譜》：「火山，本出廣南，四月熟，味甘酸而肉薄，穗生梗如枇杷，閩中近亦有之。」

〔一三〕舊題王十朋《東坡詩集注》卷二八《謝人見和前篇二首》：「飛花又舞謫仙簷。」胡仔云：「李白詩：『飛花送酒舞前簷。』」

〔一四〕《東坡詩集注》卷九《贈王子直秀才》：「水底笙歌蛙兩部。」程縯云：「《南史》，孔稚圭門庭之内草萊不剪，中有蛙鳴，或問之曰：『欲爲陳蕃乎？』稚圭曰：『我以此當兩部鼓吹，何必效蕃。』」

〔一五〕《東坡詩集注》卷一三《次韻滕元發許仲途秦少游》：「二公詩格老彌新，醉後狂吟許野人。坐看青丘吞澤芥，自慚潢潦薦溪蘋。」任居實云：「司馬相如《子虚賦》曰：『秋田乎青丘，彷徨乎海外。吞若雲夢者八九於其胸中，曾不芥蔕。』」《東坡詩集注》卷七《復次放魚前韻答趙承議陳教授》：「擾擾萬生同大塊，槍榆不羡培風背。青丘已吞雲夢芥，黄河復遶天門帶。」

〔一六〕《谷菴銘》：「孔公之堂名虚白，蘇子堂後作圓屋。堂雖白矣菴自黑，知白守黑名曰谷。谷菴之中空無物，非獨無應亦無答，洞然神光照毫髮。」（《東坡全集》卷九七）按《老子》云：「知其白，守其黑，爲天下式。」「知其榮，守其辱，爲天下谷。」

10 曹馬能收人心

曹操自擊烏桓，諸將皆諫，既破敵而還，科問前諫者，衆莫知其故，人人皆懼。操皆厚賞之，曰：「孤前行，乘危以徼倖，雖得之，天所佐也，顧不可以爲常。諸君之諫，萬安之計，是以相賞，後勿難言之。」〔一〕魏伐吴，三征各獻計，詔問尚書傅嘏，嘏曰：「希賞徼功，先戰而後求勝，非全軍之長策也。」司馬師不從，三道擊吴，軍大敗。朝議欲貶出諸將，師曰：「我不聽公休，以至於此，此我過也，諸將何罪？」悉宥之。弟昭時爲監軍，唯削昭爵〔二〕。雍州刺史陳泰求敕并州，并力討胡，師從之。未集，而二郡胡以遠役遂驚反，師又謝朝士曰：「此我過也，非陳雍州之責。」是以人皆愧悦〔三〕。討諸葛誕於壽春，王基始至，圍城未合，司馬昭敕基斂軍堅壁，基累求進討，詔引諸軍轉據北山，基守便宜，上疏言：「若遷移依險，人心摇蕩，於勢大損。」書奏報聽。及壽春平，昭遺基書曰：「初，議者云云，求移者甚衆，時未臨履，亦謂宜然。將軍深筭利害，獨秉固心，上違詔命，下拒衆議，終於制敵禽賊，雖古人所述，不過是也。」〔四〕然東關之敗，昭問於衆曰：「誰任其咎？」司馬王儀曰：「責在元帥。」昭怒曰：「司馬欲委罪於孤邪？」引出斬之〔五〕。此爲謬矣。操及師、昭之奸逆，固不待言。然用兵之際，以善推人，以惡自與，并謀兼智，其誰不歡然盡心悉力以爲之用？袁紹不用田豐之計，敗於官渡，宜悉己謝之不暇①，乃曰：「吾不用豐言，卒爲所笑。」竟殺之〔六〕。其失國喪師②，非不幸也。

【校勘】

①「悉」，馬本、庫本、祠本作「罪」。②「其」，原脱，據馬本、庫本、祠本補。

【箋證】

〔一〕《資治通鑑》卷六五《漢紀五十七》，建安十一年。

〔二〕《資治通鑑》卷七五《魏紀七》，嘉平四年。

〔三〕《資治通鑑》卷七六《魏紀八》，嘉平五年。《通鑑》此節附録習鑿齒論曰：「司馬大將軍引二敗以爲己過，過消而業隆，可謂智矣。若乃諱敗推過，歸咎萬物，常執其功而隱其喪，上下離心，賢愚解體，謬之甚矣。君人者苟統斯理以御國，行失而名揚，兵挫而戰勝，雖百敗可也，況於再乎？」

〔四〕《資治通鑑》卷七七《魏紀九》，甘露二年、三年。

〔五〕《資治通鑑》卷八〇《晉紀二》，泰始十年。

〔六〕《後漢書》卷一〇四《袁紹傳》。《資治通鑑》卷六三《漢紀五十五》，建安五年。

11　取蜀將帥不利

自巴蜀通中國之後，凡割據擅命者，不過一傳再傳。而從東方舉兵臨之者，雖多以得儁，將帥輒不利，至於死貶〔一〕。漢伐公孫述，大將岑彭、來歙遭刺客之禍，吴漢幾不免〔二〕。魏伐劉禪，大將鄧艾、鍾會皆至族誅〔三〕。唐莊宗伐王衍，招討使魏王繼岌、大將郭崇韜、康延孝皆死〔四〕。國朝伐孟昶，大將王全斌、崔彦進皆不賞而受黜，十年乃復故官〔五〕。

【箋證】

〔一〕張志淳《南園漫録》卷一《取蜀》：「容齋言取蜀將帥多不利。如洪武中伐蜀，取僞夏，廖公永忠功獨茂，其後亦以服龍鳳衣抵死，子孫無聞，亦可證矣。但云凡割據於蜀者不過一傳再傳，考之《晉書》，自李特據蜀，傳子雄，雄以兄子班爲太子，雄子越弑班，立雄第四子期，驤子壽又殺期自立，壽死子勢立，降晉，凡六世四十六年乃亡，卻不止一再傳也。」趙翼《陔餘叢考》卷四〇《取蜀將帥不利》，引《四筆》本條，接云：「元憲宗率兵入蜀，攻重慶，被傷，卒於釣魚山下。明湯和、傅友德取蜀，和被鐫責不賞，友德雖獲賞而終不得其死。則取蜀將帥誠不利也。」陸以湉《冷廬雜識》卷三《取蜀將帥》引《四筆》本條，接云：「《吹劍録》亦云開禧間，楊巨源、李好義討吴曦，皆爲安丙所殺。余觀自宋以下，元之闊端取成都，招降利州、潼川，塔海取漢、卭、簡、眉、閬、蓬等州，遂寧、重慶、順慶等府，紐璘取彭、漢、懷、綿等州，李德輝取重慶、合州，後俱得保功名以終。殆因其所取者只數郡，未得全蜀地也。然憲宗之自將伐蜀也，由寶雞攻重貴山，所至輒下，而竟崩於合州城下。明傅友德、廖永忠平蜀還，受上賞，後皆賜死。尤奇者，湯和亦同時征蜀，以軍後至無功，賞不及，而和獨獲令終，追封東甌王，謚襄武。」

〔二〕參《隨筆》卷一四《光武仁君》箋證。

〔三〕參《隨筆》卷一一《燕昭漢光武之明》箋證。

〔四〕《舊五代史》卷五一《唐書第二十七・宗室列傳》：魏王繼岌，莊宗子也。「三年，伐蜀，以繼岌爲都統，郭崇韜爲招討使。自興師出洛至定蜀，計七十五日，走丸之勢，前代所無。師回至渭南，聞莊宗敗，師徒潰散，自縊死」。《舊五代史》卷五七《郭崇韜傳》：「皇后乃自爲教與繼岌，令殺崇韜。」「崇韜服勤盡節，佐佑王家，草昧艱難，功無與比，西平巴蜀，宣暢皇威，身死之日，夷夏冤之。然議者以崇韜功烈雖多，事權太重，不能處身量力，而聽小人誤計，欲取泰山之安，如急行避迹，其禍愈速。雖莊宗季年爲群小所惑，致功臣不保其終，亦崇韜自貽其災禍也。」

〔五〕康延孝，事詳《新五代史》卷四四本傳。郭崇韜被殺，延孝曰：「南平梁，西取蜀，其謀盡出於郭公，而汗馬之勞、攻城破敵者我也。今郭公已死，我豈得存？」遂反。戰敗被擒。殺之。

〔五〕《宋史》卷二五五《王全斌傳》：乾德二年冬，「下詔伐蜀，命全斌爲西川行營前軍都部署，率禁軍步騎二萬、諸州兵萬人由鳳州路進討。」四年，成都平。「會有訴全斌及彦進破蜀日，奪民家子女玉帛不法等事，與諸將同時召還。太祖以全斌等初立功，雖犯法，不欲辱以獄吏，但令中書問狀，全斌等具狀。詔曰：『王全斌、王仁贍、崔彦進等被堅執鋭，出征全蜀，彼畏威而納款，尋馳詔以申恩。用示哀矜，務敦綏撫，應孟昶宗族、官吏、將卒、士民悉令安存，無或驚擾；而乃違戾約束，侵侮憲章，專殺降兵，擅開公帑，豪奪婦女，廣納貨財，斂萬民之怨嗟，致群盜之充斥。以至再勞調發，方獲平寧。洎命旋歸，尚欲含忍，而銜冤之訴，日擁國門，稱其隱没金銀、犀玉、錢帛十六萬七百餘貫。又擅開豐德庫，致失錢二十八萬一千餘貫，遂令中書門下召與訟者質證其事，而全斌等皆引伏。其令御史臺於朝堂集文武百官議其罪。』於是百官定議，全斌等罪當大辟，請準律處分。」乃下詔曰：「全斌可責授崇義軍節度觀察留後，彦進可責授昭化軍節度觀察留後，特建隨州爲崇義軍、金州爲昭化軍以處之。」（按，《續資治通鑑長編》卷八，全斌、彦進責授留後，在乾德五年正月。）

12 李嶠楊再思

李嶠、楊再思相唐中宗，皆以諛悦保位，爲世所詆，然亦有可稱。武后時，嶠爲給事中，來俊臣陷狄仁傑等獄，將抵死，敕嶠與大理少卿張德裕、侍御史劉憲覆驗。德裕等内知其冤，不敢異。嶠曰：「知其枉不申，是謂見義不爲者。」卒與二人列其枉。忤后旨，出爲潤州司馬，然仁傑數人竟賴此獲脱〔一〕。嶠此舉可謂至難，而《資治通鑑》不載。神龍初，要官闕，執政以次用其親。韋巨源秉筆，當除十人，再思得其一，試問餘授，皆諸宰相近屬。再思喟然曰：「吾等誠負天下！」巨源曰：「時當爾耳。」〔二〕再思此言，自狀其短，觀過知仁，亦足稱也。

【箋證】

〔一〕《新唐書》卷一二三《李嶠傳》。《資治通鑑考異》卷一一：「按嶠平生行事，恐不能如此。今不取。」

〔二〕《新唐書》卷一二三《韋巨源傳》。

容齋五筆卷一 十九則

1 天慶諸節

大中祥符之世，諛佞之臣，造爲司命天尊下降及天書等事〔一〕，於是降聖、天慶、天祺、天貺諸節並興〔二〕。始時京師宮觀每節齋醮七日，旋減爲三日、一日，後不復講。百官朝謁之禮亦罷。今中都未嘗舉行，亦無休假，獨外郡必詣天慶觀朝拜，遂休務，至有前後各一日。此爲敬事司命過於上帝矣，其當寢明甚，惜無人能建白者〔三〕。

【箋證】

〔一〕司命天尊下降。《續資治通鑑長編》卷七一：大中祥符二年二月。先是，有汀州人王捷者，咸平初，賈販至南康軍，逆旅遇道人，自言姓趙氏。授以小鐶神劍。劉承珪聞其事，爲改名中正，得對龍圖閣，具陳靈應，特授許州參軍。常有道人偶語云：「即授中正法者，司命真君也。」承珪遂築新堂，乃以景德四年五月十三日降堂之練幬中。戴冠佩劍，服皆青色。自是屢降。中正常達其言，既得天書，遂東封，加號司命天尊，是爲聖祖。凡瑞異，中正必先以告。天書事，可參《隨筆》卷四《謗書》、《三筆》卷五《永興天書》。

〔二〕《宋史》卷一一二《禮志》：「諸慶節，古無是也，真宗以後始有之。大中祥符元年，詔以正月三日天書降日爲天慶節，休假五日，兩京諸路州、府、軍、監前七日建道場設醮，斷屠宰；節日，士庶特令宴樂，京師然燈。又以六月六日爲天貺節，京師斷屠宰，百官行香上清宫。又以七月一日聖祖降日爲先天節，十月二十四日降延恩殿日爲降聖節，休假、宴樂並如天慶節。中書、親王、節度、樞密、三司以下至駙馬都尉，詣長春殿進金縷延壽帶、金絲續命縷，上保生壽酒。改御崇德殿，賜百官飲，如聖節儀。前一日，以金縷延壽帶、金塗銀結續命縷、緋綵羅延壽帶、綵絲續命縷分賜百官，節日戴以入。禮畢，宴百官於錫慶院。天禧初，詔以大中祥符元年四月一日天書再降内中功德閣爲天禎節，一如天貺節。尋以仁宗嫌名，改爲天祺節。政和三年十一月五日，以修祀事，天真示見，詔爲天應節。又以五月十二日祭方丘日爲寧貺節，既又以二月十五日太上混元上德皇帝降聖日爲真元節，八月九日青華帝君生辰爲元成節，正月四日有太祖神御之州府宫殿行香爲開基節，十月二十五日爲天符節，皆如天慶節，著爲令。高宗建炎元年十一月五日，詔：『政和以來添置諸節，除開基節外，餘並依祖宗法。』」

〔三〕《續資治通鑑長編》卷一〇〇：仁宗天聖元年二月。「初，自祥符天書既降，始建天慶、天祺、天貺、先天、降聖節及真宗誕節、本命、三元，用道家法，内外爲齋醮，京城之内，一夕數處。帝即位，並太后誕節亦如之，縻費甚重。至是，或以爲言，而宰相馮拯因奏：『海内久安，用度宜有節。』帝及太后曰：『此先帝意也。』會寢疾不果行。即詔禮儀院裁定。禮儀院請：帝及太后誕節、本命宜如舊，他節命八宮觀迭醮。舊一歲醮四十九，請損爲二十；大醮二千四百分，請損爲五百齋，官第給湯茗。詔增醮分爲千二百，餘悉可。既而，拯又請天慶等節，應天、河南、大名、河中、鳳翔、江陵、興元、江寧、兖、并、亳、舒、洪、杭、潭、福、益、梓、夔、廣、桂二十一州府，醮如舊；青、徐、曹、鄆、密、陳、許、孟、滑、襄、鄧、直、定、澶、邢、相、滄、貝、潞、晉、代、京兆、陝、同、華、邠、涇、鄜、延、耀、慶、成、楊、廬、壽、宿、真、宣、虔、蘇、潤、婺、明、越、泉、建、彭、綿、漢、邛、蜀、嘉、眉、遂、利、閬、連、賀、潮、韶、惠、邕、容、宜六十四州府，醮用香燈、花果、山泉、藥苗，餘小州悉罷。詔亦可之。」

2 虢州兩刺史

唐韓休爲虢州刺史，虢於東、西京爲近州，乘輿所至，常税廐芻。休請均賦它郡，中書令張説曰：「免虢而與它州，此守臣爲私惠耳！」休復執論，吏白恐忤宰相意，休曰：「刺史幸知民之弊而不救，豈爲政哉？雖得罪，所甘心焉！」訖如休請〔一〕。盧杞爲虢州刺史，奏言虢有官豕三千，爲民患。德宗曰：「徙之沙苑。」杞曰：「同州亦陛下百姓，臣謂食之便。」帝曰：「守虢而憂它州，宰相材也。」詔以豕賜貧民，遂有意柄任矣。俄召入，踰年拜相〔二〕。案兩人皆以虢州守臣言公家事，而休見疑於名相，杞受知於猜主，遇合有命，信哉！

【箋證】

〔二〕《新唐書》卷一二六《韓休傳》。

〔三〕《新唐書》卷二二三《盧杞傳》。

3　狐假虎威

諺有「狐假虎威」之語，稚子來叩其義，因示以《戰國策》《新序》所載。《戰國策》云：「楚宣王問群臣曰：『吾聞北方之畏昭奚恤也，果誠何如？』群臣莫對。江乙對曰：『虎求百獸而食之，得狐，狐曰：「子無敢食我矣，天帝使我長百獸，今子食我，是逆天帝命也。子以我爲不信，吾爲子先行，子隨我後，觀百獸之見我而敢不走乎？」虎以爲然，故遂與之行。獸見之皆走，虎不知獸畏己而走也，以爲畏狐也。今王之地方五千里，帶甲百萬，而專屬之昭奚恤，故北方之畏奚恤也，其實畏王之甲兵也，猶百獸之畏虎也。』」〔一〕《新序》並同。而其後云：「故人臣而見畏者，是見君之威也。君不用，則威亡矣。」〔二〕俗諺蓋本諸此。

【箋證】

〔一〕《戰國策·楚一》。

〔三〕《新序》卷二《雜事第二》。

4 徐章二先生教人

徐仲車先生爲楚州教授，每升堂，訓諸生曰：「諸君欲爲君子，而勞己之力，費己之財，如此而不爲，猶之可也；不勞己之力，不費己之財，何不爲君子？鄉人賤之，父母患之①，如此而不爲可也；鄉人榮之，父母欲之，何不爲君子？」又曰：「言其所善，行其所善，思其所善，如此而不爲君子者，未之有也；言其不善，行其不善，思其不善，如此而不爲小人者，未之有也。」〔一〕成都沖退處士章詧隱者，其學長於《易》《太玄》，爲范子功解述大旨，再復《攡》詞曰：「『人之所好而不足者，善也；所醜而有餘者，惡也。君子能强其所不足，而拂其所有餘，則《太玄》之道幾矣。』此子雲仁義之心，予之於《太玄》，述斯而已。或者苦其思，艱其言，迂溺其所以爲數，而忘其仁義之大，是惡足以語道哉！」〔二〕二先生之教人，簡易明白，學者或未知之，故表出于此。

【校勘】

①「患」，馬本、庫本、祠本作「惡」。

【箋證】

〔一〕《宋史》卷四五九《徐積傳》：「徐積，字仲車，楚州山陽人。孝行出於天稟。三歲父死，旦旦求之甚哀，母使讀《孝經》，輒淚落不能止。事母至孝，朝夕冠帶定省。從胡翼之學。所居一室，寒一衲裘，啜菽飲水，翼之饋以食，弗受。應舉入都，不忍捨其親，徒載而西。登進士第，舉首許安國率同年生入拜，且致百金爲壽，謝卻之。以父名「石」，終身不用石器，行遇石則避而不踐，或問之，積曰：『吾遇之則怵然傷吾心，思吾親，故不忍加足其上爾。』母亡，水漿不入口者七日，悲慟嘔血。廬墓三年，臥苫枕塊，衰絰不去體，雪夜伏墓側，哭不絶音。翰林學士呂溱過其廬，適聞之，爲泣下，曰：『使鬼神有知，亦垂涕也。』甘露歲降兆域，杏兩枝合爲榦。既終喪，不徹筵几，起居饋獻如平生。中年有聵疾，屏處窮里，而四方事無不知。客從南越來，積與論嶺表山川險易、鎮戍疎密，口誦手畫，若數一二。客歎曰：『不出户而知天下，徐公是也。』自少及老，日作一詩，爲文率用腹稿，口占授其子。嘗借人書策，經宿還之，借者紿言中有金葉，積謝而不辨，賣衣償之。鄉人有爭訟，多就取決。州以行聞，詔賜粟帛。元祐初，近臣合言：『積養親以孝著，居鄉以廉稱，道義文學，顯於東南。今年過五十，以耳疾不能出仕，朝廷方詔舉中外學官，如積之賢，宜在所表。』乃以揚州司户參軍爲楚州教授。每升堂，訓諸生曰：（見本條。略。）聞之者，斂衽敬聽。居數歲，使者又交薦之，轉和州防禦推官，改宣德郎，監中岳廟。卒，年七十六。政和六年，賜謚節孝處士。」

〔二〕《宋史》卷四五八《章詧傳》：「章詧，字隱之，成都雙流人，博通經學，尤長《易》《太玄》，著《發隱》三篇，明用蓍索道之法，知以數寓道之用、三摹九據始終之變。蜀守蔣堂、楊察、張方平、何郟、趙抃咸以逸民薦，一賜粟帛，再命州助教，不就。嘉祐中，賜號沖退處士。王素時爲州，因更其所居之鄉曰處士，里曰通儒，坊曰沖退。晉由是益以道自裕，尊生養氣，憂喜、是非亦不以撓其心形。嘗訪里人范百禄，謂曰：『子辟穀二十餘年，今强力尚足，子亦嘗知以氣治疾之説乎？』百禄因從扣《太玄》，晉爲解述大旨，再復攡詞曰：（見本條。略。）熙寧元年卒。」

按《東坡志林》：「章晉，字隱之，本閩人，遷於成都數世矣。」所引揚子雲語，出《太玄經·玄攡》篇。范百禄，字子功，鎮兄鍇之子，歷官中書舍人、刑部侍郎、翰林學士、知開封府、中書侍郎等職，事迹具《宋史》卷三三七本傳。

5 張呂二公文論

張文潛誨人作文，以理爲主，嘗著論云：「自《六經》以下，至于諸子百氏、騷人、辯士論述，大抵皆將以爲寓理之具也。故學文之端，急於明理，如知文而不務理，求文之工，世未嘗有是也。夫決水於江、河、淮、海也，順道而行，滔滔汨汨，日夜不止，衝砥柱，絶呂梁，放於江湖而納之海，其舒爲淪漣，鼓爲濤波，激之爲風飆，怒之爲雷霆，蛟龍魚黿，噴薄出没，是水之奇變也。水之初，豈若是哉？順道而決之，因其所遇而變生焉。溝瀆東決而西竭，下滿而上虚，日夜激之，欲見其奇，彼其所至者，蛙蛭之玩耳！江、河、淮、海之水，理達之文也，不求奇而奇至矣。激溝瀆而求水之奇，此無見於理，而欲以言語句讀爲奇，反覆咀嚼，卒亦無有，此最文之陋也。」一時學者仰以爲至言。予作史，采其語著於本傳中〔一〕。又吕南公云：「士必不得已於言，則文不可以不工。蓋意有餘而文不足，則如吃人之辯訟，心未始不虛，理未始不直，然而或屈者，無助於辭而已矣。觀書契以來，特立之士未有不善於文者。士無志於立則已，必有志焉，則文何可以卑淺而爲之！故毅然盡心，思欲與古人並。」此南公與人書如此，予亦載之傳中〔二〕。

【箋證】

〔一〕論又見張耒《柯山集》卷四六《答李推官書》，文末原云：「激溝瀆而求水之奇，此無見于理，而欲以言語句讀爲奇之文也。六經之文，莫奇于《易》，莫簡于《春秋》。夫豈以奇與簡爲務哉？勢自然耳。《傳》曰：『吉人之詞寡。』彼豈惡繁而好寡哉？雖欲爲繁，不可得也。自唐以來至今，文人好奇者不一，甚者或爲缺句斷章，使脉理不屬，又取古書訓詁希于見聞者，撏撦而牽合之，或得其字，不得其句，或得其句，不得其章，反覆咀嚼，卒亦無有，此最文之陋也。」耒字文潛，楚州淮陰人。《宋史》卷四四四本傳：耒「有雄才，筆力絶健，於騷詞尤長。時二蘇及黄庭堅、晁補之輩相繼殁，耒獨存，士人就學者衆，分日載酒殽飲食之。誨人作文，以理爲主，嘗著論云：（與本條同。略。）」

〔二〕《宋史》卷四四四《吕南公傳》：「吕南公，字次儒，建昌南城人。於書無所不讀，於文不肯綴緝陳言。熙寧中，士方推崇馬融、王肅、許慎之業，剽掠補拆臨摹之藝大行，南公度不能逐時好，一試禮闈不偶，退築室灌園，不復以進取爲意，益著書，且借史筆以褒善貶惡，遂以『衮斧』名所居齋。嘗謂：（與本條同。略。）」

6 郎官非時得對

唐肅宗在靈武，關東獻俘百，將即死，有歎者。司膳員外郎李勉過而問之，曰：「被脅而官，非敢反。」勉入見帝，曰：「寇亂之汙半天下，其欲澡心自歸無繇，如盡殺之，是驅以助賊也。」帝馳騎全宥①。以一郎吏之微，而非時得入對，雖唐制不可詳知，想兵戈艱難時，暫如是耳〔一〕。

【校勘】

①「全」原作「金」，據馬本、庫本、祠本改。

【箋證】

〔一〕李勉事，詳《新唐書》卷一三一本傳。

7 王安石棄地

熙寧七年，遼主洪基遣泛使蕭禧來言河東地界未決。八年再來，必欲以代州天池分水嶺爲界。詔詢于故相文彦博、富弼、韓琦、曾公亮以可與及不可許之狀，皆以爲不可。王安石當國，言曰：「將欲取之，必固與之。」於是詔不論有無照驗，擗撥與之。往時界於黄嵬山麓，我可以下瞰其應、朔、武三州，既以嶺與之，虜遂反瞰忻、代①，凡東西失地七百里〔一〕。案慶曆中，虜求關南十縣，朝廷方以西夏爲慮，猶不過增歲幣以塞其欲，至於土地，尺寸弗與〔二〕。熙寧之兵力勝於曩時，而用蕭禧堅坐都亭之故，輕棄疆埸設險要害之處。安石果於大言，其實無詞以卻之也。孫權謂：「魯肅勸吾借劉玄德地云：『帝王之起，皆有驅除，關羽不足忌。』此子敬内不能辨，外爲大言耳。」〔三〕安石之語亦然。

【校勘】

①「虜」，庫本作「遼」。

【箋證】

〔一〕《東都事略》卷一二三《遼國傳》：「熙寧七年，遣蕭禧來，言代北對境有侵地，請遣使同分畫。神宗許之。遣太常少卿劉忱爲使，祕書丞吕大忠爲副。已而大忠丁家難，有詔起復。忱對使殿奏曰：『臣受命以來，在樞府考核文據，未見本朝有尺寸侵敵地。臣既辱使指，當以死拒之。』忱出疆，神宗手敕曰：『敵理屈則忿，卿姑如所欲與之。』忱不奉詔。洪基又遣蕭禧來。神宗遣中使賜韓琦、富弼、文彦博、曾公亮詔曰：『朝廷通好北敵幾八十年，近歲以來，生事彌甚。代北之地，素無定封，故造釁端，妄來理辨。比敕官吏同加案行，雖圖籍甚明，而詭辭不服。今横使復至，意在必得，敵情無厭，勢恐未已，萬一不測，何以待之？古之大政，必咨故老，卿其具奏。』琦言：『敵人見形生疑，引先發制人之説，又不可謂敵形勢已衰，幽、薊可復，宜遣使報聘，厚其禮幣。如河北置三十七將，此深有見疑之形者也。謂宜罷之，以釋敵疑。』弼言：『朝廷諸邊用兵，敵所以先期求釁，不若委邊臣詰而嚴備之，來則禦，去則備，親征之謀，未可輕舉，且選人報聘，敵藉吾歲賜方能立國，豈無欲安静之理？』彦博言：『蕭禧之來，欲以北亭爲界，緣慶曆西事未平之時，來求黄嵬之地，容易與之。中國禦戎，守信爲上，必以誓書爲證。若萌犯順之心，當豫備邊，使戰勝守固而已。若襲幽、燕，恐將噬臍。』公亮言：『敵人畏强侮弱，故要控制得術。嘉祐間，夏國妄認同家堡爲界，延州牒問，遂圍大順，寇邊不已，絶其歲賜，方始懇求帖服。今待敵人極包容矣，不使知懼，恐未易馴服。控制之術，毋使倒持。夷狄知中國之不可窺，則奸謀自息矣。』時劉忱、吕大忠執不可與，執政知不可奪，乃罷忱，許大忠終制。於是，王安石曰：『將欲取之，必固與之。』以筆畫其地圖，以天章閣待制韓縝奉使，盡舉與之。蓋東西棄地五百餘里。」

陳均《九朝編年備要》卷二〇：熙寧八年七月，命韓縝如河東割地。「初，蕭禧至，館中留不肯行，必欲以分水嶺爲界。上遣内侍李憲許之以長連城、六蕃嶺爲界，禧猶不從。王安石勸上曰：『將欲取之，必姑與之。』於是詔於分水嶺畫界，遣使以圖持示禧，禧乃去。至是，命縝往河東割新疆與之。凡東西失地七百里。邵伯温曰：『嗚呼，祖宗故地，誰敢以尺寸不入《王會圖》

哉！安石輕以畀鄰國，又建「以與爲取」之論，使後世奸臣以伐燕爲神宗遺意，致天下之亂，安石之罪，可勝數哉！』」

「將欲取之，必固與之」，出《老子》。參《三筆》卷一〇《老子之言》。

〔二〕《續資治通鑑長編》卷一三五：慶曆二年三月己巳。「契丹遣宣徽南院使歸義節度使蕭英、翰林學士右諫議大夫知制誥同修國史劉六符來致書。先是，西兵久不決，六符以中國爲怯且厭兵，因教其主聚兵幽、涿，聲言欲入邊，而六符及英先以書來求關南十縣。及英等至，命御史中丞賈昌朝館伴。朝廷議所欲與，不許割地，而許以信安僖簡王允寧女與其子梁王洪基結婚，或增歲賂，獨弼以結婚爲不可。既而敵卒罷結婚之議。」

〔三〕《三國志·吴志》卷九《吕蒙傳》。《資治通鑑》卷六八《漢獻帝紀》，建安二十四年。

8　雙生以前爲兄

《續筆》已書《公羊傳》注雙生子事〔一〕，兹讀《西京雜記》得一説甚詳，云：「霍將軍妻一産二子，疑所爲兄弟。或曰：『前生爲兄，後生爲弟，今雖俱日，亦宜以先生爲兄。』或曰：『居上者宜爲兄，居下者宜爲弟，居下者前生，今宜以前生爲弟。』光曰：『昔殷王祖甲一産二子，以卯日生囂，以巳日生良，則以囂爲兄，以良爲弟，若以在上者爲兄，囂亦當爲弟矣。』許莊公一産二女，曰妖，曰茂。楚大夫唐勒一産二子，一男一女，男曰正夫，女曰瓊華，皆以先生爲長。近代鄭昌時、文長倩並生二男，滕公一生二女，李黎生一男一女，並以前生爲長。霍氏亦以前生爲兄焉。」〔二〕此最可證。

【箋證】

〔一〕參《續筆》卷一《雙生子》箋證。

〔二〕葛洪《西京雜記》卷三。

李慈銘《越縵堂讀書記》卷七《語言文字·説文義證》（光緒丙子十二月初九日）：「桂馥《説文義證》孿字，其注引《西京雜記》霍將軍妻一産二子云云，又譙周《法訓》一産二子者當以後生者爲兄，言其先胎也云云，然如何休隱元年《公羊解詁》云：『其雙生也，質家據見立先生，文家據本意立後生。』此則眼前經注而反不引，此閻百詩所云『考據不漏之難』也。（譙周以先胎爲野人之鑿語，君子不測暗。安知胎之先後也。不知此是周制，何氏非無本。）」

9 風俗通

應劭《風俗通》雖東漢末所作〔一〕，然所載亦難盡信。其叙希姓者曰：「合浦太守虎旗、上郡太守邸杜、河内太守遇冲、北平太守賤瓊、東平太守到質、沐寵、北平太守卑躬、雁門太守宿詳、五原太守督瓚、汝南太守謁涣、九江太守荆修、東海太守鄐熙、弘農太守移良、南郡太守爲昆、酒泉太守頻暢、北海太守處興、巴郡太守鹿旗、涿郡太守作顯、廬江太守貴還、交趾太守賴先、外黃令集一、洛陽令諸於、單父令即賁、烏傷令昔登、山陽令職洪、高唐令用虬。」此二十君子，皆是郡守、縣令，惟移良之名曾見於史，恐未必然也〔二〕。

【箋證】

〔一〕按《四庫全書總目》卷一二〇《風俗通義》提要：「宋陳彭年等修《廣韻》、王應麟作《姓氏急就篇》，多引《風俗通・姓氏篇》，是此篇至宋末猶存，今本無之，不知何時散佚。」錢大昕《風俗通義逸文》輯有《氏姓》篇。

〔二〕周嬰《卮林》卷四《述洪》「希姓」條，引《五筆》本條，述曰：「今所傳《風俗通》十卷，《氏姓篇》亡矣。然諸書所引應氏遺編，尚多希聞者：則有漢太尉超喜，丞相冥都，渾梁侯僕朋，尚書令鞠譚，太子太傅瓶守，侍中耦嘉、鈞喜、聊倉，大鴻臚招猛，光禄勳弓祉，少府中京，治書御史諫忠，諫議大夫塗惲、救仁，詹事滑典，長史真祐，司空史御長卿，司徒掾府悝，騎都尉神曜，度遼將軍采皓，蜀郡都尉千獻，上黨都尉露平，趙相行祐，兖州刺史過杇，（一作過栩。）幽州刺史芳乘，冀州刺史巫捷，交趾刺史僮尹，越巂太守牧稂，漢中太守抗喜，南陽太守瞿茂，九江太守旗光，西河太守垣恭，豫章太守函熙，南郡太守䜌祕，太原太守委進，常山太守屯莫如，陳郡太守沐寵，劇令家羨，中牟令池瑗，梁令鄴風，武陽令會栩，嬴長糗宗，博士食子公，沛上計三烏群。不知景盧何以不叙？然《漢書・西南夷傳》有『越巂太守牧根』，豈即『牧稂』之譌乎？」或謂《風俗通》希姓未必非實。陳士元《名疑》卷三：「愚謂劭在東漢末，以文士稱，守令姓名何限，豈得憑虛杜撰哉？觀此則古之名賢不登史册者多矣。」楊士聰《玉堂薈記》卷上：「應劭《風俗通》記希姓十餘人，皆爲太守，或以爲非實，然不必非實也。《南部新書》言：『唐大中以來，禮部放榜，歲取二三姓氏稀僻者，謂之榜花。』」楊氏遂録明朝洪武以來登第稀姓四十餘，謂「皆從會試録得之，非傳疑也」。馬叙倫《讀書續記》卷一：「《容齋五筆》一記《風俗通》所載難信。其據則《姓氏篇》叙希姓二十人，皆是郡守縣令，惟一人之名曾見於史，恐未必然。余謂此不足以疑也。余嘗據近代《縉紳録》《職官録》摘録希姓亦一時守令也，其人安得一一登之于史？仲瑗所據，或當時官簿，或私家譜牒，或本見聞，安得以不見於史爲不足信耶？」

移良，見《後漢書》卷八四《楊震傳》，謂「弘農太守移良」。章懷太子賢注：「《風俗通》曰：『齊公子雍食菜於移，其後氏焉。』」

《三筆》卷二《漢人希姓》，可參。

10 俗語有出

今人意錢賭博，皆以四數之，謂之「攤」[一]。案《廣韻》攤字下云：「攤蒱，四數也。」[二]竹工謂屋椽上織箔曰篖笪，《廣韻》篖字下云：「筕篖，竹笪也①。」[三]采帛鋪謂剪截之餘曰帵子。帵，一歡切。注：「裁餘也。」[四]挑剔燈火之杖曰㮇，他念切。注：「火杖也。」[五]李濟翁《資暇集》云：「意錢當曰攤鋪，疾道之，訛其音爲蒲。」[六]此說不然。

【校勘】

①「竹」，原作「行」，據馬本、庫本、祠本改。

【箋證】

〔一〕《後漢書》卷六四《梁冀傳》：「少爲貴戚，逸游自恣，性嗜酒，能挽滿、彈棊、格五、六博、蹴鞠、意錢之戲。」章懷注：「何承天《纂文》曰：『詭億，一曰射意，一曰射數，即攤錢也。』」陸游《入蜀記》卷三：「老杜『長年三老長歌裏，白晝攤錢高浪中』之語。『攤錢』云博也。按梁冀能意錢之戲，注云即攤錢也。則攤錢之爲博，亦信矣。」曾季貍《艇齋詩話》：「老杜詩『白晝攤錢高浪中』，攤錢，今攤賭也。見《後漢・梁冀傳》。」郭麐《靈芬館詩話》卷四，引《五筆》本條，後謂：「余見近時以骰子四粒覆於盆中摇之，列其門爲四，令人射注，名曰摇攤，則亦有所本矣。」《清稗類鈔・賭博類》「摇攤」條：「摇攤，以骰置器中摇之，蓋即唐時之意錢。以四數之，謂之攤錢，又曰攤蒲，亦可隨手取數十錢納於器而計之。每四枚爲盈數，統計餘零，或一，或二，或三，或成數，分爲四門，以壓得者爲勝。」又「番攤」條：「博具有以制錢代骰及骨牌、紙牌者，曰番攤。」

〔二〕陳彭年等《重修廣韻》卷一《上平聲・寒第二十五》：「攤，攤蒱，賭博。」

〔三〕《重修廣韻》卷二《下平聲・唐第十一》。

〔四〕《重修廣韻》卷一《上平聲・桓第二十六》。

〔五〕《重修廣韻》卷四《去聲·㮇第五十六》。

〔六〕李匡乂《資暇集》卷中《錢戲》：「錢戲有每以四文爲一列者，即史傳所云意錢是也。俗謂之攤錢，亦曰攤鋪其錢，不使疊映欺惑也。疾道之，故譌其音，音攤，爲蚕齕反；音鋪，爲蒲，厥義此耳。今人書此錢戲，率作『摴蒱』字，何貶摴蒱之甚耶？案，摴蒱起自《老子》，今亦爲呼盧者，不宜雜其號於錢。説攤鋪之義，皎然可見。」

11 昏主棄功臣

燕昭王伐齊，取其七十城，所存者惟莒、即墨，田單一旦悉復之，使齊復爲齊。而襄王聽幸臣九子之譖，單幾不免〔一〕。秦苻堅舉百萬之師伐晉，賴謝安却之，而孝武帝聽王國寶之讒，安不能立於朝廷之上〔二〕。桓温伐慕容暐，暐兵屢挫，議欲奔北，慕容垂一戰，使燕復存，乃用慕容評之毀，垂竄身苻氏，國隨以亡〔三〕。朱泚據京都，德宗播遷奉天，李懷光繼叛，李晟孤軍堅壁，竟平大難，而德宗用張延賞之譖，訖罷其兵，且百端疑忌，至於鞅鞅以死〔四〕。自古昏主不明，輕棄功臣如此，真可歎也。

【箋證】

〔一〕九子之譖，《戰國策》卷一三《齊六》：「貂勃常惡田單，曰：『安平君，小人也！』安平君聞之，故爲酒而召貂勃，曰：『單何以得罪於先生，故常見譽於朝？』貂勃曰：『跖之狗吠堯，非貴跖而賤堯也，狗固吠非其主也。且今使公孫子賢而徐子不肖，然而使公孫子與徐子鬥，徐子之狗，猶時攫公孫子之腓而噬之也。若乃得去不肖者，而爲賢者狗，豈特攫其腓而噬之耳哉！』安平君曰：『敬聞命！』明日，任之於王。王有所幸臣九人之屬，欲傷安平君，相與語於王曰：『燕之伐齊之時，楚王使將軍將萬人而佐齊。今國已定，而社稷已安矣，何不使使者謝於楚王？』王曰：『左右孰可？』九人之屬曰：『貂勃可。』貂勃使楚，楚王受而觴之，數日不反。九人之屬相與語於王曰：『夫一人身而牽留萬乘者，豈不以據勢也哉？且安平君之與王也，君臣無禮，而上下無別。且其志欲爲不善，内牧百姓，循撫其心，振窮補不足，布德於民；外懷戎翟、天下之賢士，陰結諸侯之雄俊豪英，其志欲有爲也。願王之察之！』異日，而王曰：『召相單來！』田單免冠徒跣肉袒而進，退而請死罪。五日，而王曰：『子無罪於寡人，子爲子之臣禮，吾爲吾之王禮而已矣。』貂勃從楚來，王賜諸前，酒酣，王曰：『召相田單而來。』貂勃避席稽首曰：『王惡得此亡國之言乎？王上者孰與周文王？』王曰：『吾不若也。』貂勃曰：『然。臣固知王不若也。下者孰與齊桓公？』王曰：『吾不若也。』貂勃曰：『然。臣固知王不若也。然則周文王得吕尚以爲「太公」，齊桓公得管夷吾以爲「仲父」，今王得安平君而獨曰「單」。且自天地之闢，民人之治，爲人臣之功者，誰有厚於安平君者哉？而王曰：「單、單。」惡得此亡國之言乎？且王不能守先王之社稷，燕人興師而襲齊墟，王走而之城陽之山中，安平君以惴惴之即墨，三里之城，五里之郭，敝卒七千，禽其司馬，而反千里之齊，安平君之功也。當是時也，闔城陽而王城陽，天下莫之能止。然而計之於道，歸之於義，以爲不可，故爲棧道木閣，而迎王與后於城陽山中，王乃得反，子臨百姓。今國已定，民已安矣，王乃曰『單』，且嬰兒之計不爲此。王不亟殺此九子者以謝安平君，不然，國危矣！』王乃殺九子而逐其家，益封安平君以夜邑萬户。」田單復齊，參《隨筆》卷一一《燕昭漢光武之明》箋證。

〔二〕《晉書》卷七五《王國寶傳》：「國寶少無士操，不修廉隅。婦父謝安惡其傾側，每抑而不用。除尚書郎。國寶以中興膏腴之族，惟作吏部，不爲餘曹郎，甚怨望，固辭不拜。從妹爲會稽王道子妃，由是與道子游處，遂間毀安焉。及道子輔政，以爲祕書丞，俄遷琅邪内史，領堂邑太守，加輔國將軍，入補侍郎，遷中書令、中領軍，與道子持威權，扇動内外。」《晉書》卷七九《謝安傳》：「會稽王道子專權而奸諂，頗相扇構，安出鎮廣陵之步丘，築壘曰新城以避之。」

〔三〕《晉書》卷一二三《慕容垂載記》：「及敗桓温于枋頭，威名大振。慕容評深忌惡之，乃謀誅垂，垂懼禍及己，與世子全奔于苻堅。自恪卒後，堅密有圖暐之謀，憚垂威名而未發，及聞其至，堅大悦，郊迎執手，禮之甚重。」

〔四〕李晟事，參《隨筆》卷一一《燕昭漢光武之明》箋證。

12 問故居

陶淵明《問來使》詩云：「爾從山中來，早晚發天目。我屋南窗下①，今生幾叢菊。薔薇葉已抽，秋蘭氣當馥。歸去來山中，山中酒應熟。」諸集中皆不載，惟晁文元家本有之〔一〕。蓋天目疑非陶居處。然李太白云：「陶令歸去來，田家酒應熟。」乃用此爾〔二〕。王摩詰詩云：「君自故鄉來，應知故鄉事。來日綺窗前，寒梅著花未？」〔三〕杜公《送韋郎歸成都》云：「爲問南溪竹，抽梢合過牆。」《憶弟》云：「故園花自發，春日鳥還飛。」王介甫云：「道人北山來，問松我東岡。舉手指屋脊，云今如許長。」〔四〕古今詩人懷想故居，形之篇詠，必以松、竹、梅、菊爲比興，諸此句皆是也②。至於杜公《將別巫峽贈南卿兄瀼西果園》詩云：「苔竹素所好，萍蓬無定居。遠游長兒子，幾地别林廬。雜蕊紅相對，他時錦不如。具舟將出峽，巡圃念攜鉏。」每讀至此，未嘗不爲之淒然。《寄題草堂》云：「尚念四小松，蔓草易拘纏。霜骨不甚長，永爲鄰里憐。」又一篇云：「四松初移時，大抵三尺强。别來忽三載，離立如人長。」〔五〕尤可見一時之懷抱也。

【校勘】

①「窗」，庫本作「山」。　②「此」，馬本、庫本、祠本作「子」。

【箋證】

〔一〕蔡絛《西清詩話》卷上：「陶淵明意趣，真古清淡之宗，詩家視淵明，猶孔門視伯夷也。其集屢經諸儒手校，然有《問來使》篇，世蓋未見，獨南唐與晁文元家二本有之。詩云：（見本條。略。）李太白《潯陽感秋》詩：『陶令歸去來，田家酒應熟。』其取諸此云。」嚴羽《滄浪詩話・考證》：「《西清詩話》載晁文元家所藏陶詩有《問來使》一篇云：（見本條。略。）予謂此篇誠佳，然其體製氣象與淵明不類，得非太白逸詩，後人謾取以入陶集爾。」郭紹虞《陶集考辨》三「北宋本」條，引《五筆》本條，謂：「與蔡絛《西清詩話》所言同，豈此本即出南唐本耶？又此非刊本，蓋就晁氏家中所藏者言之耳。」（《照隅室古典文學論集》上編）

〔二〕李白《潯陽紫極宮感秋作》，王琦《李太白集注》卷二四。

〔三〕王維《雜詩》，趙殿成《王右丞集箋注》卷一三。錢鍾書《中國詩與中國畫》（《七綴集》）：「王維《雜詩》第二首：『君自故鄉來，應知故鄉事。來日綺窗前，寒梅著花未？』趙殿成《王右丞集箋注》：『按陶淵明詩云：「爾從山中來，早晚發天目。我居南窗下，今生幾叢菊？」與右丞此章同一機杼，然下文綴語稍多，趣意便覺不遠。右丞只爲短句，有悠揚不盡之致。』批評不錯，只是考訂欠些。那首『陶淵明詩』是後人僞託的，上半首正以王維此篇爲藍本；下半首是：『薔薇葉已抽，秋蘭氣當馥。歸去來山中，山中酒應熟。』結句又脱胎於李白《紫極宮感秋》：『陶令歸去來，田家酒應熟。』」錢氏又自注云：「洪邁明知那首陶詩可疑，反説王維、李白分別運用過它。」

〔四〕王安石《臨川文集》卷八《古詩・道人北山來》。

梁紹壬《兩般風雨盦隨筆》卷五《問家鄉詩》條，亦舉陶淵明、王摩詰及安石此詩，謂：「三詩機軸相同，而各有意致。」

〔五〕《四松》，見《杜詩詳注》卷一三。

13 唐宰相不歷守令

唐楊綰、崔祐甫、杜黄裳、李藩、裴垍，皆稱英宰，然考其履歷，皆未嘗爲刺史、縣令①。綰初補太子正字，擢右拾遺，起居、中書舍人，禮、吏部侍郎，國子祭酒，太常卿，拜相；祐甫初調壽安尉，歷藩府判官，入爲起居、中書舍人，拜相；黄裳初佐朔方府，入爲侍御史，太子賓客，太常卿，拜相；藩佐東都、徐州府，入爲祕書郎，郎中，給事中，拜相；垍由美原尉四遷考功員外郎，中書舍人，户部侍郎，拜相。五賢行業，史策書之已詳，兹不復論。然則後之用人，必言踐揚中外，諳熟民情，始堪大用，殆爲隘矣〔一〕。

【校勘】

①「縣」，馬本、庫本、祠本作「守」。

【箋證】

〔一〕所舉楊綰、崔祐甫、杜黄裳、李藩、裴垍事，詳《舊唐書》卷一一九《楊綰傳》《崔祐甫傳》，卷一四七《杜黃裳傳》，卷一四八《李藩傳》《裴垍傳》。

參《五筆》卷五《唐用宰相》。

14 張釋之柳惲

漢張釋之爲廷尉，文帝出行，有人驚乘輿馬，使騎捕之，屬廷尉。釋之奏當此人犯蹕，罰金。上怒，釋之曰：「方其時，上使使誅之則已。」顏師古謂：「言初執獲此人，天子即令誅之，其事即畢。」〔一〕唐柳渾爲相，玉工爲德宗作帶，誤毀一銙，工私市它玉足之。帝識不類，怒其欺，詔京兆論死，渾曰：「陛下遽殺之則已，若委有司，須詳讞乃可。於法，罪當杖，請論如律。」由是工不死〔二〕。予謂張、柳之論，可謂善矣，然張云「上使使誅之則已」，柳云「陛下遽殺之則已」，無乃啓人主徑殺人之端乎！斯一節未爲至當也。

【箋證】

〔一〕《漢書》卷五〇《張釋之傳》。

丘濬《大學衍義補》卷一一一《治國平天下之要·慎刑憲·簡典獄之官》，録《張釋之傳》此節，引楊時曰：「釋之論犯蹕，其意善矣，然曰『方其時，上使人誅之則已』，是則開人主妄殺人之端也。既曰『法者天子所與，天下公共』，則犯法者天子必付之有司，以法論之，安得越法而擅誅乎？」濬按，「張釋之爲廷尉，文帝欲當犯蹕者以罪，而釋之罰金，文帝欲當盜高廟玉環者以族，釋之當以棄市，可謂能守職執法而以道事君者矣。其視張湯視上意所欲罪釋而爲之出入者，不啻鸞鳳之與鷹鸇矣。雖然，釋之敢言固難，而文帝之能從尤難。後世爲法官者，固當以釋之爲法，而文帝之從諫如流而不飾非拒諫，以私怒刑人，尤人主之盛德也，萬世人主所當師焉。」

〔二〕《新唐書》卷一四二《柳渾傳》。

《折獄龜鑑》卷四《議罪》「柳渾」條：「按誤傷之法，罪止於是。若使深文者議之，則必坐以罔上不恭之刑矣。《舜典》曰：『宥過無大。』玉工非敢爲欺者，乃誤毁而備償耳，實在可宥之科。」

15 人臣震主

人臣立社稷大功，負海宇重望，久在君側，爲所敬畏，其究必至於招疑毁。漢高祖有天下，韓信之力爲多，終以挾不賞之功，戴震主之威，至於誅滅〔一〕。霍光擁昭立宣，勢侔人主，宣帝謁見高廟，光從驂乘，上内嚴憚之，若有芒刺在背。其家既覆，俗傳之曰：「威震主者不畜，霍氏之禍，盟於驂乘。」〔二〕周亞夫平定七國，景帝怒其固争栗太子，由此疏之，後目送其出，曰：「此鞅鞅，非少主臣也。」訖以無罪殺之〔三〕。謝安却苻堅百萬之衆，晉室復存，功名既盛，險詖求進之徒，多毁短之，孝武稍以疎忌，又信會稽王道子之奸扇，至使避位出外，終以至亡〔四〕。齊文宣之篡魏，皆高德政之力，德政爲相，數强諫，帝不悦，謂左右曰：「高德政恒以精神凌逼人。」遂殺之，并其妻子〔五〕。隋文帝將篡周，欲引高熲入府，熲忻然曰：「願受驅馳，縱公事不成，亦不辭滅族。」及帝受禪，用爲相二十年，朝臣莫與爲比。熲自以爲任寄隆重，每懷至公，無自疑意。積爲獨孤皇后、漢王諒等所譖，帝欲成其罪，既罷之後，至云：「自其解落，瞑然忘之，如本無高熲。不可以身要君，自云第一也。」迨于煬帝，竟以冤誅〔六〕。郭子儀再造王室，以身爲天下安危，權任既重，功名復大，德宗即位，自外召還朝，所領副元帥諸使悉罷之〔七〕。李晟以孤軍復京城，不見信於庸主，使之晝夜泣，目爲之腫，卒奪其兵，百端疑忌，幾於不免〔八〕。李德裕功烈光明，佐武宗中興，威名獨重，宣宗立，奉册太極殿，帝退謂左右曰：「向行事近我者，非太尉邪？每顧我，毛髮爲之森豎。」明日罷之，終於貶死海外〔九〕。若郭崇韜、安重誨皆然也〔一〇〕。

【箋證】

〔一〕參《續筆》卷八《蕭何給韓信》。

〔二〕《漢書》卷六八《霍光傳》。

〔三〕參《續筆》卷六《周亞夫傳》。

〔四〕參《五筆》卷一《昏主棄功臣》。

〔五〕《北齊書》卷三〇《高德政傳》。

〔六〕《隋書》卷四一《高熲傳》。

〔七〕參《隨筆》卷一一《將帥貪功》。

〔八〕參《五筆》卷一《昏主棄功臣》。

〔九〕見《新唐書》卷一八〇《李德裕傳》。孫甫《唐史論斷》卷下《貶李德裕》條：「李德裕以傑才爲武宗經綸夷夏，屢成大功，振舉法令，致朝廷之治，誠賢相矣，但宣宗久不得位，又不爲武宗所禮，舊怨已深，德裕是用事大臣，自不容矣。」

〔一〇〕《舊五代史》卷六六《安重誨傳》：「重誨爲樞密使，四五年間，獨綰大任，否臧自若，環衛、酋長、貴戚、近習，無敢干政者。弟牧鄭州，子鎮懷、孟，身爲中令，任過其才，議者謂必有覆餗之禍。無何，有吏人李虔徽弟揚言于衆云：『聞相者言其貴不可言，今將統軍征淮南。』時有軍將密以是聞，頗駭上聽。明宗謂重誨曰：『聞卿樹心腹，私市兵仗，欲自討淮南，有之否？』重誨惶恐，奏曰：『興師命將，出自宸衷，必是奸人結搆，臣願陛下窮詰所言者。』翼日，帝召侍衛指揮使安從進、藥彥稠等，謂之曰：『有人告安重誨私置兵仗，將不利于社稷，其若之何？』從進等奏曰：『此是奸人結搆，離間陛下勳舊。且重誨事陛下三十年，從微至著，無不盡心，今日何苦乃圖不軌！臣等以家屬保明，必無此事。』帝意乃解。」卒被誅。「議者以重誨有經綸社稷之大功，然志大才短，不能迴避權寵，親禮士大夫，求周身輔國之遠圖，而悉自恣胸襟，果貽顛覆。」

郭崇韜事，參《四筆》卷一六《取蜀將帥不利》箋證。

16 五經秀才

唐楊綰爲相，以進士不鄉舉，但試辭賦浮文，非取士之實，請置五經秀才科。李栖筠、賈至以綰所言爲是，然亦不聞施行也[一]。

【箋證】

〔一〕《資治通鑑》卷二二三《唐代宗紀》，廣德元年七月戊辰，「楊綰上貢舉條目：秀才問經義二十條，對策五道；國子監舉人，令博士薦於祭酒，祭酒試通者升之於省，如鄉貢法。明法，委刑部考試。或以爲明經、進士，行之已久，不可遽改。事雖不行，識者是之。」

17 陶潛去彭澤

《晉書》及《南史·陶潛傳》皆云：「潛爲彭澤令，素簡貴，不私事上官。郡遣督郵至，縣吏白：『應束帶見之。』潛歎曰：『吾不能爲五斗米折腰，拳拳事鄉里小人。』即日解印綬去，賦《歸去來》以遂其志。」[一]案，陶集載此辭，自有序，曰：「余家貧，耕植不足以自給。彭澤去家百里，故便求之。及少日，眷然有歸歟之情。何則？質性自然，非矯勵所得，飢湅雖切，違己交病。悵然慷慨，深愧平生之志，猶望一稔，當斂裳宵逝。尋程氏妹喪於武昌，情在駿奔，自免去職，在官八十餘日。」〔二〕觀其語意，乃以妹喪而去，不緣督郵。所謂矯勵違己之説，疑心有所屬①，不欲盡言之耳。詞中正喜還家之樂，略不及武昌，自可見也〔三〕。

【校勘】

①「心」，馬本、庫本、祠本作「必」。

【箋證】

〔一〕《晉書》卷九四、《南史》卷七五《陶潛傳》。

〔二〕《歸去來兮辭並序》，《陶淵明集》卷五。

〔三〕按《漁隱叢話前集》卷三《五柳先生上》録韓子蒼之説云：「以《淵明傳》及詩考之，自庚子歲始作建威參軍，由參軍爲彭澤令，遂棄官歸，是歲乙巳，凡爲吏者六歲，故云『疇昔居上京，六載去還歸』，然淵明乙巳三月尚爲參軍，十一月去彭澤，而云『家貧耕植不足自給』何也？《傳》言淵明以郡遣督郵至，即日解印綬去，而淵明自序以程氏妹喪，去奔武昌。余觀此士既以違己交病，又愧役於口腹，意不欲仕久矣，及因妹喪即去，蓋其孝友如此。世人但以不屈於州縣吏爲高，故以因督郵而去。此士識時委命，其意固有在矣，豈一督郵能爲之去就哉！躬耕乞食，且猶不恥，而恥屈於督郵？必不然矣。」

18 羌戎畏服老將

漢先零羌犯塞，趙充國往擊之。羌豪相數責曰：「語汝亡反，今天子遣趙將軍來，年八九十矣，善爲兵。今請欲壹鬬而死，可得邪！」充國時年七十六，訖平之〔一〕。唐代宗時，回紇、吐蕃合兵入寇，郭子儀單騎見回紇，復與之和。諸酋長皆大喜曰：「嚮以二巫師從軍，巫言：『此行甚安穩，不與唐戰，見一大人而還。』今果然矣。」〔二〕郭公是時年七十，乃知羌、戎畏服老將如此。班超久在西域，思歸，故其言云：「蠻夷之俗，畏壯侮老。」蓋有爲而云〔三〕。

【箋證】

〔一〕《漢書》卷六九《趙充國傳》。

〔二〕《資治通鑑》卷二二三《唐代宗紀》，廣德二年。

〔三〕《後漢書》卷七七《班超傳》：「超自以久在絶域，年老思土。十二年，上疏曰：『臣聞太公封齊，五世葬周，狐死首丘，代馬依風。夫周齊同在中土千里之間，況於遠處絶域，小臣能無依風首丘之思哉？蠻夷之俗，畏壯侮老。臣超犬馬齒殲，常恐年衰，奄忽僵仆，孤魂棄捐。昔蘇武留匈奴中尚十九年，今臣幸得奉節帶金銀護西域，如自以壽終屯部，誠無所恨，然恐後世或名臣爲没西域。臣不敢望到酒泉郡，但願生入玉門。』」章懷注：「案《前書》曰：『匈奴其俗，壯者食肥美，老者食其餘。貴壯健，賤老弱也。』」

19 古人字只一言

《檀弓》云：「幼名冠字，五十以伯仲，周道也。」〔一〕古之人命字，一而已矣。初曰子，已而爲仲爲伯，又爲叔爲季，其老而尊者爲甫，蓋無以兩言相連取義。若屈原《離騷經》：「名余曰正則兮，字余曰靈均。」案《史記》原字平，所謂「靈均」者，釋「平」之義，以緣飾詞章耳〔二〕。下至西漢，與周相接，故一切皆然。除子房、子卿、子孟、子政、子孺、子長、子雲、子兄、子真、子公、子陽、子賓、子幼之外，若仲孺、仲卿、仲子、長卿、少卿、孺卿、君卿、客卿、游卿、翁卿、聖卿、長君、少君、稺君、游君、次君、贛君、近君、曼君、王孫、翁孫、次公、少公、孟公、游公、仲公、長公、君公、少叔、翁叔、長叔、中叔、子叔、長倩、曼倩、次倩、稺季、長孺、仲孺、幼孺、少孺、次孺、翁孺、君孺、長翁、弱翁、仲翁、少翁、君房、君賓、君倩、君敖、君蘭、君長、君仲、君孟、少季、少子、少路、少游、稺賓、稺圭、稺游、稺君、臣先、巨君、長賓、長房、翁思、翁子、翁仲之類，其義只從一訓，極爲雅馴。至於婦人，曰少夫、君俠、政君、君力、君弟、君之、阿君。單書一字者，若陳勝字涉，項籍字羽，彭越字仲，張敺、吴廣、枚乘字叔，楚元王交①、朱雲字游，爰盎字絲，張釋之字季，鄭當時字莊，劉德字路，眭弘字孟。迨東漢以下，則不盡然〔三〕。

【校勘】

①馬本、庫本、祠本「交」上有「字」。

【箋證】

〔一〕姜宸英《湛園札記》卷二：「幼名冠字，五十以伯仲，死謚，周道也。疏：『冠字者，人年二十，有爲人父之道，朋友等類不可復呼其名，故冠而加字。年至五十者，艾轉尊，又捨其二十之字，直以伯仲別之，至死而加謚。』又曰：『《士冠禮》已有伯某甫、仲叔季，此言五十以伯仲者。二十之時，雖云伯仲，皆配某甫而言。（此即鄭所謂且字也。）五十之時，直呼伯仲耳。』按此則今世俗之於某字配以老與翁字者，施之於五十以上之人，猶爲不失古意。」

〔二〕洪興祖《楚詞補注》卷一：「正則以釋名平之義，靈均以釋字原之義。」

〔三〕胡鳴玉《訂譌雜録》卷二《古人字止一言》：「《容齋隨筆》舉古人字止一言者，如陳勝字涉，項籍字羽，彭越字仲，張歐、吴廣、枚乘字叔，朱雲字游，爰盎字絲，張釋之字季，鄭當時字莊之類。玉案，古人字止一言者甚多，即如《四書》中管仲、曾皙類皆是，今人相習不覺耳。更有三言字，晉時張天錫字公純嘏是也。三言名亦往往有之，楚令尹子文姓鬥名穀於菟。」

容齋五筆卷二 二十五則

1 二叔不咸

《左氏傳》載富辰之言曰：「昔周公弔二叔之不咸，故封建親戚，以藩屏周①。」〔一〕士大夫多以二叔爲管、蔡。案《蔡仲之命》云：「群叔流言，乃致辟管叔于商，囚蔡叔，降霍叔爲庶人。」蓋三叔也。杜預注以爲「周公傷夏、殷之叔世，疏其親戚，以致滅亡，故廣封其兄弟」。是以方叔説管、蔡、郕、霍十六國，其義昭然。所言親戚者，指兄弟耳〔二〕。

【校勘】

①「藩」原作「蕃」，據馬本、庫本、祠本改。

【箋證】

〔一〕《左傳》僖公二十四年。按，「以藩屏周」句之下有云：「管、蔡、郕、霍、魯、衛、毛、聃、郜、雍、曹、滕、畢、原、酆、郇，文之昭也。邘、晉、應、韓，武之穆也。凡、蔣、邢、茅、胙、祭，周公之胤也。」

〔二〕朱鶴齡《讀左日鈔》卷三：「按鄭衆、賈逵皆以二叔爲管叔、蔡叔，此解不易。馬融以爲夏、殷叔世，杜氏從之，誤也。」

顧炎武《左傳杜解補正》卷上「昔周公弔二叔之不咸」條：「按魏陳思王表曰『昔周公弔管、蔡之不咸』，是則二叔謂管叔、蔡叔也，但下有封建之云，首列管、蔡，故杜氏以爲夏、殷之叔世。昭六年：『三辟之興，皆叔世也。』古人以末世謂之叔季。《國語》，史蘇以桀、紂及幽王爲三季之王。」

2　官階服章

唐憲宗時，因數赦，官多汎階；又帝親郊，陪祠者授三品、五品，不計考；使府軍吏以軍功借賜朱紫率十八；近臣謝、郎官出使，多所賜與；每朝會，朱紫滿庭而少衣緑者。品服太濫，人不以爲貴，帝亦惡之，詔太子少師鄭餘慶條奏懲革〔一〕。淳熙十六年，紹熙五年，連有覃霈，轉官賜服者衆〔二〕。紹熙元年，予自當塗徙會稽，過闕，遇起居舍人莫仲謙於漏舍〔三〕，仲謙云：「比赴景靈行香，見朝士百數，無一緑袍者。」又朝議、中奉皆直轉行，故五品官不勝計，頗類元和也。

【箋證】

〔一〕《新唐書》卷一六五《鄭餘慶傳》。

〔二〕《宋史》卷三六《光宗紀》：「（紹熙）五年春正月癸亥朔，帝御大慶殿，受群臣朝，遂朝重華宮，次詣慈福宮，行慶壽禮，推恩如淳熙十年故事。」（按《宋史》卷三五《孝宗紀》：淳熙十年十二月丙子，朝德壽宫，行太上皇后慶壽禮，推恩如太上皇故事。）按，淳熙十六年覃霈，《宋史》失載。考孝宗内禪在此年，蓋覃霈與此有關也。

〔三〕莫叔光，字仲謙，山陰人，始舉進士，又中博學宏詞科，歷官祕書郎、著作郎、起居舍人、中書舍人，權吏部侍郎兼祕書監。詳施宿等《會稽志》卷一五《侍從》。

3 月非望而食

曆家論日月食，自漢太初以來，始定日食，不在朔則在晦，否則二日，然甚少。月食則有十四、十五、十六之差，蓋置望參錯也。天體有二交道，曰交初，曰交中。交初者，星家以爲羅睺。交中者，計都也。隱暗不可見，於是爲入交法以求之，然不過能求朔望耳。若餘日入交，則書所不載，由漢及唐二十八家，暨本朝十一曆，皆然〔一〕。姑以慶元丁巳歲五次月食考之，二月望爲入交中，七月爲交初，唯十月二十日、二十一日連兩夜，乃以二更盡月食之既，纔兩刻復明，十一月十八夜復如之。案，此三食皆是交中。十月二十夜月在張五度，而計都在翼二度，次夜月在張十七度，計都未動①，相距才四度耳。十一月十八夜，月在星五度，計都在張十九度，相距二十度。十二月十七夜五更，月在星二度，入交陽末，卯初四刻交甚，食六分半，八刻退交。十八夜四更，月在張六度，入交中陰初，至寅四刻交甚，食九分，卯五刻退交。其驗如此〔二〕。予竊又有疑焉，太陰一月一周天，必兩值交道，今年遂至八食，一一如星官曆翁之説，仍不拘月望，則玉川子之詩不勝作矣，當更求其旨趣云〔三〕。頃見太史局官劉孝榮言：「月本無光，受日爲明，望夜正與日對，故一輪光滿。或月行有遲疾先後，日光所不照處，則爲食。朔旦之日，日月同宫，如月在日上，掩太陽而過，則日光爲所遮，故爲日食。非此二日，則無薄食之理。」其説亦通〔四〕。

【校勘】

①「動」，馬本、庫本、祠本作「定」。

【箋證】

〔一〕《宋史》卷五二《天文志》記宋朝歷年日食、月食甚詳，可參。

漢唐二十八家，宋朝十一曆，可參《玉海》卷九、卷一〇《律曆》。

〔二〕慶元三年丁巳歲五次月食，《宋史》卷五二《天文志》云：「三年七月己未，月食，既。」

〔三〕「玉川子之詩」，參《續筆》卷一四《玉川月蝕詩》。

「今年遂至八食」之「今年」，未詳何年。考《四筆》序於慶元三年九月，而容齋卒於嘉泰二年壬戌，「今年」應在其間。《宋史》卷五二《天文志》但書云：「（慶元）四年七月庚戌，月食。六年五月庚午，月當食，陰雲不見。嘉泰二年五月己未，月當食，陰雲不見。」

又按《春秋》經「（隱公）三年春王二月己巳日有食之」，《正義》：「古今之言曆者，大率皆以周天爲三百六十五度四分度之一。日行比月爲遲，每日行一度，故一歲乃行一周天。月行比日爲疾，每日行十三度十九分度之七，故一月内則行一周天又行二十九度過半，乃逐及日。言一月一周天者，略言之耳，其實及日之時，不啻一周天也。日月雖共行於天，而各有道，每積二十九日過半，行道交錯而相與會集，以其一會，謂之一月。每一歲之間凡有十二會，故一歲爲十二月。日食者，月掩之也。日月之道互相出入，或月在日表，從外而入内；或月在日裏，從内而出外。道有交錯，故日食也。自隱之元年，盡哀二十七年，積二百五十五年，凡三千一百五十四月，唯三十七食，是雖交而不食也。襄二十一年九月、十月頻食，二十四年七月、八月頻食，是頻交而食也。」

〔四〕此説亦見程大昌《演繁露》卷八《日受月光》：「月不能自出光景。凡其有光，悉日力也。」接引揚雄、沈括、《酉陽雜俎》之説，可參。

劉孝榮，《宋史》卷八二《律曆志》：「乾道、淳熙、慶元，凡三改曆，皆出劉孝榮一人之手。」《直齋書録解題》卷一二：「《會元曆》一卷。夏官正劉孝榮造。紹熙元年也。孝榮判太史局，凡造三曆，此其最後者，勝前遠矣。孝宗《乾道曆》《淳熙曆》，光宗《紹熙會元曆》。」

4　慶善橋

饒州學非范文正公所建，予既書之矣〔一〕。城内慶善橋之説，亦然。比因郡人修橋，拆去舊石，見其上鐫云：「康定庚辰。」案范公以景祐乙亥爲待制，丙子知開封府，黜知饒州，後徙潤、越，至庚辰歲乃復職，帥長安，既去此久矣〔二〕。

【箋證】

〔一〕見《隨筆》卷三《鄱陽學》。

〔二〕洪适《盤洲文集》卷三一《慶善橋記》：「中番城有湖，曰澹浦，大堤橫絶，屬市西輔，小堤湖判而三，唐爲放生池，自刺史顔魯公始。我宋景祐中，文正范公名堤之橋曰慶善，而屋之。後百有七年，尚書郎丹陽洪公揭使者節，考故迹，請於朝而俞。居亡何，橋與堤寖圮，屋腐且偃。又八年，公佩州魚，既合左右契，益嚴魚盜之禁。植以芙蓉，幽蔭動物。會浮圖氏法照勸民財治堤。照死，惠才、德滿繼之。公縱臾以迄其成。碏甓堅剛，如履周道。而橋而亭，簷楹華好。」按《續資治通鑑長編》卷一一七：景祐二年（乙亥），十二月，「禮部員外郎、天章閣待制范仲淹爲吏部員外郎、權知開封府」。同書卷一一八：三年（丙子），五月，「天章閣待制、權知開封府范仲淹落職知饒州」。卷一二〇：四年十二月，「徙知饒州范仲淹知潤州」。卷一二三：寶元二年三月，「徙知潤州范仲淹知越州」。卷一二六：康定元年三月，「吏部員外郎、知越州范仲淹復天章閣待制、知永興軍」。卷一二七：康定元年四月，改爲陝西都轉運使。五月，爲陝西經略安撫副使。蓋此橋之建，經始於范公，而落成於范公去後之康定元年庚辰也。

5 西漢以來加官

《漢書·百官表》云，侍中、左右曹、諸吏、散騎、中常侍，皆加官，所加或將軍、列侯、卿、大夫、將、都尉。給事中亦加官，所加或大夫、博士、議郎。其侍中、中常侍得入禁中，諸曹受尚書事，諸吏得舉法，散騎並乘輿車。並，步浪反①〔一〕。案漢世除授此等稱謂，殆若今之兼職者，不甚爲顯秩，然魏相以御史大夫而給事中②。它如劉向以宗正，散騎、給事中；蘇武以右曹，典屬國；揚雄爲諸吏、光禄大夫是也〔二〕。至於金日磾以降虜爲侍中，其子賞、建，諸孫常、敞、岑、明、涉、湯、融、欽，皆爲左曹、諸吏、侍中③，故班史贊之云：「七世内侍，何其盛也！」〔三〕蓋如今時閤門宣贊、祗候之類，但漢家多用士人，武帝所任莊助、朱買臣、吾丘壽王、東方朔諸人，皆天下選，此其所以爲人貴重〔四〕。東漢大略亦然。晉、宋以來，又有給事黄門侍郎、散騎常侍、通直散騎常侍、散騎侍郎等，皆爲兼官，但視本秩之高下。已而復以將軍爲寵，齊高帝以太子詹事何戢領選，以戢資重，欲加常侍，褚淵曰：「臣與王儉既已左珥，若復加戢，則八座遂有三貂。若帖以驍、游，亦爲不少。」乃以爲吏部尚書，加驍騎將軍〔五〕。唐有檢校官、文武散階、憲銜，乃此制也〔六〕。國朝自真宗始創學士、直學士、待制、直閣職名，尤爲仕宦所慕。今自觀文殿大學士至直祕閣，幾四十種，不刊之典，明白易曉，非若前代之冗泛云〔七〕。

【校勘】

①「並，步浪反」，原脱，據馬本、庫本、祠本補。②「而」，馬本、庫本、祠本作「兼」。③「爲」，馬本、庫本、祠本作「以」。

【箋證】

〔一〕《漢書》卷一九《百官公卿表》。

〔二〕《漢書》卷七四《魏相傳》：「宣帝即位，徵相入爲大司農，遷御史大夫」，又詔相給事中。《漢書》卷三六《劉向傳》：「元帝初即位，太傅蕭望之爲前將軍，少傅周堪爲諸吏光禄大夫，皆領尚書事，甚見尊任，更生年少於望之、堪，然二人重之，薦更生宗室忠直，明經有行，擢爲散騎、宗正、給事中，與侍中金敞拾遺於左右。」《漢書》卷五四《蘇武傳》：「宣帝即時召武待詔宦者署，數進見，復爲右曹、典屬國。」按，揚雄加官未詳。考《漢書》卷八七本傳，但云雄奏《羽獵賦》，除爲郎，給事黄門，及莽篡位，以耆老久次轉爲大夫。

〔三〕《漢書》卷六八《金日磾傳》。

〔四〕全祖望《經史問答》卷九：「問：漢之給事中、侍中，最爲要近，然無定員，而野處以爲宋時閤門宣贊、祗候之流。但漢多用士人爲之。其信然與？給事中、侍中，似非閤門諸吏比。答：野處之言非也。漢初侍中亦雜，故賈誼至與鄧通同侍中，而爲通所譖。其後則大屬清流，得參天子密勿，不由尚書省白事。故弱翁以此剪霍氏，更生以此忤石奄，是豈宋之閤門官所比？然其中亦有差等，如劉歆之爲常侍，則不過校正文史耳。」

〔五〕《資治通鑑》卷一三五《齊高帝紀》，建元二年。胡三省注：「自漢以來，侍中、常侍皆左貂，令僕與列曹尚書爲八座，據戢傳，帝爲領軍，戢爲司徒左長史，相與來往，數興歡宴。戢蓋龍潛之舊也。」「若帖以驍、游，亦爲不少」句，胡注：「沈約曰：『驍騎將軍、游擊將軍，並漢雜號將軍也。魏置爲中軍，及晉，以領、護、左右衛、驍、游爲六軍。』少者，謂其取數已多也。」

〔六〕「檢校官」，按趙彦衛《雲麓漫抄》卷一〇：「唐有檢校官，自三公、三師、左右僕射至水部郎，十三階。國朝因之，官制行，並省。」

「文武散階」，《新唐書》卷四六《百官志》：「凡文散階二十九：從一品曰開府儀同三司，正二品曰特進，從二品曰光禄大夫，正三品曰金紫光禄大夫，從三品曰銀青光禄大夫，正四品上曰正議大夫，正四品下曰通議大夫，從四品上曰太中大夫，從四品下曰中大夫，正五品上曰中散大夫，正五品下曰朝議大夫，從五品上曰朝請大夫，從五品下曰朝散大夫，正六品上曰朝議郎，正六品下曰承議郎，從六品上曰奉議郎，從六品下曰通直郎，正七品上曰朝請郎，正七品下曰宣德郎，從七品上曰朝散郎，從七品下曰宣義郎，正八品上曰給事郎，正八品下曰徵事郎，從八品上曰承奉郎，從八品下曰承務郎，正九品上曰儒林郎，正九品下曰登仕郎，從九品上曰文林郎，從九品下曰將仕郎。」「武散階四十有五：從一品曰驃騎大將軍，正二品曰輔國大將軍，從二品曰鎮軍大將軍，正三品上曰冠軍大將軍、懷化大將軍，正三品下曰懷化將軍，從三品上曰雲麾將軍、歸德大將軍，從三品下曰歸德將軍，正四品上曰忠武將軍，正四品下曰壯武將軍、懷化中郎將，從四品上曰宣威將軍，從四品下曰明威將軍、歸德中郎將，正五品上曰定遠將軍，正五品下曰寧遠將軍、懷化郎將，從五品上曰游騎將軍，從五品下曰游擊將軍、歸德郎將，正六品上曰昭武校尉，正六品下曰昭武副尉、懷化司階，從六品上曰振威校尉，從六品下曰振威副尉、歸德司階，正七品上曰致果校尉，正七品下曰致果副尉、懷化中候，從七品上曰翊麾校尉，從七品下曰翊麾副尉、歸德中候，正八品上曰宣節校尉，正八品下曰宣節副尉、懷化司戈，從八品上曰禦侮校尉，從八品下曰禦侮副尉、歸德司戈，正九品上曰仁勇校尉，正九品下曰仁勇副尉、懷化執戟長上，從九品上曰陪戎校尉，從九品下曰陪戎副尉、歸德執戟長上。」

「憲銜」，程大昌《演繁露續集》卷六《談助》「唐憲銜使頭使下」條：「唐世節度、觀察等使，辟置官屬，許理年轉入臺官，至待御史止。其御史中丞，須有軍功，乃得轉入。已上皆名憲銜。」

〔七〕「自觀文殿大學士至直祕閣，幾四十種」，《宋史》卷一六二《職官志》有觀文殿大學士，觀文殿學士，資政殿大學士，端明殿學士，龍圖閣學士、直學士、待制，天章閣學士、直學士、待制，寶文閣學士、直學士、待制，顯謨閣學士、直學士、待制，徽猷閣學士、直學士、待制，敷文閣學士、直學士、待制，煥章閣學士、直學士、待制，華文閣學士、直學士、待制，寶謨閣學士、直學士、待制，寶章閣學士、直學士、待制，顯文閣學士、直學士、待制，集英殿修撰，祕閣修撰，直龍圖閣，直天章閣至直顯文閣並同，直祕閣。按，龍圖閣學士、直學士、待制，乃真宗大中祥符、景德年間置，故云「真宗始創」。寶謨、寶章、顯文三閣，設於嘉泰二年以後，容齋蓋未及見。

張志淳《南園漫録》卷一《官制》：「（《隨筆》）論真宗始創學士以下職名，自觀文殿大學士至直祕閣，幾四十種，非若前代之冗泛。夫官之冗泛，莫過於宋。凡立言立論，於本朝之失，不言之可也，婉言之亦可也，顧謂過於前代，不幾於欺誣乎？若移此以稱我朝之官制，則無間然矣。」

6 呂望非熊

自李瀚《蒙求》有「呂望非熊」之句①〔一〕，後來據以爲用。然以史策考之，《六韜》第一篇《文韜》曰：「文王將田，史編布卜曰②：『田於渭陽，將大得焉。非龍非彲，（螭。）非虎非羆，兆得公侯，天遺汝師。』文王曰：『兆致是乎？』史編曰：『編之太祖史疇，爲禹占得皋陶兆③。』」〔二〕《史記》云：「呂尚窮困年老，以漁釣干西伯，西伯將出獵，卜之，曰：『所獲非龍非彲，非虎非羆，所獲霸王之輔。』」〔三〕《後漢》崔駰《達旨》云「漁父見兆於元龜」，注文乃引《史記》「非龍非驪，非熊非羆」爲證〔四〕。今之《史記》蓋不然也。「非熊」出處，惟此而已〔五〕。

【校勘】

①「瀚」，原作「翰」，據馬本、庫本、祠本改。　②「史」，原作「使」，據馬本、庫本、祠本改。　③「兆」，原作「比」，據馬本、庫本、祠本改。

【箋證】

〔一〕徐子光《蒙求集注》卷上「吕望非熊」條：「《六韜》曰：『文王將田，史編布卜曰：「田于渭陽，將有得焉。非龍非彲，非虎非羆，兆得公侯，天遺汝師，以之佐襄，施及三王。」文王乃齋三日，田于渭陽，卒見太公坐茅以漁，文王勞而問之，乃載與歸，立爲師。』舊本作『非熊非羆』，疑流俗承誤，後世莫知是正耳。按《後漢》崔駰《達旨》辭曰：『或以漁父見兆于元龜。』注云：『西伯出獵，卜之曰：「所獲非龍非驪，非熊非羆，所獲霸王之輔。」』所謂『非熊』，蓋本于此。」

〔二〕《六韜》卷一《文韜·文師第一》。

〔三〕《史記》卷三二《齊太公世家》。

王叔岷《史記斠證》卷三二《齊太公世家》「所獲非龍非彲」條：「案《初學記》六引彲亦作螭。《説文》：『螭，若龍而黄。北方謂之地螻。或云：無角曰螭。』彲，或螭字。《容齋五筆》引《後漢書》崔駰《達旨》注螭作驪，恐非。」又「非虎非羆」條，引梁玉繩《史記志疑》云：「《容齋五筆》據《六韜》第一篇《文韜》作『非虎非羆』，與《史記》合，以《達旨》所引《史記》爲疑。不知《六韜》是後人僞作，未可爲憑。況沈約《竹書注》及《宋書·符瑞志》《藝文類聚》六十六、李善注東方曼倩《論》《運命論》、劉越石《詩》並引《六韜》作『非熊非羆』。容齋所見《六韜》當是訛本。然亦可證《史記》之誤，自宋已然。」王叔岷又謂：「竊疑《文選·答賓戲》注引此作『非熊非羆』，《東京賦》注又引作『非虎非羆』，或李善所見此文已有作熊、作虎不同之本，亦未可知。作虎者，未必今本《文選》之訛也。」

〔四〕《後漢書》卷八二《崔駰傳》。章懷注。

〔五〕葉大慶《考古質疑》卷三：「吴氏《漫録》云：『豫章《漁父》詩「范蠡歸來思狡兔，吕翁何意兆非熊」，又「巖居大士是龍象，草堂丈人非熊羆」。按《六韜》《史記》「非龍非彲，非虎非羆」，無「熊」字。恐豫章别有所本。』大慶觀李翰《蒙求》云：『吕望非熊。』徐狀元補注且引《後漢·崔駰傳》注云：『西伯出獵，卜之，曰所獲非龍非彲，非熊非羆。所謂非熊，蓋本于此。然《六韜》及《史記》本是虎字，唐人多作非熊。杜詩『田獵舊非熊』，又《夔府秋日書懷》云『熊羆載吕望，鴻雁美周宣』。《白氏六帖》于《熊部》《獵部》《卜部》皆作『非熊非羆』。蓋『虎』字乃唐高祖諱，所以章懷注《東漢書》，雖引《史記》之文，特改『非熊』之字。杜甫、李翰、白居易，皆唐人也，故相傳皆作『非熊』，而豫章亦本諸此而已，何必更别求所本哉。或謂漢桓寬《鹽鐵論》云『起磻溪熊羆之士』，則漢人固嘗以『熊羆』爲言，豈必因國諱而改？蓋『熊羆』乃世之常言，如《詩》云：『維熊維羆。』《書》云：『如熊如羆。』又云：『則亦有熊羆之士。』故人皆以『熊羆』爲言。至于特改『非虎』爲『非熊』，實起于唐也。若夫李善注《文選》，其于《賓戲》則引《史記》

曰：『所獲非龍非虎，非熊非羆。』」；于《非有先生論》則引《六韜》曰：『非熊非羆，非虎非狼。』其實非《史記》《六韜》之文，特彷彿記憶而爲之注爾，不足爲據也。」徐鼒《讀書雜釋》卷一二《崔駰傳注云非熊非羆》引葉大慶《考古質疑》，按云：「葉氏説誠然。然熊羆連文，亦世之常言，經典不可枚舉。今之《史記》《六韜》或非唐人所據之本，未可定唐以前不作『熊』字也，則作『非熊』亦可。至今日時文家並誤作『飛熊』，是可笑也。」

7 唐曹因墓銘

慶元三年，信州上饒尉陳莊發土得唐碑，乃婦人爲夫所作。其文曰：「君姓曹，名因，字鄙夫，世爲鄱陽人。祖、父皆仕於唐高祖之朝，惟公三舉不第，居家以禮義自守。及卒於長安之道，朝廷公卿、鄉鄰耆舊，無不太息，惟予獨不然，謂其母曰：『家有南畝，足以養其親；室有遺文，足以訓其子。肖形天地間，範圍陰陽内。死生聚散，特世態耳，何憂喜之有哉！』予姓周氏，公之妻室也。歸公八載，恩義有奪，故贈之銘曰：『其生也天，其死也天，苟達此理，哀復何言！』」予案，唐世上饒本隸饒州，其後分爲信，故曹君爲鄱陽人。婦人能文達理如此，惜其不傳，故書之，以裨圖志之缺〔一〕。

【箋證】

〔一〕虞裕《談撰》：「熙寧末，洛中有民耕於鳳凰山下，獲石碣，方廣二尺餘，乃婦人誌其夫墓之文。

予愛其文理高明，雖作者，無以復加，故録於是集。文曰：『漢進士曹禋墓誌銘：君姓曹氏，名禋，字禮夫，世爲洛陽人，二十八歲，兩策不舉，卒於長安道中。朝廷卿大夫、鄉閭故老聞之，無不哀其孝友婣睦，篤行能文，何其夭之如是邪！唯兒聞之獨不然，乃慰其母曰：「家有南畝，足以養其親；室有遺文，足以教其子。凡累乎陰陽之間者，生死數不可逃，夫何悲喜之有哉！」丙子年三月十八日卒，以其年十月十五葬於鳳凰山。予姓周氏，君妻也，歸君室十八歲矣。生子一人，尚幼，以其恩義之不可忘，故作銘焉。銘曰：其生也天，其死也天，苟達此理，哀何復言。其生也浮，其死也休，終何爲哉，慰母之憂。』」（《説郛》卷三五下）按，此篇與《五筆》本條所記略同，當出同源，而時、地皆不同，未知孰真。陸楫《古今説海》卷一二八所録此篇，注云「談選」。按范成大《吴郡志》卷四四《奇事》引《談選》兩則，應即此書。虞裕，未詳。翟灝《通俗編》卷一九「利市仙官」條、卷二六「什物」條，兩引「元虞裕《談撰》」。沈濤《交翠軒筆記》卷四亦稱「元虞裕《談撰》」，蓋皆以爲元人。

郭麐《靈芬館詩話》卷四，引《五筆》本條，謂：「容齋以爲能文達理如此。余謂此婦人殆學老佛之學者耶？碑者，悲也，況妃匹之重、死生之際，而其詞無一毫悲哀淒惻之思，亦未免不近人情矣。丁廙《寡婦》之賦、徐媛《祭夫》之文，殆異於此。」

8 唐史省文之失

楊虞卿兄弟，怙李宗閔勢，爲人所奔向。當時爲之語曰：「欲入舉場，先問蘇、張。

蘇、張尚可，三楊殺我。」〔一〕而《新唐書》減去「先」字〔二〕。李德裕《賜河北三鎮詔》曰：「勿爲子孫之謀，欲存輔車之勢。」〔三〕《新書》減去「欲」字，遂使兩者意義爲不鏗鏘激越，此務省文之失也〔四〕。

【箋證】

〔一〕《唐摭言》卷七、《唐語林》卷四。

〔二〕《新唐書》卷一七五《楊虞卿傳》。

〔三〕《會昌一品集》卷六《賜何重順詔》。《舊唐書》卷一七四《李德裕傳》：「李回使三鎮諭旨，賜魏鎮詔書云：『卿勿爲子孫之謀，欲存輔車之勢。』何弘敬、王元逵承詔聳然。」

〔四〕《新唐書》卷一八〇《李德裕傳》。按《新唐書》省文，可參《隨筆》卷一《文煩簡有當》。黄濬《花隨人聖菴隨筆》「新唐書減字之弊」條：「歐陽公作文，務從簡古，世所傳逸馬殺犬於道之例，誠字簡而意賅。然文章之道，繁簡因時，有損一字而失其義者，有損一字而失其美者。例如《新唐書·狄仁傑傳》，武后召謂曰：『朕數夢雙陸不勝，何也？』於是仁傑與王方慶俱在，二人同辭對曰：『雙陸不勝，無子也。』雙陸不勝，何以爲無子，讀書每不得解。及觀《雲谷雜記》引《狄仁傑家傳》云，雙陸輸者，蓋宮中無子也；又引《唐國史補》亦云宮中無子之象。然後知歐公將『宮中』二字節去。按《雙陸譜》云：『雙陸局率以六爲限，其法，左右皆十二路，號曰梁，白黑各十五馬，用骰子二，如其采行。白馬自右歸左，黑馬自左歸右，以前一梁爲門，後六梁爲宫，馬歸梁，謂之入宫，宫中有子則勝，無子則不勝。』觀此，則仁傑與方慶之對，當曰：『雙陸不勝，宫中無子也。』歐公節『宫中』二字，是所謂損一字而失其義者。又《容齋五筆》舉數例，（郁之按，即本條《新書》減去「先」字、「欲」字二例。略。）於文字之姿勢及解譬，皆減色，是所謂損一字而失其美者。劉貢父所嘲『歐九不讀書』，殆指此類事矣。」

9 李德裕論命令

李德裕相武宗，言從計行。韋弘質建言宰相不可兼治錢穀，德裕奏言：「管仲明於治國，其語曰：『國之重器，莫重於令。令重君尊，君尊國安，治人之本，莫要於令。故曰虧令者死，益令者死，不行令者死，留令者死，不從令者死，五者無赦。』又曰：『令在上，而論可否在下，是主威下繫於人也。』大和後，風俗寖敝，令出於上，非之在下，此敝不止，無以治國。臣謂制置職業，人主之柄，非小人所得干，弘質賤臣，豈得以非所宜言，妄觸天聽，是輕宰相也。」〔一〕德裕大意，欲朝廷尊，臣下肅，而政出宰相，故感憤切言之。予謂德裕當國，它相取充位而已。若如所言，則一命一令之出，臣下皆不得有言，諫官、御史、給事、舍人之職廢矣。弘質位給事中，亦非賤臣。宜其一朝去位，遂罹抵巇，皆自取之也〔二〕。

【箋證】

〔一〕事詳《新唐書》卷一八〇《李德裕傳》。「此敝不止，無以治國」至「制置職業」句之間，原有一段云：「匡衡曰：『大臣者，國家股肱，萬姓所瞻仰，明主所慎擇也。』《傳》曰：『下輕其上爵，賤人圖柄臣，則國家摇動而人不静。』今弘質爲人所教而言，是圖柄臣者也。且蕭望之，漢名儒，爲御史大夫，奏云：『歲首，日月少光，咎在臣等。』宣帝以望之意輕丞相，下有司詰問。貞觀中，監察御史陳師合上言：『人之思慮有限，一人不可總數職。』太宗曰：『此欲離間我君臣。』斥之嶺外。臣謂宰相有奸謀隱慝，則人人皆得上論。」《舊唐書》卷一八《武宗紀》：五年十二月，「給事中韋弘質上疏，論中書權重，三司錢穀不合相府兼領。宰相奏論之曰：（即《新唐書》李德裕本傳所論，略。）弘質坐貶官。」《資治通鑑》卷二四八《唐武宗紀》會昌五年：「李德裕秉政日久，好徇愛憎，人多怨之。自杜悰、崔鉉罷相，宦官左右言其太專，上亦不悦。給事中韋弘質上疏言：『宰相權重，不應更領三司錢穀。』德裕奏稱：『制置職業，人主之柄。弘質受人教導，所謂賤人圖柄臣，非所宜言。』十二月，弘質坐貶官。由是衆怒愈甚。」章如愚《群書考索續集》卷三三《官制門·六尚書》：「蓋自肅宗朝，宰相吕諲使度支，其後遂爲故事。賢相如裴度、李德裕，皆常以身任之。惟裴度知度支，非宰相所宜，因請罷去。韋弘質言宰相不可兼錢穀，而德裕怒其輕己，且貶之。識者以是知裴、李之優劣。」

〔三〕德裕「一朝去位，遂罹抵巇」，參《續筆》卷一《李衛公帖》、卷五《崔常牛李》。

10 漢武唐德宗

漢張湯事武帝，舞文巧詆以輔法，所治夷滅者多，旋以罪受誅〔一〕。上惜湯，稍進其子安世，擢爲尚書令。安世宿衛忠正，肅敬不怠，勤勞國家，卒爲重臣，其可大用不疑。而武帝之意，乃以父湯故爾〔二〕。唐盧杞相德宗，奸邪險賊，爲天下禍。以公議不容，譴逐致死。帝念之不忘，擢叙其子元輔，至兵部侍郎。元輔端静介正，能紹其祖奕之忠規，陟之臺省要官，宜也。而德宗之意，乃以父杞故爾〔三〕。且武帝之世，群臣不幸而誅者，如莊助、朱買臣、吾丘壽王諸人，及考終名臣，如汲黯、鄭莊、董仲舒、卜式，未嘗恤其孤。德宗輔相之賢，如崔祐甫、李泌、陸贄，皆身没則已，而獨於湯、杞二人卷卷如此，是可歎也。

【箋證】

〔一〕參《隨筆》卷九《漢法惡誕謾》，卷一二《晁錯張湯》，《三筆》卷二《無名殺臣下》。

〔二〕《漢書》卷五九《張湯傳》：「上惜湯，復稍進其子安世。」同卷《張安世傳》：「少以父任爲郎。用善書給事尚書，精力於職，休沐未嘗出。上行幸河東，嘗亡書三篋，詔問莫能知，惟安世識之，具作其事。後購求得書，以相校，無所遺失。上奇其材，擢爲尚書令，遷光禄大夫。」

〔三〕《舊唐書》卷一三五《盧杞傳》：「涇師犯闕，德宗奔奉天，職杞之由，故天下無賢不肖，視杞如仇。德宗在奉天，爲朱泚攻圍，李懷光自魏縣赴難。乃詔懷光率衆屯便橋，克期齊進。懷光大怒，遂謀異志，德宗方悟爲杞所構。物議喧騰，歸咎於杞，乃貶爲新州司馬。袁高執奏曰：『盧杞爲政，極恣凶惡，三軍將校，願食其肉，百辟卿士，嫉之若讎。』諫官又論曰：『盧杞蒙蔽天聽，隳紊朝典，致亂危國，職杞之由，可謂公私巨蠹，中外棄物。』給事中袁高堅執不下，乃改授澧州別駕。翌日延英，上謂宰臣曰：『朕欲授杞一小州刺史，可乎？』李勉對曰：『陛下授杞大郡亦可，其如兆庶失望何？』上曰：『衆人論杞奸邪，朕何不知？』勉曰：『盧杞奸邪，天下人皆知，唯陛下不知，此所以爲奸邪也！』德宗默然良久。散騎常侍李泌復對，上曰：『盧杞之事，朕已可袁高所奏，如何？』泌拜而言曰：『累日外人竊議，以陛下同漢之桓、靈；臣今親承聖旨，乃知堯、舜之不迨也。』德宗大悦，慰勉之。杞尋卒於澧州。子元輔，字子望，少以清行聞於時，進士擢第，授崇文館校書郎。德宗思杞不已，乃求其後，特恩拜左拾遺，再遷左司員外郎。」

11 諸公論唐肅宗

唐肅宗於干戈之際，奪父位而代之，然尚有可諉者，曰：「欲收復兩京，非居尊位，不足以制命諸將耳。」至於上皇還居興慶，惡其與外人交通，劫徙之西内，不復定省，竟以快快而終〔一〕。其不孝之惡，上通於天。是時，元次山作《中興頌》，所書天子幸蜀，太子即位於靈武，直指其事，殆與《洪範》云「武王勝殷殺受」之辭同。其詞曰：「事有至難，宗廟再安，二聖重歡。」既言重歡，則知其不歡多矣〔二〕。杜子美《杜鵑》詩：「我看禽鳥情，猶解事杜鵑。」傷之至矣〔三〕。顔魯公《請立放生池表》云：「一日三朝，大明天子之孝；問安視膳，不改家人之禮。」東坡以爲彼知肅宗有愧於是也〔四〕。黄魯直《題磨崖碑》尤爲深切：「撫軍監國太子事，何乃趣取大物爲？事有至難天幸爾，上皇局脊還京師。南内淒涼幾苟活，高將軍去事尤危。臣結《春秋》二三策①，臣甫《杜鵑》再拜詩。安知忠臣痛至骨，世上但賞瓊琚詞。」所以揭表肅宗之罪，極矣〔五〕。

【校勘】

①「春秋」，馬本、庫本、祠本作「春陵」。

【箋證】

〔一〕《資治通鑑》卷二二一《唐肅宗紀》，上元元年。

〔二〕元結《次山集》卷六《大唐中興頌》。《書序》云：「武王勝殷，殺受，立武庚，以箕子歸，作《洪範》。」

〔三〕杜甫《杜鵑》：「西川有杜鵑，東川無杜鵑，涪南無杜鵑，雲安有杜鵑。我昔游錦城，結廬錦水邊。有竹一頃餘，喬木上參天。杜鵑暮春至，哀哀叫其間。我見常再拜，重是古帝魂。生子百鳥巢，百鳥不敢嗔。仍爲餧其子，禮若奉至尊。鴻雁及羔羊，有禮太古前。行飛與跪乳，識序又知恩。聖賢吾法則，付之後世傳。君看禽鳥情，猶解事杜鵑。今忽暮春間，值我病經年。身病不能拜，淚下如迸泉。」黄鶴《補注杜詩》卷一一：「舊本題注云：『上皇幸蜀還，肅宗用李輔國謀，遷之西内，上皇悒悒，而甫此詩感是而作。』舊注如此，所以編在廣德年間。然詩云『雲安有杜鵑』，又云『值我病經年』，則是大曆元年春在雲安作。蓋公在雲安與夔多病，所以有『老病巫山裹』之句。若在廣德間，則公在梓、閬，不應言雲安。意譏崔旰、子琳輩。」

又，杜甫《杜鵑行》：「君不見昔日蜀天子，化爲杜鵑似老烏。寄巢生子不自啄，群鳥至今爲哺雛。雖同君臣有舊禮，骨肉滿眼身羈孤。業工竄伏深樹裹，四月五月偏號呼。其聲哀痛口流血，所訴何事常區區。爾豈摧殘始發憤，羞帶羽翮傷形愚。蒼天變化誰料得，萬事反覆何所無，豈憶當殿群臣趨。」黄鶴《補注杜詩》卷七：「觀其詩意，乃感明皇失位而作。當是上元元年遷西内後。」仇兆鰲《杜詩詳注》卷一〇《杜鵑行》題下按：「李輔國劫遷上皇，乃上元元年七月事。此詩借物傷感，當屬上元二年作。」末又按云：「洪邁《隨筆》云：『明皇爲輔國劫遷西内，肅宗不復定省，子美作《杜鵑行》以傷之。』黄鶴曰：『上元元年七月，李輔國遷上皇，高力士及舊宫人皆不得留，尋置如仙媛於歸州，出玉真公主居玉真觀，上皇不懌，成疾，詩曰「雖同君臣有舊禮，骨肉滿眼身羈孤」，蓋謂此也。』」

〔四〕顔真卿《顔魯公集》卷四《天下放生池碑銘》。

祝穆《古今事文類聚後集》卷三四録東坡云：「湖州有顔魯公《放生池碑》，載其所上肅宗表奏：『一日三朝，大明天子之孝；問安侍膳，不改家人之禮。』魯公知肅宗有愧於是也，故以此諫，孰謂公區區於放生者哉！」注出《志林》。

〔五〕黄庭堅《山谷集》卷八《書磨崖碑後》。錢鍾書《談藝録》二《黄山谷詩補注》三十九：「《書磨崖碑後》云：『臣結春陵二三策，臣甫杜鵑再拜詩。安知忠臣痛至骨，世上但賞瓊琚詞。』天社注：『「春陵」或作「春秋」，非是。』引元結《春陵行》序云云。按《苕溪漁隱叢話》前集卷四十七引此詩作『春陵』，後集卷三十一又引作『春秋』，謂《元次山集》但有《時議》三篇，指陳時務，無一言以及明皇、肅宗父子間；子美《杜鵑》詩正爲明皇遷居西内而作，則次山二三策，亦當如《杜鵑》詩有爲而言，若以《時議》三篇爲是，則事無交涉，乃誤用也。《匏廬詩話》卷下駁天社，謂山谷詩爲元結《中興頌》發，與《春陵行》無與，當作『春秋』，引范石湖《中興頌詩》：『絶憐元子《春秋》法，卻寓唐家《清廟》詩』，楊誠齋《浯溪賦》：『宜忠臣之痛心，寄《春秋》之二三策也』爲證。（按石湖詩有序，謂「元子以魯史筆法，婉詞含譏」云云，語意尤顯；然《駿鸞録》二月九日引山谷此詩，又作「春陵」，何耶？又《歸田詩話》卷上已略明此指，亦引范詩、楊賦爲説。）其説甚長，天社、苕溪，皆失之固也。曾季貍《艇齋詩話》多載江西派先輩論詩語，聞見頗切，亦謂山谷詩意言元結《頌》用《春秋》之法，其首四句，即《春秋》書法也。《援鶉堂筆記》卷四十謂《容齋隨筆》亦作『春秋』，次山獻《時議》時，尚未爲道州，『二三策』者，或即指爲道州刺史時謝表兩通中語云云。信如姚氏所言，則『世上但賞瓊琚詞』一句無著落，『瓊琚詞』斷非爲謝表而發，自以匏廬之説爲近似。袁文《甕牖閒評》云：『親見山谷手書作「春秋」』，尤足以息諸家之争，惜匏廬未引。」

12 孫馬兩公所言

盧照鄰有疾，問孫思邈曰：「高醫愈疾奈何？」答曰：「天有四時五行，寒暑迭居，和爲雨，怒爲風，凝爲雪霜，張爲虹蜺，天常數也。人之四支五藏，一覺一寐，吐納往來，流爲榮衛，章爲氣色，發爲音聲，人常數也。陽用其形，陰用其精，天人所同也。失則烝生熱，否生寒，結爲瘤贅，陷爲癰疽，奔則喘乏，竭則焦槁，發乎面，動乎形。天地亦然，五緯縮贏，孛彗飛流，其危診也①。寒暑不時，其烝否也。石立土踊，是其瘤贅。山崩土陷，是其癰疽。奔風暴雨，其喘乏。川瀆竭涸，其焦槁。高醫導以藥石，救以砭劑，聖人和以至德，輔以人事。故體有可愈之疾，天有可振之災。」〔一〕睿宗召司馬子微問其術，對曰：「爲道日損，損之又損，以至於無爲。夫心目所知見，每損之尚不能已，況攻異端而增智慮哉？」帝曰：「治身則爾，治國若何？」曰：「國猶身也，故游心於淡，合氣於漠，與物自然，而無私焉，而天下治。」〔二〕孫公、司馬所言，皆至道妙理之所寓，治心養性，宜無出此者矣。

【校勘】

①「診」，馬本、庫本、祠本作「胗」。

【箋證】

〔一〕《新唐書》卷一九六《孫思邈傳》。「天有可振之災」句下原有云：「照鄰曰：『人事奈何？』曰：『心爲之君，君尚恭，故欲小。《詩》曰：「如臨深淵，如履薄冰」，小之謂也。膽爲之將，以果決爲務，故欲大。《詩》曰「赳赳武夫，公侯干城」，大之謂也。仁者静，地之象，故欲方，《傳》曰「不爲利回，不爲義疚」，方之謂也。智者動，天之象，故欲圓。《易》曰「見幾而作，不俟終日」，圓之謂也。』復問養性之要，答曰：『天有盈虛，人有屯危，不自慎，不能濟也。故養性必先知自慎也。慎以畏爲本，故士無畏則簡仁義，農無畏則墮稼穡，工無畏則慢規矩，商無畏則貨不殖，子無畏則忘孝，父無畏則廢慈，臣無畏則勳不立，君無畏則亂不治。是以太上畏道，其次畏天，其次畏物，其次畏人，其次畏身。憂於身者不拘於人，畏於己者不制於彼，慎於小者不懼於大，戒於近者不侮於遠。知此，則人事畢矣。』」《新唐書》蓋删節之。

〔二〕見《新唐書》卷一九六《司馬承禎傳》。承禎字子微。按《舊唐書》卷一九二本傳，文字少異，云：「對曰：『國猶身也。《老子》曰：『游心於澹，合氣於漠，順物自然而無私焉，而天下理。』《易》曰：『聖人者，與天地合其德。』是知天不言而信，無爲而成。無爲之旨，理國之道也。』」

13 元微之詩

《唐書·藝文志》，元稹《長慶集》一百卷，《小集》十卷。而傳於今者，惟閩、蜀刻本，爲六十卷。三館所藏，獨有《小集》[一]。文惠公鎮越，以其舊治，而文集蓋缺，乃求而刻之[二]。外《春游》一篇云：「酒户年年減，山行漸漸難。欲終心懶慢，轉恐興闌散。鏡水波猶冷，稽峰雪尚殘。不能辜物色，乍可怯春寒。遠目傷千里，新年思萬端。無人知此意，閒凭小欄干。」白樂天書之，題云「元相公《春游》」。錢思公藏其真迹，穆父守越時，摹刻于蓬萊閣下，今不復存。集中逸此詩，文惠爲列之於集外[三]。李端民平叔嘗和其韻寄公云：「東閣經年別，窮愁客路難。望塵驚岳峙，懷舊各雲散。茵醉恩逾厚，檣歌興未殘。馮唐嗟已老，范叔敢言寒。玉燭調魁柄，陽春在筆端。應憐掃門役，白首滯江干。」[四]樂天所書，予少時得其石刻，後亦失之。

【箋證】

[一]《新唐書》卷六〇《藝文志》。按《直齋書録解題》卷一六，著録《元氏長慶集》六十卷，謂「《中興書目》止四十八卷，又有逸詩二卷。」《四庫全書總目》卷一五一《元氏長慶集》提要：「白居易作稹墓誌，稱著文一百卷，題曰《元氏長慶集》。《唐書·藝文志》又載有《小集》十卷，然原本已闕佚不傳。此本爲宋宣和甲辰建安劉麟所傳，明松江馬元調重刊。其卷帙與舊説不符，即標目亦與自叙迥異，不知爲何人所重編。前有麟序，稱『稹文雖盛傳一時，厥後浸以不顯，惟嗜書者時時傳録。某先人嘗手自鈔寫，謹募工刻行』云云，則麟及其父均未嘗有所增損，蓋在北宋即僅有此殘本爾。」

〔二〕洪适《盤洲文集》卷六三《跋元微之集》：「右《元微之集》六十卷。微之以長慶癸卯鎮越，大和己酉召還，坐嘯是邦，閱六寒暑。今種山之喬木數十百章，豈亦有甘棠存其間乎？横空傑閣，蓋一城偉觀，扁表所書，則其《州宅》之卒章也。微之以文章鼓行當時，謂之元和體。在越則有詩人入幕府，故鏡湖、秦望之奇，益傳所謂蘭亭絶唱，陳迹猶可想。《唐志》著録有《長慶集》一百卷，《小集》十卷。傳於今者，惟閩、蜀刻本，爲六十卷。三館所藏，獨有《小集》，其文蓋已雜之六十卷矣。微之嘗彙其詩爲十體，曰旨意可觀，詞近古往者，爲古諷；流在樂府者爲樂諷；詞雖近古而止於吟寫性情者，爲古體；詞實樂流而止於模象物色者，爲新題樂府；聲勢沿順、屬對穩切者，爲律詩；以七言、五言爲兩體，稍存寄興，與諷爲流者，爲律諷；撫存感往者，取潘子《悼亡》爲題，暈眉約鬢，匹配色澤，劇婦人之怪豔者，爲豔詩。今古兩體，其自叙如此。今之所編，頗又律吕乖次，惜矣舊規之不能存也。元、白才名相埒。樂天守吴纔歲餘，吴郡屢刊其文。微之留越許久，其書獨闕。可乎？予來踵後塵，蓋相去三百三十七年矣。乃求而刻之，略能讎正脱誤之一二，不暇復爲詮次也。書成，寘之蓬萊閣。」

〔三〕《春游》，《四庫全書》本《元氏長慶集》在《補遺》卷一，蓋仍是洪文惠之舊編。錢穆父，錢思公惟演之諸孫。事迹具《宋史》卷三一七本傳。

〔四〕《宋詩紀事》卷四五《和元微之春游韻寄洪景伯》。李端民，字平叔，紹興間，右從政郎、充浙東提舉茶鹽司幹辦公事，（《天禄琳琅書目》卷九吴淑《事類賦》提要）知嚴州分水縣，（方仁榮、鄭瑶《景定嚴州續

志》卷九），任黄巖令。（舒岳祥《閬風集》卷一一《新建委羽洞天大有宫記》）

14 諫繚綾戲龍羅

李德裕爲浙西觀察使，穆宗詔索盤條繚綾千匹，德裕奏言：「立鵝、天馬、盤條、掬豹，文彩怪麗，惟乘輿當御，今廣用千匹，臣所未諭。」優詔爲停〔一〕。崇寧間，中使持御札至成都，令轉運司織戲龍羅二千，繡旗五百，副使何常奏：「旗者，軍國之用，敢不奉詔。戲龍羅唯供御服，日衣一匹，歲不過三百有奇，今乃數倍，無益也。」詔獎其言，爲減四之三〔二〕。以二事觀之，人臣進言於君，切而不訐，蓋無有不聽者。何常所論，甚與德裕相類云。

【箋證】

〔一〕《舊唐書》卷一七四《李德裕傳》。

傅璇琮《李德裕年譜》長慶四年譜：「按德裕此次上疏論罷進奏事，頗爲後人所稱引」，下録孫甫《唐史論斷》卷下云：「如李德裕在浙西，昭愍凡有宣索，再三論奏，罷其貢獻，此以生民爲意，不奉君之侈欲也。」又舉畢仲游《西臺集》卷一五《丞相儀國韓公行狀》：「俄遷樞密直學士、定州路安撫使、知定州。州貢文綾、文絁有常數，詔增貢文綾百匹、絁百匹。公上言：『唐李德裕爲浙西觀察使，詔貢繚綾千匹，德裕奏言：若將匪頒臣下，則千匹豈足于用；若止上躬自服，何至多用千匹。奏至，遂停之。臣幸遇聖朝，則德裕前日言，亦臣今日所當言者，惟陛下察許。』詔從罷之。」又，傳《譜》謂「穆宗」應作「敬宗」，邁誤記。

〔二〕《宋史》卷三五四《何常傳》。

15 詳正學士

唐太宗時，命祕書監魏徵寫四部群書，將藏内府，置讎正二十員。後又詔虞世南、顔師古踵領之，功不就。顯慶中，罷讎正官，使散官隨番刊正。後詔東臺侍郎趙仁本等，充使檢校，置詳正學士以代散官〔一〕。此名甚雅，不知何時罷去〔二〕。然祕省自有校書郎、正字，使正名責實，足矣。紹興中，以貴臣提舉祕書省，而置編定書籍官二員，亦其類也〔三〕。

【箋證】

〔一〕《新唐書》卷二〇一《崔行功傳》：「太宗命祕書監魏徵寫四部群書，將藏内府，置讎正三十員、書工百員。徵徙職，又詔虞世南、顔師古踵領，功不就。顯慶中，罷讎正員，聽書工寫于家，送官取直，使散官隨番刊正。至是，詔東臺侍郎趙仁本、舍人張文瓘及行功、懷儼相次充使檢校，置詳正學士代散官。」

〔二〕按《玉海》卷一一九《官制》「唐官名增損」條：詳正學士罷於長慶三年。俞樾《茶香室續鈔》卷一三《讎正官》，録本條此節，云：「余謂讎正官之名更雅於詳正。」

〔三〕《宋史》卷一六四《職官志》：紹興十三年，置編定書籍官二人，以校書郎正字充。按《建炎以來繫年要録》卷一五四：紹興十五年閏十一月丙申，提舉祕書省秦熺奏以祕書郎沈介、正字湯思退充本所編定書籍官，從之。又，同書卷一五六：紹興十七年六月丁酉，太常博士葛立方、太學正孫仲鼇，並爲祕書省正字，既而提舉祕書省秦熺奏以二人並兼編定書籍官，從之。

又按，嘉祐四年二月，嘗置館閣編定書籍官，以祕閣校理蔡抗、陳襄，集賢校理蘇頌，館閣校勘陳繹，分昭文、史館、集賢院、祕閣書而編定之。（《續資治通鑑長編》卷一八九）元豐官制行，罷。（程俱《麟臺故事》卷二《修纂》）

容齋五筆卷三十五則

1 人生五計

朱新仲舍人常云："人生天地間，壽夭不齊，姑以七十爲率：十歲爲童兒，父母膝下，視寒暖燥濕之節，調乳哺衣食之宜，以須成立，其名曰生計；二十爲丈夫，骨强志健，問津名利之場，秣馬厲兵，以取我勝，如驥子伏櫪，意在千里，其名曰身計；三十至四十，日夜注思，擇利而行，位欲高，財欲厚，門欲大，子息欲盛，其名曰家計；五十之年，心怠力疲，俯仰世間，智術用盡，西山之日漸逼，過隙之駒不留，當隨緣任運，息念休心，善刀而藏，如蠶作繭，其名曰老計；六十以往，甲子一周，夕陽銜山，倏爾就木，内觀一心，要使絲毫無慊，其名曰死計。"朱公每以語人，以身計則喜，以家計則大喜，以老計則不答，以死計則大笑，且曰："子之計拙也。"朱既不勝笑者之衆，則亦自疑其計之拙，曰："豈皆惡老而諱死耶？"[一]因爲南華長老作《大死菴記》，遂識其語[二]。予之年齡踰七望八，當以書諸紳云。

【箋證】

〔一〕朱翌，字新仲。參《隨筆》卷一六《靖康時事》箋證。

〔二〕南華長老，未詳。《大死菴記》，佚。

2 瀛莫間二禽

瀛、莫二州之境，塘濼之上有禽二種。其一類鵠，色正蒼而喙長，凝立水際不動，魚過其下則取之，終日無魚，亦不易地，名曰信天緣。其一類鶩，奔走水上，不間腐草泥沙①，唼唼然必盡索乃已，無一息少休，名曰漫畫。信天緣若無能者，乃與漫畫均度一日無飢色，而反加壯大。二禽皆稟性所賦，其不同如此〔一〕。

【校勘】

①「間」，馬本、庫本、祠本作「問」。

【箋證】

〔一〕按《五筆》本條蓋出朱翌《信天緣堂記》。袁桷《延祐四明志》卷四《人物攷·先賢》「朱翌」條，謂翌著文以示子孫，作《信天緣堂記》曰：「朱子北游于瀛、莫之境，徘徊于塘濼之上，覩二禽，有感焉。一類鵠，色正蒼而喙長，凝立水際不動，魚過其下則取之，終日無魚，終不易地，其名曰信天緣。一類鶩，奔走水上，不問草腐泥沙，唼唼然必盡索乃已，無一息少休，其名漫畫。信天緣若無能者，乃與漫畫均度一日無飢色，視漫畫加壯大。」云云。

又，晁以道《景迂生集》卷四《黄河多淘河之屬有曰漫畫者常以觜畫水求魚有曰信天緣者常開口待魚感之賦三詩》，可參。

瀛州，莫州，皆在河北道。詳《太平寰宇記》卷六六。

3 士大夫避父祖諱

國朝士大夫除官，避父祖名諱，蓋有不同。不諱嫌名，二名不偏諱，在禮固然，亦有出於一時恩旨免避，或旋爲改更者〔一〕。建隆創業之初，侍衛帥慕容彦釗、樞密使吴廷祚皆拜使相，而彦釗父名章，廷祚父名璋，制麻中爲改同中書門下平章事爲「同二品」。紹興中，沈守約、湯進之二丞相，父皆名舉，於是改提舉書局爲提領。自餘未有不避者〔二〕。吕希純除著作郎，以父名公著而辭。然富韓公之父單名言，而公以右正言知制誥，韓保樞之子忠憲公億，孫絳、縝，皆歷位樞密，未嘗避，豈别有説乎〔三〕？

【箋證】

〔一〕按《三筆》卷一一《家諱中字》云：「士大夫除官，於官稱及州府曹局名犯家諱者，聽回避。此常行之法也。」趙昇《朝野類要》卷四《雜制》「家諱」條：「授職任而犯三代名諱者，許避之。其餘若二名偏犯，即不避，亦具辭免之。」

〔二〕岳珂《愧郯録》卷一〇《改易職事官名稱》：「近制職事官或犯所授者家諱，每得改它官，皆一時制宜，參用舊官制，間有特免入銜者。珂嘗考《會要》，頗似不然。熙寧十年十月十三日，新知荆南府提舉本路兵馬巡檢公事吴中復言：銜内『舉』字犯先諱，乞改提轄。中書奏請批依。神宗忽降奎札曰：『朝廷官稱，避守臣私諱，於義未安，宜不行。』其後，宣和四年九月二十五日，臣僚言近者馬向爲開封府工曹掾，自陳父名開乞避，而本府乃奏乞銜内不書府名，有違熙寧親札指揮，詔別與差遣。即二事而觀之，則典故初未之許也。及博考《國史》，吴廷祚爲樞密使，慕容彦釗爲殿前都點檢，當拜同平章事，並以父諱改『同二品』。（郁之按，陳均《九朝編年備要》卷一：建隆元年二月，「時范質、王溥皆罷參知、樞密，又加樞密使吴廷祚同二品。以其父名璋，故避之。」）國初雖存此官制，僅止一再見，幾於特創。徐處仁爲資政殿學士，知青州，以祖諱改除端明。它如此比者不一。蓋開國勳臣，上所優禮，不容以常法論，而避高就下，不易官稱，令甲所許，又與前制不同云。」又，同書卷一〇《同二品》：「國初，吴廷祚、慕容彦釗，以父諱章，當爲使相，不帶平章事，並拜同中書門下二品。及觀《五代會要》，長興四年九月，敕：『馮贇有經邦之茂業，宜進位於公台，但緣平章事犯其父名，不欲斥其家諱，可改同平章事爲同中書門下二品。』則二品之名，肇見於此，國朝蓋襲而用之，爲無疑矣。然宰相稱謂以一人之私而易之，後唐之典章不幾於輕。」

〔三〕參《三筆》卷一一《家諱中字》箋證。

4 元正父子忠死

唐安禄山表權皋入幕府，皋度禄山且叛，以其猜虐不可諫，欲行，慮禍及親，因獻俘京師，在道詐死，既唅斂而逸去。皋母謂實死，慟哭感行路，故禄山不之虞，歸其母。皋潛奉侍，晝夜南奔，既渡江，而禄山反。天下聞其名，争取以爲屬。甄濟居青巖山，諸府五辟，詔十至，堅卧不起。安禄山入朝，求濟於玄宗，授范陽掌書記，濟不得已而起。察禄山有反謀，不可諫，因謁歸，陽歐血不支，舁歸舊廬。禄山反，使封刀召之，曰：「即不起，斷其首。」濟引頸待之。使以實病告，慶緒復使强輿至東都①。會廣平王平東都，詣軍門上謁，肅宗使汙賊官羅拜，以媿其心。《唐書》列二人於《卓行傳》，褒之至矣〔一〕。有元正者，在河南幕府，史思明陷河、洛，輩父匿山中。賊以名召之，正度事急，謂弟曰：「賊禄不可養親，彼利吾名，難免矣。然不汙身而死，吾猶生也。」賊既得，誘以高位，瞋目固拒，兄弟皆遇害。父聞，仰藥死。事平，詔録伏節十一姓，而正爲冠。皋、濟之終，與正皆贈祕書少監。予謂皋、濟得生，而正一門皆并命，故當時以爲伏節之冠。而《唐史》不列之《忠義》《卓行》中，但附見於其祖萬頃《文藝》之末〔二〕，《資治通鑑》亦不載其事，使正之名寂寥不章顯，爲可恨也。白樂天作《張誠碑》云：「以左武衛參軍分司東都，屬安禄山陷覆洛京，以僞職淫刑，脅劫士庶，公與同官盧巽潛遁于陸渾山，食木實，飲泉水者二年，訖不爲逆命所汙。肅宗詔河南搜訪不仕賊庭、隱藏山谷者，得六人以應詔，公與巽在焉。繇是名節聞于朝，優詔褒美，特授密縣主簿。」〔三〕

【校勘】

①「强」原作「輿」，據馬本、庫本、祠本改。

【箋證】

〔一〕權皐、甄濟，均見《新唐書》卷一九四《卓行傳》，贊曰：「節誼爲天下大閑，士不可不勉。觀皐、濟不汙賊，據忠自完，而亂臣爲沮計。天下士知大分所在，故傾朝復支。不有君子，果能國乎！」

〔二〕附見《新唐書》卷二〇一《文藝·元萬頃傳》後。

〔三〕《白氏長慶集》卷四一《唐贈尚書工部侍郎吳郡張公神道碑銘并序》。

5　蕭穎士風節

蕭穎士爲唐名人，後之學者但稱其才華而已，至以笞楚童奴爲之過〔一〕。予反復考之，蓋有風節識量之士也。爲集賢校理，宰相李林甫欲見之，穎士不詣，林甫怒其不下己。後召詣史館，又不屈，愈見疾，至免官更調河南參軍。安禄山寵恣，穎士陰語柳并曰：「胡人負寵而驕，亂不久矣。東京其先陷乎！」即託疾去。禄山反，往見河南采訪使郭納，言禦守計，納不用。歎曰：「肉食者以兒戲禦劇賊，難矣哉！」聞封常清陳兵東京，往觀之，不宿而還，身走山南，節度使源洧欲退保江陵，穎士説曰：「襄陽乃天下喉襟，一日不守，則大事去矣。公何遽輕土地取天下笑乎？」洧乃按甲不出。洧卒，往客金陵。永王璘召之，不見。劉展反，圍雍丘，副大使李承式遣兵往救，大宴賓客，陳女樂。穎士曰：「天子暴露，豈臣下盡歡時邪！夫投兵不測，乃使觀聽華麗，誰致其死哉？」弗納〔二〕。穎士之言論操持如此，今所稱之者淺矣。李太白，天下士也，特以墮永王亂中，爲終身累〔三〕。穎士，永王召而不見，則過之焉。

【箋證】

〔一〕蕭穎士，字茂挺，開元二十三年進士擢第。事迹具《舊唐書》卷一九〇、《新唐書》卷二〇二本傳。

《朝野僉載》卷六：「開元中，蕭穎士年十九擢進士，至二十餘，該博三教。其賦性躁忿浮戾，舉無其比。常使一僕杜亮，每一決責，皆由非義。平復，遭其指使如故。或勸亮曰：『子傭夫也，何不擇其善主而受苦若是乎？』亮曰：『愚豈不知，但愛其才學博奥，以此戀戀不能去。』卒至於死。」《唐摭言》卷一五《賢僕夫》條：「蕭穎士性異常嚴酷，有一僕事之十餘載，穎士每以箠楚百餘，不堪其苦，人或激之擇木，其僕曰：『我非不能他從，遲留者，乃愛其才耳。』」

〔二〕見《新唐書》卷二〇二《蕭穎士傳》。按《舊唐書》本傳云：「當開元中，天下承平，人物駢集，如賈曾、席豫、張垍、韋述輩，皆有盛名，而穎士皆與之游，由是縉紳多譽之。李林甫采其名，欲拔用之，乃召見。時穎士寓居廣陵，母喪，即縗麻而詣京師，徑謁林甫於政事省。林甫素不識，遽見縗麻，大惡之，即令斥去。穎士大忿，乃爲《伐櫻桃賦》以刺林甫云：『擢無庸之瑣質，因本枝而自庇。洎枝幹而非據，專廟庭之右地。雖先寢而或薦，豈和羹之正味。』其狂率不遜，皆此類也。」

〔三〕《新唐書》卷二〇二《李白傳》：「安禄山反，轉側宿松、匡廬間，永王璘辟爲府僚佐。璘起兵，逃還彭澤，璘敗，當誅。初，白游并州，見郭子儀，奇之。子儀嘗犯法，白爲救免。至是，子儀請解官以贖，有詔長流夜郎。」

6 石尤風

石尤風，不知其義，意其爲打頭逆風也。唐人詩好用之。陳子昂《入峽苦風》云：「故鄉今日友，歡會坐應同。寧知巴峽路，辛苦石尤風。」戴叔倫《送裴明州》云：「瀟水連湘水，千波萬浪中。知君未得去，慙愧石尤風。」司空文明《留盧秦卿》云：「知有前期在，難分此夜中。無將故人酒，不及石尤風。」〔一〕計南朝篇詠，必多用之，未暇憶也〔二〕。

【箋證】

〔一〕王應麟《困學紀聞》卷二〇《雜識》：「《容齋五筆·石尤風》引陳子昂、戴叔倫、司空文明詩，意其爲打頭逆風也。李義山詩作『石郵』，楊文公詩亦作『郵』。」按，李商隱《擬意》：「去夢隨川后，來風貯石郵。」（《李義山詩集》卷下）宋祁《送史温虞部佐郡四明》：「江上歸帆避石郵。」（《景文集》卷一四）梅堯臣《小池》：「曾不起波瀾，石郵風自急。」（《宛陵集》卷一六）均作「石郵」。《四庫全書考證》卷五三：「尤、郵二字本通。」

胡應麟《藝林學山》「石尤風」條：「據唐人諸詩，即以爲打頭風，似無不可。律以晦伯所引，當是巨颶狂飈之類。今江湖間飄風驟起，揚沙折檣，則往來之舟俱繫纜不行，舟人所謂『大風三，小風七』。予過淮、徐間，往往遇之。唐人語咸出六朝，當以宋武歌爲據，其云『四面斷行旅』正指此也。以此意解唐人詩亦無不通。若以爲打頭風，則固有可行者矣，安得尚有『四面斷行旅』之説哉。」又云：「余謂石尤之『尤』作『郵』字殊勝，近以用修拈出，瑯琊伯仲亦多用之，然俱以爲逆風耳。余作《六朝小樂府》曰：『惱懽青絲筰，凌晨只欲開。狂風趁心起，四面石尤來。』蓋用宋武歌中意，第尚從舊『尤』字。近得此，欣然附録，以貽同好云。」（《少室山房筆叢》卷二六）

〔二〕南朝篇什用「石尤風」者並不多見。周嬰《卮林》卷四《述洪·石尤》條，引《丹鉛録》、《正楊》、胡元瑞《藝林學山》及《五筆》本條，述曰：「宋孝武帝《丁督護歌》曰：『督護初征時，儂亦惡聞許。願作石尤風，四面斷行旅。』（郁之按，見《玉臺新詠》卷一〇）按此則所謂巨颶、盲颰者，良是，非打頭也。但奔颶之來，自然四面。胡元瑞云『四面石尤』，則意疊詞複耳。予又讀元稹《洞庭遭風》詩曰：『罔象睢盱頻逞怪，石尤翻動忽成災。』以罔象取媲，而且云翻動，則石尤乃飛廉、孟姥之精，奇相、馬銜之族也。義山《古意》詩：『去夢隨川后，來風貯石郵。』以石郵對川后，益信其爲怪族幽妖矣。元、李之解蓋同。」

7 江楓雨菊

作詩要有來處，則爲淵源宗派。然字字執泥，又爲拘澀。予於此學，無自得之見，少年時，尤失之琱琢。記一聯，初云：「雨深荒病菊，江冷落愁楓。」後以其太險，改爲「雨深人病菊，江冷客愁楓」，比前句微有藴藉。蓋取崔信明「楓落吴江冷」〔一〕、杜老「雨荒深院菊」「南菊再逢人卧病」、嚴武「江頭赤葉楓愁客」〔二〕，合而用之。乃如補衲衣裳，殊爲可笑。聊書之，以示兒輩云。

【箋證】

〔一〕《新唐書》卷二〇一《崔信明傳》：「有揚州録事參軍鄭世翼者，亦驁倨，數桃輕忤物。遇信明江中，謂曰：『聞公有「楓落吴江冷」，願見其餘。』信明欣然，多出衆篇。世翼覽未終，曰：『所見不逮所聞。』投諸水，引舟去。」

〔二〕杜甫二句，分别出《宿贊公房》（《杜詩詳注》卷七），《夜》（《杜詩詳注》卷一七）。嚴武句，出其《巴嶺答杜二見憶》（《杜詩詳注》卷一一《九日奉寄嚴大夫》後附）。

8 開元宫嬪

自漢以來，帝王妃妾之多，唯漢靈帝、吴歸命侯、晉武帝、宋蒼梧王、齊東昏、陳後主。晉武至於萬人〔一〕。唐世明皇爲盛，白樂天《長恨歌》云「後宫佳麗三千人」，杜子美《劍器行》云「先帝侍女八千人」，蓋言其多也。《新唐史》所叙，謂開元、天寶中，宫嬪大率至四萬〔二〕。嘻，其甚矣！隋大業離宫徧天下，所在皆置宫女。故裴寂爲晉陽宫監①，以私侍高祖，及高祖義師經過處，悉罷之。其多可想〔三〕。

【校勘】

①「監」原作「盖」，據馬本、庫本、祠本改。

【箋證】

〔一〕按，漢靈帝，《後漢書》卷八本紀：光和四年，「帝作列肆於後宫，使諸采女販賣，更相盜竊爭鬥。帝著商估服，飲宴爲樂。」吴歸命侯，《三國志·吴志》卷三《孫晧傳》：「後宫數千，而采擇無已。又激水入宫，宫人有不合意者，輒殺流之。」晉武帝，《晉書》卷三本紀：泰始九年，「詔聘公卿以下子女以備六宫，采擇未畢，權禁斷婚姻」。太康二年，「詔選孫晧妓妾五千人入宫。」宋蒼梧王，即廢帝昱，廢死後，追封蒼梧郡王，死年僅十五。《宋書》本紀：皇太后令斥其「善無細而不違，惡有大而必蹈」，「宴寢營舍，奪人子女」。東昏侯蕭寶卷，死年纔十九，《南齊書》本紀但云，所寵群小黨與三十一人，黄門十人。陳後主叔寶，亦未詳其宫人之多少。《陳書》本紀卷末史臣曰：「後主生深宫之中，長婦人之手」，「耽荒爲長夜之飲，嬖寵同豔妻之孽。」蓋蒼梧王、齊東昏、陳後主之荒淫，又非必在其妃妾之多也。

〔二〕《新唐書》卷二〇七《宦者列傳》。

〔三〕《舊唐書》卷一《高祖紀》：隋義寧元年九月，「高祖率大軍自下邽西上，經煬帝行宫園苑，悉罷之。宫女放還親屬。」

9　相里造

唐内侍監魚朝恩，怙貴誕肆，凡詔會群臣計事，折愧坐人，出其上。雖宰相元載辯彊，亦拱默。唯禮部郎中相里造①、殿中侍御史李衎，酬詰往返，未始降屈。朝恩不懌，黜衎以動造，又謀將易執政，以震朝廷，乃會百官都堂，且言：「今水旱不時，屯軍饋運困竭，天子卧不安席，宰相何以輔之？不退避賢路，尚何須乎②？」宰相俛首，坐皆失色。造徙坐從之，因曰：「陰陽不和，五穀踊貴，皆軍容事，宰相何與哉？且軍帑不散③，故天降之沴。

今京師無事，六軍可相維鎮，又屯十萬，饋糧所以不足，百司無稍食，軍容爲之，宰相行文書而已，何所歸罪？」朝恩拂衣去，曰：「南衙朋黨且害我。」此段載於《唐史·宦者傳》中，不能記相里造之本末[一]。予謂造當闇侍威權震主生殺在手之時，以區區一郎吏，而抗身與爲敵，後來名人議論，及叙列忠言鯁詞，未見有稱述之者。《通鑑》亦不書。聊紀於此，以章潛德。同時劉給事争幸河中，亦然[二]。

【校勘】

①「造」，原作「告」，據馬本、庫本、祠本改。　②「須」，馬本、庫本、祠本作「賴」。　③「帑」，原作「拏」，據馬本、庫本、祠本改。

【箋證】

〔一〕《新唐書》卷二〇七《宦者·魚朝恩傳》。

〔二〕《資治通鑑》卷二二三《唐代宗紀》廣德二年：「朝恩欲奉上幸河中，以避吐蕃，恐群臣議論不一，一日，百官入朝立班，久之，閤門不開，朝恩忽從禁軍十餘人，操白刃而出，宣言：『吐蕃數犯郊畿，車駕欲幸河中，何如？』公卿皆錯愕不知所對，有劉給事者，獨出班抗聲曰：『敕使反邪？今屯軍如雲，不勠力扞寇而遽欲脅天子棄宗廟社稷而去，非反而何！』朝恩驚沮而退。事遂寢。」胡三省注云：「劉給事立朝守正不可奪如此，且兩省官也，而史失其名，唐置史館何爲哉！」

10 先公詩詞

先忠宣公好讀書，北困松漠十五年，南謫嶺表九年，重之以風淫末疾，而繙閱書策，早暮不置，尤熟於杜詩。初歸國到闕，命邁作謝賜物一劄子，竄定兩句云：「已爲死別，偶遂生還。」謂邁曰：「此雖不必泥出處，然有所本更佳。東坡海外表云：『子孫慟哭於江邊，已爲死別。』杜老《羌村》詩云：『世亂遭飄蕩，生還偶然遂。』正用其語。」〔一〕在鄉邦日，招兩使者會集，出所將宣和殿書畫舊物示之。提刑洪慶善作詩曰：「願公十襲勿浪出，六丁取將飛辟歷。」邁請其意，曰：「『辟歷』二字如古文，不從雨。公和之曰：「萬里懷歸爲公出，往事宣和空歷歷。」邁請其意，曰：「亦出杜詩『歷歷開元事，分明在目前』也。」〔二〕紹興丁巳，所在始歌《江梅引》詞，不知爲誰人所作，己未、庚申年，北庭亦傳之。至于壬戌，公在燕，赴張總侍御家宴，侍妾歌之，感其「念此情，家萬里」之句，愴然曰：「此詞殆爲我作！」既歸不寐，遂用韻賦四闋〔三〕。時在囚拘中，無書可檢，但有《初學記》、韓、杜、蘇、白樂天集，所引用句語，一一有來處。北方不識梅花，士人罕有知梅事者，故皆注所出。其一，《憶江梅》云：「天涯除館憶江梅。幾枝開。使南來。還帶餘杭春信到燕臺。準擬寒英聊慰遠，隔山水，應銷落，赴愬誰？空凭遐想笑摘蕊。斷回腸，思故里。漫彈綠綺。引三弄，不覺魂飛。

更聽胡笳哀怨淚沾衣。亂插繁華須異日，待孤諷，怕東風，一夜吹。」元注引杜公：「忽憶兩京梅發時。」「胡笳在樓上，哀怨不堪聽。」「安得健步移遠梅，亂插繁華向晴漢①。」樂天《憶杭州梅花》：「三年閒悶在餘杭，曾爲梅花醉幾場。」車駕時在臨安。柳子厚：「欲爲萬里贈，杳杳山水隔。寒英坐銷落，何用慰遠客？」江總：「桃李佳人欲相照，摘蕊牽花來並笑。」高適：「遥憐故人思故鄉，梅花滿枝空斷腸。」盧仝：「含愁更奏緑綺琴，相思一夜梅花發。」劉方平：「晚歲芳梅樹，繁華四面同。東風吹漸落，一夜幾枝空。」東坡：「忽見早梅花，不飲但孤諷。」「一夜東風吹石裂，半隨飛雪度關山。」〔四〕其二，《訪寒梅》云：「春還消息訪寒梅。賞初開。夢吟來。映雪銜霜清絶繞風臺。可怕長洲桃李妬，度香遠，驚愁眼，欲媚誰。曾動詩興笑冷蕊。效少陵，慙《下里》。萬株連綺。歎金谷，人墜鶯飛。引領羅浮翠羽幻青衣。月下花神言極麗，且同醉，休先愁，玉笛吹。」注引李太白：「聞道春還未相識，走傍寒梅訪消息。」「緑珠樓下梅花滿，今日曾無一枝在。」江總：「金谷萬株連綺甍，梅花隱處藏嬌鶯。」何遜：「銜霜當路發，映雪擬寒開。枝横卻月觀，花繞凌風臺。」杜公：「東閣官梅動詩興，還如何遜在揚州。」「未將梅蕊驚愁眼，要取楸花媚遠天。」「巡簷索共梅花笑，冷蕊疎枝半不禁。」樂天：「賞自初開直至落。」「莫怕長洲桃李妬，明年好爲使君開。」王昌齡夢中作梅花詩。梁簡文賦「香隨風而遠度」，及趙師雄《羅浮見美人在梅花下有翠羽啾嘈相顧》詩云：「學粧欲待問花神。」崔櫓：「初開已入雕梁畫，未落先愁玉笛吹。」〔五〕其三，《憐落梅》云：「重閨佳麗最憐梅。牖春開，學粧來。爭粉翻光何遽落梳臺。笑坐雕鞍歌古曲，催玉柱，金卮滿，勸阿誰。貪爲結子藏暗蕊。斂蛾眉，隔千里。舊時羅綺，已零散，沈、謝雙飛。不見嬌姿真悔著單衣。若作和羹休訝晚，墮煙雨，任春風，片片吹。」注引梁簡文賦：「重閨佳麗，貌婉心嫺，憐早花之驚節，訝春光之遺寒。顧影丹墀，弄此嬌姿，洞開春牖，四卷羅幃。春風吹梅畏落盡，賤妾爲此斂蛾眉。」又：「爭樓上之落粉，奪機中之織素。」梁王詩：「翻光同雪舞。」鮑泉：「縈窗落梳臺。」江總：「滿酌金卮催玉柱，落梅樹下宜歌舞。」太白：「千金駿馬邀少妾，笑坐雕鞍歌落梅。」古曲有《落梅花》。又：「片片吹落春風香。」謝莊賦：「隔千里兮共明月。」庾信：「早知覓不見，真悔著衣單。」東坡：「抱叢暗蕊初含子」，「玉妃謫墮煙雨村」。王建：「自是桃花貪結子。」〔六〕第四篇失其稿〔七〕。每首有一「笑」字，北人謂之「四笑《江梅引》」，爭傳寫焉。

【校勘】

①「漢」，馬本、庫本、祠本作「昊」。

【箋證】

〔一〕先忠宣公，洪皓。東坡海外表，即《到昌化軍謝表》（《東坡全集》卷六九）。

〔二〕杜詩「歷歷開元事，分明在目前」，出《歷歷》（《杜詩詳注》卷一七）。

〔三〕黄大輿編《梅苑》卷一録柳耆卿《江梅引》：「年年江上見寒梅。幾枝開，暗香來。疑是月宫仙子下瑶臺。冷豔一枝雖在手，故人遠，相思切，寄與誰。怨極恨極嗅玉蕊。念此情，家萬里。暮霞散綺，楚天外，幾片斜飛。爲我多情特地點征衣。我已飄零君又老，正心碎，那堪聞，塞管吹。」按，忠宣所感「念此情，家萬里」之句，正在此詞中，則當時南北所流行者，即柳永此曲也。又按，此曲又見黄昇《花菴詞選》卷五、陳景沂《全芳備祖集前集》卷一《花部·梅花》，均作王觀詞，詞牌作《江城梅花引》。又見姚燧《牧菴集》卷三六，則誤收。

〔四〕杜甫三詩，分别出《立春》（《杜詩詳注》卷一八）、《獨坐》（卷二〇）、《蘇端薛復筵簡薛華醉歌》（卷四）。白居易《憶杭州梅花》，即《憶杭州梅花因叙舊游寄蕭協律》（《白氏長慶集》卷二三）。柳宗元詩，出《早梅》（《柳河東集》卷四三）。江總詩，出《梅花落》（《藝文類聚》卷八六《果部上·梅》）。高適詩，出《人日寄杜二拾遺》（《高常侍集》卷八）。盧仝詩，出《有所思》（《全唐詩》卷三八八）。劉方平詩，出《梅花落》（《全唐詩》卷二五一）。東坡詩，出《次韻李公擇梅花》《梅花二首》之二（俱見《東坡全集》卷一一）。

〔五〕李太白二詩，分别出《早春寄王漢陽》（王琦《李太白集注》卷一四）、《魯郡堯祠送竇明府薄華還西京》（同前卷一六）。江總詩，出《梅花落》（《藝文類聚》卷八六《果部上·梅》）。何遜詩，出《詠早梅》（《藝文類聚》卷八六）。杜甫三詩，分别出《和裴迪登蜀州東亭送客逢早梅相憶見寄》（《杜詩詳注》卷九）、《十二月一日三首》之一（卷一四）、《舍弟觀赴藍田取妻子到江陵喜寄三首》之二（同前卷二一）。樂天二詩，分別出《憶杭州梅花因叙舊游寄蕭協律》（《白氏長慶集》卷二三）、《新栽梅》（同前卷二四）。梁簡文賦「香隨風而遠度」，出《梅友賦》（《藝文類聚》卷八六）。趙師雄詩，出《龍城録》，參《隨筆》卷一〇《梅花横參》箋證。崔櫓詩，王定保《唐摭言》卷一〇：「崔櫓慕杜紫微爲詩，而櫓才情麗而近蕩，有《無機集》三百篇，尤能詠，如《梅花》詩曰：『强半瘦因前夜雪，數枝愁向晚來天。』復曰：『初開已入雕梁畫，未落先愁玉笛吹。』」

按「王昌齡夢中作梅花詩」，胡仔《漁隱叢話前集》卷四一《東坡四》引《高齋詩話》云：「『高情已逐曉雲空，不與梨花同夢。』後見王昌齡《梅》詩云：『落落寞寞路不分，夢中喚作梨花雲。』方知東坡引用此詩也。」葉廷珪《海録碎事》卷九上《夢寐門》「梨花夢」條：「東坡《梅詞》：『高情已逐曉雲空，不與梨花同夢。』注：『王昌齡夢中作梨花詩。』」

〔六〕 梁簡文賦，出《梅友賦》（《藝文類聚》卷八六）。梁王「翻光同雪舞」詩，出王筠《和孔中丞雪裏梅花》（《文苑英華》卷三二二）。「梁王」二字之下脱「筠」字。鮑泉「縈窗落梳臺」，出其《詠梅花》詩（《藝文類聚》卷八六）。江總詩，出其《梅花落》（同前卷八六）。太白詩「千金駿馬邀少妾」，出《襄陽歌》（《李太白集注》卷七）；「片片吹落春風香」，出《酬殷明佐見贈五雲裘歌》（同前卷八）。謝莊《月賦》，見《藝文類聚》卷一《天部上·月》。庾信《梅花》，見《文苑英華》卷三二二。東坡二詩，分別出《紅梅三首》之三（《東坡全集》卷一二），《花落復次前韻》（同前卷一二）。王建《宮詞》，見《王司馬集》卷八。

〔七〕况周頤《廣蕙風詞話·歷代詞人考略》卷二二「洪皓」條：「洪忠宣《江梅引》詞换頭『蕊、里、綺』三韻仄叶，調情婉麗可喜。詞本四闋。《容齋五筆》云：『第四篇失其稿。』檢《陽春白雪》載忠宣《江梅引》一闋，正用此韻，題爲『使北時和李漢老詞』。云：『去年湖上雪欺梅。月飛來，片雲開。雪月光中、無處認樓臺。今歲梅開依舊雪，人如月，對花笑，還有誰。一枝兩枝三四蕊。想西湖，今帝里。彩箋爛綺。孤山外，目斷雲飛。坐久花寒、香露濕人衣。誰作叫雲横短玉，三弄砌，對東風，和淚吹。』此詞過拍亦有『笑』字，未知即失稿之第四篇否。」

11 州縣名同

晉、宋以來，置立州郡，惟以多爲貴。先是中原陷胡、羯，本土遺民，或僑寓南方，故即其所聚爲立郡。而方伯所治之州，亦仍舊名。如南徐、南兖、南豫、南雍州、南蘭陵、南東海、南瑯邪、南東莞、南魯郡，其類不一〔一〕。魏、周在北，亦如此〔二〕。隋、唐不復然。國朝之制，州名或同，則增一字以别之。若河北有雄州、恩州，故廣東者增南字；蜀有劍州，故福建者亦增南字。以至西和、西安州亦然。其聲音頗同，患於舛誤，則俗間稱呼，自加上下東西爲别。故稱岳爲上岳，鄂爲下鄂。清州與青類，稱爲北清；郢州與潁類，稱爲西郢；融州與容類，稱爲西融者是也。若縣邑則不問，今河南、静江府、鞏州皆有永寧縣，饒、卭、衡州皆有安仁縣，蔡、英之真陽，廬、汝之梁，光、台之仙居，臨安、建昌之新城，越、筠之新昌，婺、蜀之永康，處、吉之龍泉，嚴、池之建德，渭、秀之華亭，信、吉之永豐，郴、興國之永興，衢、嘉之龍游，施、臨江之清江，洪、萬之武寧，福、循之長樂，郴、連之桂陽，福、桂之永福是也〔三〕。

【箋證】

〔一〕《晉書》卷一五《地理志下》：元帝渡江，「是時，幽、冀、青、并、兖五州及徐州之淮北流人相帥過江淮，帝並僑立郡縣以司牧之。割吴郡之海虞北境，立郯、朐、利城、祝其、厚丘、西隰、襄賁七縣，寄居曲阿，以江乘置南東海、南琅邪、南東平、南蘭陵等郡，分武進立臨淮、淮陵、南彭城等郡，屬南徐州，又置頓丘郡屬北徐州。明帝又立南沛、南清河、南下邳、南東莞、南平昌、南濟陰、南濮陽、南太平、南泰山、南濟陽、南魯等郡，以屬徐、兖二州，初或居江南，或居江北，或以兖州領州。」《宋書》卷三五《州郡志》：「自夷狄亂華，司、冀、雝、涼、青、并、兖、豫、幽、平諸州一時淪没，遺民南渡，並僑置牧司，非舊土也。江左又分荆爲湘，或離或合，凡有揚、荆、湘、江、梁、益、交、廣，其徐州則有過半，豫州唯得譙城而已。及至宋世，分揚州爲南徐，徐州爲南兖，揚州之江西悉屬豫州；分荆爲雝，分荆、湘爲郢，分荆爲司，分廣爲越，分青爲冀，分梁爲南北秦。太宗初，索虜南侵，青、冀、徐、兖及豫州淮西，並皆不守，自淮以北，化成虜庭。於是於鍾離置徐州，淮陰爲北兖，而青、冀二州治贛榆之縣。今志大較以大明八年爲正。」他可詳《晉書・地理志》《宋書・州郡志》及《通典》卷一七一《州郡》。錢大昕《十駕齋養新餘録》卷中《晉書地理志之誤》：「晉自永嘉之亂，中原淪陷，元帝稱制建康，僑置徐、兖、青、豫諸州郡於揚州之域，以處中華流人。初無實土，及桓温當國，始有土斷之令。然自元帝至孝武百有餘年，僑州僑郡未有加『南』字者。安帝義熙之世，劉裕滅南燕，收復徐、兖、青故土，於是有北徐、北青、北兖之名。而僑置之名，猶如故也。《宋書・武帝紀》：『永初元年八月辛酉，諸舊郡縣以北爲名者悉除；寓立於南者，聽以南爲號。』是郡縣去北加南，始於宋受禪以後，而晉朝無此名也。不獨郡縣，即州名亦從而改易。」

〔二〕如《魏書》卷四二《寇讚傳》：「秦、雍之民來奔河南、滎陽、河内者户至萬數，拜讚安遠將軍、南雍州刺史、軹縣侯，治于洛陽，立雍州之郡縣以撫之。由是流民襁負自遠而至，三倍於前。」又《魏書》卷六〇《韓顯宗傳》：顯宗上言：「自南僞相承，竊有淮北，欲擅中華之稱，且以招誘邊民，故僑置中州郡縣。自皇風南被，仍而不改，凡有重名，其數甚衆。疑惑書記，錯亂區宇。非所以疆域物土，必也正名之謂也。」

〔三〕《十駕齋養新録》卷一一《宋縣名相同》，引《五筆》本條，按云：「洪氏所舉，尚遺金、綿之石泉，滁、汀之清流，潭、慶、渭之安化，鞏、道之寧遠，江、泉之德化，泰、興化之興化，荆、邵武之建寧，郴、循之興寧，平、定化之樂平，臨安、南寧之昌化，汀、寧化之寧化，唯郴之興寧置於嘉定間，洪氏所未及見，此外難免掛漏之譏矣。」

12 三衙軍制

乾道四年正月，邁爲中書舍人，因入對，論三衙軍制名稱不正：「以祖宗之制論之，軍職之大者，凡八等。除都指揮使或不常置外，曰殿前副都指揮使、馬軍副都指揮使、步軍副都指揮使，曰殿前都虞候、馬軍都虞候、步軍都虞候，曰捧日天武四廂都指揮使、龍神衛四廂都指揮使，秩秩有序，若登梯然，不可一級輒廢。一或有闕，即以功次遞遷。降此而下，則分營、分廂，各置都副指揮使，如捧日左廂第一軍、天武右廂第二軍之類。邊境有事，命將討捕，則旋立總管、鈐轄、都監之名，使各將其所部以出。事已則復初。累聖相承，皆用此術，以制軍詰禁。自南渡以後，觸事草創，於是三帥之資淺者，始有主管某司公事之稱。而都虞候以下，不復設置，乃以宿衛虎士而與在外諸軍同其名，以統制、統領爲之長。又使遥帶外路總管、鈐轄。考之舊制則非法，稽之事體則非是。以陛下聖明，能知人善任，使所謂爪牙之士，豈無十數人以待用者？若法祖宗之制，正三衙之名，改諸軍爲諸廂，改統制以下爲都虞候、指揮使，使宿衛之職預有差等，士卒之心明有所係，異時拜將，必無一軍皆驚之舉。於以銷壓未萌，循名責實，則環衛將軍雖不置可也。乞下樞密院討論故實，圖議其當，恐或可以少贊布昭聖武之意。」讀劄子畢，孝宗甚喜，即批付樞密院。

是時，知院虞允文使四川，同知劉珙不樂，曰：「舍人要如何行？」對之以「但隨所見敷陳，若施行與否，自係廟堂處分」。竟寢不行〔一〕。後閲《華陽集》，王珪撰《高瓊神道碑》云：「王爲殿前都指揮使，管軍員闕，兼領二司，王乃言曰：『臣老矣，如有負薪之憂，誰爲可任者？先朝自殿前而下，各置副都指揮使及都虞候，常有十人，職近事親，易以第進，又使士卒預識其威名，緩急臨戎，上下得以附習，此軍制之大要也。』有旨從之。」〔二〕據瓊所言如此，正合前説。

【箋證】

〔一〕《宋史》卷一六一《職官志》：「洪邁欲改三衙軍官稱謂，當時嘉之，卒未暇講。考古之制，量今之宜，蓋自元祐以逮政和已未，嘗拘乎元豐之舊。中興若稽成憲，二者並行而不悖，故凡大而分政任事之臣，微而筦庫監局之官，沿襲不革者，皆先後所同便也，或始創而終罷，或欲革而猶因，則有各當其可者焉。」容齋奏劄全文，見拙輯《鄱陽三洪集》卷九一。錢大昕《廿二史考異》卷七一《宋史五·職官志六》「乾道中臣僚言三衙軍制名稱不正」條：「此洪邁在翰林日所上劄子也。殿前司、侍衛馬軍司、侍衛步軍司，當時謂之三衙；各置都指揮使、副都指揮使、都虞候，皆帥也，故有三帥。殿前、馬軍二司題名，今不可考矣。馬軍司題名，則《景定建康志》有之。考其所載，自建炎以後，皆稱主管侍衛馬軍司公事。至乾道九年，始除趙樽都指揮使。淳熙二年，除李川、王明皆都虞候。三年，除吴拱都指揮使。六年除馬定遠，七年除雷世賢，皆都虞候。十二年，世賢遷副都指揮使。紹熙元年，除張師顔都虞候。是容齋之議，固已見諸實施。開禧以後，復有主管馬軍司公事之稱，間有除副都指揮使及都虞候者，不過十之一二耳。」

「環衛將軍」，按《宋史》卷一六六《職官志》：「隆興中，始命學士洪遵等討論典故，復置十六衛，號環衛官。其法：節度使則領左、右金吾衛上將軍，承宣使則領左、右衛上將軍，在內則兼帶，在外則不帶；正任爲上將軍，遥郡爲大將軍，正親兄弟子孫試充。」

〔三〕王珪《華陽集》卷四九《推忠保節翊戴功臣忠武軍節度許州管内觀察處置等使開府儀同三司檢校太尉使持節許州諸軍事行許州刺史兼御史大夫上柱國渤海郡開國公食邑八千七百户食實封三千户累贈太師尚書令兼中書令烈武高衛王神道碑銘》。引文之前有云：真宗賜對便殿，「因言殿前諸班，捧日、天武諸軍皆拱衛之兵，其數日益耗。真宗曰：『三司以邊儲不足，未暇增補也。』王（高瓊）曰：『臣興國、雍熙中爲軍廂主，是時諸指揮皆滿五百人以上。若積計所闕，軍食固當有餘，三司曷爲不足？』雖以其言爲然，而未能遽行。未幾，後殿選補諸軍班，王請於所絀中更選人以益之。或曰：『上意所不欲，王固欲之，且典握禁兵，不懼疑至則身辱乎？』王曰：『吾以死許國，安復以疑自顧也。』會馬軍都指揮使權步軍司葛霸在告管軍獨有四廂指揮使劉謙一人，王既兼領二司，乃言『臣老矣』」云云。

13 歐陽公勳封贈典

吉州新刊《歐陽公文集》〔一〕，於《年譜》下盡載官爵、制詞，無一遺落。考之今制，多有不合。雖非事之所以損益，謾書於策，且記典章隨時之異云。公自太子中允初加勳，便得騎都尉，越過驍、武、飛、雲四級〔二〕。自龍圖閣直學士初封爵，便得信都縣子，越過男一等〔三〕。翰林學士加恩而得五百户，初加實封，便得二百户〔四〕。及罷政，爲觀文學士，遇郊而加食邑五百户，實封二百户〔五〕。薨之後，以子登朝，遇大禮，自太子太師合贈司空，而躐贈太尉，蓋超空、徒、保、傅四官〔六〕。再贈即爲太師，仍封國公〔七〕。今殊不然，除勳官既罷外，侍從初封，亦從縣男爲始，每加不過三百户。（待制侍郎只二百。）初得實封財百户。執政去位，但與侍從同，均爲虚邑三百而已。身後加贈，只單轉一官，兩子升朝，乃進二官，雖三四人亦不增，未有宫師直贈太尉者。（今太傅也①。）又公任知制誥、知潁州轉官而與直龍圖閣、知亳州王洙同一詞〔八〕。《唐書》成，進秩，五人同制。公與宋景文公、范文忠公、王忠簡公皆帶從官職，而宋次道乃集賢校理耳〔九〕。

【校勘】

①此條兩處注文，據馬本、庫本、祠本補。

【箋證】

〔一〕《四庫全書總目》卷一五三《文忠集》提要：「《宋史·藝文志》載修所著《文集》五十卷，《别集》二十卷，《六一集》七卷，《奏議》十八卷，《内、外制集》十一卷，《從諫集》八卷。諸集之中，惟《居士集》爲修晚年所自編，其餘皆出後人哀輯，各自流傳，如衢州刻《奏議》，韶州刻《從諫集》，浙西刻《四六集》之類。又有廬陵本、京師舊本、綿州本、宣和吉本、蘇州本、閩本，諸名分合不一。陳振孫《書録解題》謂修集遍行海内，而無善本，蓋以是也。」按《四庫全書》本《文忠集》爲周必大所編定，卷首有《年譜》（下文引用即是此譜），卷末附録《制詞》，容齋所見皆在。

〔二〕《年譜》：慶曆元年十二月，加騎都尉。

〔三〕《年譜》：慶曆四年十一月，南郊恩，進階朝散大夫，封信都縣開國子，食邑五百户。

〔四〕《年譜》：嘉祐元年九月，大慶殿行恭謝禮，爲贊引太常卿，禮成，加上輕車都尉，進封樂安郡開國侯，加食邑五百。五年十一月，拜樞密副使，加食邑五百户，食實封二百户。六年八月，轉户部侍郎、參知政事，進封開國公，加食邑五百户，食實封二百户。

〔五〕《年譜》：治平四年三月壬申，除觀文殿學士，轉刑部尚書，知亳州。熙寧元年，連上表乞致仕，不允。八月乙巳，轉兵部尚書，改知青州，充京東東路安撫使。九月丙申，至青。十一月丁亥，郊祀恩，加食邑五百户，食實封二百户。

〔六〕《年譜》：熙寧四年，累章告老，六月甲子，以觀文殿學士、太子少師致仕。五年閏七月，薨。八月，贈太子太師。元豐三年十二月，以子升朝，遇大禮，贈太尉。

〔七〕《年譜》：元豐八年十一月，贈太師，追封康國公。紹聖三年五月，追封兖國公。崇寧三年，追封秦國公。政和三年，追封楚國公。

〔八〕《十五任轉禮部郎中制詞》：「敕：群臣有常以善道益吾者，今雖在外，吾不忘也。事任有期，既未得即還左右，且進升其官秩，亦足表待遇之意焉。朝散大夫、行起居舍人、知制誥、知潁州、上騎都尉、信都縣開國伯、食邑八百户、賜紫金魚袋歐陽某，頃用文詞登朝，居諫諍之任，屢以謇諤之言，陳闕失。朝奉郎、尚書工部員外郎、直龍圖閣、知亳州、上騎都尉、賜紫金魚袋王洙，往由經藝入侍，備顧問之職，嘗以博洽之學資見聞，間緣薄疵，並領外寄。嚴助守藩，久去承明之直；望之懷闕，應有本朝之思。吾嘉才猷，實用矜爾。爰各遷於品秩，俾仍預於教條。行將召生，毋曰留滯。《詩》曰：『心乎愛矣，遐不謂矣。』其務淑慎，體兹睠懷。修可特授尚書禮部郎中，依前知制誥、知潁州，散官勳封賜如故，仍放朝謝。洙可特授尚書刑部員外郎，依前直龍圖閣、知許州軍州，兼管内堤堰橋道勸農事及管勾開治溝洫河道事，替宋祁，散官勳賜如故，仍放謝辭。」末注：「李絢行。」（《文忠集》附録卷一《制詞》）

〔九〕《續資治通鑑長編》卷一九二：嘉祐五年七月戊戌，「翰林學士歐陽修等上所修《唐書》二百五十卷，刊修及編修官皆進秩，或加職，仍賜器幣有差」。「《唐書》成，進秩，五人同制」，即《二十六任轉禮部侍郎制詞》。其詞曰：「敕：古之爲國者法後王，爲其近於己，制度文物可觀故也。唐有天下且三百年，明君賢臣，相與經營扶持之，其盛德顯功、美政善謀，固已多矣，而史官非其人，記述失序，使興壞成敗之迹晦而不章，朕甚恨之，故擇廷臣筆削舊書，勒成一家。翰林學士兼龍圖閣學士、朝散大夫、給事中、知制誥、充史館修撰、刊修《唐書》、兼判祕閣祕書省、兼充群牧使、護軍、樂安郡開國侯、食邑一千三百户、食實封二百户、賜紫金魚袋歐陽某，端明殿學士兼翰林侍讀學士、龍圖閣學士、朝請大夫、守尚書吏部侍郎、充集賢殿修撰、知鄭州、上柱國、常山郡開國公、食邑二千三百户、食實封六百户、賜紫金魚袋宋祁，創立統紀，裁成大體。朝散大夫、尚書禮部郎中、知制誥、充集賢殿修撰、糾察在京刑獄、兼權判尚書工部、充宗正寺修玉牒官、騎都尉、高平縣開國男、食邑三百户、賜紫金魚袋范鎮，朝奉郎、守尚書刑部郎中、知制誥、同勾當三班院、上輕車都尉、賜紫金魚袋王疇，三司度支判官、朝奉郎、太常博士、充集賢校理、編修《唐書》官、上騎都尉、賜緋魚袋宋敏求，網羅遺逸，厥協異同，凡十有七年，大典乃立。宏富精覈，度越諸子矣，皆校讎有功。朕將據古鑒今，以立時治，爲朕得法，其勞不可忘也。皆遷秩一等，布其書天下，使學者咸覩焉。修可特授守尚書禮部侍郎，依前知制誥、史館修撰、充翰林學士，散官、差遣、勳封、食實封，賜如故。祁可特授守尚書左丞，依前集賢殿修撰、充端明殿學士兼翰林侍讀學士、龍圖閣學士，散官、差遣、勳封、食實封、賜如故，仍放朝謝。鎮可特授尚書吏部郎中，依前知制誥、充集賢殿修撰，散官、差遣、勳封、賜如故。疇可特授守尚書右司郎中，依前知制誥，散官、勳、賜、差遣如故。敏求可特授尚書工部員外郎，依前集賢校理、充三司度支判官，散官、勳、賜如故。」末注：「劉敞行。」（見《文忠集》附録卷一《制詞》）

14 嘉祐四真

嘉祐中，富韓公爲宰相，歐陽公在翰林，包孝肅公爲御史中丞，胡翼之侍講在太學，皆極天下之望。一時士大夫相語曰：「富公真宰相，歐陽永叔真翰林學士，包老真中丞，胡公真先生。」遂有四真之目。歐陽公之子發、棐等叙公事迹，載此語，可謂公言〔一〕。

【箋證】

〔一〕歐陽修《文忠集》附録卷五載男發等述《事迹》。

15 五方老人祝聖壽

聖節所用祝頌樂語，外方州縣各當筵致語一篇〔一〕，又有王母隊者〔二〕，若教坊，唯祝聖而已。歐陽公集乃載《五方老人祝壽文》五首，其東方曰：「但某太山老叟、東海真仙，溜穿石而曾究始終，松避雨而備知歲月。羲氏定三百六日，嘗守寅賓之官；夷吾紀七十二君，盡覩登封之事。遇安期而遺棗，笑方朔之偷桃。風入律而來自巖前，斗指春而光臨洞口。昔漢武帝嘗懷三島之勝游，有羡門生欲謁巨公於昭代，今則紫庭降聖，華渚開祥，遠離朝日之方，來展望雲之懇。千八百國，咸歸至治之風；億萬斯年，共禱無疆之壽。」其頌只四句〔三〕。西、中、南、北方皆然〔四〕。集中不云何處所作，今無復用之。

【箋證】

〔一〕參《四筆》卷一五《教官掌箋奏》。按，徐師曾《文體明辨序説》：「宋制，正旦、春秋、興龍、坤成諸節，皆設大宴，仍用聲伎。於是命詞臣撰致語以畀教坊，習而誦之，而吏民宴會，雖無雜戲，亦有首章，皆謂之樂語」。如史浩《天申節錫宴當筵致語》（《鄮峰真隱漫録》卷三七《致語》）。

〔二〕如洪适《盤洲文集》卷六六《致語二》有《王母隊祝聖致語》，云：「流祥光於華渚，倬彼成章；來仙侶於崑丘，欣然上壽。恭惟皇帝陛下，粃糠夏子，冠冕勳華。如星非星，如雲非雲，六符輝煥；曰暘而暘，曰雨而雨，五韙叶調。帝業等於山河，王度式如金玉。比屋迓可封之治，殊鄰修不戰之歡。洩洩融融，慶承顔於長樂；葱葱鬱鬱，載望氣於南陽。式逢貫月之辰，咸致後天之祝。集三島十洲之羽客，獻千秋萬歲之瑞圖。宛宛黄虬，曾發至尊之笑；峩峩戴勝，更羞玉女之珍。臣妾等遥望細氊，少留綵節。輒成口號，以助頌聲：六幕紛紛啓瑞篇，非煙深處下芝軿。穆王擾擾不謀治，武帝區區空學仙。今代一人真間世，它時五老與疑年。歡呼亦有南山頌，誰解吹噓上九天。」其體制正與《五方老人祝壽文》相似。又同書卷六七《致語三》亦有《王母隊祝聖致語》一篇，體式同。按王士禛《居易録》卷八：「王建《宫詞》：『每遍舞頭分兩向，太平萬歲字當中。』今外國猶傳其制。鄭麟趾《高麗史》云：『教坊女弟子奏《王母隊》歌舞，一隊五十五人，舞成四字，或君王萬歲，或天下太平。』此其遺意也。」

〔三〕歐陽修《文忠集》卷一三一《聖節五方老人祝壽文》之《東方老人》。頌四句曰：「東海蓬萊第一仙，遥瞻西北祝堯天。願皇長似東君壽，與物爲春億萬年。」

〔四〕《西方老人》：「但某秦川故老、華岳幽人，詢仙掌之遺蹤，咸知始末；戀蓮峰之絶頂，不記歲時。漱流玉乳之泉，枕石雲陽之洞，逍遥物外，笑傲林間。奉王母之蟠桃，嘗延漢帝；指老聃之仙李，永佑唐基。掌中五色之丸，世上千年之壽。欣逢聖代，來至塵寰。當洪河澄九曲之時，是甲觀誕一人之日。祥麟游於泰畤，天馬來於大宛。景星見而朱草生，瑞露降而赤烏集。既遇無爲之化，宜歌有道之君。是以駕青牛而度函關，指丹鳳而趨魏闕。唯願慶源流遠，齊河海以無窮；睿算緜長，等乾坤而不老。遥望天庭，敢進祝聖之頌：華嶽峰頭萬葉蓮，開花今古世相傳。願皇長似蓮峰久，結實盤根不記年。」

《中央老人》：「但某棲心嵩極，振迹伊川，年高而可等松椿，氣粹而嘗餐芝朮。洞裏之煙霞不老，壺中之日月偏長。當聖主之盛時，居天心之奥壤。但見璿璣運而寒暑正，土圭測而陰陽和。冠帶被於百蠻，玉帛來於萬國。龍在沼而麟在藪，河出圖而洛出書。民躋壽域之中，俗樂春臺之上。今則堯眉誕秀，舜目開祥，遠離王屋之間，來入帝畿之内。仰瞻天表，莫非嶽降之神；上祝皇圖，豈止山呼之歲。遥望天庭，敢進祝聖之頌：嵩高維嶽鎮中天，王氣盤基降壽仙。惟願吾皇等嵩嶽，三靈齊祝萬斯年。」《南方老人》：「但某託迹炎洲，游神衡嶽，非海濱之野叟，乃星極之老人。當火德爲治之朝，是離明繼照之日。里社鳴而聖人出，泰階正而王道平。百蠻向風，重譯來貢。屢覩豐年之上瑞，故知百姓之歡心。鼓腹而歌，治世之音安以樂；曲肱而枕，化國之日舒以長。斯可謂唐虞之民，又豈止成康之日。今則流虹誕聖，遶電開祥，來趨北闕之前，上祝南山之永。雲翔霧集，既羅仙籍之班；地久天長，以禱皇家之祚。遥望天庭，敢進祝聖之頌：南極星中一老人，南山爲壽祝吾君。願君永奏南薰曲，當使淳音萬國聞。」《北方老人》：「但某修真北嶽，常傾葵藿之心；混俗幽都，不避草茅之迹。潛神自得，味道爲娱。易水歌風，曾識荆軻於往歲；燕山勒石，親逢竇憲於當年。仙家之景物常春，人世之光陰易老。華表之鶴，未久還來；蓮葉之龜，於時屢見。但處積陰之境，每輸就日之誠。望干吕之青雲，慶流虹於華渚。當萬域來王之際，是千齡誕聖之初。是以歷沙漠而朝宗，叩天閽而祝頌。惟願慶基不朽，永齊金石之堅；寶祚無疆，更等山河之固。遥望天庭，敢進祝聖之頌：北嶽神仙九轉丹，特來北闕獻君前。願將北極齊君壽，萬國陶陶共戴天。」（俱見《文忠集》卷一三一《聖節五方老人祝壽文》）

容齋五筆卷四 九則

1 作詩旨意

《詩》三百篇中，其譽婦人者至多。如叙宗姻之貴者，若「平王之孫，齊侯之子」〔一〕，「汾王之甥，蹶父之子」〔二〕，「齊侯之子，衛侯之妻，東宫之妹，邢侯之姨，譚公維私」〔三〕。夸服飾之盛者，若「副笄六珈」，「如山如河」，「玉之瑱也，象之揥也」〔四〕。贊容色之美者，若「唐棣之華」，「華如桃李」〔五〕，「鬒髮如雲」〔六〕，「手如柔荑，膚如凝脂，領如蝤蠐，齒如瓠犀，螓首蛾眉。巧笑倩兮，美目盼兮」〔七〕，「顔如舜華」，「洵美且都」〔八〕。語嫁聘之侈者，若「百兩彭彭，八鸞鏘鏘，不顯其光。諸娣從之，祁祁如雲，爛其盈門」〔九〕。其詞可謂盡善矣。魏、晉、六朝，流連光景，不可勝述。唐人播之歌詩，固亦極摯。若「態濃意遠淑且真，肌理細膩骨肉勻。繡羅衣裳照暮春，蹙金孔雀銀麒麟」，「翠微㔩葉垂鬢脣①，珠壓腰衱穩稱身」〔一〇〕，「深宫高樓入紫清，金作蛟龍盤繡楹。佳人當窗弄白日，絃將手語彈鳴箏」〔一一〕，「回眸一笑百媚生，六宫粉黛無顔色」，「後宫佳麗三千人，三千寵愛在一身」，「金屋粧成嬌侍夜，玉樓宴罷醉和春」〔一二〕，「樓上樓前盡珠翠，眩轉熒煌照天地」〔一三〕。此皆李、杜、元、白之麗句也。予獨愛朱慶餘《閨意》一絶句上張籍水部者，曰：「洞房昨夜停紅燭，待曉堂前拜舅姑。粧罷低聲問夫壻，畫眉深淺入時無？」〔一四〕細味此章，元不談量女之容貌，而其華豔韶好，體態温柔，風流醖藉，非第一人不足當也。歐陽公所謂「狀難寫之景如在目前，含不盡之意見於言外，然後爲工」〔一五〕，斯之謂也。慶餘名可久，以字行。登寶曆進士第，而官不達。著録於《藝文志》者只一卷〔一六〕，予家有之，他不逮此。張籍酬其篇云：「越女新粧出鏡心，自知明豔更沈吟。齊紈未是人間貴，一曲菱歌直萬金。」其愛之重之，可見矣。然比之慶餘，殊爲不及。

【校勘】

①「匄」原作「匃」，「垂」原作「重」，據馬本、庫本、祠本改。

【箋證】

〔一〕《召南·何彼襛矣》。

〔二〕《大雅·韓奕》。

〔三〕《衛風·碩人》。

〔四〕《鄘風·君子偕老》。

〔五〕《召南·何彼襛矣》。

〔六〕《鄘風·君子偕老》。

〔七〕《衛風・碩人》。

〔八〕《鄭風・有女同車》。

〔九〕《大雅・韓奕》。

〔一〇〕杜甫《麗人行》，仇兆鰲《杜詩詳注》卷二。

〔一一〕李白《春日行》，王琦《李太白集注》卷三。

〔一二〕白居易《長恨歌》，《白氏長慶集》卷一二。

〔一三〕元稹《連昌宫詞》，《元氏長慶集》卷二四。

〔一四〕范攄《雲谿友議》卷下《閨婦歌》：「朱慶餘校書既遇水部郎中張籍知音，遍索慶餘新製篇什數通，吟改後只留二十六章，水部置於懷抱而推贊焉。清列以張公重名，無不繕録而諷詠之。遂登科第。朱君尚爲謙退，作《閨意》一篇，以獻張公。張公明其進退，尋亦和焉。詩曰：『洞房昨夜停紅燭，待曉堂前拜舅姑。粧罷低聲問夫壻，畫眉深淺入時無。』張籍郎中酬曰：『越女新粧出鏡心，自知明豔更沈吟。齊紈未足人間貴，一曲菱歌抵萬金。』朱公才學因張公一詩名流於海内矣。」

〔一五〕《六一詩話》：「聖俞常語予曰：『詩家雖率意，而造語亦難，若意新語工，得前人所未道者，斯爲善也。必能狀難寫之景如在目前，含不盡之意見於言外，然後爲至矣。』」

〔一六〕《宋史》卷二〇八《藝文志》《直齋書録解題》卷一九著録《朱慶餘詩》一卷。

2 平王之孫

《周南》《召南》之詩，合爲二十有五篇。自漢以來爲之説者，必系之文、武、成、康，故不無牴牾。如《何彼穠矣①》乃美王姬之詩，其辭有：「平王之孫，齊侯之子」兩句，翻覆再言之。毛公箋云：「武王女，文王孫，適齊侯之子。」鄭氏不立説〔一〕。考其意，蓋以平王爲平正之王，齊侯爲齊一之侯，若所謂「武王載旆」〔二〕，「成王之孚」〔三〕，「成王不敢康」〔四〕，非指武與成者。然證諸《春秋經》，魯莊公元年，當周莊王之四年，齊襄公之五年，書曰：「單伯送王姬。」繼之以「築王姬之館于外」，又繼之以「王姬歸于齊」。杜預注云：「王將嫁女于齊，命魯爲主。莊公在諒闇，慮齊侯當親迎，不忍便以禮接於廟，故築舍於外。」〔五〕末書「歸于齊」者，終此一事也。十一年又書「王姬歸于齊」，《傳》言「齊侯來逆共姬」，乃桓公也〔六〕。莊王爲平王之孫，則所嫁王姬當是姊妹②，齊侯之子即襄公、桓公也。二者必居一于此矣。明白如是，而以爲「武王女，文王孫」，於義何取〔七〕？

【校勘】

①「穠」，馬本、庫本、祠本作「襛」。　②「姊」，原作「娣」，據馬本、庫本、祠本改。

【箋證】

〔一〕《召南·何彼襛矣》。

〔二〕《商頌·長發》。《傳》：「武王，湯也。」

〔三〕《大雅·下武》：「永言配命，成王之孚。」《箋》云：「永，長。言，我也。命，猶教令也。孚，信也。此爲武王言也。今長我之配行三后之教令者，欲成我周家王道之信也。」

〔四〕《周頌·昊天有成命》：「昊天有成命，二后受之。成王不敢康，夙夜基命宥密。」《傳》：「二后，文、武也。」《箋》云：「昊天，天大號也。有成命者，言周自后稷之生而已有王命也。文王、武王受其業，施行道德，成此王功，不敢自安逸，早夜始順天命，不敢解倦，行寬仁安静之政以定天下。」

〔五〕《左傳》莊公元年。

〔六〕《左傳》莊公十一年。

〔七〕鄭樵《六經奥論》卷三《詩經》「毛鄭之失」條：「《何彼襛矣》之詩，平王以後之詩也，注以爲武王之詩，而謂平王爲平正之王，齊侯爲齊一之侯。案《春秋》莊公元年書王姬歸於齊，乃桓王女，平王孫，下嫁於齊襄公，故《詩》曰：『齊侯之子，平王之孫。』斷無疑。《周頌》作於康王、成王之世，故稱成王、成康，今毛、鄭以《頌》皆成王時作，不應得稱成王、康王，故於《昊天有成命》云『成王不敢康』爲成此王功，不自安逸；《執競》之『不顯成康』，謂成大功而安之；《噫嘻》之『成王』謂成是王事。惟以《召南》爲文、武之詩，故不得不以平王爲平正之王；惟以《周頌》爲成王時作，故不得不以『成王』爲成此王功也。殊不知《詩》中此類甚多。《召南》中有康王以後之詩，有平王以後之詩，不特文、武時也。《甘棠》《行露》之美召公既没之後，在康王世也；《何彼穠矣》作於平王已後，亦猶是也，不必謂武王詩。《大雅》中《大明》之『維此文王』，《思齊》之『文王之母』，《皇矣》之『比於文王』，《靈臺》之『王在靈沼』，《緜》之『文王蹶厥生』，皆後世詩人追詠之辭，何嘗作於文王之世？《周頌》之美成王，亦猶是也，不必謂成王時作也。鄭解經不能無失，孰有大於此者？」

3 毛詩語助

《毛詩》所用語助之字，以爲句絶者，若之、乎、焉、也、者、云、矣、爾、兮、哉，至今作文者皆然。他如只、且、忌、止、思、而、何、斯、旃、其之類，後所罕用。「只」字，如「母也天只，不諒人只」〔一〕；「且」字，如「椒聊且，遠條且」〔二〕，「狂童之狂也且」〔三〕，「既亟只且」〔四〕；「忌」字，如「叔善射忌，又良御忌」〔五〕。「止」字，如「齊子歸止」〔六〕，「曷又懷止」〔七〕，「女心傷止」〔八〕；「思」字，如「不可求思」〔九〕，「爾羊來思」〔一〇〕，「今我來思」〔一一〕；「而」字，如「俟我於著乎而，充耳以素乎而，尚之以瓊華乎而①」〔一二〕；「何」字，如「如此良人何」，「如此粲者何」〔一三〕；「斯」字，如「恩斯勤斯，鬻子之閔斯」〔一四〕，「彼何人斯」〔一五〕；「旃」字，如「舍旃舍旃」〔一六〕；「其」字，音基，如「夜如何其」〔一七〕，「子曰何其」〔一八〕，皆是也。「忌」惟見於《鄭詩》，「而」惟見於《齊詩》。《楚詞・大招》一篇全用「只」字〔一九〕。《太玄經》：「其人有輯杭，可與過其。」〔二〇〕至於「些」字，獨《招魂》用之耳〔二一〕。

【校勘】

①「尚之以瓊華乎而」，此句馬本、庫本、祠本俱無。

【箋證】

〔一〕《鄘風・柏舟》。

史繩祖《學齋佔畢》卷四《騷雅只止字同義》：「屈原《小招》句句用『只』字，蓋當時語助。晦菴《辨證》已摘其中『陟降堂只』與《詩》『陟降庭止』同字義矣，然余又以《詩》『母也天只，不諒人只』，而又云『會言近止，征夫邇止』，則《騷》《雅》『只』『止』同一字義明矣。」

〔二〕《唐風・椒聊》。按《傳》：「椒聊，椒也。」而或以「聊」亦語助。陸璣《毛詩草木鳥獸蟲魚疏》卷上「椒聊之實」條：「『椒聊』，聊，語助也。椒樹似茱萸，有針刺，莖葉堅而滑澤。」

〔三〕《鄭風・褰裳》。

〔四〕《邶風・北風》。

〔五〕《鄭風・大叔于田》。《傳》：「忌，辭也。」《箋》云：「『忌』讀如『彼己之子』之『己』。」

楊慎《丹鉛續録》卷一《經説・詩》「往近王舅」條：「毛萇曰：『近，己也。』鄭玄曰：『近，辭也。』慎按，近音記，毛注曰己。己，亦音記也。鄭玄『辭』者謂語助辭也。朱子《集傳》用鄭説。」

今之解者或不通此義。黄東發謂之諸舅猶有南土者，謬之甚矣。又按《詩》『彼其之子』，《禮記》作『彼記之子』，或又作『忌』，又作『己』，又作『忢』，如『叔善射忌』之例，然則近也、忌也、其也、己也、忢也，皆語助辭也。」

〔六〕《齊風·敝笱》。

〔七〕《齊風·南山》。

〔八〕《小雅·杕杜》。

〔九〕《周南·漢廣》。

〔一〇〕《小雅·無羊》。

〔一一〕《小雅·采薇》。

〔一二〕《齊風·著》。

〔一三〕《唐風·綢繆》。

〔一四〕《豳風·鴟鴞》。

〔一五〕《小雅·巧言》。

孫奕《示兒編》卷三《經説》「鸒斯」條：「《小弁》『弁彼鸒斯』，孔謂此鳥名鸒，而云斯者，語辭。其説誠有據。及考董氏，則信《爾雅》《禽經》師曠以二字爲名，李适中則又信楊子以二字爲名，曾不思詩人以『斯』爲語助者多矣，如『彼何人斯』，『哀我人斯』，『湛湛露斯』，『彼旟旐斯』，

『恩斯勤斯，鬻子之閔斯』，『以詛爾斯』，『天難忱斯』，『無射於人斯』，類皆云然，何董、李獨信諸子百家而不信經耶？　借曰《詩》亦有以螽斯名蟲，然《七月》云斯螽，其實一物，容可以一切已前之語辭者顛倒其文而均指爲物名乎？　不然，此篇又有柳斯、鹿斯，亦將並以二字爲柳、鹿名可乎？」郁之按，邢昺《爾雅疏》曰：「鸒而云斯者，語辭，猶『蓼彼蕭斯』之類也。」

〔一六〕《唐風・采苓》。

〔一七〕《小雅・庭燎》。

〔一八〕《魏風・園有桃》。俞琰《書齋夜話》卷一：「《書》云：『若之何其。』《詩》云：『夜如何其。』《記》云：『何居。』其、居，皆音箕，語助也。」

〔一九〕如云：「青春受謝，白日昭只。春氣奮發，萬物遽只。冥凌浹行，魂無逃只。魂魄歸徠，無遠遙只。」云云。

〔二〇〕《太玄經》卷一《從中至增第一》。

〔二一〕如云：「魂兮歸來，東方不可以託些。長人千仞，唯魂是索些。十日代出，流金鑠石些。彼皆習之魂，往必釋些。歸來歸來，不可以託些。」云云。

4　東坡文章不可學

東坡作《蓋公堂記》云：「始吾居鄉，有病寒而欬者，問諸醫，醫以爲蠱，不治且殺人。

取其百金而治之，飲以蟲藥，攻伐其腎腸，燒灼其體膚，禁切其飲食之美者。期月而百疾作，内熱惡寒而欬不已，纍然真蟲者也。又求於醫，醫以爲熱，授之以寒藥，旦朝吐之，莫夜下之，於是始不能食。懼而反之，則鍾乳、烏喙雜然並進，而漂疽、癰疥、眩瞀之狀無所不至，三易醫而病愈甚。里老父教之曰：『是醫之罪，藥之過也。子何疾之有！人之生也，以氣爲主，食爲輔。今子終日藥不釋口，臭味亂于外，而百毒戰于内，勞其主，隔其輔，是以病也。子退而休之，謝醫却藥，而進所嗜，氣全而食美矣。則夫藥之良者，可以一飲而效。』從之，期月而病良已。昔之爲國者亦然。吾觀夫秦自孝公以來，至於始皇，立法更制，以鑛磨鍛鍊其民，可謂極矣。蕭何、曹參親見其斲喪之禍，而收其民於百戰之餘，知其厭苦、憔悴、無聊，而不可與有爲也，是以一切與之休息，而天下安。」〔一〕是時，熙寧中，公在密州，爲此説者，以諷王安石新法也〔二〕。其議論病之三易，與秦、漢之所以興亡治亂，不過三百言而盡之。張文潛作《藥戒》，僅千言，云：「張子病痞，積於中者，伏而不能下，自外至者，捍而不能納，從醫而問之。曰：『非下之不可。』歸而飲其藥，既飲而暴下。不終日，而向之伏者散而無餘，向之捍者柔而不支。焦膈導達，呼吸開利，快然若未始有疾者。不數日，痞復作，投以故藥，其快然也亦如初。自是逾月，而痞五作五下，每下輒愈。然張子之氣，一語而三引，體不勞而汗，股不步而慄，膚革無所耗於外，而其中薾然，莫知其所來。聞楚之南有良醫焉，往而問之。醫歎曰：『子無歎是薾然者也。天下之理，其甚快於予心者，其末必有傷，求無傷於終者，則初無望於快吾心。痞横乎胸中，其累大矣。擊而去之，不須臾而除甚大之累，和平之物不能爲也。必將擊搏震撓而後可，其功未成而和氣已病。則子之痞，凡一快者，子之和一傷矣。不終月而快者五，則和平之氣不既索乎？且將去子之痞，而無害於和乎？子歸，燕居三月，而後予之藥可爲也。』張子歸三月而復請之。醫曰：『子之氣少全矣。』取藥而授之，曰：『服之三月而疾少平，又三月而少康，終年而復常。且飲藥不得亟進。』張子歸而行其説。其初使人濍然遲之，蓋三投其藥而三反之也。然日不見其所攻，久較則月異而時不同，蓋終歲而疾平。張子謁醫謝而問其故。醫曰：『是治國之説也。獨不見秦之治民乎？敕之以命，捍而不聽令；勤之以事，放而不畏法。令之不聽，治之不變，則秦之民嘗痞矣。商君見其痞也，厲以刑法，威以斬伐，痛剗而力鋤之。流蕩四達，無敢或拒，痞嘗一快矣。至于二世，凡幾痞而幾快矣。積快而不已，而秦之四支枵然徒有其物而已。民心日離，而君孤立于上，故匹夫大呼，不終日而百疾皆起，欲運其手足肩膂，而漠然不我應。故秦之亡者，是好爲快者之過也。昔者，先王之民，初亦嘗痞矣。先王不敢求快於吾心，陰解其亂，而除去其滯，使之悠然自趨於平安而不自知。於是政成教達，悠久而無後患。則余之藥終年而愈疾者，蓋無足怪也。』」予觀文潛之説，盡祖蘇公之緒論，而千言之煩，不若三百言之簡也〔三〕。故詳書之，俾作文立説者知所矜式①。竊料蘇公之記，文潛必未之見，是以著此篇；若既見之，當不復屋下架屋也。

【校勘】

①「矜」原作「務」，據馬本、庫本、祠本改。

【箋證】

〔一〕黄震《黄氏日抄》卷六二《讀文集·蘇文》：「《蓋公堂記》喻人以氣爲主，食爲輔，而病藥之過，以明蕭、曹牧民於百戰，一切與之休息，而天下安。善乎其揚蓋公之清浄也。繁文之弊，至今極矣，其禍民殆不減百戰。嗚呼，安得如蓋公之説而一洗之！」

〔二〕孔凡禮《蘇軾年譜》繫在熙寧九年九月。坡詩「化工只欲呈新巧，不放閒花得少休」，亦此意也。（參胡仔《苕溪漁隱叢話前集》卷四四）

〔三〕真德秀《續文章正宗》卷一二《蓋公堂記》之後附張文潛《藥戒》，按云：「近世洪内翰景盧以此二篇相參較，以見其繁簡優劣之不同，故附於此。」

5 韓文稱名

歐陽公作文，多自稱予，雖説君上處亦然，《三筆》嘗論之矣〔一〕。歐公取法於韓公，而韓不然。《滕王閣記》《袁公先廟》爲尊者所作，謙而稱名，宜也。至於《徐泗掌書記壁記》《科斗書後記》《李虛中墓誌》之類，皆曰愈，可見其謙以下人。後之爲文者所應取法也〔二〕。

【箋證】

〔一〕《三筆》卷一二《作文字要點檢》。

〔二〕《滕王閣記》，即《新修滕王閣記》，見《五百家注昌黎文集》卷一三。《袁公先廟》，即《袁氏先廟碑》，見同前卷二七。《徐泗掌書記壁記》，即《徐泗豪三州節度掌書記廳石記》，見同前卷一三。《科斗書後記》，見同前卷一三。《李虛中墓誌》，即《唐故殿中侍御史李君墓誌銘》，見同前卷二八。

6 棘寺棘卿

今人稱大理爲棘寺，卿爲棘卿，丞爲棘丞，此出《周禮·秋官》：「朝士掌建邦外朝之法。左九棘，孤、卿、大夫位焉。右九棘，公、侯、伯、子、男位焉。」鄭氏注云：「植棘以爲位者，取其赤心而外刺也。」棘與棗同。棘之字，兩朿相並；棗之字，兩朿相承〔一〕。此所言者，今之棗也。然孤、卿、大夫皆同之，則難以獨指大理。《王制》云：「正以獄成，告于大司寇，大司寇聽之棘木之下。」料後人藉此而言。鄭注亦只引前説〔二〕，此但謂其入朝立治之處，若以指刑部尚書亦可也。《易·坎卦》「係用徽纆①，寘于叢棘」，以居險陗囚執爲詞〔三〕，其義自别。

【校勘】

①「纆」原作「纏」，據馬本、庫本、祠本改。

【箋證】

〔一〕沈括《夢溪筆談》卷一五：「棗與棘相類，皆有刺。棗獨生，高而少横枝；棘列生，卑而成林。以此爲别。其文皆從朿，音刺，木芒刺也。朿而相戴立生者，棗也；朿而相比横生者，棘也。不識二物，觀文可辨。」焦竑《俗書刊誤》卷五，引洪、沈二説，謂「古人制字之妙義如此」。

〔二〕《禮記·王制》。鄭玄注：「《周禮》鄉師之屬，『辨其獄訟，異其死刑之罪而要之，職聽於朝。司寇聽之』。朝，王之外朝也。左九棘，孤、卿、大夫位焉。右九棘，公、侯、伯、子、男位焉。面三槐，三公位焉。」

〔三〕王弼注：「險陗之極，不可升也。嚴法峻整，難可犯也。宜其囚執寘于思過之地。」

7 晉代遺文

故簏中得舊書一帙，題爲《晉代名臣文集》〔一〕。凡十四家，所載多不能全，真太山一毫芒耳。有張敏者，太原人，仕歷平南參軍、太子舍人、濟北長史〔二〕。其一篇曰《頭責子羽文》，極爲尖新，古來文士皆無此作，恐《藝文類聚》《文苑英華》或有之，惜其泯没不傳，謾采之以遺博雅君子。其序云：「太原温長仁、潁川荀景伯、范陽張茂先、士鄉劉先生①、南陽鄒潤甫、河南鄭思淵。余友有秦生者，雖有姊夫之尊，少而狎之，同時昵好。張、荀之徒，數年之中，繼踵登朝，而此賢身處陋巷，屢沽而無善價，抗志自若，終不衰墮。爲之慨然！又怪諸賢既已在位，曾無伐木嚶鳴之聲，又違王、貢彈冠之義，故因秦生容貌之盛，爲頭責之文以戲之，并以嘲六子焉。雖似諧謔，實有興也。」文曰：「維泰始元年，頭責子羽曰：『吾託爲子頭，萬有餘日矣。大塊稟我以精，造我以形。我爲子蒔髮膚，置鼻耳，安眉頞②，插牙齒。眸子橋光，雙權隆起。每至出入人間，遨游市里，行者辟易，坐者竦跽。或稱君侯，或言將軍，捧手傾側，佇立踦嶇。如此者，故我形之足偉也。子冠冕弗戴，金銀弗佩，艾以當笄，幍以代帶，百味弗嘗，食粟茹菜，歲暮年過，曾不自悔。子厭我形容，我賤子意態。若此者，必子行已累也。子遇我如讎，我視子如仇。居常不樂，兩者俱憂。何其鄙哉！子欲爲仁賢耶？則當如咎陶、后稷、巫咸、伊陟，保乂王家，永見封殖。子欲爲名高耶？則當如許由、子臧、卞隨、務光，洗耳逃禄，千載流芳。子欲爲游説耶？則當如陳軫、蒯通、陸生、鄧公，轉禍爲福，含辭從容。子欲爲進趨耶？則當如賈生之求試，終軍之請使，砥礪鋒穎，以幹王事。子欲爲恬淡耶？則當如老聃之守一，莊周之自逸，漠然離俗，志凌雲日。子欲爲隱遯耶？則當如榮期之帶索，漁父之瀺灂，栖遲神岳，垂餌巨壑。此一介之人，所以顯身成名者也。今子上不晞道德，中不效儒、墨，塊然窮賤，守此愚惑。察子之情，觀子之志，退不爲處士，進無望三事，而徒玩日勞形，習爲常人之所喜，不亦過乎？』子羽愀然深念而對曰：『凡所教敕，謹聞命矣。受性拘係，不聞禮義，誤以天幸，爲子所寄。今子欲使吾爲忠耶？當如包胥、屈平；欲使吾爲信耶？則當殺身以成名；欲使吾爲節耶？則當赴水火以全貞。此四者，人之所忌，故吾不敢造意。』頭曰：『子所謂天刑地網，剛德之尤。不登山抱木，則褰裳赴流。吾欲告爾以養性，誨爾以優游。而與蟣虱同情，不聽我謀。悲哉！俱御人體，而獨爲子頭。且儗人其倫，喻子儕偶，曾不如太原温顒、潁川荀禹、范陽張華、士卿劉許③、南陽鄒湛、河南鄭詡。此數子者，或謇吃無宮商，或尪陋希言語，或淹伊多姿態，或讙譁少智諝，或口如含膠飴，或頭如巾齏杵。而猶以文采可觀，意思詳序，攀龍附鳳，並登天府。夫舐痔得車，沈淵竊珠，豈若夫子徒令脣舌腐爛、手足沾濡哉！居有事之世而恥爲權謀，譬猶鑿地抱甕，難以求富。嗟乎子羽！何異牢檻之熊，深穽之虎，石間餓蟹，竈中之鼠。事雖多，而見工甚少，宜其卷局煎蹙，至老無所睎也。支離其形者，猶能不困，命也夫，與子同處！』〔三〕其文九百餘言，頗有東方朔

《客難》、劉孝標《絶交論》之體〔四〕。《集仙傳》所載《神女成公智瓊傳》，見於《太平廣記》，蓋敏之作也〔五〕。鄒湛姓名，因羊叔子而傳，而字曰潤甫，則見於此〔六〕。

【校勘】

①「士鄉劉先生」，馬本作「士卿劉文生」，祠本作「士鄉劉文生」。《藝文類聚》引張敏《頭責子羽文》作「上郡劉文生」。　②「頞」，馬本、庫本、祠本作「額」。　③「鄉」，馬本作「卿」。《藝文類聚》引張敏《頭責子羽文》「士鄉」作「上郡」。

【箋證】

〔一〕《宋史》卷二〇九《藝文志》有《晉代名臣集》十五卷。王應麟《玉海》卷五五《藝文》「宋朝晉代名臣集」條：「《書目》，十五卷。晉王濟、棗據、劉寶、閭丘沖、欒肇、王贊、郄正、張敏、伏緯、應亨、索靖、閻纘、嵇紹、卞粹、虞溥十五家，文各爲一卷，著爵里於卷首。乾道中，汪應辰云：『蓋國初館閣之士得晉人殘缺文，聚爲此編。』」

〔二〕張敏生平行事，《晉書》不載。《隋書》卷三五《經籍志》著録：「晉尚書郎《張敏集》二卷。」嚴可均《全晉文》小傳：「敏，太原中都人。咸寧中爲尚書郎，令祕書監，太康初，出爲益州刺史。」曹道衡、沈玉成《中古文學史料叢考》卷二《兩晉》「余嘉錫所考張敏行事」條，云：「《容齋五筆》所記，姚振宗《隋書經籍志考證》已引之。據《晉書·羊祜傳》《武帝紀》，吴步闡降，詔祜迎闡，然闡竟爲陸抗所擒，祜坐貶平南將軍。事在泰始八年十二月。張敏爲平南將軍當在此時。

《武帝紀》《荀勗傳》載，泰始元年，封勗濟北郡公，勗固辭，改封侯。太康初，詔勗爲光禄大夫，開府辟召，是張敏爲濟北長史當在此時。」

〔三〕文又見《世説新語·排調》劉孝標注引《張敏集》。文字與容齋所録少異。錢鍾書《管錐編》第三册《全上古三代秦漢三國六朝文·全晉文卷八〇》：「張敏《頭責子羽文》。按洪邁《容齋五筆》言『故篋中得此文，惜其泯没，漫采之以遺博雅君子』云云，似不知《世説·排調》門注及《藝文類聚》卷一七皆載此文者，均非僻書也。參觀光聰諧《有不爲齋隨筆》乙。」余嘉錫《世説新語箋疏》云：「《隋志》有晉尚書郎《張敏集》二卷，《梁》五卷。《唐、宋志》仍二卷。洪邁《容齋五筆》四曰：（見本條。略。）嚴可均《全晉文》八十曰：『張敏，太原中都人，咸寧中爲尚書郎，領祕書監，太康初出爲益州刺史。』文廷式《補晉書藝文志》丁部六曰：『《張敏集》，《遂初堂書目》尚著録。是此書南宋猶存。』嘉錫案，張敏仕履，得洪氏、嚴氏所述而始全。然洪氏未考《世説》，故不知《頭責子羽文》具存孝標注中。且云《文苑英華》或有之。夫《英華》上繼《文選》，起自梁代，安得有晉人文耶？嚴氏又未考《五筆》，故所載官職不完。《智瓊傳》見《廣記》六十一，不著姓名。洪氏知爲張敏所作者，據《晉代名臣文集》也。嚴氏僅從《書鈔》百二十九采其《神女傳》三句，而於此傳全篇失收。傳中有張華《神女賦序》一篇，《全晉文》五十八張華文中亦未録入。皆千慮之一失也。《文選》五十六《劍閣銘》注引臧榮緒《晉書》曰：『張載作《劍閣銘》，益州刺史張敏見而奇之，乃表上其文。世祖遺使鐫石記焉。』據今

《晉書·張載傳》，是在太康初。」

〔四〕東方朔《客難》之體，可參《隨筆》卷七《七發》、《續筆》卷一五《逐貧賦》。劉孝標《廣絶交論》，見《文選》卷五五。李善注引劉璠《梁典》曰：「劉峻見任昉諸子西華兄弟等流離不能自振，生平舊交莫有收恤。西華冬月著葛布帔練裙，路逢峻，峻泫然矜之，乃廣朱公叔《絶交論》。劉溉見其論，抵几於地，終身恨之。」王楙《野客叢書》卷二三《絶交論》：「劉孝標《絶交論》，如曰『寵鈞董、石，權壓梁、竇，摩頂至踵，隳膽抽腸，是曰勢交，其流一也；富埒陶、白，貲巨程、羅，山擅銅陵，家藏金穴，是曰賄交，其流二也；顩頤蹙頞，涕唾流沫，叙温燠則寒谷成暄，論嚴苦則春叢零葉，是曰談交，其流三也；陽舒陰慘，憂合歡離，是曰窮交，其流四也；衡重錙銖，纊微影撇，是曰量交，其流五也。凡斯五交，義同賈鬻』云云，此正韓退之《送窮文》鋪叙五窮之體。五窮之大意，祖揚子雲《逐貧賦》、王延壽《夢賦》，而鋪叙又用此體。」又，王應麟《困學紀聞》卷一七《評文》：「《送窮文》『小黠大癡』。按《張敏集·奇士劉披賦》：『古語有之，小癡爲大黠，小黠爲大癡。』」可見韓文蓋嘗取資於此，而《張敏集》南宋尚存也。

〔五〕《太平廣記》卷六一《成公智瓊》。原注出《集仙録》。按，此篇亦見於干寶《搜神記》卷一。《北堂書鈔》衣冠部下裳二十二「成裙」條：「張敏《神女傳》云：『班義起感神女智瓊，智瓊復去，賜義起織成裙衫。』」即係《成公智瓊傳》。

〔六〕鄒湛，《晉書》卷九二有傳，云：「鄒湛，字潤甫，南陽新野人也。父軌，魏左將軍。湛少以才學知名，仕魏歷通事郎、太學博士。泰始初，轉尚書郎、廷尉平、征南從事中郎，深爲羊祜所器重。入爲太子中庶子。太康中，拜散騎常侍，出補渤海太守，轉太傅楊駿長史，遷侍中。駿誅，以僚佐免官。尋起爲散騎常侍、國子祭酒，轉少府，元康末卒。所著詩及論事議二十五首，爲時所重。」

8 漢武帝田蚡公孫弘

尚論古人者，如《漢史》所書，於武帝則譏其好大喜功，窮奢極侈，置生民於塗炭〔一〕；於田蚡則詆其負貴驕溢，以肺腑爲相，殺竇嬰、灌夫〔二〕；於公孫弘則云性意忌，外寬内深，飾詐釣名，不爲賢大夫所稱述〔三〕。然以予考之，三君臣者，實有大功於名教。自秦始皇焚書坑儒，六學散缺，高帝初興，未遑庠序之事①，孝惠、高后時，公卿皆武力功臣，孝文好刑名，孝景不任儒。至於武帝，田蚡爲丞相，黜黄、老刑名百家之言，延文學儒者以百數。帝詳延天下方聞之士②，咸登諸朝，令禮官勸學，講議洽聞，舉遺興禮，以爲天下先。而公孫弘以治《春秋》爲丞相，天下學士靡然鄉風。弘爲學官，悼道之鬱滯，始請爲博士官置弟子，郡國有秀才異等，輒以名聞。請著功令③〔四〕。而《詩》《書》《易》《禮》之學，彬彬並興，使唐、虞三代以來稽古禮文之事得以不廢。今之所以識聖人至道之要者，實本於此。

史稱其「罷黜百家，表章《六經》，號令文章，焕焉可述」〔五〕，蓋已不能盡其美。然則武帝奢暴，固貽患於一時；蚡、弘之爲人，得罪於公論，而所以扶持聖教者，乃萬世之功也。平帝元始詔書，尚能稱弘之率下篤俗〔六〕，但不及此云。

【校勘】

①「遑」原作「皇」，據馬本、庫本、祠本改。　②「方」，馬本、庫本、祠本作「多」。　③「功」，馬本、庫本、祠本作「爲」。

【箋證】

〔一〕《漢書》卷六《武帝紀》贊：「漢承百王之弊，高祖撥亂反正，文、景務在養民，至于稽古禮文之事，猶多闕焉。孝武初立，卓然罷黜百家，表章六經，遂疇咨海內，舉其俊茂，與之立功。興太學，修郊祀，改正朔，定曆數，協音律，作詩樂，建封禪，禮百神，紹周後，號令文章，焕焉可述。後嗣得遵洪業，而有三代之風。如武帝之雄材大略，不改文、景之恭儉以濟斯民，雖《詩》《書》所稱何有加焉！」

〔二〕事迹詳《漢書》卷五二《田蚡傳》。《傳》末贊曰：「蚡負貴而驕溢。」

〔三〕《漢書》卷五八《公孫弘傳》：「其性意忌，外寬內深。諸常與弘有隙，無近遠，雖陽與善，後竟報其過。殺主父偃，徙董仲舒膠西，皆弘力也。」又：「汲黯曰：『弘位在三公，奉禄甚多，然爲布被，此詐也。』上問弘，弘謝曰：『有之。夫九卿與臣善者無過黯，然今日庭詰弘，誠中弘之病。

夫以三公爲布被，誠飾詐欲以釣名。且臣聞管仲相齊，有三歸，侈擬於君，桓公以霸，亦上僭於君。晏嬰相景公，食不重肉，妾不衣絲，齊國亦治，亦下比於民。今臣弘位爲御史大夫，爲布被，自九卿以下至於小吏無差，誠如黯言。且無黯，陛下安聞此言？』上以爲有讓，愈益賢之。」

〔四〕《漢書》卷六《武帝紀》，元朔五年「夏六月，詔曰：『蓋聞導民以禮，風之以樂，今禮壞樂崩，朕甚閔焉。故詳延天下方聞之士，咸薦諸朝。其令禮官勸學，講議洽聞，舉遺興禮，以爲天下先。太常議，予博士弟子，崇鄉黨之化，以厲賢材焉。』丞相弘請爲博士置弟子員，學者益廣。」《漢書》卷八八《儒林傳》：「孝惠、高后時，公卿皆武力功臣。孝文時頗登用，然孝文本好刑名之言。及至孝景，不任儒，竇太后又好黄老術，故諸博士具官待問，未有進者。及竇太后崩，武安君田蚡爲丞相，黜黄老、刑名百家之言，延文學儒者以百數，而公孫弘以治《春秋》爲丞相封侯，天下學士靡然鄉風矣。」弘奏云：「即有秀才異等，輒以名聞。其不事學若下材，及不能通一藝，輒罷之，而請諸能稱者。臣謹案詔書律令下者，明天人分際，通古今之誼，文章爾雅，訓辭深厚，恩施甚美。小吏淺聞，弗能究宣，亡以明布諭下。以治禮掌故以文學禮義爲官，遷留滯。請選擇其秩比二百石以上及吏百石通一藝以上補左右内史、大行卒史，比百石以下補郡太守卒史，皆各二人，邊郡一人。先用誦多者，不足，擇掌故以補中二千石屬，文學掌故補郡屬，備員。請著功令。」

〔五〕見注一。

〔六〕《漢書·公孫弘傳》：「元始中，修功臣後，下詔曰：『漢興以來，股肱在位，身行儉約，輕財重義，未有若公孫弘者也。位在宰相封侯，而爲布被脱粟之飯，奉禄以給故人賓客，無有所餘，可謂減於制度，而率下篤俗者也，與内厚富而外爲詭服以釣虚譽者殊科。夫表德章義，所以率世厲俗，聖王之制也。』」

9 近世文物之殊

國家南渡以來，典章文物，多不與承平類。姑以予所親見者言之，蓋月異而歲不同，今聊紀從官立班隨駕、省試官入院、政府呼召、百官騶從、朝報簡削數項，以示子侄。侍從常朝，紹興中分立於垂拱殿隔門上，南北相向，以俟追班。乾道中猶然。暨淳熙，則引於殿門上，東西對立。車駕出，常朝文臣自宰相至二史，武臣自宗王，使相至觀察使，以雜壓次序行焉。孝宗在普安邸，官檢校少保節度使，每出必處正尚書之後。而乾道以來，兩班分而爲二，唯使相不然。故開府儀同三司皆與執政官聯行，而居其上〔一〕。紹興十二年壬戌，予寓南山浄慈，待詞科試，見省試官聯騎，公服戴帽，不加披衫。每一員以親事官一人執敕黄行前。是時，知舉、參詳、點檢官，合三十一員，最後一中官宣押者，入下天竺貢院。及三十年庚辰，予以吏部郎充參詳官，既入内受敕，則各各乘馬，不同時而赴院。至淳熙十四年丁未，忝司貢舉，則了與昔異。三三兩兩，自爲遲速，其乘轎者十人而九矣〔二〕。宰府呼召之禮，始時庶僚皆然，已而卿、監、郎官及史局、玉牒所緣提舉官屬之故，一切得免。逮乾道以後，宰相益自卑，於是館職亦免。迄于淳熙，則凡職事官悉罷此制〔三〕。朝士騶從至少，各得雇募若干，取步軍司名籍，而幫錢米於左藏，率就雇游手、冗卒，兩分可供一名。如假借於近郡者，給其半。初猶破省，馬并一馭者，後不復有焉。若乘轎，僅能充負荷而已。今日似益增①，雖下列亦占十餘輩〔四〕。進奏院報狀，必載外郡謝上或監司到任表，與夫慶賀表章一篇。凡朝廷除郡守，先則除目，但云：「某人差知某州，替某人。」及録黄下吏部，則前銜後擬云：「某官姓名，宜差知（或權知、權發遣。）某州、軍州兼管内勸農營田事，替某人。到任成資闕，（或云年滿②。）仍借紫借緋，候回日卻依舊服色。」外官求休致，則云：「某州申某官姓名，爲病乞致仕。」或兩人三人後，云：「某時已降敕，命各守本官致仕。」今不復行，但小報批下。或禁小報〔五〕，則無由可知。此必一宰相以死爲諱者，故去之。外官表章聞，有一二欲士大夫見之者，須以屬東省乃可。郡守更不報細銜。禮文簡脱，一至於此。

【校勘】

①「似」，馬本、庫本、祠本作「以」。　②文中兩處注文，據馬本、庫本、祠本補。

【箋證】

〔一〕此節言立班隨駕制度之變遷。《宋宰輔編年録》卷一七，乾道九年，「是歲，定百官雜壓次序：諸太師、太傅、太保、左丞相、右丞相、少師、少傅、少保、樞密使、開府儀同三司、知樞密院事、參知政事、同知樞密院事、樞密副使、簽書樞密院事、太子太師、太傅、太保、特進、觀文殿大學士、太尉、太子少師、少傅、少保、觀文殿學士、資政殿大學士。」趙昇《朝野類要》卷二《稱謂》「雜壓」條：「以官職混序進遷之列，以定品秩高下，序其列位。」

〔二〕此節言省試官入院制度之變遷。蓋皆容齋所親歷，而史志失書。

〔三〕此節言政府呼召之禮。《朝野類要》卷三《差除》「呼召」條：「欲見宰執者，具名刺門狀，計會本府書司直省官，謂之下呼召。候呼召即隨引參見。」

〔四〕此節言百官騶從之制。《宋史》亦失書。

〔五〕此節言朝報簡削。《朝野類要》卷四《文書》：「朝報，日出事宜也。每日門下後省編定，請給事判報，方行下都進奏院，報行天下。其有所謂内探、省探、衙探之類，皆衷私小報，率有漏洩之禁，故隱而號之曰新聞。」周麟之《海陵集》卷三有《論禁小報》云：「小報者，出于進奏院，蓋邸吏輩爲之也。比年事有疑似，中外未知，邸吏必競以小紙書之，飛報遠近，謂之小報。如曰今日某人被召，某人被召罷去，某人遷除，往往以虚爲實，以無爲有。朝士聞之，則曰已有小報矣，州郡間得之，則曰小報已到矣。他日驗之，其説或然，或不然。使其然耶，則事涉不密；其不然耶，則何以取信？此于害治雖若甚微，其實不可不察。臣愚欲望陛下深詔有司，嚴立罪賞，痛行禁止。」周必大《文忠集》卷一五一《禁小報御筆》：「近聞不逞之徒，撰造無根之語，名曰小報，傳播中外，駭惑聽聞。今後除進奏院合行關報已施行事外，如有似此之人，當重行決配。其所受小報官員取旨施行。令臨安府常切覺察，御史臺彈劾，仍出榜曉諭。」注在淳熙十五年。

容齋五筆卷五十五則

1 庾公之斯

《孟子》：「逢蒙學射於羿，盡羿之道，思天下惟羿爲愈己，於是殺羿。孟子曰：『是亦羿有罪焉？』」公明儀曰：『疑若無罪焉。』曰：『薄乎云爾，惡得無罪？』」此一段既畢，而繼之曰：「鄭人使子濯孺子侵衛，衛使庾公之斯追之。子濯孺子曰：『今日我疾作，不可以執弓，吾死矣夫！』問其僕曰：『追我者誰也？』其僕曰：『庾公之斯也。』曰：『吾生矣。』其僕曰：『庾公之斯，衛之善射者也，夫子曰吾生，何謂也？』曰：『庾公之斯學射於尹公之他，尹公之他學射於我。夫尹公之他，端人也，其取友必端矣。』庾公之斯至，曰：『夫子何爲不執弓？』曰：『今日我疾作，不可以執弓。』曰：『小人學射於尹公之他，尹公之他學射於夫子，我不忍以夫子之道反害夫子。雖然，今日之事君事也，我不敢廢。』抽矢，扣輪，去其金，發乘矢而後反。」〔一〕《孟子》書子濯、庾公一段，幾二百字，其旨以謂使羿如子濯得尹公而教之，則必無逢蒙之禍。然前段結尾，自常爲文者處之，必云「如子濯孺子施教於尹公之他則可」。不然，後段之末，必當云「以是事觀之，羿之不善取友，至於殺身，其失如此」，然後文體相屬。兹判爲兩節，若不關聯，而宫商相宣，律吕明焕，立言之妙，是豈步趨模仿所能彷彿哉？人爲兒童時，便讀此章，未必深識其趣，故因表出而極論之〔二〕。《左氏傳》書衛獻公奔齊云：「尹公佗學射於庾公差，庾公差學射於公孫丁。他與差爲孫林父追公，公孫丁御公。庾公差曰：『射爲背師，不射爲戮，射爲禮乎？』射兩軥而還。尹公佗曰：『子爲師，我則遠矣。』乃反之。公孫丁授公轡而射之，貫他臂。」即《孟子》所引者，而名字先後美惡皆不同〔三〕。

【箋證】

〔一〕《孟子·離婁下》。

〔二〕容齋發明《孟子》文字叙事之美，另見《隨筆》卷七《孟子書百里奚》《續筆》卷九《文字結尾》《四筆》卷七《人焉廋哉》諸條。

〔三〕衛獻公奔齊，載《左傳》襄公十四年。《傳》：「子魚曰：『射爲背師，不射爲戮，射爲禮乎？』」杜預注：「子魚，庾公差。」《孟子正義》引《左傳》此條，云：「杜預曰：『子魚，庾公差。』然則孟子之言與此不同，是二説必有取一焉。」孫奕《示兒編》卷八《文説》「經史異」條，亦舉此例，云：「《孟子》曰：『庾公之斯學射於尹公之他。』（《離婁下》）《左氏》襄十四年：『尹公他學射於庾公差。』」朱鶴齡《讀左日鈔補》卷下：「《孟子》引此事，姓名略同，事正相反。《孟子》蓋傳聞異辭，《傳》文是實。」

2 萬事不可過

天下萬事不可過，豈特此也，雖造化陰陽亦然。雨澤所以膏潤四海，然過則爲霖淫；陽舒所以發育萬物，然過則爲燠亢。賞以勸善，過則爲僭；刑以懲惡，過則爲濫。仁之過，則爲兼愛無父；義之過，則爲爲我無君；執禮之過，反鄰於諂；尚信之過，至於證父。是皆偏而不舉之弊，所謂過猶不及者。《揚子法言》云：「周公以來，未有漢公之懿也，勤勞則過於阿衡。」蓋諂王莽也。後之議者謂「阿衡之事不可過也，過則反」，乃誚莽耳。其旨意固然〔一〕。

【箋證】

〔一〕見《揚子法言》卷一〇《孝至篇》。李軌注：「漢公，王莽也。或以此爲媚莽之言，或以爲言遜之爲也，吾乃以爲箴規之深切者也。」柳宗元注：「阿衡之事不可過也，過則反。」宋咸注：「成王幼，太甲昏，勢亦殆矣，然周公居叔父之尊，伊尹當阿衡之重，二公可取而不取，卒以忠勤復辟而正之。夫舉其可取不取之因，明其不可取而取之事，則子雲之罪莽亦大矣。」吴祕注：「自周公以來未有如王莽，而謂之美也，惟是折節力行勤勞之事，則欲不止於阿衡，明其篡也。伊、周，聖人之居師保者；漢公，王莽也。懿，美也。過謂不止也。班固曰：『莽知漢中外殫微，本末俱弱，亡所忌憚，生其奸心，因母后之權，假伊周之稱。』子雲因其假也，故以伊、周爲言。」

按「阿衡之事」見《史記》卷三《殷本紀》。

3 致仕官上壽

國朝大臣及侍從致仕後，多居京師。熙寧中，范蜀公自翰林學士以本官户部侍郎致仕，同天節乞隨班上壽，許之。遂著爲令。元祐初，韓康公以故相判大名府，還都，拜司空致仕，值太皇太后受册禮畢，乞隨班稱賀，降詔免赴。皆故事也〔一〕。

【箋證】

〔一〕按，本條與《三筆》卷一一《致仕官上壽》略同。

4 桃花笑春風

王荆公集《古胡笳詞》一章云：「欲問平安無使來，桃花依舊笑春風。」後章云：「春風似舊花仍笑，人生豈得長年少。」〔一〕二者貼合，如出一手，每歎其精工。其上句蓋用崔護詩〔二〕，後一句久不見其所出。近讀范文正公《靈巖寺》一篇云：「春風似舊花猶笑。」〔三〕以「仍」爲「猶」，乃此也。李義山又有絶句云：「無賴夭桃面，平明露井東。春風爲開了，卻擬笑春風。」〔四〕語意兩極其妙。

【箋證】

〔一〕《臨川文集》卷三七《胡笳十八拍十八首》第十七、第十八。

〔二〕崔護《題都城南莊》：「去年今日此門中，人面桃花相映紅。人面不知何處去，桃花依舊笑春風。」詳《本事詩·情感篇》。按「欲問平安無使來」出杜甫《所思》（《杜詩詳注》卷一〇）。

〔三〕《靈巖寺》詩，見范仲淹《范文正集》卷四。按「人生豈得長年少」，晏殊《珠玉詞》之《漁家傲》（畫鼓聲中昏又曉）詞：「綠水悠悠天杳杳，浮生豈得長年少。」蓋荆公所本。

〔四〕李商隱《嘲桃》（《李義山詩集》卷下）。

5 嚴先生祠堂記

范文正公守桐廬，始於釣臺建嚴先生祠堂，自爲記，用《屯》之初九，《蠱》之上九，極論漢光武之大，先生之高，財二百字〔一〕。其歌詞云：「雲山蒼蒼，江水泱泱。先生之德，山高水長。」既成，以示南豐李泰伯。泰伯讀之，三歎味不已，起而言曰：「公之文一出，必將名世，某妄意輒易一字，以成盛美。」公瞿然握手扣之，答曰：「『雲山』『江水』之語，於義甚大，於詞甚溥，而『德』字承之，乃似趢趚，擬換作『風』字，如何？」公凝坐頷首，殆欲下拜〔二〕。張伯玉守河陽，作《六經閣記》，先託游士及在職者各爲之，凡七八本，既畢，並會於府，伯玉一一閲之，取紙書十四字，徧示客曰：「六經閣，諸子、史、集在焉，不書，尊經也。」時曾子固亦預坐，驚起摘伏〔三〕。邁頃聞此二事於張子韶，不能追憶經閣所在及其文竟就於誰手。後之君子，當有知之者矣。

【箋證】

〔二〕范仲淹《桐廬郡嚴先生祠堂記》：「先生，漢光武之故人也，相尚以道。及帝握赤符，乘六龍，得聖人之時，臣妾億兆，天下孰加焉，惟先生以節高之。既而動星象，歸江湖，得聖人之清，泥塗軒冕，天下孰加焉，惟光武以禮下之。在《蠱》之上九，衆方有爲，而獨不事王侯，高尚其事，先生以之。在《屯》之初九，陽德方亨，而能以貴下賤，大得民也，光武以之。蓋先生之心出乎日月之上，光武之器包乎天地之外。微先生不能成光武之大，微光武豈能遂先生之高哉！而使貪夫廉，懦夫立，是有大功於名教也。某來守是邦，始構堂而奠焉。乃復其爲後者四家，以奉祠事。又從而歌曰：雲山蒼蒼，江水泱泱。先生之風，山高水長。」（《范文正集》卷七）按樓昉《崇古文訣》卷一六，評曰：「字少詞嚴，筆力老健。」謝枋得《文章軌範》卷六：「字少意多，文簡理詳，有關世教，非徒文也。」

〔三〕李如箎《東園叢説》卷下《雜説》「釣臺記」條：「改『德』字作『風』字，雖只一字，其意深長，文益大增勝矣。」

潘德輿《養一齋詩話》卷九：「權文公《嚴子陵釣臺》詩：『潛驅東漢風，日使薄者醇。焉用佐天下，持此報故人。則知大賢心，不獨私其身。奈何清風後，擾擾論屈伸。交情同世道，利欲相紛綸。人世自今古，清輝照無垠。』此詩議論風格俱到，當爲釣臺詩壓卷，即范文正《嚴先生祠堂記》所本也。容齋謂文正本作『先生之德，山高水長』，李泰伯改『德』字作『風』字，文正殆欲下拜。不知此字亦權文公詩句所及也。」

〔三〕龔明之《中吴紀聞》卷一《六經閣記》：「姑蘇自景祐中范文正公典藩，方請建學。其後富郎中嚴繼之，又建六經閣。張伯玉公達嘗爲郡從事，遂命爲之記。今但傳其篇首數句，《聞見録》又誤載其始末。（郁之按，邵博《聞見後録》卷一五：「曾子固初爲太平州司户，守張伯玉，前輩人也。歐陽公、王荆公諸名士共稱子固文章，伯玉殊不顧。間語子固：『吾方作六經閣，其爲之記。』子固凡謄稿六七，終不當伯玉之意，則謂子固曰：『吾自爲之。』其書于紙曰『六經閣者，諸子百家皆在焉，不書，尊經也』云云，子固始大畏服，益自勵于學矣。」此事又見吕本中《紫薇詩話》、吴曾《能改齋漫録》。）予家偶藏公達所著《蓬萊集》，恐後人不復見全文也，因具載之：『六經閣，子史在焉，不書，尊經也。吴郡州學，始由高平范公經緝之。其後天章蔣公待制，中書柳舍人，史館、昭文張、陸二學士，行郡事、殿中丞李仲塗先生之猶子，中臺柳兵曹，今尚書富郎中，十年更八政，仁賢繼志，學始大成。丙戌年，六經閣又建。先時，書籍草創，未暇完緝，廚之後廡，澤地汙晦，日滋散脱，觀者惻然，非古人藏象魏拜六經之意。至是，富公始與吴邑、長洲二大夫，以學本之餘錢，僦之市材，直公堂之南，臨泮池，建層屋。起夏六月乙酉，止秋八月甲申，凡旬有七浹。計庸千有二百。作楹十有六，棟三，架霤八，桷三百八十有四，二户，六牖，梯衝、窠棁、圬墁、陶甓稱是。祈於久，故爽而不庳；酌於道，故文而不華。經南嚮，史西嚮，子、集東嚮。標之以油素，揭之以油黄，澤然區處，如蛟龍之鱗，麗如日月之在紀，不可得而亂矣。大抵天地之極致，皇王之高道，生人之紀律，盡在是矣。古者聖賢之設教也，知函夏之至廣，生齒之至衆，不可以頤解耳授，故教之有方，導之有源。乃本庠序之風，師儒之説，始於邦，達於鄉，至於室，莫不有學。烜之以文物，聳之以聲明。先用警策其耳目，然後清發其靈府。故其習之也易，其得之也深。其教不肅而成，不煩而治。歐元元入善域，優而柔之，使自得之。萬世之後，尊三王四代法者，無他焉，教化之本末馴善也。然則觀是閣者，知六經之在，則知有聖人之道；知有聖人之道，則知有朝廷之化；知有朝廷之化，則嚮方之心日懋一日。禮義之澤流于外，絃誦之聲格于内。其爲惡也無所從，其爲善也有所歸，雖不欲從善遠罪、納諸大和不可。召康公之詩曰：「豈弟君子，來游來歌。」子思之説云：「布在方策，人存則政舉。」凡百君子，由斯道治斯民，暢皇極，序彝倫者，捨此而安適？得無盡心焉！諸儒謂伯玉嘗從事此州，游學滋久，宜刊樂石，庶幾永永無忽。』」按，此記又載鄭虎臣《吴都文粹》卷一、祝穆《古今事文類聚别集》卷三《儒學部》，文字少異。

按，葉適《習學記言》卷四九《吕氏文鑑》：「舊傳曾鞏諸文士爲吴郡《六經閣記》，相顧莫敢先。張伯玉忽題云：『六經閣，諸子百家皆在焉，不書，尊經也。』衆遂閣筆，不知此何以爲工而流俗夸豔。至其終篇，皆陳語緝補，若聚帳狀，無可采。」李耆卿《文章精義》：「張伯玉作《六經閣記》謂『六經閣者，諸子百家皆在焉，不書，尊經也』，亦是起句發意，但以下筆力差乏。」

6 大言誤國

隗囂謀畔漢，馬援勸止之甚力，而其將王元曰：「今天水全富，士馬最强，案秦舊迹，表裏河山。元請以一丸泥爲大王東封函谷關①。」囂反遂決。至於父子不得其死。元竟降漢〔一〕。隋文帝伐陳，大軍臨江，都官尚書孔範言於後主曰：「長江天塹，古以爲限隔南北，今日虜軍豈能飛度邪②？臣每患官卑，虜若渡江，臣定作太尉公矣。」或妄言北軍馬死，範曰：「此是我馬，何爲而死？」帝笑以爲然，故不爲深備。已而國亡，身竄遠裔〔二〕。魏唐元宗有克復中原之志，及下南閩，意以謂諸國可指麾而定，而事力窮薄，且無良將。岑因侍宴言：「臣少游元城，好其風物，陛下平中原，臣獨乞任魏州。」元宗許之。岑趨墀下拜謝。人皆以爲佞〔三〕。孟蜀通奏使王昭遠，居常好大言，有雜耕渭上之志，聞王師入討，對賓客捋手言：「此送死來爾。乘此逐北，遂定中原，不煩再舉也。」不兩月蜀亡，昭遠爲俘〔四〕。此四臣之佞，本爲爵禄及一時容悦而已，亦可悲哉！

【校勘】

①「丸」，原作「寸」，據馬本、庫本、祠本改。　②「飛」原作「盡」，據馬本、庫本、祠本改。

【箋證】

〔一〕《後漢書》卷四三《隗囂傳》。《資治通鑑》卷四一《漢光武皇帝紀》，建武五年。

〔二〕《資治通鑑》卷一七六《陳紀》後主禎明二年。

〔三〕《資治通鑑》卷二九〇《後周太祖紀》廣順元年。

〔四〕李攸《宋朝事實》卷一七《削平僭僞》：「及太祖下荆楚，(孟)昶欲遣使朝貢，王昭遠方總内外軍柄，固止之」。乾德二年，太祖命忠武軍節度使王全斌充西川路行營前軍兵馬都部署，武信軍節度使、侍衛步軍都指揮使崔彦進副之。率禁軍步騎二萬，諸道兵一萬，由鳳州路進討。太祖問全斌曰：「西川可取否？」全斌等對曰：「臣等仗天威，遵廟算，刻日可定。」龍捷右廂都校史延德奏曰：「西蜀一方儻在天上，人不能到，固無可奈何；若在地上，以今日之兵力，到即平矣。」三年，生擒僞都監通奏使知樞密院事、山南節度使王昭遠。原注：「王昭遠居常好大言，有雜耕渭上之志。聞王師壓境，對賓客挼手言曰：『此送死來爾！乘此追之，當遂定中原，不煩再舉也。』及此兵敗，奔匿官倉中，凡不食數日。擒獲縶送京師，後歷諸衛大將軍，卒。」按，史延德之奏，與王昭遠之語適成對照，皆豪言壯語，其不同在量力與否。蓋征戰之際，亦每藉此以堅定人主之信念、鼓蕩戰士之鬥志耳。

7　宗室覃恩免解

淳熙十三年，光堯太上皇帝以聖壽八十，肆赦推恩，宇宙之内，蒙被甚廣。太學諸生，至于武學，皆得免文解一次。凡該此恩者，千二三百人。而宗子在學者不預，諸人相率詣宰府，且徧謁侍從、臺諫，各納一劄子，叙述大旨，其要以爲：「德壽霈典，普天同慶，而玉牒支派，辱居膠庠，顧不獲與布衣書生等。竊譬之世俗尊長生日，召會族姻，而本家子孫不享杯酒臠炙，外議謂何？今厖鴻之澤如此，宗學乃不許廁名，於義於禮，恐爲未愜。」是時，諸公莫肯出手爲言，邁以待制侍講内宿，適蒙宣引，因出其紙以奏，仍爲敷陳此輩所云尊長生日會客而本家子弟不得坐，譬喻可謂明白。孝宗亦笑曰：「甚是切當有理。」時所攜只是白劄子，蒙徑付出施行，遂一例免舉。其人名字，今不復能記憶矣〔一〕。

【箋證】

〔一〕《宋史》卷三五《孝宗紀》：「（淳熙）十三年春正月庚辰朔，率群臣詣德壽宮，行慶壽禮。大赦。文武臣僚，並理三年磨勘。免貧民丁身錢之半，爲一百一十餘萬緡。内外諸軍犒賜，共一百六十萬緡。」按《隨筆》此事，《宋史》孝宗本紀及《選舉志》均未見載。

8 唐書載韓柳文

宋景文修《唐書》，《韓文公傳》全載其《進學解》《諫佛骨表》《潮州謝上表》《祝鱷魚文》，皆不甚潤色，而但换《進學解》數字，頗不如本意。元云「招諸生立館下」，改「招」字爲「召」，既言先生入學，則諸生在前，招而誨之足矣，何召之爲？「障百川而東之」，改

「障」字爲「停」，本言川流横潰，故障之使東，若以爲停，於義甚淺。改「跛前疐後」爲「躓後」，韓公本用《狼跋》詩語，非「躓」也。其他以「爬羅剔抉」爲「杷羅」，「焚膏油」爲「燒」，以「取敗幾時」爲「其敗」〔一〕。《吴元濟傳》書《平淮西碑》文千六百六十字，固有他本不同，然才減節輒不穩當。「明年平夏」一句，悉芟之。「平蜀西川」，減「西川」字。「非郊廟祠祀，其無用樂」，減「祠」「其」兩字。「皇帝以命臣愈，臣愈再拜稽首」，減下「臣」字。殊害理。「汝其以節都統討軍」，以「討」爲「諸」，尤不然。討者，如《左傳》「討軍實」之義，若云「諸軍」，何人不能下此語〔二〕。《柳子厚傳》載其文章四篇，與蕭俛、許孟容書、《貞符》《懲咎賦》也。《孟容書》意象步武，全與漢楊惲《答孫會宗書》相似，《貞符》倣班孟堅《典引》，而其四者次序或失之。至云：「宗元不得召，内閔悼，作賦自儆。」然其語曰：「逾再歲之寒暑。」則責居日月未爲久，難以言不得召也〔三〕。《資治通鑑》但載《梓人》及《郭橐駞傳》，以爲「其文之有理者」〔四〕。其識見取舍，非宋景文可比云。

【箋證】

〔一〕《新唐書》卷一七六《韓愈傳》。

〔二〕《新唐書》卷二一四《吴元濟傳》。《左傳》「討軍實」，見《左傳》宣公十二年，欒武子曰：「楚自克庸以來，其君無日不討國人而訓之。（杜預注：討，治也。）于民生之不易、禍至之無日、戒懼之不可以怠；在軍，無日不討軍實而申儆之。（杜預注：軍實，軍器。）」

〔三〕《新唐書》卷一六八《柳宗元傳》。按韓醇《詁訓柳先生文集》卷二《懲咎賦》題下注云：「據賦云：『纍郡印而南適。』又云：『宜乎重仍乎禍謫。』此謂永貞元年出爲邵州刺史、繼貶永州司馬也。又云：『循《凱風》之悲詩，罪通天而降酷。』此謂元和元年丁内艱也。又云：『逾再歲之寒暑。』蓋自丁内艱至是服除，爲元和三年秋矣。《賦》當在是時作。《新史》亦録之，謂宗元不得召，閔悼，悔念往咎，作賦自儆云。」章士釗《柳文指要》上《體要之部》卷四《議辯·晉文公問守原議》：「子厚自始謫，即斷言追回絶望。洪景盧讀《懲咎賦》，見本傳所作序：『宗元不得召，内憫悼，悔念往咎，作賦自儆。』曾慨然爲之語曰：『逾再歲之寒暑，則謫居日月未爲久，難以言不得召也。』蓋此賦爲元和三年作，景盧推算，未爲不確，雖然，子厚自審所犯之爲死案，其設想不與恒人一致之處，自不爲後代之同情者所能瞭然也。」

〔四〕《資治通鑑》卷二三九《唐憲宗紀》元和十年。胡三省注云：「《梓人傳》以諭相，《種樹傳》以諭守令，故温公取之，以其有資於治道也。」

9 冥靈社首鳳

光堯上仙，於梓宫發引前夕，合用《警場導引鼓吹詞》。邁在翰苑製撰，其《六州歌頭》

内一句云：「春秋不説楚冥靈。」〔一〕常時進入文字，立待報者，則貼黄批急速，未嘗停滯。是時，首尾越三日，又入奏，趣請付出。太常吏欲習熟歌唱，守院門伺候。適有表弟沈日新在軍將橋客邸，一士人乃上庠舊識，忽問「楚冥靈」出處，沈亦不能知，來扣予，因以《莊子》語告之，急走報，此士大喜〔二〕。初，孝宗以付巨璫霍汝弼，使釋其意，此士霍客也，故宛轉費日如此。又面奉旨令代作挽詩五章，其四云：「鼎湖龍去遠，社首鳳來遲。」當時不敢宣泄，而帶御器械謝純孝密以爲問，乃爲舉王子年《拾遺記》，蓋周成王事也〔三〕。禁苑文書，周悉乃爾。

【箋證】

〔一〕《六州歌頭》詞云：「堯傳舜，盛事千古難並。回龍馭，辭鳳掖，北内別有蓬瀛。爲天子父，册鴻名。萬年千歲福康寧。春秋不説楚冥靈。萊衣采戲，漢殿玉巵輕。宸游今不見，煙外落霞明。前回丁未，霧塞神京。正同符、光武中興。擎天獨力扶傾。定宗廟，保河山，乾坤整頓庚庚。功成了，脱屣遺榮。訪崆峒、容與丹庭。笑挹塵環、不留行。吾皇哀戀，淚血灑神旌。腸斷濤江渡，明日稽山暮雲，東望元陵。」按《警場導引鼓吹詞》由《導引》《六州》《十二時》組成，存《宋史・樂志》，不署撰人名，《全宋詞》據《容齋五筆》定爲洪邁作，是。高宗梓宫發引，在淳熙十五年三月。詳拙著《洪邁年譜》。

〔二〕《莊子・逍遥游》：「楚之南有冥靈者，以五百歲爲春，五百歲爲秋。」

〔三〕《高宗皇帝輓詞》其四全文云：「不謂神仙窟，今時異昔時。鼎湖龍去遠，社首鳳來遲。顧畢三年制，驚聞七月期。痛心思繼代，不忘有聲詩。」按，此《挽詩》五章，存《播芳大全文粹》卷一〇二，題作「御製」。

「社首鳳」。王嘉《拾遺記》卷二，云：「（成王即政）四年，旃塗國獻鳳雛，載以瑶華之車，飾以五色之玉，駕以赤象，至於京師，育於靈禽之苑，飲以瓊漿，飴以雲實，二物皆出上元仙方。鳳初至之時，毛色未彪發，及成王封泰山禪社首之後，文彩炳燿，中國飛走之類不復喧鳴，咸服神禽之遠至也。及成王崩，銜飛而去。」

10 左傳州郡

《左傳》魯哀公二年，晉趙鞅與鄭戰，誓衆曰：「克敵者，上大夫受縣，下大夫受郡，士田十萬。」注云：「《周書·作雒篇》：千里百縣，縣有四郡。」然則郡乃隸縣，而歷代地理、郡國志未之或書〔一〕。又《傳》所載地名，從州者凡五。「魯宣公會齊於平州，以定其位。」注云：「齊地，在泰山牟縣西。」〔二〕見於正經。它如：「允姓之姦①，居于瓜州。」注：「今敦煌也。」〔三〕「楚莊王滅陳，復封之，鄉取一人焉以歸，謂之夏州。」〔四〕「齊子尾使閭丘嬰伐我陽州。」注：「魯地。」〔五〕後四十年，又書「魯侵齊，門于陽州。」注：「攻其門也。」「苫越生子，將待事而名之，陽州之役獲焉，名之曰陽州。」〔六〕是齊、魯皆有此地也。衛莊公登城以望，見戎州，曰：「我姬姓也，何戎之有焉！」〔七〕以上唯瓜州之名至今。

【校勘】

①「姦」，馬本、庫本、祠本作「戎」。

【箋證】

〔一〕《左傳》哀二年，四庫本考證云：「按古者縣大郡小，以縣統郡，此文是也。至戰國以後，乃更以郡統縣。杜佑《通典》曰：『春秋時縣大郡小，至戰國則郡大而縣小，故甘茂曰宜陽大縣，其實郡也。』」惠棟《春秋左傳補注》卷六：「《周書·作雒》曰：『國方千里，分以百縣。縣有四郡，郡有四鄙。』高誘曰：『周制，天子地方千里，分爲百縣，縣有四郡，郡有四鄙，故言上大夫受縣，下大夫受郡。周時，縣大郡小。秦始皇兼天下，初置三十六郡，以監縣耳。』」

〔二〕《春秋》宣元年：「公會齊侯于平州。」杜注：「平州，齊地，在泰山牟縣西。」《左傳》僖五年：「會于首止，會王大子鄭，謀寧周也。」杜注：「惠王以惠后故，將廢大子鄭而立王子帶，故齊桓帥諸侯會王大子，以定其位。」

〔三〕《左傳》昭九年。

〔四〕《左傳》宣十一年。

〔五〕《左傳》襄三十一年。

〔六〕《左傳》定八年。

〔七〕《左傳》哀十七年。

11 貧富習常

少時，見前輩一説云：「富人有子不自乳，而使人棄其子而乳之；貧人有子不得自乳，而棄之以乳他人之子。富人懶行，而使人肩輿；貧人不得自行，而又肩輿人。是皆習以爲常而不察之也。天下事習以爲常而不察者，推此亦多矣，而人不以爲異，悲夫！」甚愛其論。後乃得之於晁以道《客語》中，故謹書之，益廣其傳〔一〕。

【箋證】

〔一〕《晁氏客語》一卷，乃其劄記雜論兼及朝野見聞，存。

12 唐用宰相

唐世用宰相不以序，其得之若甚易〔一〕，然固有出入大僚，歷諸曹尚書、御史大夫，領方鎮，入爲僕射、東宫師傅，而不得相者，若顔真卿、王起、楊於陵、馬總、盧鈞、韓皋、柳公綽、公權、盧知猷是也。如人主所欲用，不過侍郎、給事中，下至郎中、博士者，才居位即禮絶百僚，諫官、御史聽命之不暇，顧何敢輒抨彈其失，與國朝異矣。其先在職者，仍許引其同列，若姚元崇之引宋璟，蕭嵩之引韓休，李林甫引牛仙客、陳希烈，楊國忠引韋見素，盧杞引關播，李泌引董晉、竇參，李吉甫引裴垍，李德裕引李回，皆然〔二〕。

【箋證】

〔一〕參《五筆》卷一《唐宰相不歷守令》，云：「唐楊綰、崔祐甫、杜黄裳、李藩、裴垍皆稱英宰，然考其履歷，皆未嘗爲刺史、守令。」

〔二〕《新唐書》卷四六《百官志》：「唐世宰相，名尤不正。初，唐因隋制，以三省之長中書令、侍中、尚書令共議國政，此宰相職也。其後，以太宗嘗爲尚書令，臣下避不敢居其職，由是僕射爲尚書省長官，與侍中、中書令號爲宰相，其品位既崇，不欲輕以授人，故常以他官居宰相職，而假以他名。自太宗時，杜淹以吏部尚書參議朝政，魏徵以祕書監參預朝政，其後或曰『參議得失』『參知政事』之類，其名非一，皆宰相職也。貞觀八年，僕射李靖以疾辭位，詔疾小瘳，三兩日一至中書門下平章事，而『平章事』之名蓋起於此。其後，李勣以太子詹事同中書門下三品，謂同侍中、中書令也，而『同三品』之名蓋起於此。然二名不專用，而他官居職者猶假他名如故。自高宗以後，爲宰相者必加『同中書門下三品』，雖品高者亦然；惟三公、三師、中書令則否。其後改易官名，而張文瓘以東臺侍郎同東西臺三品，『同三品』入銜，自文瓘始。永淳元年，以黄門侍郎郭待舉、兵部侍郎岑長倩等同中書門下平章事，『平章事』入銜，自待舉等始。自是以後，終唐之世不能改。」

13 史記淵妙處①

《太史公書》不待稱説，若云褒贊其高古簡妙處，殆是摹寫星日之光輝，多見其不知量也〔一〕。然予每展讀至《魏世家》《蘇秦》《平原君》《魯仲連傳》，未嘗不驚呼擊節，不自知其所以然。魏公子無忌與王論韓事，曰：「韓必德魏愛魏重魏畏魏，韓必不敢反魏。」十餘語之間，五用「魏」字〔二〕。蘇秦説趙肅侯曰：「擇交而得則民安，擇交而不得則民終身不安。齊、秦爲兩敵而民不得安，倚秦攻齊而民不得安，倚齊攻秦而民不得安。」〔三〕平原君使楚，客毛遂願行，君曰：「先生處勝之門下幾年于此矣？」曰：「三年于此矣。」君曰：「先生處勝之門下三年於此矣，左右未有所稱誦，勝未有所聞，是先生無所有也。先生不能，先生留。」遂力請行，而折楚王②，再言：「吾君在前，叱者何也？」至左手持盤血，而右手招十九人於堂下，其英姿雄風，千載而下，尚可想見，使人畏而仰之，卒定從而歸。至於趙，平原君曰：「勝不敢復相士。勝相士多者千人，寡者百數，今乃於毛先生而失之。毛先生一至楚，而使趙重於九鼎、大呂。毛先生以三寸之舌强於百萬之師。勝不敢復相士。」〔四〕秦圍趙，魯仲連見平原君曰：「事將奈何？」君曰：「勝也何敢言事！魏客新垣衍令趙帝秦，今其人在是。勝也何敢言事！」仲連曰：「吾始以君爲天下之賢公子也，吾今然後知君非天下之賢公子也。梁客安在③？」平原往見衍，曰：「東國有魯仲連先生者，勝請爲紹介，交之於將軍。」衍曰：「吾聞魯仲連先生，齊國之高士也。衍，人臣也，使事有職，吾不願見魯仲連先生。」及見衍，衍曰：「吾視居此圍城之中者，皆有求於平原君者也；今吾觀先生之玉貌，非有求於平原君者也。」又曰：「始以先生爲庸人，吾乃今日知先生爲天下之士也。」〔五〕是三者重沓熟復，如「駿馬下駐千丈坡」，其文勢正爾。「風行於上而水波」，真天下之至文也〔六〕。

【校勘】

①「淵」，馬本、庫本、祠本作「簡」。②「而」，馬本、庫本、祠本作「面」。③「梁客安在」原和「梁客在」，馬本、庫本、祠本作「客安在」。

【箋證】

〔一〕盛如梓《庶齋老學叢談》卷一：「《史記》初看，竊怪語多重複，事多誇誕。及看子由《古史》，删除簡當，固爲奇特。然稱太史公爲人淺近而不學，疏略而輕信，又怪其貶之太過。況是時書籍未備，諸子雜行，有未暇詳考。其易編年而爲紀傳，其法一本于《書》，後世莫能易。洪容齋云：『《太史公書》若褒贊其高古簡妙，殆是模寫日星之光輝，多見其不知量。』近年得滹南《經史辨惑》，論《史記》者十一卷，采摭之誤若干，取舍不當若干，議論不當若干，姓名字語冗複若干，文勢不接若干，重疊載事若干，指瑕摘疵，略不少恕。且有『遷之罪不容誅矣』之辭。吁！

太史公初意，豈期如此？可哀也已。洪則專取其長，王則專攻其短，人之好惡不同。及觀晦菴先生《語類》云：『司馬遷才高，識亦高，但粗率。《史記》疑當時不曾删改脱稿。』又謂：『《史記》恐是個未成底文字，故紀載無次序，有疏闊不接續處。』先生之説，察而恕矣。又以衆説質之本傳，其《與任安書》明説『凡百三十篇，成一家之言，草創未就，適會此禍』。觀此，則爲未脱稿明矣，責之者諒此可矣。」

《續筆》卷九《文字結尾》論《史記·封禪書》可參。

〔二〕《史記》卷四四《魏世家》。

〔三〕《史記》卷六九《蘇秦列傳》。

〔四〕《史記》卷七六《平原君列傳》。

〔五〕《史記》卷八三《魯仲連列傳》。

〔六〕「駿馬下注千丈坡」，出蘇軾《百步洪》（《東坡全集》卷一〇）。「風行於上而水波」，出黄庭堅《江西道院賦》（《山谷集》卷一）。

陳叔方《潁川語小》卷上：「作文語法，渾渾正正，怪怪奇奇，前輩評之詳矣。洪文敏聚經子諸史句目曰《法語》《精語》者，采擷尤密，卻未有考論文句之或長或短，標之爲後作準程者。因摭諸書之語，叙其大略於後。凡句之短者，二字三字爲奇，其長有引而至於十五六字至二十字者，亦爲奇，讀之不覺其長，而損其一字則不成句，不可讀，此古人至妙之法。在《史記》多有之。《吕不韋傳》云：『則子無幾得與長子及諸子旦暮在前者争爲太子矣。』《豫讓傳》云：『然所以爲此者，將以愧天下後世之爲人臣懷二心以事其君者也。』《魯仲連傳》云：『吾始以君爲天下之賢公子也，吾乃今然後知君非天下之賢公子也。』韓文公深達此意，其文雖尚奇崛，至《上宰相第三書》頗用長句，如曰：『天下之所謂禮樂刑政教化之具皆已修理。』又曰：『豈復有所計議能補於周公之化者哉？』又曰：『設使其時輔理承化之功未盡章章如是。』又曰：『山林者士之所獨善自養而不憂天下者之所能安也。』又曰：『惴惴然惟不得出大賢之門下是懼。』此篇布置宏闊，如長江大河，非此句法則不相稱。韓之所以爲奇也。」

14 玉津園喜晴詩

淳熙十二年三月二十六日，車駕宿戒幸玉津園，命下，大雨，有旨許從駕官帶雨具，將曉，有晴意，已而天宇豁然。至晚歸，邁進一詩歌詠其實，云：「五更猶自雨如麻，無限都人仰翠華。翻手作雲方悵望，舉頭見日共驚嗟。天公的有施生妙，帝力堪同造物誇。上苑春光無盡藏，可須羯鼓更催花。」〔一〕四月四日，扈從詣景靈宫朝獻，蒙於幕次賜和篇，聖製云：「比幸玉津園，縱觀春事，適霽色可喜，卿有詩來上，因俯同其韻：春郊柔緑遍桑麻，小駐芳園覽物華。應信吾心非暇逸，頓回晴意絶咨嗟。每思富庶將同樂，敢務游畋漫自誇。不似華清當日事，五家車騎爛如花。」後二日，兵部尚書宇文价内引，上舉似此詩曰：「洪待制用雨如麻字，偶思得桑麻可押，又其末句用羯鼓催花事，故以華清車騎答之。」价拱手稱贊。明日以相告云〔二〕。

【箋證】

〔一〕按《玉海》卷三〇《淳熙玉津喜晴詩》亦載此事。周淙《乾道臨安志》卷一《苑囿》：「玉津園，在龍山之北。」朱彭《南宋古迹考》卷下《園囿考》：「玉津園，在嘉會門南四里，洋泮橋側。園本東都舊名。」

胡鳴玉《訂譌雜録》卷二《無盡藏》：「無盡藏音臟，與寶藏之藏同，本佛家語。《赤壁賦》用之。故『無盡藏』等，俱應仄用。偶檢《容齋隨筆》中《玉津園喜晴》一律，有『無盡藏』字，録之，以信古人用字之精，不似今人鹵莽誤拈平仄也。」

〔二〕《玉海》卷三一《乾道御製春賦》謂十三年四月辛亥，孝宗和邁所進《幸玉津詩》，謂邁「深得《無逸》之餘旨」，疑「十三年」爲「十二年」之誤。《夢粱録》卷八《景靈宮》：「景靈宮，在新莊橋，投北坐西，乃韓蘄王世忠元賜宅基，其子獻於朝，改爲宮。」

15 虢巨賀蘭

天下國家不幸而有四郊之警，爲人臣者當隨其事力，悉心盡忠，以致尺寸之效。苟爲叨竊禄位，視如秦、越，一切惟己私之是徇，雖千百載後，覩其事者猶使人怒髮衝冠也。唐天寶禄山之亂，可謂極矣。虢王巨爲河南節度使，賀蘭進明繼之，擁數道之兵，臨要害之地，尊爲征鎮，有民有財，而汗漫忌疾，非徒無益，而反敗之。巨在彭城，張巡在雍丘，以將士有功，遣使詣巨請空名告身及賜物，巨惟與折衝、果毅告身三十通，不與賜物，巡竟不能立，徙於睢陽〔一〕。先是，太守許遠積糧六萬石，巨以其半給濮陽、濟陰，遠固争不得。二郡得糧，遂以城叛，而睢陽食盡〔二〕。顔魯公起兵平原，合衆十萬，既成魏郡堂邑之功矣。是時，進明爲北海太守，亦起兵，公以書召之并力，進明度河，公每事咨之，軍權始移，遂取舍任意，以得招討〔三〕。後詣行在，因譖房琯，自嶺南而易河南〔四〕。張巡受圍困棘，遣南霽雲告急於其所治臨淮，相去三百里，棄而不救〔五〕。平原、睢陽失守，實二人之故。一時議者，皆不以爲言，使之連據高位，顯爲佚罰。曾不十年，巨斥刺遂州，爲段子璋所殺〔六〕，進明坐第五琦黨，自御史大夫竄謫以死〔七〕。天網恢恢，兹焉不漏。

【箋證】

〔一〕事詳《資治通鑑》卷二一九《唐肅宗紀》至德元載。至德二載正月，「許遠告急于張巡，巡自寧陵引兵入睢陽。」

〔二〕同前，至德二載。

〔三〕事詳《資治通鑑》卷二一七《唐肅宗紀》至德元載。《朱子語類》卷一三六：「顔魯公只是有忠義而無意智底人。當時去那裏見使者來，不知是賊，便下兩拜，後來知得方罵。」真德秀《西山讀書記》卷二五：「顔公始以節制之權遜賀蘭進明，不居功之意甚矣，而不知進明之不可恃；晚爲盧杞所忌，不知引去，以全明哲保身之道，皆於智有所不足。朱子之評當矣。」王應麟《困學紀聞》卷一四《考史》：「顔真卿、鄭畋以興復爲己任，倡義討賊，其志壯矣。真卿權移於賀蘭進明，畋見襲於李昌言，功不克就，故才與誠合，斯可以任天下之重。」

〔四〕《舊唐書》卷一一一《房琯傳》：「琯好賓客，喜談論，用兵素非所長，而天子采其虚聲，冀成實效。琯既自無廟勝，又以虚名擇將吏，以至於敗。上猶待之如初，仍令收合散卒，更圖進取。會北海太守賀蘭進明自河南至，詔授南海太守，攝御史大夫，充嶺南節度使。中謝，肅宗謂之曰：『朕處分房琯與卿正大夫，何爲攝也？』進明對曰：『琯與臣有隙。』上以爲然。進明因奏曰：『陛下知晉朝何以至亂？』上曰：『卿有説乎？』進明曰：『晉朝以好尚虚名，任王夷甫爲宰相，祖習浮華，故至於敗。今陛下方興復社稷，當委用實才，而琯性疎闊，徒大言耳，非宰相器也。陛下待琯至厚，以臣觀之，琯終不爲陛下用。』上問其故，進明曰：『琯昨於南朝爲聖皇制置天下，乃以永王爲江南節度，潁王爲劍南節度，盛王爲淮南節度，制云「命元子北略朔方，命諸王分守重鎮」。且太子出爲撫軍，入曰監國，琯乃以枝庶悉領大藩，皇儲反居邊鄙，此雖於聖皇似忠，於陛下非忠也。琯立此意，以爲聖皇諸子，但一人得天下，即不失恩寵。又各樹其私黨劉秩、李揖、劉彙、鄧景山、竇紹之徒，以副戎權。推此而言，琯豈肯盡誠於陛下乎？臣欲正衙彈劾，不敢不先聞奏。』上由是惡琯，詔以進明爲河南節度、兼御史大夫。」

〔五〕事詳《資治通鑑》卷二一九《唐肅宗紀》至德二載。又云：「初，房琯爲相，惡賀蘭進明，以爲河南節度使，以許叔冀爲進明都知兵馬使，俱兼御史大夫。叔冀自恃麾下精鋭，且官與進明等，不受其節制，故進明不敢分兵，非惟疾巡、遠功名，亦懼爲叔冀所襲也。」胡三省注：「史言房琯以私憾進明，用許叔冀以制其肘腋，使不敢分兵救巡、遠，然以進明之才，借使出兵，亦未必能制勝。」

孫甫《唐史論斷》卷中《賊陷睢陽害張巡》：「論曰：宰相舉事，繫天下利害，常盡大公之心，尚慮智謀不周，或至敗事，况挾不平之意乎？房琯之爲相也，與賀蘭進明有私怨，進明帥河南，既兼御史大夫，是假風憲之威，以重其任。琯又用許叔冀爲都將，亦兼大夫，均其官，使不爲下。此宰相乘不平之氣舉事爾，遂使睢陽危迫而進明不救，忠賢數人爲賊所害，軍民之衆罹其荼毒。或曰：賀蘭進明，好進之人，巡、遠功名既高，固有嫉之之意，雖無許叔冀争權，未必出兵救援。則睢陽陷賊，實進明之罪，不繫房琯之過也。答曰：進明先授攝御史大夫，不滿其意，遂極言排琯，交憾愈深，此固好進之人。及帥河南，權任甚重，琯或慮其難制，必用大將以分其權，則當擇賢才任之，使共力國事，奈何叔冀一狡險人爲都將，復重其官，與節帥等，是正使各尚氣勢不相下爾，豈宰相大公之意也？不然，進明雖好進，於巡、遠功名不無嫉意，當南霽雲求救，忠義憤發，言詞哀切，足以感激於人，稍異木石者必動心，進明亦非全然凶狠不知情義者，安得絶無救意？豈非有憚而然耶？或曰：韓愈作《張巡傳後敘》，止言進明嫉巡、遠聲威功績出己之上，不肯出師，不言叔冀事。答曰：愈叙張巡事，以李翰所作傳尚有遺落，據汴、徐間老人所言者書爾。老人傳當時事，又豈能窺進明之情？況愈所書止曰遺事，故不盡其本末。《唐史·高適傳》載移書許叔冀使釋憾，同援梁、宋，此事尤足證明，則房琯挾怨用人，致睢陽陷没，頗爲得實。嗟夫！琯以時名作相，不能立大功，輔大業，已負肅宗倚任之意；又挾怨用人，致敗國事，則琯之流落以没，非不幸也。後爲相者戒之。」

〔六〕事詳《資治通鑑》卷二二二《唐肅宗紀》上元二年。

〔七〕《資治通鑑》卷二二一《唐肅宗紀》：乾元二年十一月，「第五琦作乾元錢、重輪錢，與開元錢三品並行。民争盜鑄，貨輕物重，穀價騰踊，餓殍相望。上言者皆歸咎於琦。庚午，貶琦忠州長史。御史大夫賀蘭進明貶溱州員外司馬，坐琦黨也。」

容齋五筆卷六十二則

1 鄱陽七談

鄱陽素無圖經地志，元祐六年，餘干進士都頡，始作《七談》一篇，叙土風人物，云：「張仁有篇，徐濯有説，顧雍有論，王德璉有記，而未有形於詩賦之流者，因作《七談》。」其起事則命以「建端先生」，其止語則以「畢意子」。其一章言澹浦、彭蠡山川之險勝，番君之靈傑。其二章言濱湖蒲魚之利，膏腴七萬頃，柔桑蠶繭之盛。其三章言林麓木植之饒，水草蔬果之衍，魚鼈禽畜之富。其四章言銅冶鑄錢，陶埴爲器。其五章言宫寺游觀，王遥仙壇，吴氏潤泉，叔倫戴隄。其六章言鄱江之水。其七章言堯山之民，有陶唐之遺風。凡三千餘字，自謂八日而成①，比之太沖十稔、平子十年爲無慊。予偶於故簏中得之，惜其不傳于世，故表著於此。其所引張、徐、王、顧所著，今不復存，更爲可恨也〔一〕。

【校勘】

①「日」，庫本作「年」。

【箋證】

〔一〕張世南《游宦紀聞》卷一：「鄱陽爲郡，文物之盛甲於江東，無圖經地志。元祐六年，餘干都頡作《七談》一編，叙土風人物，云張仁有篇，徐濯有説，顧雍有論，王德璉有記，今不復存矣。嘉定乙亥，史守始延郡之前輩，訪問彙聚，而爲圖經，然登載亦未詳盡。」按《宋史》卷二〇四《藝文志》有史定之《鄱陽志》三十卷、王德璉《鄱陽縣記》一卷。張仁之篇、徐濯之説、顧雍之論，皆莫考。《江西通志》卷八七《饒州府·人物》：「都頡，字光遠，餘干人，少貧苦學，讀書過目輒成誦。元祐中，嘗作《七談》，述番陽山川人物之盛，三千餘言，七日（郁之按：「七日」疑誤。）而成，辭豔意遠，自謂比太沖十稔、平子十年而無歉。官至奉朝請、司農少卿。」注出《人物志》。王謨《豫章十代文獻略》卷二九《文苑》：「是書已亡于宋矣，然羅苹《路史注》猶間引其説。若《説郛》所收《鄱陽記》，則又劉澄之所撰也。」

2 經解之名

晉、唐至今，諸儒訓釋《六經》，否則自立佳名，蓋各以百數，其書曰傳、曰解、曰章句而已。若戰國迨漢，則其名簡雅。一曰故，故者，通其指義也。《書》有《夏侯解故》，《詩》有《魯故》《后氏故》《韓故》也。《毛詩故訓傳》，顔師古謂流俗改故訓傳爲詁，字失真耳。小學有杜林《蒼頡故》〔一〕。二曰微，謂釋其微指。如《春秋》有《左氏微》《鐸氏微》《張氏微》

《虞卿微傳》〔二〕。三曰通，如洼丹《易通論》名爲《洼君通》，班固《白虎通》，應劭《風俗通》，唐劉知幾《史通》，韓滉《春秋通》。凡此諸書，唯《白虎通》《風俗通》僅存耳〔三〕。又如鄭康成作《毛詩箋》，申明傳義①，他書無用此字者〔四〕。《論語》之學，但曰《齊論》《魯論》《張侯論》，後來皆不然也〔五〕。

【校勘】

①「傳」，原作「其」，據馬本、庫本、祠本改。

【箋證】

〔一〕《漢書·藝文志》：《大小夏侯解故》二十九篇、《魯故》二十五卷、《齊后氏故》二十卷、《韓故》三十六卷、《毛詩故訓傳》三十卷、杜林《蒼頡故》一篇。《魯故》二十五卷，師古注：「故者，通其指義也。它皆類此。今流俗《毛詩》改故訓傳爲詁，字失真耳。」

〔二〕《漢書·藝文志》：《左氏微》二篇。師古注：「微謂釋其微指。」《鐸氏微》三篇。（楚太傅鐸椒也。）《張氏微》十篇。《虞氏微傳》二篇。（趙相虞卿。）

〔三〕《後漢書》卷一〇九上《洼丹傳》：「洼丹字子玉，南陽育陽人也。世傳《孟氏易》。王莽時，常避世教授，專志不仕，徒衆數百人。建武初，爲博士，稍遷，十一年，爲大鴻臚。作《易通論》七篇，世號『洼君通』。」《新唐書》卷五七《藝文志》有韓滉《春秋通》一卷。劉知幾《史通》乃習見之書，容齋此云「唯《白虎通》《風俗通》僅存」，而不及《史通》，且《史通》亦非訓釋《六經》之書，殆行文疏忽。

〔四〕《後漢書》卷一〇九《衛宏傳》：鄭玄作《毛詩箋》。章懷注：「箋，薦也，薦成毛義也。張華《博物志》曰：『鄭注《毛詩》曰箋，不解此意。或云毛公嘗爲北海相，玄是郡人，故以爲敬云。』」

〔五〕《隋書》卷三二《經籍志》：「張禹本授《魯論》，晚講《齊論》，後遂合而考之，删其煩惑，除去《齊論・問王》《知道》二篇，從《魯論》二十篇爲定，號《張侯論》，當世重之。」

3 卜筮不敬

古者龜爲卜，筴爲筮，皆「興神物以前民用」〔一〕。其用之至嚴，其奉之至敬，其求之至悉①，其應之至精。齋戒乃請，問不相襲，故史祝所言，其驗若答。周史筮陳敬仲，知其八世之後莫之與京，將必代齊有國〔二〕。史蘇占晉伯姬之嫁，而及於爲嬴敗姬，惠、懷之亂〔三〕。至邃至賾，通於神明。後世浸以不然，今而愈甚。至以飲食猥雜之際，呼日者隅坐，使之占卜，往往不加冠裳，一門四五，而責其術之不信，豈有是理哉？善乎班孟堅之論曰：「君子將有爲也，將有行也，問焉而以言，其受命也如響。及至衰世，懈於齋戒，而屢煩卜筮，神明不應。故筮瀆不告，《易》以爲忌，龜厭不告，《詩》以爲刺。」〔四〕謂《周易》之《蒙卦》曰：「初筮告，再三瀆，瀆則不告。」《詩・小旻》之章云：「我龜既厭，不我告猶。」言卜問煩數，狎嫚於龜，龜靈厭之，不告以道也〔五〕。漢世尚爾，況在於今，未嘗頃刻盡敬，而一歸咎於淫巫瞽史，其可乎哉！

【校勘】

①「求」，原作「來」，據馬本、庫本、祠本改。

【箋證】

〔一〕《周易·繫辭上》：「是以明於天之道，而察於民之故，是興神物以前民用。」孔穎達疏曰：「『是以明於天之道』者，言聖人能明天道也。『而察於民之故』者，故，事也。《易》窮變化而察知民之事也。『是興神物以前民用』者，謂《易》道興起神理事物，豫爲法象，以示於人，以前民之所用。定吉凶於前，民乃法之所用，故云『以前民用』也。」

〔二〕《左傳》莊公二十二年：初，懿氏卜妻敬仲。其妻占之，曰：「吉！是謂『鳳皇于飛，和鳴鏘鏘。有媯之後，將育于姜。五世其昌，並于正卿。八世之後，莫之與京。』」

〔三〕《左傳》僖公十五年。參《續筆》卷六《左傳易筮》箋證。

〔四〕《漢書·藝文志》蓍龜序。

〔五〕《漢書·藝文志》「《易》以爲忌」「《詩》以爲刺」二句下顏師古注。

4 糖霜譜

糖霜之名，唐以前無所見，自古食蔗者始爲蔗漿，宋玉《招魂》所謂「胹鼈炮羔有柘漿」

是也〔一〕。其後爲蔗餳，孫亮使黄門就中藏吏取交州獻甘蔗餳是也〔二〕。後又爲石蜜，《南中八郡志》云：「笮甘蔗汁，曝成飴，謂之石蜜。」《本草》亦云「煉糖和乳爲石蜜」是也〔三〕。後又爲蔗酒，唐赤土國用甘蔗作酒，雜以紫瓜根是也〔四〕。唐太宗遣使至摩揭陀國，取熬糖法，即詔揚州上諸蔗，榨瀋如其劑，色味愈於西域遠甚，然只是今之沙糖〔五〕。蔗之技盡於此，不言作霜，然則糖霜非古也。歷世詩人摹奇寫異，亦無一章一句言之，唯東坡公過金山寺，作詩送遂寧僧圓寶云：「涪江與中泠，共此一味水。冰盤薦琥珀，何似糖霜美。」〔六〕黄魯直在戎州，作頌答梓州雍熙長老寄糖霜云：「遠寄蔗霜知有味，勝於崔子水晶鹽。正宗掃地從誰説，我舌猶能及鼻尖。」則遂寧糖霜見於文字者，實始二公〔七〕。甘蔗所在皆植，獨福唐、四明、番禺、廣漢、遂寧有糖冰，而遂寧爲冠。四郡所産甚微，而顆碎色淺味薄，纔比遂之最下者，亦皆起於近世。唐大曆中，有鄒和尚者，始來小溪之繖山，教民黄氏以造霜之法〔八〕。繖山在縣北二十里，山前後爲蔗田者十之四，糖霜户十之三。蔗有四色，曰杜蔗，曰西蔗，曰艻蔗，《本草》所謂荻蔗也，曰紅蔗，《本草》崑崙蔗也。紅蔗止堪生噉，艻蔗可作沙糖，西蔗可作霜，色淺，土人不甚貴，杜蔗紫嫩，味極厚，專用作霜。凡蔗最困地力，今年爲蔗田者，明年改種五穀以息之①〔九〕。霜户器用，曰蔗削，曰蔗鎌，曰蔗凳，曰蔗碾，曰榨斗，曰榨床，曰漆甕，各有制度〔一〇〕。凡霜，一甕中品色亦自不同，堆疊如假山者爲上，團枝次之，甕鑑次之，小顆塊次之，沙腳爲下；紫爲上，深琥珀次之，淺黃又次之，淺白爲下〔二〕。宣和初，王黼創應奉司，遂寧常貢外，歲別進數千斤。是時，所産益奇，墻壁或方寸，應奉司罷，乃不再見。當時因之大擾，敗本業者居半，久而未復〔三〕。遂寧王灼作《糖霜譜》七篇〔三〕，具載其説②，予采取之，以廣聞見。

【校勘】

①「種」，原作「鍾」，據馬本、庫本、祠本改。②「具」，原作「且」，據馬本、庫本、祠本改。

【箋證】

〔一〕梁紹壬《兩般風雨盦隨筆》卷五《糖霜》：「糖霜之名，唐以前無所見。古人只有餳，乃煎米蘖而成者，見《三禮注》。宋玉《招魂》『胹炰鼈羔，有蔗漿些』，是以漿代糖用也。《後漢書·顯宗紀》：『以糖作狻猊，曰糖猊。』此熬糖爲膏耳。」

〔二〕《三國志·吴志》卷三《孫亮傳》裴松之注引《江表傳》。

〔三〕嵇含《南方草木狀》卷上：「諸蔗一曰甘蔗，交趾所生者，圍數寸，長丈餘，頗似竹，斷而食之，甚甘。笮取其汁，曝數日成飴，入口消釋，彼人謂之石蜜。」唐慎微《證類本草》卷二三《果部》：「石蜜，乳糖也，味甘，寒，無毒，主心腹熱脹、口乾渴，性冷利，出益州及西戎。煎煉沙糖爲之，可作餅塊，黄白色。」程大昌《演繁露》卷二《石蜜》：「則今之糖霜是矣。」

〔四〕見《隋書》卷八二《南蠻列傳》之赤土國。

〔五〕見《新唐書》卷二二一《西域列傳》之摩揭陀國。吴箕《常談》：「唐太宗貞觀十一年，始遣使至西域摩揭陀國，取熬糖法，即詔揚州上甘蔗，瀋如其劑爲之，色味勝西域遠甚。然《江表傳》載孫亮遣黄門以銀盌並蓋就中藏吏取交州所獻甘蔗餳，乃甘蔗作糖舊矣，何至唐始往西域取法哉？豈餳如今之冰糖，而熬糖乃沙糖類乎？」程大昌《演繁露》卷四《飴餳》：「張衡《七辯》曰：『沙飴石蜜，遠國貢儲。』即今沙糖也。唐玄奘《西域記》，以西域石蜜來，詢知其法用蔗汁蒸造，太宗令人製之，味色皆踰其初，即中國有沙糖之始耶？」陸游《老學菴筆記》卷六：「聞人茂德言，沙糖中國本無之，唐太宗時，外國貢至，問其使人此何物，云以甘蔗汁煎，用其法煎成，與外國者等，自此中國方有沙糖。唐以前書傳凡言及糖者，皆糟耳。如糖蟹、糖薑，皆是。」史繩祖《學齋佔畢》卷四《煎糖始於漢不始於唐》録此説，後辨之云：「是未之深考也。聞人固不足責，老學菴何至信其説而筆之？余按宋玉《大招》已有『柘漿』字，是取蔗汁已始於先秦也。《前漢》，《郊祀歌》『柘漿析朝酲』，注謂取甘蔗汁以爲飴也，又孫亮取交州所獻甘蔗餳，而《二禮注》『飴』字俱云煎米櫱也，一名餳，則是煎蔗爲糖已見於漢時甚明，而《説文》及《集韻》並以糖爲蔗飴。曰飴，曰餳，皆是堅凝可含之物，非糟之謂。其曰糟字，止訓酒粕，不以訓糖。何可謂煎蔗始於太宗時而前止是糟耶？余故引經注漢傳而證其誤云。」

〔六〕蘇軾《送金山鄉僧歸蜀開堂》（《東坡全集》卷一四）。

〔七〕黄庭堅《答（雍熙光老）寄糖霜頌》（《山谷集》卷一五）。以上出《糖霜譜》之第二篇。梁紹壬《兩般風雨盦隨筆》卷五《糖霜》：「然蘇所詠者，尚紅糖霜，而黄所賦者，始是白糖霜也。」

〔八〕出《糖霜譜》第一篇《原委》。

〔九〕出《糖霜譜》第三篇。「繖山在縣北二十里」，《譜》原作「繖山在小溪縣涪江東二十里」。

〔一〇〕出《糖霜譜》第四篇。陶穀《清異録》卷上《菓》「青灰蔗」條：「甘蔗盛於吴中，亦有精粗，如崑崙蔗、夾苗蔗、青灰蔗，皆可煉糖。桄榔蔗，乃次品。糖坊中人盜取未煎蔗液盈盌啜之，功德漿即此物也。」按，此可補《糖霜譜》之未備也。

〔一一〕出《糖霜譜》第五篇。

〔一二〕出《糖霜譜》第六篇。

〔一三〕《糖霜譜》一卷，王灼撰。存。《四庫全書總目》卷一一五提要：「灼字晦叔，號頤堂，遂寧人。紹興中嘗爲幕官。是編凡分七篇，惟首篇題原委第一，叙唐大曆中鄒和尚始創糖霜之事。自第二篇以下，則皆無標題。今以其文考之，第二篇，言以蔗爲糖始末，言蔗漿始見《楚詞》，而蔗餳始見《三國志》。第三篇，言種蔗。第四篇，言造糖之器。第五篇，言結霜之法。第六篇，言糖霜或結或不結，似有運命，因及於宣和中供御諸事。第七篇，則糖霜之性味及製食諸法也。蓋宋時産糖霜者，凡福唐、四明、番禺、廣漢、遂寧五地，而遂寧爲最。灼生於遂寧，故爲此譜。」張雲璈《選學膠言》卷一四《糖霜始於唐大曆》條，録《隨筆》本條，按云：「如洪説，則蔗霜始於唐大曆，而入詠於宋之蘇黄，非謂蔗作糖盡出於唐以後也。何義門評《三國志》，據《吴志》甘蔗餳以駁王灼之説，誤矣。但宋時糖霜貴紫，與今不同。又《老學菴筆記》謂唐以前書傳凡言糖者皆糟耳，如糖蟹、糖薑皆是。雲璈按：餳、餹即糖字，自古有之，豈必皆指糟耶？放翁説恐未確。」

5　李彦仙守陝

靖康夷虜之禍，忠義之士，死於守城，而得書史傳者，如汾州之張克戩、隆德之張確、懷之霍安國、代之史抗、建寧寨之楊震、震武之朱昭是已①〔一〕。惟建炎以來，士之得其死者蓋不少。兹讀王灼所作《李彦仙傳》，雖嘗具表上進，然慮實録、正史未曾采用〔二〕，謹識於此。彦仙字少嚴，本名孝忠，其先寧州人也，後徙于鞏。幼有大志，喜談兵，習騎射，所歷山川形勢必識之。尚氣，謹然諾，非豪俠不交。金人南侵，郡縣募勤王軍，彦仙散家貲，得三千人，入援京師。虜圍太原，李綱爲宣撫使，彦仙上書切詆，有司逮捕急，乃易今名，棄官亡命。頃之，復從种師中，師中敗死，仙走陝州。守將李彌大問北事，條對詳複，使扼殽、澠間。金人再圍汴，陝西范致虛總六路兵進援，仙請曰：「殽、澠險隘，難於立軍，前却即衆潰矣。宜分道並進，伺空以出。且留半軍于陝，爲善後計。」致虛曰：「如子言，乃逗撓也。」仙曰：「兵輕而分，正可速達。」不從，爭益牢，致虛怒，罷其職。既而敗績，卒無功。建炎元年四月，金人屠陝州，經制使王𤫊度不能支，引部曲去，官吏逃逸。仙爲石壕尉，獨如平時，歸者繦屬，即徙老穉入土花砦、三觜、石柱、大通諸山，拔武鋭者分主之，自營三觜。諭衆曰：「虜實易與，今得地利，若輩堅守足矣。」少日虜復據陝，分軍來攻，有健酋升前阜嫚罵，仙單騎衝擊，挾之以歸，始料衆，正部伍。虜數萬圍三觜，仙邀戰，伏精兵後嶂，掩殺萬計，奪馬三百，虜解去。京、洛間多爭附者，勢益雄張，未閱月，破虜五十餘壁。初，虜再入陝，官其土人，俾招復業者，人給符別之。仙陰縱麾下往，約日内應。二年三月，引兵直州南，城中火起，虜方備南壁，而水軍自新店，夜順流薄城東北蒙泉坡、龍堂溝以入，表裏夾攻，僵尸相藉，遂復陝。始，河東之人倡義拒虜，仙約胡夜叉者爲助，假以沿河提舉，意不滿，叛趨南原。仙誘致殺之，奪五千衆。邵隆、邵雲本其黨，欲爲復讎，仙因客鐫説，遂來歸。乘勝渡河，柵中條諸山，蒲、解至太原皆響動，乃分遣隆、雲等取安邑、虞鄉、芮城、正平、解，皆下之，蒲幾拔，會援至，不克。以功遷閤門宣贊舍人，就畀陝，兼安撫司公事，悉哀所俘酋長護送行在。上咨歎，賜袍帶、槍劍，許直達奏事，便宜處决。時關以東獨陝在，益增陴、疏塹、蒐軍、繕鎧，廣屯田，訓農耕作。家素留鞏，盡取至官，曰：「吾父母妻子同城存亡矣！」聞者感悦，各有固志。十二月，金酋烏魯撒拔圍陝，仙背城鏖鬥七日，虜傷甚跳奔。三年，婁宿孛堇自絳移屯蒲、解，諜知之，設伏於諸谷，鼓譟横突②，俘馘十八，婁宿僅以身免。制置使王庶檄使輕軍掎角，次虞鄉，虜以萬甲逆石鍾谷口，終日戰，斬級二千，遷武功大夫、寧州觀察使、河解同耀制置使。時河東土豪密附，期王師來爲應。仙益治軍，欲請于朝，乞詔陝西諸路各助步騎二萬。會張浚經略處置川、陝，弗之許。十二月，婁宿衆十萬復圍陝，仙夜使人隧地，焚其攻具，營部囂亂，縱兵乘之，虜稍退。四年正月，益生兵傅壘，晝夜進攻，鵝車、天橋、火車、衝車叢進，仙隨機拒敵，又爲金汁礮，火藥所及，糜爛無遺，而圍不解。日憑堞須外援，浚爲遣軍，虜先阻雍，不得進，則令涇原曲端出鄜坊繞虜後。端素嫉仙聲績逾己，幸其敗，詭託不行。丁巳，城陷，仙挾親軍巷戰，矢集身如蝟，左臂中刃，不殊，戰逾力，遂死之，并其家遇害。先是，虜嘗許以河南元帥，及圍合，復言如前約，當退師。仙叱曰：「吾寧鬼於宋，安用汝富貴爲！」虜惜其才，必欲降之，城將破，先令軍中：「生致者予萬金。」仙平時弊衣同士卒，及是雜群伍中死，虜不能察。其爲人，面少和色，有犯令，雖親屬不貸。諸將敗事，或有他過，其外屯者，輒封箠，遣帳下往，皆裸就笞，不敢出一詞。當是時，同、華、長安盡爲敵藪，陝斗絶一隅，初無朝家素定約東，中立孤軍日與虜确，但誦忠義③，感勵其衆。每拜君賜暨取敵金貲，悉均之，毛銖不入己。以是精兵三萬，大小二百戰，皆樂爲用。軍事獨裁決，至郡政必問法所底，闔境稱治。浚承制贈彰武軍節度使，建廟商州〔三〕。邵雲者，龍門人。城破被執，婁宿欲命以千户長，肆詈不屈，乃釘之木架上，置解州東門外。惡少撫其背涅文，戲曰：「可鞘吾佩刀。」雲怒，偃架仆之④。後五日磔解之，至抉眼摘肝，詈不絶，喉斷乃已。初行刑，將剸刃，雲叱之，失刀而斃，其忠勇蓋如此〔四〕。

【校勘】

①「震武」，馬本、庫本、祠本作「振武」。②「躁」，馬本、庫本、祠本作「噪」。③「義」，原作「議」，據馬本、庫本、祠本改。④「仆」，馬本、祠本作「扑」。庫本作「朴」。

【箋證】

〔一〕張克戩、張確、史抗、楊震、朱昭、霍安國，見《宋史》卷四四六、四四七《忠義列傳》。

〔二〕《宋史》卷四四八《忠義列傳》有《李彦仙傳》，蓋即據王灼《李彦仙傳》。

〔三〕《建炎以來繫年要録》卷三一：建炎四年正月丁巳，「是日，金陝西諸路選鋒都統婁宿陷陝府，守臣右武大夫寧州觀察使李彦仙死之。敵自去冬以重兵來攻，彦仙守禦甚備，遇士卒有恩，食既盡，煮豆以啖其下，而取汁自飲。至是亦盡。宣撫處置使張浚間道遺以金幣，使犒其軍，且檄都統制曲端以涇原兵往援。端素疾彦仙出己上，無出兵意。浚屬官資陽謝昇言於浚曰：

『敵朝夕下陜，莫以爲憂者，殆未知敵意也。敵已得長安，今取陜，則全據大河，且窺蜀。』衆莫謂然，力争數日，師乃出。至長安，而敵先壅阻，不得進。彦仙日與敵戰，將士未嘗解甲。婁宿命自正月旦爲始，以一軍攻擊一日，不下，則翌日更遣一軍。每一旬則聚十軍並攻一日，期以三旬必拔之。彦仙意氣如平常，登譙門大作伎，潛使人隧而出，焚其攻具，敵愕而却。婁宿雅奇彦仙才，嘗招之，彦仙斬其使。至是，遂欲降之，使人呼曰：『即降當富貴。』彦仙不應，日鈎取敵兵數十磔城上。雖殺傷大當，而敵兵沓至，守埤者久，傷夷日就盡。既而敵軍亦無食，欲引去。或告以急擊可入，敵益衆攻之。每隊以鼓在前，擊鼓一聲則進一步。既渡濠池，鼓聲漸促，莫不争先疾趣，並力齊登，死傷者雖滿地而不敢返顧。是旦有鳶鴉數萬飛噪於城上，與戰聲相亂。婁宿曰：『城陷矣。』促使急攻城，遂陷。彦仙率士卒巷戰，左臂中刃，不殊，猶不已。敵惜其才，以重賞募人生致之。彦仙易敝衣雜群伍中走渡河，曰：『吾不甘以身受敵人之刃。』敵縱兵屠掠，彦仙聞之，曰：『金入所以殺傷過當者，以我堅守不下故也，我何面目復見世人乎！』遂投河而死。敵取其家殺之。陜民無噍類。浚聞，承制贈彦仙彰武軍節度使，即商州立廟，且官其子，給宅一區，田五頃。久之，賜謚曰忠威。」又同書卷六一：紹興二年十二月辛丑，「故右武大夫寧州觀察使知陜州李彦仙贈彰武軍節度使」。原注：「晁公遡撰《彦仙傳》乃稱彦仙仕至拱衛大夫、寧州觀察使，與宣撫司奏狀不同，今從奏狀。」宣撫司奏狀，或即據王灼《傳》。

〔四〕《建炎以來繫年要録》卷三一：「彦仙守陜再踰年，大小戰二百，及城陷，其屬官陳思道、李岳、杜開，通守王滸、趙叔憑，職官劉效、馮經，縣令張玘，將佐盧亨、邵雲、閻平、趙成、賈何、吕圓登、宋炎等五十一人，皆與同死，無屈降者。叔憑，宗室子，初爲兵馬都監，積功武翼大夫，通判府事。及城危，有子爲盧氏吏，間使語之曰：『吾托肺腑死國難，固其所，若則走也。』雲，龍門人，敵陷蒲城，雲獨與少年數百保聚山谷，初事邵興，後爲彦仙部曲，累官閤門宣贊舍人。敵得雲，欲以爲將，雲罵怒不屈，婁宿怒，釘雲五日而磔之。平，湖城人，官閤門祗候。何，陝縣人，與成皆修武郎。圓登，夏縣人，嘗爲僧，前後功最多，號愛將。城垂破，自外來援，與彦仙相持而泣曰：『圍久不知公安否，今得見公，死且無恨。』左右皆泣，創甚，方卧，聞城壞，遽起，戰死。炎，陝縣人，善蹶張，敵圍城，炎取大弩數百調治，所射洞殺傷敵兵甚衆。城陷，敵欲將炎，呼炎出，不應，戰死。後，自雲已下皆贈官，録其家一人。」按《要録》所據蓋即王灼《李彦仙傳》。邵雲、吕圓登、宋炎三人事迹附見《宋史·李彦仙傳》後。

6 奸雄疾勝己者

自古奸雄得志，包藏禍心，窺伺神器，其勢必嫉士大夫之勝己者，故常持「寧我負人，無人負我」之説〔一〕。若蔡伯喈之值董卓，孔文舉、禰正平、楊德祖之值曹操，嵇叔夜、阮嗣宗之值司馬昭、師，温太真之值王處仲，謝安石、孟嘉之值桓温，皆可謂不幸矣。伯喈僅僅脱卓手，終以之隕命〔二〕。正平轉死於黄祖，文舉覆宗，德祖被戮〔三〕。叔夜罹東市之害〔四〕。嗣宗沈湎佯狂，至爲勸進表以逃大咎〔五〕。太真以智挫錢鳳而免，其危若蹈虎尾〔六〕。唯謝公以高名達識，表裏至誠，故温敬之重之，不敢萌相窺之意。然尚有「爲性命忍須臾」及「晉祚存亡，在此一行」之虞〔七〕。孟嘉爲人夷曠沖默，名冠州里，稱盛德人。仕於温府，歷征西參軍、從事、中郎、長史，在朝隤然仗正，必不效郗超輩輕與温合。然自度終不得善其去，故放志酒中，如龍山落帽，豈爲不自覺哉？温至云：「人不可以無勢，我乃能駕馭卿。」老賊於是見其肺肝矣。嘉雖得全於酒，幸以考終，然財享年五十一，蓋酒爲之累也。陶淵明實其外孫，傷其「道悠運促」〔八〕，悲夫！

【箋證】

〔一〕後漢末，曹操避董卓之難，間行東歸，過故人吕伯奢。伯奢出五子，備賓主禮，操聞食器聲，以爲圖己，手劍殺八人而去。既而悽愴曰：「寧我負人，無人負我。」詳《三國志·魏志》卷一《武帝紀》裴松之注引孫盛《雜記》。

吕祖謙《左氏博議》卷二三「邴歜閻職弒齊懿公」條：「至於奸雄凶猾之人，每持『寧我負人，無人負我』之語，睚眦之怨，必削株拔根無噍類乃止。彼豈不知含洪光大爲盛德事哉？蓋思其上者慨然以爲不可學，至其下者靦然以爲不足學也。」

〔二〕《後漢書》卷九〇《蔡邕傳》：「中平六年，靈帝崩，董卓爲司空，聞邕名高，辟之。稱疾不就。卓大怒，詈曰：『我力能族人，蔡邕遂偃蹇者，不旋踵矣。』又切敕州郡舉邕詣府，邕不得已，到，署祭酒，甚見敬重。然卓多自佷用，邕恨其言少從。」

〔三〕「正平轉死於黄祖」。按，禰衡字正平，孔融愛衡才，數稱述於曹操。操欲見之，而衡素相輕疾，自稱狂病，不肯往，而數有恣言。操懷忿，而以其才名，不欲殺之。操謂融曰：「禰衡豎子，孤殺之猶雀鼠耳。顧此人素有虚名，遠近將謂孤不能容之，今送與劉表，視當何如。」於是遣人騎送之。劉表及荆州士大夫先服其才名，甚賓禮之，文章言議，非衡不定。後復侮慢於表，表恥不能容，以江夏太守黄祖性急，故送衡與之，祖亦善待焉。後黄祖大會賓客，而衡言不遜順，祖恚，遂令殺之。詳《後漢書》卷一一〇《禰衡傳》。

「文舉覆宗」，按，孔融字文舉，「既見操雄詐漸著，數不能堪，故發辭偏宕，多致乖忤。又嘗奏宜準古王畿之制，千里寰内，不以封建諸侯。操疑其所論建漸廣，益憚之。然以融名重天下，外相容忍，而潛忌正議，慮鯁大業。」曹操既積嫌忌，搆成其罪，遂下獄棄市。妻、子皆被誅。詳《後漢書》卷一〇〇《孔融傳》。

「德祖被戮」，按，楊修字德祖，「爲丞相曹操主簿，用事曹氏。及操自平漢中，欲因討劉備而不得進，欲守之又難爲功，護軍不知進止何依。操於是出教，唯曰『雞肋』而已。外曹莫能曉，修獨曰：『夫雞肋，食之則無所得，棄之則如可惜，公歸計決矣。』乃令外白稍嚴，操於此迴師。修之幾決，多有此類。修又常出行，籌操有問外事，乃逆爲答記，敕守舍兒：『若有令出，依次通之。』既而果然。如是者三，操怪其速，使廉之知狀，於此忌修。且以袁術之甥，慮爲後患，遂因事殺之。」修事迹附《後漢書》卷八四《楊震傳》後。

〔四〕嵇康字叔夜。有奇才，遠邁不群。土木形骸，不自藻飾，人以爲龍章鳳姿，天質自然，恬静寡欲，含垢匿瑕，寬簡有大量。山濤將去選官，舉康自代，康乃與濤書告絶。鍾會嘗有憾于康，及是，言於文帝曰：「嵇康，卧龍也，不可起。公無憂天下，顧以康爲慮耳。」遂害之。詳《晉書》卷四九《嵇康傳》。

〔五〕阮籍字嗣宗。《晉書》卷四九本傳：「籍本有濟世志，屬魏、晉之際，天下多故，名士少有全者，籍由是不與世事，遂酣飲爲常。」「會帝讓九錫，公卿將勸進，使籍爲其辭。籍沈醉忘作，臨詣府，使取之，見籍方據案醉眠。使者以告，籍便書案，使寫之，無所改竄。辭甚清壯，爲時所重。」

〔六〕温嶠字太真。《晉書》卷六七本傳云：「明帝即位，拜侍中，機密大謀皆所參綜，詔命文翰亦悉豫焉。俄轉中書令。嶠有棟梁之任，帝親而倚之，甚爲王敦所忌，因請爲左司馬。敦阻兵不朝，多行陵縱，嶠諫敦曰：『昔周公之相成王，勞謙吐握，豈好勤而惡逸哉！誠由處大任者不可不爾。而公自還輦轂，入輔朝政，闕拜覲之禮，簡人臣之儀，不達聖心者莫不於邑。昔帝舜服事唐堯，伯禹竭身虞廷，文王雖盛，臣節不僭。故有庇人之大德，必有事君之小心，俾芳烈奮乎百世，休風流乎萬祀。至聖遺軌，所不宜忽。願思舜、禹、文王服事之勤，惟公旦吐握之事，則天下幸甚。』敦不納。嶠知其終不悟，於是謬爲設敬，綜其府事，干説密謀，以附其欲。深結錢鳳，爲之聲譽，每曰：『錢世儀精神滿腹。』嶠素有知人之稱，鳳聞而悦之，深結好於嶠。會丹陽尹缺，嶠説敦曰：『京尹輦轂喉舌，宜得文武兼能，公宜自選其才。若朝廷用人，或不盡理。』敦然之，問嶠誰可作者。嶠曰：『愚謂錢鳳可用。』鳳亦推嶠，嶠僞辭之。敦不從，表補丹陽尹。嶠猶懼錢鳳爲之奸謀，因敦餞别，嶠起行酒，至鳳前，鳳未及飲，嶠因僞醉，以手版擊鳳幘墜，作色曰：『錢鳳何人，温太真行酒而敢不飲！』敦以爲醉，兩釋之。臨去言别，涕泗横流，出閤復入，如是再三，然後即路。及發後，鳳入説敦曰：『嶠於朝廷甚密，而與庾亮深交，未必可信。』敦曰：『太真昨醉，小加聲色，豈得以此便相讒貳。』由是鳳謀不行，而嶠得還都，乃具奏敦之逆謀，請先爲之備。」敦字處仲，事迹具《晉書》卷九八本傳。

〔七〕《資治通鑑》卷一〇三《晉簡文帝紀》咸安元年，「郗超以（桓）温故，朝中皆畏事之。謝安嘗與左衛將軍王坦之共詣超，日旰未得前，坦之欲去，安曰：『獨不能爲性命忍須臾邪！』」《晉書》卷七九《謝安傳》：「簡文帝疾篤，温上疏薦安宜受顧命。及帝崩，温入赴山陵，止新亭，大陳兵衛，將移晉室，呼安及王坦之，欲於坐害之。坦之甚懼，問計於安。安神色不變，曰：『晉祚存亡，在此一行。』」

〔八〕孟嘉事迹詳陶淵明《晉故征西大將軍長史孟府君傳》（《陶淵明集》卷五）。《傳》云：「九月九日，（桓）温游龍山，參佐畢集，四弟二甥咸在坐。時佐吏並著戎服，有風吹君帽墮落，温目左右及賓客勿言，以觀其舉止。君初不自覺，良久如廁，温命取以還之。庭尉太原孫盛爲諮議參軍，時在坐，温命紙筆令嘲之，文成，示温。温以著坐處。君歸，見嘲，笑而請筆作答，了不容思，文辭超卓，四座歎之。」又云：「（嘉）在朝隤然，仗正順而已。門無雜賓，嘗會神情獨得，便超然命駕，逕之龍山；顧景酣宴，造夕乃歸。（桓）温從容謂君曰：『人不可無勢，我乃能駕御卿。』後以疾終於家，年五十一。」贊曰：「孔子稱『進德修業以及時也』。君清蹈衡門，則令聞孔昭；振纓公朝，則德音允集。道悠運促，不終遠業。惜哉！仁者必壽，豈斯言之謬乎！」

按，蘇軾云：「晉士浮虚無實用，然其間亦有不然者，如孟嘉，平生無一事，然桓温謂嘉曰：『人不可無勢，我乃能駕馭卿。』温平生輕殷浩，豈妄許人者哉？乃知孟嘉若遇，當作謝安；安不遇，不過如孟嘉。」（《東坡志林》卷四）羅大經云：「桓温雄猛，蓋一時賓僚相從燕賞，豈應有失禮於前者？孟嘉落帽，恐如禰正平褻服摻撾嫚侮曹瞞之意。」（《鶴林玉露·補遺》）

7 俗語放錢

今人出本錢以規利入，俗語謂之放債，又名生放〔一〕。予考之，亦有所來。《漢書·谷永傳》云：「至爲人起責，分利受謝。」顔師古注曰：「言富賈有錢，假託其名，代之爲主，放與他人，以取利息而共分之。」此放字所起也〔二〕。

【箋證】

〔一〕《續資治通鑑長編》卷一二：開寶四年正月，「辛亥，禁諸場院以課利放債，州縣勿爲追理」。又同書卷三八三：元祐元年七月，蘇轍奏言：「伏見熙寧之初，王安石、吕惠卿用事，首建青苗之法，其實放債取利，而妄引《周官》泉府之言，以文飾其事，天下公議，共以爲非。」「放債」又曰「放錢」。《夷堅志》支景卷五《許六郎》：「我在生無顯過，只緣放錢取利太多，致貧民不能償，或鬻妻賣子，坐此墮犬身。」

〔二〕趙翼《陔餘叢考》卷三三《放債起利、加二、加三、加四並京債》：「放債起息，後人皆以《周禮》泉府之官『凡民之貸，與其有司辨之，以國服爲之息』一語爲口實。按『國服爲之息』一語，本不甚了了，鄭衆釋之云：『貸者從官借本賈也，故有息，使民弗利，以其所賈之國所出爲息也。』鄭康成因釋之云：『以其於國服事之税爲息也，於國事受園廛之田，而貸萬泉者，則期出息五百。』此亦臆度之詞。蓋《周禮》園廛二十而税一，近郊十一，遠郊二十而三，甸稍縣皆無過十二，惟漆林之徵二十而五。漆林自然所生，非人力所作，故税重。康成乃約此法，謂從官貸錢，若受園廛之地，貸萬錢者期出息五百也。賈公彦因而疏解謂：近郊十一者，萬錢期出息一千；遠郊二十而三者，期出息一千五百；甸稍縣都之民，萬錢期出息二千也。此後世放債起息之所本也。《漢書·谷永傳》：『爲人起債，分利受謝。』顔師古注曰：『富賈有錢，假託其名，代爲之主，放與他人，以取息而共分之。』是漢時已有放債之事。然師古謂代富人爲主，放與他人，亦恐未確。蓋如今之中保，爲之居間説合，得以分利受謝耳。」

又按《後漢書》卷五八《桓譚傳》：上光武陳時政所宜疏曰：「今富商大賈，多放錢貨，中家子弟，爲之保役，趨走與臣僕等勤，收税與封君比入，是以衆人慕效，不耕而食，至乃多通侈靡，以淫耳目。」章懷注：「收税，謂舉錢輸息利也。」此亦漢代放錢取利之一例。

8 漢書多叙谷永

予亡弟景何，少時讀書甚精勤，晝夜不釋卷，不幸有心疾，以至夭逝。嘗見梁宏夫誦《漢書》，即云：「惟谷永一人，無處不有。」宏夫驗之於史，乃服其説〔一〕。今五十餘年矣，漫摭永諸所論建，以渫予在原之思。薛宣爲少府，御史大夫缺，永言宣簡在兩府〔二〕。諫大夫劉輔繫獄，永同中朝臣上書救之〔三〕。光禄大夫鄭寬中卒，永乞以師傅恩加其禮謚〔四〕。陳湯下獄，永上疏訟其功〔五〕。鴻嘉河決，永言當觀水勢，然後順天心而圖之〔六〕。成帝好鬼神方術，永言皆妄人惑衆，挾左道以欺罔世主，宜距絶此類〔七〕。梁王爲有司奏禽獸行，永上疏諫止勿治〔八〕。淳于長初封，下朝臣議，永言長當封〔九〕。段會宗復爲西域都護，永憐其老復遠出，手書戒之〔一〇〕。建昭雨雪，燕多死，永請皇后就宫，令衆妾人人更進。建始星孛營室，永言爲後宫懷妊之象，彗星加之，將有絶繼嗣者①。永始日食，永以《易》占對，言酒亡節之所致。次年又食，永言民愁怨之所致。星隕如雨，永言王者失道，下將叛去，故星叛天而隕，以見其象〔一一〕。《樓護傳》言：「谷子雲之筆札。」〔一二〕《叙傳》述其論許、班事〔一三〕。《許皇后傳》云上采永所言以答書〔一四〕。其載於史者詳複如此。本傳云「永善言災異，前後所上四十餘事」〔一五〕，蓋謂是云。

【校勘】

①「有」字原脱，據馬本、庫本、祠本補。

【箋證】

〔一〕梁弘夫，弘或作竑。洪适《盤洲文集》卷一〇《梁竑夫挽詩二首》，有云：「材高易盤錯，語妙出波瀾。」又云：「牧民千里治，奉使五刑寬。」容齋有《送梁竑夫通判江州序》云：「東平梁竑夫，六世而下，嗣以文鳴，爲大龍甲。」（拙輯《鄱陽三洪集》卷九九）

〔二〕《漢書》卷八三《薛宣傳》。

〔三〕《漢書》卷七七《劉輔傳》。

〔四〕《漢書》卷八八《儒林傳》。

〔五〕《漢書》卷七〇《陳湯傳》。

〔六〕《漢書》卷二九《溝洫志》。

〔七〕《漢書》卷二五《郊祀志》。

〔八〕《漢書》卷四七《文三王傳》。

〔九〕《漢書》卷八六《王嘉傳》。

〔一〇〕《漢書》卷七〇《段會宗傳》。

〔一一〕《漢書》卷二七《五行志》。

〔一二〕《漢書》卷九二《游俠·樓護傳》：護與谷永「俱爲五侯上客，長安號曰：『谷子雲筆札，樓君卿脣舌。』言其見信用也。」

〔一三〕《漢書》卷一〇〇《叙傳》：「初，成帝性寬，進入直言，是以王音、翟方進等繩法舉過，而劉向、杜鄴、王章、朱雲之徒肆意犯上，故自帝師安昌侯，諸舅大將軍兄弟及公卿大夫、後宫外屬史許之家有貴寵者，莫不被文傷詆。唯谷永嘗言：『建始、河平之際，許、班之貴，傾動前朝，熏灼四方，賞賜無量，空虚内臧，女寵至極，不可尚矣；今之後起，天所不享，什倍於前。』永指以駁譏趙、李，亦無間云。」

〔一四〕《漢書》卷九七《外戚列傳·孝成許皇后》：「上於是采劉向、谷永之言以報。」

〔一五〕《漢書》卷八五《谷永傳》。按《漢書》卷七二《王吉傳》、卷七五《眭兩夏侯京翼李傳贊》、卷九四《匈奴傳》、卷九八《元后傳》，亦皆言及谷永。

9 玉堂殿閣

漢谷永對成帝問曰：「抑損椒房、玉堂之盛寵。」顏師古注：「椒房，皇后所居。玉堂，嬖幸之舍也。」〔一〕按《漢書·李尋傳》：「久汙玉堂之署。」注：「玉堂殿在未央宮。」〔二〕翼奉疏曰：「孝文帝時，未央宮又無高門、武臺、麒麟、鳳皇、白虎、玉堂、金華之殿。」〔三〕《三輔黄圖》曰：「未央宮有殿閣三十二，椒房、玉堂在其中。」《漢宮閣記》云：「未央宮有玉堂、宣室閣。」又引《漢書》「建章宮南有玉堂，璧門三層，臺高三十丈①，玉堂内殿十二門階，階皆玉爲之。又有玉堂、神明堂二十六殿。」〔四〕然今《漢書·郊祀志》但云建章宮南有玉堂璧門〔五〕，而無它語。晉灼注揚雄《解嘲》「上玉堂」之句，曰「《黄圖》有大玉堂、小玉堂殿」〔六〕，而今《黄圖》無此文。國朝太宗淳化中，賜翰林「玉堂之署」四字〔七〕，其後以最下一字犯廟諱，故元符中只云「玉堂」〔八〕。紹興末，學士周麟之又乞高宗御書「玉堂」二字，揭於直廬，麟之跋語，自有所疑〔九〕。已而議者皆謂玉堂乃殿名，不得以爲臣下直舍，當如承明故事，請曰「玉堂之廬」可也。今翰林但扁「摛文堂」三字，示不敢居〔一〇〕。然則其爲禁内宮殿明白，有殿、有閣、有臺。谷永以配椒房言之，意當日亦嘗爲燕游之地，師古直以爲嬖幸之舍，與前注自相舛異，大誤矣〔一一〕。

【校勘】

①「三」，馬本、庫本、祠本作「二」。

【箋證】

〔一〕《漢書》卷八五《谷永傳》。

〔二〕《漢書》卷七五《李尋傳》。

〔三〕《漢書》卷七五《翼奉傳》。

〔四〕《三輔黄圖》卷二《漢宫》。

〔五〕《漢書》卷二五《郊祀志》。

〔六〕《漢書》卷八七《揚雄傳》。

〔七〕《續資治通鑑長編》卷三二：太宗淳化二年十月辛巳，「翰林學士承旨蘇易簡續《翰林志》二卷以獻，上嘉之，飛白書『玉堂之署』四大字令中書召易簡付之，榜於廳額。上曰：『此永爲翰林中美事。』易簡曰：『自有翰林，未有如今日之榮也。』」《宋史》卷五《太宗紀》：淳化二年，「帝飛白書『玉堂之署』四字以賜翰林承旨蘇易簡」。

〔八〕葉夢得《石林燕語》卷七：「學士院正廳曰玉堂，蓋道家之名。初，李肇《翰林志》末言：『居翰苑者，皆謂凌玉清、遡紫霄，豈止於登瀛洲哉？亦曰登玉堂焉。』自是遂以玉堂爲學士院之稱，而不爲榜。太宗時，蘇易簡爲學士，上嘗語曰：『玉堂之設，但虚傳其説，終未有正名。』乃以紅羅飛白『玉堂之署』四字賜之。易簡即扃鐍置堂上，每學士上事，始得一開視，最爲翰林盛事。紹聖間，蔡魯公爲承旨，始奏乞摹就杭州刻榜揭之，以避英廟諱，去下二字，止曰『玉堂』云。」

蔡絛《鐵圍山叢談》卷一："始熙陵時，親御飛白，書『玉堂之署』四字，以賜承旨蘇易簡。及泰陵朝，魯公亦爲承旨，以其下一字犯厚陵御諱，因奏請第摹『玉堂』二字，榜於翰苑之正廳，且爲儒林之榮，制曰『可』。於是錫上牌，燕近臣，館閣畢集。天子寵賚非常，有踰故事，爲一時之光華云。"

〔九〕周必大《周茂振樞密海陵集序》："紹興三十年復大書玉堂二字賜之。"(《文忠集》卷二〇)又周必大《玉堂雜記》卷下："學士院，舊號北門，今在行宫和寧門内，蓋沿北門之制。地迫皇城，極爲窄隘，汪尚書應辰兼權學士時，上屢令增葺，竟以無地步而輟。廳後即堂，緣近歲院官止一員，故分東西兩閣。中有小龜頭，榜曰『摛文堂』。蓋昔時徽宗因廣直廬御書以賜强承旨淵明。今乃汪彦章内翰藻所篆。太上又嘗書『玉堂』二字賜學士周茂振麟之，刻石廳上。"洪遵《翰苑群書》卷一二："紹興三十年五月，太上皇帝御書『玉堂』二大字賜學士周麟之，得旨，於都省宣示宰執，俟中祕曝書，俾侍從館閣官咸得觀仰。刻石院中，仍以石本分賜。"

〔一〇〕《翰苑群書》卷一二《翰苑遺事》："政和五年十月，徽宗皇帝御書『摛文堂』三字賜承旨强淵明，以榜於院。"注出《徽宗實録》。

〔一一〕"與前注自相舛異"，"前注"指《李尋傳》注："玉堂殿在未央宫。"馬永卿編《元城語録》卷下："劉安世先生曰：'且如『玉堂』兩字，人多不解。太宗皇帝常飛白題翰林學士院曰『玉堂之廬』，蓋此四字出於《李尋傳》，且玉堂，殿名也，而待詔者有直廬在其側。李尋時待詔黄門，故曰『久汙玉堂之廬』。至英廟嗣位，乃徹去。及元豐中，有翰林學士上言，乞摘去二字，復榜院門，以爲臣下光寵，詔『可』。是乞以殿名名其院也，不遜甚矣。因檢《漢書》，蓋漢之待詔者，或在公車，或在金馬門，或在宦者廬，或在黄門。時李尋待詔黄門，哀帝使侍中往問災異，對曰：『臣尋位卑術淺，過隨衆賢待詔，食太官，衣御府，久汙玉堂之廬。』師古曰：『玉堂殿，在未央宫。』然制度不見其詳。獨《翼奉傳》略載之。奉嘗上疏曰：『漢德隆盛，在於孝文皇帝躬行節儉，外省繇役，其時未有甘泉、建章及上林中諸離宫館也，未央宫又無高門、武臺、麒麟、鳳凰、白虎、玉堂、金華之殿，獨有前殿、曲臺、漸臺、宣室、承明耳。』以此考之，則玉堂殿乃武帝所造也。」

何焯《義門讀書記》卷一九《前漢書》「抑損椒房玉堂之盛寵」條：「時嬖幸小人亦有參錯於玉堂待詔之中者，故並舉椒房、玉堂言之。」

10 漢武帝喜殺人者

漢武帝天資剛嚴，聞臣下有殺人者，不惟不加之罪，更喜而褒稱之〔一〕。李廣以故將軍屏居藍田，夜出至亭，爲霸陵醉尉所辱。居無何，拜右北平太守，請尉與俱，至軍而斬之。上書自陳謝罪。上報曰：「將軍者，國之爪牙也。怒形則千里竦，威振則萬物伏。夫報忿除害，朕之所圖於將軍也。若迺免冠徒跣，稽顙請罪，豈朕之指哉！」〔二〕胡建守軍正丞，

（謂未得真官，兼守之也①。）時監軍御史穿北軍壘垣以爲賈區，建欲誅之。當選士馬日，御史與護軍諸校列坐堂皇上，建趨至拜謁，因令走卒曳御史下，斬之。遂上奏曰：「案軍法：『正亡屬將軍，將軍有罪以聞，二千石以下行法焉。』丞於用法疑，臣謹以斬。」謂丞屬軍正，斬御史於法有疑也。制曰：「三王或誓於軍中，欲民先成其慮也。或誓於軍門之外，欲民先意以待事也。或將交刃而誓，致民志也。建又何疑焉。」建繇是顯名〔三〕。觀此二詔，豈不開妄殺之路乎？

【校勘】

①此注文，據馬本、庫本、祠本補。

【箋證】

〔一〕《隨筆》卷九《漢法惡誕謾》、《續筆》卷一六《醉尉亭長》，可參。

〔二〕詳《漢書》卷五四《李廣傳》。何焯《義門讀書記》卷一七《前漢書》「『故怒形則千里竦』至『數歲不入界』」條：「『怒形則千里竦』，言當使敵國畏之如是；『報忿除害』，報盜邊之忿而大創以除民害，責其立功自贖，毋徒謝罪，非謂素有嫌怨者不妨殺之以快忿也。及匈奴數年不入，右北平則功亦多矣，故武帝遂不復問斬尉事。」

〔三〕《漢書》卷六七《胡建傳》贊曰：「胡建臨敵敢斷，武昭於外。斬伐奸隙，軍旅不隊。」呂祖謙《大事記解題》卷一二「守軍正丞胡建擅斬監御史釋之」條解題曰：「武帝待奇士之法如此。」馬永卿《嬾真子》卷一：元城先生嘗言：「胡建爲軍正丞，不上請而擅斬御史，然其意在於明軍法也。」

11 知人之難

霍光事武帝，但爲奉車都尉，出則奉車，入侍左右，雖以小心謹飭親信，初未嘗少見於事也。一旦位諸百寮之上，使之受遺當國〔一〕。金日磾以胡父不降，没入官養馬，上因游宴見馬，於造次頃刻間，異其爲人，即日親近，其後遂爲光副〔二〕。兩人皆能稱上所委。然一日用四人，若上官桀、桑弘羊亦同時輔政，幾於欲害霍光，苟非昭帝之明，社稷危矣〔三〕。則其知人之哲，得失相半，爲未能盡，此雖帝堯之聖而以爲難也。

【箋證】

〔一〕《漢書》卷六八《霍光傳》。

〔二〕參《隨筆》卷五《金日磾傳》。

〔三〕參《隨筆》卷三《漢昭順二帝》《五筆》卷一《人臣震主》。

12 館職遷除

建炎南渡，稍置館職，紹興初，始定制，除監、少丞外，以著作郎、佐郎、祕書郎二員，校書、正字通十二員爲額，倣唐瀛州十八學士之數〔一〕。其遷出它司，非郎官即御史。唯林之奇以疾，王十朋以論事，皆徙越府大宗正丞〔二〕。自乾道以後，有旨，須曾任知縣①，始得除臺、察，曾任郡守，始得爲郎。三館之士固無有歷此者，於是朝廷欲越次擢用者，乃以爲將作、軍器少監，旋進爲監，既班在郎上，則無所不可爲。欲徑隮清要者，則由著廷祕郎而拜左右二史②，不然，不過兼權省郎，年歲間求一郡而去，而御史之除，皆歸六院矣。爾後頗靳其選，俟再遷寺監丞簿，然後命之。向時郡守召用，雖自軍壘亦除郎，今資淺望輕者，但得丞及司直，或又再命，始入省云〔三〕。

【校勘】

①「知」，馬本、庫本、祠本作「爲」。　②「廷」，馬本、祠本作「遷」，庫本作「作遷」。

【箋證】

〔一〕《宋史》卷一六四《職官志》：「渡江後，制作未遑。紹興元年，始詔置祕書省，權以祕監或少監一員，丞、著作郎佐各一員，校書、正字各二員爲額。續又參酌舊制，校書郎、正字召試學士院而後命之。自是采求闕文，補綴漏逸，四庫書略備。即祕書省復建史館，以修神宗、哲宗《實録》。選本省官兼檢討、校勘，以侍從官充修撰。五年，效唐人十八學士之制，監、少、丞外，置著作郎佐、祕書郎各二人，校書郎、正字通十二人。又移史館於省之側，别爲一所，以增重其事。」

徐度《卻掃編》卷中：「建炎間，張參政守建請復召試館職，然既試，止除祕書省職事官，而校理、直院之職迄不復置，蓋考之不詳也。」

〔二〕林之奇，字少穎，福州侯官人。《宋史》卷四三三本傳：中紹興二十一年進士第，調莆田簿，改尉長汀，召爲祕書省正字，轉校書郎。以痺疾乞外，由宗正丞提舉閩舶，參帥議，遂以祠禄家居。王十朋，字龜齡，温州樂清人。《宋史》卷三八七本傳：紹興間，廷試第一，授紹興府簽判，召爲祕書郎兼建王府小學教授。金將渝盟，十朋輪對，言：「自建炎至今，金未嘗不内相殘賊，然一主斃，一主生，曷嘗爲中國利？要在自備如何。禦敵莫急於用人，今有天資忠義、材兼文武可爲將相者，有長於用兵、士卒樂爲之用可爲大帥者，或投閒置散，或老於藩郡，願起而用之，以寢敵謀，以圖恢復。」蓋指張浚、劉錡也。又言：「今權雖歸於陛下，政復出於多門，是一檜死百檜生也。楊存中以三衙而交結北司，以盜大權。漢之禍起於恭、顯，王氏之相爲終始；唐之禍起於北軍，藩鎮之相爲表裏。今以管軍位三公，利源皆入其門，陰結諸將，相爲黨援。樞密本兵之地，立班甘居其後。子弟親戚，布滿清要。臺諫論列，委曲庇護，風憲獨不行於管軍之門，何以爲國！至若清資加於噲伍；高爵濫於醫門；諸軍承受，威福自恣，甚於唐之監軍；皇城邏卒，旁午察事，甚於周之監謗；將帥剥下賂上，結怨三軍；道路捕人爲卒，結怨百姓；皆非治世事。」秦檜久塞言路，至是十朋與馮方、胡憲、查籥、李浩相繼論事，太學生爲《五賢詩》述其事。除著作郎。三十一年正月，風雷雨雪交作，十朋以爲陽不勝陰之驗，遺陳康伯書，冀以《春秋》災異之説力陳于上，崇陽抑陰，以弭天變。遷大宗正丞，亟請祠歸。

〔三〕《宋史》卷一六四《職官志》：「孝宗即位，詔館職儲養人才，不可定員。乾道九年，正字止六員。淳熙二年，監、少並置，皆前所未有。除少監、丞外，以七員爲額。尋復詔不立額。紹熙二年，館職闕人，上令召試二員，謹加審擇，取學問議論平正之人。自是監、少、丞外，多止除二員。」參《隨筆》卷一六《館職名存》《四筆》卷一《三館祕閣》。

容齋五筆卷七十四則

1 盛衰不可常

東坡謂：「廢興成毁，不可得而知。」〔一〕予每讀書史，追悼古昔，未嘗不掩卷而歎。伶子于叙《趙飛燕傳》，極道其姊弟一時之盛，而終之以荒田野草之悲，言「盛之不可留，衰之不可推」，正此意也〔二〕。國初時，工部尚書楊玢長安舊居，多爲鄰里侵占，子弟欲以狀訴其事，玢批紙尾，有「試上含元基上望，秋風秋草正離離」之句〔三〕。方去唐末百年，而故宫殿已如此，殆於宗周《黍離》之詠矣。慈恩寺塔有荆叔所題一絶句，字極小而端勁，最爲感人。其詞曰：「漢國河山在，秦陵草木深。暮雲千里色，無處不傷心。」旨意高遠，不知爲何人，必唐世詩流所作也〔四〕。李嶠《汾陰行》云：「富貴榮華能幾時，山川滿目淚沾衣。不見只今汾水上，唯有年年秋燕飛。」明皇聞之，至於泣下〔五〕。杜甫《觀畫馬圖》云：「憶昔巡幸新豐宫，翠華拂天來向東。騰驤磊落三萬匹，皆與此圖筋骨同。君不見金粟堆前松柏裏，龍媒去盡鳥呼風。」《公孫大娘弟子舞劍器行》云：「先帝侍女八千人，公孫劍器初第一。五十年間似反掌，風塵澒洞昏王室。梨園弟子散如煙，女樂餘姿映寒日。」元微之

《連昌宫詞》云：「兩宫定後六七年，卻尋家舍行宫前。莊園燒盡有枯井，行宫門闥樹宛然。」又云：「舞榭欹傾基尚在，文窗窈窕紗猶緑。」「上皇偏愛臨砌花，依然御榻臨堦斜。」「寢殿相連端正樓，太真梳洗樓上頭。晨光未出簾影黑，至今反挂珊瑚鈎。」指似旁人因慟哭，卻出宫門淚相續。」凡此諸篇，不可勝紀。《飛燕别傳》以爲伶玄所作，又有玄自叙及桓譚跋語①。予切有疑焉。不唯其書太媟，至云揚雄獨知之，雄貪名矯激，謝不與交；爲河東都尉，捽辱決曹班躅，躅從兄子彪續司馬《史記》，絀子于無所叙録，皆恐不然。而自云成、哀之世，爲淮南相。案是時淮南國絶久矣，可照其妄也②〔六〕。因序次諸詩，聊載於此。

【校勘】

①「桓」，原作「宣」，據馬本、庫本、祠本改。　②「照」，馬本、庫本、祠本作「昭」。

【箋證】

〔一〕蘇軾《凌虚臺記》：「物之廢興成毀，不可得而知也。昔者荒草野田，霜露之所蒙翳，狐虺之所竄伏，方是時，豈知有凌虚臺耶？廢興成毀，相尋於無窮，則臺之復爲荒草野田，皆不可知也。」（《東坡全集》卷三五）。

〔二〕梅鼎祚《西漢文紀》卷二二《伶玄自叙》：「伶玄字子于，潞水人，學無不通，知音善屬文，簡率尚真朴，無所矜式，揚雄獨知之。然雄貪名矯激，子于謝不與交。雄深慊毁之。子于由司空小吏，歷三署刺守州郡，爲淮南相，大有風情。哀帝時，子于老休，買妾樊通德，通德嫕之弟子，不周之子也。有才色，知書，慕司馬遷《史記》，頗能言趙飛燕姊弟故事。子于閑居命言，厭厭不倦。子于語通德曰：『斯人俱灰滅矣。當時疲精力，馳騖嗜欲蠱惑之事，寧知終歸荒田野草乎？』通德占袖，顧眎燭影，以手擁髻，悽然泣下，不勝其悲。子于亦然。通德奏子于曰：『夫淫於色，非慧男子不至也。慧則通，通則流，流而不得其防，則百物變態，爲溝爲壑，無所不往焉。禮義成敗之説，不能止其流。惟感之以盛衰奄忽之變，可以防其壞。今婢子所道趙后姊弟事，盛之至也；主君悵然有荒田野草之悲，衰之至也。婢子拊形屬影，識夫盛之不可留，衰之不可推，俄然相緣奄忽，雖婕妤聞此，不少遺乎？幸主君著其傳，使婢子執研削道所記。』於是撰《趙后别傳》。子于爲河東都尉，班躅爲決曹，得幸太守，多所取受。子于召躅，數其罪而捽辱之。躅從兄子彪，續司馬《史記》，絀子于無所收録。」附跋語二則，一桓譚云：「王莽時，茂陵卞理者，不仕，以夏侯《尚書》授，時更始二年，赤眉過茂陵，卞理棄圖書隱山，劉恭入其廬，獲金縢漆匱，發之，乃得玄書。建武二年，賈子翊以書示予曰：『卞理之琴師玄云也。』」又一則云：「尚書臣勗校中書，右伶玄《趙后傳》，竹簡磨滅，文義交錯，不可具曉。謹與臣勗書同校定，相證别，删去其不可詳，合爲一篇。其趙后、樊嫕無所終，疑玄之闕文也。」嚴可均《全漢文》卷五六收此傳，末按云：「隋、唐《志》不著録，晁公武《讀書志》始有之，疑是唐人依託。」

〔三〕《楊文公談苑》：「楊玢，靖恭虞卿之曾孫也，仕前僞蜀王建，至顯官。隨王衍歸後唐，以老得工部尚書，致仕，歸長安。舊居多爲鄰里侵占，子弟欲詣府訴其事，以狀白玢，玢批紙尾云：『四

鄰侵我我從伊，畢竟須思未有時。試上含元殿基望，秋風秋草正離離。』子弟不復敢言。」（見張鎡《仕學規範》卷八）

〔四〕《唐詩紀事》卷八〇：「雁塔詩云：『漢國山河在，秦陵草樹深。暮雲千里色，何處不傷心。』傍書云：『荆叔偶題。』不知何人也。」

〔五〕李德裕《次柳氏舊聞》：「興慶宫，上潛龍之地，聖歷初，五王宅也。上性友愛，及即位，立樓于宫西南垣，署曰花萼樓，朝罷，與諸王游，或置酒爲樂。時天下無事，號太平者垂五十年。及禄山犯闕，乘傳遽以告，上欲遷幸，復登樓置酒，四顧悽愴，乃命進玉環琵琶。琵琶者，睿宗所御琵琶也，異時上張樂殿中，常置之别榻，以黄帕蓋之，不以他樂雜，而未嘗持用。至是，俾樂工賀懷智取調之，又命禪定僧段師彈之。時美人善歌從者三人，使其中一人歌《水調》，畢奏，上將去，復眷眷，因視樓下，問有樂工歌《水調》者乎？一年少心悟上意，自言頗工歌，兼善《水調》。使之歌，曰：『山川滿目淚沾衣，富貴榮華能幾時。不見只今汾水上，唯有年年秋雁飛。』上聞之，爲之潸然出涕。顧侍御者『誰爲此詞』，或對曰：『宰臣李嶠。』上曰：『真才子也。』不待曲終而去。」

〔六〕胡應麟《四部正譌》下：「《趙飛燕外傳》稱河東都尉伶玄撰。宋人或謂爲僞書，以史無所見也。然文體頗渾朴，不類六朝。『禍水滅火』事，司馬公載之《通鑑》，誠怪。如以詩文士引用爲疑，則非懸解語也。玄本傳自言見詘史氏，當是後人所加。」（《少室山房筆叢》卷一六）

《四庫全書總目》卷一四三《飛燕外傳》提要亦詳爲辨訂，云：「舊本題漢伶玄撰，末有玄自叙，稱字子于，潞水人，由司空小吏，歷三署刺守州郡，爲淮南相。其妾樊通德，爲樊嫕弟子，不周之子，能道飛燕姊弟故事。於是撰《趙后别傳》。其文纖靡，不類西漢人語。序末又稱玄爲河東都尉，時辱班彪之從父躅，故彪續《史記》不見收録。其文不相屬，亦不類玄所自言。後又載桓譚語一則，言更始二年劉恭得其書於茂陵卞理，建武二年，賈子翊以示譚，所稱埋藏之金縢漆匱者，似不應如此之珍貴。又載荀勗校書奏一篇，《中經簿》所録今不可考，然所校他書無載勗奏者，何獨此書有之？又首尾僅六十字，亦無此體。大抵皆出於依託。且閨幃媟褻之狀，嫕雖親狎，無目擊理，即萬一竊得之，亦無娓娓爲通德縷陳理。其僞妄殆不疑也。晁公武頗信之。陳振孫雖有『或云僞書』之説，而又云：『通德擁髻等事，文士多用，而禍水滅火之語，司馬公載之《通鑑》。』（郁之按，見《直齋書録解題》卷七《傳記類》。《通鑑》載禍水滅火之語，見卷三一《漢成帝紀》鴻嘉三年。）夫文士引用，不爲典據。采淖方成語以入史，自是《通鑑》之失，乃援以證實是書，紕繆殊甚。且『禍水滅火』其語亦有可疑。考王懋竑《白田雜著》有《漢火德考》曰：『漢初，用赤帝子之祥，旗幟尚赤，而自有天下後，仍襲秦舊。故張蒼以爲水德。孝文帝時，公孫臣言當改用土德，色尚黃。其事未行。至孝武帝改正朔，色尚黃，印章以五字，則用公孫臣之説也。王莽篡位，自以黃帝之後當爲土德，而用劉歆之説，盡改從前相承之序，以漢爲火德。後漢重圖讖，以赤伏符之文改用火德。班固作《志》，遂以著之《高帝紀》，而後漢人作《飛燕外傳》（案，懋竑此語尚以此傳爲真出伶玄，蓋未詳考。）有禍水滅火之語，不知前漢自王莽、劉歆以前未有以漢爲火德者，蓋其誤也。』云云。據此，則班固在莽、歆之後沿誤尚爲有因，淖方成在莽、歆之前，安得預有滅火之説？其爲後人依託即此二語亦可以見，安得以《通鑑》誤引遂指爲真古書哉！」

2 唐賦造語相似

唐人作賦，多以造語爲奇。杜牧《阿房宫賦》云：「明星熒熒，開粧鏡也。緑雲擾擾，梳曉鬟也。渭流漲膩，棄脂水也。煙斜霧横，焚椒蘭也。雷霆乍驚①，宫車過也。轆轤遠聽，杳不知其所之也。」其比興引喻，如是其侈。然楊敬之《華山賦》又在其前，敘述尤壯，曰：「見若咫尺，田千畝矣。見若環堵，城千雉矣。見若杯水，池百里矣。見若蟻垤，臺九層矣。醯雞往來，周東西矣。蠛蠓紛紛，秦速亡矣。蜂窠聯聯，起阿房矣。俄而復然，立建章矣。小星奕奕，焚咸陽矣。纍纍繭栗，祖龍藏矣。」〔一〕後又有李庾者，賦西都云：「秦址薪矣，漢址蕪矣。西去一舍，鞠爲墟矣。代遠時移，作新都矣。」〔二〕其文與意皆不逮楊、杜遠甚。高彦休《闕史》云敬之「賦五千字，唱在人口」。賦内之句，如上數語，杜司徒佑、李太尉德裕常所誦念。牧之乃佑孫，則《阿房賦》實摹仿楊作也。彦休者，昭宗時人〔三〕。

【校勘】

①「乍」，原作「作」，據馬本、庫本、祠本改。

【箋證】

〔一〕《新唐書》卷一六〇《楊敬之傳》：「敬之，字茂孝。元和初，擢進士第，平判入等，遷右衛胄曹參軍。累遷屯田、户部二郎中。坐李宗閔黨，貶連州刺史。文宗尚儒術，以宰相鄭覃兼國子祭酒，俄以敬之代。未幾，兼太常少卿。是日，二子戎、戴登科，時號『楊家三喜』。轉大理卿，檢校工部尚書，兼祭酒，卒。敬之嘗爲《華山賦》示韓愈，愈稱之，士林一時傳布。李德裕尤咨賞。」《華山賦》，見《文苑英華》卷二八。

〔二〕李庾《西都賦》，見《文苑英華》卷四四。

〔三〕高彦休《唐闕史》卷上《楊江西及第》：「楊公朝廷舊德，爲文有凌轢韓、柳意。尤自得者，《華山賦》五千字，唱在人口。（賦内之句，況華之高曰：「醯雞之往來，周東西矣。蜂蝎之聯聯，阿房成矣。見若蠒栗，祖龍藏矣。小星奕奕，滎陽焚矣。」故杜司空、李太尉常所誦念。）」彦休，《四庫提要》謂當爲高鍇之從孫，蓋五代人也（《四庫全書總目》卷一四二《唐闕史》提要）。

錢鍾書《管錐編》第三册《全宋文卷三四》：「《全唐文》卷六一九陸參《長城賦》開篇：『干城絶，長城列，秦民竭，秦君滅』；嗚呼悲夫！可得而説』；在杜賦之先，或亦沾丐乎？《野客叢書》卷二四，《容齋五筆》卷七僅言《阿房宫賦》仿楊敬之《華山賦》；（郁之按，王楙《野客叢書》實在容齋之後，祖述《隨筆》也。）浦銑《復小齋賦話》卷上不溯郭璞《井賦》，僅考《雪賦》『起四句皆三字，後人祖之者』自六朝暨明；均未道陸參《長城賦》。惟廖瑩中《江行雜録》謂『六王畢』四句仿『干城絶』四句。（郁之按，劉克莊《後村詩話》卷三：「洪氏《隨筆》記《阿房賦》犯《華山賦》中語。余讀陸傪《長城賦》首云『千城絶，長城列。秦民竭，秦君滅。』不覺失笑曰：『此豈非「蜀山兀，阿房出」之本祖歟？』傪名輩在樊川前。」）然杜賦之『明星熒熒，開粧鏡也』一節，以色相與實事相較，機杼亦似陸賦之『邊雲夜明，列雲鏵也』一節；楊敬之《華山賦》（《全唐文》卷七二一）之『見若咫尺，田千畝矣』一節，則祇以物象之小與物體之大相較，不若陸之貼近杜也。陸賦在唐，不及楊賦傳誦，觀《孫樵集》卷二《與王霖秀才書》《唐闕史》卷上《楊江西及第》自注可知。」

3　張蘊古大寶箴

唐太宗初即位，直中書省張蘊古上《大寶箴》，凡六百餘言，遂擢大理丞〔一〕。《新唐史》雖具姓名於《文藝·謝偃傳》末①，又不載此文，但云「諷帝以民畏而未懷，其辭挺切」而已〔二〕。《資治通鑑》僅載其略曰：「聖人受命，拯溺亨屯。」「故以一人治天下，不以天下奉一人。」「壯九重於内，所居不過容膝，彼昏不知，瑶其臺而瓊其室；羅八珍於前，所食不過適口，惟狂罔念，丘其糟而池其酒。」「勿汶汶而闇②，勿察察而明，雖冕旒蔽目而視於未形，雖黈纊塞耳而聽於無聲。」〔三〕然此外尚多規正之語，如曰：「惟辟作福，惟君實難③。宅普天之下④，處王公之上。任土貢其有求，具寮陳其所倡。是故恐懼之心日弛，邪僻之情轉放。豈知事起乎所忽，禍生乎無妄。」「大明無私照，至公無私親。」「禮以禁其奢，樂以防其佚。」「勿謂無知，居高聽卑；勿謂何害，積小就大。樂不可極，樂極生哀；欲不可縱，縱欲成災。」「勿内荒於色，勿外荒於禽。勿貴難得貨，勿聽亡國音。内荒伐人性，外荒蕩人心。難得之貨侈，亡國之音淫。勿謂我尊，而慢賢侮士；勿謂我智，而拒諫矜己。」「安彼反側，如春陽秋露，巍巍蕩蕩，恢漢高大度；撫兹庶事，如履薄臨深，戰戰栗栗，用周文小心。」「一彼此於胸臆，捐好惡於心想。」「如衡如石，不定物以限，物之懸者，輕重自見；如水如鏡，不示物以情，物之鑒者，妍媸自生。勿渾渾而濁，勿皎皎而清；勿汶汶而闇⑤，勿察察而明。」「吾王撥亂，戡以智力⑥，民懼其威，未懷其德；我皇撫運，扇以淳風，民懷其始，未保其終。」「使人以公，應言以行。」「天下爲公，一人有慶。」〔四〕其文大抵不凡，既不爲史所書，故學者亦罕傳誦。藴古爲丞四年，以無罪受戮，太宗尋悔之，乃有覆奏之旨〔五〕，傳亦不書，而以爲坐事誅，皆失之矣〔六〕。《舊唐書》全載此箴，仍專立傳，不知宋景文何爲削之也。

【校勘】

①「雖具」，馬本、庫本、祠本作「附其」。 ②「汶汶」，馬本、庫本、祠本作「没没」。 ③「惟」，馬本、李本、祠本作「爲」。 ④「宅」，馬本、庫本、祠本作「主」。 ⑤「汶汶」，同②。 ⑥「戡」，庫本

作「勘」。

【箋證】

〔一〕《舊唐書》卷一九〇《張藴古傳》：「張藴古，相州洹水人也。性聰敏，博涉書傳，善綴文，能背碑覆局。尤曉時務，爲州閭所稱。自幽州總管府記室直中書省。太宗初即位，上《大寶箴》以諷。其詞曰：（郁之按，見本條。略。）太宗嘉之，賜以束帛，除大理丞。」

〔二〕《新唐書》卷二〇一《文藝·謝偃傳》。

〔三〕《資治通鑑》卷一九二《唐高祖紀》武德九年。

〔四〕見《舊唐書·張藴古傳》。

〔五〕《舊唐書·張藴古傳》：「河内人李孝德，素有風疾，而語涉妄妖。藴古究其獄，稱好德癲病有徵，法不當坐。治書侍御史權萬紀劾藴古家住相州，好德之兄厚德爲其刺史，情在阿縱，奏事不實。太宗大怒，曰：『小子乃敢亂吾法耶？』令斬於東市。太宗尋悔，因發制，凡決死者，命所司五覆奏，自藴古始也。」《新唐書》卷五六《刑法志》亦載此事。張藴古被殺，《新唐書》卷二《太宗紀》在貞觀五年。

〔六〕「傳亦不書，而以爲坐事誅」，指《新唐書·謝偃傳》。藴古，附在《謝偃傳》末，云：「藴古，洹水人。敏書傳，曉世務，文擅當時。後坐事誅。」

4 國初文籍

國初承五季亂離之後，所在書籍印板至少，宜其焚煬蕩析，了無孑遺。然太平興國中編次《御覽》，引用一千六百九十種，其綱目並載于首卷，而雜書、古詩賦又不及具録。以今考之，無傳者十之七八矣，則是承平百七十年，翻不若極亂之世〔一〕。姚鉉以大中祥符四年集《唐文粹》，其序有云：「況今歷代墳籍，略無亡逸。」〔二〕觀鉉所類文集，蓋亦多不存，誠爲可歎〔三〕。

【箋證】

〔一〕《太平御覽》卷首列《經史圖書綱目》，末云：「右計一千六百九十件，外有古律詩、古賦、銘、箴、雜書等類，不及具録。」

胡應麟《少室山房筆叢》卷四《經籍會通四》：「洪景盧此論未然。《太平御覽》蓋因襲唐諸類書《文思博要》《三教珠英》等，仍其前引書目，非必宋初盡存也。亦有宋世不存，而近時往往迭出者，又以鈔拾類書得之。此皆余所自驗，故知之最真。洪以博洽名，而早列清華，或未曉此曲折。諸家亦鮮論及，漫爾識之。」《四庫全書總目》卷一三五《太平御覽》提要：「胡應麟駁邁説之誤，所言良是。然考陳振孫《書録解題》曰：『或言國初古書多未亡，以《御覽》所引用書名故也。其實不然。特因諸家類書之舊耳。以《三朝國史》考之，館閣及禁中書總三萬六千餘卷，而《御覽》所引書多不著録，蓋可見矣。』是邁所云云，振孫先已駁之矣。應麟特勦襲其説耳。」

〔二〕《唐文粹》卷首。序云：「況今歷代墳籍，略無亡逸。内則有龍圖閣，中則有祕書監。崇文院之列三館，國子監之印群書，雖漢唐之盛，無以加此。」

書籍聚散，可參《文獻通考》卷一七四《經籍考・總叙》。

〔三〕按，胡應麟《少室山房筆叢》卷一《經籍會通一》：「雲間陸子淵家多藏書，所著别集中有《統論》一則云：『宋建隆初，三館有書萬二千餘卷，自後削平諸國，盡收圖籍，重以購募，太平興國初，六庫書籍正副本凡八萬卷，固半實爾。慶曆《崇文總目》之書三萬六百六十九卷，較之《七略》顧有不及，參互乘除，所亡益者何等書耶？洪容齋謂《御覽》引用一千六百九十種書，十亡八九，而姚鉉所類文集亦多不存，因以爲歎。然經史子集之舊，宋亦未嘗闕焉。宣和訪求，一日之内三詔並下，四方奇書由此間出，見於著録者溢出二萬五千二百五十四卷，以充館閣。高宗渡江，書籍散逸，加意訪求。淳熙間類次見書凡四萬四千四百八十六卷。其數雖過於《崇文》而新籍兼之。至於紹定之災，而書復闕矣。』」

5 叙西漢郊祀天地

郊祀合祭、分祭之論，國朝元豐、元祐、紹聖中三議之矣，莫辯於東坡之立説，然其大旨駁當時議臣，謂周、漢以來皆嘗合祭，及謂夏至之日行禮爲不便。予固贊美之於《四筆》矣〔一〕。但熟考《漢史》，猶爲未盡。自高皇帝增秦四畤爲五，以事天地。武帝以來，至于元、成，皆郊見甘泉。武帝因幸汾陰，始立后土祠於脽上①，率歲歲間舉之，或隔一歲，常以正月郊泰畤，三月祠后土。成帝建始元年，初立南北郊，亦用正月、三月辛日，而罷甘泉、汾陰之祭〔二〕。元豐、祐、紹三議，皆未嘗及此。蓋盛夏入廟出郊，在漢禮元不然也。是時，坡公以非議者所起，故不暇更爲之説，似不必深攻合祭爲王莽所行，庶幾往復考賾，不至矛盾，當復俟知禮者折衷之焉〔三〕。

【校勘】

①「脽」，原作「睢」，據馬本、祠本改。

【箋證】

〔一〕參《四筆》卷一五《北郊議論》。

〔二〕《漢書》卷二五《郊祀志》。

〔三〕按，方回《續古今考》卷一四、卷一五有《祀天地總考》，凡三十六條，如《漢高祖五畤五帝不親祀考》《孝武五畤后土祭天地考》《漢元帝祀泰畤五畤后土附毁廟考》《漢成帝改南北郊僅一祭考》《漢平帝遇毒崩合祀南北郊實不行考》《王莽元始五年奏合祭分祭天地考》《王莽五郊兆五帝及東萊讀詩記無五帝考》《王莽篡逆祠禮其説皆不經考》《眉山蘇氏元祐奏合祭天地考》《元祐集議顧臨議王合祭考》《元豐二年分祭始議考》《元祐權行合祭考》《哲徽二朝四祀北郊考》《元城語録合祭分祭考》《諸儒言祭祀惟鄭玄大繆考》等條，討理頗詳，可參。

6 騫鶱二字義訓

騫、鶱二字，音義訓釋不同。以字書正之，騫，去乾切，注云：「馬腹縶，又虧也。」今列於《禮部韻略》下平聲二仙中〔一〕。鶱，虚言切，注云：「飛貌。」今列於上平聲二十二元中〔二〕。文人相承，以騫騰之騫爲軒昂掀舉之義①，非也〔三〕。其字之下從馬，馬豈能掀舉哉？閔損字子騫，雖古聖賢命名制字，未必有所拘泥，若如虧少之義則涣然矣〔四〕。其下從鳥，則於掀飛之訓爲得。此字殆廢於今，故東坡、山谷亦皆押「騫」字入「元」韻②，如「時來或作鵬騫」、「傳非其人恐飛騫」之類，特不暇毛舉深考耳〔五〕。唯韓公《和侯協律詠筍》一聯云「得時方張王，挾勢欲騰鶱」，乃爲得之。此固小學瑣瑣，尤可以見公之不苟於下筆也〔六〕。

【校勘】

①「騰」，馬本、祠本作「虧」。　②「韻」，原作「字」，據馬本、祠本改。

【箋證】

〔一〕《附釋文互注禮部韻略》卷二。

〔二〕《附釋文互注禮部韻略》卷一。

〔三〕丁國鈞《荷香館瑣言》卷下《騫騫》條：「容齋所言極是。考《廣雅·釋詁》二：『騫，舉也。』見《一切經音義》廿二引。又《釋詁》三云：『騫，飛也。』又《釋訓》云：『騫，飛也。』則誤實始于張揖。」

〔四〕王引之《春秋名字解詁》上：「魯閔損，字子騫。（《仲尼弟子傳》）《小雅·天保篇》：『不騫不崩。』毛《傳》云：『騫，虧也。』虧亦損也。（高注《淮南·精神篇》云：「虧，損也。」）《漢書·晁錯傳》：『内無邪辟之行，外無騫污之名。』顔師古注云：『騫，損也。』」

〔五〕「時來或作鵬騫」，見蘇軾《仲天貺王元直自眉山來見余錢塘留半歲既行作絶句五首送之》之一（《東坡全集》卷一八）。「傳非其人恐飛騫」，見黄庭堅《次韻子瞻書黄庭經尾付蹇道士》（《山谷外集》卷四）。

〔六〕胡鳴玉《訂譌雜録》卷五《騫騫之辨》：「騫字从鳥，音軒，鳥飛貌。杜詩：『詞華傾後輩，風雅靄孤騫。』韓詩：『得時方張王，挾勢欲騰騫。』皆押元韻。今人用飛騫字，誤从馬。騫音愆，馬腹病。《容齋隨筆》亦曾辨之。」姜亮夫《楚辭通故》第三輯《博物部第八》「騫」條，引《隨筆》本條，接云：「近世梁同書《日貫齋塗説》本此，又有所補充。」「大體二字皆從寒得聲，則古本可相借也。惟一指馬肚陷，一指鳥飛，聲可借而義不可借也。」

7 書麴信陵事

夜讀白樂天《秦中吟》十詩，其《立碑》篇云：「我聞望江縣，麴令撫惸嫠。（麴名信陵①。）在官有仁政，名不聞京師。身殁欲歸葬，百姓遮路岐。攀轅不得去，留葬此江湄。至今道其名，男女涕皆垂。無人立碑碣，惟有邑人知。」予因憶少年寓無錫時，從錢伸仲大夫借書②，正得信陵遺集③，財有詩三十三首，《祈雨文》三首。信陵以貞元元年鮑防下及第，爲四人，以六年作望江令〔一〕。讀其《投石祝江文》云：「必也私欲之求，行於邑里，慘黷之政，施於黎元，令長之罪也。神得而誅之，豈可移於人以害其歲！」詳味此言，其爲政無愧於神天可見矣。至大中十一年，寄客鄉貢進士姚輂，以其文示縣令蕭縝，縝輟俸買石刊之〔二〕。樂天十詩，作於貞元、元和之際，距其亡十五年耳，而名已不傳。《新唐·藝文志》但記詩一卷，略無它説〔三〕。非樂天之詩，幾於與草木俱腐。乾道二年，歷陽陸同爲望江令，得其詩於汝陰王廉清，爲刊板而致之郡庫，但無《祈雨文》也〔四〕。

【校勘】

①此注文，據馬本、庫本、祠本補。　②「借」，原作「信」，據馬本、庫本、祠本改。　③「信」，原作「言」，據馬本、庫本、祠本改。

【箋證】

〔一〕《太平寰宇記》卷一二五《淮南道·舒州·望江縣》：「麴令祠堂，在縣北三里五十步。按《唐登科記》，麴信陵，貞元中進士擢第。本縣《圖經》云：爲兹邑令，時亢旱，精誠祈禱，刊文於石，沈於江中，神明立降甘雨。貞元五年，百姓感其惠，立祠祭祀。」王鏊《姑蘇志》卷四七《名臣》：「麴信陵，（吴）郡人。崇寧四年，敕賜靈施廟。信陵故居在包山。」沈德潛《唐詩别裁》卷三杜甫《秦中吟·立碑》詩末按云：「麴信陵，吴縣西洞庭山人。」晁公武《郡齋讀書志》云：「貞元元年進士，爲舒州望江令，卒。」

〔二〕辛文房《唐才子傳》卷三：「麴信陵，貞元元年鄭全濟榜及第，仕爲舒州望江縣令，卒。工詩，有集一卷，今傳。」《新唐書》卷一五九《鮑防傳》：「貞元元年，策賢良方正，得穆質、裴復、柳公綽、歸登、崔邠、韋純、魏弘簡、熊執易等，世美防知人。」

蕭績，《全唐詩》卷五六三録其《前望江麴令頌德》詩一首，云：「政績雖殊道且同，無辭買石紀前功。誰論重德光青史，過里猶歌卧轍風。」

〔三〕《新唐書》卷六〇《藝文志》、《宋史》卷二〇八《藝文志》著録《麴信陵詩》一卷。《郡齋讀書志》卷四上著録《麴信陵集》一卷。《全唐詩》卷三一九存其詩六首。

〔四〕《江南通志》卷一五〇《人物志·宦績·和州》：「陸同，字彦和，歷陽人，以父有常蔭補官知望江縣，請蠲營田賦外之征，移知廬江，中外皆薦。孝宗書其名于御屏，擢知房州，復以大臣薦，遷京西轉運判官。首罷襄陽薪蒸之禁，平反鹿門山獄。尋請祠歸。」又同書卷一六七《人物志・文苑・潁州府》：王廉清字仲信，汝陰人，銍之長子，明清之兄。秦熺欲取其先世藏書，且餌以官。廉清拒之曰：「願守此書以死，不願官也。」熺不能奪而止。著有《廣古今同姓名録》《新乾曜真形圖》《補定水陸章句》等。（參《宋詩紀事》卷五八。）

8 貢禹朱暉晚達

貢禹壯年仕不遇，棄官而歸。至元帝初，乃召用，由諫大夫遷光禄，奏言：「臣犬馬之齒八十一，凡有一子，年十二。」則禹入朝時，蓋年八十，其生子時固已七十歲矣，竟再遷至御史大夫，列於三公〔一〕。杜子美云：「長安卿相多少年，富貴應須致身早。」〔二〕是不然也。朱暉在章帝朝，自臨淮太守屏居，後召拜僕射，復爲太守，上疏乞留中，詔許之。因議事不合，自繫獄，不肯復署議，曰：「行年八十，得在機密，當以死報。」遂閉口不復言。帝意解，遷爲尚書令。至和帝時，復諫征匈奴，計其年當九十矣〔三〕。其忠正非禹比也〔四〕。

【箋證】

〔一〕《漢書》卷七二《貢禹傳》。

王楙《野客叢書》卷二五《利益後嗣》：「貢禹上書曰：『臣犬馬之齒八十有一，凡有一子，年十二。』禹年八十一而有子十二，是六十九歲方有子矣。其艱得嗣息如此。觀其晚年上疏，論民間以産子三歲出口賦錢重困，生子輒殺，宜令兒七歲出口錢。其詞甚切。想禹艱得嗣息，故推是念。」

〔二〕《乾元中寓居同谷縣作歌七首》之七（《杜詩詳注》卷八）。

〔三〕《後漢書》卷七三《朱暉傳》。

〔四〕《後漢書·朱暉傳》贊曰：「朱生受寄，誠不忘義。」容齋論貢禹之爲邪臣，可參《續筆》卷九《貢薛韋匡》。

9 琵琶行海棠詩

白樂天《琵琶行》一篇，讀者但羨其風致，敬其詞章，至形於樂府，詠歌之不足，遂以謂真爲長安故倡所作。予竊疑之。唐世法綱雖於此爲寬，然樂天嘗居禁密，且謫官未久，必不肯乘夜入獨處婦人船中，相從飲酒，至於極彈絲之樂，中夕方去，豈不虞商人者他日議其後乎？樂天之意，直欲攄寫天涯淪落之恨爾〔一〕。東坡謫黄州，賦《定惠院海棠》詩，有「陋邦何處得此花，無乃好事移西蜀」「天涯流落俱可念，爲飲一尊歌此曲」之句，其意亦爾也。或謂殊無一話一言與之相似，是不然。此真能用樂天之意者，何必效常人章摹句寫而後已哉〔二〕？

【箋證】

〔一〕龐元濟《虚齋名畫録》卷五載京口張迪題吴漁山《白傅湓江圖卷》云：「余觀昔人於詩詞書畫類非無故而作，無故而作者必不工，不工則不能傳遠而感動人。以是知洪氏之言不誣也。視其圖之煙水蒼茫，楓荻蕭瑟，悲涼氣象，正不必聽琵琶聲而青衫淚濕也。」趙翼《甌北詩話》卷四《白香山詩》：《琵琶行》「蓋特樂天藉以爲題，發抒其才思耳」。參《三筆》卷六《白公夜聞歌者》箋證引陳寅恪説。程千帆《〈古詩〉「西北有高樓」篇「雙飛」句義》一文（載其所著《古詩考索》）引《五筆》本條，接云：「《琵琶行》本事之有無，非此所欲置論，然洪氏之言則實超卓。」又於「極彈絲之樂，中夕方去」句下案云：「詩云『移船相近邀相見，添酒回燈重開宴。千呼萬喚始出來，猶抱琵琶半遮面。』則是邀此婦人過客船，非樂天等入婦人船，甚明。容齋語微誤。」

〔二〕蘇軾《寓居定惠院之東雜花滿山有海棠一株土人不知貴也》（《東坡全集》卷一一）《苕溪漁隱叢話前集》卷二八引《石林詩話》：「元豐間，東坡謫黄州，寓定惠院。院之東小山上有海棠一株，特繁茂，每歲盛開時必爲攜客置酒，已五醉其下矣。故作此長篇，平生喜爲人寫，蓋人間刊石者自有五六本，云：『軾平生得意詩也。』」

10 東坡不隨人後

自屈原詞賦假爲漁父、日者問答之後〔一〕，後人作者悉相規倣。司馬相如《子虚》《上林賦》以子虛、烏有先生、亡是公①，揚子雲《長楊賦》以翰林主人、子墨客卿，班孟堅《兩都賦》以西都賓、東都主人，張平子《兩都賦》以憑虛公子、安處先生，左太沖《三都賦》以西蜀公子、東吳王孫、魏國先生，皆改名换字，蹈襲一律，無復超然新意稍出於法度規矩者〔二〕。晉人成公綏《嘯賦》，無所賓主，必假逸群公子②，乃能遣詞〔三〕。枚乘《七發》，本只以楚太子、吴客爲言，而曹子建《七啓》遂有玄微子、鏡機子，張景陽《七命》有沖漠公子、殉華大夫之名〔四〕。言話非不工也，而此習根著，未之或改。若東坡公作《後杞菊賦》，破題直云：「吁嗟先生，誰使汝坐堂上稱太守？」〔五〕殆如飛龍搏鵬、騫翔扶摇於煙霄九萬里之外，不可搏詰，豈區區巢林翾羽者所能窺探其涯涘哉！於詩亦然。樂天云：「醉貌如霜葉，雖紅不是春。」坡則曰：「兒童誤喜朱顔在，一笑那知是酒紅。」〔六〕杜老云：「休將短髮還吹帽，笑倩傍人爲正冠。」坡則曰：「酒力漸消風力軟，颼颼，破帽多情卻戀頭。」〔七〕鄭谷《十日菊》云：「自緣今日人心别，未必秋香一夜衰。」坡則曰：「相逢不用忙歸去，明日黄花蝶也愁。」又曰：「萬事到頭都是夢，休休，明日黄花蝶也愁。」〔八〕正采舊公案而機杼一新，前無古人，於是爲至。與夫用「見他桃李樹，思憶後園春」之意，以爲「長因送人處，憶得别家時」，爲一僧所嗤者，有間矣〔九〕。

【校勘】

①「以」，原脱，據馬本、庫本、祠本補。　②「公」，原作「父」，據馬本、祠本改。

【箋證】

〔一〕屈原假爲漁父、日者問答之詞賦，指《卜居》《漁父》。洪興祖《楚詞補注》卷七：「《卜居》《漁父》皆假設問答以寄意耳，而太史公《屈原傳》、劉向《新序》、嵇康《高士傳》或采《楚詞》《莊子》漁父之言以爲實録，非也。」

〔二〕司馬相如《子虚賦》《上林賦》，見《文選》卷七、卷八。揚雄《長楊賦》，《文選》卷九。班固《兩都賦》，見《文選》卷一。張衡《兩都賦》，《後漢書》卷八九《張衡傳》稱「二京賦」，即《西京賦》《東京賦》，見《文選》卷二、卷三。左思《三都賦》，見《文選》卷四。

〔三〕成公綏《嘯賦》，見《文選》卷一八。

〔四〕枚乘《七發》、曹子建《七啓》，見《文選》卷三四。張景陽《七命》，見《文選》卷三五。

〔五〕《後杞菊賦》，《東坡全集》卷三三。李耆卿《文章精義》：「班固設問答最弱，（如西都責東都之類。）至子瞻《後杞菊賦》，起句云：『吁嗟先生，誰使坐堂上稱太守！』便是風采百倍。」

〔六〕《白氏長慶集》卷一七《醉中對紅葉》。蘇軾詩出《縱筆三首》之一（《東坡全集》卷二四）。

〔七〕杜甫《九日藍田崔氏莊》（《杜詩詳注》卷六）。蘇軾詞出《重九涵輝樓呈徐君猷》，調寄《南鄉子》（《東坡詞》）。

〔八〕鄭谷《十日菊》，見《雲臺編》卷中。蘇軾詩出《九日次韻王鞏》（《東坡全集》卷一〇），詞出《重九涵輝樓呈徐君猷》，調寄《南鄉子》（《東坡詞》）。釋惠洪《冷齋夜話》卷一《换骨奪胎法》：「山谷云：『詩意無窮，而人之才有限；以有限之才，追無窮之意，雖淵明、少陵不得工也。然不易其意而造其語，謂之换骨法；窺入其意而形容之，謂之奪胎法。』如鄭谷《十月菊》曰：『自緣今日人心別，未必秋香一夜衰。』此意甚佳，而病在氣不長。西漢文章雄深雅健者，其氣長故也。曾子固曰：『詩當使人一覽語盡而意有餘，乃古人用心處。』所以荆公菊詩曰：『千花萬卉彫零後，始見閒人把一枝。』東坡則曰：『萬事到頭終是夢，休休，明日黄花蝶也愁。』」

〔九〕王定保《唐摭言》卷一三：「元和中，長安有沙門，善病人文章，尤能捉語意相合處。張水部頗恚之，冥搜愈切，因得句曰：『長因送人處，憶得别家時。』徑往誇揚，乃曰：『此應不合前輩意也。』僧微笑曰：『此有人道了也。』籍曰：『向有何人？』僧乃吟曰：『見他桃李樹，思憶後園春。』籍因撫掌大笑。」陳尚君先生《貞石詮唐》有《從長沙窯瓷器題詩看唐詩在唐代下層社會的流行》一文：「長沙窯題詩：『歲歲長爲客，年年不在家。見他桃李樹，思憶後園花。』後二句曾有一則有名之故事。《唐摭言》卷一三：（同前引，略。）張籍二句見其作《薊北旅思》：『日日望鄉國，空歌《白紵詞》。長因送人處，憶得别家時。失意還獨語，多愁衹自知。客亭門外柳，折盡向南枝。』（《張司業集》卷三〕《唐摭言》所述未必實事，但頗可玩味。以往學者於此頗不得要解，如洪邁《容齋五筆》卷七《東坡不隨人後》舉此認爲東坡之善創新意，『與夫用「見他桃李樹，思憶後園春」之意，以爲「長因送人處，憶得别家時」，爲一僧所嗤者，有間矣』。因爲長沙窯題詩之發現，可知此二句詩全詩文本原貌，且知爲民間流傳最廣之作品，幾乎人人皆知，故張籍刻意所作詩被沙門以此相嘲，可謂顔面盡失。」

11 元白習制科

白樂天、元微之同習制科，中第之後，白公《寄微之》詩曰：「皆當少壯日，同惜盛明時。光景嗟虚擲，雲霄竊暗窺。攻文朝矻矻，講學夜孜孜。策目穿如札，毫鋒鋭若錐。」注云：「時與微之結集《策略》之目，其數至百十，各有纖鋒細管筆，攜以就試，相顧輒笑，目爲毫錐。」〔一〕乃知士子待敵，編綴應用，自唐以來則然〔二〕。毫錐筆之名起於此也〔三〕。

【箋證】

〔一〕《白氏長慶集》卷一三《代書詩一百韻寄微之》。

〔二〕宋代坊間書賈竟相編造類書選本，皆爲科場取資之便。《宋會要》載大觀二年七月二十五日蘇棫奏劄：「今之學者，程文短晷之下未容無忤，而鬻書之人急於錐刀之利，高立標目，鏤板誇新，傳之四方。往往晚進小生以爲時之所尚，争售編誦，以備文場剽竊之用，不復深究義理之歸，忘本尚華，去道逾遠。欲乞今後一取聖裁。倘有可傳爲學者式，願降旨付國子監並諸路學事司，鏤板頒行。餘悉斷絶禁棄，不得擅自買賣、收藏。」又載政和七年七月六日臣僚上言：「臣竊惟朝廷大恢庠序，養士成材，每患晚進小生蹈襲剽竊，不根義理。頃因臣僚奏請，嘗降御筆，明行禁絶。書肆私購程文，鏤板市利。而法出奸生，旋立標目，或曰《編題》，或曰《類要》，曾不少禁。」（《宋會要輯稿》刑罰二）《四庫全書總目》卷一三五《源流至論》提要：「宋自神宗罷詩賦，用策論取士，以博綜古今參考典制相尚，而又苦其浩瀚不可猝窮，於是類事之家往往排比聯貫薈粹成書，以供場屋采掇之用。」

〔三〕吴淑《事類賦》卷一五《什物部·筆》：「傳毛穎於韓公，目毫錐於白傳。」陳槱《負暄野録》卷下《毫錐名筆》：「世稱筆之鋒短而毫鋭者謂之毫錐，蓋本唐白傳詩。」

12 門生門下見門生

後唐裴尚書年老致政。清泰初，其門生馬裔孫知舉，放榜後引新進士謁謝於裴，裴歡宴永日①，書一絶云：「宦途最重是文衡，天與愚夫作盛名。三主禮闈今八十，門生門下見門生。」時人榮之。事見蘇耆《開譚録》〔一〕。予以《五代登科記》考之，裴在同光中三知舉，四年放進士八人，裔孫預焉。後十年，裔孫爲翰林學士，以清泰三年放進士十三人，茲所書是已〔二〕。裔孫尋拜相。《新史》亦載此一句云②〔三〕。白樂天詩有《與諸同年賀座主高侍郎新拜太常同宴蕭尚書亭子》一篇，注云：「座主於蕭尚書下及第。」予考《登科記》，樂天以貞元十六年庚辰中書舍人高郢下第四人登科，郢以寶應二年癸卯禮部侍郎蕭昕下第九人登科，迨郢拜太常時，幾四十年矣。昕自癸卯放進士之後，二十四年丁卯，又以禮部尚書再知貢舉，可謂壽俊〔四〕。觀白公所賦，益可見唐世舉子之尊尚主司也。

【校勘】

①「歡」，原作「勸」，據馬本、庫本、祠本改。　②「五代登科記」至「新史亦載此一句云」，原在本篇之末，據馬本、庫本、祠本乙。

【箋證】

〔一〕趙希弁《郡齋讀書後志》卷二：「《開譚録》兩卷。右皇朝蘇耆撰，舜欽之父也。記五代以來雜事，下帙多載馮道行義。」蘇舜欽《蘇學士集》卷一四《先公墓誌銘》謂其著《開談録》五卷。《舊五代史》卷九二《裴皞傳》：「皞累知貢舉，稱得士。宰相馬裔孫、桑維翰，皆其所取進士也。後裔孫知貢舉，引新進士謁皞。皞喜爲詩曰：『詞場最重是持衡，天遣愚夫受盛名。三主禮闈年八十，門生門下見門生。』當時榮之。維翰嘗私見皞，皞不爲迎送。人問之，皞曰：『我見桑公于中書，庶寮也；今我見于私第，門生也。』聞者以爲允。卒，年八十五，贈太子太保。」費衮《梁谿漫志》卷二《座主門生》：「唐世極重座主門生之禮，雖當五代衰亂、典章隳壞之餘，然故事相仍，此禮猶不敢廢。」

〔二〕《宋史》卷二〇三《藝文志》有洪适《五代登科記》一卷。《直齋書録解題》卷七：「不著名氏。館中有此書，洪丞相以國初卿相多在其中，故並傳之。」

阮閲《詩話總龜》卷一八《紀實門》引《郡閣雅談》：「裴皞官至禮部尚書，放三榜，四人拜相：桑維翰、竇正固、張礪、馬裔孫。」

〔三〕《新五代史》卷五七《裴皞傳》云：裔孫知舉放榜，「引新進士詣皞，皞喜作詩曰：『門生門下見門生。』世傳以爲榮。」

〔四〕「登科記」指《唐登科記》。蕭昕，開元十九年首舉博學宏辭，天寶初復舉宏辭。累遷祕書監，轉國子祭酒，遷太子少傳。貞元初，兼禮部尚書，尋復知貢舉。五年，致仕。七年，卒于家，年九十。詳《舊唐書》卷一四六本傳。

13 韓蘇杜公叙馬

韓公《人物畫記》，其叙馬處云：「馬大者九匹，於馬之中又有上者下者焉，行者，牽者，奔者，涉者，陸者，翹者，顧者，鳴者，寢者，訛者，立者，齕者，飲者，溲者，陟者，降者，癢磨樹者，噓者，嗅者，喜而相戲者，怒相踶齧者，秣者，騎者，驟者，走者，載服物者，載狐兔者，凡馬之事二十有七焉。馬大小八十有三，而莫有同者焉。」〔一〕秦少游謂其叙事該而不煩，故倣之而作《羅漢記》〔二〕。坡公賦《韓幹十四馬》詩云：「二馬並驅攢八蹄，二馬宛頸鬈尾齊。一馬任前雙舉後，一馬卻避長鳴嘶。老髯奚官騎且顧，前身作馬通馬語。後有八匹飲且行，微流赴吻若有聲。前者既濟出林鶴，後者欲涉鶴俯啄。最後一匹馬中龍，不嘶不動尾摇風。韓生畫馬真是馬，蘇子作詩如見畫。世無伯樂亦無韓，此詩此畫誰當看？」詩之與記，其體雖異，其爲布置鋪寫則同。誦坡公之語，蓋不待見畫也〔三〕。予《雲林繪監》中有臨本，略無小異〔四〕。杜老《觀曹將軍畫馬圖》云：「昔日太宗拳毛騧，近時郭家師子花。今之新圖有二馬，復令識者久歎嗟。其餘七匹亦殊絶，迥若寒空動煙雪。霜蹄蹴踏長楸間，馬官厮養森成列。可憐九馬争神駿，顧視清高氣深穩。」其語視東坡似若不及，至於「斯須九重真龍出，一洗萬古凡馬空」〔五〕，不妨獨步也。杜又有《畫馬贊》云：「韓幹畫馬，毫端有神。驊騮老大，騕褭清新」及「四蹄雷雹，一日天池。瞻彼駿骨，實惟龍媒」之句。坡公《九馬贊》言：「薛紹彭家藏曹將軍《九馬圖》，杜子美所爲作詩者也。」其詞云：「牧者萬歲，繪者惟霸。甫爲作誦，偉哉九馬。」讀此詩文數篇，真能使人方寸超然，意氣横出，可謂「妙絶動宫牆」矣〔六〕。

【箋證】

〔一〕茅坤《唐宋八大家文鈔》卷八：「妙處在物數龐雜而詮次特悉，於其記可以知其畫之絶世矣。」何焯《義門讀書記》卷三一《昌黎集·畫記》「馬大者九匹」至「皆曲極其妙」條：「晁无咎《蓮社圖記》本此意爲之。」

〔二〕秦觀《五百羅漢圖記》末云：「余家既世崇佛氏，又嘗覽韓文公《畫記》，愛其善叙事該而不煩縟，詳而有軌律，讀其文恍然如即其畫，心竊慕焉，於是仿其遺意，取羅漢佛之像而記之。」（《淮海集》卷三八）

〔三〕《唐宋詩醇》卷三五蘇軾《韓幹馬十四匹》後有評語云：「韓子《畫記》只是記體，不可以入詩。杜子《觀畫馬圖》詩只是詩體，不可以當記。杜、韓開其端，蘇乃盡其極。叙次歷落，妙言奇趣，觸緒横生，真堪獨立千載。」

〔四〕《雲林繪監》，參《三筆》卷一二《顔魯公祠堂詩》。

〔五〕杜詩見《丹青引》，《杜詩詳注》卷一三。許顗《彦周詩話》：「老杜作《曹將軍丹青引》云：『一洗萬古凡馬空。』東坡《觀吳道子畫壁》詩云：『筆所未到氣已吞。』吾不得見其畫矣。此兩句，二公之詩各可以當之。」

〔六〕「妙絶動宫牆」，出杜甫《冬日洛城北謁玄元皇帝廟》，《杜詩詳注》卷二。

14 風災霜旱

慶元四年，饒州盛夏中，時雨頻降，六七月之間未嘗請禱，農家水車龍具，倚之於壁，父老以爲所未見，指期西成有秋，當倍常歲，而低下之田，遂以潦告。餘干、安仁乃於八月羅地火之厄。地火者，蓋苗根及心，孽蟲生之，莖幹焦枯，如火烈烈，正古之所謂蟊賊也〔一〕。九月十四日，嚴霜連降，晚稻未實者，皆爲所薄，不能復生，諸縣多然。有常産者，訴于郡縣，郡守孜孜愛民，有意蠲租，然僚吏多云：「在法無此兩項。」又云：「九月正是霜降節，不足爲異。」案白樂天《諷諫・杜陵叟》一篇曰：「九月霜降秋早寒，禾穗未熟皆青乾。長吏明知不申破，急斂暴征求考課。」〔二〕此明證也。予因記元祐五年蘇公守杭日，與宰相呂汲公書，論浙西災傷曰：「賢哲一聞此言，理無不行，但恐世俗諂薄成風，揣所樂聞與所忌諱，争言無災，或有災而不甚損。八月之末，秀州數千人訴風災，吏以爲法有訴水旱而無訴風災，閉拒不納，老幼相騰踐，死者十一人。由此言之，吏不喜言災者，蓋十人而九，不可不察也。」〔三〕蘇公及此，可謂仁人之言。豈非昔人立法之初，如所謂風災、所謂旱霜之類，非如水旱之田可以稽考，懼貪民乘時，或成冒濫，故不輕啓其端。今日之計，固難添創條式。但凡有災傷，出於水旱之外者，專委良守令推而行之，則實惠及民，可以救其流亡之禍，仁政之上也〔四〕。

【箋證】

〔一〕《小雅・大田》：「去其螟螣，及其蟊賊。」《傳》：「食心曰螟，食葉曰螣，食根曰蟊，食節曰賊。」

〔二〕《白氏長慶集》卷四《諷諭四・新樂府》之《杜陵叟》篇，序云：「傷農夫之困也。」

〔三〕蘇軾《上吕僕射論浙西災傷書》（《東坡全集》卷七六）。首云：「軾近上章論浙西淫雨颶風之災，伏蒙恩旨，使與監司諸人議所以爲來歲之備者，謹已條上二事。」應即指元祐五年七月十五日《奏浙西災傷第一狀》、七月二十五日《奏浙西災傷第二狀》（《東坡全集》卷五七）。《續資治通鑑長編》卷四五一，元祐五年，載此《第一狀》。吕汲公大防，字微仲，皇祐初，中進士。哲宗元祐元年，拜尚書右丞，進中書侍郎，封汲郡公。三年，拜尚書左僕射兼門下侍郎。事迹具《宋史》卷三四〇本傳。

〔四〕趙與旹《賓退録》卷六引《五筆》本條，接云：「《北史·盧勇傳》，山西霜儉，運山東租輸，皆令實載，違者罪之。唐馬周奏疏云：『往貞觀初，率土霜儉，一匹絹纔易斗米，而天下帖然者，百姓知陛下憂憐之，故人人自安，無謗讟也。』《北齊書》《隋書》亦有直云霜旱者。由是推之，唐初以前必皆有蠲租故事，中世方不然。又如其名爲霜儉、霜旱，有能援以言上，聖明之朝當無不從也。」

容齋五筆卷八 十二則

1 白蘇詩紀年歲

白樂天爲人誠實洞達，故作詩述懷，好紀年歲。因閲其集，輒抒録之：「此生知負少年心，不展愁眉欲三十」，「莫言三十是年少，百歲三分已一分」，「何況纔中年，又過三十二」，「不覺明鏡中，忽年三十四」，「我年三十六，冉冉昏復旦」，「非老亦非少，年過三紀餘」，「行年欲四十，有女曰金鑾」，「我今欲四十，秋懷亦可知」，「行年三十九，歲暮日斜時」，「忽因時節驚年歲，四十如今欠一年」，「四十爲野夫，田中學鉏穀」，「四十官七品，拙宦非由它」，「毛鬢早改變，四十白髪生」，「況我今四十，本來形貌羸」，「衰病四十身，嬌癡三歲女」，「自問今年幾，春秋四十初」，「四十未爲老，憂傷早衰惡」，「莫學二郎吟太苦，纔年四十鬢如霜」，「下有獨立人，年來四十一」，「若爲重入華陽院，病髪愁心四十三①」，「已年四十四，又爲五品官」，「面瘦頭斑四十四，遠謫江州爲郡吏」，「行年四十五，兩鬢半蒼蒼」，「四十六時三月盡，送春争得不殷勤」，「我今四十六，衰顇卧江城」，「鬢髪蒼浪牙齒疎，不覺身年四十七」，「明朝四十九，應轉悟前非」，「四十九年身老日，一百五夜月明天」，「衰鬢蹉跎將五十，關河迢遞過三千」，「青山舉眼三千里，白髮平頭五十人」，「宦途氣味已諳盡，五十不休何日休」，「五十江城守，停杯忽自思」，「莫學爾兄年五十，蹉跎始得掌絲綸」，「五十未全老，尚可且歡娱」，「長慶二年秋，我年五十一」，「二月五日花如雪，五十二人頭似霜」，「老校於君合先退，明年半百又加三」，「前歲花前五十二，今年花前五十五」，「倘年七十猶强健，尚得閒行十五春」，「去時十一二，今年五十六」，「我年五十七，榮名得幾許」，「我年五十七，歸去誠已遲」，「身爲三品官，年已五十八」，「五十八翁方有後，静思堪喜亦堪嗟」，「半百過九年，豔陽殘一日」，「火銷燈盡天明後，便見平頭六十人」，「六十河南尹，前途足可知」，「不准擬身年六十，上山仍未要人扶」，「不准擬身年六十，游春猶自有心情」，「我今悟已晚，六十方退閒」，「今歲日餘二十六，來歲年登六十二」，「心情多少在，六十二三人」，「六十三翁頭雪白，假如醒黠欲何爲②」，「行年六十四，安得不衰羸」，「我今六十五，走若下坡輪」，「年開第七秩，屈指幾多人」，「五十八歸來，今年六十六」，「無憂亦無喜，六十六年春」，「共把十千沽一斗，相看七十欠三年」，「七十欠四歲，此生那足論」，「六十八衰翁，乘衰百疾攻」，「又問年幾何，七十行欠二」，「更過今年年七十，假如無病亦宜休」，「今日行年將七十，猶須慙愧病來遲」，「且喜同年滿七十，莫嫌衰病莫嫌貧」，「舊語相傳聊自慰，世間七十老人稀」，「皤然七十翁，亦足稱壽考」，「昨日復今辰，悠悠七十春」，「人生七十稀，我年幸過之」，「白須如雪五朝臣，又入新正第七旬」，（時年七十一。）「行開第八秩，可謂盡天年」，「吾今已年七十一，眼昏須白頭風眩」，「七十人難到，過三更較稀」，「七十三人難再到，今春來是別花來」，「七十三翁旦暮身，誓開險路作通津」，「風光抛得也，七十四年春」，「壽及七十五，俸霑五十千」，其多如此〔一〕。蘇公素重樂天〔二〕，故間亦效之，如「龍鍾三十九，勞生已强半。歲暮日斜時，還爲昔人歎」，正引用其語。又「四十豈不知頭顱，畏人不出何其愚」，「我今四十二，衰髮不滿梳」，「憶在錢塘正如此，回頭四十二年非」，「行年四十九，還此北窗宿」，「吾年四十九，賴此一笑喜」，「嗟我與君皆丙子，四十九年窮不死」，「五十之年初過二，衰顏記我今如此」，「白髮蒼顏五十三，家人强遣試春衫」，「先生年來六十化，道眼已入不二門」，「紛紛華髮不足道，當返六十過去魂」，「我年六十一，頹景薄西山」，「結髮事文史，俯仰六十踰」，「與君皆丙子，各已三萬日」。翫味莊誦，便如閱年譜也。

【校勘】

①「髮」，馬本、祠本作「鬢」。　②「黠」，原作「點」，據馬本、庫本、祠本改。

【箋證】

〔一〕王楙《野客叢書》卷二七《白樂天詩紀歲時》：「白樂天詩多紀歲時，每歲必紀其氣血之如何，與夫一時之事，後人能以其詩次第而考之，則樂天平生大略可覩，亦可謂詩史者焉。僕不暇詳摘其語，姑摭其略，如曰：『未年三十生白髮』，『不展愁眉欲三十』，『三十生二毛』，『三十爲近臣』，『又過三十二』，『憶昔初年三十二』，『忽年三十四』，『年已三紀餘』，『我年三十六』，『元和二年三十七』，『行年三十九』，『四十如今欠一年』，『四十有女名金鑾』，『衰病四十身』，『四十官七品』，『四十已如此』，『四十心如七十人』，『年來四十一』，『病鬢愁心四十三』，『面瘦頭斑四十四』，『髮鬢蒼蒼四十五』，『衰顏江城四十六』，『四十六時三月盡』，『鬢髮蒼蒼四十七』，『應悟前非四十九』，『四十九年身老日』，『五十蹉跎得掌綸』，『吾年五十加朝散』，『五十江城守白髮』，『平頭五十人』，『長慶二年五十一』，『五旬已過不爲夭』，『前歲花前五十二』，『五十二人頭似霜』，『明年半百又加三』，『今年花前五十五』，『猶去懸車十五載』，『每思兒戲五十六』，『今年五十六』，『蘇杭兩州五十七』，『只欠三年未六旬』，『半百年過六年時』，『身爲三品五十八』，『我初五十八』，『五十八翁方有後』，『欲年六十始歸來』，『天明平頭六十人』，『六十衰翁兒女悲』，『不準擬身年六十』，『六旬猶健天亦憐』，『冉冉老去過六十』，『位踰三品過六旬』，『已過潘安三十年』，『來歲年登六十二』，『六十二三人』，『六十三翁頭雪白』，『六十四年明日催』，『行年六十四』，『七十我今欠五歲』，『無喜無憂六十六』，『相看七十欠三年』，『六十八衰翁』，『今日行年將七十』，『今年登七秩』，『已開第八秩』，『悠悠七十春』，『外翁七十孫三歲』，『七十我年幸過之』，『吾今已年七十一』，『眼昏須白七十一』，『七十三人難再到』，『七十三翁旦暮身』，『七十過三更較希』，『七十四年身』，『壽及七十五』。考本傳，白公年七十五薨，自三十至七十五，往往必見於詩。又有『去時十二三』之句。及『數行鄉淚一封書』，則題曰：『年十五時作。』《王昭君詞》則題曰：『年十七時作。』《少年已多病》則題曰：『年十八時作。』『我年二十君三十』，又紀其少年之所作如此。僕觀白公年十八時謂『少年已多病，此身豈堪老』，然安强壽考至於七十有五而後不禄，既有姬侍，不能無耗蝕氣血，故壽夭雖係所禀，然方寸泰然，不汲汲於榮利，是亦養壽一端。今士大夫精耗於内，而神騖於外，所以罕終天年。觀白公之詩率多寬適，有以驗其壽云。」蓋承容齋之説，而所摘録可以並參云。

〔二〕「蘇公素重樂天」，參《三筆》卷五《東坡慕樂天》。

2 天將富此翁

唐劉仁軌任給事中，爲宰相李義府所惡，出爲青州刺史。及代還，欲斥以罪，又坐漕船覆没免官。其後百濟叛，詔以白衣檢校帶方州刺史。仁軌謂人曰：「天將富貴此翁邪！」果削平遼海〔一〕。白樂天有《自題酒庫》一篇云：「身更求何事，天將富此翁。此翁何處富，酒庫不曾空。」注云：「劉仁軌詩：『天將富此翁。』以一醉爲富也。」然則《唐史》以此爲仁軌之語，而不言其詩，爲未審耳。

【箋證】

〔一〕《舊唐書》卷八四、《新唐書》卷一〇八《劉仁軌傳》。

3 白公説俸禄

白樂天仕宦，從壯至老，凡俸禄多寡之數，悉載於詩，雖波及他人亦然。其立身廉清，家無餘積，可以概見矣。因讀其集，輒叙而列之〔一〕。其爲校書郎，曰：「俸錢萬六千，月給亦有餘。」〔二〕爲左拾遺，曰：「月慚諫紙二千張，歲愧俸錢三十萬。」〔三〕兼京兆户曹，曰：「俸錢四五萬，月可奉晨昏。廩禄二百石，歲可盈倉囷。」〔四〕貶江州司馬，曰：「散員足庇身，薄俸可資家。」《壁記》曰：「歲廩數百石，月俸六七萬。」〔五〕罷杭州刺史，曰：「三年請禄俸，頗有餘衣食。」「移家入新宅，罷郡有餘資。」〔六〕爲蘇州刺史，曰：「十萬户州尤覺貴，二千石禄敢言貧。」〔七〕爲賓客分司，曰：「俸錢八九萬，給受無虚月。」「嵩洛供雲水，朝廷乞俸錢。」「老宜官冷静，貧賴俸優饒。」「官優有禄料，職散無羈縻。」「官銜依口得，俸禄逐身來。」〔八〕爲河南尹，曰：「厚俸如何用，閒居不可忘。」〔九〕不赴同州，曰：「誠貪俸錢厚，其如身力衰。」〔一〇〕爲太子少傅，曰：「月俸百千官二品，朝廷雇我作閒人。」「又問俸厚薄，百千隨月至。」「七年爲少傅，品高俸不薄。」〔一一〕其致仕，曰：「全家遁此曾無悶，半俸資身亦有餘。」「俸隨日計錢盈貫，禄逐年支粟滿囷。」「壽及七十五，俸占五十千。」〔一二〕其泛敘曰：「歷官凡五六，禄俸及妻孥。」「料錢隨官用，生計逐年營。」「形骸僶俛班行内，骨肉勾留俸禄中。」〔一三〕其它人者，如陝州王司馬曰：「公事閒忙同少尹，俸錢多少敵尚書。」〔一四〕劉夢得罷賓客，除祕監，禄俸略同，曰：「日望揮金賀新命，俸錢依舊又如何。」〔一五〕歎洛陽、長水二縣令，曰：「朱紱洛陽官位屈，青袍長水俸錢貧。」〔一六〕其將下世，有《達哉樂天行》曰：「先賣南坊十畝園，次賣東郭五頃田。然後兼賣所居宅，髣髴獲緡二三千。但恐此錢用不盡，即先朝露歸夜泉。」〔一七〕後之君子試一味其言，雖日飲貪泉，亦知斟酌矣。觀其生涯如是，東坡云：「公廩有餘粟，府有餘帛。」殆亦不然〔一八〕。

【箋證】

〔一〕陳寅恪《元白詩中俸料錢問題》：「樂天詩文多言及禄俸，昔人已嘗注意，如《容齋五筆》八《白公説俸禄》條，即是其例。本文材料雖亦承用洪氏之書，然洪氏《隨筆》之旨趣在記述白公之『立身廉清，家無餘積』，本文則在考釋唐代京官外官俸料不同之問題，及證明肅、代以後，内輕外重與社會經濟之情勢，故所論與之迥别。讀者幸取而並觀之，亦不敢掠美於前賢之微意也。」（《陳寅恪史學論文選集》）

〔二〕《白氏長慶集》卷五《常樂里閒居偶題十六韻兼寄劉十五公輿王十一起吕二炅吕四熲崔十八玄亮元九稹劉三十二敦質張十五仲元時爲校書郎》。

〔三〕《白氏長慶集》卷一二《醉後走筆酬劉五主簿長句之贈兼簡張大賈二十四先輩昆季》。

〔四〕《白氏長慶集》卷五《初除户曹喜而言志》。

〔五〕《白氏長慶集》卷四三《江州司馬廳記》。詩見《白氏長慶集》卷七《答故人》。

陳寅恪《元白詩中俸料錢問題》：「《容齋五筆》八《白公説俸禄》條雖引《江州司馬廳記》，而忘卻《與元九書》中亦有『月俸四五萬』之語，以未比較，遂不覺其前後矛盾也。鄙意樂天兩文所以互異之故，實由《與元九書》中江州司馬月俸之數，乃其元和十年初冬始到新任時，僅據官書紙面一般通則記載之定額而言，其時尚未知當日地方特別收入之實數。至元和十三年秋，作江州司馬廳記時，則蒞任已行將四年，既知其地方特別之實數，遂於官舍廳記中言及之。此廳記之文，必是當日地方特別規定之常額，較之《與元九書》中所言，更宜可信。」

〔六〕《白氏長慶集》卷八《自餘杭歸宿淮口作》《移家入新宅》。

〔七〕《白氏長慶集》卷二四《題新館》。

〔八〕分別見《白氏長慶集》卷二九《再授賓客分司》、卷二八《閒吟二首》之二、卷二七《自題》、卷二九《詠所樂》、卷二七《分司初到洛中偶題六韻兼戲呈馮尹》。

〔九〕《白氏長慶集》卷二八《齋居》。

〔一〇〕《白氏長慶集》卷三一《詔授同州刺史病不赴任因詠所懷》。

〔一一〕分別見《白氏長慶集》卷三三《從同州刺史改授太子少傅分司》、卷三六《春日閒居三首》之三、

《官俸初罷親故見憂以詩諭之》。

〔一二〕分别見《白氏長慶集》卷三七《刑部尚書致仕》《狂吟七言十四韻》《自詠老身示諸家屬》。

〔一三〕分别見《白氏長慶集》卷七《題座隅》、卷二九《首夏》、卷二五《憶廬山舊隱及洛下新居》。

〔一四〕《白氏長慶集》卷二六《送陝州王司馬建赴任》。

〔一五〕《白氏長慶集》卷三五《酬夢得貧居詠懷見贈》。

〔一六〕《白氏長慶集》卷二八《早春雪後贈洛陽李長官長水鄭明府二同年》。

〔一七〕《白氏長慶集》卷三六《達哉樂天行》。

〔一八〕蘇軾《醉白堂記》(《東坡全集》卷三六)。鄧之誠《骨董瑣記·續記》卷二《唐時俸錢》條,録《隨筆》本條,云:「據此可以考唐時俸禄之制。」

4 白居易出位

白居易爲左贊善大夫,盜殺武元衡,京都震擾。居易首上疏,請亟捕賊,刷朝廷恥,以必得爲期。宰相嫌其出位,不悦,因是貶江州司馬。此《唐書》本傳語也〔一〕。案是時宰相張弘靖、韋貫之,弘靖不足道,貫之於是爲失矣。白集載與楊虞卿書云:「左降詔下,明日而東,思欲一陳於左右。去年六月,盜殺右丞相於通衢中,迸血髏,磔髮肉,所不忍道。合朝震慄，不知所云。僕以書籍以來，未有此事。苟有所見，雖畎畝皂隸之臣，不當默默，況在班列，而能勝其痛憤邪？故武丞相之氣平明絶，僕之書奏日午入。兩日之内，滿城知之，其不與者，或語以僞言，或陷以非語，皆曰：『丞、郎、給、舍、諫官、御史尚未論請，而贊善大夫何反憂國之甚也？』僕聞此語，退而思之，贊善大夫誠賤冗耳，朝廷有非常事，即日獨進封章，謂之忠，謂之憤，亦無愧矣！謂之妄，謂之狂，又敢逃乎！以此獲辜，顧何如耳，況又不以此爲罪名乎！」[二]白之自述如此。然則一時指爲出位者，不但宰相而已也。史又曰：「居易母墜井死，而賦《新井篇》」，以是左降[三]。前書所謂不以此爲罪名者，是已。

【箋證】

〔一〕《新唐書》卷一一九《白居易傳》。

〔二〕《白氏長慶集》卷四四《與楊虞卿書》。

〔三〕《新唐書》本傳：「俄有言居易母墮井死，而居易賦《新井篇》，言浮華，無實行，不可用。出爲州刺史。」

5　醉翁亭記酒經

歐陽公《醉翁亭記》、東坡公《酒經》，皆以「也」字爲絶句。歐用二十一「也」字，坡用十六「也」字，歐記人人能讀，至於《酒經》，知之者蓋無幾。坡公嘗云：「歐陽作此記，其詞玩易，蓋戲云耳，不自以爲奇特也。而妄庸者作歐語云：『平生爲此文最得意。』又云：『吾不能爲退之《畫記》，退之不能爲吾《醉翁亭記①》。』此又大妄也。」〔一〕坡《酒經》每一「也」字上必押韻，暗寓於賦，而讀之者不覺，其激昂淵妙，殊非世間筆墨所能形容，今盡載于此，以示後生輩。其詞云：「南方之氓，以糯與秔②，雜以卉藥而爲餅，嗅之香，嚼之辣，揣之枵然而輕，此餅之良者也。吾始取麪而起肥之，和之以姜液，烝之使十裂，繩穿而風戾之，愈久而益悍，此麴之精者也。米五㪷爲率，而五分之，爲三㪷者一，爲五升者四，三㪷者以釀，五升者以投，三投而止，尚有五升之羸也。始釀，以四兩之餅，而每投以二兩之麴，皆澤以少水，足以散解而匀停也。釀者必甕按而井泓之，三日而井溢，此吾酒之萌也。酒之始萌也，甚烈而微苦，蓋三投而後平也。凡餅烈而麴和，投者必屢嘗而增損之，以舌爲權衡也。既溢之三日乃投，九日三投，通十有五日而後定也。既定乃注以㪷水，凡水必熟而冷者也。凡釀與投，必寒之而後下，此炎州之令也。既水五日乃篘，得二㪷有半，此吾酒之正也。先篘半日，取所謂羸者爲粥，米一而水三之，揉以餅麴，凡四兩，二物并也。投之糟中，熟撋而再釀之，五日壓得㪷有半，此吾酒之少勁者也。勁、正合爲四㪷，又五日而飲，則和而力、嚴而不猛也。篘絶不旋踵而粥投之，少留則糟枯中風而酒病也。釀久者酒醇而豐，速者反是，故吾酒三十日而成也。」此文如太牢八珍，咀嚼不嫌於致力，則真味愈雋永，然未易爲俊快者言也〔二〕。

【校勘】

①「翁」，原作「公」，據馬本、庫本、祠本改。　②「秔」，馬本、祠本作「粳」。

【箋證】

〔一〕《東坡志林》卷二。

〔二〕《愛日齋叢抄》卷四：「洪氏評歐公《醉翁亭記》、東坡《酒經》皆以『也』字爲絶句，歐用二十一『也』字，坡用十六『也』字。歐記人人能讀，至于《酒經》知之者蓋無幾。每一『也』上必押韻，暗寓于賦，而讀之者不覺。其激昂淵妙，殊非世間筆墨所能形容。余記王性之云：古人多此體。如《左傳》『秦用孟明是以能霸也』，此段凡十『也』字。其後韓文公《潮州祭神文》終篇皆『也』字。不知歐陽公用柳開仲塗體。開代臧丙作《和州團練使李守節墓誌銘》，又作父監察御史夢奇誌文，終篇用『也』字。李誌『也』字十五，末云：『摭辭而書石者，侯之館客臧丙夢壽也。』性之以歐公全用此體。又觀王荆公爲《葛源墓誌》，始終用『也』字三十，末亦云：『論次其所得于良嗣而爲之銘者，臨川王安石也。』鞏氏謂全學《醉翁亭記》，用之墓文則新。是未知前有柳體也。韓《祭神文》亦于『也』字上寓韻，則《酒經》又其取法者。朱新仲評《醉翁亭記》終始用『也』字結句，議者或紛紛，不知古有此例。《易·雜卦》一篇，終始用『也』字。《莊子·

大宗師》自『不自適其適』至『皆物之情』皆用『也』字。以是知前輩文格不可妄議。項平父評《醉翁亭記》《蘇氏族譜序》皆法《公羊》《穀梁傳》。蓋蘇明允序《族譜》亦用『也』字十九。及曾子開作從兄墓表，又用『也』字十七。追論本始，古而《易》，後而《三傳》《莊子》，又近而韓氏，迄柳仲塗以降，歐、王、蘇、曾，各爲祖述。要知前古文體已備，雖有作者，不能不同也。」

6 白公感石

白樂天有《奉和牛思黯以李蘇州所寄太湖石奇狀絶倫因作詩兼呈劉夢得》，其末云：「共嗟無此分，虛管太湖來。」注：「與夢得俱典姑蘇，而不獲此石。」又有《感石上舊字》云：「太湖石上鐫三字，十五年前陳結之。」案，陳結之並無所經見，全不可曉。後觀其《對酒有懷寄李郎中》一絶句曰：「往年江外抛桃葉，去歲樓中別柳枝。寂寞春來一杯酒，此情惟有李君知。」注云：「桃葉，結之也。柳枝，樊素也。」然後「結之」之義始明。樂天以病而去柳枝，故作詩云：「兩枝楊柳小樓中，嫋娜多年伴醉翁。明日放歸歸去後，世間應不要春風。」〔一〕因劉夢得有戲之之句，又答之云：「誰能更學孩童戲，尋逐春風捉柳花。」〔二〕然其鍾情處竟不能忘，如云「病共樂天相伴住，春隨樊子一時歸」，「金羈駱馬近賣卻，羅袖柳枝尋放還」，「觴詠罷來賓閣閉，笙歌散後妓房空」〔三〕是也①。讀之使人悽然。

【校勘】

①馬本、祠本「是」前有「皆」。

【箋證】

〔一〕《白氏長慶集》卷三五《別柳枝》。

〔二〕《白氏長慶集》卷三五《前有別楊柳枝絶句夢得繼和云春盡絮飛留不得隨風好去落誰家又復戲答》。

〔三〕分別見《白氏長慶集》卷三五《春盡日宴罷感事獨吟》、卷三七《閒居》、卷三五《老病幽獨偶吟所懷》。

7 禮部韻略非理

《禮部韻略》所分字，有絶不近人情者。如「東」之與「冬」，「清」之與「青」，至於隔韻不通用。而爲四聲切韻之學者，必强立説，然終爲非是。如「撰」字至列於上、去三韻中，仍義訓不一〔一〕。頃紹興三十年，省闈舉子兼經出《易簡天下之理得賦》，予爲參詳官，有點檢試卷官蜀士杜莘云：「簡字韻甚窄，若撰字必在所用，然唯撰述之撰乃可爾，如『雜物撰德』，『體天地之撰』，『異夫三子者之撰』，『欠伸撰杖屨』之類，皆不可用。」予以白知舉，請揭榜示衆。何通遠諫議初亦難之，予曰：「倘舉場皆落韻，如何出手？」乃自書一榜。榜才出，八廂邏卒以爲逐舉未嘗有此例，即録以報主者。士人滿簾前上請，予爲逐一剖析，然後退〔二〕。又「静」之與「靚」，其義一也，而以「静」爲上聲，「靚」爲去聲〔三〕。案《漢書》賈誼《服賦》「澹虖若深淵之靚」，顔師古注：「靚與静同。」〔四〕《史記》正作「静」〔五〕。揚雄《甘泉賦》「暗暗靚深」，注云：「靚即静字耳。」〔六〕今析入兩音①，殊爲非理。予名雲竹莊之堂曰「賞静」，取杜詩「賞静憐雲竹」之句也。守僧居之，頻年三易，有道人指曰：「静之左傍乃争字，以故不定疊。」於是撤去元扁，而改爲「靚」云〔七〕。

【校勘】

①「析」，原作「淅」，據馬本、庫本、祠本改。

【箋證】

〔一〕《附釋文互注禮部韻略》卷三《上聲》二十五潸：「撰，雛晥切，撰述。又雛免切，見獮字韻。」二十八獮：「撰，雛免切，持也。又雛晥切，見潸字韻。」「譔，譔作，又雛戀切，見線字韻。」卷四《去聲》三十三線：「譔，專教。又雛免切，見獮字韻。」

〔二〕紹興三十年正月九日，容齋以吏部員外郎充禮部貢舉省試參詳官。參拙著《洪邁年譜》。蜀士杜莘，蓋即杜莘老。莘老字起莘，眉州青神人，唐工部甫十三世孫。紹興間第進士，以親老不赴廷對，賜同進士出身。遷敕令删定官、太常寺主簿，升博士。遷祕書丞，擢監察御史，遷殿中侍御史。事迹具《宋史》卷三八七本傳。

〔三〕《附釋文互注禮部韻略》卷三《上聲》四十静：「静，疾郢切。釋云息也，審也。」「靚，女容徐靚。又疾正切，見勁字韻。」又同書卷四《去聲》四十五勁：「靚，明也。又疾郢切，見静字韻。」

〔四〕《漢書》卷四八《賈誼傳》。

〔五〕《史記》卷八四《屈原賈生列傳》。

〔六〕《漢書》卷八七《揚雄傳》。

〔七〕杜詩「賞静憐雲竹」，出《徐九少尹見過》（《杜詩詳注》卷一〇）。雲竹莊，洪氏别墅，在鄱陽縣北。《名勝志》：「郡北朝天門外有洪遵别墅，名曰小隱，又名盤洲菴。又有雲竹莊、瓊花圃，皆諸洪别墅。」（《江西通志》卷四一《古迹·饒州府》）

8　唐臣乞贈祖

唐世贈典唯一品乃及祖，餘官只贈父耳〔一〕。而長慶中流澤頗異〔二〕，白樂天制集有户部尚書楊於陵，回贈其祖爲吏部郎中，祖母崔氏爲郡夫人〔三〕。馬總准制贈亡父，亦請回其祖及祖母。散騎常侍張惟素亦然〔四〕。非常制也。是時，崔植爲相，亦有《陳情表》云：「亡父嬰甫，是臣本生。亡伯祐甫，臣今承後。嗣襲雖移，孝心則在。自去年以來，累有慶澤，凡在朝列，再蒙追榮。或有陳乞，皆許回授。臣猥當寵擢，而顯揚之命，獨未及於先人。今請以在身官秩并前後合叙勳封，特乞回充追贈。」〔五〕則知其時一切之制如此。伯兄文惠執政，乞以己合轉官回贈高祖，既已得旨，而爲後省封還〔六〕。固近無此比，且失於考引唐時故事也。

【箋證】

〔一〕參《四筆》卷一三《宰相贈本生父母官》。

王楙《野客叢書》卷二八《封贈外祖》：「唐制，封贈雖宰相止及其父，若以恩回贈，不但其祖，雖異姓，亦及之。如權德輿以檢校尚書恩乞及其祖，贈禮部郎中、户部尚書；楊於陵請回贈祖，贈吏部郎中，是以恩回贈其祖者也。又如劉總外祖故瀛州刺史張懿贈工部尚書，制曰：『有外孝孫，爲吾賢帥，自義率祖，推恩外族。』外祖母李氏贈趙國夫人，制曰：『段公威德，當流慶於外孫；令伯孝心，願推恩於祖母。』是以恩回贈其外祖者也。此例極多。」

〔二〕吴麗娛《終極之典——中古喪葬制度研究》第十二章：「洪邁已經注意到長慶以後『流澤頗異』的變化，而這也已爲其時赦書所證明。長慶元年南郊赦書中『祖父母、父母並與贈官官封』卻再次被明確到『中書門下及節度使帶平章事』範圍内，此後敬、文、武、宣各朝的南郊乃至懿宗的即位赦文中也均有重複。（詳《文苑英華》卷四二七《寶曆元年正月七日赦文》、卷四二八《大和三年十一月十八日赦文》、卷四二九《會昌五年正月三日南郊赦文》、卷四三〇《大中元年正月十七日赦文》、卷四二〇《大中十三年十月九日嗣登寶位赦》。）另外，《册府元龜》卷一三一《帝王部・延賞》載元和十五年六月穆宗關於韓弘、蕭俛、段文昌、田弘正、李夷簡、裴度、劉總等人的父祖封贈，也説明對宰相與河北强藩及淮南、河東等大節度使相父、祖皆贈高官。可見宰相、使相贈祖已形成制度。而『唐相只贈一代』的情況確實在穆宗以後有更顯著的變化。」

〔三〕《白氏長慶集》卷五二《中書制誥五》有《楊於陵母亡祖母崔氏等贈郡夫人制》。

〔四〕白居易《馬總准制追贈亡父請回贈亡祖制》，又《張惟素亡祖紘贈户部郎中制》，並見《白氏長慶集》卷五三。

〔五〕《白氏長慶集》卷六一《爲崔相陳情表》。

〔六〕參《三筆》卷一〇《司封贈典之失》。

洪适《盤洲文集》卷四四《乞贈高祖劄子》：「今追榮之典再及曾祖，至於東宫三師，獨念高祖未霑一命，無以爲九泉之寵。臣該遇覃恩，並應副軍須，皆有轉一官公據，不及收使。欲望聖慈，許將前件恩賞回授作高祖父母贈典，庶得少伸報遠之情。」貼黄：「臣檢照《會要》所載，李昉贈所生父母，王曾、陸軫贈伯叔父，邢昺贈兄，張士遜贈表兄，皆非常典，係是一時特恩。伏乞聖裁。」又《乞寢贈典劄子》：「臣不避斧鉞之誅，薦瀆天聽。臣比以回授高祖贈典冒昧陳乞，仰蒙睿慈，曲從所請。竊聞後省留黄不行。臣以螻蟻之微，未有一毫報國，而尊祖私情，遂以妄發，爲清議不許。」又《乞罷第一劄子》：「雖追贈高祖未有前例，而《國朝會要》所載，有贈其伯叔、贈其兄、贈其表兄者，皆在常法之外，故臣援此典故，謀之朝廷，始敢仰塵丹扆之前，不料竟以妄發，遂遭封繳。」

9 承習用經語誤

經傳中事實多有轉相祖述而用，初不考其訓故者。如《邶·谷風》之詩，爲淫新昏棄舊室而作，其詞曰：「宴爾新昏，以我御窮。」宴，安也，言安愛爾之新昏，但以我御窮苦之時，至於富貴則棄我。今人乃以初娶爲宴爾，非惟於詩意不合，且又再娶事，豈堪用也？《抑》之詩曰：「訏謨定命，遠猶辰告。」毛公曰：「訏，大也；謨，謀也；猶，道也；辰，時也。」猶與猷同。鄭箋曰：「猶，圖也，言大謀定命。爲天下遠圖庶事，而以歲時告施之，如正月始和布政也。」案，此特謂上告下之義，今詞臣乃用於制詔，以屬臣下，而臣下於表章中亦用之，不知其與「入告爾后」之告不侔也。《生民》之詩曰：「誕彌厥月。」毛公曰：「誕，大也；彌，終也。」鄭箋言：「后稷之在其母，終人道十月而生。」案，訓彌爲終，其義亦未易曉。至「俾爾彌爾性，似先公酋矣。」既釋彌爲終，又曰酋終也，頗涉煩複。《生民》凡有八誕字：「誕寘之隘巷」，「誕寘之平林」，「誕寘之寒冰」，「誕實匍匐」，「誕后稷之穡」，「誕降嘉種」，「誕我祀如何」，若悉以誕爲大，於義亦不通。它如「誕先登于岸」之類。新安朱氏以爲發語之辭，是已。莆田鄭氏云：「彌只訓滿，謂滿此月耳。」〔一〕今稱聖節曰降誕，曰誕節，人相稱曰誕日、誕辰、慶誕，皆爲不然。但承習膠固，無由可革，雖東坡公亦云「仰止誕彌之慶」〔二〕，未能免俗。書之於此，使子弟後生輩知之。《左傳》：「王使宰孔賜齊侯胙，齊侯將下拜，孔曰：『天子使孔曰，以伯舅耋老，無下拜。』對曰：『天威不違顔咫尺，敢不下拜。』下拜登受。」謂拜於堂下，而受胙於堂上。今人簡牘謝饋者，輒曰「謹已下拜」，猶未爲甚失，若「天威不違顔咫尺」，則上四字爲天子設，下三字爲人臣設，故注言：「天鑒察不遠，威嚴常在顔面之前。」〔三〕今士大夫往往於表奏中言「違顔」，或曰「咫顔」「咫尺之顔」，全與本指爽戾。如用「龍顔」「聖顔」「天顔」之類，自無害也。

【箋證】

〔一〕朱熹《詩經集傳》卷六《生民》「誕彌厥月」：「誕，發語辭。彌，終也。」莆田鄭氏，鄭樵，字漁仲。呂祖謙《呂氏家塾讀詩記》卷二《生民》：「彌，終也。」注引莆田鄭氏曰：「彌，滿也。」

〔二〕蘇軾《興龍節集英殿宴教坊致語》：「仰止誕彌之慶，集於建丑之正。」（《東坡全集》卷一一五）按，「誕彌之慶」，蘇軾每喜用之，如《賜外任臣僚進奉興龍節功德疏詔敕》：「誕彌之慶，中外所同。」（同前卷一〇九）《皇帝賀大遼皇帝生辰書》：「載協誕彌之慶，永膺壽考之祥。」（同前卷一一四）

〔三〕《左傳》僖公九年，《春秋左傳注疏》卷一二。

10 長慶表章

唐自大曆以河北三鎮爲悍藩所據，至元和中，田弘正以魏歸國，長慶初王承元、劉總去鎮、幽，於是河北略定。而穆宗以昏君，崔植、杜元穎①、王播以庸相，不能建久長之策，輕徙田弘正，以啓王庭湊之亂，繆用張弘靖，以啓朱克融之亂。朝廷以諸道十五萬衆，裴度元臣宿望，烏重胤、李光顔當時名將，屯守踰年，竟無成功，財竭力盡，遂以節鉞授二賊，再失河朔，訖于唐亡〔一〕。觀一時事勢，何止可爲痛哭！而宰相請上尊號表云：「陛下自即大位，及此二年，無巾車汗馬之勞，而坐平鎮、冀；無亡弓遺鏃之費，而立定幽燕。以謂威靈四及，請爲『神武』。」君臣上下，其亦云無羞恥矣。此表乃白居易所作〔二〕。又翰林學士元稹求爲宰相，恐裴度復有功大用，妨己進取，多從中沮壞之。度上表極陳其狀，帝不得已，解稹翰林，恩遇如故。稹怨度，欲解其兵柄，勸上罷兵。未幾拜相，居易代作謝表，其略云：「臣遭遇盛明②，不因人進，擢居禁內，訪以密謀。恩獎太深，讒謗並至。雖內省行事，無所愧心，然上黷宸聰，合當死責。」其文過飾非如此。居易二表，誠爲有玷盛德〔三〕。

【校勘】

①「穎」，原作「潁」，據馬本、庫本、祠本改。②「盛」，馬本、庫本、祠本作「聖」。

【箋證】

〔一〕參《續筆》卷七《將帥當事》。

〔二〕《白氏長慶集》卷六一《爲宰相請上尊號第二表》。

〔三〕《白氏長慶集》卷六一《爲宰相謝官表》。題下原注：「爲微之作。」陳絳《金罍子》中篇卷八：「方積拜相，樂天爲代撰謝表，乃云：（同本條所引，略。）『不因人進』，諱之也，欲蓋而彌章矣。『讒謗並至』，謂裴晉公，晉公豈讒謗人者耶？初晉公爲相，稹方在翰林，結中人魏弘簡，規相位，欲力排去□□討河北，慮度復有功，妨己進取，度所規畫，輒沮之。度憤，因上言：『逆豎構亂，震驚山東，奸臣作朋，撓亂軍政。陛下欲討河北逆賊，先去朝中奸臣。』上不得已，爲罷弘簡樞密，解稹翰林，故白代筆云然。以是知文章至於應人之求，害人心術，當是時，白雖辭不作可也。」

11　元白制科

元、白習制科，其書後分爲四卷，命曰《策林》。其《策頭》《策項》各二道，《策尾》三道，此外曰《美謙遜》《塞人望》《教必成①》《不勞而理》《風化澆朴》《復雍熙》《感人心》之類，凡七十五門，言所應對者百不用其一二，備載於文集云〔一〕。

【校勘】

①「教」，原作「政」，據馬本、庫本、祠本改。

【箋證】

〔一〕《策林》，載《白氏長慶集》卷六二至卷六五，序云：「元和初，予罷校書郎，與元微之將應制舉，退居於上都華陽觀，閉户累月，揣摩當代之事，構成策目七十五門。及微之首登科，予次焉。凡有應對者百不用其一二，其餘自以精力所致，不能棄捐，次而集之，分爲四卷，命曰《策林》云耳。」

12 八種經典

「開士悟入諸佛知見，以了義度無邊，以圓教垂無窮，莫尊於《妙法蓮華經》，凡六萬九千五百五字。證無生忍，造不二門，住不可思議解脱，莫極於《維摩經》，凡二萬七千九十二字。攝四生九類，入無餘涅槃，實無得度者，莫先於《金剛般若波羅密經》，凡五千二百八十七字。壞罪集福，淨一切惡道，莫急於《佛頂尊勝陀羅尼經》，凡三千二十字。應念順願，願生極樂土，莫疾於《阿彌陀經》，凡一千八百字。用正見，觀真相，莫出於《觀音普賢菩薩法行經》，凡六千九百九十字。詮自性，認本覺，莫深於《實相法密經》，凡三千一百五字。空法塵，依佛智，莫過於《般若波羅密多心經》，凡二百五十八字。是八種經具十二部①，合一十一萬六千八百五十七字。三乘之要旨，萬佛之祕藏，盡矣。」〔一〕唐長慶二年②，蘇州重玄寺法華院石壁所刻金字經，白樂天爲作碑文，其叙如此。予切愛其簡明潔亮，故備録之〔二〕。

【校勘】

①「具」，馬本、祠本作「典」。　②「二」，馬本、庫本、祠本作「三」。

【箋證】

〔一〕《白氏長慶集》卷六九《蘇州重玄寺法華院石壁經碑文》。開首云：「碑在石壁東次，石壁在廣德法華院西南隅，院在重玄寺西若干步，寺在蘇州城北若干里。以華言唐文譯刻釋氏經典，自經品衆佛號以降，字加金焉。」末云：「唐長慶二年冬作，大和三年春成。律德沙門清晃矢厥謀，清海繼厥志，門弟子南容成之，道則終之，寺僧契元捨藝而書之，郡守居易施詞而贊之。」

〔二〕李慈銘《越縵堂讀書記》三《歷史》「文獻通考」條，論及白居易撰《蘇州重玄寺法華院石壁金字經叙》，謂「洪文敏《隨筆》稱之，以爲深通佛典。余謂香山本習浄土，所記特禪學宗旨耳。」

容齋五筆卷九十二則

1 畏人索報書

士大夫得交朋書問，有懶傲不肯即答者。記白樂天《老慵》一絶句曰：「豈是交親向我疎，老慵自愛閉門居。近來漸喜知聞斷，免惱嵇康索報書。」〔一〕案嵇康《與山濤絶交書》云：「素不便書，又不喜作書，而人間多事，堆案盈几，不相酬答，則犯教傷義，欲自勉强，則不能久。」樂天所云正此也。乃知畏於答書，其來久矣。

【箋證】

〔一〕《白氏長慶集》卷二八。按，元釋大訢《寄西山李處士》：「每憶西山水竹居，秋風林影夕陽疎。江湖正自無知己，底用嫌人索報書。」（《古今禪藻集》卷一七）清查慎行《補思再疊魚字韻見寄經秋乃到再次答二首》之二：「此中何句堪酬對，翻怕匆匆索報書。」（《敬業堂詩集》卷二八）蓋皆用白詩。

2 不能忘情吟

予既書白公鍾情蠻、素於前卷〔一〕，今復見其《不能忘情吟》一篇，尤爲之感歎，輒載其文，因以自警。其序云：「樂天既老，又病風。乃録家事，會經費，去長物。妓有樊素者，年二十餘，綽綽有歌舞態，善唱《楊柳枝》，人多以曲名名之，由是名聞洛下，籍在經費中，將放之。馬有駱者，籍在長物中，將鬻之。馬出門，驤首反顧。素聞馬嘶，慘然立且拜①，婉孌有辭，辭畢涕下。予亦愍默不能對②，且命反袂，飲之酒，自飲一杯，快吟數十聲，聲成文，文無定句。予非聖達，不能忘情，又不至於不及情者，事來攪情，情動不可柅，因自哂，題其篇曰《不能忘情吟》。」吟曰：「鬻駱馬兮，放楊柳枝。掩翠黛兮，頓金羈。馬不能言兮，長鳴而卻顧。楊柳枝再拜長跪而致辭。辭曰：素事主十年，凡三千有六百日。巾櫛之間，無違無失。今素貌雖陋，未至衰摧。駱力猶壯，又無虺隤。即駱之力，尚可以代主一步，素之歌，亦可以送主一杯。一旦雙去，有去無回。故素將去，其辭也苦，駱將去，其鳴也哀。此人之情也，馬之情也，豈主君獨無情哉！予俯而歎，仰而咍，且曰：駱駱爾勿嘶，素素爾勿啼，駱反廄，素反閨，吾疾雖作年雖頹，幸未及項籍之將死，亦何必一日之内棄騅兮而别虞兮。乃目素兮，素兮爲我歌《楊柳枝》，我姑酌彼金罍，我與爾歸醉鄉去來。」觀公之文，固以遣情釋意耳③，素竟去也。此文在一集最後卷，故讀之者未必記憶〔二〕。東坡猶以爲柳枝不忍去，因劉夢得「春盡絮飛」之句方知之。於是美朝雲之獨留，爲之作詩，有「不似楊枝别樂天，恰如通德伴伶玄」之語。然不及二年而病亡，爲可歎也〔三〕。

【校勘】

①「且」，原作「見」，據馬本、庫本、祠本改。　②「默」，馬本、庫本、祠本作「然」。　③「釋」，庫本作「適」。

【箋證】

〔一〕《五筆》卷八《白公感石》。

〔二〕《白氏長慶集》卷七一《不能忘情吟》。

〔三〕惠洪《冷齋夜話》卷一《東坡南遷朝雲隨侍作詩以佳之》：「東坡南遷，侍兒王朝雲者，請從行，東坡佳之，作詩，有序曰：『世謂樂天有鬻駱馬放楊枝詞，佳其主老病不忍去也，然夢得詩曰：「春盡絮飛留不得，隨風好去落誰家。」樂天亦云：「病與樂天相伴住，春同樊素一時歸。」則是樊素竟去也。予家有數妾，四五年相繼辭去，獨朝雲隨予南遷。因讀樂天詩，戲作此贈之。』云：『不學楊枝別樂天，且同通德伴伶玄。伯仁絡秀不同老，天女維摩總解禪。經卷藥爐新活計，舞裙歌板舊因緣。丹成隨我三山去，不作巫陽雲雨仙。』蓋紹聖元年十一月也。三年七月十五日，朝雲卒。」蘇軾《朝雲詩並引》，載《東坡全集》卷二二。

3　擒鬼章祝文

東坡在翰林作《擒鬼章奏告永裕陵祝文》云：「大獮獲禽，必有指蹤之自。豐年多廩，孰知耘耔之勞。昔漢武命將出師，而呼韓來庭，效于甘露；憲宗厲精講武，而河湟恢復，見于大中。」其意蓋以神宗有平唃氏之志，至于元祐，乃克有成，故告陵歸功，謂武帝、憲宗亦經營於初，而績效在於二宣之世，其用事精切如此。今蘇氏眉山功德寺所刻大小二本，及季真給事在臨安所刊，并江州本、麻沙書坊《大全集》，皆只自「耘耔」句下便接「憬彼西戎，古稱右臂」。正是好處，卻芟去之，豈不可惜？唯成都石本法帖真迹獨得其全〔一〕。坡集奏議中登州上殿三劄，皆非是〔二〕。司馬季思知泉州，刻温公集，有作中丞日彈王安石章，尤可笑。温公以治平四年解中丞，還翰林，而此章乃熙寧三年者〔三〕。二集皆出本家子孫，而爲妄人所誤，季真、季思不能察耳〔四〕。坡内制有《温公安葬祭文》，云：「元豐之末，天步爲艱。社稷之衛，中外所屬。惟是一老，屏予一人。名高當世，行滿天下。措國於太山之安，下令於流水之源。歲月未周，綱紀略定。天若相之，又復奪之。殄瘁之哀，古今所共。知之者神考，用之者聖母。馴致其道，太平可期。長爲宗臣，以表後世。往奠其葬，庶知予懷。」而石本頗不同，其詞云：「元豐之末，天步惟艱。社稷之衛，存者有幾？惟是一老，屏予一人。措國於太山之安，下令於流水之原。歲未及期，綱紀略定。道之將行，非天而誰？天既予之，又復奪之。惟聖與賢，莫如天何！然其所立，天亦不能亡也。知之者神考，用之者聖母。馴致其道，終於太平。永爲宗臣，與國無極。於其葬也，告諸其柩。」今莫能考其所以異也〔五〕。

【箋證】

〔一〕《全宋文》卷二〇〇〇録蘇軾此文，注云：「洪氏所云之『成都石本法帖』，當即《西樓帖》。費衮《梁谿漫志》卷六《蜀中石刻東坡文字稿》條，詳校稿與刻本文字之不同。費氏所云之『石刻』，當亦即《西樓帖》。」按《梁谿漫志》云：「蜀中石刻東坡文字稿，其改竄處甚多，玩味之，可發學者文思。《獲鬼章告裕陵文》自『孰知耘耔之勞』而下云：『昔漢武命將出師，而呼韓來廷，效於甘露；憲宗勵精講武，而河湟恢復，見於大中。』後乃悉塗去不用。『獷彼西羌』，改作『憬彼西戎』。『號稱右臂』，改作『古稱非愛』。『尺寸之疆』，改作『非貪』。自『不以賊遺子孫』而下云：『施於沖人，坐守成算。而董氊之臣阿里骨外服王爵，中藏禍心，與將鬼章首犯南川』，後乃自『與將』而上二十六字並塗去，改云『而西蕃首領鬼章首犯南川』。『爰敕諸將』，改作『申命諸將』。『蓋酬未報之恩』，改作『争酬』。『生擒鬼章』，改作『生獲』。其下一聯，初云『報谷吉之冤，遠同强漢；雪渭水之恥，尚陋有唐』，亦皆塗去。乃用此二事别作一聯云：『頡利成擒，初無渭水之恥；郅支授首，聊報谷吉之冤。』末句『務在服近而柔遠』，改作『來遠』。」陳振孫《直齋書録解題》卷一七《别集類》：「《東坡别集》四十六卷。坡之曾孫給事嶠季真刊家集於建安，大略與杭本同，蓋杭本當坡公無恙時已行於世矣。麻沙書坊又有《大全集》，兼載《志林》《雜説》之類，亦雜以潁濱及小坡之文，且間有訛僞勦入者。有張某爲吉州，取建安本所遺盡刊之，而不加考訂，中載應詔策論。蓋建安本亦無《應詔集》也。」

〔二〕余嘉錫《四庫提要辨證》卷二三《集部三》「東坡全集一百十五卷」條：「今七集本《奏議》無此三劄。」

〔三〕司馬光《傳家集》卷一七《奏彈王安石表》：「熙寧三年，御史中丞光等累次全臺上疏。」云云。胡三省《通鑑釋文辯誤序》：「朝廷始訪温公之後之在江南者，得伋，乃公之從曾孫也，使奉公祀。伋欲昌其家學，凡言書出於司馬公者，必鋟梓而行之，而不審其爲時人附會也。《容齋隨筆》曰：『司馬季思知泉州，刻《温公集》，有作中丞日《彈王安石章》，尤可笑。温公治平四年，解中丞還翰林，而此章乃熙寧三年。季思爲妄人所誤，不察耳。』季思，伋字也。」（《通鑑釋文辯誤》卷首）

〔四〕余嘉錫《四庫提要辨證》卷二三《集部三》「東坡全集一百十五卷」條，引《五筆》本條，接云：「是蘇嶠所編别集，自建安本外，又嘗刻于臨安，至於所謂江州本，不知爲何種，亦不知何人所刻也。據洪邁之言，則臨安本亦不免有訛僞勦入之處，建安本當亦相同，均不得爲善本矣。」

〔五〕《東坡全集》卷一一四《故贈太師追封温國公司馬光安葬祭文》。石本，應指成都石本法帖真迹。

4　歐公送慧勤詩

國朝承平之時，四方之人以趨京邑爲喜。蓋士大夫則用功名進取係心，商賈則貪舟車南北之利，後生嬉戲則以紛華盛麗而悦。夷考其實，非南方比也。讀歐陽公《送僧慧勤歸餘杭》之詩可知矣。曰：「越俗僭宫室，傾貲事雕牆。佛屋尤其侈，耽耽擬侯王。文彩瑩丹漆，四壁金焜煌。上懸百寶蓋，宴坐以方床。胡爲棄不居，棲身客京坊。辛勤營一室，有類燕巢梁。南方精飲食，菌筍比羔羊。飯以玉粒粳，調之甘露漿。一饌費千金，百品羅成行。晨興未飯僧，日昃不敢嘗。乃兹隨北客，枯粟充飢腸。東南地秀絶，山水澄清光。餘杭幾萬家，日夕焚清香。煙霏四面起，雲霧雜芬芳。豈如車馬塵，鬢髮染成霜。三者孰苦樂，子奚勤四方。」觀此詩中所謂吴越宫室、飲食、山水三者之勝，昔日固如是矣。公又有《山中之樂》三章送之歸〔一〕。勤後識東坡，爲作《詩集序》者〔二〕。

【箋證】

〔一〕歐陽修《山中之樂並序》，一本題下云：「三章，送慧勤上人。」序云：「佛者慧勤，餘杭人也。少去父母，長無妻子，以衣食于佛之徒，往來京師二十年。其人聰明材智，亦嘗學問于賢士大夫。今其南歸，遂將窮極吴越甌閩江湖海上之諸山，以肆其所適。予嘉其嘗有聞於吾人也，於其行也，爲作《山中之樂》三章，極道山林間事，以動蕩其心意而卒反之於正。」（《文忠集》卷一五）

〔二〕蘇軾《錢塘勤上人詩集敘》，有云：「（歐陽）公不喜佛老，其徒有治詩書、學仁義之説者，必引而進之。佛者惠勤，從公游三十餘年，公常稱之爲聰明才智有學問者，尤長於詩。公薨於汝陰，余哭之於其室。其後見之，語及於公，未嘗不涕泣也。勤固無求於世，而公又非有德於勤者，其所以涕泣不忘，豈爲利也哉！余然後益知勤之賢，使其得列於士大夫之間而從事於功名，其不負公也審矣。熙寧七年，余自錢塘將赴高密，勤出其詩若干篇，求余文，以傳於世。余以爲詩非待文而傳者也，若其爲人之大略，則非斯文莫之傳也。」（《東坡全集》卷三四）

5　委蛇字之變

歐公《樂郊詩》云：「有山在其東，有水出逶夷。」〔一〕近歲，丁朝佐辨正謂其字參古今之變，必有所據〔二〕。予因其説而悉索之，此二字凡十二變〔三〕。一曰委蛇，本於《詩・羔羊》：「退食自公，委蛇委蛇。」毛公注：「行可從迹也。」鄭箋：「委曲自得之貌。」委，於危反①。蛇，音移。」〔四〕《左傳》引此句，杜注云：「順貌。」〔五〕《莊子》載齊桓公澤中所見，其名亦同〔六〕。二曰委佗，《詩・君子偕老》：「委委佗佗。」毛注：「委委者，行可委曲從迹也。佗者，德平易也。」〔七〕三曰逶迤，《韓詩》釋上文云：「公正貌。」〔八〕《説文》：「逶迤，斜去貌。」〔九〕四曰倭遲，《詩》：「四牡騑騑，周道倭遲。」注：「歷遠之貌。」〔一〇〕五曰倭夷②，《韓詩》之文也〔一一〕。六曰威夷，潘岳詩：「迴谿縈曲阻，峻阪路威夷。」孫綽《天台山賦》：「既克隮於九折，路威夷而修通。」李善注引《韓詩》「周道威夷」。薛君曰：「威夷，險也。」〔一二〕七曰委移，《離騷經》：「載雲旗之委蛇。」一本作「逶迤」，一本作「委移」。注：

「雲旗委移，長也。」〔一三〕八曰逶移，劉向《九歎》：「遵江曲之逶移。」〔一四〕九曰逶蛇，後漢《費鳳碑》：「君有逶蛇之節。」〔一五〕十曰蜲蛇，張衡《西京賦》：「女、娥坐而長歌，聲清暢而蜲蛇。」李善注：「蜲蛇，聲餘詰曲也。」〔一六〕十一曰遹池，漢《逢盛碑》：「當遂遹池，立號建基。」〔一七〕十二曰威遲，劉夢得詩：「柳動御溝清，威遲堤上行。」韓公《南海廟碑》：「蜿蜿蛇蛇。」亦然也〔一八〕。則歐公正用《韓詩》，朝佐不暇尋繹之爾。

【校勘】

①「於」，原脱，據馬本、庫本、祠本補。　②「倭」，馬本、祠本作「逶」。

【箋證】

〔一〕歐陽修《文忠集》卷七。

〔二〕周必大編定歐陽修《文忠集》，序云：「歐陽文忠公集別本尤多，後世傳録既廣，又或以意輕改，殆至訛謬不可讀。廬陵所刊，抑又甚焉。卷帙叢脞，略無統紀。私竊病之，久欲訂正，而患寡陋未能也。會郡人孫謙益，老於儒學，刻意斯文。承直郎丁朝佐，博覽群書，尤長考證。於是徧搜舊本，傍采先賢文集，與鄉貢進士曾三異等互加編校。」

〔三〕方以智《通雅》卷六《釋詁·謰語》、吴玉搢《别雅》卷一「委蛇」條，討論頗詳，方氏云：「今舉所知，凡三十二變。」吴氏云：「『委蛇』二字自洪氏聚其類于前，方氏盡其變于後，亦可謂搜討無遺矣。乃今考之，則更有出三十二變之外者，亦可知載籍極博，真難以耳目盡也。」可參不贅。

姜亮夫《楚辭通故》第四輯《詞部第十》「委蛇」條：「疊韻連綿詞，春秋戰國以來南北通用語，原讀阿（烏何切）陀（徒河切），戰國末期歌韻與支韻漸分音，遂轉化爲委（於爲切）移（弋支切），字形亦遂分爲兩系，詞義亦稍有變化，讀歌韻者，有委曲而美麗之義；讀委移者，有下垂而委婉之義；而漢賦則兩義多混，此語言發展之一現象也。」其下舉例甚詳。又「逶虵」「逶隨」「委隋」「委移」「逶移」「逶迤」諸條，亦可參，俱不贅。

〔四〕《召南・羔羊》。孫奕《示兒編》卷一九《字説》「字異而義同」條：「《詩》云『委蛇』一也。《後・儒林傳序》作『委它』，《韓詩外傳》《任光傳贊》《楊秉傳》並作『逶迤』。《楚詞・離騷》《九辯》皆作『委蛇』，《九章》作『委移』，《九歎》作『逶移』。《列子》作『猗移』。」胡紹煐《文選箋證》卷三二《牧人逶迤》條：「注，善曰：『《毛詩》曰「逶迤逶迤」，毛萇曰：「逶迤，行可蹤迹也。」』按今《毛詩》作『委蛇』。《釋文》引《韓詩》作『逶迤』。然則毛自作『委蛇』。此注引毛而字從韓，疑有誤。」陳直《史記新證・蘇秦列傳第九》「嫂委蛇蒲服」條，按云：「委蛇爲逶迤假借字，即今人所謂之虚與逶迤。自來注《史記》者，皆解作若蛇委地而行，不但於義未安，且與蒲服義重。」

〔五〕《左傳》襄公七年。

〔六〕《莊子・達生》。

〔七〕《鄘風・君子偕老》。于省吾《澤螺居詩經新證》卷上《國風》「委委佗佗」條：「按『委委佗佗』，應讀作『委佗委佗』，即《羔羊》之『委蛇委蛇』。」

〔八〕《召南・羔羊》，陸德明音義引。

〔九〕徐鉉增釋《説文解字》卷二下、徐鍇《説文繫傳》卷四，「逶」字釋義。

〔一〇〕《小雅・四牡》。

〔一一〕《小雅・四牡》：「周道倭遲。」《經典釋文》卷六：「倭遲，歷遠之貌。《韓詩》作『倭夷』。」張雲璈《選學膠言》卷九《威夷》條：「《詩》『四牡騑騑，周道倭遲。』《毛詩》作『倭遲』，《韓詩》作『威夷』。雲璈按：李氏注《文選》十，又二十，又二十一，又五十六，引《韓詩》皆作『威夷』，惟《琴賦》引《韓詩》作『倭夷』，然正文『臨迴江之威夷』（嵇康《琴賦》）仍是『威』字。注作倭者順《毛詩》所改，或字之誤也。《地里志》又作『郁夷』，與韓、毛各異。《藝文志》謂三家魯爲近之，則『郁夷』乃魯詩。顔師古見與《毛傳》不同，便以爲《韓詩》，不知《韓詩》有薛君章句及選注可證也。」

〔一二〕潘岳《金谷集作詩一首》，李善《文選注》卷二〇。孫綽《游天台山賦》，《文選注》卷一一。姜亮夫《楚辭通故》第四輯《詞部第十》「威夷」條：「《九懷・陶壅》『建虹旌兮威夷。』王逸注『樹蝃蝀旗，紛光耀也。』按叔師以光耀釋威夷，此喻義也。威夷即委移一聲之轉。《離騷》《九歎》《遠游》『帶隱虹之逶蛇』，與此句正同，亦即《離騷》『載雲旗之委蛇』。」

〔一三〕王逸《楚辭章句》卷一：「又載雲旗委蛇而長也。」朱熹《楚辭集注》卷一：「委，於危反。蛇，弋支反，一作移。二字一作逶迤。」呂向曰：「逶迤，長貌。」（《六臣注文選》卷三二）

〔一四〕薛傳均《文選古字通疏證》卷六《移迤》條：「王簡棲《頭陀寺碑》文『飛閣逶迤』，注：《楚辭》曰：『載雲旗兮逶移。』王逸曰：『逶移而長。移與迤，音義同。』」

〔一五〕《九歎·逢紛》。洪興祖《楚詞補注》卷一六：「逶移，長貌。一云遵曲江之逶蛇。」

〔一六〕洪适《隸釋》卷九《費鳳別碑》。

〔一七〕李善《文選注》卷二。

〔一八〕《隸釋》卷一〇《童子逢盛碑》。

〔一九〕劉禹錫詩見《和令狐相公春早朝回鹽鐵使院中作》（《劉賓客外集》卷三）。

韓愈《南海神廟碑》「蜿蜿蛇蛇」，按歐陽修《集古録》卷八《唐韓退之南海神廟碑》：「集本云『蜿蜿蜒蜒』，而碑云『蜿蜿蛇蛇』，小異，當以碑爲正。」

6 東不可名園

今人亭館園池，多即其方隅以命名。如東園、東亭、西池、南館、北榭之類，固爲簡雅，然有當避就處。歐陽公作《真州東園記》〔一〕，最顯。案《漢書·百官表》：「將作少府，掌治宮室。屬官有東園主章。」注云：「章謂大材也。主章掌大材，以供東園大匠。」〔二〕紹興三十年，予爲省試參詳官，主司委出詞科題，同院或欲以「東園主章」爲箴，予曰：「君但知《漢·表》耳。《霍光傳》：光之喪①，賜『東園温明』。服虔曰：『東園處此器，以鏡置其中，以懸尸上。』師古曰：『東園，署名也，屬少府。其署主作此器。』《董賢傳》：『東園祕器』以賜賢。注引《漢舊儀》：『東園祕器作棺。』若是，豈佳處乎？」同院驚謝而退〔三〕。然則以東名園，是爲不可。予有兩園，適居東西，故扁西爲西園，而以東爲東圃，蓋避此也〔四〕。

【校勘】

①「光」原作「元」，據馬本、庫本、祠本改。

【箋證】

〔一〕《記》有云：「真爲州，當東南之水會，故爲江淮、兩浙、荆湖發運使之治所。龍圖閣直學士施君正臣、侍御史許君子春之爲使也，得監察御史裏行馬君仲塗爲其判官。三人者樂其相得之歡，而因其暇日，得州之監軍廢營以作東園，而往游焉。」（歐陽修《文忠集》卷四〇）

〔二〕《漢書》卷一九《百官公卿表》。

〔三〕《漢書》卷六八《霍光傳》、《漢書》卷九三《董賢傳》。

〔四〕魏了翁《鶴山全集》卷三六《答林提刑岳》：「或者又謂《漢史》霍光、董賢傳諸文所謂東園皆非美稱，不若易以東湖，然嘗見歐公有《真州東園記》，張文潛亦有《東園詩》。所謂東不可名園，特洪景盧一時之説，今若仍用園字，元不妨，或改作圃，改作湖字，亦自省辯論。」

俞樾《茶香室續鈔》卷二三《東不可名園》條引《五筆》本條，末云：「按此亦名園圃者所宜知。」

7　一二三與壹貳叁同

古書及漢人用字，如一之與壹，二之與貳，三之與叁，其義皆同。《鳲鳩·序》：「刺不壹也。」又云：「用心之不壹也。」而正文「其儀一兮」。《表記》：「節以壹惠。」注：「言聲譽雖有衆多者，節以其行一大善者爲謚耳。」漢《華山碑》：「五載壹巡狩。」《祠孔廟碑》：「恢崇壹變。」《祝睦碑》：「非禮，壹不得犯。」而《後碑》云：「非禮之常，一不得當。」則與壹通用也〔一〕。《孟子》：「市價不貳。」趙岐注云：「無二賈者也。」〔二〕本文用大貳字，注用小二字，則二與貳通用也。《易·繫辭》：「叁天兩地。」《釋文》云：「參，七南反。又如字，音三。」〔三〕《周禮》：「設其參。」注：「參，謂卿三人。」〔四〕則三與參通用也。九之與久，十之與拾，百之與栢亦然①〔五〕。予頃在英州，訪鄰人利秀才。利新作茅齋，頗浄潔，從予乞名。其前有兩高松，因爲誦《藍田壁記》〔六〕，命之曰「二松」。其季請曰：「是使大貳字否？」坐者皆哂。蓋其人不知書，信口輒言，以貽譏笑。若以古字論之，亦未爲失也。文惠公名流杯亭曰「一詠」，而采借隸法，扁爲「壹詠」，讀者多以爲疑，顧第弗深考耳〔七〕。

【校勘】

①「栢」，馬本、祠本作「伯」。

【箋證】

〔一〕《華山碑》，即《西岳華山廟碑》，見《隸釋》卷二。《祠孔廟碑》，即《魯相史晨祠孔廟奏銘》，見《隸釋》卷一。《祝睦碑》《祝睦後碑》，見《隸釋》卷七。

〔二〕《孟子·滕文公上》。

〔三〕《周易·説卦》。《經典釋文》卷二《周易説卦第九》。

〔四〕《周禮·天官·冢宰》。

〔五〕程大昌《演繁露》卷三《十數改用多畫字》：「古書一爲弌，二爲弍，三爲弎，蓋以弋爲母，而一、二、三隨數附合，以成其字，特不知單書一畫爲一，單書二畫三畫爲二爲三，起自何時。今官府文書，凡其記數皆取聲同而點畫多者改用之，於是壹、貳、叁、肆之類，本皆非數，直是取同聲之字，借以爲用，貴點畫多，不可改換爲奸耳，本無義理可以與之相更也。若夫『十』之用『拾』，『八』之用『捌』，『九』之用『玖』，則全無附並也。然亦有在疑似間者。《易》之『參兩天地』，《左傳》『自參以上，則往稱地，來稱會』，是嘗以『參』爲『三』矣。『顏子不貳過』，『士有貳宗』，『國不堪貳』，爲其與正爲副，則『貳』之爲『二』尚或可以傅會矣。在顏師古時《江充傳》固已訛『大臺』爲『太壹』矣；《薛宣傳》本曰『壹笑爲樂』，而傳本乃作『壹笑』爲『壺矢』，則是此時

「一」已爲「壹」矣。若元本不用「壹」字，則一字本止一畫，何緣轉易爲「壺」爲「矢」也？若曰唐至明皇始盡以今文代去古文，因盡歸咎明皇，則師古之時《漢書》傳本何爲已變「大臺」以爲「太壹」「壹笑」以爲「壺矢」耶？又凡《漢書》「一」字皆以「壹」代，則「一」變爲「壹」久在明皇之前矣。然而古今經史凡書「千」「百」之字無有用「阡陌」之「阡」「公伯」之「伯」者，予故疑舊本不曾改少畫以從多畫也，然不能究其起自何時。」趙翼《陔餘叢考》卷三〇《數目用多筆字》：「《漢書·項籍傳》贊引賈誼《過秦論》『起阡陌之中』，《史記》作『千百』，則千百與阡陌通也。又按梁天監中，東錢以八十爲陌，西錢以七十爲陌。沈括云：『謂之陌者，本百字，借陌字用之，如什與伍也。』合而觀之，則數目用多筆字自古已然，菽園謂始於開濟者，非也。」羅振玉《讀碑小箋》：「顧炎武謂壹、貳、叁、肆及仟、伯字，始於武曌。今考龍山公墓志云『領鄉團伍伯人』，又云『增邑肆伯户』，是隋人已用肆、伍、伯字代四、五、百，顧未審耳。」

〔六〕韓愈《藍田縣丞廳壁記》：「對樹二松，日吟哦其間。」（《五百家注昌黎文集》卷一三）

〔七〕洪适《盤洲記》：「方其左爲鵝池，圓其右爲墨沼。一詠亭臨其中，水由員沼循除而西，匯於方池。」（《盤洲文集》卷三二）

8　何恙不已

公孫弘爲丞相，以病歸印，上報曰：「君不幸罹霜露之疾，何恙不已？」顏師古注：「恙，憂也。何憂於疾不止也。」〔一〕《禮部韻略》訓恙字亦曰憂也〔二〕。初無訓病之義。蓋既云罹疾矣，不應復云病。師古之説甚爲明白。而世俗相承，至問人病爲貴恙，謂輕者爲微恙，心疾爲心恙，風疾爲風恙，根著已深，無由可改〔三〕。

【箋證】

〔一〕《漢書》卷五八《公孫弘傳》。

〔二〕《附釋文互注禮部韻略》卷四《去聲·四十一漾》：「恙，憂也。釋云：蟲入腹，食人心。古者艸居，多被此毒，故相問無恙乎。」

〔三〕胡鳴玉《訂譌雜録》卷八《何恙不已》，先引本條，接云：「《石奮傳》『萬石君尚無恙』，注云：『恙，憂病也。』《賈誼傳》『令此六七公者皆無恙』，注云：『無恙，言無憂病也。』《國策》『歲亦無恙耶』，注亦云：『恙，憂也。』二字見處甚多，總無一作病字解者。近世字書亦能辨之。」

9 兩漢用人人元元字

《前漢書》好用「人人」字，如《文帝紀》「人人自以爲得之者以萬數」，又曰「人人自安難動揺」，《元帝紀》「人人自以得上意」，《食貨志》「人人自愛而重犯法」，《韓信傳》「人人自以爲得大將」，《曹參傳》「齊故諸儒以百數，言人人殊」，《張良傳》「人人自堅」，《叔孫通傳》「吏人人奉職」，《賈誼傳》「人人各如其意所出」，《揚雄傳》「人人自以爲咎繇」，《鮑宣傳》「人人牽引所私」，《韓延壽傳》「人人問以謡俗」「人人爲飲」，《張騫傳》「人人有言輕重」，《李尋傳》「人人自賢」，《王莽傳》「人人延問」，《嚴安傳》「人人自以爲更生」，《王吉傳》「人人自制」是也。《後漢書》亦間有之，如《崔駰傳》「人人有以自優」，《五行志》「人人莫不畏憲」，《吴漢傳》「諸將人人多請之」，《申屠剛傳》「人人懷憂」，《王允傳》「人人自危」，《荀彧傳》「人人自安」，《吕强傳》「諸常侍人人求退」是也〔一〕。又「元元」二字，考之《六經》無所見，而兩《漢書》多用之。如《前漢·文帝紀》「全天下元元之民①」，《武紀》「燭幽隱，勸元元」「所以化元元」，《宣紀》「不忘元元」，《元紀》「元元失望」「元元何辜」「元元大困」「元元之民，勞於耕耘」「元元騷動」「元元安所歸命」，《成紀》「元元冤失職者衆」，《哀紀》「元元不贍」，《刑法志》「罹元元之不逮」，《嚴安傳》「元元黎民，得免於戰國」，《嚴助傳》「使元元之民，安生樂業」，《賈捐之傳》「保全元元」，《東方朔傳》「元元之民，各得其所」，《魏相傳》「尉安元元」，「唯陛下留神元元」，《鮑宣傳》「爲天牧養元元」，《蕭育傳》「安元元而已」，《匡衡薛宣傳》「哀閔元元」，《王嘉傳》「憂閔元元」，《谷永傳》「以慰元元之心」，《匈奴傳》「元元萬民」是也。《後漢·光武紀》「下爲元元所歸」「賊害元元」「元元愁恨」「惠兹元元」，《章紀》「誠欲元元去末歸本」「元元未諭」「深元元之愛」，《和紀》「愛養元元」「下濟元元」，《順紀》「元元被害」，《質紀》「元元嬰此困毒」，《桓紀》「害及元元」，《鄧后紀》《劉毅傳》「垂恩元元」，《王昌傳》「元元創痍」，《耿弇傳》「元元叩心」，《郎顗傳》「弘濟元元」「貸贍元元」，《曹褒傳》「仁濟元元」，《范升傳》「元元焉所呼天」「免元元之急」，《鍾離意傳》「憂念元元」，《何敞傳》「元元怨恨」「安濟元元」，《楊終傳》「以濟元元」，《虞詡傳》「遭元元無妄之災」，《皇甫規傳》「平志畢力，以慶元元」是也。予謂元元者，民也。而上文又言元元之民、元元黎民、元元萬民，近於複重矣。故顏注：「或云：元元，善意也。」〔二〕

【校勘】

①「民」原作「尸」，據馬本、祠本改。庫本作「户」。

【箋證】

〔一〕按，先秦已有用「人人」字者。《孟子》：「人人親其親，長其長，而天下平。」又曰：「焉得人人而濟之。」（《離婁下》）又曰：「欲貴者，人之同心也。人人有貴於己者，弗思耳矣。」（《告子上》）

〔二〕《漢書》卷四《文帝紀》：「結兄弟之義，以全天下元元之民。」顏師古注。《資治通鑑》卷三八《漢紀三十·王莽下》「元元焉所呼天」，胡三省注：「元元，民也，良善之民。師古曰：『元元，善意也。』」按，《戰國策》卷三《秦一》：「制海内，子元元。」高誘注：「子，愛也。元元，善也。」又《後漢書》卷一《光武帝紀》「上當天地之心，下爲元元所歸」，章懷注：「元元，謂黎庶也。元元，猶言喁喁，可矜憐之辭也。」是又一説。參《隨筆》卷五《元二之災》。

10 韓公潮州表

韓文公《諫佛骨表》，其詞切直，至云：「凡有殃咎，宜加臣身，上天監臨，臣不怨悔。」坐此貶潮州刺史。而謝表云：「臣於當時之文，未有過人者。至論陛下功德，與《詩》《書》相表裏，作爲歌詩，薦之郊廟，雖使古人復生①，臣亦未肯多遜。而負罪嬰釁，自拘海島，懷痛窮天，死不閉目，伏惟天地父母，哀而憐之。」考韓所言，其意乃望召還。憲宗雖有武功，亦未至編之《詩》《書》而無愧，至於「紀泰山之封，鏤白玉之牒，東巡奏功，明示得意」等語，摧挫獻佞，大與諫表不侔〔一〕。當時李漢輩編定文集，惜不能爲之除去〔二〕。東坡自黄州量移汝州，上表云：「伏讀訓詞，有『人材實難，不忍終棄』之語，臣昔在常州，有田粗給饘粥，欲望許令常州居住。」輒叙徐州守河及獲妖賊事，庶因功過相除，得從所便。」〔三〕讀者謂與韓公相類，是不然。二表均爲歸命君上，然其情則不同。坡自列往事，皆其實迹，而所乞不過見地耳，且略無一佞詞，真爲可服〔四〕。

【校勘】

①「使」，原脱，據馬本、庫本、祠本補。

【箋證】

〔一〕韓愈《論佛骨表》《潮州刺史謝上表》(《五百家注昌黎文集》卷三九)。新、舊《唐書》皆具載於本傳。《舊唐書》本傳:「憲宗謂宰臣曰:『昨得韓愈到潮州表,因思其所諫佛骨事,大是愛我,我豈不知! 然愈爲人臣,不當言人主事佛乃年促也。我以是惡其容易。』上欲復用愈,故先語及,觀宰臣之奏對。而皇甫鎛惡愈狷直,恐其復用,率先對曰:『愈終太狂疎,且可量移一郡。』乃授袁州刺史。」

按退之此事,宋人亦多論議。張舜民《史説》:「韓退之潮陽之行,齒髮衰矣,不若少時之志壯也。故以封禪之説迎憲宗。又曰:『自今請改事陛下。』觀此言,傷哉! 丈夫之操始非不堅,誓於金石,凌於雪霜,既而怵於死生,顧於妻孥,罕不回心低首求免一時之難者,退之是也。退之之非求富貴者也,畏死爾。」(吕祖謙《宋文鑑》卷一〇八)朱熹《晦菴集》卷八二《跋李壽翁遺墨》:「韓退之著書立言,觝排佛老,不遺餘力,然讀其《謝潮州表》《答孟簡書》及張籍侑奠之詞,則其所以處於禍福死生之際,有愧於異學之流者多矣。其不能有以深服其心也宜哉!」《黄氏日抄》卷五九《讀韓文》:「《論佛骨表》之説正矣,《潮州謝表》稱頌功德之不暇,直勸東巡泰山,而自任鋪張,雖古人不多讓,甚矣! 憲宗之不可與忠言,而公也汲汲乎苟全性命,兩可悲矣夫!」

〔二〕蔡絛《西清詩話》載王安石嘗云:「李漢豈知韓退之? 緝其文,不擇美惡,有不可以示子孫者,況垂世乎!」(胡仔《漁隱叢話前集》卷三四)

〔三〕蘇軾《乞常州居住表》(《東坡全集》卷六七)。《續資治通鑑長編》卷三四二：元豐七年正月，「責授黄州團練副使蘇軾言汝州無田産，乞居常州從之。」

〔四〕王志堅《四六法海》卷四載蘇軾《到昌化軍謝表》，評曰：「蘇公諸表，言遷謫處，淚與聲下，然到底忠鯁，無一乞憐語，可謂百折不回者矣。洪景盧因論昌黎《潮州表》而軒輊二公，實爲確論。」

11　燕賞逢知己

白樂天爲河南尹日，有《答舒員外》云：「員外游香山寺，數日不歸，兼辱尺書，大誇勝事，時正值坐衙慮囚之際，走筆題長句以贈之曰：『黄菊繁時好客到，碧雲合處佳人來。(謂遣英、倩二妓與舒君同游也①。)酡顔一笑夭桃綻，清泠秋聲寒玉哀。軒騎逶迤棹容與，留連三日不能回。白頭老尹府中坐，早衙纔退暮衙催。』」〔一〕謝希深、歐陽公官洛陽，同游嵩山歸，暮抵龍門香山，雪作，留守錢文僖公遣吏以廚傳歌妓至，且勞之曰：「山行良勞，當少留龍門賞雪，府事簡，無遽歸也。」〔二〕王定國訪東坡公於彭城，一日，棹小舟與顔長道攜盼、英、卿三子游泗水②，南下百步洪，吹笛飲酒，乘月而來。坡時以事不得往，夜著羽衣，佇立黄樓上，相視而笑，以爲李太白死，世間無此樂三百餘年矣。定國既去，逾月，復與參寥師泛舟洪下，追憶曩游，作詩曰：「輕舟弄水買一笑，醉中蕩槳肩相摩。歸來笛聲滿山谷，明月正照金叵羅。」〔三〕味此三游之勝，今之燕賓者寧復有之？蓋亦值知己也。

【校勘】

①此注文，據馬本、庫本、祠本補。②「英」，據馬本、庫本、祠本補。

【箋證】

〔一〕《白氏長慶集》卷二二《舒員外游香山寺數日不歸兼辱尺書大誇勝事時正值坐衙慮囚之際走筆題長句以贈之》。

〔二〕事見邵伯温《聞見録》卷八。

〔三〕蘇軾《百步洪二首並叙》（《東坡全集》卷一〇）。

12 端午貼子詞

唐世五月五日揚州於江心鑄鏡以進〔一〕，故國朝翰苑撰端午貼子詞，多用其事，然遣詞命意，工拙不同。王禹玉云：「紫閣曈曨隱曉霞①，瑶墀九御薦菖華。何時又進江心鑑，試與君王却衆邪。」李邦直云：「艾葉成人後，榴花結子初。江心新得鏡，龍瑞護仙居。」趙彦若云：「揚子江中方鑄鏡，未央宫裏更飛符。菱花欲共朱靈合，驅盡神奸又得無？」又：「揚子江中百鍊金，寶奩疑是月華沈。爭如聖后無私鑑，明照人間萬善心。」又：「江心百鍊青銅鏡，架上雙紉翠縷衣。」李士美云：「何須百鍊鑑，自勝五兵符。」傅墨卿云：「百鍊鑑從江上鑄，五時花向帳前施。」許沖元云：「江中今日成龍鑑，苑外多年廢鷺陂。合照乾坤共作鏡，放生河海盡爲池。」蘇子由云：「揚子江中寫鏡龍，波如細縠不摇風。宮中驚捧秋天月，長照人間助至公。」大槩如此。唯東坡不然，曰：「講餘交翟轉回廊，始覺深宮夏日長。揚子江心空百鍊，只將《無逸》監興亡。」〔二〕其輝光氣焰，可畏而仰也。若白樂天《諷諫・百鍊鏡篇》云：「江心波上舟中鑄，五月五日日午時。」「背有九五飛天龍，人人呼爲天子鏡。」又云：「太宗常以人爲鏡，監古監今不監容。」「乃知天子别有鏡，不是揚州百鍊銅。」〔三〕用意正與坡合。予亦嘗有一聯云：「願儲醫國三年艾，不博江心百鍊銅。」然去之遠矣〔四〕。端午故事，莫如楚人競渡之的，蓋以其非吉祥，不可施諸祝頌，故必用鏡事云〔五〕。

【校勘】

①「曈曨」原作「曈曨」，據馬本、庫本、祠本改。

【箋證】

〔一〕《唐國史補》卷下：「揚州舊貢江心鏡，五月五日揚子江中所鑄也。或言無有百鍊者，或至六七十鍊，則已易破難成，往往有自鳴者。」

《異聞録》：「唐天寶三載五月十五日，揚州進水心鏡一面，縱横九寸，青瑩耀日，背有盤龍，長三尺四寸五分，勢如生動。玄宗覽而異之。」（《太平廣記》卷二三一《李守泰》）

〔二〕蘇軾《端午貼子詞·皇帝閤六首》之五。原注：「元祐三年。」（《東坡全集》卷一一五）

〔三〕《白氏長慶集》卷四《諷諭四·新樂府》。

〔四〕蘇軾《端午貼子詞·太皇太后閤六首》之三：「願儲醫國三年艾，不作沈湘九辯文。」（《東坡全集》卷一一五）歐陽修《端午帖子詞·皇后閤五首》之五：「聖君照物同天鑒，不用江心百鍊銅。」（《文忠集》卷八三）容齋蓋集二家之句。

〔五〕《荆楚歲時記》云：「五月，俗稱惡月，多禁。忌曝床薦席，及忌蓋屋。」又云：「五月五日競渡，俗爲屈原投汨羅日。人傷其死，故並命舟檝以拯之。舸舟取其輕利，謂之飛鳬，一自以爲水車，一自以爲水馬。州將及土人悉臨水而觀之。」

容齋五筆卷十 十二則

1 哀公問社

哀公問社於宰我，宰我對曰：「夏后以松，殷人以柏，周人以栗。」曰：「使民戰栗。」子聞之，曰：「成事不説，遂事不諫，既往不咎。」〔一〕古人立社，但各因其土地所宜木爲之，初非求異而取義於彼也。哀公本不必致問，既聞用栗之言，遂起「使民戰栗」之語。其意謂古者弗用命戮於社，所以威民。然其實則非也。孔子責宰我不能因事獻可替否，既非成事，尚爲可説，又非遂事，尚爲可諫，且非既往，何咎之云。或謂「使民戰栗」一句，亦出於宰我，記之者欲與前言有别，故加「曰」字以起之，亦是一説。然戰栗之對，使出於我，則導君於猛，顯爲非宜。出於哀公，則便即時正救，以杜其始。兩者皆失之，無所逃於聖人之責也〔二〕。哀公欲以越伐魯而去三家，不克成，卒爲所逐，以至失邦，其源蓋在於此〔三〕。何休注《公羊傳》云：「松，猶容也，想見其容貌而事之，主人正之意也。柏，猶迫也，親而不遠，主地正之意也。栗猶戰栗，謹敬貌，主天正之意也。」然則戰栗之説，亦有所本。《公羊》云：「虞主用桑，練主用栗。」〔四〕則三代所奉社，其亦以松、柏、栗爲神之主乎？非植此木也。程伊川之説有之〔五〕。

【箋證】

〔一〕《論語·八佾》。

〔二〕「使民戰栗」一句，或謂宰我之言，或謂哀公之言，聚訟紛紜。《朱子語類》卷二五《論語七·八佾篇》：「或問有以『使民戰栗』爲哀公之言者。曰：諸家多如此説，卻恐未然。恐只是宰我之辭。上有一『曰』字者，宰我解『周人以栗』之義，故加一曰字，以發其辭耳。子聞之曰『成事不説，遂事不諫，既往不咎』，蓋云駟不及舌，言豈可以輕發邪？言出宰我之口，入哀公之耳矣，豈可更諫而追之哉！」朱熹編《論語精義》卷二上《八佾第三》所引范氏、謝氏、楊氏、侯氏四家之説，皆謂哀公之言。

俞樾《茶香室叢鈔》卷一二「使民戰栗是哀公語」條，録《五筆》本條此節，按云：「今人皆以戰栗語爲出於宰我，觀洪氏此論，則宋人讀《論語》者有此兩説也。」

〔三〕《左傳》哀公二十七年。

蘇轍《古史》卷一〇《魯周公世家第三》：「《語》稱哀公問社於宰我，宰我對曰：『夏后氏以松，殷人以柏，周人以栗。曰使民戰栗。』孔子聞之，曰：『成事不説，遂事不諫，既往不咎。』予嘗考之，以爲哀公將去三桓，而不敢正言。古者戮人於社，其託於社者，有意於誅也。宰我知其意，而亦以隱答焉。其曰『使民戰栗』，以誅告也。孔子知其不可，曰此先君之所爲，植根固矣，不可以誅戮齊也。蓋亦有意於禮乎？不然，何咎予之深也！」黄震《黄氏日抄》卷二《讀論語·八佾篇·使民戰栗章》：「蘇氏謂公與宰我謀誅三桓，而爲隱辭以相語。有以問尹氏者，尹氏艴然曰：『説經而欲新奇，何所不至矣。』此論最於説經有益，聞者當戒。」

〔四〕《公羊傳》文公二年。

〔五〕《二程遺書》卷二二下：「用休問哀公問社於宰我之事。曰：社字本是主字，文誤也。宰我不合道『使民戰慄』，故仲尼有後來言語。」

2 絶句詩不貫穿

「夜涼吹笛千山月，路暗迷人百種花。棋罷不知人換世，酒闌無奈客思家。」此歐陽公絶妙之語。然以四句各一事，似不相貫穿，故名之曰《夢中作》。永嘉士人薛韶喜論詩，嘗立一説云：老杜近體律詩，精深妥貼，雖多至百韻，亦首尾相應，如常山之蛇，無間斷齟齬處。而絶句乃或不然，五言如『遲日江山麗，春風花草香。泥融飛燕子，沙暖睡鴛鴦』，『急雨梢溪足，斜暉轉樹腰。隔巢黄鳥並，翻藻白魚跳』，『江動月移石，溪虚雲傍花。鳥棲知故道，帆過宿誰家』，『鑿井交椶葉，開渠斷竹根。扁舟輕褭纜，小徑曲通村』，『日出籬東水，雲生舍北泥。竹高鳴翡翠，沙僻舞鵾雞』，『釣艇收緡盡，昏鴉接翅稀。月生初學扇，雲細不成衣』，『舍下笋穿壁，庭中藤刺簷。地晴絲冉冉，江白草纖纖』〔一〕，七言如『糝徑楊花鋪白氈，點溪荷葉疊青錢。筍根稚子無人見，沙上鳧雛傍母眠』，『兩個黄鸝鳴翠柳，一行白鷺上青天。窗含西嶺千秋雪，門泊東吴萬里船』之類是也〔二〕。予因其説，以《唐人萬絶句》考之，但有司空圖《雜題》云：「驛步堤縈閣，軍城鼓振橋。鷗和湖雁下，雪隔嶺梅飄」，「舴艋猿偷上，蜻蜓燕競飛。樵香燒桂子，苔濕挂莎衣」〔三〕。

【箋證】

〔一〕此七首見《萬首唐人絶句》五言卷一《絶句十二首》《復愁十二首》。

〔二〕此二首見《萬首唐人絶句》七言卷一《漫興九首》《絶句四首》。

〔三〕《唐人萬絶句》，即《萬首唐人絶句》。司空圖《雜題》，即見《萬首唐人絶句》五言卷一八《雜題九首》之六、之八。

3　農父田翁詩

張碧《農父》詩云：「運鋤耕斸侵星起①，隴畔豐盈滿家喜。到頭禾黍屬他人，不知何處抛妻子。」〔一〕杜荀鶴《田翁》詩云：「白髮星星筋力衰②，種田猶自伴孫兒。官苗若不平納，任是豐年也受飢。」〔二〕讀之使人愴然，以今觀之，何啻倍蓰也〔三〕！

【校勘】

①「星」，馬本、庫本、祠本作「晨」。　②「力」，馬本、庫本、祠本作「骨」。

【箋證】

〔一〕見《萬首唐人絶句》七言卷五〇。

〔二〕見《萬首唐人絶句》七言卷五五。

〔三〕南宋農民之艱苦，觀范成大《後催租行》可知已。云：「老父田荒秋雨裏，舊時高岸今江水。傭耕猶自抱長飢，的知無力輸租米。自從鄉官新上來，黄紙放盡白紙催。賣衣得錢都納卻，病骨雖寒聊免縛。去年衣盡到家口，大女臨岐兩分首。今年次女已行媒，亦復驅將換升斗。室中更有第三女，明年不怕催租苦。」（《石湖詩集》卷五）

4　衛宣公二子

衛宣公二子之事，《詩》與《左傳》所書，始末甚詳。《乘舟》之詩，爲伋、壽而作也〔一〕。《左傳》云：「宣公烝於庶母夷姜，生伋子①。爲之娶於齊而美，公取之，生壽及朔。宣姜與公子朔譖伋子。宣姜者，宣公所納伋之妻，翻譖其過。公使諸齊，使盗待諸莘，將殺之。壽子告之，使行，不可。壽子載其旌以先，盗殺之，遂兄弟并命。」〔二〕案，宣公以魯隱四年十二月立，至桓十二年十一月卒，凡十有九年。姑以即位之始，便成烝亂，而伋子即以次年生，勢須十五歲然後娶。既娶而奪之，又生壽、朔，朔已能同母譖兄，壽又能代爲使者以越境，非十歲以下兒所能辦也。然則十九年之間，如何消破？此最爲難曉也〔三〕。

【校勘】

①「伋」，原作「急」，據馬本、庫本、祠本改。下同。

【箋證】

〔一〕《邶風·二子乘舟》。《序》云：「思伋、壽也。衛宣公之二子争相爲死，國人傷而思之，作是詩也。」

〔二〕《左傳》桓公十六年。

〔三〕容齋此説，明清學者屢有商榷。李詡《戒菴老人漫筆》卷七《容齋失考宣公事》引陳霆云：「按此洪氏失詳考耳，非難曉也。衛莊公以平王三十六年卒，是年子桓公繼立，越十三年而入《春秋》，再四年而蹈州吁之難。是年十二月，國人殺吁，迎公子晉入立，是爲宣公。宣乃莊衆子。莊公之卒，距宣公之立凡十有七年，其烝夷姜，當在桓公嗣位之後，而非其即位之初爲始也。意者莊公甫卒，宣公即上行無禮，而桓公以逼於州吁之故，慮其合而構也，故不加禁焉。迨宣公入立，則伋之生既勝冠矣，夷姜亦已當小君之禮，專寵宮闈。既而新歡間舊，幼子加長，嫌疑讒隙，日積月生。始則以夷姜之愛而爲伋娶，終則以宣姜之故而置伋死，此其前後恩怨之反，而伋母子戕隕之由也。（《左氏》曰：「夷姜縊。」）壽、朔之生，在宣公即位一二年之後無疑。蓋新臺之築，苟宣公未立，則亦未能所事如志也。然則宣公末年，壽、朔當踰男子化生之期矣，謂兄越境，奚爲不能哉？洪氏曾不致推宣公於爲公子之時，而徒以烝母奪婦與前後三子皆並於十九年之内，宜其考論之不可通矣。」（按，梁玉繩《史記志疑》卷二〇《衛康叔世家第七》謂陳霆之説勝容齋，可參）何楷《詩經世本古義》卷二〇《二子乘舟》條引鄒肇敏云：「洪氏殆考之未悉也。夫夷姜固莊公妾，而衛宣非與其父莊公爲代者也。莊卒而桓立，十二年入《春秋》，至魯隱四年，則衛桓十六年矣。其春，桓爲州吁所弑。九月，衛人殺州吁，而宣公晉以是冬立。然則晉之烝夷姜而生伋子，當在其兄桓公之世，及宣公即位，計伋年且長，因以爲世子。新臺之築，距此時亦或不遠。其十九年所生壽、朔，或已幾弱冠。壽之能代兄使，而朔之能同母愬兄，固無足怪。」（張次仲《待軒詩記》卷一亦引鄒説）

陸深《儼山集》卷三二《詩微》：「右《二子乘舟》之詩，傳記所書，本末如此。按衛宣之立，因乎州吁之亂，故《春秋》書曰『衛人立晉』，實魯隱公之四年十有二月也。是歲爲壬戌，明年改元，歷辛巳，爲桓公十有二年，冬十有一月而宣公告終，故《春秋》書曰『丙戌，衛侯晉卒』。始終在衛，凡十九年。其烝夷姜也，而生伋，當在一二年間。其爲伋娶也，當在十六七年間。其淫宣姜也而生壽，又生朔，非三四年不可，則十九年已無餘日矣。又況兄弟争死，竊旌設祖，斷非童穉之壽可辦，事難推考，豈策書故有誤耶？將《詩序》《左史》俱不可據與？又按夷姜初爲夫人，注家謂爲宣之庶母，則是莊之衆妾矣，何以稱夫人耶？莊之世，戴嬀子貴稱娣，州吁有母稱嬖，凡以莊姜故也，此何以稱夫人耶？夫莊公狂惑，容或有之，亦當有寵有年矣，莊公卒，而桓公立，立十六年而被弑，則所謂夷姜者既已色衰矣，而首蒙宣愛，與之連有子，似非人理。或者夷姜桓夫人之類與？桓，兄也；宣，弟也，固宜曰烝。洪容齋嘗注此事，而於夷姜亦未深考，顧詩人之旨必有當也。」

全祖望《經史問答》卷三，設或人以《五筆》本條爲問，答云：「是在《春秋》孔《疏》中已及之。蓋宣公乃莊公之庶子，而夷姜則莊公之諸姬也。莊公卒，長子桓公在位十六年，方有州吁之難，而宣公立，則烝亂之行，當在前十六年之中，有子可以及冠，『魚網離鴻』，即宣公嗣位初年事也，其年足以相副矣。雖然，愚尚有以補孔《疏》之遺者。桓公在位，則先君之嬪御自尚在宫中，宣公方爲公子，而謂出入宫中，烝及夷姜，公然生子，則宫政不應如此之淫蕩也。桓公當早被《鶉奔》之刺矣。故此事畢竟可疑，《史記》以夷姜爲宣公之夫人，而毛西河力主之，亦因此疑竇而求解之。然凡《史記》與《左氏》異者，大抵《左氏》是而《史記》非。且此等大事，《左氏》不應無據而妄爲此言，惜乎孔《疏》未及也。是亦但可闕之以爲疑案者也。」

又，姜炳璋《詩序補義》卷三，周廣業《過夏雜録》卷一，李慈銘《越縵堂讀書記》三俱徵及《五筆》本條，可參。

5 謂端爲匹

今人謂縑帛一匹爲壹端，或總言端匹。案《左傳》「幣錦二兩」注云：「二丈爲一端，則用五兩而束之，則見其有十端也。」

〔四〕《易·賁》六五：「賁于丘園，束帛戔戔。」陸德明音義：「束帛，《子夏傳》云：『五匹爲束，三玄二纁，象陰陽。』」

按《韓詩外傳》卷一：「孔子南游適楚，至於阿谷之隧，有處子。抽絺紘五兩以授子貢，曰：『善爲之辭，以觀其語。』子貢曰：『吾北鄙之人也，將南之楚，於此有絺紘五兩，吾不敢以當子身，敢置之水浦。』」胡旦請檢《韓詩外傳》，或即指此。

〔五〕朱弁《曲洧舊聞》卷四：「宇文大資嘗爲予言：《湘山野録》乃僧文瑩所編也。文瑩嘗游丁晉公門，公遇之厚。其中凡載晉公事，頗左右之。」《四庫全書總目》卷一四〇《湘山野録》提要謂此事誠爲此書之「一瑕」，又云：「吴幵《優古堂詩話》論其以陽郇伯妓人入道詩，誤爲陳彭年送申國長公主爲尼詩。朱翌《猗覺寮雜記》論其載琴曲賀若一條，誤賀若夷爲賀若弼。姚寬《西溪叢語》論其記宋齊丘事失實。蓋考證偶疎，未爲大失。」

〔六〕《公羊傳》隱公元年。玄纁，參注三所引《補筆談》。

6　唐人草堂詩句

予於東圃作草堂〔一〕，欲采唐人詩句書之壁而未暇也，姑録之于此。杜公云：「西郊向草堂」，「昔我去草堂」，「草堂少花今欲栽」，「草堂塹西無樹林」〔二〕。白公有《别草堂》

一端爲一兩，所謂匹也。二兩，二匹也。」〔一〕然則以端爲匹非矣。《湘山野録》載夏英公鎮襄陽，遇大禮赦恩，賜致仕官束帛，以絹十匹與胡旦，旦笑曰：「奉還五匹，請檢《韓詩外傳》及諸儒韓康伯等所解『束帛戔戔』之義，自可見證。」英公檢之，果見三代束帛、束脩之制〔二〕。若束帛則卷其帛爲二端，五匹遂見十端①，正合此説也〔三〕。然《周易正義》及王弼注、《韓詩外傳》皆無其語〔四〕。文瑩多妄誕，不足取信〔五〕。案《春秋公羊傳》「乘馬束帛」注云：「束帛謂玄三纁二，玄三法天，纁二法地。」〔六〕若文瑩以此爲證，猶之可也。

【校勘】

①「十」，原作「一」，據馬本、庫本、祠本改。

【箋證】

〔一〕《左傳》昭公二十六年。

〔二〕釋文瑩《湘山野録》卷下。

〔三〕沈括《補筆談》卷上：「古之言束帛者，以五匹束而屈之，今用十匹者，非也。《易》曰『束帛戔戔』者寡也，謂之盛者非也。」

按《周禮·媒氏》：「凡嫁子娶妻，入幣純帛，無過五兩。」鄭注：「五兩，十端也。」王觀國《學林》卷一《納幣》引《周官》媒氏及鄭注，後按云：「束帛爲十端，每端二丈，則是以四丈爲一兩。中屈之，成兩端，五兩爲十端矣。不謂之十端而謂之五兩者，蓋用五兩而中屈之成十端，其本謹曰，卑國月，夷狄不日。其日，潞子賢也。」「甲戌，楚子卒。夷狄卒而不日。日，少進也。」「癸酉，戰于鞌。其日，或曰日其戰也，或曰日其悉也。」「梁山崩。不日。何也？高者有崩道也。」「鼷鼠食郊牛角。不言日，急辭也。」「庚申，莒潰。惡之，故謹而日之也。」「秋，公至自會。不日，至自伐鄭也。」「丙戌，鄭伯卒于操。其日，未踰竟也。」「乙亥，臧孫紇出奔邾。其日，正紇之出也。」「蔡世子弒其君。其不日，子奪父政，是謂夷之。」「冬十月，葬蔡景公。不日卒而月葬，不葬者也。」「四月，楚公子比弒其君。弒君者日，不日，比不弒也。」「甲戌，同盟于平丘。其日，善是盟也。」「内之大事日。即位，君之大事也。其不日，何也？以年決者，不以日決也。定之即位，何以日也？著之也。」它釋時月者亦然，通經之士，可以默諭矣。沙鹿、梁山爲兩説，尤不然〔四〕。蘇子由《春秋論》云：「《公羊》《穀梁》之傳，日月土地，皆所以爲訓。夫日月之不知，土地之不詳②，何足以爲喜怒？」〔五〕其意蓋亦如此。

【校勘】

①「不」，原作「以」，據馬本、祠本改。　②「詳」，原作「祥」，據馬本、庫本、祠本改。

【箋證】

〔一〕杜預《左傳後序》：「大康元年三月，吴寇始平。余自江陵還襄陽，解甲休兵，乃申杼舊意，修成盟不日，信之也。」「甲寅，齊人伐衛。伐不日，此何以日？至之日也。」「壬申，公朝于王所。其日何？録乎内也。」「辛巳，晉敗秦于殽。詐戰不日，此何以日？盡也。」「甲戌，敗狄于鹹。其日何？大之也。」「子卒。何以不日？隱之也。」「即位不日。」《穀梁》最多：「卑者之盟，不日。」「大夫日卒，正也。」「諸侯日卒，正也。」「日入，惡入者也。」「外盟不日。」「取邑不日。」「大閱崇武，故謹而日之。」「前定之盟，不日。」「公敗齊師。不日，疑戰也。」「公敗宋師。其日，成敗之也。」「齊人滅遂。其不日，微國也。」「公會齊侯，盟于柯，桓盟雖内與，不日，信也。」「媵陳人之婦。其不日，數渝，惡之也。」「癸亥，葬紀叔姬，不日卒，而日葬，閔紀之亡也。」「子卒日，正也。不日，故也。有所見則日。」「戊辰，盟于葵丘。桓盟不日，此何以日？美之也。」「辛卯，沙鹿崩。其日，重變也。」「戊申，隕石于宋。是月，六鷁退飛。石無知，故日之。鷁微有知之物，故月之。」「乙亥，齊侯小白卒。此不正①，其日之，何也？」「壬申，公朝于王所。其日，以其再致天子，故謹而日之。日繫於月，月繫於時。其不月，失其所繫也。」「丁未，商臣弑其君髡。日髡之卒，所以謹商臣之弑也。」「乙巳，及晉處父盟。不言公，諱也。何以知其與公盟？以其日也。」「甲戌，取須句。取邑不日，此其日，何也？不正其再取，故謹而日之也。」「辛丑，葬襄王。日之，甚矣，其不葬之辭也。」「乙卯，晉、楚戰于邲。日，其事敗也。」「癸卯，晉滅潞。滅國有三術：中國劉夢得《傷愚溪》，七言卷五；元微之《和裴校書》，七言卷九，題《和裴校書鷺鷥飛》；錢起《暮春歸故山草堂》，五言卷六，題《竹間路》；朱慶餘，七言卷八《寄招胡明府》；李涉，七言卷七三《題宣化寺道元上人居》；顧況，七言卷二九《送郭秀才》；郎士元，七言卷三六《贈强山人》；張籍，七言卷六八《張蕭遠雪夜同宿》、五言卷九《寄西峰僧》；武元衡，五言卷一四《寒食日同陳六游山院》；陸龜蒙，七言卷四六《藥名離合夏日即事》、卷四五《謝山泉》；司空圖，七言卷五六《狂題二首》之一；韋莊，七言卷六二《燕來》；子蘭，七言卷六四《晚景》；皎然有《題湖上草堂》，七言卷六三。

7 公穀解經書日

孔子作《春秋》，以一字爲褒貶，大抵志在尊王，至於紀年叙事，只因舊史。杜預見汲冢書《魏國史記》，謂「其著書文意大似《春秋經》，推此足以見古者國史策書之常也」〔一〕。所謂書日不書日，在輕重事體本無所系，而《公羊》《穀梁》二傳，每事斷之以日，故窒而不通〔二〕。《左氏》唯有公子益師卒，「公不與小斂，故不書日」一説〔三〕，其它亦鮮。今表二《傳》之語，以示兒曹。《公羊》云：「益師卒，何以不日？遠也。」「葬者不及時而日，渴葬也。不及時而不日，慢葬也。過時而日，隱之也。過時而不日，謂之不能葬也。當時而不日，正也。當時而日，危不得葬也。」「庚寅，入邴。其日何？難也。」「取邑不日。」「桓之三絶句，又云：「身出草堂心不出。」劉夢得《傷愚溪》云：「草堂無主燕飛回。」元微之《和裴校書》云：「清江見底草堂在。」錢起有《暮春歸故山草堂》詩，又云：「暗歸草堂静，半入花源去①。」朱慶餘：「稱著朱衣入草堂。」李涉：「草堂曾與雪爲鄰。」顧況：「不作草堂招遠客。」郎士元：「草堂竹徑在何處？」張籍：「草堂雪夜攜琴宿。」又云：「西峰月猶在，遥憶草堂前。」武元衡：「多君能寂寞，共作草堂游。」陸龜蒙：「草堂祗待新秋景。」又云：「草堂盡日留僧坐。」司空圖：「草堂舊隱猶招我。」韋莊：「今來空訝草堂新。」子蘭：「策杖吟詩上草堂。」皎然有《題湖上草堂》云：「山居不買剡中山，湖上千峰處處閒。芳草白雲留我住，世人何事得相關。」〔三〕

【校勘】

①「半」，原漫漶不可識，據馬本、庫本、祠本補。

【箋證】

〔一〕東圃，參《五筆》卷九《東不可名園》。

〔二〕依次見杜甫《西郊》（《杜詩詳注》卷九）、《草堂》（卷一三）、《詣徐卿覓果栽》（卷九）、《憑河十一少府邕覓榿木栽》（卷九）。

〔三〕自白居易至皎然諸家詩，皆見容齋所纂《萬首唐人絶句》：白居易《別草堂》，見七言卷一三；

《春秋釋例》及《經傳集解》始訖，會汲郡汲縣有發其界内舊冢者，大得古書，皆簡編科斗文字。發冢者不以爲意，往往散亂。科斗書久廢，推尋不能盡通。始者藏在祕府，余晚得見之。所記大凡七十五卷。其《紀年篇》起自夏、殷、周，皆三代王事，無諸國別也。唯特記晉國，起自殤叔，次文侯、昭侯，以至曲沃莊伯。莊伯之十一年十一月，魯隱公之元年正月也。皆用夏正建寅之月爲歲首，編年相次。晉國滅，獨記魏事，下至魏哀王之二十年。蓋魏國之史記也。推校哀王二十年，太歲在壬戌，是周赧王之十六年，秦昭王之八年，韓襄王之十三年，趙武靈王之二十七年，楚懷王之三十年，燕昭王之十三年，齊湣王之二十五年也。上去孔丘卒百八十一歲，下去今大康三年五百八十一歲。哀王於《史記》，襄王之子、惠王之孫也。惠王三十六年卒而襄王立，立十六年卒，而哀王立。《古書紀年篇》惠王三十六年改元，從一年始，至十六年而稱惠成王卒，即惠王也。疑《史記》誤分惠成之世以爲後王年也。哀王二十三年乃卒，故特不稱謚，謂之今王。其著書文意，大似《春秋經》。推此足見古者國史策書之常也。諸所記多與《左傳》符同，異於《公羊》《穀梁》，知此二書，近世穿鑿，非《春秋》本意審矣。」

〔二〕家鉉翁《春秋集傳詳説》卷一《隱公上》「秋八月庚辰公及戎盟于唐」條：「或日，或不日，見於會盟者多矣。《春秋》褒貶，初不盡在是也。不特會盟爲然，凡書日不書日，不皆褒貶所係也。然亦有因書月書日而見意者，不以例言也。如十年，公會齊、鄭伐宋，六月壬戌敗宋師于菅，辛未取郜，辛巳取防。一月之間，敗人之師，取人之邑，書日以見其殘暴，謂之非貶，不可。又如桓十四年，八月壬申御廩災，乙亥嘗災。甫三日而嘗，譏其不易災餘，非書日則其義不見故耳。外此，或日，或不日，因舊史而書，不皆褒貶所係。二《傳》以是爲拘，不必惑也。」

〔三〕《左傳》隱公元年：「公子益師卒。」注：「《傳例》曰：『公不與小斂，故不書日，所以示薄厚也。』《春秋》不以日月爲例，唯卿佐之喪獨託日以見義者，事之得失，既未足以褒貶人君，然亦非死者之罪，無辭可以寄文，而人臣輕賤，死日可略，故特假日以見義。」

〔四〕沙鹿、梁山爲兩説，一曰：「辛卯，沙鹿崩。其日，重變也。」一曰：「梁山崩。不日。何也？高者有崩道也。」蓋同爲山崩，而一書日，一不書日，似相矛盾，故容齋疑其不然。

〔五〕見蘇轍《欒城應詔集》卷四《進論》。

8 柳應辰押字

予頃因見鄂州南樓土中磨崖碑，其一刻「柳」字，下一字不可識，後訪得其人名應辰，而云是唐末五代時湖北人也，既載之《四筆》中〔一〕，今始究其實，柳之名是已。蓋以國朝寶元元年呂溱榜登甲科，今浯溪石上有大押字，題云：「押字起於心，心之所記，人不能知。大宋熙寧七年甲寅歲刻，尚書都官員外郎武陵柳應辰，時爲永州通判。」仍有詩云：「浯溪石在大江邊，心記閒將此地鐫。自有後人來屈指，四千六百甲寅年。」有閬中陳思者跋云：「右柳都官欲以怪取名，所至留押字盈丈，莫知其何爲。押字古人書名之草者，施於文記間，以自別識耳。今應辰鐫刻廣博如許，已怪矣。好事者從而爲之説，謂能袪逐不祥，真大可笑。」予得此帖，乃恨前疑之非〔二〕。石傍又有蔣世基《述夢記》云：「至和三年八月，知永州職方員外郎柳拱辰受代歸闕，祁陽縣令齊術送行至白水，夢一儒衣冠者曰：『我元結也，今柳公游浯溪，無詩而去，子盍求之。』覺而心異之，遂獻一詩。柳依韻而和，其語不工。」拱辰以天聖八年王拱辰榜登科，殆應辰兄也，輒并記之〔三〕。

【箋證】

〔一〕《四筆》卷一〇《鄂州南樓磨崖》。

〔二〕《永州志》：「宋熙寧中，柳應辰判永州，維舟浯溪，夜有水怪登舟，應辰書一『央』字於其手，詰旦，字見崖端。因紀詩云：『浯溪石怪大江邊，心記閒將此處鐫。向後有人來屈指，四千六百甲寅年。』已而石震，復書□字於石以鎮之，其怪遂滅。」又同書：「柳應辰知道州軍事，夜坐讀書，有物引手入窗，柳援筆押字於其手而去。明日見於州治後古槐上。遂伐之。虞廟前江邊多巨石，其下潭水甚深，崖穴中有水怪，人多溺死者。柳因謁廟識之，作大書押字於石上，字高三尺，廣二尺，信宿風雨冥晦，雷電大作，霹靂中巨石兩拆，逾數日有鱉鼉浮出，妖患遂止。州人鐫應辰押字以記。今名雷劈石。」（《雍正湖廣通志》卷一一九《雜紀二》）

〔三〕俞樾《茶香室續鈔》卷一五《柳應辰押字》，録《五筆》本條此節，云：「按予於沈仲復廉訪齋中見懸有大押字，未知即此否？當更就觀之。」

〔三〕《山堂肆考》卷二七《歸去橋》：「宋柳拱辰天聖中試《珠藏淵賦》，王拱辰榜登第，至和中知永州，即有掛冠之志，創一橋曰歸老，曾南豐作記。」《歸老橋記》，見《元豐類稿》卷一八。

9 唐堯無後

堯、舜之子，不肖等耳。舜之後雖不有天下，而傳至於陳及田齊，幾二千載。惟堯之後，當舜在位時即絶，故禹之戒舜曰：「毋若丹朱傲，用殄厥世。」〔一〕又作戒曰：「惟彼陶唐，有此冀方。今失厥道，亂其紀綱，乃底滅亡。」〔二〕原丹朱之惡，固在所絶。方舜、禹之世，顧不能別訪賢胄爲之立繼乎？《左傳》載子産之辭曰：「唐人是因，以服事夏、商，其季世曰唐叔虞。（謂唐人之季，非周武王子封於晉者①。）成王滅唐而封太叔。」〔三〕又蔡墨曰：「陶唐氏既衰，其後有劉累氏，曰御龍。」〔四〕范宣子曰：「匄之祖，自虞以上爲陶唐氏，在夏爲御龍氏。」〔五〕然則封國雖絶，尚有子孫〔六〕。武王滅商，封帝堯之後於薊，而未嘗一見於簡策〔七〕。史趙言楚之滅陳曰：「盛德必百世祀，虞之世數，未也。」〔八〕臧文仲聞蓼與六二國亡，曰：「臯陶庭堅不祀，忽諸！」〔九〕堯之盛德，豈出舜、臯之下，而爵邑不能及孫，何也？

【校勘】

①此注文，據馬本、庫本、祠本補。

【箋證】

〔一〕《虞書·益稷》。

〔二〕《夏書·五子之歌》。

〔三〕《左傳》昭公元年。「唐人是因，以服事夏、商。」杜預注：「唐人若劉累之等。累遷魯縣，此在大夏。」《正義》曰：「謂之『唐人』，當是陶唐之後。二十九年傳云：『陶唐氏既衰，其後有劉累。』知此『唐人』，是彼『劉累』之等類也。言等類者，謂劉累後世子孫。累雖遷魯縣，子孫仍在大夏，故歷夏及商也。劉炫曰：『彼稱累事孔甲，下云「遷于魯縣」，此云「唐人是因」，以服事夏、商，則此居於大夏子孫，終商不滅，非累子孫，是其同族等類耳。』服虔以唐人即是劉累，故杜顯而異之，云『累遷魯縣，此在大夏』。」

〔四〕《左傳》昭公二十九年：「陶唐氏既衰，其後有劉累，學擾龍于豢龍氏，以事孔甲。夏后嘉之，賜氏曰御龍，以更豕韋之後。」杜預注云：「以劉累代彭姓之豕韋，累尋遷魯縣。豕韋復國，至商而滅。累之後世，復承其國爲豕韋氏。」

〔五〕《左傳》襄公二十四年。

〔六〕王符《潛夫論》卷九《志氏姓》：「帝堯之後爲陶唐氏。後有劉累，能畜龍，孔甲賜姓爲御龍，以更豕韋之後。至周爲唐杜氏。周衰，有隰叔子違周難于晉國，生子輿，爲李，以正於朝，朝無間官，故氏爲士氏；爲司空，以正於國，國無敗績，故氏司空；食采隨，故氏隨氏。士蔿之孫會，佐文、襄，於諸侯無惡；爲卿，以輔成、景，軍無敗政；爲成宰，居傳，端刑法，集訓典，國無奸民，晉國之盜逃奔于秦。於是晉侯爲請冕服于王，王命隨會爲卿，是以受范，卒謚武子。武子文，成晉、荆之盟，降兄弟之國，使無閒隙，是以受郇、櫟。由此帝堯之後，有陶唐氏、劉氏、御龍氏、唐杜氏、隰氏、士氏、季氏、司空氏、隨氏、范氏、郇氏、櫟氏、彘氏、冀氏、穀氏、薔氏、擾氏、狸氏、傅氏。楚令尹建嘗問范武子之德於文子，文子對曰：『夫子之家事治，言於晉國，竭情無私，其祝史陳信不媿，其家事無猜，其祝史不祈。』建歸，以告，康王曰：『神人無怨，宜夫子之股肱五君，以爲諸侯主也。』故劉氏自唐以下、漢以上，德著於世，莫若范會之最盛也。斯亦有修己以安人之功矣。武王克殷，而封帝堯之後於鑄也。」

〔七〕武王封帝堯之後於薊，見《史記·周本紀》。按《禮記·樂記》則謂封帝堯之後於祝。

〔八〕《左傳》昭公八年。

〔九〕《左傳》文公五年。

10 斯須之敬

今公私宴會，稱與主人對席者曰席面。古者謂之賓、謂之客是已〔一〕。《儀禮·燕禮篇》：「射人請賓，公曰：『命某爲賓。』賓少進，禮辭。又命之，賓許諾。」《左傳》季氏飲大夫酒，臧紇爲客。宋公兼享晉、楚之大夫，趙孟爲客。杜預云：「客，一坐所尊也。」〔二〕乾道二年十一月，薛季益以權工部侍郎受命使金國，侍從共餞之於吏部尚書廳，陳應求主席，自六部長貳之外，兩省官皆預，凡會者十二人。薛在部位最下，應求揖之爲客，辭不就，曰：「常時固自有次第，奈何今日不然？」諸公言：「此席正爲侍郎設，何辭之爲？」薛終不可。予時爲右史，最居末坐。給事中王日嚴目予曰：「景盧能倉卒間應對，願出一轉語折衷之。」予笑謂薛曰：「孟子不云乎？『庸敬在兄，斯須之敬在鄉人。』侍郎姑處『斯須之敬』可也。明日以往，不妨復如常時。」薛無以對，諸公皆稱善，遂就席〔三〕。

【箋證】

〔一〕馬永卿《嬾真子》卷三：「今之同席者皆謂之客，非也。古席面謂之客，列座謂之旅。主謂之獻，客謂之酬。故宋享晉、楚之大夫，趙孟爲客。注云：『客，一座所尊也。』季氏飲大夫酒，臧紇爲客。既獻，臧孫命北面重席，新樽絜之。召悼子，降，逆之。大夫皆起，及旅，而召公鉏。注云：『獻酬禮畢，而通行爲旅。』（郁之按，見《左傳》襄公二十三年。）然則古者主先獻客，客復酬之，然後同席皆飲，不如今之時，不待獻酬而同席皆飲也。」

〔二〕《左傳》襄公二十七年。

〔三〕《孟子・告子上》。

11 丙午丁未

丙午、丁未之歲，中國遇此輒有變故，非禍生於内，則夷狄外侮。三代遠矣，姑摭漢以來言之。高祖以丙午崩，權歸吕氏，幾覆劉宗〔一〕。武帝元光元年爲丁未，長星見，蚩尤旗亘天，其春，戾太子生，始命將出征匈奴，自是之後，師行三十年，屠夷死滅，不可勝數，及於巫蠱之禍，太子子父皆敗〔二〕。昭帝元平元年丁未，帝崩，昌邑立而復廢，一歲再易主〔三〕。成帝永始二年、三年，爲丙午、丁未，王氏方盛，封莽爲新都侯，立趙飛燕爲皇后，由是國統三絶，漢業遂頽，雖光武建武之時，海内無事，然勾引南匈奴，稔成劉淵亂華之釁，正是歲也〔四〕。殤帝、安帝之立，值此二年，東漢政亂，實基於此〔五〕。桓帝終於永康丁未，孝靈繼之，漢室滅矣〔六〕。魏文帝以黄初丙午終，明帝嗣位，司馬氏奪國，兆於此時〔七〕。晉武太康六年、七年，惠帝正在東宫，五胡毒亂，此其源也〔八〕。東晉訖隋，南北分裂，九縣飈回，在所不論。唐太宗貞觀之季，武氏已在後宫，中宗神龍、景龍，其事可見〔九〕。代宗大曆元、二，大盗初平，而置其餘孽於河北，强藩悍鎮，卒以亡唐〔一〇〕。寶曆丙午，敬宗遇弑〔一一〕。大和丁未，是爲文宗甘露之悲，至於不可救藥〔一二〕。僖宗光啓之際，天下固已大亂，而中官劫幸興元，襄王熅僭立〔一三〕。石晉開運，遺禍至今〔一四〕。皇朝景德，方脱契丹之擾，而明年祥符，神仙宫觀之役崇熾，海内虚耗〔一五〕。治平丁未，王安石入朝，惛亂宗社〔一六〕。靖康丙午，都城受圍，逮于丁未，汴失守矣〔一七〕。淳熙丁未，高宗上仙〔一八〕。總而言之，大抵丁未之災，又慘於丙午，昭昭天象，見於運行，非人力之所能爲也〔一九〕。

【箋證】

〔一〕《史記》卷八《高祖本紀》：「（十二年）四月甲辰，高祖崩長樂宮。」裴駰《集解》：「皇甫謐曰：『高祖以秦昭王五十一年生，至漢十二年，年六十三。』」按，漢十二年，歲在丙午。

〔二〕《漢書》卷六三《武五子傳贊》：「建元六年，蚩尤之旗見，其長竟天。後遂命將出征，略取河南，建置朔方。其春，戾太子生。自是之後，師行三十年，兵所誅屠夷滅死者不可勝數。及巫蠱事起，京師流血，僵尸數萬，太子子父皆敗。」按，建元六年丙午，元光元年丁未。劉奉世曰：「按《武紀》，建元六年長星見，更元光，至元朔元年春，戾太子始生，《贊》殊爲乖誤。」《漢書》卷二七《五行志》：「武帝建元六年六月，有星孛于北方。劉向以爲明年淮南王安入朝，與太尉武安侯田蚡有邪謀，而陳皇后驕恣，其後陳后廢，而淮南王反，誅。八月，長星出于東方，長終天，三十日去。占曰：『是爲蚩尤旗，見則王者征伐四方。』其後兵誅四夷，連數十年。」

〔三〕參《隨筆》卷五《漢宣帝忌昌邑王》。

〔四〕《漢書》卷一〇《成帝紀》。冀勤評注《容齋隨筆》謂有光武時之劉淵，有晉永嘉時僭位稱帝、冒姓劉之匈奴人劉淵，所謂「劉淵亂華」當是後者，而光武時之劉淵本無亂華之事，容齋恐誤記。

〔五〕殤帝於元興元年乙巳十二月即皇帝位，次年延平元年丙午八月崩。太后與兄車騎將軍鄧騭定策禁中，安帝遂即位。詳《後漢書》卷四《殤帝紀》、卷五《安帝紀》。

〔六〕桓帝永康元年丁未十二月崩。次年戊申正月，靈帝即位，改元建寧。詳《後漢書》卷七《桓帝紀》、卷八《靈帝紀》。或謂靈帝、獻帝在位數十年，不當云「漢室滅」。乃容齋語誇，蓋謂漢亡肇端於桓、靈之世也。

〔七〕魏文帝黄初七年丙午五月崩。「帝疾篤，召中軍大將軍曹真、鎮軍大將軍陳群、征東大將軍曹休、撫軍大將軍司馬宣王，並受遺詔，輔嗣主」。六月，明帝即位。詳《三國志·魏志》卷二《文帝紀》、卷三《明帝紀》。

〔八〕參《隨筆》卷五《晉之亡與秦隋異》。按，晉武帝太康七年丙午，八年丁未。

〔九〕太宗貞觀二十年丙午，二十一年丁未。

〔一〇〕代宗大曆元年丙午，二年丁未。

〔一一〕敬宗寶曆二年丙午，十二月辛丑，「帝夜獵還宫，與中官劉克明、田務成、許文端打毬，軍將蘇佐明、王嘉憲、石定寬等二十八人飲酒。帝方酣，入室更衣，殿上燭忽滅，劉克明等同謀害帝，即時殂於室内。」（《舊唐書》卷一七《敬宗紀》）明年丁未，爲文宗大和元年。

〔一二〕甘露事變，在大和九年乙卯。參《隨筆》卷一《白公詠史》。

〔一三〕僖宗光啓二年丙午，三年丁未。二年正月，田令孜迫乘輿，請幸興元。四月，朱玫、李昌符迫宰相蕭遘等於鳳翔驛舍，請嗣襄王熅權監軍國事。玫自爲大丞相，兼左右神策十軍使。遂驅率文

《異聞録》：「唐天寶三載五月十五日，揚州進水心鏡一面，縱横九寸，青瑩耀日，背有盤龍，長三尺四寸五分，勢如生動。玄宗覽而異之。」（《太平廣記》卷二三一《李守泰》）

〔二〕蘇軾《端午貼子詞·皇帝閤六首》之五。原注：「元祐三年。」（《東坡全集》卷一一五）

〔三〕《白氏長慶集》卷四《諷諭四·新樂府》。

〔四〕蘇軾《端午貼子詞·太皇太后閤六首》之三：「願儲醫國三年艾，不作沈湘九辯文。」（《東坡全集》卷一一五）歐陽修《端午帖子詞·皇后閤五首》之五：「聖君照物同天鑒，不用江心百鍊銅。」（《文忠集》卷八三）容齋蓋集二家之句。

〔五〕《荆楚歲時記》云：「五月，俗稱惡月，多禁。忌曝床薦席，及忌蓋屋。」又云：「五月五日競渡，俗爲屈原投汨羅日。人傷其死，故並命舟檝以拯之。舸舟取其輕利，謂之飛鳧，一自以爲水車，一自以爲水馬。州將及土人悉臨水而觀之。」

武百僚奉襄王還京師。五月，襄王僭即皇帝位，年號建貞。詳《舊唐書》卷一九《僖宗紀》。

〔一四〕後晉出帝開運三年丙午。石敬瑭鎮河東，因契丹近在雲、應，欲資其兵力以取中國，而割燕、雲十六州之地。王惲《玉堂嘉話》卷八：「天福七年，晉高祖殂，出帝嗣位，大臣議奉表稱臣，告哀於遼。景延廣請致書稱孫而不稱臣，與遼抗衡。太宗舉兵南下，會同九年入汴，以出帝爲負義侯，置于黄龍府，石晉遂滅。大同元年，太宗北還，仍以蕭翰留守河南。劉知遠在河東，乘間而發，由太原入汴，自尊爲帝。及乎宋受周禪，有中原一百六十餘年，遼爲北朝，世數如之。雖遼之封域褊于宋，校其兵力，而澶淵之戰，宋幾不守，因而割地連和，歲貢銀絹二十萬兩匹，約爲兄弟，仍以世序昭穆，降及晚年，遼爲翁，宋爲孫。」

〔一五〕宋真宗景德三年丙午，四年丁未。大中祥符元年戊申。神仙宫觀之役，參《三筆》卷一一《宫室土木》。

〔一六〕英宗治平三年丁未。按，王安石，嘉祐五年五月己酉，召入爲三司度支判官。六年六月戊寅，以安石知制誥。詳《宋史》卷一二《仁宗紀》。王安石「惛亂宗社」，可參《續筆》卷二《權若訥馮澥》箋證引李光《莊簡集》卷八《論王氏及元祐之學》。

〔一七〕欽宗靖康元年丙午，高宗建炎元年丁未。詳《宋史》卷二三《欽宗紀》、卷二四《高宗紀》。

〔一八〕孝宗淳熙十四年丁未，高宗是年十月崩。詳《宋史》卷三五《孝宗紀》。

〔一九〕李詡《戒菴老人漫筆》卷三《丙丁龜鑑》：「宋理宗朝淳熙六年，衢州孝廉七世孫中書省奏名臣柴望撰《丙丁龜鑑》，言丙午丁未自古多變，厄者凡二十有一，爲十卷，其言多驗。洪容齋《五筆》亦載丙午、丁未之變，而謂丁未之災又慘於丙午。撫時憂事，搦管勒此。」郁之按，淳祐六年，歲在丙午，正旦日食，柴望因上《丙丁龜鑑》，逮下詔獄，尋放歸。《四庫提要》：「是書大旨以丙午、丁未爲國家厄會，因歷摭秦莊襄王以後至晉天福十二年，凡值丙午、丁未者二十有一，皆有事變應之，而歸本於修省戒懼，以人勝天。」然《提要》云「丙丁之説則倡於望」，則非。梁章鉅《歸田瑣記》卷一《丙午丁未》：「史傳所載，亂多治少，不必盡係丙丁。則其説盡可存而不論，特不可不使人知此説，而以人勝天之理則存乎人而已。」

12 祖宗命相

祖宗進用宰相，惟意所屬，初不以内外高卑爲主。若召故相，則率置諸見當國者之上。太平興國中，薛文惠公居正薨，盧多遜、沈倫在相位，而趙韓王普以太子太保散秩而拜昭文〔一〕。咸平四年，李文靖公沆爲集賢，而召故相吕文穆公蒙正爲昭文〔二〕。景德元年，文靖薨，王文正公旦、文穆公欽若爲參政，不次補，而畢文簡公士安由侍讀學士、寇忠愍公準由三司使，並命爲史館、集賢，畢公雖歷參政，不及一月〔三〕。至和二年，陳恭公執中罷，劉沆在位，而外召文、富二公，文公復爲昭文，富爲集賢，而沆遷史館〔四〕。熙寧三年，韓獻肅公絳、王荆公安石同拜，韓在上而先罷，荆公越四年亦罷。韓復爲館相，明年荆公再入，遂拜昭文，居韓之上〔五〕。元祐元年，召文潞公於洛，司馬公自門下侍郎拜左僕射，固辭，乞令彦博以太師兼侍中行左僕射，而己爲右以佐之。宣仁不許，曰：「彦博豈可居卿上！」欲命兼侍中行右僕射，會臺諫有言，彦博不可居三省長官，於是但平章軍國重事〔六〕。崇寧以後，蔡京凡四入，輒爲首臺。此非可論典故也〔七〕。隆興元年冬，湯岐公思退爲右僕射，張魏公浚爲樞密使，孝宗欲命張爲左，請於德壽，高宗曰：「湯思退元是左相，張浚元是右相，只仍其舊可也。」於是出命〔八〕。

【箋證】

〔一〕《宋史》卷二五六《趙普傳》：乾德二年，范質等三相同日罷，以普爲門下侍郎、平章事、集賢殿大學士。五年春，加右僕射、昭文館大學士。開寶中，出爲河陽三城節度、檢校太傅、同平章事。太平興國初入朝，改太子少保，遷太子太保。俄拜司徒兼侍中，封梁國公。先是，秦王廷美班在宰相上，至是，以普勳舊，再登元輔，表乞居其下，從之。

〔二〕《宋史》卷二六五《吕蒙正傳》：真宗即位，進左僕射。「咸平四年，以本官同平章事、昭文館大學士。國朝以來，三入相者，惟趙普與蒙正焉。」

〔三〕參《三筆》卷四《宰相不次補》。

〔四〕《續資治通鑑長編》卷一八〇：至和二年六月「戊戌，吏部尚書、平章事陳執中罷爲鎮海節度使」。「忠武節度使、知永興軍文彦博爲吏部尚書、平章事、昭文館大學士。宣徽南院使、判并州富弼爲户部侍郎、平章事、集賢殿大學士。工部侍郎平章事、集賢殿大學士劉沆加兵部侍郎、監修國史。初，除弼監修國史，沆止遷兵部侍郎，乃處弼下。論者以爲咸平四年故事，呂蒙正領昭文館大學士，李沆監修國史，向敏中集賢殿大學士，今所除非故事，由學士承旨楊察之誤。尋貼麻改沆監修國史，而弼爲集賢殿大學士。彦博與弼並命」。

〔五〕《續資治通鑑長編》卷二一八：熙寧三年十二月丁卯，吏部侍郎、參知政事韓絳依前官平章事、昭文館大學士。右諫議大夫、參知政事王安石爲禮部侍郎、平章事、監修國史。同書卷二二一：熙寧四年三月丁未，「吏部侍郎、平章事、昭文館大學士韓絳罷相」。又卷二五二：熙寧七年四月丙戌，禮部侍郎、平章事、監修國史王安石罷爲吏部尚書、觀文殿大學士、知江寧府。觀文殿大學士、吏部侍郎、知大名府韓絳依前官平章事、監修國史。又卷二六〇：熙寧八年二月癸酉，觀文殿大學士、吏部尚書、知江寧府王安石依前官平章事、昭文館大學士。

〔六〕《續資治通鑑長編》卷三六八，元祐元年閏二月。詳《四筆》卷七《文潞公平章重事》。

〔七〕《三朝北盟會編》卷五〇《靖康中帙》引《秀水閒居録》：「蔡京四入相。崇寧元年拜相，四年罷。大觀元年復入，三年又罷。政和元年復入，宣和初又罷。六年冬，王黼罷相，白時中、李邦彦並拜太少宰。未幾，京東盜起，京黨鬨然，以謂宰相望輕，乃詔京復總三省，許私第治事，三五日一造朝。」

〔八〕《宋史》卷三三《孝宗紀》：「（隆興元年）十二月己未，陳康伯罷。乙丑，張浚入見。丁丑，以湯思退爲尚書左僕射，張浚爲右僕射，並同中書門下平章事兼樞密使。」按《宋史》卷二八《高宗紀》，張浚紹興五年即爲右僕射並同中書門下平章事兼知樞密院事，故高宗曰：「張浚元是右相。」

主要徵引書目（按書名首字音序排列）

A

《愛日齋叢鈔》，［宋］葉寘，中華書局，二〇一〇

《愛晚廬隨筆》，張舜徽，華中師範大學出版社，二〇〇五

B

《白虎通疏證》，［漢］班固撰集，［清］陳立疏證，中華書局，一九九四

《白居易年譜》，朱金城，上海古籍出版社，一九八二

《白氏長慶集》，［唐］白居易，景印文淵閣《四庫全書》本

《寶刻叢編》，［宋］陳思，《叢書集成初編》本

《抱經堂文集》，［清］盧文弨，中華書局，一九九〇

《北夢瑣言》，［宋］孫光憲，上海古籍出版社，一九八一

《北史》，［唐］李延壽，中華書局，一九七四

《别本韓文考異》，［宋］王伯大，景印文淵閣《四庫全書》本
《别雅》，［清］吴玉搢，景印文淵閣《四庫全書》本
《賓退録》，［宋］趙與旹，上海古籍出版社，一九八三
《補注杜詩》，［宋］黄希、黄鶴，景印文淵閣《四庫全書》本

C

《滄州集》，孫楷第，中華書局，一九六五
《藏園群書經眼録》，傅增湘，中華書局，一九八三
《藏園群書題記》，傅增湘，上海古籍出版社，一九八九
《册府元龜》，［宋］王欽若等，中華書局，一九六〇
《岑仲勉史學論文集》，中華書局，一九九〇
《茶香室叢鈔》，［清］俞樾，中華書局，一九九五
《長水集》，譚其驤，人民出版社，一九八七
《萇楚齋隨筆》，［清］劉聲木，中華書局，一九九八
《朝野類要》，［宋］趙昇，中華書局，二〇〇七

《朝野僉載》,[唐]張鷟,中華書局,一九七九
《陳夢家學術論文集》,陳夢家,中華書局,二〇一六
《陳尚君自選集》,廣西師範大學出版社,二〇〇〇
《陳書》,[唐]姚思廉,中華書局,一九七二
《陳司業文集》,[清]陳祖範,上海古籍出版社,《清代詩文集彙編》本
《陳寅恪史學論文選集》,上海古籍出版社,一九九二
《程氏經説》,[宋]無名氏輯,景印文淵閣《四庫全書》本
《池北偶談》,[清]王士禛,中華書局,一九八二
《崇文總目》,[宋]王堯臣等,《叢書集成初編》本
《仇池筆記》,[宋]蘇軾,《叢書集成初編》本
《初學記》,[唐]徐堅等,中華書局,一九六二
《初月樓文鈔》,[清]吴德旋,花雨樓刻本
《楚辭補注》,[宋]洪興祖,中華書局,一九八三
《楚辭通故》,姜亮夫,雲南人民出版社,一九九九
《楚辭章句疏證》,[漢]王逸章句,黄靈庚疏證,中華書局,二〇〇七

《吹劍録》，［宋］俞文豹，《叢書集成初編》本
《春明退朝録》，［宋］宋敏求，中華書局，一九八〇
《春秋公羊傳注疏》，［漢］何休注，［唐］陸德明音義，［唐］徐彦疏，中華書局，一九八〇年
《春秋穀梁傳注疏》，［晉］范甯集解，［唐］陸德明音義，［唐］楊士勛疏，中華書局，一九八〇
《春秋權衡》，［宋］劉敞，景印文淵閣《四庫全書》本
《春秋通説》，［宋］黄仲炎，景印文淵閣《四庫全書》本
《春秋左傳正義》，［晉］杜預注，［唐］陸德明音義，［唐］孔穎達疏，中華書局，一九八〇
《春渚紀聞》，［宋］何薳，中華書局，一九八三
《崔東壁遺書》，［清］崔述，上海古籍出版社，一九八三

D

《大事記解題》，［宋］吕祖謙，景印文淵閣《四庫全書》本
《大唐開元禮》，［唐］蕭嵩等，景印文淵閣《四庫全書》本
《大唐新語》，［唐］劉肅，中華書局，一九八四
《大學衍義》，［宋］真德秀，華東師範大學出版社，二〇一〇

《大學衍義補》，［明］丘濬，景印文淵閣《四庫全書》本
《戴震集》，［清］戴震，上海古籍出版社，二〇〇九
《登科記考》，［清］徐松，中華書局，一九八四
《訂訛類編》，［清］杭世駿，中華書局，一九九七
《訂訛雜録》，［清］胡鳴玉，景印文淵閣《四庫全書》本
《東都事略》，［宋］王稱，景印文淵閣《四庫全書》本
《東觀餘論》，［宋］黄伯思，《叢書集成初編》本
《東京夢華録注》，［宋］孟元老撰，鄧之誠注，中華書局，一九八二
《東坡全集》，［宋］蘇軾，景印文淵閣《四庫全書》本
《東坡易傳》，［宋］蘇軾，景印文淵閣《四庫全書》本
《東坡志林》，［宋］蘇軾，中華書局，一九八一
《東塾讀書記》，［清］陳澧，上海古籍出版社，二〇一二
《東軒筆録》，［宋］魏泰，中華書局，一九九七
《東原録》，［宋］龔鼎臣，《叢書集成初編》本
《東園叢説》，［宋］李如篪，景印文淵閣《四庫全書》本

《東齋記事》，〔宋〕范鎮，中華書局，一九八〇
《獨醒雜志》，〔宋〕曾敏行，上海古籍出版社，一九八六
《讀詩質疑》，〔清〕嚴虞惇，景印文淵閣《四庫全書》本
《讀史方輿紀要》，〔清〕顧祖禹，中華書局，二〇〇五
《讀史管見》，〔宋〕胡寅，嶽麓書社，二〇一一
《讀書偶記》，〔清〕趙紹祖，中華書局，一九九七
《讀書續記》，馬叙倫，中國書店，一九八六
《讀書雜録》，〔明〕胡震亨，《續修四庫全書》本
《讀書雜識》，〔清〕勞格，《叢書集成續編》本
《讀書雜釋》，〔清〕徐鼒，中華書局，一九九七
《讀書雜誌》，〔清〕王念孫，江蘇古籍出版社，二〇〇〇
《讀通鑑論》，〔清〕王夫之，中華書局，二〇一三
《讀通鑑論札記》，〔清〕皮錫瑞，《皮錫瑞全集》本，中華書局，二〇一五
《讀左日鈔》，〔清〕朱鶴齡，景印文淵閣《四庫全書》本
《杜詩詳注》，〔清〕仇兆鰲注，中華書局，一九七九

《杜詩趙次公先後解輯校》，林繼中，上海古籍出版社，一九九四

E

《蛾術編》，［清］王鳴盛，上海書店出版社，二〇一二
《蛾術軒篋存善本書録》，王欣夫，上海古籍出版社，二〇〇二
《爾雅翼》，［宋］羅願撰，［元］洪焱祖音釋，《叢書集成初編》本
《爾雅注疏》，［晉］郭璞注，［唐］陸德明音義，［宋］邢昺疏，中華書局，一九八〇
《二程遺書》，上海古籍出版社，一九九二
《二初齋讀書記》，［清］倪思寬，《續修四庫全書》本
《二十史朔閏表》，陳垣，中華書局，一九六二

F

《法帖譜系》，［宋］曹士冕，景印文淵閣《四庫全書》本
《法苑珠林校注》，［唐］釋道世，周叔迦、蘇晉仁校注，中華書局，二〇〇三
《范文正公集》，［宋］范仲淹，《四部叢刊初編》本

《范祥雍文史論文集》，范祥雍，上海古籍出版社，二〇一四
《方詩銘文集》，上海社會科學院出版社，二〇一〇
《方言疏證》，［清］戴震，上海古籍出版社，一九九六
《方輿勝覽》，［宋］祝穆，中華書局，二〇〇三
《方洲集》，［明］張寧，景印文淵閣《四庫全書》本
《封氏聞見記校注》，［唐］封演，趙貞信校注，中華書局，二〇〇五
《附釋文互注禮部韻略》，［宋］丁度等，《四部叢刊續編》本

G

《陔餘叢考》，［清］趙翼，中華書局，一九六三
《紺珠集》，［宋］朱勝非，景印文淵閣《四庫全書》本
《公是集》，［宋］劉敞，《叢書集成初編》本
《公是七經小傳》，［宋］劉敞，景印文淵閣《四庫全書》本
《菰中隨筆》，［清］顧炎武，上海古籍出版社，二〇一二
《古今考》，［宋］魏了翁，景印文淵閣《四庫全書》本

《古今事文類聚》，［宋］祝穆等，景印文淵閣《四庫全書》本
《古今事文類聚續集》，［宋］祝穆，景印文淵閣《四庫全書》本
《古今僞書考》，［清］姚際恒，商務印書館《古書辨僞四种》本，一九三五
《古今姓氏書辯證》，［宋］鄧名世，《叢書集成初編》本
《古詩考索》，程千帆，上海古籍出版社，一九八四
《古史》，［宋］蘇轍，景印文淵閣《四庫全書》本
《古史辨》，顧頡剛等，上海古籍出版社，一九八二
《古史地理論叢》，錢穆，生活·讀書·新知三聯書店，二〇〇四
《古史探微》，楊寬，上海人民出版社，二〇一六
《古書疑義舉例》，俞樾，中華書局，二〇〇五
《古物研究》，［日本］濱田耕作著，楊鍊譯，山西人民出版社，二〇一五
《骨董瑣記全編》，鄧之誠，北京出版社，一九九六
《顧頡剛讀書筆記》，顧頡剛，中華書局，二〇一〇
《觀堂集林》，王國維，中華書局，一九五九
《管城碩記》，［清］徐文靖，中華書局，一九九八

《管錐編》，錢鍾書，中華書局，一九八六
《廣博物志》，［明］董斯張，上海古籍出版社，一九九二
《廣雅疏證》，［清］王念孫，江蘇古籍出版社，一九八四
《廣韻》，［宋］陳彭年等，《四部叢刊初編》本
《龜山集》，［宋］楊時，景印文淵閣《四庫全書》本
《歸田録》，［宋］歐陽修，中華書局，一九八一
《癸辛雜識》，［宋］周密，中華書局，一九八八
《貴耳集》，［宋］張端義，《叢書集成初編》本
《郭在貽文集》，郭在貽，中華書局，二〇〇二
《國史舊聞》，陳登原，中華書局，二〇〇〇
《國語》，［吴］韋昭注，上海古籍出版社，二〇〇八
《過庭録》，［宋］范公偁，中華書局，二〇〇二

H

《海録碎事》，［宋］葉廷珪，上海辭書出版社，一九八九

《韓集舉正》，［宋］方崧卿，景印文淵閣《四庫全書》本
《韓詩外傳箋疏》，屈守元，巴蜀書社，二〇一二
《漢官六種》，［清］孫星衍等輯，中華書局，一九九〇
《漢隸字源》，［宋］婁機，景印文淵閣《四庫全書》本
《漢上易集傳》，［宋］朱震，景印文淵閣《四庫全書》本
《漢書》，［漢］班固撰，［唐］顔師古注，中華書局，一九六二
《漢書窺管》，楊樹達，上海古籍出版社，二〇〇六
《漢書藝文志拾補》，［清］姚振宗，王承略、劉心明主編《二十五史藝文經籍志考補萃編》，清華大學出版社，二〇一一
《漢書藝文志疏證》，［清］沈欽韓，王承略、劉心明主編《二十五史藝文經籍志考補萃編》，清華大學出版社，二〇一一
《漢書藝文志條理》，［清］姚振宗，王承略、劉心明主編《二十五史藝文經籍志考補萃編》，清華大學出版社，二〇一一
《漢唐方志輯佚》，劉緯毅，北京圖書館出版社，一九九七
《漢藝文志考證》，［宋］王應麟，景印文淵閣《四庫全書》本

《翰苑羣書》，［宋］洪遵，知不足齋叢書本

《合肥學舍札記》，［清］陸繼輅，《續修四庫全書》本

《河東集》，［宋］柳開，景印文淵閣《四庫全書》本

《鶴林玉露》，［宋］羅大經，《叢書集成初編》本

《珩璜新論》，［宋］孔平仲，《叢書集成初編》本

《横渠易説》，［宋］張載，景印文淵閣《四庫全書》本

《横陽札記》，［清］吴承志，華東師範大學出版社，二〇一二

《洪邁年譜》，凌郁之，上海古籍出版社，二〇〇六

《侯鯖録》，［宋］趙令畤，中華書局，二〇〇二

《後村詩話》，［宋］劉克莊，中華書局，一九八三

《後海書堂雜録》，［清］王孝詠，《四庫全書存目叢書》本

《後漢紀》，［晉］袁宏，景印文淵閣《四庫全書》本

《後漢書》，［南朝宋］范曄撰，［唐］李賢注，中華書局，一九六五

《後山談叢》，［宋］陳師道，上海古籍出版社，一九八九

《胡文穆雜著》，［明］胡廣，景印文淵閣《四庫全書》本

《淮南鴻烈解》，［漢］許慎，《四部叢刊初編本》

《皇王大紀》，［宋］胡宏，景印文淵閣《四庫全書》本

《黄侃日記》，黄侃，中華書局，二〇〇七

《黄氏日抄》，［宋］黄震，景印文淵閣《四庫全書》本

《揮麈録》，［宋］王明清，上海書店出版社，二〇〇一

《蕙櫋雜記》，［清］嚴元照，《續修四庫全書》本

J

《稽神録》，［宋］徐鉉，中華書局，一九九六

《積微居讀書記》，楊樹達，中華書局，一九六二

《雞肋編》，［宋］莊綽，中華書局，一九八三

《集古録》，［宋］歐陽修，景印文淵閣《四庫全書》本

《記纂淵海》，［宋］潘自牧，中華書局，一九八八

《嘉祐集》，［宋］蘇洵，景印文淵閣《四庫全書》本

《兼明書》，［五代］丘光庭，《叢書集成初編》本

《堅瓠集》,〔清〕褚人獲,浙江人民出版社,一九八六
《建炎以來朝野雜記》,〔宋〕李心傳,《叢書集成初編》本
《建炎以來繫年要録》,〔宋〕李心傳,中華書局,一九五六
《澗泉日記》,〔宋〕韓淲,上海古籍出版社,一九九三
《交翠軒筆記》,〔清〕沈濤,《清人考訂筆記》本,中華書局,二〇〇四
《焦氏筆乘》,〔明〕焦竑,上海古籍出版社,一九八六
《教坊記箋訂》,任半塘,中華書局,二〇一二
《戒庵老人漫筆》,〔明〕李詡,中華書局,一九八二
《芥隱筆記》,〔宋〕龔頤正,《叢書集成初編》本
《金明館叢稿二編》,陳寅恪,上海古籍出版社,一九八〇
《金石粹編》,〔清〕王昶,《續修四庫全書》本
《金石録》,〔宋〕趙明誠,中華書局,一九八四
《金石録補》,〔清〕葉奕苞,清道光二十四年别下齋刻本
《金石論叢》,岑仲勉,上海古籍出版社,一九八二
《錦繡萬花谷》,〔宋〕無名氏,景印文淵閣《四庫全書》本

《近事會元》，[宋]李上交，《全宋筆記》本，大象出版社，二〇〇三
《晉書》，[唐]房玄齡等，中華書局，一九七四
《荆楚歲時記》，[晉]宗懔，嶽麓書社一九八六
《經典釋文》，[唐]陸德明，中華書局，一九八三
《經史避名匯考》，[清]周廣業，上海古籍出版社，二〇一五
《經史答問校證》，[清]朱駿聲，樊波成校證，華東師範大學出版社，二〇一〇
《經外雜鈔》，[宋]魏了翁，景印文淵閣《四庫全書》本
《經學歷史》，[清]皮錫瑞，中華書局，一九五九
《經學通論》，[清]皮錫瑞，中華書局，一九五四
《經學卮言》，[清]孔廣森，華東師範大學出版社，二〇一〇
《經義考新校》，[清]朱彝尊撰，林慶彰等主編，上海古籍出版社，二〇一〇
《經義述聞》，[清]王引之，江蘇古籍出版社，一九八五
《經韻樓集》，[清]段玉裁，上海古籍出版社，二〇〇八
《景迂生集》，[宋]晁説之，景印文淵閣《四庫全書》本
《敬齋古今黈》，[元]李冶，中華書局，一九九五

《靖康緗素雜記》，［宋］黄朝英，上海古籍出版社，一九八六
《静嘉堂秘籍志》，［日本］河田羆，上海古籍出版社，二〇一六
《九朝編年備要》，［宋］陳均，景印文淵閣《四庫全書》本
《九家集注杜詩》，［宋］郭知達，景印文淵閣《四庫全書》本
《九經古義》，［清］惠棟，《叢書集成初編》本
《舊唐書》，［後晉］劉昫，中華書局，一九七五
《舊五代史》，［宋］薛居正等，中華書局，一九七六
《舊五代史新輯會證》，陳尚君，復旦大學出版社，二〇〇五
《郡齋讀書志》，［宋］晁公武，《四部叢刊三編》本
《郡齋讀書志校證》，孫猛，上海古籍出版社，一九九〇

K

《考古編》，［宋］程大昌，劉尚榮校證，中華書局，二〇〇八
《考古質疑》，［宋］葉大慶，《叢書集成初編》本
《愧郯録》，［宋］岳珂，《叢書集成初編》本

《媿生叢録》,〔清〕李詳,《清人考訂筆記》本,中華書局,二〇〇四

《困學紀聞》,〔宋〕王應麟,《四部叢刊三編》本

L

《嬾真子》,〔宋〕馬永卿,《叢書集成初編》本

《浪迹叢談》,〔清〕梁章鉅,中華書局,一九八一

《老學庵筆記》,〔宋〕陸游撰,柴舟校注,上海遠東出版社,一九九六

《老子解》,〔宋〕蘇轍,景印文淵閣《四庫全書》本

《冷廬雜識》,〔清〕陸以湉,中華書局,一九八四

《冷齋夜話》,〔宋〕釋惠洪,《叢書集成初編》本

《李德裕年譜》,傅璇琮,齊魯書社,一九八四

《李太白全集》,〔清〕王琦注,中華書局,一九七七

《禮記集説》,〔宋〕衛湜,景印文淵閣《四庫全書》本

《禮記析疑》,〔清〕方苞,景印文淵閣《四庫全書》本

《禮記正義》,〔漢〕鄭玄注,〔唐〕陸德明音義,〔唐〕孔穎達疏,中華書局,一九八〇

《歷代詩話》，〔清〕何文焕，中華書局，一九八一
《歷代詩話》，〔清〕吴景旭，景印文淵閣《四庫全書》本
《歷代詩話續編》，丁福保，中華書局，一九八三
《歷代職官表》，〔清〕紀昀等，上海古籍出版社，一九八九
《隸釋》，〔宋〕洪适，中華書局，一九八五
《梁書》，〔唐〕姚思廉，中華書局，一九七三
《梁溪漫志》，〔宋〕費衮，上海古籍出版社，一九八五
《兩般秋雨盦隨筆》，〔清〕梁紹壬，上海古籍出版社，一九八二
《兩漢筆記》，〔宋〕錢時，景印文淵閣《四庫全書》本
《兩漢刊誤補遺》，〔宋〕吴仁傑，《叢書集成初編》本
《兩周文史論叢》，岑仲勉，中華書局，二〇〇四
《列子》，〔晉〕張湛注，中華書局，一九八五
《臨川文集》，〔宋〕王安石，景印文淵閣《四庫全書》本
《麟臺故事校證》，〔宋〕程俱，張富祥校證，中華書局，二〇〇〇
《柳河東集注》，〔唐〕柳宗元撰，〔宋〕童宗説注釋，〔宋〕張敦頤音辯，〔宋〕潘緯音義，景印

文淵閣《四庫全書》本
《柳文指要》，章士釗，中華書局，一九七一
《六國表訂誤及其商榷》，［日本］武内義雄，王古魯譯，山西人民出版社，二〇一五
《六經奥論》，［宋］鄭樵，景印文淵閣《四庫全書》本
《隆平集》，［宋］曾鞏，景印文淵閣《四庫全書》本
《龍川略志别志》，［宋］蘇轍，中華書局，一九八二
《蘆浦筆記》，［宋］劉昌詩，中華書局，一九八六
《逯欽立文存》逯欽立，中華書局，二〇一〇
《路史》，［宋］羅泌，景印文淵閣《四庫全書》本
《欒城集》，［宋］蘇轍，景印文淵閣《四庫全書》本
《論衡》，［漢］王充，中華書局，一九八六
《論學集林》，吕思勉，上海教育出版社，一九八七
《論語精義》，［宋］朱熹，景印文淵閣《四庫全書》本
《論語注疏》，［魏］何晏集解，［唐］陸德明音義，［宋］邢昺疏，中華書局，一九八〇
《羅氏識遺》，［宋］羅璧，《叢書集成初編》本

《洛陽縉紳舊聞記》，［宋］張齊賢，《叢書集成初編》本
《吕氏春秋》，［漢］高誘注，中華書局，一九八六
《吕氏家塾讀詩記》，［宋］吕祖謙，《叢書集成初編》本
《履齋示兒編》，［宋］孫奕，《叢書集成初編》本

M

《毛詩草木鳥獸蟲魚疏》，［吴］陸璣，《叢書集成初編》本
《毛詩稽古編》，［清］陳啓源，景印文淵閣《四庫全書》本
《毛詩正義》，［漢］毛亨傳，［漢］鄭玄箋，［唐］陸德明音義，［唐］孔穎達疏，中華書局，一九八〇
《蒙求集注》，［唐］李瀚撰，［宋］徐子光注，景印文淵閣《四庫全書》本
《孟子注疏》，［漢］趙岐注，［宋］孫奭疏，中華書局，一九八〇
《夢粱録》，［宋］吴自牧，浙江人民出版社，一九八四
《夢溪筆談校證》，［宋］沈括撰，胡道静校證，上海古籍出版社，一九八七
《名臣碑傳琬琰集》，［宋］杜大珪編，景印文淵閣《四庫全書》本

《名賢氏族言行類稿》，［宋］章定，景印文淵閣《四庫全書》本
《名義考》，［明］周祈，景印文淵閣《四庫全書》本
《明皇雜録》，［唐］鄭處誨，中華書局，一九九四
《墨客揮犀》，［宋］彭乘，中華書局，二〇〇二
《墨莊漫録》，［宋］張邦基，中華書局，二〇〇二
《墨子閒詁》，［清］孫詒讓，中華書局，二〇〇一

N

《南部新書》，［宋］錢易，中華書局，二〇〇二
《南村輟耕録》，［元］陶宗儀，中華書局，一九五九
《南華真經義海纂微》，［宋］褚伯秀，景印文淵閣《四庫全書》本
《南齊書》，［梁］蕭子顯，中華書局，一九七二
《南史》，［唐］李延壽，中華書局，一九七五
《南宋古迹考》，［清］朱彭，《叢書集成初編》本
《南宋館閣録》，［宋］陳騤，中華書局，一九九八

《南園漫録》，〔明〕張志淳，景印文淵閣《四庫全書》本
《能改齋漫録》，〔宋〕吴曾，上海古籍出版社，一九七九
《廿二史考異》，〔清〕錢大昕，上海古籍出版社，二〇〇四
《廿二史劄記校證》，〔清〕趙翼，王樹民校證，中華書局，一九八四

O

《歐陽修全集》，〔宋〕歐陽修，中華書局，二〇〇一

P

《盤洲文集》，〔宋〕洪适，《四部叢刊初編》本
《萍洲可談》，〔宋〕朱彧，上海古籍出版社，一九八九
《鄱陽三洪集》，凌郁之輯，江西人民出版社，二〇一一
《曝書亭集》，〔清〕朱彝尊，景印文淵閣《四庫全書》本

Q

《七修類稿》，〔明〕郎瑛，上海書店出版社，二〇〇一

《齊東野語》，［宋］周密，中華書局，一九八三
《齊民要術》，［後魏］賈思勰，景印文淵閣《四庫全書》本
《潛邱劄記》，［清］閻若璩，景印文淵閣《四庫全書》本
《潛研堂集》，［清］錢大昕，上海古籍出版社，一九八九
《潛研堂金石文跋尾》，［清］錢大昕，《續修四庫全書》本
《清波雜志校注》，［宋］周煇，劉永翔校注，中華書局，一九八四
《曲洧舊聞》，［宋］朱弁，《叢書集成初編》本
《全唐詩》，［清］彭定求等，中華書局，一九六〇
《全唐文》，［清］董誥等，中華書局，一九八三
《全唐文補編》，陳尚君，中華書局，二〇〇五
《全祖望集彙校集注》，［清］全祖望，上海古籍出版社，二〇〇〇
《却掃編》，［宋］徐度，《叢書集成初編》本
《群經平議》，［清］俞樾，《續修四庫全書》本
《群書考索》，［宋］章如愚，景印文淵閣《四庫全書》本
《群書疑辨》，［清］萬斯同，《續修四庫全書》本

R

《饒宗頤二十世紀學術文集》，饒宗頤，中國人民大學出版社，二〇〇九
《任中敏文集》，任中敏，鳳凰出版社，二〇一三
《訒庵學術講論集》，張舜徽，華中師範大學出版社，二〇〇八
《日本學者研究中國史論著選譯》，劉俊文主編，中華書局，一九九二
《日知録集釋》，〔清〕顧炎武，〔清〕黄汝成集釋，嶽麓書社，一九九四
《容齋隨筆》，〔宋〕洪邁，上海古籍出版社，一九七八
《容齋隨筆》，〔宋〕洪邁，中華書局，二〇〇五
《容齋隨筆》，洪邁著，冀勤評注，中華書局，二〇〇七

S

《三朝北盟會編》，〔宋〕徐夢莘，上海古籍出版社，一九八七
《三國志》，〔晉〕陳壽，〔南朝宋〕裴松之注，中華書局，一九五九
《三國志補注》，〔清〕杭世駿，《叢書集成初編》本

《三禮圖集注》，[宋]聶崇義，景印文淵閣《四庫全書》本
《三命通會》，[明]萬民英，景印文淵閣《四庫全書》本
《三史拾遺》，[清]錢大昕，《嘉定錢大昕全集》本，鳳凰出版社，二〇一六
《三蘇年譜》，孔凡禮，北京古籍出版社，二〇〇四
《瑟榭叢談》，[清]沈濤，《清人考訂筆記》本，中華書局，二〇〇四
《山谷内集詩注》，[宋]黄庭堅撰，[宋]任淵，景印文淵閣《四庫全書》本
《山谷外集詩注》，[宋]黄庭堅撰，[宋]史容，景印文淵閣《四庫全書》本
《山堂肆考》，[明]彭大翼，景印文淵閣《四庫全書》本
《尚書古文疏證》，[清]閻若璩，上海古籍出版社，二〇一〇
《尚書講義》，[宋]史浩，景印文淵閣《四庫全書》本
《尚書精義》，[宋]黄倫，景印文淵閣《四庫全書》本
《尚書全解》，[宋]林之奇，景印文淵閣《四庫全書》本
《尚書校釋譯論》，顧頡剛、劉起釪，中華書局，二〇〇五
《尚書正義》，[漢]孔安國傳，[唐]陸德明音義，[唐]孔穎達疏，中華書局，一九八〇
《少室山房筆叢》，[明]胡應麟，上海書店出版社，二〇〇一

《邵氏聞見後録》，〔宋〕邵博，中華書局，一九八三
《邵氏聞見録》，〔宋〕邵伯温，中華書局，一九八三
《升菴集》，〔明〕楊慎，景印文淵閣《四庫全書》本
《澠水燕談録》，〔宋〕王闢之，中華書局，一九八一
《師伏堂春秋講義》，〔清〕皮錫瑞，《皮錫瑞全集》本，中華書局，二〇一五
《詩本義》，〔宋〕歐陽修，《四部叢刊三編》本
《詩傳名物集覽》，〔清〕陳大章，景印文淵閣《四庫全書》本
《詩話總龜》，〔宋〕阮閱，人民文學出版社，一九八七
《詩集傳》，〔宋〕蘇轍，景印文淵閣《四庫全書》本
《詩集傳》，〔宋〕朱熹，上海古籍出版社，一九八〇
《詩經世本古義》，〔明〕何楷，景印文淵閣《四庫全書》本
《詩三家義集疏》，〔清〕王先謙，中華書局，一九八七
《詩藪》，〔明〕胡應麟，上海古籍出版社，一九七九
《詩序補義》，〔清〕姜炳璋，景印文淵閣《四庫全書》本
《詩總聞》，〔宋〕王質，《叢書集成初編》本

《十駕齋養新録》，［清］錢大昕，江蘇古籍出版社，二〇〇〇
《十七史商榷》，［清］王鳴盛，上海書店出版社，二〇〇五
《石刻鋪叙》，［宋］曾宏父，《叢書集成初編》本
《石林燕語》，［宋］葉夢得，中華書局，一九八四
《石洲詩話》，［清］翁方綱，人民文學出版社，一九八一
《史諱舉例》，陳垣，上海書店出版社，一九九七
《史記》，［漢］司馬遷撰，［南朝宋］裴駰集解，［唐］司馬貞索隱，［唐］張守節正義，中華書局，一九七五
《史記新證》，陳直，天津人民出版社，一九七九
《史記疑問》，［清］邵泰衢，景印文淵閣《四庫全書》本
《史記志疑》，［清］梁玉繩，中華書局，一九八一
《史糾》，［明］朱明鎬，《叢書集成初編》本
《史通》，［唐］劉知幾，《四部精要》本，上海古籍出版社，一九九三
《史通箋記》，程千帆，中華書局，一九八〇
《史學研究法》，姚永樸，《民國叢書》本，上海書店，一九八九

《世説新語箋疏》，［南朝宋］劉義慶著，［南朝梁］劉孝標注，余嘉錫，上海古籍出版社，一九九三
《事林廣記》，［宋］陳元靚，中華書局，一九九九
《事物紀原》，［宋］高承，《叢書集成初編》本
《釋名疏證補》，［漢］劉熙，［清］畢沅疏證，［清］王先謙補，上海古籍出版社，一九八四
《書傳》，［宋］蘇軾，景印文淵閣《四庫全書》本
《菽園雜記》，［明］陸容，中華書局，一九八五
《鼠璞》，［宋］戴植，《叢書集成初編》本
《述學校箋》，［清］汪中，李金松校箋，中華書局，二〇一四
《雙硯齋筆記》，［清］鄧廷楨，中華書局，一九八七
《順宗實録》，［唐］韓愈，《叢書集成初編》本
《説郛三種》，［元］陶宗儀，上海古籍出版社，一九八八
《説文繫傳》，［南唐］徐鍇，景印文淵閣《四庫全書》本
《説文解字》，［漢］許慎撰，［宋］徐鉉增釋，景印文淵閣《四庫全書》本
《説苑校證》，［漢］劉向撰，向宗魯校證，中華書局，一九八七

《四庫全書考證》，景印文淵閣《四庫全書》本
《四庫全書總目》，［清］永瑢等，景印文淵閣《四庫全書》本
《四庫提要辨證》，余嘉錫，中華書局，一九八〇
《四書釋地》，［清］閻若璩，景印文淵閣《四庫全書》本
《四書章句集注》，［宋］朱熹，中華書局，一九八三
《宋本金石録》，［宋］趙明誠，中華書局，一九九一
《宋朝事實》，［宋］李攸，《叢書集成初編》本
《宋朝事實類苑》，［宋］江少虞，上海古籍出版社，一九八一
《宋朝諸臣奏議》，［宋］趙汝愚編，上海古籍出版社，一九九九
《宋大事記講義》，［宋］吕中，景印文淵閣《四庫全書》本
《宋代志怪傳奇叙録》，李劍國，南開大學出版社，一九九七
《宋高僧傳》，［宋］贊寧，中華書局，一九八七
《宋會要輯稿》，［清］徐松輯，中華書局，一九五七
《宋景文筆記》，［宋］宋祁，景印文淵閣《四庫全書》本
《宋論》，［清］王夫之，中華書局，一九六四

《宋詩話輯佚》，郭紹虞輯，中華書局，一九八〇
《宋史》，［元］脱脱等，中華書局，一九七七
《宋史全文》，［宋］無名氏，景印文淵閣《四庫全書》本
《宋史刑法志考正》，鄧廣銘，《鄧廣銘全集》本，河北教育出版社，二〇〇五
《宋史翼》，［清］陸心源，中華書局，一九九一
《宋元方志叢刊》，中華書局，一九九〇
《宋宰輔編年録校補》，［宋］徐自明，王瑞來校補，中華書局，一九八六
《頌齋述林》，容庚，中華書局，二〇一二
《俗書刊誤》，［明］焦竑，景印文淵閣《四庫全書》本
《涑水紀聞》，［宋］司馬光，中華書局，一九八九
《隋書》，［唐］魏徵、令狐德棻，中華書局，一九七三
《隋書經籍志考證》，［清］姚振宗，王承略、劉心明主編《二十五史藝文經籍志考補萃編》，
清華大學出版社，二〇一四
《隋唐嘉話》，［唐］劉餗，中華書局，一九七九
《遂初堂書目》，［宋］尤袤，《叢書集成初編》本

《歲時廣記》，〔宋〕陳元靚，中華書局，二〇二〇
《孫明復小集》，〔宋〕孫復，景印文淵閣《四庫全書》本

T

《太平廣記》，〔宋〕李昉等，中華書局，一九六一
《太平寰宇記》，〔宋〕樂史，中華書局，二〇〇七
《太平御覽》，〔宋〕李昉等，中華書局，一九六〇
《談藝録》，錢鍾書，中華書局，一九八四
《唐才子傳校箋》，〔元〕辛文房，傅璇琮主編，中華書局，一九八七—一九九五
《唐傳奇箋證》，周紹良，人民文學出版社，二〇〇〇
《唐創業起居注》，〔唐〕温大雅，景印文淵閣《四庫全書》本
《唐刺史考》，郁賢皓，江蘇古籍出版社，一九八七
《唐大詔令集》，〔宋〕宋敏求編，商務印書館，一九五九
《唐代科舉與文學》，傅璇琮，陝西人民出版社，一九八六
《唐代詩人叢考》，傅璇琮，中華書局，一九八〇

《唐代詩文六家年譜》，羅聯添，學海出版社，一九八六
《唐代文學叢考》，陳尚君，中國社會科學出版社，一九九七
《唐代文學與文獻論集》，陶敏，中華書局，二〇一〇
《唐方鎮年表》，吴廷燮，中華書局，一九八〇
《唐國史補》，［唐］李肇，上海古籍出版社，一九七九
《唐翰林學士傳論》，傅璇琮，遼海出版社，二〇〇五
《唐會要》，［宋］王溥，上海古籍出版社，一九九一
《唐鑑》，［宋］范祖禹，景印文淵閣《四庫全書》本
《唐六典》，［唐］李林甫等，中華書局，一九九二
《唐律疏議》，［唐］長孫無忌等，《四部叢刊三編》本
《唐人筆記小説考索》，周勛初，江蘇古籍出版社，一九九六
《唐人小説》，汪辟疆，古典文學出版社，一九五五
《唐尚書省郎官石柱題名考》，［清］勞格、趙鉞，中華書局，一九九二
《唐詩紀事》，［宋］計有功，上海古籍出版社，一九八七
《唐史論斷》，［宋］孫甫，景印文淵閣《四庫全書》本

《唐史餘瀋》，岑仲勉，中華書局，二〇〇四
《唐文粹》，［宋］姚鉉，《四部叢刊初編》本
《唐五代志怪傳奇叙録》，李劍國，南開大學出版社，一九九三
《唐研究論文選集》，［日本］池田温，中國社會科學出版社，一九九九
《唐音癸籤》，［清］胡震亨，上海古籍出版社，一九八一
《唐語林校證》，［宋］王讜，周勛初校證，中華書局，一九八七
《唐摭言》，［五代］王定保，《叢書集成初編》本
《陶廬雜録》，［清］法式善，中華書局，一九五九
《天咫偶聞》，［清］震鈞，北京古籍出版社，一九八二
《桯史》，［宋］岳珂，中華書局，二〇〇五
《通典》，［唐］杜佑，中華書局，一九八八
《通鑑答問》，［宋］王應麟，景印文淵閣《四庫全書》本
《通鑑胡注表微》，陳垣，遼寧教育出版社，一九九七
《通鑑紀事本末》，［宋］袁樞，上海古籍出版社，一九九四
《通鑑釋文辯誤》，［元］胡三省，景印文淵閣《四庫全書》本

《通雅》，［明］方以智，景印文淵閣《四庫全書》本
《通志》，［宋］鄭樵，中華書局，一九八七
《銅熨斗齋隨筆》，［清］沈濤，《清人考訂筆記》本，中華書局，二〇〇四
《投轄録》，［宋］王明清，上海古籍出版社，一九九一

W

《萬首唐人絶句》，［宋］洪邁編，景印文淵閣《四庫全書》本
《汪辟疆文集》，汪辟疆，上海古籍出版社，一九八八
《王荆公年譜考略》，［清］蔡上翔，上海人民出版社，一九七三
《王荆公詩注》，［宋］王安石撰，［宋］李壁注，景印文淵閣《四庫全書》本
《僞書通考》，張心澂，上海書店出版社，一九九八
《緯略》，［宋］高似孫，《叢書集成初編》本
《畏壘筆記》，［清］徐昂發，《續修四庫全書》本
《魏晉南北朝史論集》，周一良，中華書局，一九六三
《魏晉南北朝史札記》，周一良，中華書局，二〇〇七

《魏書》，［北齊］魏收，中華書局，一九七四
《魏鄭公諫録》，［唐］王方慶，景印文淵閣《四庫全書》本
《文昌雜録》，［宋］龐元英，中華書局，一九五八
《文史通義新編》，［清］章學誠，倉修良編，上海古籍出版社，一九九三
《文憲集》，［明］宋濂，景印文淵閣《四庫全書》本
《文獻通考》，［元］馬端臨，中華書局，一九八六
《文選》，［南朝梁］蕭統編，［唐］李善注，中華書局，一九七七
《文選箋證》，［清］胡紹煐，光緒刻劉世珩聚學軒叢書本
《文選考異》，［清］孫志祖，嘉慶間讀畫齋叢書本
《文選理學權輿》，［清］汪師韓，嘉慶間刻讀畫齋叢書本
《文選理學權輿補》，［清］孫志祖，嘉慶間刻讀畫齋叢書本
《文選旁證》，［清］梁章鉅，福建人民出版社，二〇〇〇
《文選平點》，黄侃，中華書局，二〇〇六
《文苑英華》，［宋］李昉等，中華書局，一九六六
《文苑英華辨證》，［宋］彭叔夏，景印文淵閣《四庫全書》本

《甕牖閑評》，[宋]袁文，上海古籍出版社，一九八五
《吴汝綸全集》，[清]吴汝綸，黄山書社二〇〇二
《無邪堂答問》，[清]朱一新，中華書局，二〇〇〇
《五百家注昌黎文集》，[唐]韓愈撰，[宋]魏仲舉編，中華書局，二〇一九
《五代會要》，[宋]王溥，上海古籍出版社，一九七八
《五代史補》，[宋]陶岳，景印文淵閣《四庫全書》本
《五代史輯本證補》，郭武雄，臺灣商務印書館，一九七六
《五峰集》，[宋]胡宏，景印文淵閣《四庫全書》本
《五禮通考》，[清]秦蕙田，景印文淵閣《四庫全書》本
《五雜俎》，[明]謝肇淛，上海書店出版社，二〇〇一
《物理小識》，[明]方以智，景印文淵閣《四庫全書》本

X

《西塘集耆舊續聞》，[宋]陳鵠，上海古籍出版社，一九九三
《西溪叢語》，[宋]姚寬，中華書局，一九九三

《戲曲小説叢考》，葉德均，中華書局，一九七九
《霞外攟屑》，［清］平步青，上海古籍出版社，一九八二
《先秦漢魏晉南北朝詩》，逯欽立，中華書局，一九八三
《先秦諸子繫年》，錢穆，商務印書館，二〇〇一
《香祖筆記》，［清］王士禛，上海古籍出版社，一九八二
《湘山野録》，［宋］釋文瑩，中華書局，一九八四
《曉傳書齋集》，王利器，華東師範大學出版社，一九九七
《新編分門古今類事》，［宋］委心子，中華書局，一九八七
《新舊唐書互證》，［清］趙紹祖，《叢書集成初編》本
《新唐書》，［宋］歐陽修、宋祁，中華書局，一九七五
《新唐書糾謬》，［宋］吴縝，景印文淵閣《四庫全書》本
《新五代史》，［宋］歐陽修，中華書局，一九七四
《新校正夢溪筆談》，［宋］沈括，胡道静校注，中華書局，一九五七
《新序》，［漢］劉向，景印文淵閣《四庫全書》本
《續博物志》，［宋］李石，《叢書集成初編》本

《續古今攷》，〔元〕方回，景印文淵閣《四庫全書》本

《續後漢書》，〔宋〕蕭常，景印文淵閣《四庫全書》本

《續後漢書》，〔元〕郝經，景印文淵閣《四庫全書》本

《續宋編年資治通鑑》，〔宋〕劉時舉，《叢書集成初編》本

《續資治通鑑長編》，〔宋〕李燾，中華書局，二〇〇四

《選學膠言》，〔清〕張雲璈，道光十一年刻本

《學林》，〔宋〕王觀國，中華書局，一九八八

《學苑零拾》，黄永年，華東師範大學出版社，二〇〇一

《學齋佔畢》，〔宋〕史繩祖，《叢書集成初編》本

《荀子》，〔唐〕楊倞注，上海古籍出版社，一九八九

《遜志堂雜鈔》，〔清〕吴翌鳳，中華書局，二〇〇六

Y

《顔氏家訓集解》，〔北齊〕顔之推，王利器集解，中華書局，一九九三

《巖下放言》，〔宋〕葉夢得，景印文淵閣《四庫全書》本

《弇州四部稿》，［明］王世貞，景印文淵閣《四庫全書》本

《演繁露》，［宋］程大昌，《叢書集成初編》本

《儼山外集》，［明］陸深，上海古籍出版社，一九九三

《硯山齋雜記》，［清］孫承澤，景印文淵閣《四庫全書》本

《燕翼詒謀録》，［宋］王栐，中華書局，一九八一

《燕在閣知新録》，［清］王棠，《續修四庫全書》本

《揚子法言》，［晉］李軌、［唐］柳宗元注，［宋］宋咸、吴祕、司馬光重添注，景印文淵閣《四庫全書》本

《楊公筆録》，［宋］楊彦齡，景印文淵閣《四庫全書》本

《楊文公談苑》，［宋］楊億，上海古籍出版社，一九九三

《仰素集》，徐規，杭州大學出版社，一九九九

《野客叢書》，［宋］王楙，中華書局，一九八七

《一切經音義》，［唐］釋慧琳，上海古籍出版社，一九八六

《伊川易傳》，［宋］程頤，景印文淵閣《四庫全書》本

《猗覺寮雜記》，［宋］朱翌，《叢書集成初編》本

《夷堅志》，［宋］洪邁，中華書局，一九八一
《儀禮注疏》，［漢］鄭玄注，［唐］陸德明音義，［唐］賈公彥疏，中華書局，一九八〇
《易説》，［清］惠士奇，景印文淵閣《四庫全書》本
《易餘籥録》，［清］焦循，《焦循雜著九種》，廣陵書社，二〇一六
《逸周書》，［晉］孔晁注，景印文淵閣《四庫全書》本
《意林》，［唐］馬總，《續修四庫全書》本
《義門讀書記》，［清］何焯，中華書局，一九八七
《藝文類聚》，［唐］歐陽詢，上海古籍出版社，一九八二
《隱居通議》，［元］劉壎，《叢書集成初編》本
《瀛奎律髓彙評》，［元］方回選評，李慶甲彙評，上海古籍出版社，一九八六
《游國恩學術論文集》，中華書局，一九八九
《游宦紀聞》，［宋］張世南，中華書局，一九八一
《酉陽雜俎校箋》，［唐］段成式，許逸民校箋，中華書局，二〇一五
《余嘉錫文史論集》，余嘉錫，嶽麓書社，一九九七
《俞正燮全集》，［清］俞正燮，黄山書社二〇〇五

《輿地碑記目》，[宋]王象之，景印文淵閣《四庫全書》本
《輿地廣記》，[宋]歐陽忞，景印文淵閣《四庫全書》本
《禹貢錐指》，[清]胡渭，景印文淵閣《四庫全書》本
《語石》，[清]葉昌熾，中華書局，一九九四
《玉海》，[宋]王應麟，景印文淵閣《四庫全書》本
《玉篇》，[南朝梁]顧野王，景印文淵閣《四庫全書》本
《玉堂雜記》，[宋]周必大，《叢書集成初編》本
《玉照新志》，[宋]王明清，上海古籍出版社，一九九一
《玉芝堂談薈》，[明]徐應秋，景印文淵閣《四庫全書》本
《寓簡》，[宋]沈作喆，景印文淵閣《四庫全書》本
《元白詩箋證稿》，陳寅恪，生活·讀書·新知三聯書店，二〇〇一
《元城語録》，[宋]馬永卿編，景印文淵閣《四庫全書》本
《元次山年譜》，孫望，中華書局，一九六二
《元豐九域志》，[宋]王存等，景印文淵閣《四庫全書》本
《元豐類稿》，[宋]曾鞏，景印文淵閣《四庫全書》本

《元和郡縣圖志》，〔唐〕李吉甫，中華書局，一九八三
《元和姓纂》，〔唐〕林寶，岑仲勉校記，中華書局，一九九四
《元氏長慶集》，〔唐〕元稹，景印文淵閣《四庫全書》本
《元稹年譜》，卞孝萱，齊魯書社，一九八〇
《越縵堂讀書記》，〔清〕李慈銘，由雲龍輯，中華書局，二〇〇六
《樂府詩集》，〔宋〕郭茂倩，中華書局，一九七九
《雲谷雜記》，〔宋〕張淏，《叢書集成初編》本
《雲笈七籤》，〔宋〕張君房，中華書局，二〇一〇
《雲麓漫鈔》，〔宋〕趙彦衛，中華書局，一九九六
《雲谿友議》，〔唐〕范攄，《叢書集成初編》本
《雲齋廣録》，〔宋〕李獻民，中華書局，一九九七
《韻補》，〔宋〕吴棫，景印文淵閣《四庫全書》本
《韻語陽秋》，〔宋〕葛立方，上海古籍出版社，一九八四

Z

《棗林雜俎》，［明］談遷，中華書局，二〇〇六

《澤螺居詩經新證》，于省吾，中華書局，二〇〇九

《湛園札記》，［清］姜宸英，景印文淵閣《四庫全書》本

《戰國策》，［漢］高誘注，上海書店出版社，一九八七

《戰國策箋證》，范祥雍，上海古籍出版社，二〇一一

《戰國策校注》，［元］吴師道，景印文淵閣《四庫全書》本

《張右史文集》，［宋］張耒，《四部叢刊初編》本

《張宗祥文集》，張宗祥，上海古籍出版社，二〇一三

《照隅室古典文學論集》，郭紹虞，上海古籍出版社，二〇〇九

《貞石詮唐》，陳尚君，復旦大學出版社，二〇一六

《震川集》，［明］歸有光，景印文淵閣《四庫全書》本

《鄭堂讀書記》，［清］周中孚，上海書店出版社，二〇〇九

《證類本草》，［宋］唐慎微，景印文淵閣《四庫全書》本

《卮林》，［明］周嬰，《叢書集成初編》本
《直齋書録解題》，［宋］陳振孫，上海古籍出版社，一九八七
《中古文學史料叢考》，曹道衡、沈玉成，中華書局，二〇〇三
《中國史學上之正統論》，饒宗頤，上海遠東出版社，一九九六
《中國學術思想史論叢》，錢穆，安徽教育出版社，二〇〇四
《中日宋史研討會中方論文選編》，鄧廣銘、漆俠主編，河北大學出版社，一九九一
《中吴紀聞》，［宋］龔明之，上海古籍出版社，一九八六
《「中研院」歷史語言研究所集刊論文類編·文獻考訂編》，中華書局，二〇〇九
《鍾山札記龍城札記讀史札記》，［清］盧文弨，中華書局，二〇一〇
《重校鶴山先生大全文集》，［宋］魏了翁，《四部叢刊初編》本
《重修宣和博古圖》，［宋］王黼，景印文淵閣《四庫全書》本
《周官新義》，［宋］王安石，《叢書集成初編》本
《周廣業筆記四種》，［清］周廣業，浙江古籍出版社，二〇一三
《周禮訂義》，［宋］王與之，景印文淵閣《四庫全書》本
《周禮注疏》，［漢］鄭玄注，［唐］賈公彦疏，中華書局，一九八〇

《周秦刻石釋音》，［元］吾丘衍，《叢書集成初編》本
《周書》，［唐］令狐德棻等，中華書局，一九七一
《周易集解》，［宋］李鼎祚，中國書店，一九八四
《周易經傳集解》，［宋］林栗，景印文淵閣《四庫全書》本
《周易玩辭》，［宋］項安世，景印文淵閣《四庫全書》本
《周易象旨決録》，［明］熊過，景印文淵閣《四庫全書》本
《周易正義》，［魏］王弼、［晉］韓康伯注，［唐］孔穎達疏，中華書局，一九八〇
《籀廎述林》，［清］孫詒讓，中華書局，二〇一〇
《朱子語類》，［宋］黎靖德編，中華書局，一九八六
《諸蕃志校釋》，［宋］趙汝适，楊博文校釋，中華書局，一九九六
《諸史考異》，洪頤煊，《叢書集成初編》本
《麈史》，［宋］王得臣，上海古籍出版社，一九八六
《莊子注》，［晉］郭象，景印文淵閣《四庫全書》本
《資暇集》，［唐］李匡乂，《叢書集成初編》本
《資治通鑑》，［宋］司馬光，［元］胡三省注，中華書局，一九五六

《資治通鑑考異》，［宋］司馬光，《四部叢刊初編》本
《左傳杜解補正》，［清］顧炎武，《顧炎武全集》本，上海古籍出版社，二〇一一
《左傳折諸》，［清］張尚瑗，景印文淵閣《四庫全書》本
《左氏傳説》，［宋］吕祖謙，《叢書集成初編》本

後　記

説來似乎有緣，《容齋隨筆》是我在復旦大學讀研時買的第一本書。從那時到現在，已經過去二十六七年了。二十多年來，雖然做學問的路子日漸開闊，但是《容齋隨筆》一直是案頭之書，總是常讀常新。

此書博涉四部，宏深淵雅，凡書中所涉典章制度、文翰載籍、歷史人物、金石考據等，初非淺學如我者所能理解。於是一面讀書，一面查考，仰之彌高，鉆之彌堅，也樂在其中。讀之有年，積累了大量的讀書筆記，漸漸萌發了箋注此書的想法。

二〇一三年，我以「容齋隨筆箋證」爲題，成功申報了國家社會科學基金項目。二〇一八年，以優秀等第結項。結題以來，作了三次較大規模的删訂，倏忽又逾三年。前後算下來，庶幾可謂「十年磨一劍」了。當然，像《容齋隨筆》這樣博洽雄深的著作，十年作注，猶嫌倉促。畢竟此書部頭大，包藴廣，全面系統的整理，容有相當大的難度。但是，「國家社科基金」成了無形的督促。國家社科基金項目都是有時間程限的，否則不會夜以繼日，全力以赴，全稿的完成恐將遥遥無期。還記得我在課題申報書里説：與《容齋隨筆》齊名並稱的《困學紀聞》有清人閻若璩注，《夢溪筆談》有近人胡道靜注，而此書獨無，誠爲學林憾事，故發願作此箋證。今天回頭看，若當初不發此願心，決難完成如此艱巨的計劃。

感謝業師陳尚君先生，没有他的指引，我不會如此關注洪邁和《容齋隨筆》；没有他的鞭策，也不會有今天這本《箋證》。從最初撰著《洪邁詩文著作繫年》，到後來《洪邁年譜》，再到後來輯校《鄱陽三洪集》，我洪邁研究的一點點成績，竟得到陳師的印可，這便是對我的最大獎掖。

古籍校箋工作，須下笨工夫，是老實學問。朱子説：「大抵爲學，雖有聰明之資，必須做遲鈍工夫，始得；既是遲鈍之資，卻做聰明底樣工夫，如何得！」箋證就是要做這種「遲鈍工夫」，不可學「聰明底樣」。於我而言，箋證是尚友古人的問學過程，是與洪邁的對話，是真切體會宋學工夫、宋學精神的絕佳途徑。這便算是一點感想。歲在辛丑四月，皖舒凌郁之識於蘇州。